Das Geographische Seminar

Herausgegeben von:
Prof. Dr. Rainer Duttmann
Prof. Dr. Rainer Glawion
Prof. Dr. Herbert Popp
Prof. Dr. Rita Schneider-Sliwa

Theo Rauch

Entwicklungspolitik

Theorien, Strategien, Instrumente

westermann

Umschlagbild: Foto: NASA/GSFC (ISS)

Über den Autor Theo Rauch

geb. 1945 in München, Dipl.-Volkswirt, Dr. rer. nat., Habilitation in Wirtschafts- und Sozial-Geographie (Thema: „Ländliche Regionalentwicklung im Spannungsfeld zwischen Weltmarkt, Staatsmacht und kleinbäuerlichen Strategien"). Er ist als außerplanmäßiger Professor am Zentrum für Entwicklungsländer-Forschung (ZELF) am Geographischen Institut der FU Berlin und als Dozent am Seminar für Ländliche Entwicklung (SLE) der HU Berlin tätig. Theo Rauch befasste sich seit seiner Studienzeit (ASA Malawi 1969) vorrangig mit entwicklungspolitischen Themen. In der Praxis hat der Autor im Rahmen mehrjähriger Auslandseinsätze in Sambia als Regionalentwicklungsplaner (für GTZ) auf Provinzebene und in Südafrika als Regierungsberater auf nationaler Ebene im Bereich Dezentralisierung und Kommunalentwicklung gearbeitet (auch GTZ). Darüber hinaus hat er als Gutachter an zahlreichen Projektplanungen, -evaluierungen und Beratungseinsätzen in afrikanischen und asiatischen Ländern teilgenommen (für BMZ, GTZ, DED, Misereor, DFID, InWEnt etc.). So war der Autor maßgeblich an der Weiterentwicklung des Konzepts der Ländlichen Regionalentwicklung (LRE) beteiligt.
Schwerpunktthemen in Forschung und Lehre sind: Entwicklungspolitik und Globalisierung; Verknüpfung der politischen Handlungsebenen im Mehr-Ebenen-Ansatz; ländliche Entwicklung; regionale und lokale Wirtschaftsförderung; Dezentralisierung und Regionalentwicklung.

HU Berlin · Seminar für ländliche Entwicklung
FU Berlin · Zentrum für Entwicklungsländerforschung · theorauch@aol.com

Westermann Schroedel Diesterweg Schöningh Winklers GmbH, Braunschweig
www.westermann.de

Druck A[1]/ Jahr 2009

Lektorat: Thomas Eck, Katrin Götz
Umschlaggestaltung: Thomas Schröder
Layout und Herstellung: Yvonne Behnke
Druck und Bindung: westermann druck GmbH, Braunschweig

ISBN 978-3-14-160353-8

Inhalt

Vorwort

Mit der Parole „Live Aid“ wirbt der irische Rock-Star Bono dafür, die Entwicklungshilfe zu verdoppeln. Die aus Sambia stammende Finanzexpertin Dambisa Moyo setzt sich mit der Parole „Dead Aid“ für deren Abschaffung ein. Beiden Forderungen liegt ein übersimplifizierendes und antiquiertes Bild von „Hilfe“ zugrunde, das mit der komplexen Realität heutiger Entwicklungspolitik wenig zu tun hat. Weder die Forderung nach mehr Geld, mehr Hilfsbereitschaft, noch jene nach Einstellung öffentlicher Finanztransfers trägt den vielschichtigen Gründen dafür Rechnung, dass die Wirkungen der Entwicklungszusammenarbeit hinter den hohen Erwartungen zurück geblieben sind. In diesem Buch möchte ich – als ein vier Jahrzehnte an der Gestaltung und Umsetzung von Entwicklungspolitik teilnehmender Beobachter – der Debatte um mehr oder weniger Hilfe die Parole „Professional Aid“ entgegensetzen und dazu einige analytische, strategische und methodische Grundlagen beisteuern.

Solch eine Professionalisierung der Entwicklungspolitik ist ihrerseits Gegenstand von Kontroversen. Während aus der Ecke der entwicklungspolitisch engagierten Solidaritätsbewegungen Kritik am „Entwicklungsgeschäft“ laut wird, klagen führende Repräsentanten entwicklungspolitischer Organisationen (die sich nun „Unternehmen in Entwicklung“ nennen) über das dilettierende „Gutmenschentum“ von Teilen ihrer Mitarbeiter. Dieses Buch orientiert sich demgegenüber am Leitbild eines werteorientierten, von professionellem Ethos, aber auch von handwerklicher Solidität getragenen Berufsfeldes. Smarte Profis wie auch idealistische, aber schlecht vorbereitete Helfer haben sich in der Vergangenheit als Teil des Problems erwiesen, sind angesichts der komplexen Realitäten oft zu Zynikern geworden. Dieses Buch will einen Teil der Grundlagen dafür schaffen, dass Entwicklungspolitik zu einem seriöseren Gewerbe wird, welches – sich des politischen Charakters der Aufgabe bewusst – in engagierter, kompetenter, kontextgerechter und damit effektiverer Weise zu Problemlösungen beiträgt.

Mein großer Dank für die kritische und konstruktive Mitwirkung an der Gestaltung des Bandes gilt meinem studentischen „Zielgruppen-Team“: André Keil, Lilli Mittendorf und Sabrina Neutz. Sie haben – neben dem Redaktionsteam von Frau Prof. Dr. Schneider-Sliwa und Frau Veronika Frei in Basel – dafür Sorge getragen, dass meine Ausführungen leserfreundlich und allgemeinverständlich geblieben sind. Ina Koch danke ich für die geduldige Übertragung meiner grafischen Entwürfe in digitale Form. Ganz besonders danken möchte ich meiner Lebensgefährtin Maria, die nicht nur geduldig einen unter Dauerstress stehenden Mann ertragen hat, sondern auch mit vielen Anregungen und Diskussionen zu diesem Werk beigetragen hat.

Theo Rauch
Berlin, September 2009

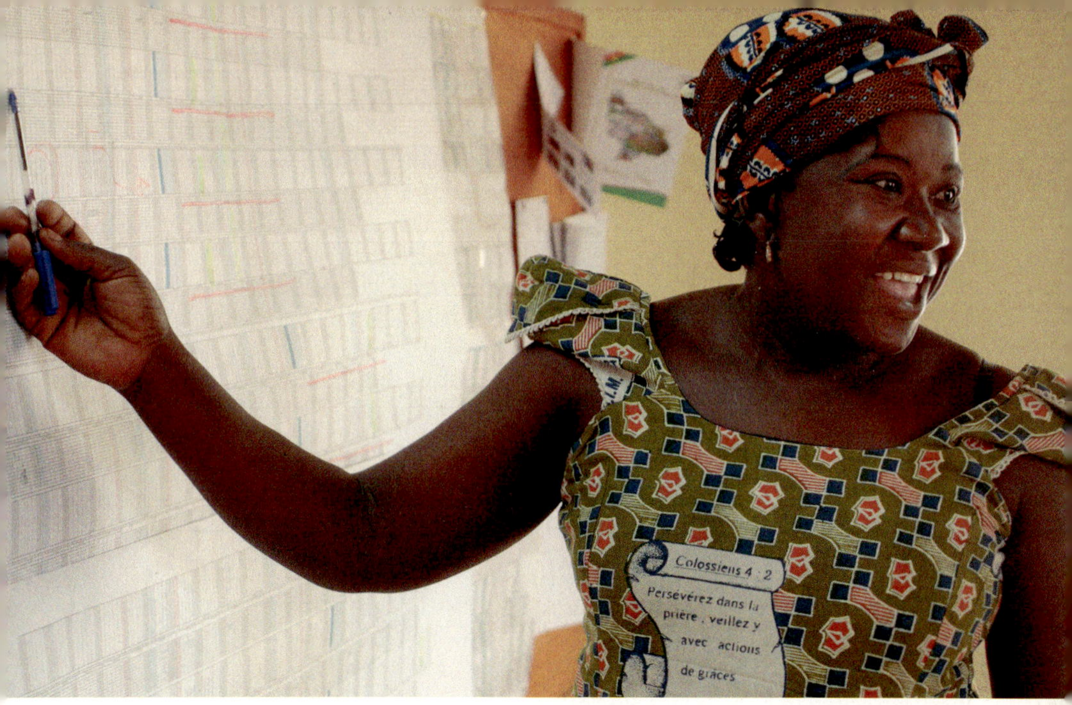

Abb. E/1 *Entwicklungspolitik ist Teil gesellschaftlicher und wirtschaftlicher Debatten*

Einführung: Hochkonjunktur und Krise der Entwicklungszusammenarbeit

Warum ein Buch über die Praxis der Entwicklungspolitik wichtig ist

T. B. aus Deutschland sitzt als Berater eines Regierungsdirektors im südafrikanischen Ministerium für kommunale Angelegenheiten. Die dortige Regierung will mithilfe eines Gesetzes und entsprechender Verwaltungsleitlinien die Entscheidungsprozesse zwischen Bund, Provinzen und Gemeinden besser aufeinander abstimmen. Dadurch soll eine reibungslosere und bessere Durchführung staatlicher Dienste für die Bevölkerung erreicht werden. T. B. bringt seine internationale Erfahrung in den Entscheidungsprozess ein und wirkt darauf hin, dass mittels Diskussionsrunden und Expertenanhörungen ein breites Spektrum von Fachleuten und Interessengruppen in den Prozess einbezogen wird.

G. J. und ein internationales Gutachterteam analysieren zusammen mit einheimischen Kollegen die technische Machbarkeit, die Kosten sowie den ökonomischen und sozialen Nutzen der Asphaltierung einer Schotterpiste, die eine ländliche Region in Sambia mit den städtischen Zentren verbinden soll. Sofern sich das Verhältnis zwischen Kosten und erwartetem Nutzen als günstig erweist und das Ministerium in ein Finanzierungsabkommen für die Instandhaltung einwilligt, stellt die deutsche Regierung einen Finanzierungsbeitrag von 90 % in Aussicht (da Sambia zur Kategorie der ärmsten Länder gehört, Abb. E/2).

Abb. E/2 *Gutachten zur Infrastruktur entscheiden über Kosten und Nutzen*

Eine nepalesische Nicht-Regierungsorganisation (NRO) unterstützt mit ihren lokalen Sozialarbeitern und Fachleuten die Bewohner von Bergdörfern beim Aufbau von Dorforganisationen. Diese Gruppierungen sollen zum einen lokale Probleme wie z. B. die schlechte Wasserversorgung oder die Bodenerosion gemeinschaftlich lösen und zum anderen die Interessen der Bevölkerung gegenüber der Gemeindeverwaltung oder gegenüber Händlern effektiver vertreten. Die NRO legt besonders darauf Wert, dass auch die normalerweise diskriminierten niedrigeren Kasten, die Frauen und die Jüngeren in den Dorforganisationen vertreten sind. Die Aktivitäten der NRO werden von der deutschen Entwicklungszusammenarbeit finanziert und gemeinsam mit deutschen Fachleuten geplant. Ihr Personal wird weitergebildet und zum Erfahrungsaustausch in Nachbarländer (z. B. Bangladesch) geschickt.

C. N. hat die Aufgabe, daraufhinzuwirken, dass das Zertifizierungsverfahren für Fair Trade- und Öko-Kaffee in Kolumbien verbessert wird. Dabei geht es darum, die geforderten Standards besser an die Produktionsbedingungen der ärmeren Kleinbauern anzupassen. Gleichzeitig sollen diese Standards vereinheitlicht und transparenter gestaltet werden. Hierzu müssen die Vertreter der verschiedenen Interessengruppen an einen Tisch gebracht und Gutachten von Fachleuten eingeholt werden.

Vier westafrikanische Baumwollexportländer wollen sich bei den Verhandlungen der Welthandelsorganisation in Cancún dafür einsetzen, dass die USA und die Europäische Union (EU) die Subventionen für ihre nationalen Baumwollproduzenten abbauen, da deren Überschüsse den Weltmarktpreis und damit das Einkommen der afrikanischen Baumwollbauern drastisch senken. Die deutsche Regierung lädt sie im Rahmen ihrer „Baumwollinitiative“ zu einer Vorbereitungskonferenz nach Berlin ein. Hier können sie ihre Verhandlungsstrategie untereinander abstimmen und sich dabei von internationalen Fachleuten beraten lassen. Nicht zuletzt aufgrund einer Unterstützung der Öffentlichkeitsarbeit der Baumwollländer durch die EZ findet das Anliegen der westafrikanischen Baumwollbauern ein weltweites Medienecho und führt zu einer Veränderung der Subventionspraxis, wenigstens seitens der Europäischen Union.

M. M. sitzt mit einigen anderen Kolleginnen als Organisationsberaterin im Büro der Afrikanischen Entwicklungsbank in Tunis, deren Anteilseigner unter anderem die Bundesrepublik ist. M. M. soll helfen, die Performance der Bank zu erhöhen und die Verwaltungskosten zu senken, indem sie Vorschläge für ein verbessertes Verfahren zu Anwerbung, Auswahl, Entwicklung, Weiterbildung und Beförderung des Bankpersonals erarbeitet und zur Diskussion stellt. Dabei geht es vor allem darum, Leistungsanreize für die Mitarbeiter zu verbessern und Entscheidungsprozesse betreffend Personalangelegenheiten transparenter zu gestalten.

Dem nigerianischen Staat, der sich trotz seines Erdölreichtums stark verschuldet hat (nicht zuletzt aufgrund der Korruption der früheren Regierungen), werden als Resultat einer Entscheidung der internationalen Gebergemeinschaft zulasten des Budgets des Bundesministeriums für Wirtschaftliche Zusammenarbeit und Entwicklung (BMZ) die Schulden erlassen.

Teilnehmer aus fünf Himalaya/Pamir-Anrainerstaaten, die für die Planung und Durchführung von Entwicklungsprogrammen in Bergregionen verantwortlich sind (teils Vertreter staatlicher Behörden, teils Manager von NRO), werden in einem einjährigen Kurs (einschließlich Praktika in Organisationen für Entwicklungsprogramme in Alpenländern) für eine verbesserte fachliche administrative Steuerung ihrer Entwicklungsprogramme fortgebildet. Dabei soll auch der Erfahrungsaustausch zwischen den Vertretern der Nachbarländer gefördert werden.

Eine katholische Diözese im Westen Kenias will angesichts der sich verschlechternden Ernährungslage der Kleinbauernfamilien zu einer Erhöhung der Nahrungsmittelproduktion in der dicht bevölkerten und zunehmend von Dürreperioden heimgesuchten Region beitragen und stellt einen Unterstützungsantrag bei der zuständigen kirchlichen Hilfsorganisation in Deutschland. Nach gemeinsamer fachlicher Prüfung vor Ort werden Mittel für ein kenianisches Projektteam und dessen Aktivitäten bereitgestellt. Dieses entwickelt zusammen mit den Fachleuten des dortigen Landwirtschaftsamtes dürreresistente Getreidesorten, wassersparende Bodenbearbeitungsmethoden und hilft beim Aufbau von Vermarktungsorganisationen, damit Überschüsse zu besseren Preisen verkauft werden können.

E. T., ein deutscher Katastrophenschutz-Spezialist, leitet als entsandter Experte das neu eingerichtete Katastrophenschutzamt einer indonesischen Großstadt. Er soll das Amt aufbauen, seine indonesischen Mitarbeiter anleiten und den zukünftigen Amtschef als seinen Nachfolger anlernen. Bevor dieser den deutschen Experten ablöst, soll er zunächst zwei Jahre lang als „Junior-Chef" die praktischen Fähigkeiten erwerben. Um die nötige fachwissenschaftliche Qualifikation zu erlangen, wird er ein Aufbaustudium im Bereich Katastrophenvorsorge in Europa absolvieren. Die indonesische Regierung zahlt in diesem Fall das normale Gehalt; aus BMZ-Mitteln werden die Differenz zum deutschen Gehaltsniveau und das Stipendium erstattet.

Die Beispiele zeigen, wie breit das Spektrum von Kooperations- bzw. Unterstützungsmaßnahmen ist, die aus dem Haushalt des Bundesministeriums für wirtschaftliche Zusammenarbeit und Entwicklung (BMZ) finanziert werden. Die Maßnahmen umfassen nahezu alle Lebensbereiche bzw. Sektoren von der Familienplanung über den internationalen Handel bis hin zu polizeilichen Aufgaben. Eine Vielzahl von Berufsgruppen ist in dieser Branche tätig. Alle räumlichen Ebenen von der Gestaltung globaler Handelsabkommen bis hin zur

Abwasserversorgung in einem städtischen Slumgebiet gehören zum Aufgabenbereich. Die externe Unterstützung kann in der Entsendung von Personal, im Transfer finanzieller Mittel oder in einer Kombination aus beidem bestehen. Die Kooperation kann zwischen zwei Ländern, auf bilateraler Basis, erfolgen oder über multilaterale Kanäle, also über internationale Organisationen wie die UN, die Weltbank oder die Europäische Union. Neben staatlichen können auch nicht-staatliche, vom BMZ teilfinanzierte Akteure eine wichtige Rolle spielen.

Begriffe

Was also haben all die hier skizzierten Beispiele gemeinsam?

Es handelt sich zum einen um internationale Kooperationen. Die Maßnahmen haben zum anderen die wirtschaftliche und soziale Entwicklung in den ärmeren Partnerländern zum Ziel. Und sie sind drittens mit einem Ressourcentransfer von reicheren hin zu ärmeren Kooperationspartnern verbunden.

Diese drei Aspekte gehören in der Regel zu den zentralen Merkmalen der vielfältigen Definitionen von Entwicklungspolitik, Entwicklungszusammenarbeit und Entwicklungshilfe:

Unter „**Entwicklungszusammenarbeit**" (**EZ**) versteht man demnach eine mit Ressourcentransfer verknüpfte internationale Kooperation zwischen reicheren und ärmeren Partnern mit dem Ziel einer sozialen und wirtschaftlichen Entwicklung in den ärmeren Partnerländern (diese werden meist vereinfachend unter dem undifferenzierten Sammelbegriff „Entwicklungsländer" zusammengefasst – Scholz, F. 2006). Beim Begriff „EZ" handelt es sich um eine amtliche Sprachregelung, die den umgangssprachlichen Begriff „Entwicklungshilfe" ersetzen soll, um so die gemeinsame Verantwortung und den partnerschaftlichen Charakter der Kooperation gegenüber dem Transferaspekt stärker in den Vordergrund zu rücken.

Beim Begriff „**Entwicklungshilfe**", genauer „öffentliche Entwicklungshilfe", im Englischen „**Official Development Aid (ODA)**", steht hingegen der Aspekt der Transferleistungen im Vordergrund. Darunter werden „alle Mittelzuflüsse von staatlichen Stellen, einschließlich der von Ländern und Gemeinden, (...) an EL (Entwicklungsländer) und multilaterale Institutionen für wirtschaftliche Entwicklung und die Verbesserung der Lebensbedingungen in den EL verstanden, die grundsätzlich zu vergünstigten Bedingungen vergeben werden" (Nohlen, D. 2002, 575). An dieser Definition wird die Erreichung des Ziels, 0,7 % des Bruttoinlandsprodukts für „Entwicklungshilfe-Leistungen" auszugeben, gemessen (vgl. Abb. E/3).

„**Entwicklungspolitik**" (**EP**) umfasst ein umfangreicheres Spektrum an Maßnahmen als EZ, darunter auch solche, die nichts mit Transferleistungen zu tun haben. Es handelt sich nach D. Nohlen (2002, 224) um „die Summe aller Mittel und Maßnahmen, die von EL und IL (Industrieländern) eingesetzt und ergriffen werden, um die wirtschaftliche und soziale Entwicklung der EL zu fördern, d.h. die Lebensbedingungen der Bevölkerung in den EL zu verbessern". Dazu gehört neben der EZ z.B. auch eine entwicklungsorientierte Gestaltung globaler Rahmenbedingungen. Schauplätze dieser

Form von Entwicklungspolitik sind oft internationale Konferenzen, wie z. B. Welthandelskonferenzen, Klimakonferenzen, der Weltsozialgipfel oder die Weltfrauenkonferenz. Bei EP ist zu unterscheiden zwischen der Entwicklungspolitik der Länder des Nordens (bzw. der „Geberländer") und Entwicklungspolitik im weiteren Sinne, die auch jene entwicklungsorientierten Maßnahmen umfasst, die von Entwicklungsländern eigenständig, ohne Kooperation mit Ländern des Nordens, geplant und durchgeführt werden.

In diesem Buch geht es insgesamt um Entwicklungspolitik in diesem weiteren Verständnis. Gegenstand sind Ziele, Strategien und Instrumente der Entwicklungsförderung unabhängig davon, ob sie durch EZ unterstützt werden. EZ wird (in Teil I) als Teilaspekt von Entwicklungspolitik gesondert betrachtet.

Debatten

Entwicklungspolitik insgesamt und EZ im Besonderen waren immer stark umstritten. Schon 1985 forderte die einstige BMZ-Referentin B. Erler in ihrem Buch „Tödliche Hilfe" die Abschaffung der EZ mit dem Argument „Entwicklungshilfe trägt dazu bei, in den meisten Entwicklungsländern ausbeuterische Eliten an der Macht zu halten und im Namen von Modernisierung und Fortschritt Verelendung und Hungertod zu bringen" (1985, 9). An der Skepsis gegenüber ihrer Sinnhaftigkeit hat sich auch nach fünf Jahrzehnten EZ wenig geändert:

„Zweifel an ihrer Wirksamkeit und sogar Notwendigkeit entstehen daraus, dass trotz jahrzehntelanger sogenannter Entwicklungshilfe Armut, Krankheiten/ Seuchen, Analphabetismus, Hunger, martialische Konflikte und extreme Bevölkerungsvermehrung sich nicht verringern, zum Teil sogar zunehmen" (Nuscheler, F. 2006, 14, vgl. Abb. E/4).

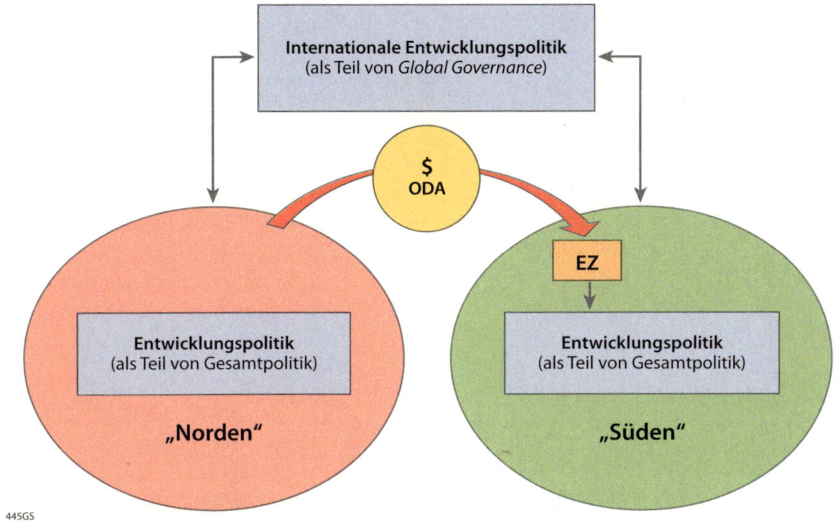

***Abb. E/3** Entwicklungspolitik und Entwicklungszusammenarbeit*

„Auch ihre beharrlichen Verteidiger […] sind sich weitgehend einig, dass sie [die EP; T. R.] keine Zukunft haben wird, wenn sie nur die Praxis der Vergangenheit fortsetzt und sich nicht neuen Herausforderungen stellt, die ihr die Globalisierung, die Ausbreitung von Anarchie in kollabierenden Staatgebilden, der von Entwicklungskrisen genährte Terrorismus oder die sich häufenden Umweltkatastrophen stellen" (Nuscheler, F. 2005, 14).
„Die Entwicklungspolitik wird zudem mit Erwartungen überfrachtet, die sie […] auch mit mehr Geld kaum erfüllen kann: Sie soll ... Unterentwicklung und Armut überwinden, […] das Wachstum der Weltbevölkerung eindämmen, Ernährungs- und Umweltkrisen vorbeugen, […] den Migrationsdruck abbauen, die Demokratisierung befördern und als Friedenspolitik die Vermehrung […] von Macht- und Verteilungskonflikten vermeiden. Die Kritik an der Entwicklungshilfe ist zu einem Gutteil auch dieser Überforderung geschuldet" (Nuscheler, F. 2006, 16).
„Enorme finanzielle Mittel sind in die falschen Hände von Eliten gelangt, haben korrupte Staatsbürokratien geschaffen und Entwicklungsruinen hinterlassen. Unten bei den Ärmsten kam die Hilfe selten an" (Pinger, W. zitiert in Nuscheler, F. 2006, 14).
„Oft sind sie [die Geberorganisationen, Anm. d. Verf.] eher Belastung als Hilfe. Die Gelder fließen […] spärlich und unregelmäßig, während hunderte kleiner Hilfsprojekte die Zeit und die Kapazitäten überbeanspruchter, mittelloser Regierungen mit Beschlag belegen" (Sachs, J. 2005, 348). Aber: „Es gibt eine Reihe von bedeutenden Programmen, die mit beachtlichem Erfolg massiv ausgebreitet wurden" (319). Daher ist es „[…] kein Wunder, dass die Hilfe für Afrika so wenig gebracht hat – schlicht deshalb, weil es de facto so wenig Hilfe war" (376).
Demgegenüber diagnostiziert die Afrikanerin A. Kabou für ihren Kontinent: „Gelähmt durch 30 Jahre Fremdfinanzierung und Nahrungsmittelzufuhr von außen,

Abb. E/4 *Eigene Zweifel an der Wirksamkeit der Entwicklungspolitik*

reagiert sie [die politische Klasse Afrikas; Anm. d. Verf.] bisweilen wie ein Süchtiger unter Entzug und verlangt reflexartig die fehlende Spritze der ausländischen Hilfe" (1993, 241). Und ihr ugandischer Kollege A. Mwenda sekundiert: „Stellt alle finanzielle Hilfe ein! Sie verschleiert nur die Inkompetenz unserer Despoten" (2005).

So unterschiedlich die Einschätzungen sind, Einigkeit besteht darin, dass Entwicklungspolitik die in sie gesetzten Erwartungen nicht erfüllt hat. Uneinig ist man sich jedoch darüber, ob dies an unrealistischen Erwartungen, an zu wenig Hilfe, am Drogencharakter der Hilfe, an der Ineffektivität des Projektansatzes oder daran lag, dass sich an den Hilfeleistungen nur die Eliten bereicherten und die Unterstützung folglich nicht bei den Bedürftigen ankam (ein vertiefender und systematischer Überblick über die Kritik an der EZ folgt in Kap. 5). Folglich fordern die einen die Abschaffung der EZ (wenn nicht gar der Entwicklungspolitik im weiteren Sinn) nach dem Motto „lasst uns in Ruhe", während die anderen sich publikumswirksam (u.a. über Rockkonzerte) für ihre massive Erhöhung einsetzen. Eine dritte Gruppe, überwiegend jene, die für die Entwicklungspolitik Verantwortung tragen, fordern und betreiben ihre Reform, sei es, um ihre Wirksamkeit zu steigern oder um sie den neuen Herausforderungen einer globalisierten Welt anzupassen. Globale Strukturpolitik, Aid Effectiveness, Good Governance, Budgethilfe, Geberkoordination heißen die neuen Schlagworte (vgl. hierzu Kap. 6).

Während die Zweifel an der Wirksamkeit der klassischen EZ auch bei Vertretern entwicklungspolitischer Organisationen wachsen und sich die EZ-Branche parallel dazu reformiert, hat das Thema Entwicklungspolitik eine neue tagespolitische Aktualität erfahren. Auf G8-Gipfeln rückt die Frage nach einer Erhöhung der Hilfe in das Zentrum der Tagesordnung und der Medienberichterstattung. Prominente Vertreter der Unterhaltungsbranche treten als wirksame Lobby für eine Verstärkung der Anstrengungen der Industrieländer zur Minderung der Armut auf. Die Vereinten Nationen haben sich im Jahr 2000 auf das Ziel der Halbierung von Armut und Hunger bis 2015 im Rahmen der Millenniums-Entwicklungsziele (MDG) geeinigt. Private Akteure – wie die Bill und Melinda Gates Foundation – und Schwellenländer – allen voran China und Indien – drängen auf den „Markt" der Bereitsteller von EZ-Leistungen.

Während die EZ versucht, sich neu zu orientieren, entfalten die globalisierten, entgrenzten Kapital-, Güter- und Arbeitsmärkte Entwicklungsdynamiken (aber auch Peripherisierungsdynamiken), gegenüber denen sich jede Art entwicklungspolitischer Steuerung bescheiden ausnimmt. Gleichzeitig werden neue Ansprüche an die Entwicklungspolitik gestellt. Seit dem 11. September 2001 soll sie zu einer „erweiterten Sicherheit" beitragen. Unter dem Vorzeichen des Klimawandels soll sie helfen, diesem entgegenzuwirken und gleichzeitig die davon Betroffenen dabei zu unterstützen, sich vor negativen Folgen zu schützen. Wie also muss sich Entwicklungspolitik unter dem Vorzeichen von Globalisierung neu definieren? Ist die angestrebte soziale und ökologische Steuerung von Globalisierungsprozessen eine realistische Perspektive?

Das Bild ist widersprüchlich: Entwicklungspolitik steckt in der Krise, wird von einer breiten Front von Kritikern, von außen und von innen her infrage gestellt. Gleichzeitig befindet sich die EP in einem tiefgreifenden Reformprozess, ist im Wandel begriffen, um aus der Krise herauszukommen, um eine neue Legitimation zu erlangen. Während die Krisendebatte wie auch die Reformbemühungen in vollem Gange sind, steht EP so weit oben auf der politischen Agenda und des öffentlichen Interesses wie seit langem nicht mehr.

Zu diesem Buch: Fragen, Zielsetzungen, Adressaten

Viele neue Debatten. Viele alte und neue Fragen. Hilft mehr Hilfe? Müssen erst die weltwirtschaftlichen Rahmenbedingungen zugunsten der Armen verbessert werden? Ist eine Entwicklung nach dem Modell der westlichen Industrieländer überhaupt möglich und wünschenswert? Müsste nicht zunächst die Demokratie in den Partnerländern eingeführt werden, um EZ wirksam zu machen? Doch ist solch eine Einmischung, ist politische Konditionalität für EZ legitim? Soll man den Regierungen der Partnerländer Budgethilfe geben, damit sie eigenverantwortlich die Mittel nach ihren Prioritäten einsetzen oder sollte man die Unterstützung nicht besser direkt den Bedürftigen an der Basis zukommen lassen? Braucht man teure ausländische Beraterinnen und Berater, oder sind nicht einheimische Fachkräfte weitaus besser geeignet, die Probleme zu lösen?

Antworten hierauf sind nicht nur von Bedeutung für diejenigen, die sich in das Berufsfeld der EP / EZ begeben wollen, sondern für alle jene, die sich forschend, lehrend, im Schulunterricht, in Politik und Solidaritätsarbeit mit den Fragen zu Sinn und Unsinn von mehr Hilfe, zu angemessenen Formen globaler Solidarität und Steuerung auseinandersetzen.

Der Band „Entwicklungsländer" von Fred Scholz (2006) liefert wichtige Grundlagen zur Entwicklungsländerproblematik, zu generellen entwicklungsstrategischen Ansätzen und zu entwicklungspolitischen Institutionen. Dieser Band nun rückt – darauf aufbauend – Ansätze der aktuellen entwicklungspolitischen Praxis mitsamt den dabei gemachten Erfahrungen und der diesbezüglichen kritischen Reflektion ins Zentrum der Betrachtung.

Ziel dieses Buches ist es, die Zielsetzungen, Ansätze, Strategien und Instrumente der Entwicklungspolitik in ihrer Differenziertheit zu beschreiben, sie theoretisch einzuordnen und eine realistische Einschätzung über deren Potenziale und Grenzen zu ermöglichen. Der Fokus liegt dabei auf der entwicklungspolitischen Praxis, auf der Umsetzbarkeit und der Wirkung von Strategien und Instrumenten unter den jeweils vorherrschenden wirtschaftlichen, politischen, gesellschaftlichen und ökologischen Bedingungen.

Damit werden zwei Adressatengruppen angesprochen:

Zum einen Studierende und Fachleute, die eine berufliche Tätigkeit im Bereich der Entwicklungspolitik anstreben oder ausüben. Sie sollen durch das Buch Anregungen dazu erhalten, die eigene Praxis unter Berücksichtigung bisheriger Erfahrungen und wissenschaftlicher Erkenntnisse bzw. Debatten zu reflektieren und zu verbessern.

Zum anderen Studierende und Fachleute, die eine Tätigkeit an Schule, Hochschule, in der Öffentlichkeitsarbeit, in Politik und Gesellschaft anstreben oder ausüben, im Rahmen derer sie sich mit entwicklungspolitischen Fragen auseinandersetzen müssen. Diese sollen durch das Buch so weit mit der entwicklungspolitischen Praxis vertraut gemacht werden, wie es für differenzierte Einschätzungen und realitätsnahe Bildungs- und Öffentlichkeitsarbeit erforderlich ist.

Damit will das Buch auch dazu beitragen, dass der Dialog zwischen entwicklungspolitischen Spezialisten und „Machern" einerseits und kritischer Öffentlichkeit andererseits erleichtert wird. Wo „betriebsblinde Insider" mit „praxis- und realitätsfernen Outsidern" kommunizieren, wird die Auseinandersetzung um eine verbesserte Entwicklungspolitik wenig fruchtbar sein. Wo hingegen Praktiker den weiteren Kontext ihres Handelns stets im Auge behalten und wo die kritische Öffentlichkeit einen Einblick in das Handwerkszeug und die Arbeitsbedingungen der entwicklungspolitischen Praxis gewonnen hat, wird auch eine fruchtbare Auseinandersetzung über die Verbesserung der Entwicklungspolitik möglich.

Entwicklungspolitik gilt, zumindest im Kreise derer, die sich näher mit ihr befassen, als besonders problematisches und schwieriges Politikfeld. Wirft man aber einen Blick auf Politikfelder, wie die Gesundheits- oder die Bildungsreform, so relativiert sich dieses Bild erheblich. Auch in diesen Bereichen hat man es mit äußerst komplexen, multidimensionalen Problemen, mit Widersprüchen, mit hochgradig wertaufgeladenen Debatten zu tun. Alle gesellschaftspolitischen Veränderungsprozesse sind kompliziert. Sie zu gestalten und sie zu bewerten erfordert eine Reihe von Kompetenzen für jene, die Verantwortung ausüben, zu deren Erlangung dieses Buch am Beispiel der komplexen Materie Entwicklungspolitik exemplarisch beitragen will:

- Theorie-Praxis-Bezug: „Nichts ist praktischer als eine gute Theorie". Ein gute Theorie ist kondensierte, verallgemeinerte Erfahrung. Den Leserinnen und Lesern soll es deshalb leichter gemacht werden, theoretische Erkenntnisse für die Gestaltung politischer Praxis zurate zu ziehen.
- Komplexitätsbewältigung: Gesellschaftliche Veränderungen spielen sich in einem hochgradig komplexen ökonomischen, politischen, kulturellen und ökologischen Kontext ab. Bei jeder politischen Maßnahme handelt es sich um eine Intervention in komplexe gesellschaftliche oder ökologische Systeme. Dabei sind die unbeabsichtigten Nebenwirkungen oft problematischer als die als verbesserungswürdig betrachtete Ausgangssituation. Angesichts dieser überwältigenden Komplexität flüchten Politiker und Medien oft in Schlagworte, welche Lösungen nur suggerieren, während Praktiker gerne zu einfachen Patentrezepten, zu ihren vermeintlich immer und überall passenden, standardisierten Instrumentarien greifen. Dieses Buch strebt deshalb an, Komplexität handhabbar zu machen, sodass für „Macher" angemessenes Handeln und für kritische Betrachter angemessenes Urteilen möglich wird.
- Strategisches Denken: In Politik und Verwaltungspraxis wird oft input- und budgetorientiert gedacht. Wo mehr geleistet, mehr bewirkt werden soll, werden mehr Mittel gefordert. Wirkungsvolles Handeln aber besteht darin, Möglichkeiten

zu finden, mit gegebenen Mitteln mehr zu erreichen. Hierzu bedarf es der Kunst des strategischen Denkens. Es geht dabei um die Fähigkeit, Entscheidungen unter Berücksichtigung von Problemursachen, vorhandenen Potenzialen, begrenzenden Rahmenbedingungen, von Zielen, Interessen und Ideen einer Vielzahl von Akteuren systematisch abzuleiten bzw. zu bewerten.

- Multidimensionale Perspektive: Die meisten Probleme lassen sich nicht auf der Grundlage der Analysefähigkeit einer einzigen Fachdisziplin oder durch eine monosektorale Herangehensweise lösen. Märkte, Macht, Kultur und Natur sind gleichermaßen in Betracht zu ziehen, wenn es um die Suche nach funktionierenden Problemlösungen geht. Das gilt nicht nur für die Entwicklungspolitik. Deshalb versucht dieses Buch zu zeigen, wie unterschiedliche fachwissenschaftliche Perspektiven und Methoden berücksichtigt und zusammengeführt werden können. In dieser multidimensionalen Betrachtungsweise liegt auch der spezifische geographische Charakter dieses Buches.
- Behutsames Intervenieren: Unbedachte Interventionen richten oft mehr Schaden als Nutzen an. Unterbliebene Interventionen im Vertrauen auf die Selbstregulierungskräfte der Gesellschaft führen oft zu problemverschärfender Durchsetzung der kurzfristigen Interessen der gesellschaftlich Starken. Deshalb erfordert kompetente Politikgestaltung einerseits die Fähigkeit, sich der möglichen Folgen von Interventionen in komplexe Systeme bewusst zu sein und andererseits, den Mut zu gezielten und reflektierten Interventionen zu haben.
- Erfahrungsbezug: Reformpolitik ist oft kurzatmig, durch aktuelle gesellschaftliche Diskurse geprägt und unterliegt Modewellen. Oft wird dabei, getrieben von hektischer Orientierung am wechselnden Mainstream, das Kind mit dem Bade ausgeschüttet. Oft auch werden alte Fehler wiederholt, das Rad neu erfunden, weil die Zeit zum Rückblick, zum Lernen aus Erfahrungen fehlt. Dieses Buch greift deshalb bewusst auf das Erfahrungswissen aus den vergangenen Jahrzehnten zurück, will zeigen, was man aus Fehlern, aber auch aus erfolgreichen Ansätzen lernen kann. Es will dadurch auch dazu ermutigen, nicht ohne kritische Überprüfung wissenschaftlichen und konzeptionellen Modewellen zu folgen.
- Kontextbezug: Universelle Standardlösungen funktionieren selten. Es gilt stets, die unterschiedlichen lokalen Bedingungen zu berücksichtigen. Das Buch versucht, methodische Hinweise zu geben, wie man zu angepassten, kontext-, standort- und adressatenspezifischen Lösungen gelangt.

Eine bessere Entwicklungspolitik erfordert also neben politischem Willen – das lehrt gerade die praktische Erfahrung fehlgeschlagener Interventionen – vielerlei generelle, auch in anderen Bereichen relevante kognitive Kompetenzen.

Entwicklungspolitik ist aber immer auch – mehr noch als die meisten anderen Politikfelder – Gegenstand von Wertehaltungen. Wie viel Idealismus, wie viel Altruismus müssen gute entwicklungspolitische Fachleute mitbringen? Erfahrungen zeigen: Ein Übermaß an Altruismus führt nicht immer zu angemessenen Lösungen („Helfersyndrom“) und birgt die Gefahr in sich, in Frustration und Zynismus abzugleiten (RAUCH, T. 1992). Ein rein technokratisches, nicht von einem politischen, humanistischen Berufsverständnis getragenes Handeln hingegen gerät leicht in die Gefahr des opportunistischen Handelns, das sich – nach dem Prinzip des leichteren Weges – an den jeweils vorherrschenden Interessen orientiert und dadurch bestehende Probleme verschärft. Dieses Buch, das sich an in ihrer Wertehaltung weitgehend stabilisierte Leserinnen und Leser richtet, kann und will keine Wertehaltungen vermitteln. Es verkörpert aber eine Wertehaltung, die explizit dargelegt werden soll. Die hier dargestellten Ansätze bzw. Bewertungen sind getragen von der Idee einer „realistischen Solidarität". Diese orientiert sich an den Grundsätzen einer globalen Verantwortung, einer Gleichwertigkeit aller Menschen, des Interessenausgleichs (unter Berücksichtigung legitimer Eigeninteressen) und der Eigenverantwortlichkeit. Sie versteht sich als realistisch, indem sie das Eigeninteresse als Triebkraft politischen und persönlichen Handelns anerkennt und indem sie das Prinzip der Solidarität relativiert durch das Prinzip der Eigenverantwortlichkeit als Grundlage einer zukunftsfähigen Gesellschaft.

Zum Konzept und Aufbau des Buches

Um aktuelle Ansätze der entwicklungspolitischen Praxis kennenzulernen und deren Möglichkeiten und Grenzen einschätzen zu können – wie es die Zielsetzung dieses Buches vorsieht – ist es notwendig, erst ein Grundverständnis für die aktuelle Entwicklungszusammenarbeit und den dieser zugrunde liegenden Bedingungen, Erfahrungen und Auseinandersetzungen zu entwickeln. Dies wird im Teil I unter der Überschrift „Internationale Entwicklungszusammenarbeit im Wandel" angestrebt. Ziele bzw. Interessen der aktuellen EZ werden hier analysiert (Kapitel 1); es folgt eine Beschreibung der Formen der deutschen EZ im Überblick (Kapitel 2); über Umfang und Verteilung der bereitgestellten Mittel wird in Kapitel 3 informiert. Die darauffolgenden Kapitel sind dem Prozess des Wandels der EZ gewidmet: Kapitel 4 stellt den Wandel aus historischer Perspektive mit einem Überblick über fünf Jahrzehnte EZ dar. Kapitel 5 zeigt, wie die kritische Auseinandersetzung mit der EZ deren Wandel beeinflusst hat. Die daraus resultierenden aktuellen Reformansätze der internationalen EZ und die damit einhergehenden kontroversen Debatten sind Gegenstand von Kapitel 7.

Teil II ist den „Strategien und Instrumenten der Entwicklungspolitik" gewidmet. Hierbei geht es nicht primär um entwicklungspolitische Konzepte von Geberorganisationen, sondern um fachliche Ansätze, um das Handwerkszeug zur Förderung von Entwicklungsprozessen generell, unabhängig davon, ob diese im Rahmen der EZ oder ohne diese in Entwicklungsländern zur Anwendung gelangen. Der Aufbau von Teil II orientiert sich an drei – in Kapitel 7 theoretisch begründeten – Strukturierungsprinzipien:

1. Multidimensionaler Ansatz: Die vier Dimensionen nachhaltiger Entwicklung, die ökonomische, die ökologische, die politisch-institutionelle und die gesellschaftliche, sind jeweils Gegenstand der Kapitel 8, 9, 10 und 11. Dabei wird stets die Verknüpfung zwischen den Dimensionen thematisiert.

Dimension Ebene	Ökonomisch	Ökologisch	Politisch-institutionell	Gesellschaftlich/ sozio-kulturell
global	**Gestaltung weltwirtschaftlicher Rahmenbedingungen** • Handelsvereinbarungen • Regulierung der Kapitalmärkte • Globale Sozialstandards • Internationale Migrationspolitik	**Globale Umweltpolitik** • globale Umweltabkommen (z. B. Wasser, Regenwald, Biodiversität) • Ökostandards • Finanzierungsmöglichkeiten	**Global Governance** • Internationale Organisationen • Internationale Abkommen	**Globale Vernetzung der Zivilgesellschaft**
national	**Nationale Wirtschaftspolitik** • Strukturanpassungspolitik • Pro-Poor Growth-Politik	**Nationale Umweltpolitik** • Gesetze (u. a. Bodenrecht) • Anreize, Subventionen • Institutionen	**Gute Regierungsführung** • Demokratisierung • Privatisierung • Dezentralisierungspolitik	**Die Rollen der Zivilgesellschaft** **Gender Mainstreaming**
regional	**Regionale Wirtschaftsförderung** • Armutsorientierte Wirtschaftsförderung • Systemische Wettbewerbsfähigkeit • Wertschöpfungsketten-Ansatz	**Umweltbezogene Planung und Dienstleistungen** • Landnutzungsmanagement (z. B. Wassereinzugsgebiete) • Umweltbezogene Dienstleistungen	**Regionales und kommunales Entwicklungsmanagement** • dezentrale Entwicklungsplanung • dezentrale Dienstleistungssysteme • öffentlich-private Dienstleistungspartnerschaften	**Institutionalisierung von Bürgerbeteiligung** **Zielgruppen- und Gendergerechte Gestaltung von Dienstleistungen** **Förderung/Empowerment von Basisorganisationen**
lokal	**Lokale Wirtschaftsförderung** • Kleinproduzentenförderung • Förderung von Klein- und Mittel-Unternehmen	**Nachhaltiges Management natürlicher Ressourcen** • Standortgerechte technische Lösungen • Lokale Ressourcennutzungsorganisationen		
Methodik	*Potenzialanalyse Wertschöpfungsketten-Analyse*	*Landnutzungsplanung Geographische Informationssysteme/ Fernerkundung*	*Service-Systems-Ansatz*	*Partizipationsmethoden Targeting*

Tab. E/1 *Analyserahmen – ein eindimensionaler Mehr-Ebenen-Ansatz der EP*

2. Verknüpfung zwischen Empirie, Theorie, Politik, Strategie und Instrumenten: Damit wird dem Anspruch einer theoriegeleiteten Praxis Rechnung getragen. Entwicklungstheoretische Einsichten werden so zur Analyse von problemverursachenden Faktoren herangezogen, Politik und Strategie werden zu den theoretischen Erklärungsansätzen in Bezug gesetzt.
3. Mehr-Ebenen-Ansatz: Aktuelle Entwicklungspolitik versteht sich als Teil einer globalen Strukturpolitik mit Interventionen auf allen politischen Handlungsebenen: global (international, einschließlich Veränderungen in den

reichen Ländern), national, regional (im Sinne von subnational) und lokal. Die Darstellung von Politiken, Strategien und Instrumenten erfolgt deshalb differenziert nach diesen Ebenen.

Die dargestellten Strategien und Instrumente werden durch Fallbeispiele aus der Praxis veranschaulicht. Das in Teil II zusammengestellte konzeptionelle Rüstzeug für die entwicklungspolitische Praxis umfasst eine aktuelle Auswahl von bewährten Strategieansätzen und Instrumenten. Dabei werden Anwendungsmöglichkeiten und Grenzen aufgezeigt. Solche generellen strategischen und methodischen Überlegungen sind nicht als Patentrezepte und Handlungsanleitungen für Maßnahmen vor Ort zu verstehen. Vielmehr handelt es sich um verallgemeinertes Erfahrungswissen, das selektiv und in angepasster Weise bei der Suche nach kontextgerechten Problemlösungen im jeweiligen Fall zurate gezogen werden kann. Der dadurch gebotene Einblick in das „Nähkästchen", das strategische und methodische Handwerkszeug der entwicklungspolitischen Praxis, bietet gleichzeitig einen Überblick über die großen entwicklungsstrategischen Kontroversen. Hier werden die großen Wie-Fragen erörtert wie z. B.:

- Wie, durch welche Art der Agrarentwicklung kann der Hunger beseitigt werden?
- Ist die Forcierung von Freihandel eine geeignete Strategie zur Armutsminderung? Wie müsste ökonomische Globalisierung gesteuert werden, um Armut zu reduzieren?
- Wie können ausgegrenzte Bevölkerungsgruppen Zugang zu Märkten unter fairen Bedingungen erlangen?

> Gib mir die Gelassenheit,
> Dinge hinzunehmen,
> die ich nicht ändern kann,
> gib mir den Mut, Dinge zu ändern,
> die ich ändern kann,
> und gib mir die Weisheit,
> das eine vom anderen zu unterscheiden.
>
> (nach Reinhold Niebuhr, 1892–1971, Theologe und Philosoph)

- Aus welchen Quellen und mit welchen Mitteln muss der Erhalt von Regenwäldern und Biodiversität in armen Ländern finanziert werden?
- Wie können arme Bevölkerungsgruppen mit ihren begrenzten Ressourcen in die Lage versetzt werden, nachhaltig zu wirtschaften?
- Wie können sie zur Reduzierung des Ausstoßes von Treibhausgasen beitragen? Und wie können sie vor negativen Folgen des Klimawandels geschützt werden?
- Wie können Häufigkeit und Ausmaß von Naturkatastrophen reduziert werden?
- Wie kann man mit den Selbstbereicherungsinteressen der Eliten, wie mit Korruption umgehen?
- Inwieweit macht es Sinn, in anderen Ländern Demokratisierungsprozesse und verbesserte Regierungsführung zu unterstützen? Und wie geht man dabei vor?
- Wie sieht eine angemessene Rollenverteilung zwischen Staat, Privatwirtschaft und Zivilgesellschaft aus? Wie kann sie gefunden werden?

- Wie kann man Bürokratien effektiver und armutsorientierter gestalten?
- Was kann Selbsthilfe der Armen leisten? Wie viel Eigenverantwortung ist armen Bevölkerungsgruppen zuzumuten?
- Wie kann Partizipation breiter Bevölkerungsgruppen an politischen Entscheidungsprozessen organisiert werden? Und wie kann sichergestellt werden, dass die Interessen benachteiligter Gruppen dabei zur Geltung kommen?
- Wie können bei der Umsetzung des Gleichberechtigungsgedankens andersartige kulturelle Systeme berücksichtigt werden?

All das sind Fragen, die die entwicklungspolitische Praxis täglich in den meisten Ländern beschäftigen. Fragen, auf die es zwar keine allgemeingültigen Antworten gibt, aber doch zahlreiche vielversprechende Lösungsansätze in einzelnen Regionen. Mit solchen Lösungsansätzen Mut machen und zu kreativem Denken anregen, durch Aufzeigen der Grenzen solcher Ansätze zu nüchterner Skepsis mahnen, dazu will dieses Buch beitragen.

Zusammenfassung

Fazit

- Entwicklungspolitik setzt sich aus einem breiten, heterogenen Spektrum von Politikfeldern, Berufsgruppen und Maßnahmen zusammen.
- Entwicklungspolitik wird in Entwicklungsländern, in den reichen „Geber"-Ländern und auf globaler Ebene betrieben. Entwicklungszusammenarbeit umfasst die Kooperation zwischen reichen und armen Ländern im Bereich der Entwicklungspolitik. Mit dem Begriff ODA (Official Development Assistance) wird der mit EZ verbundene Ressourcentransfer bezeichnet.
- EZ findet heute nicht mehr nur in Form von Entwicklungsprojekten statt, sondern auf allen politischen Ebenen.
- EZ ist heute zwar einerseits in einer Krise, weil sie die Erwartungen nicht erfüllt hat, steht aber andererseits weit oben auf der politischen Tagesordnung, weil im Rahmen der Globalisierung der Druck auf die Lösung der globalen Menschheitsprobleme wächst.
- Dieser Band über die entwicklungspolitische Praxis verfolgt den Zweck, einerseits auf dieses komplexe Aufgabenfeld realitätsnah vorzubereiten und andererseits für die entwicklungspolitische Bildungs- und Öffentlichkeitsarbeit eine differenzierte Einschätzung dieses widersprüchlichen Politikfeldes zu ermöglichen.

Zum Einlesen

Scholz, F. (2006): Entwicklungsländer. Entwicklungspolitische Grundlagen und regionale Beispiele. – Westermann, Braunschweig.
Bietet einen Überblick über die Probleme der Unterentwicklung anhand von anschaulichen Beispielen, über wichtige generelle Entwicklungsstrategien und über die Institutionen der EZ.

Nuscheler, F. (2005): Entwicklungspolitik. Lern- und Arbeitsbuch. – Dietz, Bonn.
Umfassendes Kompendium zu allen relevanten entwicklungspolitischen Themenfeldern. Der Fokus liegt auf der makropolitischen Perspektive, weniger auf den fachlichen Konzepten der Umsetzung von Entwicklungspolitik.

Internationale Entwicklungszusammenarbeit im Wandel

***Abb. 1/1** Die Entwicklungszusammenarbeit als Politikfeld unterliegt vielfältigen gesellschaftlichen, politischen und wirtschaftlichen Interessen und Motiven*

1 Ziele und Begründungen der internationalen Entwicklungszusammenarbeit

Warum unterstützen reiche Länder arme Länder unter Einsatz von Steuergeldern bei der Förderung ihrer Entwicklung? Auf diese Frage gibt es zweierlei Antworten: Einerseits die offiziellen Begründungen, die normativen Zielformulierungen; andererseits die sich dahinter verbergenden Motive und Interessen, die jenseits von Normen menschlichen Handelns und politischen Entscheidungen bestimmt werden.
Dieses Kapitel wird sich der Vielzahl von Zielen, Zielformulierungen und Interessen, welche die Entwicklungspolitik strukturieren, widmen und einige davon näher betrachten.

1.1 Die offiziellen Ziele

Die offizielle Antwort der Bundesregierung auf die Frage nach dem Warum der EZ (Entwicklungszusammenarbeit) lautet: „Ziel der deutschen Entwicklungspolitik ist es, dazu beizutragen, die weltweite Armut zu mindern, den Frieden zu sichern und die Globalisierung gerecht zu gestalten. [… dabei] „orientiert sich die deutsche Entwicklungspolitik am Leitbild einer global nachhaltigen Entwicklung, die sich gleichermaßen in wirtschaftlicher Leistungsfähigkeit, sozialer Gerechtigkeit, ökologischer Tragfähigkeit und politischer Stabilität ausdrückt“ (BMZ 2005, 17).

Ziele und Zielvorgaben	Indikatoren
Ziel 1: Beseitigung der extremen Armut und des Hungers	
Zielvorgabe 1 Zwischen 1990 und 2015 den Anteil der Menschen halbieren, deren Einkommen weniger als 1 US-$ pro Tag beträgt	1. Anteil der Bevölkerung mit weniger als 1 US-$ pro Tag 2. Armutslückenverhältnis (*poverty ratio gap*, Armutsvorkommen x Armutstiefe) 3. Anteil des ärmsten Fünftels am nationalen Konsum
Zielvorgabe 2 Zwischen 1990 und 2015 den Anteil der Menschen halbieren, die Hunger leiden	4. Verbreitung von Untergewicht bei Kindern unter fünf Jahren 5. Anteil der Bevölkerung unter dem Mindestniveau des Nahrungsenergie-verbrauchs
Ziel 2: Verwirklichung der allgemeinen Grundschulbildung	
Zielvorgabe 3 Bis zum Jahr 2015 sicherstellen, dass Kinder in der ganzen Welt, Jungen wie Mädchen, eine Grundschulbildung vollständig abschließen können.	6. Nettoeinschulungsquote im Primarschulbereich 7. Anteil der Erstklässler, die das fünfte Schuljahr erreichen 8. Alphabetisierungsquote bei den 15- bis 24-Jährigen
Ziel 3: Gleichstellung der Geschlechter und Empowerment der Frauen	
Zielvorgabe 4 Das Geschlechtergefälle in der Grund- und Sekundarschulbildung beseitigen, vorzugsweise bis 2005 und auf allen Bildungsebenene bis spätestens 2015	9. Verhältnis Mädchen/Jungen in der Primar-, Sekundar- und Tertiärausbildung 10. Verhältnis weibliche/männliche Alphabeten (15- bis 24-Jährige) 11. Anteil der Frauen an den nichtselbstständigen Erwerbstätigen im Nicht-Agrarsektor 12. Anteil der Sitze in nationalen Parlamenten für Frauen
Ziel 4: Senkung der Kindersterblichkeit	
Zielvorgabe 5 Zwischen 1990 und 2015 die Sterblichkeitsrate von Kindern unter fünf Jahren um zwei Drittel senken.	13. Sterblichkeitsrate von Kindern unter fünf Jahren 14. Säuglingssterblichkeitsrate 15. Anteil der Einjährigen, die gegen Masern geimpft wurden
Ziel 5: Verbesserung der Gesundheit von Müttern	
Zielvorgabe 6 Zwischen 1990 und 2015 die Müttersterblichkeitsrate um drei Viertel senken.	16. Müttersterblichkeitsrate 17. Anteil der von medizinischem Fachpersonal begleiteten Geburten.

Tab. 1.1/1 *Die Milleniums-Entwicklungsziele mit Zielvorgaben und Indikatoren*

Zentraler Bezugspunkt der deutschen Entwicklungspolitik ist dabei seit 2000 die Millenniumserklärung der Vereinten Nationen (UN, 2000). Diese gilt als verbindlicher Orientierungsrahmen und Messlatte deutscher Entwicklungspolitik. In dieser Millenniumserklärung verpflichten sich 189 Mitgliedsstaaten, „alles daranzusetzen, das Recht auf Entwicklung zu verwirklichen, die extreme Armut zu beseitigen, den Umgang mit der Natur nachhaltig zu gestalten, die Demokratie zu fördern, die Rechtsstaatlichkeit und die international anerkannten Menschenrechte zu stärken, den Frieden zu wahren und damit die Welt sicherer zu machen“ (BMZ, 2006, 172).

Aus der Millenniumserklärung wurden 2001 Millenniums-Entwicklungsziele (Millennium Development Goals – MDG's) abgeleitet.

Die deutsche EZ setzt sich also nicht mehr nach eigenem Gutdünken ihre eigenen entwicklungspolitischen Ziele. Sie orientiert sich vielmehr an gemeinsamen globalen Zielsetzungen, an Zielformulierungen, die auch von den Partnerländern unterzeichnet wurden. Darin ist zum einen ein Bekenntnis zum Multilateralismus zu sehen: „Entwicklungspolitik ist eine internationale Gemeinschaftsaufgabe“ (BMZ, 2006, 174). Zum anderen wird dadurch die Legitimation der mit EZ stets verbundenen politischen Einmischung verbessert. Die Akteure der EZ können sich auf gemeinsam vereinbarte Ziele und Grundsätze berufen, wenn es um die Aushandlung von Zielen für konkrete Kooperationsprojekte geht. Darüber hinaus bietet die Einbindung der EZ in globale Abkommen dem BMZ (**B**undes**m**inisterium für wirtschaftliche **Z**usammenarbeit und Entwicklung) die Möglichkeit, bei innenpolitischen Auseinandersetzungen um EZ-Mittel auf internationale Verpflichtungen zu verweisen.

1.2 Begründungen der Entwicklungszusammenarbeit für das heimische Publikum

Im BMZ macht man sich aber offensichtlich keine Illusionen darüber, dass Solidarität mit armen Menschen in fernen Ländern ein hinreichend starkes politisches Argument sein könnte, um mehr Steuergelder für EZ zu mobilisieren. Die BMZ-Broschüren liefern deshalb weitere – überwiegend für den innerdeutschen Gebrauch bestimmte – Begründungen für die EZ. Sie orientiert sich an einem „aufgeklärten Eigeninteresse“. Dessen zentrales Motto lautet: „Wenn die Menschen dort (in den Ländern des Südens und Ostens) die Chance haben, ihre Lebenssituation zu verbessern, trägt das auch zur Zukunftssicherung bei uns bei“ (BMZ, 2004, 6). Das „aufgeklärte Eigeninteresse“ an EZ beruht auf folgenden Hypothesen:

- „Armut […] führt zu sozialen Unruhen und politischer Destabilisierung in vielen Regionen der Welt. Sie ist damit eine unmittelbare Bedrohung der internationalen Sicherheit“ (BMZ, 2006,

171). Beseitigung der Armut ist somit eine Voraussetzung für globalen Frieden. Diese Begründung gewann nach dem 11. September 2001 an Gewicht.

- „Entwicklung auf Kosten der natürlichen Ressourcen und Lebensräume führt zu keinem Fortschritt. Im Gegenteil: Sie verschlechtert gerade die Lebenssituation der Ärmsten fatal. Von den Folgen – Umweltzerstörung und Konflikte um knappe Ressourcen – sind unweigerlich auch die reichen Länder betroffen. […] Die natürlichen Ressourcen als Lebensgrundlage aller Menschen zu erhalten, liegt auch in unserem Interesse" (BMZ, 2003, 7).
- Armut und fehlende Zukunftsperspektiven in ihren Heimatländern zwingen viele Menschen zur Migration in reichere Länder. Dies führt nicht nur zum Entzug wertvoller Arbeitskräfte und zu sozialen Verwerfungen in den Herkunftsländern, sondern auch zu arbeitsmarktpolitischen Problemen und sozialen Spannungen hierzulande. Es liegt deshalb im Interesse der reichen Länder, das Armutsproblem in den Herkunftsländern der Armen zu lösen.
- Wer arm ist, kann unsere Produkte nicht kaufen, kann nicht zur Entwicklung der Märkte beitragen. Gerade Deutschland als „Exportweltmeister" muss deshalb zur Stärkung der globalen Nachfrage und damit zur langfristigen Sicherung unserer Arbeitsplätze ein Interesse an der Überwindung von Armut haben.

Die Begründungen der deutschen Entwicklungspolitik gehen also davon aus, dass das moralische Ziel einer globalen Gerechtigkeit, des Abbaus der Kluft zwischen Arm und Reich, vereinbar ist mit den langfristigen Interessen der reichen Länder im Sinne einer gemeinsamen globalen Verantwortung für die Zukunft der gegenwärtigen und nachfolgenden Generationen. Das zugrunde liegende Konzept des „aufgeklärten Eigeninteresses" (Nuscheler, F. 2005) ist zu verstehen als Versuch, Entwicklungspolitik nüchterner und ehrlicher zu begründen und dadurch mehr öffentlichen Rückhalt zu gewinnen. Zugleich werden damit „aufgeklärte", langfristige Interessen in Gegensatz gestellt zu den für eine konsequente Armutsorientierung hinderlichen, kurzsichtigen Eigeninteressen, wie sie etwa in einer Subventionierung von Agrarexporten zugunsten von europäischen Landwirten und zulasten der Einkommensmöglichkeiten von armen Bauern in Entwicklungsländern zum Ausdruck kommen.

Inwieweit solche „aufgeklärten" Eigeninteressen im konkreten Fall mit den eigentlichen entwicklungspolitischen Zielen vereinbar sind, ist Gegenstand vieler Debatten. Generell lässt sich feststellen, dass zwischen nachhaltiger Armutsminderung einerseits und den Eigeninteressen Friedenssicherung, Umwelterhaltung, Migrationsbegrenzung und Absatzmarktentwicklung andererseits nicht nur die genannten positiven Zusammenhänge, sondern auch Spannungsfelder bestehen. Diese wirken tendenziell dann zulasten einer Armutsorientierung, wenn Entwicklungspolitik einseitig in den Dienst dieser Eigeninteressen gestellt wird: Wenn z. B. Entwicklungspolitik primär in den Dienst der Sicherheitspolitik gestellt wird (z. B. Afghanistan), wenn also EZ-Mittel bevorzugt in aktuelle Brennpunkt-Regionen fließen, werden die Armen in ruhigeren und strategisch unwichtigen Regionen vernachlässigt. Wenn Entwicklungspolitik primär dem Klimaschutz oder der Erhaltung der Biodiversität und der Regenwälder dienen soll, wird das Augenmerk vom Problem der Armut und ihrer Ursachen abgelenkt. Wo das Markterschließungsinteresse in den Vordergrund gerückt wird, geht das tendenziell zulasten der Entwicklung lokaler Märkte und des Aufbaus eines verarbeitenden Gewerbes in armen Regionen. Eigeninteresse verdient also nur dann das Prädikat „aufgeklärt", wenn es Armutsminderung als notwendige langfristige Bedingung für die Erhaltung von Frieden, Umwelt und Handel begreift, nicht aber wenn EZ als Mittel für solche Zwecke – zulasten des ODA-Finanzrahmens – instrumentalisiert wird.

1.3 Entwicklungszusammenarbeit im Spannungsfeld von Interessenkonflikten

Der Hinweis auf Eigeninteressen führt zur zweiten der eingangs gestellten Fragen zur Begründung der EZ, der Frage nach den tatsächlichen, in die EZ einfließenden Interessen, jenseits der offiziellen politischen Zielsetzungen. Seit ihren Anfängen in den 1950er-Jahren des vergangenen Jahrhunderts wird EZ in Deutschland und anderswo von vier Interessensausrichtungen beeinflusst bzw. instrumentalisiert:

- außen- und sicherheitspolitische Interessen,
- außenwirtschaftspolitische Interessen,
- Eigeninteressen der an EZ beteiligten Organisationen und Akteure,
- das von der entwicklungspolitischen Lobby vertretene Entwicklungsinteresse, einhergehend mit dem oben thematisierten „aufgeklärtem Eigeninteresse" an einer langfristigen Stabilisierung des globalen Systems.

Diese zum Teil. miteinander konkurrierenden Interessen haben über all die Jahrzehnte hinweg Entwicklungspolitik in unterschiedlichem Maße – manchmal explizit, manchmal unterschwellig – geprägt und prägen sie heute noch. Sie werden im Folgenden näher beleuchtet.

1.3.1 Das außen- und sicherheitspolitische Interesse

EZ ist ein Teil der Gestaltung internationaler Beziehungen und ist damit, formal betrachtet, Teil der Außenpolitik. In den meisten Geberländern untersteht die EZ – anders als in Deutschland – deshalb auch dem Außenministerium. In den Koalitionsvereinbarungen der verschiedenen Bundesregierungen wurde Entwicklungspolitik in der Regel als „eigenständiger Bereich der deutschen Außenpolitik" eingeordnet. Entscheidend ist dabei die Frage, welches Gewicht entwicklungspolitische Ziele neben anderen mehr oder weniger legitimen außenpolitischen Zielen – wie etwa Erweiterung von Einflusszonen, Bündnispolitik, Sicherheitsinteressen – erhalten.

Klassisches Beispiel für die Problematik einer außenpolitischen Ausrichtung der EZ ist deren Instrumentalisierung im Rahmen des Ost-West-Konfliktes vor 1990. Im Kampf um globale Vorherrschaft benutzten „Erste" (westliche Industrieländer) und „Zweite Welt" (kommunistische Länder) die EZ als Mittel, um Bündnispartner in der „Dritten Welt" auf ihre Seite zu ziehen. Folglich wurden auch diktatorische, korrupte, nicht entwicklungsorientierte politische Regime unterstützt, ohne allzu streng zu prüfen, ob die Mittel zum Nutzen bedürftiger Bevölkerungsgruppen verwendet wurden. Oder es wurden aus politischen Gründen finanzielle Zusagen gemacht, ohne dass seriöse Projektvorschläge vorlagen bzw. obwohl die Projektprüfung starke Zweifel an der zu erwartenden Wirksamkeit der Maßnahme zum Ausdruck brachte. Ein besonders drastischer und offensichtlicher Fall außenpolitischer Instrumentalisierung der EZ durch westdeutsche Regierungen war in den 1960er-Jahren die so genannte Hallstein-Doktrin. Ihr zufolge sollten Staaten, die die DDR politisch anerkannten, keine Unterstützung erhalten. Das führte dazu, dass die Bundesrepublik in möglichst allen damaligen Ländern der „Dritten Welt" nach dem Gießkannenprinzip EZ-Unterstützung leistete, um über ein Mittel zur Verhinderung der Anerkennung der DDR zu verfügen. Bedürftigkeit und Förderungswürdigkeit spielten dabei eine zweitrangige Rolle.

Nach 1990 entfiel der Ost-West-Konflikt als außenpolitisches Motiv, und die entwicklungspolitische Lobby freute sich darüber, dass nun EZ nach primär entwicklungspolitischen Gesichtspunkten der Förderungswürdigkeit praktiziert werden konnte. Auch eine zunehmende Multilateralisierung der Entwicklungspolitik sollte diese vom Einfluss nationalstaatlicher Interessen befreien. Seit 2001 bietet sich die stets um Anerkennung ihrer Notwendigkeit bemühte Entwicklungspolitik als Teil einer „präventiven Sicherheitspolitik", als Beitrag zum „Kampf gegen den Terror" an. Die Einschätzung, dass Frieden langfristig nur durch Überwindung von Massenarmut erreicht werden kann, fand seitdem zwar breite öffentliche und politische Akzeptanz, wurde aber dadurch erkauft, dass EZ sich nun stärker in sicherheitspolitische Strategien einordnen muss. Manche Beobachter sprechen von einer „Militarisierung der EZ". Das BMZ ist bemüht, solch eine einseitige Instrumentalisierung der EZ zu vermeiden und stattdessen in seinem Streben nach „entwicklungspolitischer Kohärenz" aller Politikbereiche eine gemeinsame Außen- und Sicherheitspolitik zu erreichen, die auch den entwicklungspolitischen Gesichtspunkten Rechnung trägt. Inwieweit die politischen Kräfteverhältnisse das zulassen werden, bleibt abzuwarten.

Der Konflikt zwischen Außen- und Entwicklungspolitik spielt sich aber auch in jedem einzelnen Partnerland der EZ ab. Hier stoßen die diplomatischen Interessen der Botschaften auf die entwicklungspolitischen Kriterien des BMZ. Die Diplomatie tendiert gelegentlich zu einer etwas großzügigeren Auslegung entwicklungspolitischer Grundsätze und ist eher geneigt, durch Finanzierung politisch gewollter Prestigeprojekte Goodwill bei der politischen Führung des Partnerlandes zu erzeugen. Demgegenüber neigen Vertreter der EZ tendenziell dazu, strengere Maßstäbe anzulegen und sich nötigenfalls – z. B. orientiert am Ziel einer verbesserten Regierungsführung oder einer konsequenteren Umweltpolitik – massiv politisch einzumischen. Aus der Perspektive von Diplomaten bewegen sie sich dabei oft wie „Elefanten im Porzellanladen".

1.3.2 Das außenwirtschaftspolitische Interesse

Bei Außenwirtschaftspolitik geht es um die Sicherung des Zugangs zu Rohstoffen, um den Zugang zu Absatzmärkten und die Öffnung der Kapitalmärkte für Privatinvestitionen von Unternehmen aus den Geberländern (NUSCHELER, F. 2005). Um diese Interessen durchzusetzen, hat sich die Außenwirtschaftspolitik aller Geberländer mehr oder minder offensiv der Entwicklungspolitik bedient. In den 1960er-Jahren hat das BMZ mit dem viel zitierten Spruch „Entwicklungshilfe heißt, dass wir es den Menschen in Entwicklungsländern ermöglichen, unsere Waren zu kaufen" in der deutschen Öffentlichkeit für EZ geworben. Nach dem Ölpreisschock 1973 hatten gute Beziehungen zu Rohstoffländern und der Ausbau der dortigen Infrastruktur

***Abb. 1.3.2/1** Was zu diskutieren ist: Entwicklungspolitik als Last?!*

Priorität. In den 1980er-Jahren, als hierzulande Arbeitslosigkeit zum Problem wurde, beschloss das BMZ eine Leitlinie zur Erhöhung der Beschäftigungswirksamkeit der EZ in Deutschland durch stärkere Lieferbindung. Diese verlangte, dass deutsche Firmen bei durch EZ-Mittel finanzierten Materiallieferungen bevorzugt berücksichtigt werden sollten. Nun durften also in von deutscher Seite finanzierten Entwicklungsprojekten beispielsweise keine japanischen Autos mehr gekauft werden (auch wenn sie im betreffenden Partnerland günstiger waren); vielmehr mussten alle Fahrzeuge in Deutschland bestellt werden (eine Regel, die sich allerdings mit weniger glaubwürdigere Begründungen umgehen ließ).

Mit der neoliberalen Strukturanpassungspolitik der späten 1980er- und frühen 1990er-Jahre wurde das außenwirtschaftspolitische Interesse der Industrieländer zur entwicklungswissenschaftlichen Doktrin erhoben (vgl. Abb. 1.3.2/1). Was für die globalen Verwertungsinteressen des Kapitals notwendig war, nämlich freier Zugang zu Rohstoffquellen, Öffnung der Märkte für Waren und Kapital und ein attraktives, von Regulierungen weitgehend unbeeinträchtigtes Investitionsklima, wurde nun unter dem Motto Deregulierung zum zentralen Ansatz der Entwicklungsförderung und Armutsminderung erklärt. Die ambivalenten Resultate des damit einhergehenden ökonomischen Globalisierungsprozesses, die Verschärfung der Kluft zwischen Arm und Reich führten aber auch zur Stärkung von Gegenströmungen zur Freihandelsdoktrin im entwicklungspolitischen Lager. So sieht das BMZ seit 1998 die Notwendigkeit einer „ordnungs- und strukturpolitischen Gestaltung von Globalisierung", orientiert am Leitbild einer globalen nachhaltigen Entwicklung (BMZ 2004, 10). Die Phase der weitgehenden Unterordnung der Entwicklungspolitik unter die Freihandelsdoktrin und außenwirtschaftliche Interessen war damit beendet. Angestrebt wird nun eine Kohärenz, also ein wechselseitig aufeinander abgestimmter Gleichklang, zwischen Handels- und Entwicklungspolitik im Rahmen einer „globalen Strukturpolitik". Die bisherigen Ergebnisse sind aus entwicklungspolitischer Sicht bescheiden, wie das Scheitern der „Entwicklungsrunde" (Doha-Runde) der Welthandelskonferenz in Cancún (2003) belegt. Es gelang dort nicht, einen Kompromiss zwischen den außenwirtschaftspolitischen Interessen der reichen OECD-Länder und den entwicklungspolitischen Interessen der Länder des Südens zu finden. Die Verhandlungen mussten ohne Ergebnis abgebrochen werden. So konnten sich immerhin auch die wirtschaftlichen Interessen der Industrieländer nicht durchsetzen.

1.3.3 Das Eigeninteresse der „Entwicklungsindustrie"

Auch die im Bereich Entwicklungspolitik tätigen Organisationen und Personen arbeiten nicht in einem interessenfreien Raum. Zwar treten sie einerseits als Anwälte des entwicklungspolitischen Anliegens auf. Doch ihr Handeln ist gleichzeitig beeinflusst von einer Vielfalt von Eigeninteressen, allen voran dem Interesse, „im Geschäft zu bleiben" (vgl. Abb. 1.3.3/1). Denn die EZ ist ein Geschäft für die an ihr beteiligten Organisationen und Individuen; ähnlich wie etwa Gesundheit, Wissenschaft oder Sozialarbeit ein Geschäft für die Anbieter diesbezüglicher Leistungen sind. Dies ist nicht per se verwerflich. Auch Professionalität, die sich der Lösung des Armutsproblems widmet, benötigt eine gesicherte materielle Existenzgrundlage, will und soll angemessen entlohnt werden. Doch geraten die Eigeninteressen der Entwicklungsbranche nicht selten in Konflikt mit den entwicklungspolitischen Zielen. Zwei besonders problematische institutionelle Eigeninteressen seien hier exemplarisch hervorgehoben (Rauch, T. 1996a):

- Bürokratische Abwicklungsorientierung, Etatmaximierung und Mittelabflussdruck: Die Bedeutung von Organisationen und Abteilungen innerhalb solcher Organisationen, die Wichtigkeit und die Aufstiegschancen von Mitarbeiterinnen und Mitarbeitern bemessen sich nach dem Auftrags- bzw. Budgetvolumen und nach der Fähigkeit, die geplanten Ausgaben termingerecht zu tätigen. Quantität beeinflusst das Image der Verantwortlichen meist stärker als die so schwer zu messende und stets umstrittene Qualität. Wer in diesem System Projektvorschläge allzu

***Abb. 1.3.3/1** Die Dimension des Eigeninteresses entwicklungspolitischen Anliegens*

kritisch im Hinblick auf Realisierbarkeit und entwicklungspolitische Vertretbarkeit überprüft, schadet tendenziell den eigenen Interessen und denen der Organisation. Nicht zustande kommende Maßnahmen reduzieren Jobs und Umsatz. Entsprechendes gilt für Mitarbeiter und Abteilungen, die zugesagte Mittel nicht ausgeben, d. h. verfallen lassen, etwa weil ein entwicklungspolitisch angemessenes Vorgehen mehr Zeit erfordern würde. Diese – nicht auf die Entwicklungspolitik beschränkte – Problematik findet man nicht nur in staatlichen Bürokratien vor, sondern auch im Bereich der Nicht-Regierungsorganisationen. Wo Hilfsorganisationen sich gegenseitig „auf den Füßen herum treten", oder in Fällen, in denen Nahrungsmittelhilfe an Orten eingesetzt wird, wo sie nicht gebraucht wird (und somit lokalen Bauern die Preise bzw. Absatzchancen verdirbt), dort ist die Ursache solch fehlgeleiteter „Hilfe" meist in den hier skizzierten institutionellen Eigeninteressen zu suchen.

- Selbstverewigungsinteresse: Es entspricht nicht dem unmittelbaren Eigeninteresse von Organisationen und den in ihnen arbeitenden Personen, sich selbst überflüssig zu machen. Gute EZ hingegen müsste dazu führen, dass die zuständigen Akteure so schnell wie möglich überflüssig werden. Das Eigeninteresse der Helfer führt also tendenziell dazu, dass „Hilfe" auch dort geleistet wird, wo sie nicht nötig ist, dass mehr Material und Personal eingesetzt wird, als wirklich benötigt wird und dass die Dauer der Projekte oder Programme unnötig verlängert wird. Es lassen sich immer gute Gründe finden, warum ein Rückzug verfrüht erscheint. Folge: Das Gefühl der Eigenverantwortlichkeit bei den Adressaten der Unterstützung wird untergraben. Es kommt zur allseits beklagten Empfängermentalität und Entmündigung.

Solche problematischen Eigeninteressen können in der EZ durch die Eigeninteressen der Organisationen des Partnerlandes tendenziell noch verstärkt werden; denn auch auf Seite der Unterstützungsempfänger stehen Behörden, deren Mitarbeiter von der EZ leben. Je mehr und je länger, desto besser. Anders als bei zu bezahlenden privatwirtschaftlichen Dienstleistungen gibt es bei unentgeltlichen Leistungen zwischen staatlichen Bürokratien bzw. gemeinnützigen Organisationen niemanden, der ein Eigeninteresse daran hat, den Leistungsumfang auf das Nötige zu begrenzen und die Leistung so effektiv und kostengünstig wie möglich zu erbringen (ein Hinweis auf Parallelen zur Problematik im Gesundheitssektor, zum Verhältnis zwischen Ärzten, Krankenkassen und Patienten soll dazu dienen, den systemischen Charakter dieses Phänomens zu erkennen).

1.3.4 Das von der entwicklungspolitischen Lobby vertretene Entwicklungsinteresse

Die hier beschriebenen – höchst unterschiedlichen – Eigeninteressen stehen in Widerstreit mit dem von einer nationalen und internationalen Lobby artikulierten Entwicklungsinteresse. Da auch das berufliche Wirken vieler entwicklungspolitischer Fachleute innerhalb staatlicher und nicht-staatlicher Organisationen – hier und in den Ländern des Südens – nicht allein von Eigeninteressen, sondern auch von professionellem Ethos und entwicklungspolitischem Engagement geprägt ist, zieht sich der Konflikt zwischen den divergierenden Interessen durch die meisten entwicklungspolitischen Organisationen und führt oft auch zu einem Zwiespalt bei den einzelnen verantwortlichen Personen. Oft hängt es von der Führung in entwicklungspolitischen Organisationen ab, ob die Mitarbeiter sich stärker am Eigeninteresse des ‚Unternehmens' oder an entwicklungspolitischen Grundsätzen orientieren. Angesichts des Trends zu einer zunehmend betriebswirtschaftlichen Ausrichtung auch gemeinnütziger oder im öffentlichen Auftrag handelnder Organisationen rückte in den letzten Jahren der Diskurs um das Verhältnis zwischen Unternehmensinteressen und entwicklungspolitischer Orientierung stärker in den Vordergrund.

Dass es trotz des großen Engagements der Entwicklungs-Lobby so schwer ist, dem entwicklungspolitischen Interesse bzw. dem langfristigen aufgeklärten Eigeninteresse den anderen Interessen gegenüber zur Durchsetzung zu verhelfen, liegt auch daran, dass das Entwicklungsinteresse sehr unterschiedlich definiert wird. Zwar kann man sich auf allgemein gehaltene Grundsätze wie Armutsminderung oder nachhaltige Entwicklung einigen. Doch das Verständnis von „Entwicklung" ist auch im Kreis der entwicklungspolitisch Engagierten sehr unterschiedlich (siehe Exkurs zum Entwicklungsbegriff). Noch unterschiedlicher sind die Einschätzungen über den besten Weg zum Ziel „Entwicklung". Für manche wird Armut am besten durch Wirtschaftswachstum überwunden und dieses durch Freihandel gefördert. Für andere sind massive Investitionen in den Gesundheits- und Bildungssektor der Schlüssel zur Armutsminderung. Und wieder andere setzen auf die Notwendigkeit verbesserter Institutionen und auf gute Regierungsführung. Wo es aber unklar bzw. umstritten ist, was entwicklungspolitisch richtig ist, dort wird es für eine entwicklungspolitische Lobby schwer, dem als „richtig" erkannten gegenüber problematischen Interessen zum Durchbruch zu verhelfen (Glagow, M. et al. 1983).

Zum Verständnis von Entwicklung

Den entwicklungspolitischen Zielsetzungen liegt ein Verständnis von Entwicklung zugrunde. Hierüber besteht aber im Kreise der verantwortlichen Akteure bis heute kein Einvernehmen. Eine Klärung des Entwicklungsbegriffs ist deshalb in einem Buch über die „Praxis der Entwicklungspolitik" unverzichtbar. Die Diskussionen um diesen Begriff sind weitaus älter als die Entwicklungspolitik. Sie sollen hier nicht vollständig wiedergegeben (Nohlen, D. & F. Nuscheler 1974, 1982, 1992), sondern nur so weit erörtert werden, wie es für das Verständnis dieses Buches notwendig erscheint.

Generell wird unter Entwicklung ein Veränderungsprozess verstanden, eine Aufeinanderfolge von verschiedenen Formen und Zuständen. Schon die Philosophen des 18./19. Jh. setzten sich damit auseinander, ob man darunter nur positiv zu bewertende Veränderungen („Fortschritt" bei E. Kant, „Evolution" bei Ch. Darwin) oder wertfrei jegliche Veränderung (z. B. „Dialektische Entwicklung" bei Hegel) verstehen sollte. Dabei spielte der Gedanke des „Aufwickelns", der Entfaltung von „schlummernden" Anlagen bzw. Fähigkeiten eine zentrale Rolle. Das kann man auf Veränderungsprozesse in der Natur, bei Individuen oder in einer Gesellschaft beziehen.

Im Kontext von Entwicklungspolitik, einer gezielten Förderung von Entwicklung, geht es um positive Veränderungsprozesse in Gesellschaften und um eine Verbesserung der Lebensbedingungen der Menschen, also um ein normatives Verständnis von Entwicklung. Mit dieser noch sehr allgemeinen Formulierung endet bereits der Konsens. Darüber, was als „positiv" bzw. als „Verbesserung" zu bewerten ist, wird bis heute gestritten. F. Nuscheler gibt in seinem Lern- und Arbeitsbuch „Entwicklungspolitik" (2005) einen guten Überblick über die Facetten dieser Debatte, die hier daher nicht wiederholt werden soll. Die gängigsten Vorstellungen von Entwicklung in der entwicklungspolitischen Diskussion lassen sich vereinfachend wie folgt skizzieren:

A. „Nachholende Entwicklung" als ein durch Produktivkraftentwicklung/Wirtschaftswachstum und Modernisierung gekennzeichneter Prozess, der nach dem Vorbild der Industrieländer zu Massenwohlstand und Durchsetzung demokratischer Rechte führen soll.

B. Grundbedürfnis- und menschenrechtsorientierte Entwicklung fokussiert auf das Erreichen von Minimumstandards der Befriedigung materieller und immaterieller Bedürfnisse. Es sollen also nur Veränderungsprozesse zur Beseitigung nicht tolerierbarer Missstände nach universellen normativen Gesichtspunkten gefördert werden. Darüber hinausgehende Veränderungen sind demnach nicht Gegenstand entwicklungspolitischer Einflussnahme.

C. Nachhaltige Entwicklung ist ein Konzept, das die Zukunft mit einbezieht, indem der Veränderungsprozess so zu gestalten ist, dass nicht nur die Grundbedürfnisse der derzeit lebenden Menschen, sondern auch die künftiger Generationen befriedigt werden können. Der Fokus liegt hier auf der Erhaltung der natürlichen Lebensgrundlagen, wenngleich das Konzept 1992 auf der UN-Konferenz zu Umwelt und Entwicklung in Rio de Janeiro um die ökonomische und soziale Dimension von Nachhaltigkeit erweitert wurde, um sicher zu stellen, dass der Aspekt der ökologischen Nachhaltigkeit nicht einseitig zulasten wirtschaftlicher und sozialer Entwicklung betont wird. Entscheidend am Konzept der nachhaltigen Entwicklung ist, dass hier nicht allein das Problem der „Entwicklungsländer" thematisiert wird, sondern auch der Entwicklungspfad der reichen Länder.

D. Entwicklung als Entfaltung von Fähigkeiten betont die Notwendigkeit der Förderung menschlicher Potenziale nicht nur als Mittel zum Zweck der besseren Befriedigung materieller Bedürfnisse, sondern als Kernelement von Lebensqualität, als Erweiterung menschlicher Freiheit (Sen, A. 2002).

Aus den vielschichtigen Kontroversen um den Entwicklungsbegriff, die unter dem Motto „Post Developmentalismus" bis hin zu dessen totaler Ablehnung führten (vgl. Kapitel 5), sind einige Konsequenzen für ein angemessenes Begriffsverständnis zu formulieren, das sich als Grundlage für eine realistische und normativ vertretbare entwicklungspolitische Beeinflussung gesellschaftlicher Veränderungsprozesse eignet: Solch ein politisches, als Grundlage für Interventionen dienendes Entwicklungsverständnis

- darf sich nicht am ökologisch fragwürdigen (aber auch aus anderen Perspektiven kritisch zu sehenden) Entwicklungsweg und Zustand der heutigen Industrieländer orientieren, sondern muss für selbstbestimmte eigene Entwicklungswege offen sein,
- muss sich an universell akzeptierten Minimumstandards orientieren und vermeiden, darüber hinausgehend Entwicklungswege zu präjudizieren,
- muss den Aspekt der Nachhaltigkeit bzw. Zukunftsfähigkeit mit beinhalten und damit auch Veränderungsprozesse in Industrieländern einbeziehen,
- sollte nicht nur den Aspekt der Bedürfnisbefriedigung beinhalten, sondern auch den der hierzu erforderlichen Fähigkeiten.

Gesellschaftliche Entwicklung als Orientierungskategorie für entwicklungspolitisches Handeln wird deshalb im vorliegenden Buch definiert als Prozess der Zunahme der gesellschaftlichen Fähigkeit zu kontextgerechten und selbstbestimmten Lösungen von Problemen bzw. zur vorausschauenden Vermeidung zukünftiger Probleme, wobei insbesondere die Befriedigung universell anerkannter (materieller und immaterieller) Grundbedürfnisse als Maßstab bei der Problemidentifikation zu berücksichtigen ist.

Hierbei geht es also nicht mehr um das untauglich gewordene Leitbild „nachholender" Entwicklung, wohl aber um nachhaltige Entwicklung. Es geht nicht mehr allein um Entwicklungen in den armen Ländern, sondern auch um solche in reichen Ländern, welche – siehe Klimawandel, Ressourcenverbrauch oder Handelspolitik – Teil der globalen Probleme sind. Und es geht nicht allein um die Entfaltung individueller Fähigkeiten, sondern um die Problemlösungskapazitäten von Gesellschaften, auch auf globaler Ebene.

1.3.5 Entwicklungspolitik als Resultat widersprüchlicher Interessen

Die beschriebenen politischen, wirtschaftlichen und institutionellen Interessen stehen tendenziell in Konflikt miteinander. Die tatsächlich gefällten entwicklungspolitischen Entscheidungen sind stets als Kompromisse zwischen diesen Interessen zu verstehen. Wie diese Kompromisse ausfallen, hängt davon ab, welche politischen Themen gerade die politische Tagesordnung in den Geberländern bestimmen. Je brisanter außen- bzw. sicherheitspolitische Konflikte (einst Ost-West-Konflikt, heute „Kampf gegen den Terror"), desto stärker sind die Bestrebungen, EZ diesen Interessen unterzuordnen. Je höher die Arbeitslosigkeit, desto schärfer der Kampf um Exportmärkte, desto eher kommen Politiker auf die Idee, EZ zur Exportförderung zu instrumentalisieren. Je klarer und einvernehmlicher aber die entwicklungspolitischen Strategien und Leitlinien, desto leichter fällt es der entwicklungspolitischen Lobby, sich einer Instrumentalisierung durch unziemliche Interessen entgegenzustellen.

Die Darstellung sollte verdeutlichen, dass Entwicklungspolitik stets von Interessen beeinflusst wird, die nicht mit den offiziellen entwicklungspolitischen Zielen und Grundsätzen in Einklang und der Erreichung dieser Ziele oft entgegenstehen. Viele Mittel fließen demnach in Maßnahmen, deren Nutzen von Anfang an allen Fachleuten fragwürdig erscheint. Dennoch wäre es nicht richtig, daraus zu schließen, dass Entwicklungspolitik insgesamt von diesen Interessen dominiert wird. Als Beleg für diese Einschätzung mag gelten, dass der größte Teil der EZ-Mittel (ODA) nach Subsahara-Afrika fließt, jener Weltregion, die am ärmsten ist, die auch außenpolitisch von untergeordneter Bedeutung ist, die als Investitionsstandort für internationales Kapital relativ uninteressant, als Absatzmarkt relativ wenig attraktiv und auch als Rohstofflieferant nur partiell von Bedeutung ist. Die ODA geht andere Wege als das Privatkapital und die Spitzendiplomatie. Die EZ hatte darüber hinaus in den vergangenen Jahrzehnten eher zur Stärkung bürokratischer Regulierungsformen und einer staatlich gelenkten Wirtschaft beigetragen als dazu, den Weg für ausländische Privatunternehmen zu pflastern.

Die Phase der neoliberalen Strukturanpassungspolitik (1985 – 1995), unter der Ägide des Washington-Konsensus (vgl. Kapitel 4) war hingegen durch eine Dominanz wirtschaftspolitischer Interessen gekennzeichnet. Auch die bilaterale staatliche Entwicklungspolitik orientierte sich nun weitgehend an den wirtschaftspolitischen Konditionalitäten des Internationalen Währungsfonds (IWF) und der Weltbank. Die dadurch erzwungenen Schritte hin zur Öffnung und Deregulierung der Binnenmärkte folgten zwar einer bestimmten (sehr umstrittenen) entwicklungspolitischen Agenda, dienten aber zweifellos den außenwirtschaftlichen Interessen des internationalen Kapitals. In dieser Phase fungierte die EZ – eher durch die mit ihr verbundenen Bedingungen als durch die Art der geförderten Projekte und Programme – tatsächlich auch als

Türöffner für den internationalen Handel. Die Tatsache, dass entwicklungspolitisch Verantwortliche in vielen Ländern (u.a. im BMZ) seit Ende der 1990er-Jahre eine Vorreiterrolle auf dem Weg zu einem Post-Washington-Konsensus übernehmen, d.h. hin zu einer stärkeren sozialen und ökologischen Regulierung des ökonomischen Globalisierungsprozesses, belegt, dass Entwicklungspolitik im Spannungsfeld unterschiedlicher Interessen und ideologischer Strömungen hin und her gerissen wird.
Welches Entwicklungsverständnis aber liegt der Politik des BMZ und den Millennium-Entwicklungszielen zugrunde? In den Zielformulierungen (vgl. Tab. 1.1/1) des BMZ wird der Begriff Entwicklung als solcher weitgehend vermieden und deshalb auch nicht definiert. Als Zielkategorien und Leitbilder werden vielmehr Armutsminderung, Friedenssicherung, gerechte Gestaltung von Globalisierung und nachhaltige Entwicklung genannt. Jedwede Art der Festlegung auf das Leitbild der „nachholenden Entwicklung“ wird sorgfältig vermieden. Stattdessen wird die Notwendigkeit eines „Struktur- und Bewusstseinswandels in Richtung Nachhaltigkeit“ in Deutschland betont (BMZ 2003). Die Millennium-Erklärung (zu unterscheiden von den stärker operationalisierten Millennium-Entwicklungszielen), auf die sich das BMZ als verbindlichen Rahmen bezieht, fokussiert explizit auf Armutsminderung, also auf Befriedigung der Grundbedürfnisse. Sie geht aber darüber hinaus, indem sie diese in den weiteren Kontext von Frieden und Sicherheit, Schutz der Umwelt sowie von Menschenrechten, Demokratie und Good Governance stellt (Nuscheler, F. & M. Roth 2006). Bemerkenswert daran ist, dass hier neben den Grundbedürfnissen auch normative politische Zielkategorien wie Demokratie und gute Regierungsführung Eingang in ein universell akzeptiertes Entwicklungsverständnis gefunden haben.

Zusammenfassung

Fazit

- Im Zentrum entwicklungspolitischer Zielsetzungen steht die Armutsminderung bzw. Grundbedürfnisbefriedigung in den Ländern des Südens im Rahmen einer nachhaltigen globalen Entwicklung. Das soll im Sinn eines „aufgeklärten Eigeninteresses“ auch zu globalen Zielen wie Friedenssicherung und Umwelterhaltung beitragen. Eine solche am Grundsatz der gerechteren Gestaltung von Globalisierungsprozessen orientierte Entwicklungspolitik muss auch Entwicklungsprozesse in den reichen Ländern des Nordens zum Gegenstand haben.
- Über den Begriff „Entwicklung“ besteht keine Einigkeit. In diesem Buch wird Entwicklung – normativ und bezogen auf entwicklungspolitischen Handlungsbedarf – verstanden als Prozess der zunehmenden Fähigkeit zur kontextgerechten und selbstbestimmten nachhaltigen Problemlösung unter besonderer Berücksichtigung des Problems unzureichender Grundbedürfnisbefriedigung.
- Entwicklungspolitische Entscheidungen werden aber nicht nur von den offiziellen Zielen, sondern auch

von vielfältigen weniger aufgeklärten und teilweise kurzsichtigen außenpolitischen, wirtschaftlichen und institutionellen Eigeninteressen beeinflusst, die einem Erreichen der Ziele oft im Wege stehen.

Zum Einlesen

BMZ (2008): Medienhandbuch Entwicklungspolitik (2008/2009). – Bonn, Berlin.

Offizielle Darstellung der deutschen Entwicklungspolitik mit Informationen über ihre Zielsetzungen, Handlungsfelder, Akteure einschließlich aller relevanten Zahlen zur EZ. Ein Nachschlagewerk, dem die meisten aktuellen Informationen über die deutsche EZ zu entnehmen sind. Wird etwa alle zwei Jahre aktualisiert.

BMZ (2004b): Globalisierung gestalten – Entwicklungspolitik konkret. – BMZ-Materialien 125. – Bonn, Berlin.

Begründung der Ziele, Grundsätze und Handlungsfelder der deutschen Entwicklungspolitik vor dem Hintergrund von Globalisierung und Global Governance.

United Nations (2000): Millennium Declaration. – New York.

Veröffentlichung der von der Vollversammlung der Vereinten Nationen verabschiedeten Millenniums-Erklärung.

Nuscheler, F. & M. Roth (Hrsg.) (2006): Die Millennium-Entwicklungsziele. Entwicklungspolitischer Königsweg oder ein Irrweg? – Dietz, Bonn.

Sammelband mit Beiträgen von Wissenschaftlern und Vertretern entwicklungspolitischer Organisationen zur Bewertung und zur Umsetzung der Millenniums-Ziele. Gibt einen guten Überblick über das vielfältige Spektrum der Debatten über Sinn und Realisierbarkeit der Ziele.

Nuscheler, F. (2005): Lern- und Arbeitsbuch Entwicklungspolitik. – 6. Aufl. Dietz, Bonn.

Kapitel 17 bietet einen vertiefenden historischen Überblick über die Interessen, die in unterschiedlichen Phasen die deutsche Entwicklungspolitik beeinflussten.

Nohlen, D. & F. Nuscheler (Hrsg.): Handbuch der Dritten Welt. (Band 1). 1. Auflage 1974, 2. Auflage 1982 – Hoffman & Campe, Hamburg 3. Auflage 1992 – Dietz, Bonn.

In allen drei Auflagen ist ein Kapitel der Frage „Was ist Entwicklung?" gewidmet. Der Vergleich bietet einen aufschlussreichen Überblick über den Wandel des internationalen Entwicklungsdiskurses im Zeitablauf.

Abb. 2/1 *Die Form der Kooperation und die daran beteiligten Akteure strukturieren die Entwicklungszusammenarbeit*

2 Formen der Entwicklungszusammenarbeit

EZ wurde eingangs als eine „mit Ressourcentransfers verknüpfte Kooperation zwischen reicheren und ärmeren Partnerländern …" definiert. Zwei Fragen bedürfen somit einer weiteren Klärung: Welcher Art sind die Ressourcen? Und in welcher Form wird kooperiert? Darum geht es in diesem Kapitel. Am Rande wird dabei auch auf die Frage nach den beteiligten Akteuren eingegangen, der in anderen Veröffentlichungen bereits ausgiebig Raum gegeben wurde (Scholz, F. 2006; BMZ 2008a). Im Zentrum der Betrachtung steht die deutsche EZ.

2.1 Beiträge der Entwicklungszusammenarbeit

Welche Ressourcen können reiche Länder zur wirtschaftlichen und sozialen Entwicklung in armen Ländern beisteuern? Woran mangelt es den armen Ländern? Die häufigsten Antworten lauten: Geld und Fähigkeiten (bzw. Expertise, Wissen, Kapazitäten). Dieser Logik folgt auch die staatliche EZ, indem sie einerseits Finanzielle Zusammenarbeit (FZ) und andererseits Technische Zusammenarbeit (TZ) anbietet.

2.1.1 Finanzielle Zusammenarbeit (FZ)

Finanzielle Zusammenarbeit wird bereitgestellt in Form nicht zurückzuzahlender Zuschüsse an die ärmsten Länder (**L**east **d**eveloped **C**ountries = LDC) und zinsgünstiger (0,75 %) Darlehen mit langen Laufzeiten für andere EL. Darüber hinaus bietet die für die FZ zuständige Kreditanstalt für Wiederaufbau (KfW) weitere FZ-Produkte (so genannte Entwicklungskredite und Förderkredite) für EL mit guter wirtschaftlicher Perspektive und für Investitionen an, die nicht nur entwicklungspolitisch sinnvoll, sondern auch betriebswirtschaftlich rentabel erscheinen. Hierzu steuert die KfW zusätzlich zu den Mitteln aus dem Bundeshaushalt auch eigene Mittel bei. Ebenso zählen Kredite, die die Deutsche Investitions- und Entwicklungsgesellschaft (DEG) der deutschen Privatwirtschaft für als entwicklungspolitisch sinnvoll klassifizierte Investitionen in EL gewährt, zum Spektrum der FZ-Leistungen. Überwiegend werden mit FZ-Mitteln aber öffentliche Investitionen finanziert. Diese fließen vor allem in den Ausbau der wirtschaftlichen und sozialen Infrastruktur, aber z. B. auch in den Umwelt- und Ressourcenschutz. Darüber hinaus werden FZ-Mittel zunehmend für die Erprobung und Verbreitung neuartiger staatlicher Finanzierungsinstrumente verwendet, z. B. für die Einrichtung von Mehr-Zweck-Fonds für Gemeinden im Rahmen der Förderung von Dezentralisierungsprozessen.

In den vergangenen Jahrzehnten wurde der größte Teil der FZ-Mittel für die Finanzierung von einzelnen Investitionsprojekten ausgegeben (z. B. Asphaltierung einer Straße). Demgegenüber wächst seit 2000 der Anteil der Mittel, die als Teil einer internationalen „Korbfinanzierung" (Basket Funding) bzw. einer Programm **o**rientierten **G**emeinschafts**f**inanzierung (PGF) der Regierung des Partnerlandes für die Finanzierung umfassender landesweiter Entwicklungsprogramme (z. B. Ausbau der städtischen Wasserversorgung, Regenwald-Aktionsprogramm, HIV/Aids-Bekämpfungs-Programm) zur Verfügung gestellt wird.

FZ-Mittel gehen im Normalfall in das Budget der Partnerorganisationen über und werden eigenverantwortlich von dieser verwaltet. Entsprechend der FZ-Philosophie liegt dann die Durchführung der Maßnahmen vollständig in der Verantwortung des Partnerlandes. De facto wurden aber in der Vergangenheit die Durchführungsaufträge meist an deutsche Consulting-Firmen vergeben, sodass in der Öffentlichkeit das jeweilige Vorhaben als „deutsches Projekt" wahrgenommen wurde: Die KfW finanzierte, das Ministerium des Partnerlandes unterzeichnete den Finanzierungsvertrag, nahm das Vorhaben in den Haushaltsplan auf und schloss einen Durchführungsvertrag mit der (von der KfW empfohlenen) deutschen Firma; letztere führte mit ihrem Personal das Projekt durch und wurde dabei von der KfW überwacht. Heute werden die Durchführungsaufträge im Rahmen der EZ-Reformbestrebungen (vgl. Kapitel 6) seitens der Partnerorganisation zunehmend international ausgeschrieben. Angesichts häufig gemachter schlechter Erfahrungen dahingehend, dass FZ-Mittel von den Partnerorganisationen nicht kompetent oder nicht korrekt verwaltet und eingesetzt wurden, erhalten die lokalen Projektträger „während der gesamten Projektdurchführung intensive Beratung durch erfahrene Experten“ (BMZ, 2008b, 64). Fälle, in denen allein ein finanzieller Beitrag an das Partnerland genügt, um die erwünschte Wirkung zu erzielen, bleiben die Ausnahme. Geld allein führt nicht zum Ziel. Die KfW kann sich also nicht auf ihre Rolle als Bank beschränken (ebenso wenig wie die Weltbank und andere Finanzierungsagenturen), wenn sie erreichen will, dass ihre Mittel entwicklungsorientiert eingesetzt werden. Der Zwiespalt zwischen dem Grundsatz der Eigenverantwortung der Partnerländer („owner-ship“) und dem der Wirkungsorientierung (insbesondere Armutsorientierung) wird hierbei deutlich. Das Vertrauen darauf, dass die Regierungen und die Behörden in Entwicklungsländern willens und in der Lage sind, finanzielle Beiträge entwicklungswirksam zu verwenden, ist oft gering (zu den Gründen siehe Kap. 10).

2.1.2 Technische Zusammenarbeit (TZ)

In den vermuteten Kapazitätsdefiziten der Partnerländer liegt die zentrale Begründung der Notwendigkeit von TZ. Sie soll „die Leistungsfähigkeit von Menschen und Organisationen in den Partnerländern fördern“ (BMZ, 2008b, 58). Capacity Development ist das Motto der TZ. Sie entsendet Fachkräfte als Beraterinnen bzw. Berater, aber auch als Mitarbeiter in Partnerorganisationen und bildet Fach- und Führungskräfte aus den Partnerländern aus. Diese TZ-Beiträge werden unentgeltlich auf Basis zwischenstaatlicher Abkommen zur Verfügung gestellt. Neben der Förderung staatlicher Akteure und Organisationen ist auch Capacity Development bei Nicht-Regierungsorganisationen, bei Basisgruppen oder bei Privatunternehmen Gegenstand staatlicher TZ.

Ebenso selten, wie Finanzierung alleine zum Erfolg führt, lassen sich mit Beratung und Ausbildung alleine positive Entwicklungswirkungen erreichen. Guter Rat führt bei schlecht ausgestatteten Partnerorganisationen oft nur dann zu den gewünschten Ergebnissen, wenn er einhergeht mit finanziellen Mitteln für die Ausstattung mit Geräten, Fahrzeugen, Trainingszentren, die Erstellung von Studien, die Durchführung von Tagungen oder für Dienstreisen. Oft wird Beratung auch nur dann von den Partnerorganisationen angenommen, wenn die Berater Finanzmittel mitbringen. TZ und FZ sind also nicht immer so klar zu trennen, wie es die offizielle Rollenverteilung des BMZ vorsieht.

Wie für die FZ, so gilt auch für die TZ das Prinzip der Zuständigkeit der Partner. Sie soll die Eigenleistung der Partner nicht ersetzen, sondern diese ergänzen. Dort aber, wo die personellen und materiellen Kapazitäten der Partnerorganisationen und vielleicht auch noch deren Wille begrenzt sind, und gleichzeitig der Erwartungsdruck seitens der Politik und der lokalen Bevölkerung nach spürbaren Verbesserungen hoch ist, ist die Versuchung für Beraterinnen oder Berater groß, mithilfe von TZ-Mitteln die unzureichende Eigenleistung des Partners zu ersetzen und die vereinbarten

Ziele quasi im Alleingang zu erreichen. „Ersatzvornahme" heißt das in der Verwaltungssprache. „Projektitis" lästern die Kritiker (vgl. EZ-Kritik in Kap. 5). Allen Beteiligten ist klar, dass das nicht zu den angestrebten breitenwirksamen und nachhaltigen Problemlösungen führen kann. Doch die Menschen vor Ort warten dringend auf Verbesserungen, mögen sie auch temporär sein. Die Alternative bestünde oft im Eingeständnis der Unerfüllbarkeit der Aufgabe unter den gegebenen Bedingungen, allein mit den Mitteln der Beratung. Dieses Dilemma ist auch Gegenstand der Auseinandersetzung um den Sinn von TZ und der Reformbemühungen der EZ (vgl. Kapitel 5 und 6).

Neben der hier beschriebenen, überwiegend von der Gesellschaft für Technische Zusammenarbeit (GTZ) erbrachten TZ im engeren Sinne, also der Bereitstellung von Beratungs- und Sachleistungen durch entsandte Fachkräfte im Rahmen von Projekten oder Programmen vor Ort, gibt es auch noch eine TZ im weiteren Sinne. Hierzu gehören u. a.:

- die Weiterbildung von Fach- und Führungskräften aus EL; dies ist überwiegend Aufgabe der InWEnt (Internationale Weiterbildung und Entwicklung GmbH);
- die Vermittlung von integrierten Fachkräften, d.h. solchen, die in den Partnerorganisationen vakante Planstellen besetzen, also fehlendes lokales Fachpersonal ersetzen sollen; hierfür ist das **C**entrum für **I**nternationale **M**igration und Entwicklung (CIM) zuständig;
- der Einsatz von Entwicklungshelferinnen und Entwicklungshelfern durch den **D**eutschen **E**ntwicklungs**d**ienst (DED) und andere Freiwilligendienste.

***Abb. 2.1.2/1** Die „Projektitis" der externen Fachkräfte*

Die „Entwicklungshelfer bzw. -helferinnen (EH)" unterscheiden sich von anderen entsandten Fachkräften heutzutage vor allem durch ihren formellen Status. Laut Entwicklungshelfergesetz von 1963 sind sie „ohne Erwerbsabsicht" tätig und erhalten nur eine zum Lebensunterhalt nötige Aufwandsentschädigung (plus zahlreiche Sozialleistungen). Als das Gesetz verabschiedet wurde, setzten sich die EH überwiegend aus Leuten zusammen, die in Deutschland eine feste berufliche Stellung (z. B. als Lehrer, Handwerksmeister, Ingenieur, Arzt oder Krankenschwester) hatten und sich für eine 2- bis 5-jährige Auslandstätigkeit beurlauben ließen. Der DED war zu jener Zeit eine klassische Personalentsendeorganisation und half dabei, den Mangel an Fachpersonal in den EL zu überwinden. Heute verfügen die Partnerländer meist über genügend lokales Fachpersonal. Die meisten EH werden deshalb heute als Berater für Partnerorganisationen auf lokaler Ebene (z. B. Gemeindeverwaltungen) eingesetzt. Viele von ihnen streben eine berufliche Laufbahn im Rahmen der EZ an und werden oft als Junior-Experten wahrgenommen.

2.1.3 Pro und Kontra Institutionenvielfalt der deutschen Entwicklungszusammenarbeit

Die Unterteilung der Beiträge der EZ in Finanzielle und Technische Zusammenarbeit und deren Differenzierung in TZ im engeren Sinne, Personalentsendung (PZ) und Weiterbildung ist ein spezielles Merkmal der deutschen Entwicklungspolitik. Dieses Arrangement hat Vorteile: Es erlaubt bedarfsgerechte, maßgeschneiderte Kooperation. Wer Finanzierung braucht, wendet sich an die FZ und trifft dort auf professionelle Banker.

1. Beschäftigung von Fachkräften deutscher Organisationen	2001	2002	2003	2004	2005	2006	2007
Deutscher Entwicklungsdienst (DED)	944	973	1 008	899	984	990	1 002
Arbeitsgemeinschaft Entwicklungshilfe (AGEH)	245	236	226	210	218	211	198
Dienste in Übersee (DÜ)	137	141	152	180	190	176	203
EIRENE	9	21	23	26	28	21	22
Weltfriedensdienst (WFD)	19	22	25	31	27	31	21
Christliche Fachkräfte International (CFI)	77	70	59	71	66	71	57
Integrierte Fachkräfte (CIM)	631	630	619	626	568	684	761
2. Fachkräfte der							
Gesellschaft für Technische Zusammenarbeit (GTZ) (nur FK aus dem gemeinnützigen Bereich)	1 225	1 221	1 259	1 217	1 166	1 178	1 305
Bundesanstalt für Geowissenschaften und Rohstoffe (BGR)	22	30	20	22	20	20	23
Ortskräfte der GTZ	8 572	8 520	7 081	6 971	8 189	8 974	9 231

Tab. 2.1.2/1 *Anteile der FZ und TZ an der deutschen bilateralen ODA 2007*

Wer Beratung braucht, wendet sich an die TZ und verhandelt dort mit erfahrenen Beratungsspezialisten. Wer aber einfach nur Fachpersonal anheuern will oder internationale Weiterbildung sucht, wird an die einschlägigen spezialisierten Dienstleistungsorganisationen verwiesen. Ein anderer nicht zu unterschätzender Vorteil besteht darin, dass die Berater, respektive die entsandten Fachkräfte, nicht über die finanziellen Mittel verfügen, um zu bestimmen, welche Maßnahmen auf breiter Ebene finanziert werden. Aus Sicht mancher Berater mag das bedauerlich sein, im Sinne der Eigenverantwortlichkeit der Partnerorganisation aber ist es sinnvoll, dass diese erst entscheiden muss, ob sie einen Antrag für die Finanzierung der Umsetzung eines vom Berater empfohlenen Problemlösungskonzepts stellt oder nicht.

Aber auch die Nachteile des deutschen EZ-Systems wiegen schwer: Oft müssen Finanzierung, Beratung, Weiterbildung und Personalentsendung eng miteinander verzahnt werden, um eine Wirkung zu erzielen. Wenn die Zuständigkeiten hierfür getrennt sind, ist der Koordinationsaufwand erheblich. Für die Partnerorganisationen, die ohnehin damit überfordert sind, mit Dutzenden von Geberländern kooperieren zu müssen, schafft die Vielfalt der deutschen Kooperationskanäle oft Verwirrung. Der internationale Druck auf die Bundesregierung in Richtung einer Harmonisierung der deutschen EZ, das heißt einer Abkehr vom Prinzip der institutionellen Trennung der Zuständigkeit für unterschiedliche Arten von Ressourcentransfers, nimmt deshalb zu (vgl. Kap. 6 zu „EZ aus einem Guss“).

2.2 Formen der Kooperation

Hinter dem Etikett „EZ“ verbergen sich nicht nur unterschiedliche Arten von bereitgestellten Ressourcen, sondern auch eine nahezu unbegrenzte Vielfalt von Formen der Kooperation zwischen Staaten. Partner können kooperieren, indem sie gemeinsam an etwas arbeiten, zusammen Programme planen, Lösungen suchen, Maßnahmen durchführen. Sie können kooperieren, indem benötigte Ressourcen – Kapital, technisches Wissen, Materialien, Arbeitskräfte – einfach an den bedürftigen Partner transferiert werden. Kooperieren kann aber auch heißen, dass jede Regierung in ihrem eigenen Verantwortungsbereich Maßnahmen ergreift, um die globalen Rahmenbedingungen für Entwicklung zu verbessern, etwa indem sie bei sich zu Hause die Emission von Treibhausgasen reduziert, Importe erleichtert oder internationale Migration in gewünschte Bahnen lenkt. Diesen Unterscheidungen folgend werden hier Projekte, Programme, Ressourcentransfers und internationale Vereinbarungen als Kooperationsformen vorgestellt. Darüber hinaus kann unterschieden werden zwischen Kooperationen direkt zwischen zwei Partnerländern, d.h. bilateral, und solchen, die über internationale Organisationen, also multilateral erfolgen. Schließlich ist staatliche von nichtstaatlicher Zusammenarbeit zu unterscheiden.

2.2.1 Projekte, Programme, Ressourcentransfers und internationale Abkommen

Oft wird EZ gleichgesetzt mit Entwicklungsprojekten. Projekte gelten als die klassische Form der Kooperation. Projekte sind zeitlich befristete, mit einem abgegrenzten Ressourcenvolumen ausgestattete, zielorientierte Bündel von Maßnahmen. Meist wird ihnen auch eine speziell dafür geschaffene Organisationseinheit zugeordnet. Oft handelt es sich um Investitionsprojekte (Bau von Straßen, Krankenhäusern), die bei Projektende fertiggestellt sein sollen und an die Betreiber übergeben werden. Ein anderer, sowohl in der Privatwirtschaft als auch im öffentlichen Sektor anzutreffender Typ sind Projekte zu innovativen Zwecken, z. B. zur Entwicklung eines energiesparenden Motors, eines dürreresistenten Saatguts oder eines effizienten und gerechten Steuersystems. Derartige Forschungs- und Entwicklungsprojekte spielen vor allem im Rahmen der Technischen Zusammenarbeit eine wichtige Rolle. Zeitlich befristete Interventionen sollen hier zu einer langfristigen Verbesserung von Systemen beitragen. Entscheidend bei Projekten ist ihre Abgrenzung zu regelmäßigen, zeitlich im Prinzip unbefristeten Routineaufgaben im Bereich von Produktion, Dienstleistungsbereitstellung oder Verwaltung.

Projekte sind insofern eine geeignete Form für EZ, als es sich auch bei EZ um einen temporären, zielbezogenen Beitrag zur dauerhaften Verbesserung der Situation im Partnerland handelt.

EZ über Projekte ist dann sinnvoll, wenn der externe Beitrag für Maßnahmen genutzt wird, die temporären Charakters sind. Beispiele hierfür sind Infrastrukturinvestitionen – sofern der Aufwand für Betrieb und Instandhaltung für die Partnerorganisation erschwinglich ist – oder die Entwicklung von lokal angepassten Problemlösungskonzepten. EZ über Projekte ist unsinnig, wenn mit dem externen Beitrag dauerhaft zu erbringende Aufgaben, wie z. B. Dienstleistungen an die Bevölkerung, finanziert oder durchgeführt werden. Dem Motto folgend „wir zeigen (mit EZ-Projektmitteln) wie es geht, bilden die Partner dafür aus und die sollen es dann (ohne EZ-Mittel) weitermachen", wurden oft perspektivlos – und unter Missachtung dessen, was Projekte tun sollen und können – Insellösungen geschaffen, die keine Chance hatten, nachhaltig und breitenwirksam umgesetzt zu werden. Diese missbräuchliche Anwendung des Projektgedankens hat Projekte als Form der EZ insgesamt in Misskredit gebracht (der Begriff „Projektitis" bringt die verbreitete Kritik polemisierend zum Ausdruck – vgl. Kapitel 5).

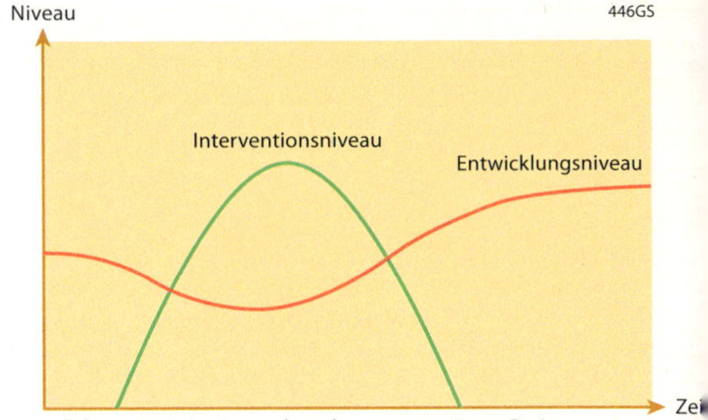

Abb. 2.2.1/1 *Projekt als temporärer Beitrag zu nachhaltiger Systemverbesserung*

Eine andere Form von EZ ist die Unterstützung von Programmen der Regierung des Partnerlandes. Der Begriff Programm ist schillernd und wird in vielfältiger Weise verwendet. In der deutschen EZ fasste man oft einfach mehrere EZ-Projekte zu einem Programm zusammen, um die unüberschaubare Anzahl von Entwicklungsprojekten zu reduzieren, dadurch die Effektivität zu erhöhen sowie den Verwaltungsaufwand für BMZ und Partnerregierungen zu verringern. Eine andere Form programmorientierter EZ besteht darin, dass mit EZ-Beiträgen die Entwicklungsprogramme (z.B. Armutsminderungs-, Gesundheits-, Verwaltungsreformprogramme) der Regierungen der Partnerländer unterstützt werden. Ein Entwicklungsprogramm ist in diesem Fall definiert als ein von Regierung bzw. Parlament verabschiedetes, zielorientiertes, sektorweites oder sektorübergreifendes Bündel öffentlicher Maßnahmen. Hierbei handelt es sich also nicht um EZ-Programme, sondern um staatliche Entwicklungsprogramme, die – im Bedarfsfall – von der EZ unterstützt werden. Die EZ-Beiträge sind in diesem Fall so zu gestalten, dass sie mit einer zeitlich befristeten Unterstützung zu einem langfristigen Programmerfolg beitragen. So sollten z.B. nicht die laufenden, dauerhaft zu erbringenden Kosten eines Programms extern finanziert werden. In der Regel müssen mehrere Geberorganisationen ihre Beiträge zusammentragen, um nationale Programme wirksam unterstützen zu können. Dies gilt sowohl für die FZ („programmorientierte Gemeinschaftsfinanzierung“) als auch für TZ-Beiträge. Programmbezogene Zusammenarbeit ist deshalb auch ein Ansatz zur Geberkoordination.

Während bei der Unterstützung von Programmen die mitwirkenden Partner gemeinsam planen, werden bei reinen Ressourcentransfers den Partnerorganisationen finanzielle, materielle oder personelle Ressourcen für die Erfüllung von allein von diesem zu verantwortenden Aufgaben bereitgestellt. Beispiele hierfür sind reine Budgethilfe (vgl. Kap. 6), Warenhilfe (z.B. Nahrungsmittelhilfe) und Personalentsendung (z.B. über CIM). Hier liegt im Prinzip die alleinige Planungs- und Durchführungsverantwortung bei den Institutionen des Partnerlandes. Reine Ressourcentransfers setzen Vertrauen in die Entwicklungsorientierung der Politik und in die Effizienz der Administration des Partnerlandes voraus. In der Praxis unterliegen auch die meisten nicht projekt- oder programmgebundenen Ressourcentransfers gewissen Bedingungen und Einschränkungen, z.B. einer generell gehaltenen Zweckbindung.

Entwicklungszusammenarbeit beim Aushandeln und bei der Umsetzung internationaler Abkommen ist eine neuere Form entwicklungspolitischer Kooperation. Es handelt sich hier um Entwicklungspolitik im weiteren Sinne. Diese schlägt sich nicht notwendigerweise in den ODA-Zahlen, also in Form von Unterstützungsleistungen nieder (obgleich solche Hilfszusagen auch Gegenstand internationaler Abkommen sein können). Gegenstand solcher Abkommen sind in der Regel globale Rahmenbedingungen für Entwicklung: Wer leistet welchen Beitrag zur Verringerung des CO_2-Ausstoßes und damit u.a. zur Reduzierung des Katastrophenrisikos in den Ländern des Südens? Was tun die Länder des Nordens zur Öffnung ihrer Binnenmärkte für verarbeitete Produkte aus armen Ländern, und was tun im Gegenzug die EL, um attraktive Investitionsbedingungen zu schaffen? Wie gestaltet man Mindest-Sozialstandards so, dass einerseits extreme Formen der Ausbeutung in armen Ländern verhindert werden, dass diese dabei andererseits aber nicht ihren Standortvorteil niedriger Arbeitskosten verlieren und dadurch noch stärker vom Weltmarkt verdrängt werden? All diese Fragen sind entwicklungspolitische Herausforderungen. Sie erfordern Zusammenarbeit im Sinne eines miteinander abgestimmten Vorgehens zwischen Geberländern und den Partnerländern im Süden, aber auch innerhalb der einzelnen Geberländer. So sind beim Klimaschutz die Umwelt- und die Entwicklungspolitik eng aufeinander abzustimmen. Hier kommt der Grundsatz der entwicklungspolitischen Kohärenz ins Spiel: Aufgabe des BMZ ist es, dafür Sorge zu tragen, dass die umwelt-, handels-, agrar- oder sozialpolitischen Entscheidungen in Einklang mit den entwicklungspolitischen Zielen gefällt werden. Die Analyse der Interessen in Kapitel 1 hat bereits gezeigt, dass es hier massive Widerstände zu überwinden gilt.

2.2.2 Bilaterale versus multilaterale Kooperation

Multilaterale EZ besteht zum einen aus Leistungen, die über internationale Organisationen vergeben werden und zum anderen aus den über multilaterale Institutionen ausgehandelten internationalen Regelwerken. Zu den multilateralen Akteuren gehören insbesondere die verschiedenen Sonderorganisationen (z. B. **F**ood and **A**gricultural **O**rganisation = FAO, **I**nternational **L**abour **O**rganisation = ILO, **W**orld **H**ealth **O**rganisation = WHO) und Fonds (z. B. **U**nited **N**ations **D**evelopment **P**rogramme = UNDP, **U**nited **N**ations **I**nternational **C**hildren's **E**mergency **F**und = UNICEF) der Vereinten Nationen sowie die großen internationalen Finanzierungsinstitutionen Weltbank und IWF (Internationaler **W**ährungs**f**onds). Aber auch regionale Entwicklungsbanken, wie die Asiatische, Afrikanische oder Inter-Amerikanische Entwicklungsbank, spielen eine wichtige Rolle (vgl. BMZ 2008b, 110).

Die Relevanz des Grundsatzes Multilateralismus reicht weit über die Entwicklungspolitik hinaus. Multilateralismus ist der Weg in Richtung Global Governance. Globale Probleme erfordern globale Lösungen, erfordern globale Institutionen, lautet die simple Logik. Diese wird ergänzt und untermauert durch ein Argument aus der Globalisierungsdebatte: Wenn das Kapital sich global organisiert und damit die Handlungsautonomie der Nationalstaaten untergräbt, dann müssen auch Politik und Gesellschaft ihre Aktionen auf globaler Ebene koordinieren, um die ökonomische Entwicklung in sozial und ökologisch verträglicher Weise steuern zu können: Global Governance als Antwort auf globalisierte Märkte. Hinsichtlich der Notwendigkeit einer globalen Lösung weltweiter Probleme wenden sich die Verfechter des multilateralen Modells auch gegen das im Zeitraum zwischen 2001 und 2008 unter der Administration von Präsident G. W. Bush seitens der USA favorisierte unilaterale hegemoniale Modell globaler Steuerung. Das Anliegen des Multilateralismus ist also nicht primär aus entwicklungspolitischer Rationalität entsprungen.

Aus entwicklungspolitischer Perspektive gibt es auch gute Gründe für multilaterale Kooperation: Diese kann den Einfluss nationaler Eigeninteressen der Geberländer (z. B. Lieferbindung) reduzieren. Sie erleichtert die Koordination

der Unterstützungsleistungen auf Seiten der Partnerländer und erweitert deren Mitsprachemöglichkeiten. Sie setzt entwicklungspolitische Standards und schafft einen Orientierungsrahmen für alle Akteure.
Die Skeptiker halten diesen Begründungen Erfahrungen aus der Praxis entgegen: ineffiziente, extrem bürokratische Verwaltung der Mittel, diplomatisch begründete Mittelvergabe ohne hinreichende Berücksichtigung entwicklungspolitischer Kriterien, unzureichende Möglichkeiten der Kontrolle der Mittelverwendung. Politiker und Diplomaten beklagen die mangelnde Sichtbarkeit des deutschen Beitrags und der spezifisch deutschen Herangehensweisen und Kompetenzen.

Multilaterale Organisationen

FAO Food and Agriculture Organization
IFAD International Fund for Agriculture Development
ILO International Labour Organization
UNESCO UN Educational, Scientific and Cultural Organization
UNIDO UN Industrial Development Organization
WHO World Health Organization
UNCDF UN Capital Development Fund
UNCTAD UN Conference on Trade and Development
UNDP UN Development Programme
UNEP UN Environment Programme
UNFPA UN Fund for Population Activities
UNHCR UN High Commissioner for Refugees
UNICEF UN International Children's Emergency Fund
UNIFEM UN Development Fund for Women
UNV UN Volunteers
WFP World Food Programme

(nach Nuscheler, F. 2005)

Insgesamt wird etwa ein Drittel der deutschen ODA-Mittel über multilaterale Organisationen vergeben. Darin sind auch EU-Mittel enthalten.

2.2.3 Staatliche versus nichtstaatliche Kooperation

Im Rahmen nichtstaatlicher EZ kooperieren in der Regel auf beiden Seiten Nicht-Regierungsorganisationen (NRO). Hierbei kann es sich um konfessionelle Organisationen, um privatwirtschaftliche Stiftungen (z. B. Bill und Melinda Gates Foundation, Stiftung von Karlheinz Böhm) oder um spendenabhängige karitative Organisationen (z. B. Deutsche Welthungerhilfe, Oxfam) handeln. Kooperationspartner in den Empfängerländern sind entweder lokale Schwesterorganisationen (z. B. die dortigen Kirchen), nationale Zweigstellen der Nord-NRO oder eigenständige Süd-NRO. Auch im Bereich der nichtstaatlichen Kooperation kann zwischen FZ und TZ unterschieden werden. Manche Organisationen entsenden Personal bzw. rekrutieren lokales Personal, planen und implementieren vor Ort gemeinsam mit dem lokalen Partner Entwicklungsprojekte. Andere stellen auf Antrag ihrer lokalen Partner finanzielle Zuschüsse für deren Aktivitäten bereit. Nichtstaatliche EZ wird meist nicht allein aus privaten Spendengeldern, sondern auch (zu etwa einem Drittel) aus staatlichen Zuschüssen finanziert. Das BMZ bedient sich also auch der NRO, um ODA-Mittel wirksam einzusetzen. 10 % der Gesamtausgaben des BMZ flossen 2007 in die nichtstaatliche EZ (BMZ 2008, 83). Andererseits nutzen nichtstaatliche Finanzierungsorganisationen (vor allem private Stiftungen) auch Kanäle und professio-

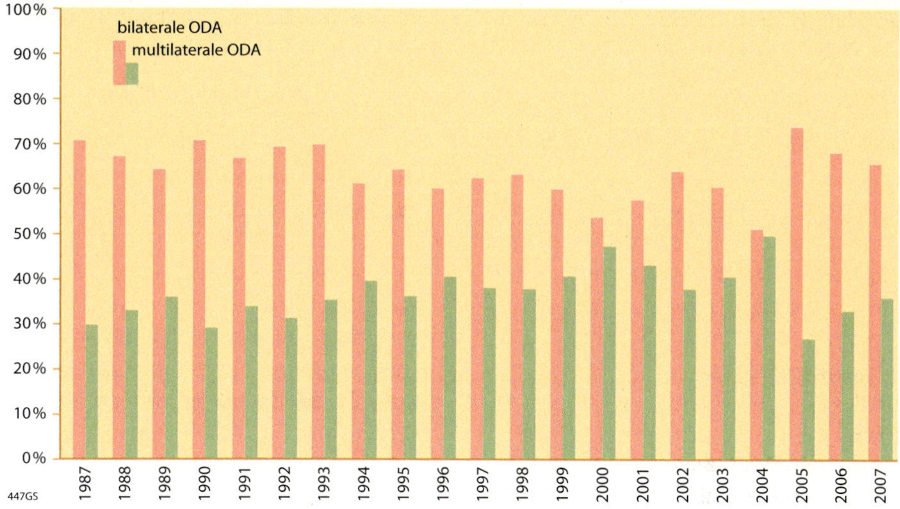

***Abb. 2.2.3/1** Anteile der bilateralen und multilateralen EZ 1987–2007*

nelle Kapazitäten der staatlichen (meist multilateralen) EZ, um sich deren eingespielte Verfahren und Erfahrung zunutze zu machen. So führen beispielsweise Organisationen wie die GTZ im Auftrag der Bill und Melinda Gates Foundation Projekte durch. Staatliche und nichtstaatliche internationale EZ ergänzen einander also im Prinzip. Bei der praktischen Aufgabenverteilung vor Ort sind freilich die Zuständigkeiten oft unzureichend geklärt (vgl. Kap. 10).

Nichtstaatliche Kooperation ist insbesondere aus drei Gründen notwendig zur Erreichung entwicklungspolitischer Ziele:

1. Rolle von Gesellschaft und Privatwirtschaft: Eine Verbesserung von Regierungsführung und öffentlichen Dienstleistungen ist zwar notwendig für sozio-ökonomische Entwicklung, aber nicht hinreichend. Der Beitrag zivilgesellschaftlicher und privatwirtschaftlicher Akteure ist unverzichtbar. Deren Förderung aber ist bei staatlichen Stellen nicht immer gut aufgehoben. Die Stärkung der Eigeninitiative und der Interessenvertretungsmacht bestimmter Bevölkerungsgruppen gegenüber staatlichen Stellen erfolgt besser über nichtstaatliche Förderorganisationen.
2. Staatsversagen: Länder mit despotischen Formen der staatlichen Machtausübung oder Regionen, in denen staatliche Institutionen kaum präsent sind, eignen sich wenig für staatliche Zusammenarbeit. Sollen dort die Lebensbedingungen der notleidenden Bevölkerung verbessert werden, bleibt meist nur die Option der nichtstaatlichen Kooperation.
3. Sachwalter des Entwicklungsanliegens auf internationaler und nationaler Ebene: NRO sind nicht nur Bereitsteller von EZ-Leistungen, sondern spielen mit ihren globalen Netzwerken und ihrer Verankerung in den nationalen Gesellschaften eine wichtige Anwaltsrolle,

wenn es darum geht, entwicklungspolitischen Zielsetzungen gegenüber anderen Interessen zur Durchsetzung zu verhelfen.

Es geht also bei der Frage „staatliche versus nichtstaatliche EZ“ nicht darum, wer besser ist, sondern darum, zu erkennen, dass beide in unterschiedlichen Funktionen unentbehrlich sind, um Entwicklungsprozesse zu unterstützen.

Zusammenfassung

Fazit

Entwicklungszusammenarbeit besteht aus finanziellen Beiträgen und aus Unterstützung beim Aufbau bzw. der Verbesserung der personellen und institutionellen Kapazitäten in den Partnerländern. Beide Formen können unabhängig voneinander je nach Bedarfssituation oder einander ergänzend eingesetzt werden. In der deutschen EZ sind unterschiedliche Organisationen für die Finanzielle und die Technische Zusammenarbeit zuständig.

- Die klassische Form der Zusammenarbeit in Form von Projekten stößt zunehmend auf Kritik, weil Projekte von EZ-Organisationen dazu missbraucht wurden, Durchführungsaufgaben der Verwaltung der Partnerländer zu übernehmen. Heute geht die Tendenz hin zur Unterstützung nationaler Programme der Partnerregierung über Budgetzuschüsse und zur Verbesserung der Politik auf nationaler und internationaler Ebene.
- Die Mittel der staatlichen EZ werden über verschiedene Kanäle vergeben: Über im staatlichen Auftrag handelnde Durchführungsorganisationen fließen Unterstützungsleistungen überwiegend in Projekte und Programme der Regierungen der Partnerländer, die über (Nord-) NRO vergebenen Mittel kommen – meist auf dem Weg über Süd-NRO – direkt der Bevölkerung bzw. zivilgesellschaftlichen Akteuren zugute.
- Der bilateralen EZ, die sich leichter für außen- und wirtschaftspolitische Interessen der Geberländer instrumentalisieren lässt, steht ein zunehmender Anteil an Mitteln gegenüber, die über multilaterale Organisationen vergeben werden.
- Hinter dem Begriff Capacity Development verbirgt sich eine Vielfalt von Interventionsformen, denen sehr unterschiedliche Verständnisse von Entwicklungsprozessen und der dabei maßgeblichen Faktoren zugrunde liegen. Jede dieser Vorgehensweisen hat ihre spezifischen Stärken und Schwächen. Keine lieferte den Schlüssel zu Entwicklung.

Zum Einlesen

BMZ (2008): Medienhandbuch Entwicklungspolitik (2008/2009). – Bonn, Berlin 2008.

Nuscheler, F. (2005): Lern- und Arbeitsbuch Entwicklungspolitik. – Dietz, Bonn.

Scholz, F. (2006): Entwicklungsländer. – Westermann, Braunschweig.

Darüber hinaus ist zu empfehlen:

Ihne, H. & J. Wilhelm (2006): Einführung in die Entwicklungspolitik. – LIT-Verlag 2. Aufl., Hamburg.
Hierbei handelt es sich um eine Sammlung von Beiträgen unterschiedlicher Fachleute aus Entwicklungspraxis und -forschung. Kapitel 3 gibt einen Überblick über ausgewählte bi- und multilaterale Geber und Akteure mit Artikeln zu den staatlichen Durchführungsorganisationen, nicht-staatlichen Akteuren, zur Rolle der Kirchen sowie zu wichtigen multilateralen Gebern wie den regionalen Entwicklungsbanken, der Weltbank, dem Internationalen Währungsfonds, dem System der Vereinten Nationen und der Entwicklungspolitik der Europäischen Union.

***Abb. 3/1** Lassen die Zielregionen der EZ eine Aussage über Motive zu?*

3 Wohin fließen die Mittel?

Wer bekommt wie viel wofür? Diese Frage steht häufig im Mittelpunkt der tagespolitischen Debatten um die EZ. Der Fragestellung liegt allerdings das klassische Verständnis einer Entwicklungshilfe zugrunde, die sich in Geldströmen messen lässt, anders als die vielfältigen, oft nicht monetär zu erfassenden Formen der Zusammenarbeit.

Auch wenn die Höhe und Verteilung der ODA-Mittel wenig über Qualität, Sinnhaftigkeit und Wirkung von EZ aussagen, so verbinden sich damit doch einige Schlüsselfragen hinsichtlich der Glaubwürdigkeit und der Motive der Entwicklungspolitik. Schlüsselfrage Nr. 1, an der sich die Regierungen der Geberländer stets messen lassen müssen, richtet sich auf den Anteil am nationalen Gesamteinkommen, das sie zu geben bereit sind. Bereits 1970 verpflichteten sich die reichen Länder im Rahmen eines Beschlusses der Vollversammlung der Vereinten Nationen darauf, 0,7 % ihres **B**rutto-**N**ational**e**inkommens (BNE) als öffentliche Entwicklungshilfe (ODA) jährlich bereitzustellen. Daran müssen sie sich bis heute messen lassen. Damit verknüpft ist die Frage, ob es sich – wie von Teilen der EZ-Kritiker behauptet – bei der Entwicklungshilfe nur um „einen Tropfen auf den heißen Stein“ handle. Dies lässt sich eher an der ODA pro Kopf der Bevölkerung in den Empfängerländern oder anhand des Anteils der empfangenen ODA am BNE jener Länder messen.

Diese Fragen werden in Abschnitt 3.1 erörtert. Schlüsselfrage Nr. 2 richtet sich darauf, ob die Hilfe tatsächlich den Bedürftigen zugute kommt. Fließt sie in die armen Länder oder wird sie durch außenpolitische oder wirtschaftliche Interessen in Regionen geleitet, die ihrer gar nicht bedürfen? Andere fragen, ob denen geholfen wird, die in der Vergangenheit bewiesen haben, dass sie die Mittel effektiv und entwicklungsorientiert einzusetzen wissen, an die so genannten „well performers". Die regionale Verteilung der ODA wird in Abschnitt 3.2 analysiert. Abschnitt 3.3 widmet sich der dritten Schlüsselfrage: Werden die ODA-Mittel zur Erreichung der Millenniums-Entwicklungsziele eingesetzt? Hierfür ist die sektorale Verteilung der Mittel, insbesondere der Anteil der Ausgaben für soziale Infrastruktur (Gesundheit, Erziehung, Trinkwasser) vorrangig.

3.1 Umfang und quantitative Bedeutung der Official Development Assistance (ODA)

Die deutsche Bundesregierung stellte 2007 knapp 9 Mrd. Euro für ODA bereit. Sie kam damit auf 0,37 % des BNE, immer noch kaum mehr als die Hälfte der weiterhin gültigen Zielmarke von 0,7 % (vgl. Abb. 3.1/1, Abb. 3.1/2, Tab. 3.1/1). Zum Vergleich: Für die Verteidigung werden etwa 26 Mrd. Euro jährlich bereitgestellt. Der BMZ-Haushalt entspricht in etwa dem Jahresbudget einer Stadt wie München. Immerhin kann das BMZ stolz darauf sein, in den Jahren seit 2004 stets mit einem überproportionalen Anstieg seines Budgets aus den Haushaltsverhandlungen hervorgegangen zu sein. Die Daten sind aber mit Vorsicht zu genießen: Die aufsehenerregende Steigerung der ODA-Quote ab 2005 ist fast ausschließlich darauf zurückzuführen, dass in den Jahren 2005, 2006 und 2007 die Summe der Schuldenerlasse für Nigeria und Irak dem deutschen ODA-Beitrag zugerechnet wurden. Allein die abgeschriebenen nigerianischen Schulden in Höhe von 925,5 Mio. Euro übersteigen alle bilateralen ODA-Leistun gen für das gesamte Subsahara-Afrika. Die Herausforderung für das BMZ besteht nun darin, diese künstlich aufgeblähte Quote zu halten. Die deutsche ODA-Quote hat – inklusive Schuldenerlass – seit 2005 gerade wieder die Größenordnung von Anfang der 1970er-Jahre erreicht, als sich die Bundesregierung zu deren Verdopplung verpflichtet hatte. In der Zwischenzeit erlebte die Quote eine Berg- und Talfahrt: Während der Phase der sozialliberalen Koalition (1970–1982) stieg sie von 0,32 auf 0,47 %. Im Verlauf der Amtszeit der Regierung Kohl sank sie auf den historischen Tiefststand von 0,26 % (1998), an dem sich auch während der Phase der rot-grünen Regierung und nach deren Verpflichtung für das Erreichen der Millenniums-Entwicklungsziele (2000) wenig änderte. Zu beobachten ist ein stetiger Trend zur Multilateralisierung der deutschen EZ. Wurden in den Anfangsjahren der EZ noch weit über 90 % auf bilateraler Basis vergeben,

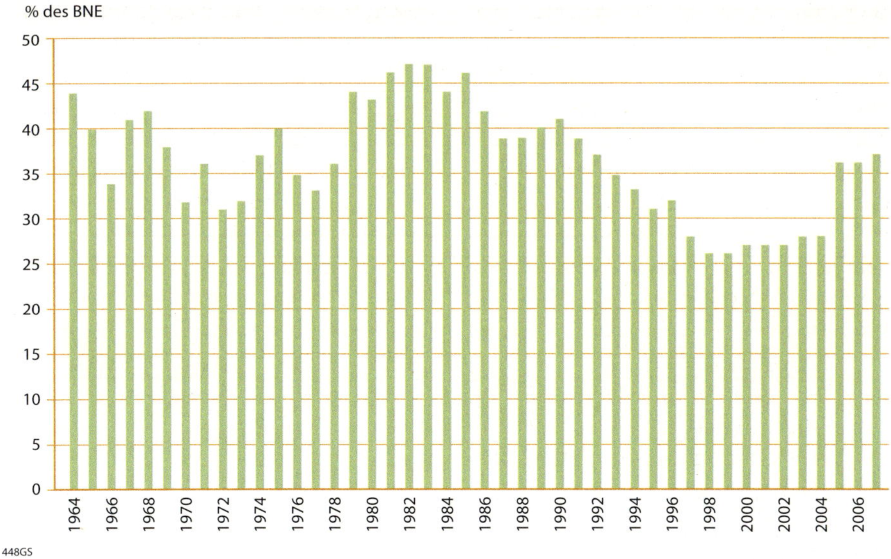

Abb. 3.1/1 *Entwicklung der deutschen ODA 1964 – 2007 (in Mrd. € und in % des BNE)*

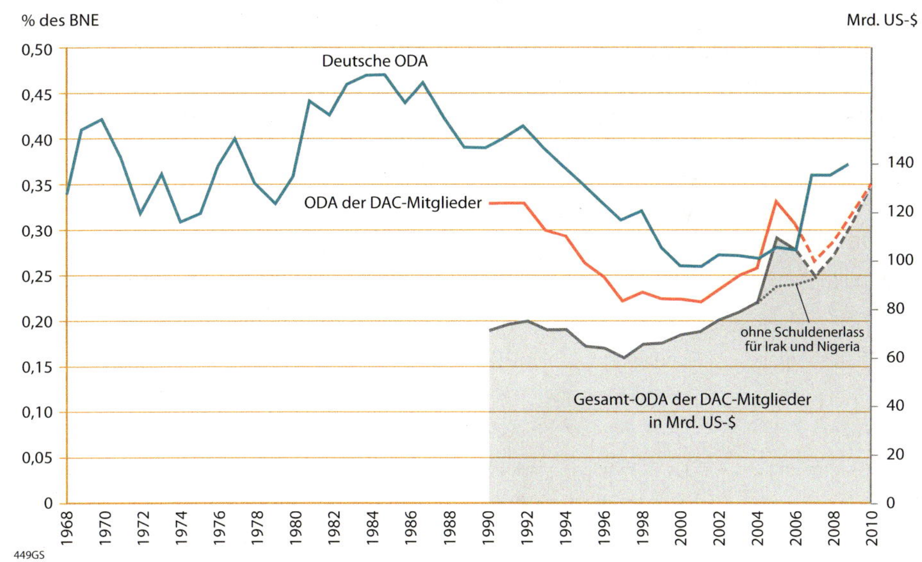

Abb. 3.1/2 *Entwicklung der ODA aller OECD-Länder 1960–2010*

so betrug der multilaterale Anteil (ohne Schuldenerlass) in den vergangen Jahren stets über 40 % (vgl. Abb. 3.1/1).
Bei einer Betrachtung der ODA-Quote aller klassischen Geberländer (den Mitgliedern des Development Assistance Committee = DAC der OECD) ergibt sich kein besseres Bild. Lag sie in den 1960er-Jahren immerhin noch bei 0,4–0,5 %, so sank sie nach der 0,7 %-Verpflichtung von 1970 auf ein Niveau von etwa 0,33 %, auf dem sie bis zum Ende des Kalten Krieges stagnierte, um dann – nach Beendigung der Ost-West-Konkurrenz - zwischen 1992 und 1997 auf den historischen Tiefststand von 0,22 % zu sinken (vgl. Abb. 3.1/2). Ohne die Summe des Schuldenerlasses für Irak und Nigeria liegt die Quote immer noch unter 0,20 %. Nun haben sich die OECD-Länder darauf geeinigt, sich dem 0,7 %-Ziel schrittweise anzunähern. Bis 2010 will man 0,35 % erreicht haben. Ob dies durch eine Erhöhung der realen Transfers gelingt, oder wieder nur durch politisch motivierte Abschreibungen riesiger Schuldensummen für einzelne Länder wie den Irak, bleibt abzuwarten.
Die extreme und über Jahrzehnte anhaltende Kluft zwischen internationalen Zusagen und realen Transferleistungen führt bei kritischen Beobachtern der EP oft zu Resignation und Zynismus hinsichtlich der Diskrepanz zwischen den Lippenbekenntnissen der Politiker und dem fehlenden politischen Willen. Pragmatiker verweisen

	2007		2006		Veränderung in Mio. US-$	
DAC-Länder	Netto-ODA	Anteil am BNE in %	Netto-ODA	Anteil am BNE in %	absolut	in %
DAC insgesamt	**103 655**	**0,28**	**104 421**	**0,31**	**–766**	**–0,73**
USA	21 753	0,16	23 532	0,18	–1 779	–7,56
Deutschlad	12 267	0,37	10 435	0,36	1 832	17,56
Frankreich	9 940	0,39	10 601	0,47	–660	–6,23
GB	9 921	0,36	12 459	0,51	2 538	–20,37
Japan	7 691	0,17	11 187	0,25	–3 496	–31,25
Niederlande	6 215	0,81	5 452	0,81	764	14,01
Schweden	4 334	0,93	3 955	1,02	379	9,59
Dänemark	2 563	0,81	2 236	0,80	327	14,62
Luxemburg	365	0,90	291	0,84	74	25,44
Österreich	1 798	0,49	1 498	0,47	300	19,99
Schweiz	1 680	0,37	1 646	0,39	34	2,05
Neuseeland	315	0,27	259	0,27	57	–21,96
EU-Mitglieder	**62 095**	**0,40**	**59 035**	**0,43**	**3 060**	**5,18**
G7-Länder	**69 422**	**0,23**	**75 539**	**0,27**	**-6 117**	**–8,10**

Tab. 3.1/1 *Geberbeiträge im Vergleich 2007 – Veränderung gegenüber 2006*

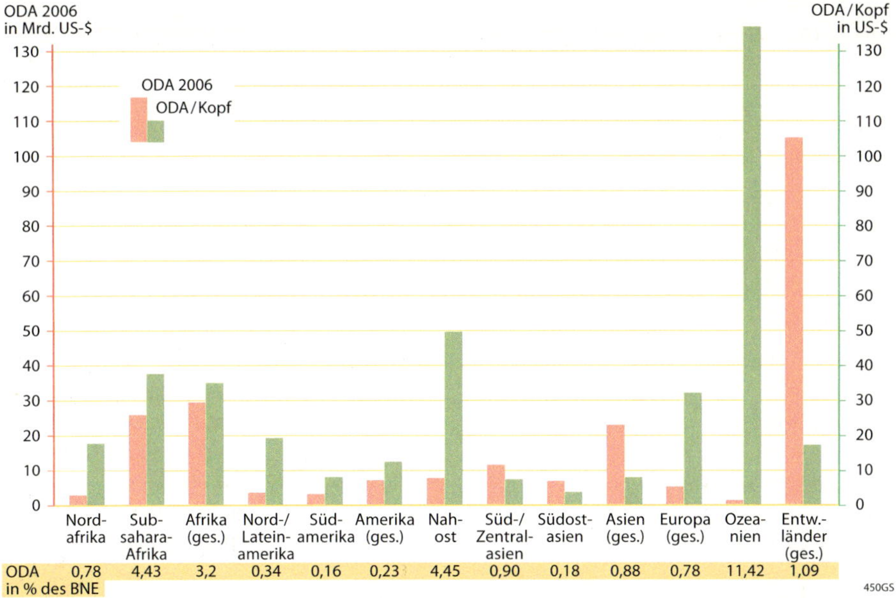

Abb. 3.1/3 *ODA-Leistungen je Empfängerland: in US-$, pro Einwohner und in % des BNE*

demgegenüber darauf, dass unrealistisch hohe Zusagen auf internationalem Parkett notwendig seien, um im innenpolitischen Kampf um Anteile am Staatshaushalt zwingende Argumente für zumindest bescheidene Erhöhungen des Finanzvolumens zu haben. Dementsprechend wird wohl die Debatte um die Nicht-Erfüllung des 0,7 %-Ziels auch die nächste Generation entwicklungspolitischer Aktivisten beschäftigen.

Dass es auch anders geht, zeigt der Vergleich der Geberländer (vgl. Tab. 3.1/1). Die skandinavischen Länder, die Niederlande und Luxemburg haben mit Quoten von 0,81 bis 0,95 % die Zielvorgaben weit mehr als erfüllt. Auf der anderen Seite findet man die großen Wirtschaftsmächte USA und Japan mit 0,16 bzw. 0,17 % am unteren Ende. Die Bedeutung der öffentlichen Hilfe korreliert also nicht mit der Exportorientierung der Privatwirtschaft und auch nicht mit dem Ausmaß des militärischen Engagements eines Landes. Entscheidend ist wohl eine politische Kultur, in welcher neben den Logiken des Marktes und der Hegemonie auch die Orientierung am Gemeinwohl einen gewissen Einfluss auf Regierungsentscheidungen nimmt.

Festzustellen, dass die meisten reichen Länder weit hinter ihren Versprechungen zurückbleiben, erlaubt noch kein Urteil über die Bedeutung der ODA für die Empfängerländer. Die Frage, ob die Entwicklungserfolge vieler armer Länder deshalb so bescheiden sind, weil die Hilfe zu gering ist, ob es sich bei der ODA also um den sprichwörtlichen „Tropfen auf den heißen Stein“ handelt, lässt sich nur beurteilen, wenn man die Ressourcentransfers, d.h. die gesamten internationalen ODA-Leistungen aus Sicht der Empfängerländer betrachtet (vgl. Abb. 3.1/3).

3.2 Die regionale Verteilung der Official Development Assistance (ODA)

In welche Weltregionen fließt die deutsche bilaterale ODA, und inwieweit kommt sie den ärmsten Ländern zugute? Welche Trends lassen sich bezüglich der regionalen Schwerpunktsetzung beobachten? Abb. 3.2/1 und 3.2/2 sowie Tabelle 3.2/1 geben darüber Aufschluss.

Subsahara-Afrika ist also Hauptzielregion für die deutsche EZ (vgl. Abb. 3.2/1). 30–40 % der ODA fließen alljährlich dorthin, gefolgt von Asien mit einem Anteil, der normalerweise zwischen 25 und 30 % schwankt. Lateinamerika sowie Nahost und Nordafrika zusammengenommen erhalten meist zwischen 20 und 28 %. Die Anteile der mittel- und osteuropäischen Länder schwanken zwischen 8 und 12 %. Die Anteile variieren relativ stark von Jahr zu Jahr und auch danach, ob man sich an den zugesagten oder an den tatsächlich abgeflossenen Mitteln orientiert.

Region	1980/ 1981	1990/ 1991	2000/ 2001	2002–2007
Subsahara-Afrika	29,2	37,8	23,8	37,2
Nordafrika/ Nahost	23,2	22,0	15,8	12,6
Süd- und Zentralasien	20,4	11,4	13,1	13,8
Ostasien	8,9	11,5	20,3	15,6
Latein-amerika	8,6	6,4	10,1	12,8
Europa	8,9	8,2	12,3	7,9
	99,2	**97,4**	**95,4**	**99,9**

***Tab. 3.2/1** Verteilung der deutschen bilateralen ODA nach Regionen (1980–2007)*

Die meisten offiziellen BMZ- und DAC-Zahlen enthalten auch die Beträge für Schuldenerlässe. Diese verändern das Bild völlig. So beliefen sich z.B. die Schuldenerlasse allein für die beiden Länder Nigeria und Irak 2005 und 2006 auf etwa 2,5 Mrd. bzw. 1,6 Mrd. Euro. Das sind 46 % bzw. 33 % der gesamten bilateralen ODA-Summe.

Signifikante langfristige Trends in der regionalen Verteilung (vgl. Tab. 3.2/1) sind der Rückgang der Anteile Südasiens zugunsten von Afrika in den 1980er-Jahren und jener der Nahost-Region im Verlauf der 1990er-Jahre zugunsten von Ostasien. Der Rückgang der ODA nach Südasien erklärt sich teilweise dadurch, dass Indien, einst eines der Hauptempfängerländer, seit 2002 kaum noch bilaterale ODA in Anspruch nimmt. In Ostasien hingegen kamen nach der Öffnung seit 1990 mit China, Vietnam, Mongolei, Laos, Kambodscha neue Partnerländer hinzu. In Nahost folgt der Rückzug der deutschen EZ dem Anstieg der Transfers aus den reichen Erdölländern der Region.

Aufschlussreicher im Hinblick auf die Vergabekriterien als die Anteile der Regionen sind aufgrund der sehr unterschiedlichen Bevölkerungszahlen die deutschen ODA-Beiträge pro Kopf der Bevölkerung (vgl. Abb. 3.2/2). Hier liegen die osteuropäischen Transformations- und EU-Beitrittsländer an der Spitze, zusammen mit Subsahara-Afrika und dicht gefolgt von Nordafrika/Nahost. Lateinamerika liegt im Mittelfeld, und bei Süd- und Ostasien zeigt sich, dass der hohe Anteil der dort- hin fließenden Mittel sich vor dem Hintergrund der hohen Bevölkerungszahlen als ein vergleichsweise geringfügiger Beitrag erweist. Die Aufteilung pro Kopf erlaubt einige Rückschlüsse auf die vielfältigen Motive der deutschen Entwicklungspolitik: Die große Bedeutung der überwiegend sehr armen (und keineswegs immer rohstoffreichen oder strategisch bedeutenden) Länder Subsahara-Afrikas lässt darauf schließen, dass Armutsorientierung bei der Vergabe der deutschen EZ-Mittel eine gewisse Rolle spielt. Die Investoren und die Diplomaten bevorzugen andere Zielregionen. Die, gemessen an der Bevölkerungszahl, große Bedeutung der weniger armen europäischen, nordafrikanischen und orientalischen Empfängerländer, aber auch Afghanistans, zeigt hingegen, dass bei der Mittelvergabe auch politische und geostrategische Aspekte eine wichtige Rolle spielen. Es handelt sich um EU-nahe, tendenziell politisch instabile Regionen.

Ein Vergleich der Hauptempfängerländer über die Jahrzehnte (vgl. Tab. 3.2/2) zeigt, dass weiterhin ein bedeutender Anteil der ODA in Schwellenländer mit mittlerem Einkommen fließt. Das Bild relativiert sich jedoch, wenn man die hohen Bevölkerungszahlen dieser Länder berücksichtigt. Eine Begründung der anhaltenden Bereitstellung knapper ODA-Mittel an wirtschaftlich erfolgreiche, aufstrebende Staaten wird aber auch durch das Ankerland-Konzept des BMZ gegeben. Die Zusammenarbeit mit diesen Ländern wird vor allem mit der

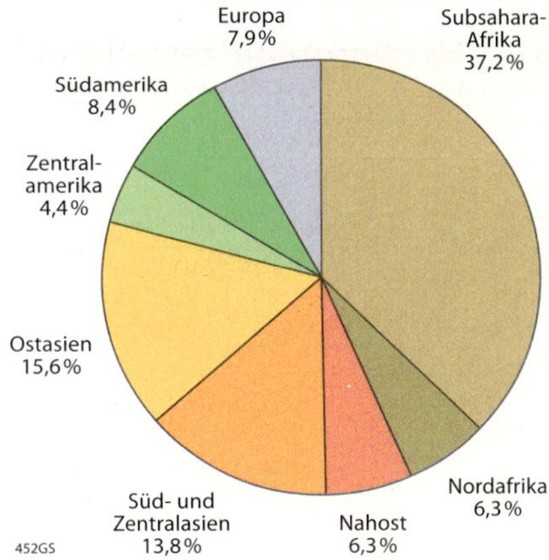

Abb. 3.2/1 *Verteilung der deutschen bilateralen ODA nach Regionen pro Kopf der Bevölkerung der Empfängerländer (Durchschnitt 2002–2007)*

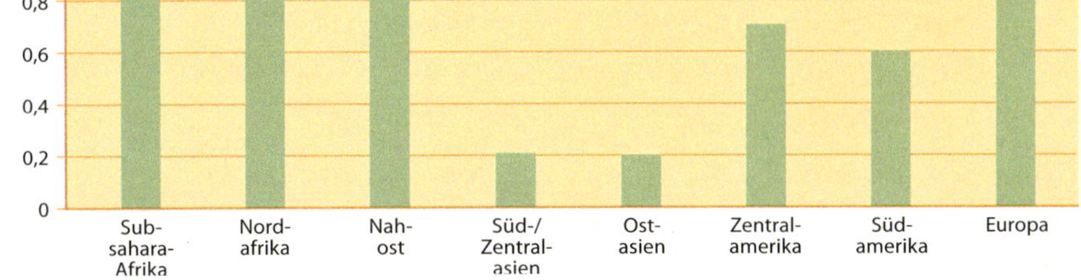

Abb. 3.2/2 *Verteilung der deutschen bilateralen ODA nach Regionen (2002 – 2007)*

1980–1981	%	1990–1991	%	2000–2001	%	2007[1]	%	2007[1]	%
Türkei	8,5	Türkei	4,5	China	5,1	Indien	5,8	Bangladesh	0,9
Bangladesh	6,9	Indien	4,0	Indien	2,4	China	5,5	Sudan	0,5
Indien	4,1	Israel[2]	3,9	Indonesien	2,3	Indonesien	4,3	Tansania	1,6
Sudan	3,3	Ägypten	3,5	Türkei	2,0	Afghanistan	4,2	Jemen	1,3
Indonesien	3,2	Kenia	3,4	Ägypten	1,7	Ägypten	3,8	Kenia	1,4
Tansania	3,1	DR Kongo	3,0	Jugoslawien	1,5	Marokko	3,8	DR Kongo	0,8
Ägypten	2,2	Ghana	2,8	Jordanien	1,5	Sudafrika	2,5	Ghana	1,3
Israel[2]	1,9	Indonesien	2,8	Peru	1,2	Äthiopien	2,2	Sambia	1,0
Brasilien	1,8	Sambia	2,7	Bolivien	1,2	Serbien	1,9	Jordanien	0,8
Jemen	1,4	China	2,6	Sambia	1,1	Brasilien	1,8	Peru	0,9
						Türkei	0,9	Bolivien	0,9

1) Anteil der bilateralen BMZ-Leistung 2) seit 200 nicht als ODA-Empfängerland klassifiziert

***Tab. 3.2/2** Hauptempfängerländer deutscher ODA: Anteile an der bilateralen ODA*

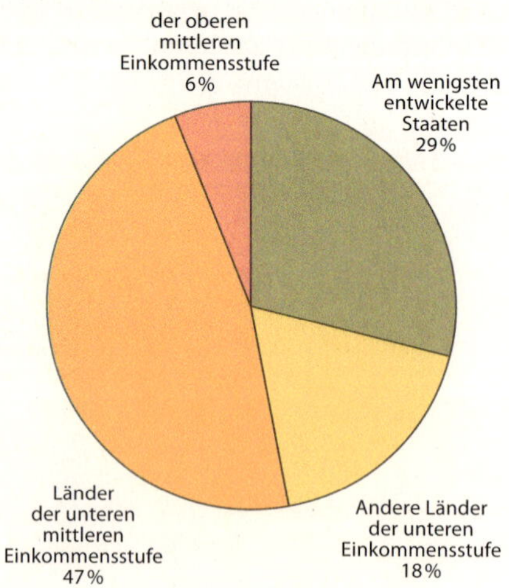

***Abb. 3.2/3** Verteilung der BMZ-Mittel nach Länderkategorien*

Wichtigkeit und nicht primär ihrer Bedürftigkeit begründet. Das BMZ spricht hier von strategischer Zusammenarbeit im Hinblick auf gemeinsame Ziele einer nachhaltigen globalen Entwicklung.

Eine Analyse der Partnerländer der deutschen EZ nach dem Grad der Bedürftigkeit zeigt, dass diese überwiegend zu den beiden Gruppen der Least Developed Countries und der anderer Länder mit niedrigem Einkommen gehören (siehe Abb. 3.2/3). Der Anteil der Mittel, die in Länder mit mittlerem Einkommen fließen, ist zwar beträchtlich. Pro Kopf der Bevölkerung aber erhalten die ärmsten Länder die meisten Mittel (vgl. Abb. 3.2/4).

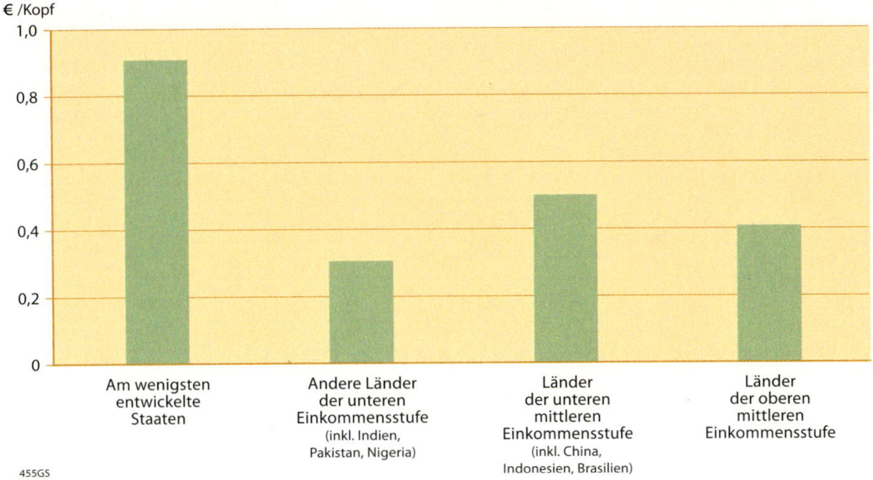

Abb. 3.2/4 *Verteilung nach Länderkategorien pro Kopf der Bevölkerung 2007 (BMZ-Mittel)*

Das Verteilungsmuster der gesamten ODA aller OECD–Länder (siehe Abb. 3.2/5 und 3.2/6) ist dem der deutschen ODA ziemlich ähnlich. Subsahara-Afrika erhält den größten Anteil der Mittel und steht auch bei den erhaltenen Leistungen pro Einwohner an der Spitze. Die im Verhältnis zur dortigen Bevölkerungszahl und zum Wohlstandsniveau relativ hohen Leistungen für europäische Länder (vor allem Balkanstaaten), nordafrikanische Mittelmeeranrainer und den Nahen Osten deuten darauf hin, dass auch die Hilfe der gesamten Geberländer sich nicht allein am Ziel der Armutsminderung orientiert, sondern auch dem Zweck der Stabilisierung eines konfliktreichen geostrategischen Umfelds dient.

Dabei unterscheiden sich die einzelnen Geberländer in ihren regionalen Schwerpunktsetzungen: Japan führt die Liste der bilateralen Geber in China, Indien, Indonesien und vielen anderen asiatischen Ländern an; die USA sind wichtigster Geber in den meisten lateinamerikanischen Ländern, in Ägypten und im Nahen Osten. Frankreich und England zeigen starke Präsenz in ihren ehemaligen Kolonien. Die EU spielt in Subsahara-Afrika eine zentrale Rolle. Deutschland hat keine stark ausgeprägten, vom generellen

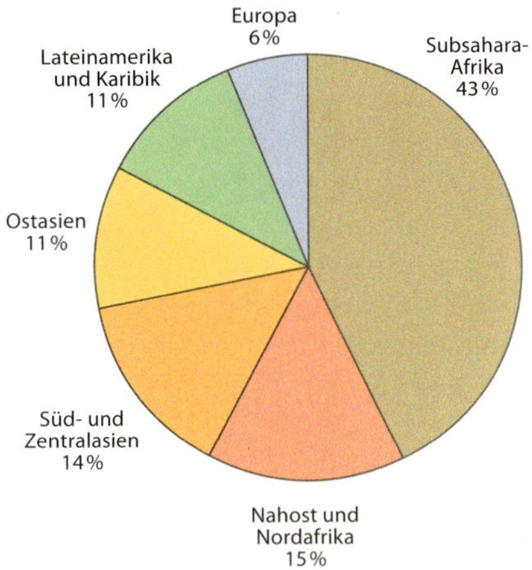

Abb. 3.2/5 *Verteilung der ODA-Leistungen nach Regionen 2006 (nach OECD 2008)*

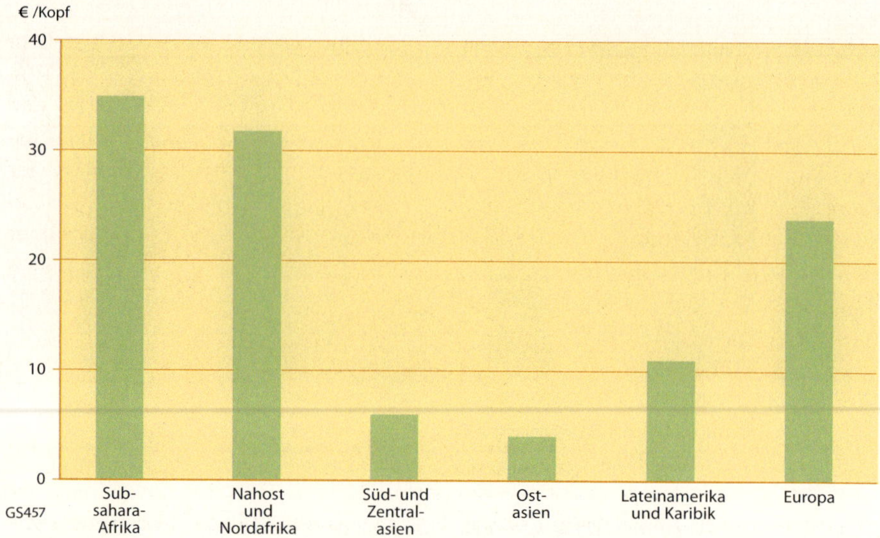

Abb. 3.2/6 *Gesamte ODA-Leistungen nach Regionen pro Kopf*

Strategische Zusammenarbeit mit China in Deutschlands Interesse

Bundesentwicklungsministerin Heidemarie Wieczorek-Zeul weist die Forderung, die Zusammenarbeit mit China einzustellen, zurück: „Deutschland hat mit China eine strategische Zusammenarbeit zur Lösung von Problemen mit globaler Bedeutung. Dies drückt sich insbesondere im so genannten Heiligendammprozess aus. Deshalb liegt der Schwerpunkt unserer Zusammenarbeit mit China im Bereich des Klima- und Umweltschutzes. China ist weltweit der zweitgrößte Emittent von Kohlendioxid und der größte Emittent von Schwefeldioxid. (...) Deshalb kooperieren wir bei erneuerbaren Energien und Energieeffizienz mit China. Dieses Engagement ist im Interesse des Klima- und des globalen Umweltschutzes und insbesondere auch im Eigeninteresse Deutschlands. Auf diese Kooperation zu verzichten, wäre kurzsichtig und falsch, denn sie ist auch für die deutsche Wirtschaft wichtig, die auf diesem Gebiet zu den weltweit führenden gehört. Selbstverständlich geht es heute gegenüber einem Land wie China nicht mehr um „Entwicklungshilfe". Armutsbekämpfung kann China im eigenen Land selbst leisten. Die Zusammenarbeit wurde deshalb in den vergangenen Jahren angepasst und auf den Klimaschutz und die Förderung von Rechtsstaatlichkeit konzentriert. China ist damit ein Beispiel für die neue Form der strategischen Kooperation mit großen Schwellenländern (...). Die von der Bundesregierung eingesetzten Mittel werden weit überwiegend als Darlehen mit marktnahen Konditionen gewährt und von China zurückgezahlt (...)." (BMZ- Pressemitteilung vom 27.07.2007)

OECD-Muster abweichenden regionalen Präferenzen mit Ausnahme eines überproportionalen Anteils in Ost- bzw. Südost-Europa. Der hohe Anteil multilateraler Geber (wie Weltbank, Afrikanische Entwicklungsbank, EU) in afrikanischen Ländern deutet darauf hin, dass dort die Unterstützung in geringerem Maße von nationalen geostrategischen Partikularinteressen geprägt ist.

Zusammenfassend bleibt festzustellen, dass die regionale Verteilung der ODA-Mittel einen Kompromiss zwischen den Zielen Armutsorientierung, Sicherheitsinteressen und dem Interesse an der Pflege von Einflusssphären und Absatzmärkten verrät. Daran hat sich weder nach dem Ende des Ost-West-Konflikts 1990 noch nach dem 11. September 2001 etwas entscheidend geändert.

3.3 Die sektorale Verteilung der Official Development Assistance (ODA)

Es gibt kein einvernehmliches Leitbild zur „richtigen" Aufteilung von Unterstützungsleistungen auf Sektoren. Manche sagen, Investitionen in soziale Basisinfrastruktur sollten Vorrang haben. Gesundheit, Bildung und sauberes Trinkwasser seien nicht nur Grundlage für ein menschenwürdiges Leben, sondern auch für Kreativität, Konkurrenzfähigkeit und wirtschaftliches Wachstum. Andere verweisen auf die Notwendigkeit, Beschäftigungs- und Einkommensmöglichkeiten zu schaffen, als Grundlage für die dauerhafte Finanzierbarkeit sozialer Dienste, oder sie betonen die Bedeutung einer Steigerung der Agrarproduktion für die eigenständige Ernährungssicherung. Man kann also aus der sektoralen Verteilung per se noch keine Schlüsse auf die Armutsorientierung der Hilfe ableiten. Dazu bedürfte es zumindest einer Differenzierung zwischen Subsektoren: Ländliche Basisgesundheitsdienste sind tendenziell armutsorientierter als Spezialkliniken in der Hauptstadt. Grundschulen haben eher das Potenzial, die Armen direkt zu erreichen. Technische Hochschulen tragen nur indirekt dazu bei, indem sie vielleicht die Konkurrenzfähigkeit bestimmter Gewerbezweige verbessern und dadurch Arbeitsplätze schaffen. Ländliche Zugangsstraßen in peripheren Regionen sind wohl stärker an den Bedürfnissen der Ärmeren orientiert als die Verbreiterung der Autobahn. Wie aber ist es zu bewerten, wenn der schlechte Zustand der Autobahn der Engpass für den Export der in den peripheren Regionen von armen Bäuerinnen produzierten Mangos ist? Oder, wenn sich aufgrund des miserablen Straßenzustands die Transportkosten von Grundnahrungsmitteln für den Bedarf der städtischen Bevölkerung verdoppeln?

Die sektorale Verteilung der ODA-Mittel hat auch deshalb begrenzte Aussagekraft, weil sie die Regierungen der Partnerländer dazu verleiten mag, sich um jene Bereiche zu kümmern, die die Geber für weniger vordringlich halten. Wenn die Geber das ländliche Gesundheitswe-

Sektor	2000 Mio US-$	%	2006 Mio. US-$	%
Soziale Infrastruktur	**14,3**	**50,0**	**32,7**	**60,4**
Bildung	3,5	12,5	7,9	14,6
darunter: Grundbildung	(0,7)	(2,4)	(2,2)	(4,1)
Gesundheit	1,6	5,6	4,5	8,3
darunter: Basisgesundheit	(0,9)	(3,1)	(2,9)	(5,4)
Bevölkerungspolitik	1,1	3,8	4,0	7,4
Wasser- und Abwasserversorgung	2,9	10,1	3,9	7,2
Staat & Zivilgesellschaft	2,3	8,0	8,1	15,0
sonstige soziale Infrastruktur	3,0	10,5	4,4	8,1
Wirtschaftliche Infrastruktur	**7,4**	**25,9**	**11,1**	**20,5**
Transport & Lagerhaltung	3,9	13,6	4,2	7,8
Kommunikation	0,4	1,4	0,3	0,6
Energie	1,4	4,9	3,8	7,0
Finanzwesen	0,2	0,7	1,3	2,4
Unternehmensbezogene Dienste	1,5	5,2	1,4	2,6
Produktive Sektoren	**3,2**	**11,2**	**4,6**	**8,5**
Land- und Forstwirtschaft	2,3	8,0	2,8	5,2
Industrie und Bergbau	0,8	2,8	0,8	1,5
Handel und Tourismus	0,1	0,3	1,0	1,8
Multisektoral/Querschnittsaufgaben	**3,6**	**12,6**	**5,7**	**10,5**
Allgemeiner Umweltschutz	1,3	4,5	1,4	2,6
sonstige multisektorale Aufgaben	2,4	8,4	4,2	7,8
Summe der sektoral aufteilbaren Ausgaben	**28,5**	**99,7**	**54,1**	**99,9**

Tab. 3.3/1 *Sektorale Verteilung der ODA-Mittel aller OECD/DAC-Länder 2000-2006 (in Mio US-$ und %)*

sen finanzieren, werden dadurch – angesichts des fungiblen Charakters von Geld – andere staatliche Budgetmittel frei, die die Partnerregierung in Spezialkrankenhäuser oder in den Rüstungshaushalt investieren kann.

Die bereits in den 1980er-Jahren beginnende Schwerpunktverlagerung zugunsten der sozialen Infrastruktur hat sich – wohl beeinflusst durch die Millenniums-Entwicklungsziele – zwischen 2000 und 2006 weiter fortgesetzt (vgl. Tab. 3.3/1). Ein großer Teil des relativen Anstiegs dieses Sektors auf über 60 % der sektoral zuordenbaren ODA ist allerdings auf den Bereich Staat und Zivilgesellschaft zurückzuführen, dessen Anteil sich nahezu verdoppelt hat. Dies spiegelt eher die stärkere politische und gesellschaftsstrukturelle Ausrichtung der westlichen Entwicklungspolitik wider. Aber auch der Anteil der Sektoren Gesundheit und Bildung ist gestiegen. Innerhalb dieser beiden Sektoren hat sich das Gewicht etwas zugunsten des Basisgesundheitswesens und des Primärschulbereichs verlagert.

Zurückgegangen sind demgegenüber die Anteile für ökonomische Infrastruktur, insbesondere für den Ausbau der Verkehrsinfrastruktur. Hier wäre zu prüfen, inwieweit nicht neue – in den OECD-Statistiken nicht erfasste – Geber wie China in diese von den Partnerländern priorisierten Bereiche drängen, aus denen sich die traditionellen Geber zurückziehen. Zurückgegangen sind aber auch Investitionen in die produktiven Sektoren. Dabei fällt insbesondere auf, dass der auf die Landwirtschaft entfallende Anteil, der bereits in den 1990er-Jahren halbiert wurde, weiterhin stark rückläufig war und nun bei 5,2 % liegt. Dies steht in eklatantem Widerspruch zum Millenniums-Ziel einer Halbierung der Zahl der etwa 800 Millionen an Hunger leidenden Menschen angesichts der Tatsache, dass die Mehrzahl der Armen immer noch in hohem Maße von der landwirtschaftlichen Produktion abhängig ist.

Zusammenfassung

Fazit

- Die tatsächlich geleistete ODA bleibt weiterhin weit hinter dem 0,7 %-Ziel zurück.
- Dies heißt aber nicht notwendigerweise, dass sie in quantitativer Hinsicht „ein Tropfen auf den heißen Stein“ ist. Vielmehr sind viele – insbesondere afrikanische – Empfängerländer in hohem Maße von den Unterstützungsleistungen abhängig, während diese für große Schwellenländer wie China, Indien, Brasilien quantitativ kaum eine Rolle spielt.
- Zwar fließen über 59 % der Mittel in – bevölkerungsreiche – Länder mit mittlerem Einkommen. Pro Kopf betrachtet aber erhalten die ärmsten Länder, insbesondere Afrika südlich der Sahara, die meiste Hilfe.
- Insgesamt deutet die Vergabepraxis auf einen Kompromiss zwischen Armutsorientierung, Stabilisierung von geostrategisch bedeutsamen Krisenherden und dem Bestreben, Präsenz in wichtigen Ankerländern zu zeigen, hin.
- Sektoral konzentrieren sich die ODA-Leistungen in hohem und zunehmendem Maße auf die soziale Infra-

struktur, während die Beiträge zur Förderung der Wirtschaft (insbesondere der Landwirtschaft) und der ökonomischen Infrastruktur (Verkehr) rückläufig sind. Die Tendenz scheint dahin zu gehen, Fortschritte in der Armutsminderung zuerst dort anzustreben, wo diese am leichtesten durch staatliche Investitionen erreichbar sind, nämlich bei der Verbesserung des Zugangs zu Bildung und Gesundheitsdiensten. Bei der Wirtschaftsförderung scheint man darauf zu bauen, dass bei verbesserter Regierungsführung die Privatwirtschaft die Probleme lösen werde.

Zum Einlesen

BMZ Zahlen und Fakten. – www.bmz.de/de/zahlen/

Bietet Zugang zu den jeweils aktuellsten Daten zur deutschen Entwicklungszusammenarbeit.

OECD StatExtracts: http://webnet.oecd.org/wbos/

Bietet Zugang zu den jeweils aktuellsten Daten über die ODA aller Geber- und Empfängerländer.

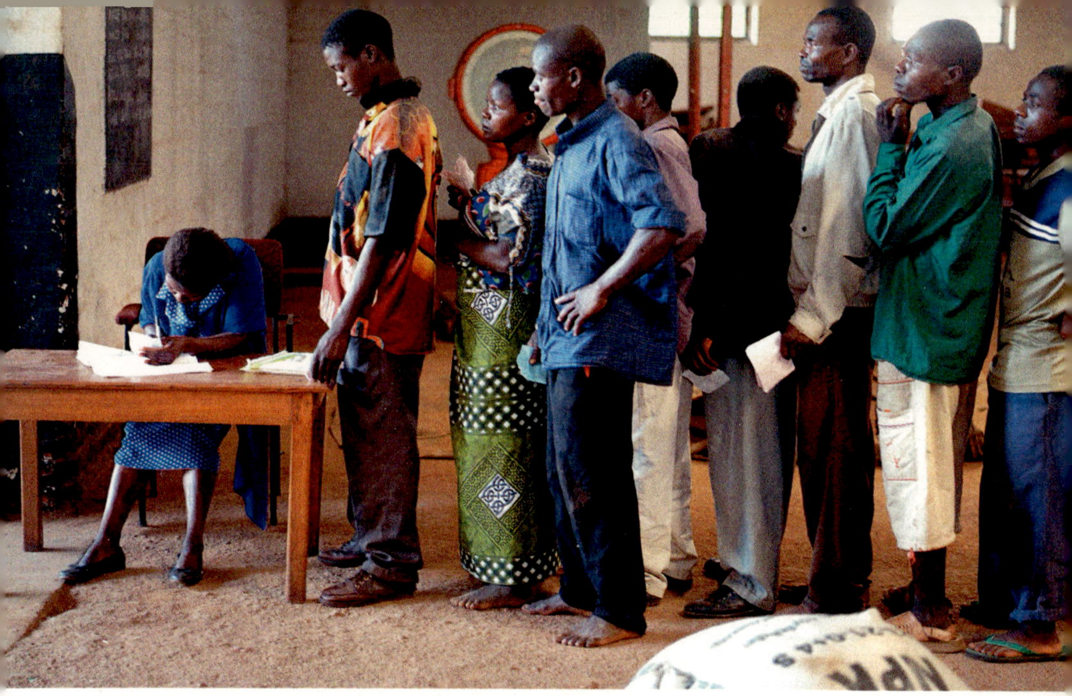

Abb. 4/1 *Von Entwicklungshilfe zu Entwicklungszusammenarbeit – Begrifflichkeiten im Spiegel der gesellschaftlichen und politischen Diskurse*

4 Modewelten oder Lernprozesse? – Die Geschichte der Entwicklungspolitik

Die Geschichte der Entwicklungspolitik kann aus makropolitischer Sicht als Resultat weltpolitischer Ereignisse (z. B. Mauerbau, Zusammenbruch des Ostblocks, 11. September 2001), von Regierungskoalitionen und von Ministern bzw. Ministerinnen geschrieben werden. Diese in der entwicklungspolitischen Literatur verbreitete Perspektive (vgl. Nuscheler, F. 2005) wird mithilfe der Abbildung 4/2 zusammengefasst. Sie kann aber auch als Abfolge von konkreten entwicklungsstrategischen Ansätzen dargestellt werden. Dies wird in diesem Kapitel versucht.

4.1 Internationale Entwicklungsstrategien im Wandel der Zeit

Anders als die in Abbildung 4/2 skizzierten großen entwicklungspolitischen Weichenstellungen verlief die internationale entwicklungsstrategische Diskussion weitgehend unbeeinflusst von weltpolitischen Ereignissen und Regierungswechseln. Bei dieser Debatte geht es nicht um Höhe und Begründung des Anteils der für „Entwicklungshilfe" ausgegebenen Steuergelder, sondern um den Diskurs der Fachleute darüber, auf welchem Weg welche Art von Entwicklung am besten erreichbar ist.

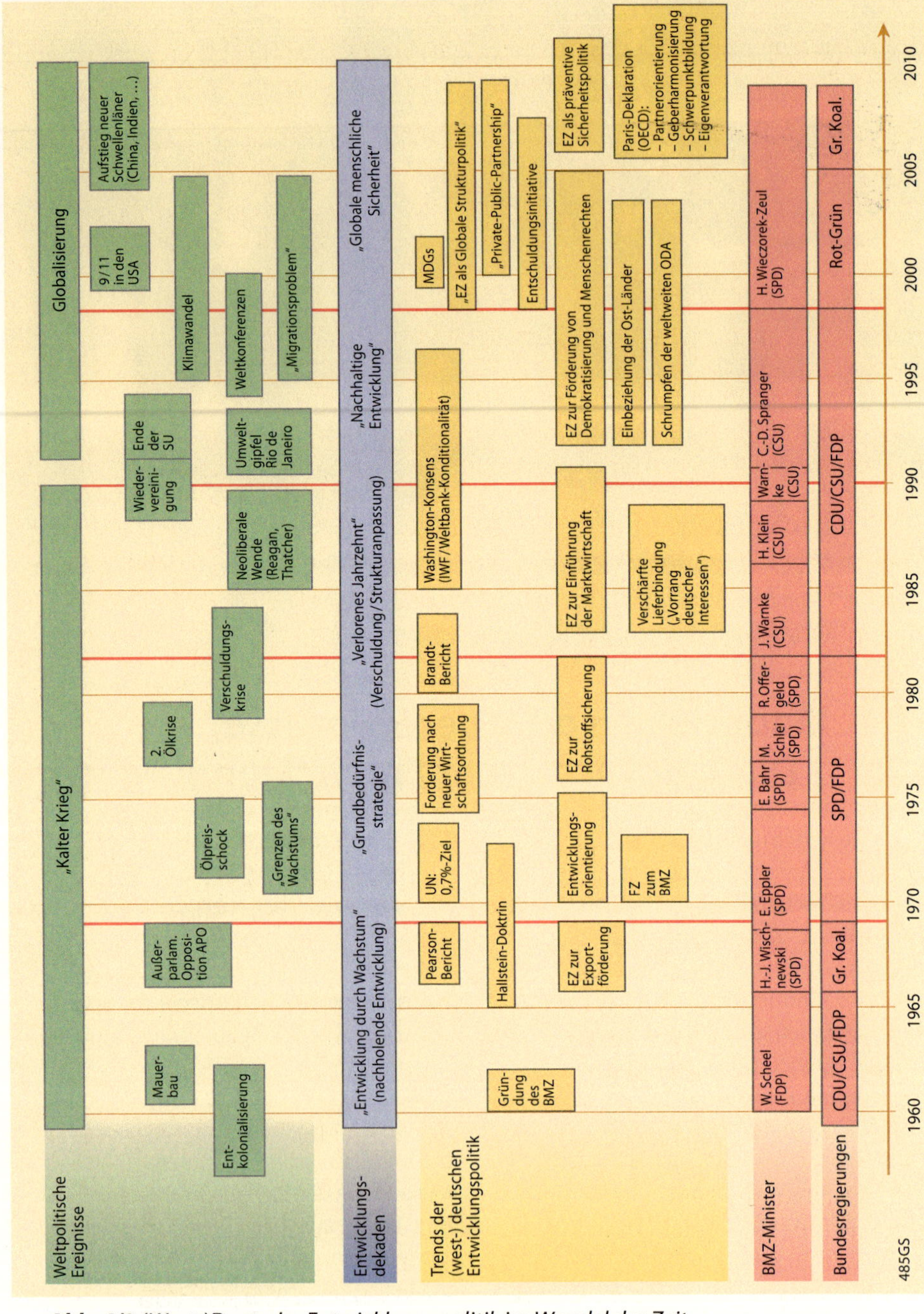

***Abb. 4/2** (West-)Deutsche Entwicklungspolitik im Wandel der Zeit*

Diese konzeptionellen Debatten wurden einerseits von der Wissenschaft und den dort produzierten entwicklungstheoretischen Strömungen beeinflusst (zu einem Überblick über die Theoriediskussion vgl. H. G. Bohle 2007; M. Coy 2000 und 2005; H. Kreutzmann 2003; U. Menzel 1992; T. Rauch 2008; R. Thiel 1999), die ihrerseits nicht unberührt waren vom jeweiligen „Zeitgeist". Andererseits wirkte auch das Lernen aus den Erfahrungen der Umsetzungspraxis vor Ort auf die Strategiediskussionen zurück. Somit stellt sich die Frage, ob der jeweilige entwicklungsstrategische „Mainstream" eher als Resultat von Lernprozessen oder aber als Resultat von bereitwilliger Anpassung an von außen und oben gesetzte Trends zu interpretieren ist.

Die entwicklungsstrategische Debatte war stets ein Prozess der Auseinandersetzung zwischen unterschiedlichen, z. T. gegensätzlichen Strömungen. Oft wurden verschiedenartige Strategien von verschiedenen Akteuren nebeneinander praktiziert. Die hier vorgenommene Phaseneinteilung nach „Mainstream"-Ansätzen ist deshalb als Versuch zu sehen, eine weitaus komplexere Realität überschaubar zu gestalten.

4.1.1 Die wachstumspolitische Phase (1950er-/1960er-Jahre)

Die Zeit des Wiederaufbaus nach dem 2. Weltkrieg war durch Fortschrittsoptimismus gekennzeichnet. In den kapitalistischen Industrieländern begann – in Orientierung am fordistischen Grundsatz, dass kapitalistische Unternehmen nur dann auf Dauer gedeihen können, wenn die dort Beschäftigten sich die dort erstellten Produkte kaufen können – das Zeitalter des Massenwohlstands. In den kommunistischen Staaten des Ostblocks war die Führung bestrebt, durch massive Industrialisierungsanstrengungen den Westen zu überholen und feierte den ersten Menschen im Weltall. Die ehemaligen Kolonien hatten die Unabhängigkeit errungen und sahen allein dadurch schon die Voraussetzung für nachholende Entwicklung, d. h. für ein erfolgreiches Aufholen gegenüber den alten Industrieländern, als gegeben an. Die Wirtschafts- und Sozialwissenschaften waren überwiegend von diesem Geist geprägt und suchten nach dem besten Weg zum Wirtschaftswachstum und/oder zum sozialen Wandel. Kaum jemand zweifelte daran, dass der Weg von der Agrargesellschaft über die Industriegesellschaft zur Wohlstandsgesellschaft, den die Industrieländer beschritten hatten, für die gesamte Menschheit nicht nur wünschenswert, sondern auch möglich sei. Der Streit über die Gestaltung dieses Wegs ging nicht um die Notwendigkeit einer Produktivkraftentwicklung durch Arbeitsteilung und Spezialisierung. Er ging darum, ob der Marktmechanismus oder die staatliche Planung geeigneter sei, diesen Prozess zum Wohle aller zu initiieren und zu steuern. Innerhalb des westlichen Lagers setzte man sich u. a. darüber auseinander, ob Exportorientierung oder Substitution von Importen (vgl. B. Balassa 1971), ob die Strategie des sektoral und regional ungleichgewichtigen oder gleichgewichtigen Wachstums der effektivere Weg zum angestrebten Wirtschaftswachstum sei (P. N. Rosenstein-Rodan 1957; R. Nurske 1953; A. O.

Hirschman 1958; G. Myrdal 1959). Auch zur Frage, ob man auf Industrialisierung oder auf landwirtschaftliche Entwicklung bauen sollte, gab es breite Debatten (K. Griffin 1974). Die meisten Entwicklungsländer setzten zunächst auf Industrialisierung. Überall wurden Textilfabriken aufgebaut. Größere Länder wie Indien, Algerien oder Brasilien investierten in Stahlwerke und ermutigten die großen Unternehmen der Automobilindustrie, Endmontagewerke zu errichten.

Als die Diskrepanz zwischen modernen (oft unterausgelasteten) Industrieanlagen und der auf niedrigem Produktivitätsniveau stagnierenden Landwirtschaft allzu offensichtlich wurde sowie vermehrt Hungersnöte auftraten, setze sich in den 1960er-Jahren insbesondere in Asien die Einschätzung durch, dass nun auch die Landwirtschaft modernisiert werden müsse (vgl. U. Scholz 2007). Die internationalen Agrarforschungsinstitutionen stellten Hochertragssorten bereit, die in Verbund mit Mineraldünger, Pestiziden und Bewässerung die Erträge vervielfachten. Dieser in südasiatischen Gunstzonen weitgehend erfolgreiche Ansatz wurde mit dem Etikett „Grüne Revolution" versehen (J. P. Gittinger, J. Leslie & C. Hoisington 1987).

Die Wachstumsstrategien beruhten auf der Annahme, dass dieser Entwicklungspfad zwar zunächst zu einer Verschärfung der Ungleichheit, zu einer Polarisierung führe, dass später aber die Wachstumsdynamik über Trickle down, also Ausbreitungseffekte, die Massenarmut beseitigen werde. Ihre Vertreter verwiesen dabei auf das Beispiel der westlichen Industrieländer, wo in der Frühphase der Industrialisierung krasse soziale Missstände herrschten, während sich später, nach Erreichen der Vollbeschäftigung, die fordistische Logik durchsetzte: Die Beschäftigten konnten mithilfe ihrer Gewerkschaften höhere Löhne durchsetzen und so mit ihrer Massenkaufkraft die von ihnen produzierten Konsumgüter und Dienstleistungen nachfragen.

Doch selbst in jenen Entwicklungsländern, die auf diesem Weg hohe Wachstumsraten erzielten (Brasilien, Indien), blieb das Trickle down aus. Die sozialen Gegensätze verschärften sich. Man sprach von „Wachstum ohne Entwicklung". Auch die „Grüne Revolution" erreichte nur die besser mit Ressourcen ausgestatteten Kleinbauern an günstigen Standorten (etwa im indischen Gangesbecken). Viele ärmere Kleinbauern und Pächter hingegen wurden zu Landlosen und vergrößerten die Zahl der städtischen Arbeitslosen. Aus Sicht der Verfechter der Wachstumsstrategie hatte man dem Prozess zu wenig Zeit gegeben, um die Phase der Ausbreitung und Angleichung zu erreichen (H. W. Richardson 1980; L. Schätzl 2003). Sie verweisen auf erfolgreiche Beispiele nachholender Entwicklung wie Südkorea. Die Kritiker dieser Strategie, die sich Anfang der 1970er-Jahre – zunächst in Lateinamerika, dann auch in Europa – der dependenztheoretischen Schule zuordneten (vgl. T. T. Evers & P. v. Wogau 1973; D. Senghaas 1974), sahen hingegen in diesem Weg eine Sackgasse, eine Fehlentwicklung. Strukturelle Heterogenität, d. h. die Verschärfung der Gegensätze zwischen dem modernen und dem traditionellen Sektor, sei zwangsläufig, weil

der Beschäftigungseffekt der modernen, kapitalintensiven Technologien zu gering sei, um die wachsende Bevölkerung in die modernen Sektoren zu integrieren. So käme es nie zu Vollbeschäftigung und zu einer auf Massenkaufkraft basierenden dynamischen Binnenmarktentwicklung (H. ELSENHANS 1982). Die Ökonomien der EL („peripher-kapitalistische Ökonomien") blieben deshalb notwendigerweise auf Dauer abhängige Anhängsel der „metropolitanen" Ökonomien der IL (D. SENGHAAS 1977). Diese dependenztheoretische Kritik wurde getragen vom kapitalismuskritischen Zeitgeist der Protestbewegung Ende der 1960er-Jahre, aus der auch eine aktive Dritte-Welt-Bewegung hervorging.
Über die von Entwicklungstheoretikern thematisierte Verschärfung der sozialen und regionalen Gegensätze hinaus führte die von den meisten Regierungen der EL praktizierte Wachstums- und Industrialisierungspolitik noch zu einigen anderen Problemen mit gravierenden Folgen: Industrialisierung und Agrarmodernisierung waren in hohem Maße abhängig von importierten Maschinen, Materialien und Treibstoffen. Sie kosteten mehr Devisen als sie erbrachten und trugen dadurch maßgeblich zur Verschuldung bei. Bei vielen Industriebetrieben handelte es sich um staatliche bzw. halbstaatliche Unternehmen. Oft kam es zu bürokratisch und politisch bedingtem Missmanagement. Die Effizienz war gering. Geschützt durch hohe Importzölle, waren diese Produktionszweige nie gezwungen, international konkurrenzfähig zu werden. Diese Probleme wurden in den 1980er-Jahren von den Staatstheoretikern aufgegriffen (H. ELSENHANS 1981; R. TETZLAFF 1977; U. E. SIMONIS 1985).

4.1.2 Die Phase der Grundbedürfnis- und Armutsorientierung (1970er-/1980er-Jahre)

Während die Dependenztheoretiker als strategische Konsequenz eine selektive Abkopplung der EL vom Weltmarkt und eine autozentrierte, endogene, binnenmarktorientierte Entwicklung forderten, zog die entwicklungspolitische Praxis etwas andere Konsequenzen aus den Problemen des Wachstumsmodells. Die Parole hieß Basic Needs, Grundbedürfnisstrategie (vgl. P. STREETEN 1979; D. SCHWEFEL 1978). Eng damit verwandt war die Strategie der „direkten Armutsorientierung" (K. FISCHER, F. MÜHLENBERG et al. 1978). Nicht Wirtschaftswachstum per se sollte das Ziel sein, sondern Wachstum für die Armen (drei Jahrzehnte später unter dem Motto „Pro-poor Growth" wiederentdeckt). Der damalige Weltbankpräsident ROBERT MCNAMARA leitete mit seiner berühmten Nairobi-Rede 1973 die Trendwende ein, der alsbald die meisten Geberländer folgten. Im Rahmen von Integrierten Ländlichen Entwicklungsprogrammen, Kleingewerbeförderprojekten, Slumsanierungs-Maßnahmen, Grundbildungs- und Alphabetisierungsprogrammen und der Förderung von Basisgesundheitsdiensten sollten die ärmeren Bevölkerungsgruppen direkt dabei unterstützt werden, ihre Produktivität zu steigern und Zugang zu grundbedarfsorientierten Dienstleistungen zu erlangen. Die Armen sollten erreicht werden, indem die Unterstützungsmaßnahmen „zielgruppenspezifisch" auf ihre Probleme und Potenziale zugeschnitten wurden, anstatt einfach technische Neuerungen oder Dienstleistungen anzubieten, ohne die Situation der Adressaten zu berücksichtigen. Dennoch zeigten sich bei der Umsetzung bald Schwierigkeiten. Viele der grundbedürfnisorientierten Programme erwiesen sich als sozialtechnokratisch und paternalistisch. So hatten UN-Organisationen versucht, Indikatoren und Minimumstandards zu entwickeln (z. B. in Form von benötigten Kilokalorien pro Kopf und Tag, differenziert nach Geschlecht, Alters- und Berufsgruppen). Die Armen wurden oft zu Hilfeempfängern degradiert. Sie wurden tendenziell entmündigt, eine viel beklagte „Nehmermentalität" wurde geschaffen. Die Hilfsorganisationen reagierten relativ schnell auf diese Erfahrungen. Bereits in den 1970er-Jahren wurde der verteilungspolitische Grundsatz der Armutsorientierung ergänzt durch emanzipatorische Ansätze wie Partizipation und Selbsthilfe (vgl. N. T. Uphoff & M. J. Esman 1974; U. Lele 1975; G. Hunter 1975) Die Zielgruppen sollten nun ihre prioritären Bedürfnisse selbst bestimmen, und sie sollten in stärkerem Umfang selbst zur Verbesserung ihrer Situation beitragen. Nun sollte in Dorfversammlungen darüber entschieden werden, was gemacht werden sollte, und welchen Eigenbeitrag die Bevölkerung übernehmen sollte. Ownership wurde zum Schlüsselbegriff; die Menschen sollten wieder selbst die Verantwortung für ihren Entwicklungsprozess übernehmen, nachdem diese ihnen tendenziell von Hilfsorganisationen abgenommen worden war. Der Ansatz der Ländlichen Regionalentwicklung (LRE), wie ihn die GTZ (Gesellschaft für Technische Zusammenarbeit) 1983 formuliert hatte (GTZ 1983), ist typisch für das entwicklungspolitische Denken jener Zeit (vgl. Box). Insbesondere in Programmen der ländlichen Entwicklung gingen Armuts- und Selbsthilfeorientierung oft einher mit der regionalpolitischen Strategie einer territorialen oder endogenen „Entwicklung von Unten" (J. Friedmann & M. Douglass 1978; J. Friedmann & C. Weaver 1979; W. Stöhr & D. Taylor 1981). Diese sollte weitestmöglich auf einer Nutzung der jeweiligen lokalen Ressourcen basieren und an den lokalen Bedürfnissen orientiert sein. Sie sollte ganzheitlich und sektorübergreifend auf die naturräumlichen, soziokulturellen und wirtschaftlichen Gegebenheiten einer Region ausgerichtet sein, standortgerecht und menschen-

Ländliche Regionalentwicklung

Ländliche Regionalentwicklung soll dazu beitragen, dass die Bevölkerung einer ländlichen Region – und dabei vor allem die ärmeren Bevölkerungsschichten – auf der Basis einer produktiveren Nutzung der lokalen Ressourcen, in die Lage versetzt wird, ihre wirtschaftliche und soziale Situation eigenständig und nachhaltig zu verbessern.

(GTZ 1983, 35)

Dabei orientiert sich Ländliche Regionalentwicklung an vier Prinzipien:

1. Armutsbezug
2. Zielgruppenbezug
3. Partizipation
4. Nachhaltigkeit

(GTZ 1983, 36)

zentriert, nicht hingegen technokratisch funktional der Partiallogik einzelner Sektoren (sei es Industrie, Landwirtschaft oder Gesundheit) folgen. Das Konzept kleinräumiger Wirtschaftskreisläufe (T. Rauch & A. Redder 1987; H.G. Bohle 1988) steht für diese dependenztheoretisch inspirierte Strategie.

Das Instrumentarium armutsorientierter und partizipativer Entwicklung war in jenen Jahren bereits weit ausgereift (GTZ 1983). Der armutsorientierte Ansatz aber hatte einen entscheidenden Nachteil: Er blieb ein Ansatz der Hilfsorganisationen. Er wurde kaum irgendwo von den Regierungen wirklich übernommen und selbstständig umgesetzt. Die politischen und bürokratischen Eliten huldigten nach wie vor dem Wachstumsansatz. Sie wollten weiterhin nachholende Entwicklung, forderten hierzu eine Neue Weltwirtschaftsordnung mit besseren Handelsbedingungen und stabilisierten Rohstoffpreisen. Im Grundbedürfnis- und Armutsansatz sahen sie einen Versuch der reichen Länder, die Industrialisierung und Modernisierung, den technischen Fortschritt in den Entwicklungsländern zu verhindern. Oft überließ man den Geberorganisationen das Feld der Armutsbekämpfung, um die eigenen Budgetmittel in den modernen Sektoren, für städtische Entwicklung (Urban Bias) und für Prestigeprojekte einzusetzen. Man war nicht bereit, armutsorientierte Ansätze als Teil einer landesweiten Politik zu übernehmen oder nach Ende der Geberunterstützung fortzuführen. So kam es zu den viel zitierten nicht breitenwirksamen und nicht nachhaltigen „Insellösungen" mit zum Teil eindrucksvollen, aber lokal begrenzten Erfolgen.

4.1.3 Die Phase der neoliberalen Strukturanpassungspolitik (1980er-/1990er-Jahre)

Während die Konzeptionisten und Praktiker der EZ-Organisationen ihr Instrumentarium für die Planung, die Durchführung und das Monitoring basisnaher, armutsorientierter Projekte verfeinerten, bahnte sich in Washington, fern von der Basis, eine neue Trendwende in der Entwicklungspolitik an. Deren Begründung war nicht allein entwicklungspolitischer Natur: In den alten Industrieländern war der fordistische Entwicklungsweg und mit ihm der Sozialstaat aus Sicht der Kapitaleigner in die Krise geraten (vgl. T. 1985). Die Unternehmer klagten zu hohe Arbeitskosten und setzten auf verschärften internationalen Standortwettbewerb, auf Freihandel und freie Kapitalmärkte, um Regierungen und Gewerkschaften der alten Industrieländer unter Druck zu setzen und so die Lohnkosten, Sozialabgaben und Steuerbelastungen zu senken. Was aber hat das mit Entwicklungsstrategien im Rahmen der EZ zu tun? Um den weltweiten Standortwettbewerb zu stimulieren, bedurfte es einer Öffnung der Märkte der Niedriglohnländer, des freien Kapitalverkehrs, einer Deregulierung auf den von staatlichen Preiskontrollen und Subventionen gesteuerten Binnenmärkten und einer Privatisierung der Staatsbetriebe – kurz: der Einführung der Marktwirtschaft in den EL. Hierzu boten die Probleme dieser Länder hinreichend Anlass. Viele von ihnen waren hochverschuldet, hatten „über ihre Verhältnisse gelebt". Mithilfe einer staatlich bestimmten Überbewertung der eigenen Währung hatten sie Importe billiger und Exporte teurer gemacht, so teuer, dass sie oft international nicht mehr konkurrenzfähig waren. Auch überstiegen die Staatsausgaben die Staatseinnahmen bei weitem. Preise wurden von den Regierungen zugunsten der Verbraucher und zulasten der Erzeuger auf niedrigem Niveau fixiert. Dadurch wurde die inländische Produktion entmutigt, Konsum aber stimuliert. Dieses Modell war mit der Verschuldung in eine Sackgasse geraten. Es lag also nahe, dass die Kreditgeber, die in den 1970er-Jahren billige Kredite angeboten hatten und somit an dem Debakel keinesfalls unschuldig waren – allen voran der IWF und die Weltbank –, diese Ursachen der Verschuldung beseitigt haben wollten, bevor sie mit neuen Krediten (Umschuldungen) den Ländern aus der Patsche halfen.

Heftig umstritten war und ist die Art und Weise, wie sie dies machten. Sie erlegten den Regierungen Strukturanpassungsprogramme (SAP) auf, die auf eine fundamentale Änderung der Wirtschaftspolitik hinausliefen (Weltbank 1988; P. Körner et al. 1985; E. Kürzinger & W. Zehender 1989). Deren Ziel war nicht Entwicklung, sondern ökonomische Stabilisierung: Ausgleich von Zahlungsbilanz und Staatshaushalt sowie Geldwertstabilität. Die weltweit in gleicher Weise verordneten Standardinstrumente waren (P. Waller 1990):

- Öffnung der Binnenmärkte, verbunden mit Freigabe der Wechselkurse, was auf eine Abwertung der Landeswährung, Abbau der Importzölle und der Exportsteuern hinauslief.
- Deregulierung der Binnenmärkte, also Beseitigung von Preiskontrollen und Abbau von Subventionen, was zu realistischeren Marktpreisen (Motto: „Get the prices right“) und damit zu Anreizen für die lokalen Erzeuger und Erzeugerinnen sowie zur Reduktion der Staatausgaben führen sollte.
- Privatisierung von Staatsunternehmen.
- Abbau der Staatsausgaben durch Reduzierung der staatlichen Verwaltung (zu den Instrumenten der SAP und ihren Wirkungen vgl. Kap. 8).

Diese Standard-Maßnahmenpakete wurden den lokalen Gegebenheiten jedoch kaum angepasst. Sie wurden auch nicht wirklich mit den zuständigen Regierungen ausgehandelt. Ihre Umsetzung stieß folglich auf vielerlei, oft hinhaltende Widerstände und erfolgte deshalb in den meisten Ländern nur zögerlich. Zwar führten einerseits die neuen marktwirtschaftlichen Handlungsspielräume und Exportmöglichkeiten an vielen Orten (vor allem in den großen Städten) zu einer Wiederbelebung des Wirtschaftslebens, insbesondere im Handel, im informellen Dienstleistungssektor und im Baugewerbe (vgl. C. Messinger 2001 am Beispiel von Tansania). Aufgrund des Arbeitsplatzabbaus im staatlichen Sektor und in Bereichen der durch Importkonkurrenz und Subventionsabbau geschwächten verarbeitenden Industrie wurden andererseits gleichzeitig die Massenkaufkraft und damit eine breite Binnenmarktentwicklung geschwächt (vgl. G. Taube 1992 am Beispiel von Tansania und M. Tekülve 1997 am Beispiel von Sambia). So kam es innerhalb vieler Länder zu einer zunehmenden Kluft zwischen den wenigen Gewinnern und den zahlreichen Verlierern dieser Politik. Diese Tendenz wurde dadurch verschärft, dass viele Regierungen mit dem Sparen bei der Reduktion staatlicher Sozialausgaben begannen. So wurde der Zugang zu Bildung und Gesundheitseinrichtungen zunehmend zum Privileg für Bessergestellte, die sich Privatschulen und Privatkliniken leisten können.

4.1.4 Die Phase der Basispartizipation (1990er-Jahre)

Während auf der Ebene der Makropolitik die neoliberalen Strukturanpasser die Richtung vorgaben und dadurch den Träumen von einer Entwicklung lokaler Wirtschaftskreisläufe ein Ende setzten, wandten sich die Förderer basisnaher Entwicklung einem Bereich zu, der nicht in Widerspruch zur Durchsetzung der Marktwirtschaft geriet: der Förderung partizipativer Basisdemokratie in lokalen (meist dörflichen) Gemeinschaften (vgl. Abb. 4.1.4/1). Partizipation von Zielgruppen war zwar bereits ein wichtiger Grundsatz der Phase der grundbedürfnis- und armutsorientierten regionalen Entwicklungsprogramme. Mit der Einführung und Popularisierung der Methodik des Participatory Rural Appraisal (PRA) (vgl. Kapitel 11) aber rückte der Beteiligungsprozess als solcher stärker in das Zentrum der Entwicklungsförderung. Lokale Gemeinschaften sollten in die Lage versetzt werden, ihre Situation, ihre Probleme, ihre Potenziale selbst zu analysieren, selbst ihren Entwicklungsprozess zu bestimmen und Initiativen zur Verbesserung der Situation zu ergreifen. Wie der Name Participatory Appraisal verrät, lag der methodische Fokus des Ansatzes auf der partizipativen Analyse. ROBERT CHAMBERS (1994), der geistige Vater dieser Schule, sah darin nicht zuletzt eine effektivere und emanzipativere Forschungsmethode im Vergleich zu „extraktiven" Methoden wie Fragebogenerhebungen. Bei partizipativen Erhebungen sollte es zu einem beidseitigen Lernprozess kommen. PRA aber sollte nicht allein im Rahmen sozialwissenschaftlicher Analysen eingesetzt werden, sondern auch bei dezentralen Bottom-up-Entwicklungsplanungsprozessen für staatliche Unterstützungsprogramme. In mehrtägigen Workshops auf Dorfebene wurde mithilfe verschiedener Analyseinstrumente die lokale Situation gemeinsam durch Berater (z. B. Personal des landwirtschaftlichen Beratungsdienstes, des Basisgesundheitsdienstes, des Planungsamtes) und die lokale Bevölkerung analysiert und die dabei identifizierten Probleme bzw. Problemlösungsmaßnahmen priorisiert. Der Ansatz erwies sich aber als zu zeit-, personal- und transportaufwendig, um flächendeckend in allen Siedlungen als Teil der dezentralen staatlichen Entwicklungsplanung institutionalisiert zu werden. Die lokale Bevölkerung zeigte meist nur so lange Interesse am PRA, wie EZ-Projekte dahinter standen, die sicherstellen konnten, dass nach Ende des Workshops die finanzielle Unterstützung für die Durchführung der dort geplanten Maßnahmen tatsächlich bereitgestellt wurde. Wie so oft in der Geschichte der EZ handelte es sich um einen Ansatz, der nur im Rahmen geberfinanzierter Projekte funktionieren konnte, nicht aber unter den realen Bedingungen der Partnerländer.

Größere Breitenwirkung war dem Ansatz der partizipativen Budgetplanung (oder auch „Bürgerhaushalt") gegönnt. Dieser wird bis heute in südamerikanischen Gemeinden in Anlehnung an ein in der brasilianischen Großstadt Porto Alegre entwickeltes Modell praktiziert. Auch in einigen deutschen Städten – so

***Abb. 4.1.4/1** Regionale Entwicklungsprogramme sollen die Partizipation der Dorfgemeinschaft ermöglichen*

in einzelnen Bezirken Berlins – gibt es nach dem Motto „vom Süden lernen" Versuche einer Nachahmung. Hierbei entscheiden die Bürger in ihren Stadtvierteln in öffentlichen Versammlungen über die Prioritäten für kommunale Investitionsausgaben. Delegierte dieser Stadtteilversammlungen diskutieren daraufhin auf Ebene der Kommunalverwaltung mit den zuständigen Fachleuten über die Umsetzung und tragen dafür Sorge, dass die priorisierten Projekte im Budget gebührend berücksichtigt werden. Mit einem begrenzten Aufwand von zwei bis drei mehrstündigen Stadtteilversammlungen pro Jahr wird bewirkt, dass die Bedürfnisse der Bewohner bei den kommunalen Ausgaben in hohem Maße berücksichtigt werden können.

4.1.5 Die Entdeckung der Frauen (seit Mitte der 1980er-Jahre)

Die stärkere Berücksichtigung der Frauen kann wohl zu den Erfolgsgeschichten der Entwicklungspolitik gerechnet werden (vgl. M. Tekülve 1993). Bis in die 1970er-Jahre fungierten die Haushalte als soziale Einheiten und deren (meist männliche) Vorstände als Adressaten basisnaher Entwicklungsmaßnahmen. Frauen wurden entsprechend dem damaligen westlichen Hausfrauenmodell im Bereich der Hauswirtschaft (Ernährung, Nähen, Säuglingspflege, Hausgärten, eventuell auch Hühnerhaltung) unterstützt.

In den 1980er-Jahren stand – unter dem Einfluss der westlichen Frauenbewegung – die gleichberechtigte Integration der Frauen in alle Bereiche marktwirtschaftlicher Produktion im Vordergrund (z. B. Kredite für Dorfmühlen an Frauengruppen). Jedes Projekt hatte eine Fraukomponente, jedes Ministerium, jede Gemeindeverwaltung ein Referat für Frauenangelegenheiten. Kritikerinnen erkannten jedoch alsbald den Alibicharakter solcher frauenspezifischen, isolierten und nur eine kleine Minderheit der Frauen erreichenden Sondermaßnahmen. Die Forderung nach „Mainstreaming", nach einer Berücksichtigung geschlechterspezifischer Unterschiede bei allen Maßnahmen, wurde laut. Daraus entstand der Gender-Ansatz. Eine nach Geschlecht (aber auch innerhalb der Gruppe der Männer und Frauen nach Altersgruppen und sozialen Schichten) differenzierende Analyse der jeweiligen Probleme und Potenziale sollte zu einer entsprechend differenzierten, die Geschlechterbeziehung berücksichtigenden Gestaltung von Unterstützungsleistungen führen. Darüber hinaus sollte der Einfluss von Frauen in den Institutionen orientiert am Grundsatz der Gleichberechtigung gestärkt werden (vgl. Kapitel 11). Hierbei wurden in den letzten 20 Jahren bedeutende Fortschritte erzielt. In den meisten Ländern wurden gesetzliche Grundlagen für die Gleichberechtigung geschaffen. Und in vielen Verwaltungen und Parlamenten findet man Frauen, die sich für die Umsetzung dieser Gesetze stark machen.

4.1.6 Das Streben nach Nachhaltigkeit (seit den 1980er-Jahren)

Nachhaltigkeit spielte in der EZ bereits eine Rolle, bevor 1987 durch den Brundtland-Bericht (Brundtland, G. H. 1987) und 1992 durch den Erdgipfel in Rio nachhaltige Entwicklung weltweit zum übergreifenden Leitbild der Entwicklungspolitik wurde. Erst ging es um die Nachhaltigkeit der Entwicklungsprojekte. Die zeitlich befristeten, mit externen Ressourcen durchgeführten Projekte sollten nachhaltige Wirkungen erzeugen. Diese Forderung wurde laut, nachdem deutlich wurde, dass die erzielten Verbesserungen das Ende der externen Unterstützung oft nur für eine kurze Zeitspanne überdauerten. Straßen, Brunnen, Schulgebäude wurden nicht instand gehalten. Gesundheitszentren mit gut ausgebildetem Personal wurden zu „weißen Elefanten“ (so werden die Entwicklungshilferuinen genannt), weil sie nicht mit Medizin versorgt wurden. Vielversprechende Bauerngenossenschaften stellten ihre Aktivitäten ein, sobald es niemanden mehr gab, der Kredite zu subventionierten Zinssätzen bereitstellte. Um solche Fehlinvestitionen zu vermeiden, sollten nun alle Entwicklungsprojekte bereits im Planungsstadium dafür Sorge tragen, dass die positiven Wirkungen der Maßnahmen von Dauer sein konnten (vgl. B. Schubert et al. 1984). Es galt nun zu prüfen, ob die Folgekosten finanzierbar waren, ob das Personal des Partnerlandes zur Fortführung des verbesserten Serviceniveaus befähigt wurde, ob die Adressaten der bereitgestellten Dienstleistungen in der Lage waren, den erforderlichen Eigenbeitrag auf Dauer zu erbringen, ob die neu eingeführten Produktionsverfahren und Ressourcennutzungstechniken eine Regeneration der Ökosysteme erlaubten. Alles Fragen, die sich auf die Zukunft bezogen, und deshalb nicht immer eindeutig zu beantworten waren. Auch waren diese Fragen nicht immer populär; weder bei den „Helfern“ noch bei den Vertretern der Partnerbehörden noch bei den Zielgruppen. Alle wollten, dass endlich – oft nach langem Warten auf Unterstützung – etwas passiert. Langwierige Prüfungen von Folgekosten und die tiefen Zweifel von Bedenkenträgern waren weder populär bei Leuten, die sehnlichst auf eine bessere Wasserversorgung warteten noch bei jenen, die wussten, wie man die Menschen schnell und effizient mit Wasser versorgt. Der Anspruch auf Nachhaltigkeit der EZ-Wirkungen wird bis heute hoch gehalten, aber aus den genannten Gründen oft nicht wirklich ernst genommen.

Davon zu unterscheiden ist das Ziel der nachhaltigen Entwicklung (vgl. Kapitel 1). Hierbei geht es nicht primär um EZ, sondern um die Art, die Qualität des Entwicklungsprozesses – im Norden wie im Süden. Stand dabei zunächst die Erhaltung der natürlichen Lebensgrundlagen für nachfolgende Generationen im Vordergrund (Brundtland-Bericht 1987), so setzte sich bei der Umweltkonferenz in Rio de Janeiro 1992 – nicht zuletzt auf Betreiben der mehr an ihrer wirtschaftlichen und sozialen Entwicklung interessierten EL – der multidimensionale Nachhaltigkeitsbegriff durch: Der anzustrebende Entwicklungsprozess sollte nicht nur umweltschonend sein, sondern darüber hinaus gesellschaftlich und ökonomisch zu nachhaltigen Verbesserungen führen. Eine Synthese zwischen Wirtschaftswachstum, sozialer Gerechtigkeit und Intergenerationen-Gerechtigkeit wurde angestrebt. Entwicklungspolitik sollte sich – ebenso wie andere Politikbereiche (Verkehrspolitik, Handelspolitik, Energiepolitik, Umweltpolitik) – von nun an an diesem generellen Leitbild orientieren. Bei der Planung von Entwicklungsprojekten musste von da an stets die zu erwartende Umweltwirkung mit geprüft werden. Auch der Anteil der Mittel für spezielle Ressourcenschutz-Vorhaben nahm zu. Während sich in entwicklungspolitischen Kreisen die Debatten über Nachhaltigkeit und Umweltwirkungen verstärkten, wurde gleichzeitig mit der Deregulierungspolitik des IWF, der Weltbank, der WTO und maßgeblicher westlicher Regierungen einem ökonomischen Globalisierungsprozess Tür und Tor geöffnet, der die Konkurrenz um die kurzfristige, nicht am Grundsatz der Nachhaltigkeit orientierte Inwertsetzung der natürlichen Ressourcen in bis dahin ungeahnter Weise verschärfte.

4.1.7 Die institutionalistische Phase (ab Mitte der 1990er-Jahre)

Die Verbesserung der Institutionen war bereits in den 1980er-Jahren Gegenstand der EZ. Jedes Entwicklungsprojekt sollte durch „Trägerförderung" die Fähigkeit seiner Partnerorganisationen verbessern, ihre im Rahmen des Projektes übernommenen Aufgaben möglichst eigenständig durchzuführen und nach Rückzug der EZ fortzuführen. Etwa ab 1990 wurde Capacity Building, also die Stärkung der Leistungskapazität von Institutionen zu einem zentralen Anliegen der EZ, insbesondere der Technischen Zusammenarbeit (TZ) (vgl. Abb. 4.1.7/1). Von wissenschaftlicher Seite wurde dieser Trend insbesondere durch neuere institutionalistische Ansätze – wie die Neue Institutionenökonomie – inspiriert (vgl. D. C. North 1992). In deutlicher Abgrenzung zum damaligen wirtschaftsliberalen Mainstream („get the prices right") sahen die Institutionentheoretiker in in-adäquaten Institutionen den entscheidenden Entwicklungsengpass („get the institutions right"). Fragen wie die nach angemessenen Regulierungsformen, nach entwicklungsförderlichen Anreizsystemen, nach der richtigen Verteilung der Zuständigkeiten, nach demokratischen Kontrollmechanismen, nach effektiven Koordinationsverfahren rückten ins Zentrum der Betrachtung (vgl. W. Thomi 2001). Auch aus Sicht der Entwicklungspraktiker erschien der institutionalistische Ansatz höchst plausibel. Waren doch alle guten Förderansätze immer wieder an den Defiziten der Partnerorganisationen gescheitert.

Der institutionelle Ansatz traf sich auf der politischen Ebene mit der Demokratisierungswelle nach 1990. Viele Kritiker der wirtschaftlichen Strukturanpassungspolitik sahen nun, da das marktradikale Prinzip sich weitgehend durchgesetzt hatte, die Notwendigkeit, dieses wenigstens durch das demokratische Prinzip zu ergänzen (W. Hein 1994). Demokratisierung im Sinne der Durchführung freier Wahlen in einem Mehr-Parteien-System und der Durchsetzung von Rechtsstaatlichkeit wurde zu einem Kriterium für die Vergabe von EZ-Mitteln. Ein zunehmender Teil der EZ floss in den Aufbau und die Verbesserung demokratischer Institutionen. Good Governance (vgl. J. Faust 2005), gute Regierungsführung, ist bis heute ein zentrales Ziel von Entwicklungspolitik (vgl. Kap. 10). Die Umsetzung des Good Governance-Paradigmas befindet sich aber noch im Anfangsstadium. Wer Demokratisierung als historischen Prozess begreift, kann nicht schnelle Erfolge erwarten.

Deutlich verbessert hat sich in vielen Ländern die Menschenrechtslage. Dies aber hat noch kaum zu verbesserter Regierungsführung beigetragen. Die bisherigen Erfahrungen deuten darauf hin, dass

- staatliche Institutionen nicht durch Stärkung ihrer personellen und materiellen Kapazitäten in ihrer Leistungsfähigkeit verbessert werden können; nicht die Fähigkeiten, sondern die Interessen bilden den entscheidenden Hemmfaktor;

***Abb. 4.1.7/1** Die Ausbildung von Fachkräften vor Ort als Form der TZ*

- schlechte Regierungsführung, politische Machtverhältnisse und institutionelle Defizite auf tieferliegende gesellschaftliche Strukturen zurückzuführen sind und deshalb nicht ohne Weiteres durch Reformen in der politisch-institutionellen Sphäre überwindbar sind.

Institutionelle Reformen, wie etwa die Einführung des Mehr-Parteien-Systems, Privatisierung staatlicher Betriebe oder ein Dezentralisierungsgesetz, erweisen sich gegenüber diesen gesellschaftlichen Strukturen oft nur als eine neue Verpackung, die am Inhalt, an den realen Machtverhältnissen und gesellschaftlichen Systemzusammenhängen wenig ändert.

4.1.8 Armutsminderungsstrategien und Millennium-Entwicklungsziele: Eine Renaissance des Themas Armutsminderung

Zwar streiten die Fachleute und Politiker darüber, ob extreme Massenarmut wegen oder trotz der neoliberalen Strukturanpassungspolitik weiterbesteht. Weitgehend einig aber sind sich Entwicklungspolitiker aller Denkschulen darin, dass das Armutsproblem ungelöst blieb, auch in den Vorzeigeländern der Strukturanpassungspolitik (wie z.B. Ghana), in denen Stabilisierung und wirtschaftliches Wachstum miteinander einhergingen (Weltbank 2001). So konnten sich diejenigen, die einem radikal marktwirtschaftlichen Kurs skeptisch gegenüber standen, und die in der Armutsbekämpfung die zentrale Aufgabe von Entwicklungspolitik sahen, wieder mehr Gehör in den Chefetagen der die Trends bestimmenden internationalen Institutionen verschaffen (z.B. A. Sen 2002). Andererseits galt es, Lehren aus den Erfahrungen mit armutsorientierten Entwicklungsprojekten der 1970er-/1980er-Jahre zu ziehen: Mit dem Ansatz direkter Armutsbekämpfung durch basisnahe Projekte oder Programme (siehe oben) ließ sich Massenarmut nicht auf breitenwirksame und nachhaltige Weise beseitigen, schon gar nicht, wenn die Wirtschafts- und Sozialpolitik der Partnerländer an ganz anderen Zielen orientiert war.

Nun wollte man Armut strukturell bekämpfen. Armutsverursachende Strukturen auf nationaler, zum Teil auch auf internationaler Ebene, sollten durch eine armutsorientierte Gesamtpolitik verändert werden (W. Eberlei 2003; H. Asche 2005). Wo die Armen keinen Zugang zu Land hatten, sollte das Bodenrecht entsprechend reformiert werden. Wo es an Zugang zu Schulbildung und Gesundheitsdiensten mangelte, sollten die Staatshaushalte höhere Investitionen in diesen Bereichen vorsehen. Wo Arbeitsplätze fehlten, sollten – im Rahmen einer Strategie des Pro-poor Growth – beschäftigungsintensive Wirtschaftszweige gezielt gefördert und durch eine entsprechende Zollpolitik geschützt werden. Für nicht erwerbsfähige Arme sollten soziale Sicherungssysteme geschaffen werden. Armutsminderung sollte so zu einer zentralen Aufgabe staatlicher Politik werden. Die Regierungen der Partnerländer der EZ sollten zusammen mit Repräsentanten zivilgesellschaftlicher Organisationen und mit fachlicher Unterstützung seitens der Geberorganisationen Armutsminderungsstrategien (**P**overty **R**eduction **S**trategy **P**aper**s** = PRSPs) im Rahmen eines partizipativen Prozesses erstellen. Deren Umsetzung sollte als Teil des vom Parlament zu verabschiedenden Staatshaushaltes von den Gebern unterstützt werden. Das Interesse der Partnerregierungen an den PRSP sollte dadurch geweckt werden, dass deren Erstellung im Rahmen der HIPC-Initiative (HIPC = **H**ighly **I**ndebted **P**oor **C**ountries) 1999 zur Voraussetzung für einen Schuldenerlass gemacht wurde. Das Ziel verbesserter Regierungsführung und das Ziel der Armutsminderung wurden somit von Seiten der Geberländer im Sinn von Pro-Poor Governance aneinander gekoppelt (vgl. R. Tetzlaff 2005).

Etwa zur gleichen Zeit einigten sich auf globaler Ebene die in den Vereinten Nationen vertretenen Regierungen auf gemeinsame Weltentwicklungsziele (**M**illennium **D**evelopment **G**oals = MDGs), die bis zum Jahr 2015 durch gemeinsame Anstrengungen der Weltgemeinschaft in allen Ländern erreicht werden sollten (vgl. Kap. 1). Das erste der acht Ziele ist explizit auf Armutsminderung gerichtet. Die Mehrzahl der anderen Ziele (wie z. B. Alphabetisierung oder Reduzierung der Kindersterblichkeit) sind eng mit dem Thema Armut verknüpft. Die MDGs bilden seit 2000 den internationalen Bezugsrahmen für nationale PRSPs und für ODA insgesamt. Konzeptionell liegt den MDGs mit ihrem starken Fokus auf die sozialen Sektoren (fünf von acht Zielen sind den Sektoren Bildung und Gesundheit zuzuordnen) der Befähigungsansatz von Amatya Sen (2002) zugrunde. Dieser definierte Armut – in Abgrenzung zum Konzept der Einkommensarmut – als Vorenthaltung grundlegender Fähigkeiten zur Existenzbewältigung. Die Blockade dieser Fähigkeiten durch Krankheit, Mangelernährung, fehlenden Zugang zu Wissen ist für A. Sen der eigentliche Kern des Armutsproblems. Die Frage, was Menschen mit verbesserten Fähigkeiten machen können, wenn ihnen die Möglichkeiten zur Existenzsicherung, zur Erzielung von Einkommen in ihrer Heimat vorenthalten bleiben, rückt dabei in den Hintergrund. Hierzu sagen auch die MDGs kaum etwas.

Nach weniger als einem Jahrzehnt ist es verfrüht, abschließende Lehren aus der Umsetzung von PRSP und MDGs zu ziehen. Die meisten Beobachter (T. Fues 2006) aber sind sich darin einig, dass die MDGs in der Mehrzahl der Länder nicht erreicht werden können (eine tendenziell relativ positive globale Gesamtbilanz ergibt sich nur aus den – statistisch nicht unumstrittenen – Armutsminderungserfolgen Chinas). Die meisten PRSPs leiden an folgenden Defiziten (vgl. H. Asche 2005; W. Eberlei & T. Siebold 2002):

- Pseudo-Ownership: Es handelt sich um geberinduzierte und geberfinanzierte Sonderprogramme, die meist nicht – wie intendiert – Teil des regulären Budgets und des parlamentarischen Budgetierungsprozesses geworden sind.
- Hauptstadt-Partizipation: Die Beteiligung an der Erstellung der Strategien beschränkt sich auf geberfinanzierte, in den Hauptstädten ansässige NRO an nationalen Konferenzen. Die Armen sind nicht repräsentiert.
- Strategie-Defizit: Meist handelt es sich um ein Sammelsurium von Projektvorschlägen ohne eine hinreichende Ursachenanalyse und strategische Orientierung. Insbesondere die ökonomische Dimension von Armut bleibt ausgeblendet. Eine strukturelle Armutsbekämpfung lassen die meisten PRSPs nicht erkennen.
- Umsetzungsprobleme: Die Armutsminderungsprogramme kommen genauso wenig bei den Armen an, wie die Mittel aus früheren staatlichen Programmen. Die entscheidende Frage, wie an der Basis öffentliche Fördermittel an die Ärmeren gelangen sollen, wurde in den PRSPs kaum thematisiert.

Es deutet also vieles darauf hin, dass auch die PRSPs und die MDGs das Armutsproblem nicht bei seinen Wurzeln anpacken und es somit ungelöst lassen.

4.1.9 Bewertung der entwicklungsstrategischen Paradigmenwechsel: Dialektik ohne Synthese

Oft wird Politik mangelnder Reform- bzw. Veränderungsbereitschaft bezichtigt. Die Darstellung der Geschichte der Entwicklungsstrategien hat wohl deutlich gemacht, dass dieser Vorwurf hier unzutreffend ist. Die EZ war in den fünf Jahrzehnten ihres Bestehens ein Feld ständiger, schnell aufeinander folgender Neuorientierungen bzw. Paradigmenwechsel. Die entwicklungspolitischen Organisationen und deren Fachpersonal, aber auch die Verwaltungen in den Partnerländern waren teils gestaltende Akteure, zum größeren Teil aber Betroffene eines andauernden Prozesses von Trendanpassungen und Auseinandersetzungen um den richtigen Ansatz (verbreitete sprichwörtliche Klage: „… wird schon wieder eine neue Sau durch das Dorf gejagt!“). War es doch für die Beteiligten am „Entwicklungsgeschäft“ wichtig, stets über die aktuellen Trends der Branche auf dem Laufenden zu sein, das neueste Vokabular zu benutzen, um an die Gelder der Geberorganisationen bzw. an Aufträge heranzukommen. Oft bewegte sich der Mainstream von einem Extrem in das andere: erst Wachstumsförderung durch technischen Fortschritt und Produktivitätssteigerung, dann Armutsminderung durch Grundbedürfnisbefriedigung und angepasste Technologien; erst Förderung staatlicher Entwicklungsplanung und Dienstleistungsorganisationen, dann Deregulierung und Privatisierung, dann wieder Stärkung der Rolle des Staates; erst zentralistische Entwicklungsplanung, dann dezentrale, partizipativ geplante dörfliche Selbsthilfeprojekte, dann wieder nationale Armutsminderungsprogramme; erst Fokus der EZ-Interventionen auf die Mikroebene, dann Abkehr von der „Projektitis“ und Hinwendung zur Makroebene. Der Wandel entwicklungspolitischer Konzepte folgte offensichtlich nicht dem Muster eines allmählichen, zu graduellen Anpassungen führenden Lernens aus Erfahrung. Vielmehr war es ein Prozess der radikalen wechselseitigen Ablösung der Vorherrschaft unterschiedlicher entwicklungstheoretischer Schulen: auf die Dominanz der Wachstumsökonomie und Modernisierungstheorie folgte die Dominanz verteilungstheoretischer, basissozialistischer und keynesianischer Strömungen, die wiederum abgelöst wurden von Monetaristen bzw. neoliberalen Schulen, nach deren Scheitern sich institutionalistische Ansätze durchsetzten. Insgesamt war damit eine Trendwende weg von Interventionen auf der lokalen Ebene (Befähigung von Akteuren zu einer besseren Nutzung vorhandener Handlungsspielräume) hin zu einer Veränderung der nationalen oder internationalen Rahmenbedingungen (also zu einer Erweiterung von Handlungsspielräumen) verbunden. Oft wurde dabei im Eifer der Orientierung an neuen Trends „das Kind mit dem Bade ausgeschüttet“. Die Trendwenden waren deutlich vom jeweils vorherrschenden „Zeitgeist“ und von wissenschaftlichen Denkschulen geprägt (vgl. Abb. 4.1.9/1).

Es lässt sich aber auch mühelos ein Prozess des Lernens aus Erfahrung konstruieren. Neue Ansätze setzten sich durch, nachdem die Grenzen der vorhergehenden Ansätze in der Praxis deutlich geworden

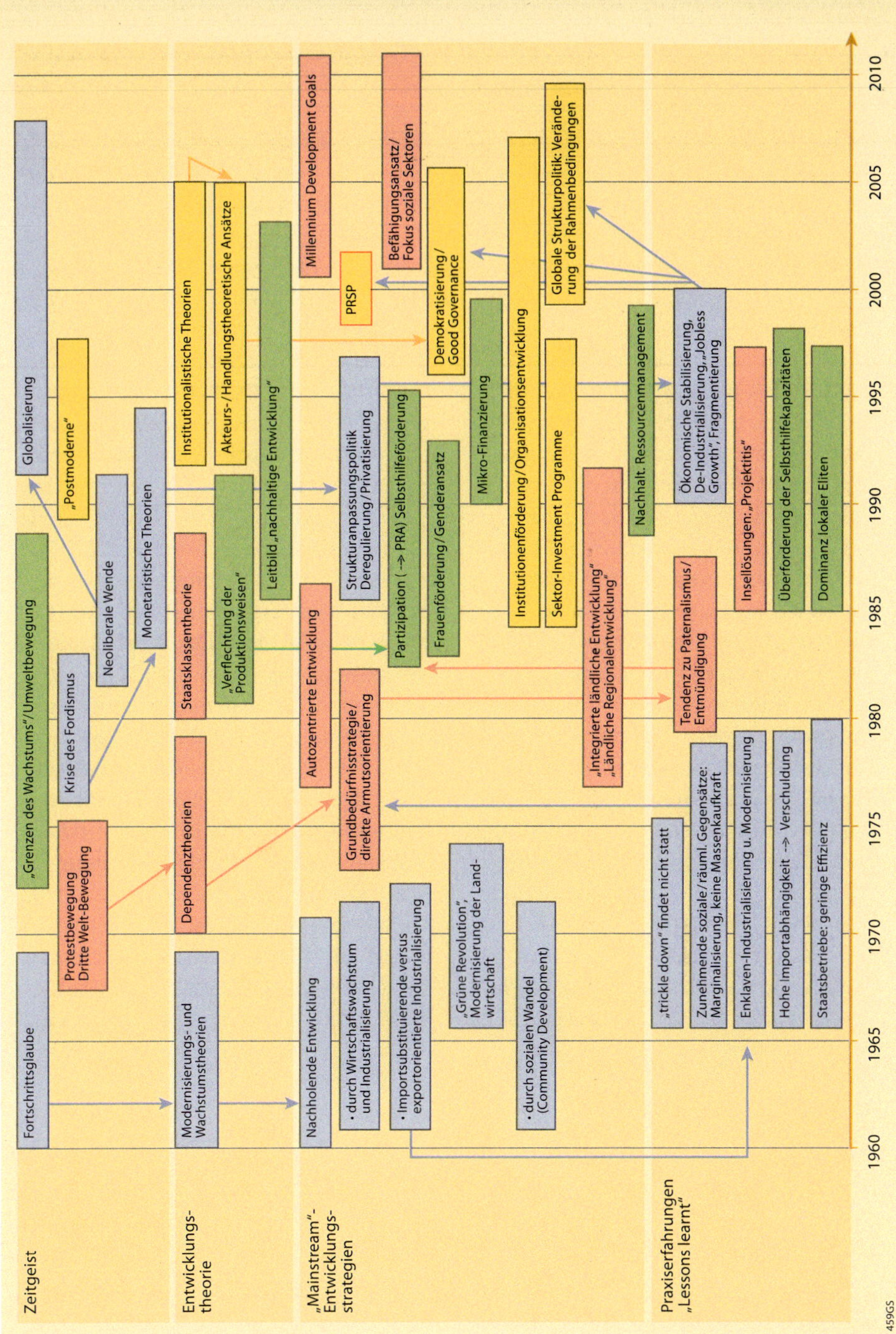

Abb. 4.1.9/1 *Internationale Entwicklungsstrategien als Resultat von Zeitgeist, Theorien und Lernprozessen*

waren: Die Vertreter der Basic Needs-Strategie gewannen in der Weltbank die Oberhand, als sich die empirischen Befunde häuften, dass das Wachstum nicht bei den Armen ankam. Die neoliberale Schule erlangte die Meinungsführerschaft, als die Schuldenkrise ihren Höhepunkt erreicht hatte und deutlich wurde, dass diese auch auf staatliche Misswirtschaft zurückzuführen war. Partizipation und Selbsthilfeförderung wurden zum Mainstream, nachdem offensichtlich geworden war, dass eine noch so gut gemeinte technokratische Planung von oben oft an den Bedürfnissen der Menschen vorbei ging oder aber deren Bereitschaft zu eigenverantwortlicher Problemlösung unterminierte. Die Institutionalisten setzten sich durch, als es nicht mehr von der Hand zu weisen war, dass der Marktmechanismus ohne funktionsfähige Institutionen und angemessene Regulierung nicht zu nachhaltiger und sozial verträglicher Entwicklung führte. Armutsminderungsstrategien, schließlich, wurden wieder zum Thema, nachdem deutlich wurde, dass Deregulierung und Globalisierung zu einer Verschärfung der sozialen Gegensätze geführt hatten.

Gerade das Beispiel Armutsminderung aber weist auf ein Dilemma solcher antithetischen Lernprozesse hin, die immer nur die Korrektur der Defizite des vorhergehenden Ansatzes im Auge haben: Das Rad muss immer wieder neu erfunden werden. So blieben bei der Erarbeitung der Poverty Reduction Strategies die vor dreißig Jahren erprobten Strategien und Instrumente sowie die damit gemachten positiven und negativen Erfahrungen weitgehend unberücksichtigt. Wer aber nicht weiß, woran die Umsetzung der damaligen Strategien gescheitert ist, gerät in Gefahr, abermals an denselben Problemen zu scheitern.

Ein anderes Dilemma allzu häufiger und abrupter Paradigmenwechsel besteht darin, dass diese die Lern- und Anpassungsbereitschaft der Praktiker – sowohl der verantwortlichen Fachleute in den Partnerländern als auch der ausländischen Berater – auf Dauer überfordern. Das Resultat solcher Überforderung durch permanente Reorientierung ist oft Etikettenschwindel, verbunden mit Zynismus. Man eignet sich in Trainingskursen die neue Sprachregelung an und macht weiterhin – aus guten oder schlechten Gründen – das, was man immer schon gemacht hat. Bei der dadurch geschaffenen Diskrepanz zwischen Rhetorik und Realität geht tendenziell die Ernsthaftigkeit und Glaubwürdigkeit des entwicklungspolitischen Handelns verloren.

Bleibt die Frage, ob die große Lern- und Veränderungsbereitschaft der entwicklungspolitischen Zunft letztendlich zu Verbesserungen der Praxis geführt hat. Es wäre vermessen, darauf eine eindeutige Antwort zu versuchen. Zu vielfältig sind die Veränderungen, deren Wirkungen zu bewerten wären. Zu sehr ist die Antwort davon geprägt, ob der Antwortende ein Vorreiter bzw. Anhänger des gerade vorherrschenden Mainstream-Paradigmas ist oder ob er bzw. sie diesem skeptisch gegenüber steht. Anhänger basisnaher Entwicklungsansätze sehen in der derzeitigen Dominanz der makrostrukturpolitischen Orientierung sicherlich keine Verbesserung, wohingegen

Makro-Politologen, die schon immer auf die Notwendigkeit einer Verbesserung der Rahmenbedingungen hingewiesen haben, die heutige Entwicklungspolitik als Fortschritt bewerten werden. Wenn man – wie der Autor dieses Buches – von einem multidimensionalen Verständnis von Entwicklungsprozessen ausgeht, dann zeigt die Geschichte der Abfolge entwicklungsstrategischer Ansätze und ihrer jeweiligen Grenzen, dass die Fokussierung auf einen einzigen Schlüsselfaktor bzw. nur eine Interventionsebene zum Scheitern verurteilt ist. Weder Wachstum, noch direkte Armutsorientierung an der Basis, noch Selbsthilfe, noch eine Deregulierung der Märkte, noch verbesserte Institutionen allein, weder Befähigung und Empowerment der Menschen auf lokaler Ebene noch die Veränderung globaler und nationaler Rahmenbedingungen allein können das Problem der Massenarmut lösen. Der gemeinsame Mangel aller hier dargestellten entwicklungsstrategischen Ansätze aber besteht darin, dass sie davon ausgehen, den Schlüsselfaktor, die entscheidende Interventionsebene gefunden zu haben (T. Rauch 2007). Insofern wurde stets ein eindimensionaler Ansatz durch einen anderen ebenso eindimensionalen Ansatz abgelöst. Der dialektische Lern- und Auseinandersetzungsprozess hat bislang nicht wirklich zu einer Synthese geführt. Das gibt – bei allen Lernfortschritten im Einzelnen – Anlass zu einer eher skeptischen Bewertung des konzeptionellen Fortschritts in der entwicklungsstrategischen Debatte und Praxis.

In diesem Lehrbuch wird versucht aufzuzeigen, wie solch eine Synthese, wie ein multidimensionaler Mehr-Ebenen-Ansatz, basierend auf den Erfahrungen mit den unterschiedlichen entwicklungsstrategischen Ansätzen, aussehen könnte.

Zusammenfassung

Fazit

- Die Veränderungen der deutschen und internationalen Entwicklungspolitik während der vergangenen fünf Jahrzehnte bestätigen, dass für die Entwicklungspolitik Ressourcen in der Regel nur dann mobilisiert werden können, wenn sie sich auch in den Dienst anderer unmittelbarerer nationaler Eigeninteressen stellt.
- Sie zeigen aber auch, wie stark die Entwicklungspolitik der Geberländer in einen durch die Vereinten Nationen, durch den IWF und die Weltbank sowie durch die OECD/DAC vorgegebenen internationalen Rahmen eingebunden ist.
- Demgegenüber spielten in der deutschen Entwicklungspolitik parteipolitische Unterschiede der verschiedenen Bundesregierungen eine vergleichsweise untergeordnete Rolle. So war Entwicklungspolitik selten Gegenstand massiver parteipolitischer Auseinandersetzungen.
- Nur in den Zeiten unter den Ministern E. Eppler und H. Wieczorek-Zeul gelang es, die Rolle der Entwicklungspolitik in der Bundesrepublik geringfügig zu stärken.
- Die vorherrschenden Entwicklungsstrategien folgten während der vergangenen fünf Jahrzehnte einem Prozess relativ schnell aufeinander folgender Neuorientierungen.

- Dabei bewegten sich die Mainstream-Strategien tendenziell von einem Extrem in das andere. Dies spiegelte eine Ablösung der Vorherrschaft unterschiedlicher entwicklungstheoretischer Schulen in der Wissenschaft, aber auch Lernprozesse aus den Erfahrungen in der entwicklungspolitischen Praxis wider.
- Generell geht der Trend weg von Mikro-Ebenen-Interventionen hin zu Makro-Strukturpolitik.
- Das Problem des beschriebenen Prozesses der Strategieentwicklung besteht tendenziell darin, dass jede der Strategien davon ausging, den entscheidenden Schlüsselfaktor für Entwicklung bzw. Armutsminderung gefunden zu haben. So wurde jeweils ein eindimensionaler Ansatz durch einen ebenso eindimensionalen Ansatz abgelöst, ohne dass der Lern- und Auseinandersetzungsprozess zu einer Synthese in Form eines auf breiter Basis akzeptierten multidimensionalen Ansatzes geführt hätte.

Zum Einlesen

NOHLEN, D. & F. NUSCHELER (Hrsg.): Handbuch der Dritten Welt. – 1. und 2. Auflage, Hamburg, Hoffmann und Campe 1974 und 1982, 3. Auflage, Bonn, Dietz 1992.

Die drei völlig überarbeiteten und aktualisierten Auflagen von 1974, 1982 und 1992 bieten im Vergleich einen hervorragenden Überblick über die entwicklungspolitischen Debatten im Wandel der Jahrzehnte bis Anfang der 1990er-Jahre. Die Beiträge von A. Boeckh, U. Menzel und F. Nuscheler in der dritten Auflage (1992) versuchen eine Rückschau und Bilanz auf vier Jahrzehnte Entwicklungstheorie und Entwicklungspolitik.

SCHULZ, M. (Hrsg.): Entwicklung. Die Perspektive der Entwicklungssoziologie. – Opladen, Westdeutscher Verlag 1997, 1–437.

Sammelband mit Beiträgen führender deutscher Entwicklungstheoretiker und Kenner bzw. Kennerinnen der entwicklungspolitischen Praxis zum Stand der Diskussion in unterschiedlichen entwicklungstheoretischen und -strategischen Themenfeldern. Spiegelt den Stand der Diskussion in den 1990er-Jahren wider.

MESSNER, D. & I. SCHOLZ (Hrsg.): Zukunftsfragen der Entwicklungspolitik. – Baden-Baden, Nomos-Verlag (Deutsches Institut für Entwicklungspolitik) 2005, 1–410.

Dieser Sammelband des Deutschen Instituts für Entwicklungspolitik enthält Beiträge der Mitarbeiterinnen und Mitarbeiter des Instituts zu 23 unterschiedlichen aktuellen entwicklungspolitischen Themen. Reflektiert den Stand der Diskussion im ersten Jahrzehnt des 21. Jahrhunderts.

RAUCH, T.: Von Basic Needs zu MDGs. Vier Jahrzehnte Armutsbekämpfung in Wissenschaft und Praxis und kein bisschen weiter. – In: Peripherie 107 (2007), 216–245.

Kritischer Rückblick auf Armutsminderungsstrategien während vier Jahrzehnten und Analyse der Ursachen für deren unzureichende Erfolge. Der Autor vertritt die These, dass die derzeitigen Anstrengungen zur Erreichung der Millenniumsziele nichts aus den Erfahrungen der vergangenen Jahrzehnte gelernt haben.

***Abb. 5/1** Nicht nur die Öffentlichkeit übt Kritik an der Entwicklungszusammenarbeit, auch die Mitarbeiter der Entwicklungszusammenarbeit reflektieren ihre Arbeit kritisch*

5 Unter Beschuss aus allen Richtungen – Entwicklungspolitik in der Kritik

Politik ist naturgemäß immer Gegenstand kritischer Auseinandersetzung. In zweierlei Hinsicht aber unterscheidet sich die Kritik an der Entwicklungspolitik, die sich meist als Kritik an der internationalen Entwicklungshilfe, also der Entwicklungszusammenarbeit erweist, von jener an anderen Politikfeldern: Zum einen wird von vielen Kritikern nicht nur die Art der jeweiligen Politikgestaltung und -umsetzung infrage gestellt, sondern der Sinn der EZ überhaupt. Zum anderen ist dieses Politikfeld gekennzeichnet durch eine besonders krasse Diskrepanz zwischen Anspruch bzw. Erwartungshaltungen (Beseitigung der Armut) und Wirklichkeit (Fortbestand der Armut nach fünf Jahrzehnten EZ). Bemerkenswert an der Entwicklungshilfe-Kritik ist, dass sie aus allen politischen Lagern kommt, und dass die Sinnfrage innerhalb der Berufsgruppe der Entwicklungsförderer wohl nicht weniger häufig gestellt wird als von externen Betrachtern aus Wissenschaft, Medien, Politik und Öffentlichkeit.

Die unterschiedlichen, zum Teil gegensätzlichen, kritischen Positionen sollen hier grob skizziert, theoretisch zugeordnet, empirisch begründet und auf ihre entwicklungspolitischen Konsequenzen hin durchleuchtet werden.

5.1 Die Kritik der „Post-Developmentalisten"

Das Ziel „Entwicklung" als solches ist fragwürdig!

Die Anhänger des „Post-Developmentalismus" sehen in Entwicklung weder ein erstrebenswertes noch ein für die Menschheit als Ganzes realistisches Ziel. Vielmehr sehen sie darin ein Konstrukt, das vor allem den Zweck verfolgt, die Vorherrschaft der industrialisierten Länder über den Rest der Welt zu festigen und obendrein einer Kaste von „Entwicklungsexperten" eine fragwürdige Existenzgrundlage zu verschaffen. Die Kritik bezieht sich auf ein Entwicklungsverständnis, das am Vorbild der westlichen Industrieländer orientiert ist (nachholende Entwicklung) und den Weg dorthin als einen Prozess logisch aufeinander aufbauender Stadien sieht (wie etwa W. Rostow 1960).

Einer der prominentesten Vertreter dieser Richtung ist Wolfgang Sachs, der im Titel des von ihm herausgegebenen Bandes „Wie im Westen so auf Erden" (1993) seine Zweifel an der Idee der Entwicklung pointiert auf den Punkt bringt. Ihm und seinen Koautoren „geht es darum, Schluss zu machen mit dem sinnlosen Gerede über Entwicklung" (S. 13), „...dem Glauben an die Idee der Entwicklung abzuschwören, damit im Denken Raum ist für neue mutige Antworten..." (S. 9). Konsequenterweise sieht er in Entwicklungspolitik einen gescheiterten verdeckten „Plan zur Verwestlichung der Welt" (S. 12). Der Plan musste „angesichts der ökologischen Problematik" des westlichen Modells scheitern. „Die ‚hochentwickelten' Gesellschaften taugen ganz offensichtlich nicht als Vorbild – zuletzt wird man sie wohl als Irrweg der Geschichte begreifen" (S. 9). „Die Illusion des ‚Aufholens'" führte nur dazu, dass „das Alte zerschlagen ist, aber die neuen Wege nicht gangbar sind. So geraten die Menschen in die Sackgassen der Entwicklung" (S. 11). Das Konzept Entwicklung wird aber auch als fragwürdig betrachtet, weil aus dieser Perspektive die Völker der Erde nicht in ihrer reichen Vielfalt gesehen würden, sondern als defizitär angesichts der Errungenschaften hochentwickelter Länder. Der Entwicklungsdiskurs ist demnach eurozentrisch, weil er die westliche Lebensweise als Norm, andere dagegen als defizitär und rückständig ansieht, und zudem Herrschaft legitimierend, weil er im Namen von „Entwicklung" die Unterdrückung bzw. Überwindung nicht-westlicher Lebensweisen rechtfertigt (vgl. A. Ziai 2005).

Als geistiger Urvater der Post-Developmentalisten gilt Michel Foucault (1971/2003) mit seinem diskurstheoretischen Ansatz (Motto: Diskurse bestimmen heißt Macht ausüben – vgl. A. Ziai 2003 sowie A. Mattissek & P. Reuber 2007). Die Argumentation der verschiedenen Vertreter hat ihre Wurzel teilweise in der Nachhaltigkeitsdebatte („Grenzen des Wachstums") und teilweise in der Kritik an eurozentrischen Positionen. Die entwicklungspolitische Konsequenz, welche die Post-Developmentalisten explizit fordern, ist das Ende der Entwicklungspolitik und das Recht auf kulturelle Selbstbestimmung. Einige Autoren neigen dabei zum Leitbild der

„traditionellen Gesellschaft“, die oft als harmonisch und bedürfnisgerecht idyllisiert wird (z. B. G. ESTEVA 1993).

Empirisch mehren sich angesichts des Klimawandels und der begrenzten Integrationsfähigkeit kapitalistischer Weltmarktproduktion (vgl. Kapitel 8 und 9) die Anzeichen dafür, dass der Ressourcen verschwendende und von immer fortwährendem Wirtschaftswachstum abhängige Entwicklungsweg der westlichen Industrienationen kein Modell für die Weltbevölkerung sein kann. Gleichzeitig freilich sind Länder wie China und Indien zielstrebig dabei, diesen Weg – ganz im Sinne des Konzepts der nachholenden Entwicklung – zu beschreiten, mit bislang ungewissen Folgen.

Die Einschätzung, dass das westliche Entwicklungsmodell nicht nachhaltig ist und dessen Nachahmung in eine Sackgasse führt, ist seit geraumer Zeit eine von vielen Vertretern und Vertreterinnen der entwicklungspolitischen Fachwelt akzeptierte Annahme; eine Annahme, die freilich in den nun wieder aufkommenden Debatten um Armutsminderung durch Wirtschaftswachstum nicht geteilt oder aber ignoriert wird. Seit der Durchsetzung des Grundbedürfniskonzepts im Jahre 1973 (etwa zeitgleich mit der ersten Erdölkrise und dem Erscheinen des Buches „Grenzen des Wachstums“ – vgl. Kap. 4) hat ein großer Teil der Entwicklungsfachleute von der Vision einer nachholenden Entwicklung Abstand genommen. Man ist bezüglich der Möglichkeiten von Entwicklungspolitik bescheiden geworden und konzentriert sich auf das Ziel der Beseitigung extremer Armut. Die Debatte um einen angemessenen Entwicklungsbegriff (vgl. Kapitel 1) beschäftigt die Branche seit über drei Jahrzehnten. Die konkreten Ziele von Vorhaben der EZ werden in der Regel vor Ort, orientiert an den jeweiligen lokalen Problemen und zusammen mit lokalen Akteuren bestimmt. Die globalen Bezugspunkte dabei sind – oft zur Verärgerung fortschrittsorientierter Politiker in den betreffenden Ländern – die Millennium Development Goals, Nachhaltigkeit und vielleicht Menschenrechte, nicht aber eine Vision von Entwicklung, die sich am Modell der IL orientiert. Die von den Post-Developmentalisten geführte Debatte findet also seit längerer Zeit innerhalb des Entwicklungsdiskurses und der entwicklungspolitischen Praxis statt, Infragestellung des Entwicklungsweges der Geberländer inbegriffen: „In Deutschland unterstützt sie (die Entwicklungspolitik, T. R.) einen Struktur- und Bewusstseinswandel in Richtung Nachhaltigkeit“ (BMZ 2005, 9) – so kündigt es das BMZ zumindest programmatisch an und appelliert an sozial und ökologisch

Grundbedrüfniskonzept

materielle Grundbedürfnisse
(basic needs)
- Nahrung
- Wohnung
- Kleidung
- Arbeit

immaterielle Grundbedürfnisse
- Bildung
- Identität (freie Selbstbestimmung, kulturelle Identität)
- Partizipation
- Eigenständigkeit

5.2 Die linke anti-imperialistische Kritik

Entwicklungspolitik als Handlangerin von Kapitalverwertungsinteressen

Die anti-imperialistische Linke sieht in der Entwicklungspolitik nichts als eine Fortsetzung des Kolonialismus (vgl. Abb. 5.2/1). Diese sei Teil eines Systems von Weltwirtschaftsbeziehungen, das alle Völker dem Gesetz der Kapitalverwertung unterwerfen wolle und dadurch die Ausbeutung und die Abhängigkeit der „unterentwickelt gehaltenen Länder" verschärfe. Die linke Entwicklungshilfe-Kritik, die Ende der 1960er-Jahre laut wurde, und die ihre Grundlage in den Imperialismustheorien (vgl. Hayter, T. 1971 mit dem Titel „Aid as Imperialism" oder Jalée, P. 1971) und später auch in der dependenztheoretischen Debatte fand, richtet sich also nicht gegen das Ziel einer nachholenden Entwicklung. Sie hinterfragt vielmehr ideologiekritisch die Glaubwürdigkeit der offiziell proklamierten Ziele und „entlarvt" die wirtschaftlichen und außenpolitischen Interessen (vgl. Kapitel 2) als die eigentlichen Motive der Entwicklungspolitik der westlichen Industrieländer: Die anti-imperialistische Kritik richtet ihren Blick nicht auf einzelne Projekte, sondern „auf die Gesamtheit der Beziehungen zwischen ‚Geber'-, und ‚Nehmerland'" (Informationszentrum Dritte Welt 1978, 223). „Die entwicklungspolitischen Mittel sollen so gelenkt werden, dass die Rahmenbedingungen der internationalen Wirtschaftsbeziehungen (die ‚internationale Arbeitsteilung'), die ja eine ganz ungleiche Verteilung der Vor- und Nachteile mit sich bringt, aufrechterhalten, nach Möglichkeit noch ausgebaut bzw. neuen Entwicklungen flexibel angepasst werden" (ebd., 226). Entwicklungshilfe habe im Rahmen des Ausbaus neokolonialer

***Abb. 5.2/1** EZ als Fortführung imperialistischer Abhängigkeiten – so der Vorwurf*

Wirtschaftsbeziehungen die Funktion, die öffentliche Infrastruktur (Verkehrswege, Bildung, Gesundheitseinrichtungen, Energie und Wasser) zu schaffen, die für eine Erschließung der Rohstoffquellen und Absatzmärkte sowie für Privatinvestitionen zur Nutzung der billigen Arbeitskräfte unabdingbar sei. Darüber hinaus erfülle sie in peripheren, für das Kapital uninteressanten Regionen die Funktion, die verarmenden Massen zu befrieden und damit unterdrückerische und ausbeuterische Systeme zu stabilisieren.

Die Forderung der anti-imperialistischen Kritiker lief konsequenterweise auf deren Abschaffung hinaus. Internationale Solidarität sollte sich vielmehr auf eine Unterstützung von Befreiungsbewegungen bzw. soziale Bewegungen beschränken. Als dann an die Macht gekommene Befreiungsbewegungen zu ODA-Empfängern wurden und auch soziale Bewegungen Unterstützung aus EZ-Mitteln erhielten, verstummte die Forderung nach einer generellen Abschaffung der internationalen EZ zunehmend.

Empirische Belege dafür, dass Entwicklungspolitik auch an Rohstoff-, Absatz-, Investitions- und Systemstabilisierungsinteressen der Unternehmen der IL orientiert war, lassen sich mühelos in Zitatensammlungen deutscher Politiker finden. Oft genug haben Entwicklungspolitiker selbst auf diese Eigeninteressen verwiesen, in der Hoffnung, dadurch ihre Budgetmittelzuweisungen zu erhöhen (vgl. Kap. 2 und 4). Nicht zu bestreiten ist auch die zentrale Rolle maßgeblicher entwicklungspolitischer Organisationen wie IWF und Weltbank bei der weltweiten Durchsetzung von Marktwirtschaft durch Forcierung von Deregulierung und Privatisierung. Diesem Trend aber schlossen sich nicht alle entwicklungspolitischen Organisationen bedingungslos an. So wurde in vielen Projekten versucht, die Konkurrenzfähigkeit von lokalem Gewerbe, Kleinunternehmertum oder Genossenschaften gegenüber internationalen Unternehmen zu stärken oder staatliche Institutionen in die Lage zu versetzen, bessere Sozialstandards durchzusetzen. Heute orientiert sich die deutsche Entwicklungspolitik am Prinzip einer weltweiten Durchsetzung der Sozialen Marktwirtschaft (vgl. F. Nuscheler 2005). Das steht einerseits in Einklang mit globalen Kapitalverwertungsinteressen (bestätigt somit die Einschätzung des imperialismus- bzw. globalisierungskritischen Lagers), zielt aber gleichzeitig auf eine Bändigung der entfesselten Märkte (und widerspricht damit der These einer simplen Handlangerschaft der Entwicklungspolitik für Kapitalinteressen). So leicht es ist, Belege dafür zu finden, dass an Rohstoff- oder Absatzinteressen transnationaler Konzerne bzw. der deutschen Wirtschaft orientierte Entwicklungsmaßnahmen zu problematischen sozialen oder ökologischen Folgen geführt haben, so leicht ist es aber auch nachzuweisen, dass die EZ sich überwiegend in Ländern konzentriert hat, die für das Privatkapital eher uninteressant waren. Auch die niedrigen Mittelzuweisungen für ODA deuten darauf hin, dass die Privatwirtschaft der Industrieländer insgesamt der EZ eine untergeordnete Rolle als Wegbereiter beimisst. Die heutige Globalisierungskritik wendet sich überwiegend anderen Themen – etwa der Kontrolle der Finanzmärkte – zu.

5.3 Die Kritik an den Weltwirtschaftsbeziehungen

Entwicklungszusammenarbeit als Sisyphus-Unternehmen angesichts entwicklungshemmender globaler Rahmenbedingungen

Auch diese Kritik kommt von „links“. Sie lässt sich als globalisierungs- und freihandelskritische Position einordnen. Sie geht davon aus, dass ökonomische Globalisierung zwangsläufig zu einer Verschärfung der sozialen Gegensätze, zu unfairen Handelsbeziehungen, zur Marginalisierung bzw. Ausgrenzung und Verarmung eines großen Teils der Bevölkerung – nicht nur, aber insbesondere – in den Ländern des Südens führen wird (vgl. F. Scholz 2000a). Wie bei den anti-imperialistischen Kritikern werden die Ursachen von Unterentwicklung (in dependenztheoretischer Tradition) primär in den externen Faktoren, den globalen Wirtschaftsbeziehungen gesehen. Entwicklungspolitik wird jedoch nicht einer „Handlanger“-Rolle (siehe 5.2) verdächtigt, sondern eher als hilfloser Versuch gewertet, gegen die sozialen und ökologischen Katastrophen, die der von Kritikern gern so bezeichnete „Raubtier- oder auch Casino-Kapitalismus“ anrichtet, anzurennen.

„Die EZ ist nicht zu trennen von Strukturen wie Weltarbeitsteilung, ungleichen Austauschbeziehungen, Foreign Direct Investment oder von … brain drain. Sie alle sichern die Überlegenheit des Nordens. Förderlich dafür sind die Strukturanpassungsmaßnahmen und die WTO-Regelungen. Sie wiederum erzwingen die Öffnung der (wehrlosen, unterlegenen) Märkte des Südens, setzen sie globalen Wettbewerbszwängen aus und sichern Gewinntransfer für transnationale Unternehmen. Damit gehen dem Süden wichtige Ressourcen für die eigene Entwicklung verloren“ (F. Scholz 2006, 258).

F. Nuscheler (2005, 96) wendet diese Kritik in eine Forderung: „Ohne Reform der Finanz- und Handelsbeziehungen, die dem Recht und der Macht des Stärkeren das Prinzip eines fairen Interessensausgleiches entgegensetzt; ohne Aufbau einer internationalen Sozialordnung, die der sozialen Blindheit eines globalisierten ‚Turbo-Kapitalismus‘ die Prinzipien einer internationalen sozialen Marktwirtschaft entgegensetzt; ohne eine Friedensordnung, die stärker auf Konfliktprävention setzt; ohne eine globale Umweltpolitik… müsste die Entwicklungspolitik bleiben, was sie bisher war: der sprichwörtliche Tropfen auf den heißen Stein.“

Es fällt nicht schwer, empirische Belege dafür zu finden, dass der Erfolg entwicklungspolitischer Arbeit durch wirtschaftliche Interessen der reichen Länder zunichte gemacht wurde. Während Entwicklungsprojekte afrikanische Bauern dabei unterstützten, ihre Produktivität zu steigern und mithilfe von Genossenschaften ihre Überschüsse besser zu vermarkten, wurde die städtische Bevölkerung mit subventioniertem Getreide aus der EU und den USA zu Dumpingpreisen überschwemmt. Die Kleinbauern gaben ihre Überschussproduktion resigniert auf, wanderten in die Städte ab, und die meisten afrikanischen Länder wurden zu Agrarimportländern. In Ghana wurde mit deutscher EZ-Unterstützung die Hühnerproduktion mit Erfolg gefördert: 2003 hatte Ghana einen Selbstversorgungsgrad mit Hühnerfleisch von 85 % erreicht. Die EU-Handelspolitik zwang die ghanaische Regierung, ihre Importzölle für Hühnerfleisch zum Schutz der eigenen Erzeuger gegenüber dem hoch subventionierten EU-Hühnerfleisch wieder abzubauen. Daraufhin wurden 95 % des konsumierten Hühnerfleisches aus der EU importiert (F. Mari & R. Buntzel 2007, 6). Wieder einmal hatte die EU-Handels- und Agrarpolitik zerstört, was mit den ODA-Geldern eines EU-Landes aufgebaut worden war.

Die aus diesem Befund zu ziehende entwicklungspolitische Konsequenz wurde oben bereits angedeutet: Wenn EZ mehr erreichen will als regional begrenzte und zeitlich befristete Verbesserungen, dann muss Entwicklungspolitik auch auf eine Veränderung von globalen Rahmenbedingungen hinwirken; dann darf sie die Gestaltung der Welthandelsbeziehungen nicht allein den Handelsministerien und den auf diese einwirkenden Lobbygruppen überlassen. Indem das BMZ Entwicklungspolitik als Teil einer Globalen Strukturpolitik betrachtet (vgl. Kap. 6), versucht die deutsche Entwicklungspolitik seit 1998, dieser Erkenntnis Rechnung zu tragen. Die bislang weitgehend gescheiterten Versuche, die Gestaltung der Welthandelsbeziehungen oder auch nur die EU-Agrarpolitik stärker an entwicklungspolitischen Erfordernissen auszurichten, zeigen, wie schwierig es ist, dem Anliegen der Armutsminderung gegenüber den wirtschaftlichen Interessen der Industrieländer Geltung zu verschaffen (T. Rauch 2008a).

5.4 Kritik an der Dominanz politischer und wirtschaftlicher Interessen

Bei dieser Kritik handelt es sich um die pragmatische Variante der anti-imperialistischen Argumentation. Die Entwicklungspolitik wird hier nicht unter den systemkritischen Pauschalverdacht gestellt, in erster Linie „Handlanger imperialistischer Interessen" (siehe 5.2) zu sein. Vielmehr wird von der prinzipiellen Sinnhaftigkeit der EZ ausgegangen und beklagt, dass andere Interessen, insbesondere auf Geberseite, aber auch politische Interessen im Partnerland, eine konsequente Orientierung der Maßnahmen an entwicklungspolitischen Grundsätzen verhindern (vgl. Abb. 5.4/1). Diese Klagen kommen überwiegend von Mitarbeitern entwicklungspolitischer Organisationen und von der Entwicklungslobby. So kommt F. Nuscheler zu dem Schluss: „Die Entwicklungspolitik leidet nicht unter einem Mangel an Ideen und guten Absichten, sondern an kurzsichtigen Interessenperzeptionen, die Eigeninteresse nicht in einer längerfristigen und globalen Perspektive zu deuten vermögen" (2005, 451).

Ein klassisches Beispiel für destruktive Einflussnahme wirtschaftlicher Interessen sind Versuche von Saatgut- und Düngemittelkonzernen aus dem Norden, Agrarforschungs- und Beratungsprogramme zugunsten einer Verbreitung kapitalintensiver Anbaumethoden zu beeinflussen, die oft weder ökologisch noch sozial an die lokalen Bedingungen angepasst sind. Ein typischer Fall problematischer außenpolitischer Einflussnahme besteht z. B. darin, dass diplomatische Vertretungen darauf drängen, Programme zu starten oder fortzuführen, obgleich nach Einschätzung der Fachleute die Bedingungen für eine Erreichung der Ziele nicht gegeben sind: Gründe dafür können darin liegen, dass man die diplomatischen Beziehungen verbessern will, dass man für eine wichtige Entscheidung bei den Vereinten Nationen Bündnispartner sucht oder dass das Land im Anti-Terror-Kampf eine wichtige Rolle spielt. In solchen Fällen können die Grundsätze seriöser Projektplanung (wie z. B. die Regel „von den Problemen, Potenzialen und Strategien der Menschen ausgehen") von Anfang an nicht angewandt werden. Das Scheitern ist vorprogrammiert und alle Beteiligten wissen es. Alle Projektprüfungsverfahren werden dann zur Farce. Entweder die Gutachter/innen orientieren sich an den politischen Vorgaben bzw. Erwartungen oder der politische Entscheidungsprozess geht über ihre Warnungen hinweg.

Die entwicklungspolitische Lobby, auch innerhalb des BMZ, kämpft seit Ende des Kalten Krieges für eine vorrangige Berücksichtigung entwicklungsbezogener Kriterien bei der EZ. Ein Instrument hierfür ist die Bestimmung von EZ-Schwerpunktländern unter vorrangiger Beachtung der Entwicklungsorientierung der Politik des Partnerlandes. Die Analyse der Verteilung der ODA-Mittel (vgl. Kap. 3) zeigt, dass das teilweise gelungen ist, aber nach wie vor wirtschafts- und außenpolitische Interessen eine Rolle spielen. Ein anderer Ausweg aus der Dominanz problematischer Eigeninteressen von Geberländern wird in der Erhöhung des Anteils der multilateralen Hilfe gesehen. Dabei wird oft übersehen, dass gerade UN-Organisationen in hohem Maße ihre Mittel nach politischen Gesichtspunkten verteilen müssen.

Abb. 5.4/1 *Das Eigeninteresse der Mitarbeiter der Entwicklungszusammenarbeit*

5.5 Die Kritik der Pragmatiker an den zu hoch gesteckten Zielen

Wenn Ziele nicht erreicht werden, dann kann dies an den unzureichenden oder ungeeigneten Bemühungen liegen, an widrigen Bedingungen oder aber an den unrealistischen Zielvorgaben. Die Frage, ob Entwicklungspolitik nicht mit einer Vielzahl unrealistischer Zielsetzungen und Erwartungen überfrachtet sei, wird nicht nur von den Verantwortlichen im BMZ und anderswo gestellt. Mit einem jährlichen weltweiten Mittelvolumen von weniger als 100 Milliarden US-$, das nur wenig über dem liegt, was allein die USA jährlich für den Irakkrieg ausgegeben haben (J. Sachs 2005), soll innerhalb von 15 Jahren unter widrigen Rahmenbedingungen die Zahl der über 1 Milliarde in absoluter Armut lebenden Menschen halbiert werden. Mehr als 500 Millionen Menschen also sollen Möglichkeiten eröffnet werden, wenigstens die Befriedigung ihrer Grundbedürfnisse dauerhaft zu sichern. Einzelne Fachleute (J. Sachs 2005) haben ausgerechnet, dass dies mit der doppelten Summe von ODA-Mitteln zu schaffen sei, rein theoretisch betrachtet. Politische und bürokratische Umsetzungsprobleme und Unwägbarkeiten der Märkte haben sie dabei nicht berücksichtigt. Aber nicht allein die Größenordnung des zu lösenden Problems, auch die Vielfalt der Qualitätsansprüche gibt Anlass zu Zweifeln am Realismus der Zielvorgaben. „(…) die Entwicklungspolitik (wurde) durch eine ständige Erweiterung ihres Aufgabenkatalogs überfordert – mit der Folge, dass sie immer weniger in der Lage war, die in sie gesteckten Erwartungen zu erfüllen. (…) die Messlatte für ihre Erfolge wurde zu hoch gelegt. Sie soll (…) mit einer Mittelausstattung, die nur wenig über dem Umfang des EU-Agrarhaushaltes liegt,

- die Massenarmut überwinden;
- (…) den Frieden sichern(…);
- den Planeten vor dem ökologischen Kollaps bewahren;
- weltweit der Marktwirtschaft, der Demokratie, den Menschenrechten (und der Gleichberechtigung; T. R.) zum Durchbruch verhelfen;
- sozialpolitisch auffangen, was Globalisierung an Humankosten verursacht (…)“ (F. Nuscheler 2005, 90).

Zwar werden die einzelnen Entwicklungsprojekte bzw. -programme heutzutage meist realistisch geplant. Doch von den bescheidenen Zielsetzungen der einzelnen Vorhaben zur nachhaltigen Lösung des Armutsproblems ist ein weiter Weg. So hat wohl noch nie jemand ermittelt, für welchen Anteil der absolut Armen eine Verbesserung der Lebensbedingungen erreicht würde, wenn man die Zielvorgaben aller EZ-unterstützten Maßnahmen aufaddierte. Die Diskrepanz zwischen geplanten Wirkungen der EZ-Maßnahmen und globalen Entwicklungszielen wird noch deutlicher, wenn man berücksichtigt, dass die meisten Maßnahmen nur indirekt zum Erreichen der Entwicklungsziele beitragen. Ziel eines Projektes mag es sein, die Leistungsfähigkeit der Wirtschaftsförderungsabteilung einer Kommunalregierung zu verbessern. Von der angestrebten Effektivität der kommunalen Wirtschaftsförderung bis hin zu erhöhten Einkommen für die armen Bevölkerungsgruppen ist aber noch ein langer Weg mit vielen Schritten und so manchen

Fallstricken zu bewältigen. „Wirkungskette" nennen das die Planer. Und die meisten Wirkungsketten haben ihre schwachen Glieder – in der Sprache der Planer „Zuordnungslücken" genannt – d.h. Kausalbeziehungen zwischen den Maßnahmen und deren angestrebten Wirkungen, die vom Prinzip Hoffnung getragen werden, weil viele wichtige Erfolgsfaktoren nicht beeinflussbar sind. Die Entwicklungspolitiker vor Ort beteuern, sie könnten mit ihren Möglichkeiten „nur kleine Brötchen backen", während die Welt, die Politik von ihnen die Lösung der großen Menschheitsprobleme erwartet.

Die Entwicklungspolitik steckt hier in einem Dilemma: Für das, was sie mit ihren Mitteln erreichen kann, würden ihr die meisten Parlamente und Spender kein Geld bewilligen. Mit bescheideneren Zielen gerät die Entwicklungspolitik in ähnliche Legitimationsschwierigkeiten wie mit unerfüllten Erwartungen. Es gibt wohl nur einen Ausweg aus dem Dilemma (vgl. oben unter 5.3): Jene durch EZ-Maßnahmen vor Ort nicht beeinflussbaren. Faktoren die verhindern, dass diese Maßnahmen die beabsichtigte Wirkung erreichen – d.h. die politischen und weltwirtschaftlichen Faktoren – müssen zum Gegenstand entwicklungspolitischer Einflussnahme gemacht werden. Hierin liegt die Begründung der vom BMZ angestrebten Entwicklungspolitik als Teil Globaler Strukturpolitik (siehe Kap. 6).

5.6 Kritik an der „Hilfe" als solcher

Die Entwicklungszusammenarbeit selbst ist das Problem

Die bisher erörterten Kritikpunkte setzen außerhalb der EZ an. Sie stellten Entwicklung als solche infrage, oder sie verwiesen auf Systemzusammenhänge und Interessen außerhalb der EZ, die diese zu einem zweifelhaften oder aussichtslosen Unterfangen machten. Es gibt aber auch eine breite Palette von Kritikern, die in der EZ selbst, also in zwischenstaatlichen Transferleistungen, einen problematischen Ansatz sehen, durch den die Entwicklung in den Partnerländern eher gehemmt als gefördert wird. Die Kritiken am Charakter des „Entwicklungsgeschäftes" kommen aus unterschiedlichen ideologischen und theoretischen Richtungen.

5.6.1 EZ stärkt den Staat, schwächt den Markt

ODA ist definiert als Ressourcentransfer zwischen Regierungen. In armen Ländern stellt ODA oft die wichtigste Einnahmequelle der Regierung dar. Dort war es erst die Entwicklungshilfe, die ein bürokratisches Entwicklungsmodell mit einem aufgeblähten, ineffizienten, nicht gegenüber den Bürgern, den Steuerzahlern rechenschaftspflichtigen Staatsapparat ermöglichte. Eben diesem parasitären Staatsapparat sei es zuzuschreiben, dass sich eine Privatinitiative, ein funktionierendes System von Märkten – welches Voraussetzung für jegliches Wirtschaftswachstum sei – nie entfalten konnte (vgl. P.T. Bauer 1982). EZ sei also keineswegs Wegbereiter des Kapitals, sondern der Staatswirtschaft und der Planwirtschaft gewesen. „(...) niemand (dachte, T. R.) daran, den privaten Unternehmer und mit ihm eine marktwirtschaftliche Wettbewerbsordnung in Afrika oder sonst wo zu fördern. Über mehr als 20 Jahre tauchte das Wort Privatunternehmer und Wettbewerbsordnung in der entwicklungspolitischen Literatur nicht auf." (P. Alexander 1992, 63). Hilfeleistungen, so die Sambierin D. Moyo (2009), verhindern, dass Politiker sich um die Förderung wachstumsfördernder privater Investitionen kümmern. Stattdessen verleiten sie Regierungen dazu, den großen unproduktiven öffentlichen Sektor immer weiter auszudehnen. Sie verweist auf lokale mittelständische Produzenten von Moskitonetzen, die durch Hilfslieferungen von importierten Netzen bankrott gingen, wodurch nicht nur die Arbeitslosigkeit steigt, sondern die Kapazitäten verloren gehen, die gelieferten Netze in einigen Jahren zu reparieren. Auch der kenianische Ökonom J. Shikwati stellt in einem Interview mit der FAZ (4. April 2007, 13) fest: „Die bisherige Entwicklungshilfe hat die Abhängigkeitssituation der Länder des Südens gegenüber Geberländern zementiert, Unternehmergeist und Handelsbeziehungen zwischen Nachbarstaaten unterdrückt, instabile Regime stabilisiert und lokale Eliten bereichert" (J. Shikwati 2006).

Tatsächlich floss ein beträchtlicher Anteil der ODA-Mittel für Wirtschaftsförderung über staatliche Ministerien. Die Behörden erwiesen sich meist nicht als kompetente Wirtschaftsförderer. Oft flossen Subventionen, ohne dass am Ende der Förderung wettbewerbsfähige Betriebe entstanden wären. Auch viele NRO folgten der Logik, dass man armen Kleinproduzenten nur durch Subventionen helfen könne. Allerdings ist diese Kritik in ihrer Pauschalität übertrieben. R. Cassen (1990) belegt, dass gistischen Tendenzen, als auch solche mit marktwirtschaftlicher Orientierung.

Die geforderten Konsequenzen sind unterschiedlich: Radikale Wirtschaftsliberale – wie die oben zitierten – fordern die Abschaffung der EZ und verweisen dabei auf Länder wie Südkorea, die es ohne nennenswerte Hilfe geschafft hätten. Die deutsche EZ versucht der Kritik Rechnung zu tragen, indem sie im Rahmen ihrer Maßnahmen zur Privatwirtschaftsförderung, aber auch bei sozialen oder ökologischen Projekten stärker mit der deutschen Privatwirtschaft und deren Verbänden (im Rahmen von Public Private Partnership Arrangements) zusammenarbeitet (vgl. BMZ 6/2008).

5.6.2 Die Kritik an der Stabilisierung entwicklungshemmender politischer Strukturen

Entwicklungszusammenarbeit korrumpiert

Nicht allein von wirtschaftsliberaler Seite wurde Kritik an dem deformierenden und eher entwicklungshemmenden Einfluss der EZ auf die gesellschaftspolitischen Strukturen in den Partnerländern geäußert. Auch aus politökonomischer Perspektive erwiesen sich die Wirkungen der externen Ressourcenzuflüsse oft als problematisch. Diese Kritik bezieht sich nicht allein auf die Unterstützung und Stabilisierung diktatorischer Regime. Insgesamt wurde der EZ – zumindest dort, wo sie eine gewichtige Rolle spielt – ein korrumpierender und gute Regierungsführung beeinträchtigender Charakter zugeschrieben (vgl.

W. Easterly 2006). ODA, so die Kritiker, ersetzt tendenziell Eigenanstrengungen und Bemühungen um eine Verbesserung der Regierungsführung, anstatt diese zu ergänzen. D. Moyo spricht in ihrem Buch „Dead Aid" (2009) von einem Teufelskreis der Hilfe: „Foreign aid props up corrupt governments – providing them with freely usable cash. These corrupt governments interfere with the rule of law, [...] making both domestic and foreign investment in poor countries unattractive. Greater opacity and fewer investments reduce economic growth, which leads to fewer job opportunities and increasing poverty levels. In response to growing poverty, donors give more aid, which continues the downward spiral of poverty"(ebd. 49). Hilfe setzt falsche Anreize, indem sie alle Akteure dazu verführt, „Schlange zu stehen" nach EZ-Unterstützung, d.h. Anträge bei Hilfsorganisationen zu schreiben, statt Probleme durch Eigeninitiative zu lösen (M. Nitsch 1986). Ein Staatschef des extrem armen, aber relativ reichlich mit EZ-Mitteln bedachten Sahellandes Burkina Faso hat einmal in diesem Sinne geäußert: „Unser größter Reichtum ist unsere Armut". Von hier ist es nicht weit zu dem Schluss: Nur wenn wir unsere Armut bewahren, haben wir Chancen, weiterhin internationale Transferleistungen zu erhalten. EZ unterläuft tendenziell Mechanismen demokratischer Kontrolle durch Parlamente und Steuerzahler, da Abfluss und Verwendung der Mittel maßgeblich von außen gesteuert werden. Regierende sind dafür den Bürgern keine Rechenschaft schuldig. Insofern liegt die Hypothese nahe, dass EZ, ähnlich wie Rohstoffreichtum in Händen der Mächtigen, korrumpierend wirkt (vgl. auch A.V. Banerjee 2007).

Die meisten Geberorganisationen sind sich mittlerweile dieser Gefahr bewusst und sind bestrebt, Lehren daraus zu ziehen, indem sie versuchen, die Ownership der Partnerländer, auch durch deren Parlamente und Zivilgesellschaft zu stärken (vgl. Kap. 6). Das wirksame Gegenmittel gegen den strukturell korrumpierenden Charakter von Hilfsleistungen (nicht nur in der EZ) ist aber noch nicht gefunden.

Theoretisch unterlegt wird diese Kritik durch staatstheoretische Ansätze, nach denen sich die politischen und bürokratischen Eliten in EL primär an der Aneignung von unproduktiven Renteneinnahmen (z.B. aus Rohstoffvorkommen) orientieren und folglich kein Eigeninteresse haben an einer Steigerung der Produktivität (vgl. Kap. 10). ODA ist in diesem Sinn eine Rente, eine Einnahmequelle, die nicht durch produktive Arbeit erwirtschaftet werden muss. Die Logik der Kritik lautet also: Wieso sollen sich die Regierenden anstrengen, um über eine Wirtschaftsentwicklung an höhere Steuereinnahmen heranzukommen, wenn es doch viel einfacher ist, EZ-Transferleistungen zu erlangen? In den Ländern Subsahara-Afrikas, wo sie zumeist eine signifikante Rolle bei der Finanzierung öffentlicher Ausgaben spielt, hat sie „zu einer Systemstabilisierung im Guten wie im Schlechten beigetragen" (T. Rauch 2004, 193).

5.6.3 Die gesellschaftsstrukturelle Kritik an der Entwicklungszusammenarbeit

Entwicklungszusammenarbeit nützt den Reichen, schadet den Armen

Staatliche EZ könne sich noch so sehr darum bemühen, die Bedürftigen zu erreichen, sie habe nicht die Instrumente, um die Unterstützung an den lokalen Eliten vorbei direkt den benachteiligten Gruppen zukommen zu lassen. Wenn aber die Mittel den lokalen Eliten zugute kommen, dann blieben die Armen meist nicht nur außen vor, sondern ihre Situation verschlechtere sich. Brigitte Erler, ehemalige BMZ-Referentin, hat diese Kritik 1985 in ihrem viel zitierten Buch mit dem Titel „Tödliche Hilfe" auf publikumswirksame Weise zugespitzt auf den Punkt gebracht. Klassisches Beispiel für diese These: Wenn besser gestellte Kleinbauern Kredite für Dünger und Saatgut erhalten, können sie ihren Betrieb ausweiten. Dort aber, wo Land, Wasser oder Absatzmärkte begrenzt verfügbar sind, geht dies zulasten der (oft verschuldeten) Ärmeren, die von ihrem bescheidenen Ressourcen- bzw. Marktzugang verdrängt werden und als nur partiell Beschäftigung findende, landlos gewordene Saisonarbeiter in einer Verelendungsspirale enden. EZ-Fachleute sind oft von den lokalen Realitäten zu weit entfernt, um derartige soziale Differenzierungen und Dynamiken zu erkennen. Selbst wenn sie dafür sensibilisiert sind, fehlen ihnen – zumal sie im Rahmen der lokalen Verwaltungen beratend tätig sind – die Instrumente, um soziale Prozesse auf lokaler Ebene zu steuern. Einige Zitate der Autorin mögen dies illustrieren:

„Ich erfuhr (…), wie jede einzelne Komponente der unter meiner Verantwortung durchgeführten Projekte die Reichen reicher und die Armen ärmer macht" (Erler, B. 1985, 8).

„Ich glaube (…) nicht, dass wir selbst bei größter Gewissenhaftigkeit und Überwachung (…) die Macht der örtlich Einflussreichen mal so eben im Vorbeigehen unterlaufen können (ebd., 13).

„Wollte man alle (problematischen) Nebeneffekte in den Griff bekommen, müsste man zu einer schon theoretisch undenkbaren Totalplanung übergehen" (ebd., 16).

„Diese (lokalen, T. R.) Politiker verbringen ihre Zeit damit, in den Büros der Beamten herumzulungern, um mitzubekommen, wo wieder irgendein EH-Projekt geplant ist. So erhalten sie frühzeitig alle notwendigen Informationen, um ihren Vorteil daraus zu ziehen. Das sind die Einflussreichen, mit denen wir angeblich immer zusammenarbeiten müssen, weil wir uns ja nicht in die inneren Angelegenheiten eines souveränen Staates einmischen können" (ebd., 22).

Deshalb kommt B. Erler zu dem Schluss: „Der Grundfehler besteht darin, dass wir auch beim besten Willen an den Machtstrukturen nichts ändern können"(ebd., 29). F. Scholz kommt zu einer ähnlich skeptischen Einschätzung: „Die Verteilungsfrage über Zugang zu EZ-Mitteln entscheiden jene für sich, die über Macht und Verbindungen verfügen. Die Machtlosen – das ist die Mehrzahl der Bedürftigen – gehen leer aus" (F. Scholz 2006, 258). B. Erler sah für sich nur eine mögliche Konsequenz: Beendet die EZ! Sie selbst kehrte dem Berufsfeld den Rücken.

Innerhalb der EZ gab es zwei unterschiedliche Grundformen des Umgangs

Abb. 5.6.4/1 *Verlieren die Fachkräfte den Blick für das Wesentliche?*

mit den – allseits als ein zentraler Hemmfaktor für Armutsminderung betrachteten – Machtstrukturen. In früheren Jahrzehnten versuchte man, durch basisnahe, direkt armutsorientierte Projekte, lokale Spielräume für die Verbesserung der Situation der Armen und die Stärkung von deren Interessenvertretungsmacht (Empowerment) zu nutzen (vgl. Kap. 11). Dafür gibt es zahlreiche erfolgreiche Beispiele. Die Erfolge blieben aber meist regional begrenzt. Heute versucht man, auf nationaler Ebene die Machtstrukturen durch Förderung von Demokratisierung, Rechtsstaatlichkeit und die Einbeziehung der Zivilgesellschaft zu beeinflussen. Inwieweit das die Machtstrukturen an der Basis zu verändern vermag, bleibt abzuwarten. Die bisherigen Erfahrungen mit der Umsetzung von nationalen Armutsminderungsstrategien auf lokaler Ebene erinnern eher an die Beobachtungen von B. Erler (vgl. W. Eberlei, P. Meyns & F. Mutesa 2005).

5.6.4 Kritik am „Entwicklungsgeschäft“

Die Helfer und ihre Hilfsorganisationen sind das Problem

Soll Hilfe zur Selbsthilfe funktionieren, müssten die „Helfer“ und ihre Organisationen bereit sein, sich überflüssig zu machen. Alle Organisationen aber und auch deren Mitglieder haben ein „Selbstverewigungsinteresse“. Mitarbeiter wollen ihren Job nicht verlieren, wollen sich nützlich machen; Organisationen und ihre Untergliederungen wollen ungern schrumpfen, wollen lieber expandieren. Bei Organisationen mit Daueraufgabe, etwa Universitäten, ist das weniger problematisch, führt allenfalls zur Konservierung von Fachdisziplinen, deren gesellschaftlicher Nutzen fragwürdig geworden ist (vgl. Abb. 5.6.4/1). Entwicklungszusammenarbeit aber ist dazu da, sich überflüssig zu machen. Hier stehen die Eigeninteressen der Organisati-

onen also im Gegensatz zu ihren Zielen (P. Collier 2007). Die Anreizsysteme für die Mitglieder sind nicht zielkonform.
Das Problem wird dadurch verschärft, dass auf der Empfängerseite ebenfalls Organisationen wirken (seien es Ämter oder lokale NRO), deren Fortbestehen, Mitarbeiterzahl und Umsatz von der EZ abhängt. Auch diese wollen weiter bestehen bleiben. Auch von dieser Seite also ist kein Drängen auf einen schnellen erfolgreichen Abschluss der Kooperation zu erwarten. Da im Fall der EZ die Adressat/innen der Leistungen für diese in der Regel nicht bezahlen müssen, sind auch sie tendenziell an einer Fortsetzung der Hilfe interessiert. EZ ist also ein Geschäft für alle beteiligten Akteure, ohne einen bezahlenden und somit das Preis-Leistungsverhältnis ernsthaft kontrollierenden Kunden. Bezahlender Kunde ist die Regierung des Geberlandes und das Parlament im Auftrag des Steuerzahlers. Kontrollorgane sind entweder begrenzt unabhängig (wie etwa vom BMZ beauftragte Evaluierungsteams) oder weit weg von der Leistungserstellung (wie der Bundesrechnungshof). So bleibt es allein der professionellen Integrität der Mitarbeiterinnen und Mitarbeiter überlassen zu entscheiden, ob zulasten des eigenen Auftrags bzw. des Geschäftsvolumens des eigenen Unternehmens (entwicklungspolitische Durchführungsorganisationen wie die GTZ verstehen sich seit einigen Jahren explizit als Unternehmen) ein politisch gewünschtes, entwicklungspolitisch aber fragwürdiges Vorhaben durchgeführt werden soll. Die Fälle, in denen ein Auftrag aus entwicklungspolitischen Gründen abgelehnt wird, obwohl die Mittel zur Durchführung bereitstehen, sind selten. (Musto, S. 1987).
Solche pervertierten Anreizsysteme können nicht nur dazu führen, dass problematische Projekte in Angriff genommen bzw. fortgeführt werden, sondern auch dazu, dass an sich sinnvolle Maßnahmen unnötig aufgebläht bzw. aufwendig gestaltet werden. Die Eigeninitiative der zuständigen Akteure im Partnerland wird so unterminiert und die Chance für eine breitenwirksame und nachhaltige Umsetzung verbaut.
Es gibt wohl keine Mitarbeiterinnen bzw. Mitarbeiter von EZ-Organisationen, die nicht bei sich selbst oder in ihrem unmittelbaren Arbeitsumfeld das Dilemma solch problematischer Anreizstrukturen erfahren hätten. Alle kennen den Zwiespalt zwischen professioneller entwicklungspolitischer Vernunft und dem Erwartungsdruck der beteiligten Organisationen, schneller mehr Geld abfließen zu lassen (der sprichwörtliche „Mittelabflussdruck“).
Dieses Dilemma ist nicht auf die EZ beschränkt. Es taucht überall dort auf, wo öffentliche Dienstleistungen unentgeltlich für die Adressaten bereitgestellt werden (z. B. Gesundheitswesen, Sozialarbeit), wo der Marktmechanismus nicht taugt. Radikale marktorientierte Lösungen nach dem Prinzip „verteilen wir das Geld an die Adressaten und lassen sie selbst entscheiden, welche Unterstützungsleistungen sie sich kaufen“ funktionieren nicht, wenn es um sozialpolitische Ziele oder um nachhaltige Lösungen geht. Wenn sich EZ also an dem Motto orientiert, dem Hungernden nicht einen Fisch, sondern eine Angel zu geben, dann ist das Nachfrageprinzip ungeeignet. Ebenso wenig funktioniert es bei Zielen wie Empowerment, nachhaltige Ressourcennutzung oder HIV-/Aids-Prävention. Bleibt angesichts des Marktver-

sagens also die Stärkung demokratischer Kontrolle und des professionellen Ethos. Es ist aber nicht einfach, bei einem so komplexen und unüberschaubaren Politikfeld wie Entwicklungspolitik wirksame Kontrollsysteme zu etablieren (z.B. durch unabhängige Evaluierungsorganisationen). Andererseits steht die Entwicklungspolitik fortwährend im Scheinwerferlicht öffentlicher Kontrolle. In wohl kaum einem anderen Politikfeld wird so viel über Sinn und Unsinn bzw. über den richtigen Weg gestritten. Aber es gibt wohl auch kaum ein Politikfeld, in dem so wenig Grundkonsens darüber besteht, welcher Weg der richtige, welche Instrumente die geeignetsten sind. Diese Uneinigkeit über die professionellen Standards erschwert demokratische Kontrolle. Mangels solcher allgemein akzeptierter Standards entschied sich die GTZ vor einigen Jahren dazu, ihre Qualität mit der Zufriedenheit ihrer „Kunden" gleichzusetzen. Angesichts des oben beschriebenen Dilemmas – opportunistische Bewertung seitens der an einer Fortsetzung der Unterstützung interessierten „Kunden" – ist das wohl nicht der Weg zu einer wirkungsvolleren Entwicklungspolitik. Das professionelle Ethos ist bei Mitarbeiterinnen und Mitarbeitern entwicklungspolitischer Organisationen wahrscheinlich überdurchschnittlich hoch. Dieses bietet aber angesichts der fehlenden Einigung auf professionelle Mindeststandards keine klare Richtschnur („gut gemeint ist oft das Gegenteil von gut"). Angesichts des – in diesem Kapitel zu erahnenden – hohen Frustrationspotenzials des Berufsfelds ist dieses Ethos jedoch einer Gefahr ausgesetzt, in Zynismus umzuschlagen (T. Rauch 1993). Und von der Führung entwicklungspolitischer Organisationen bzw. Unternehmen wird ein entwicklungspolitisch orientiertes Engagement immer weniger als Ressource anerkannt.

Bleibt wohl nur der fortwährende kritische entwicklungspolitische Diskurs, gepaart mit unerschütterlichem professionellen Ethos (ohne welches z.B. auch universitäre Lehre nicht funktioniert) und Zivilcourage, um der Schwerkraft pervertierter Anreizsysteme etwas entgegenzusetzen.

5.7 Die Kritik innerhalb der Entwicklungszusammenarbeit am falschen Ansatz

So nicht!

Die Spruchweisheit „die schärfsten Kritiker der Elche waren früher selber welche" gilt nicht zuletzt auch für die Entwicklungspolitik. Nicht nur Aussteiger aus der Branche der EZ sind oft von Selbstzweifeln geplagt; auch diejenigen, die in diesem Politik- und Berufsfeld weiterhin Verantwortung tragen und um Verbesserungen kämpfen, zweifeln manchmal am Sinn des eigenen Tuns, noch häufiger aber am Sinn des Tuns ihrer Kolleginnen und Kollegen. Jede Praktikantin in einer entwicklungspolitischen Organisation oder einem Entwicklungsprojekt wird alsbald mit solcher Insider-Kritik konfrontiert. Dies liegt nicht allein an mangelnden Erfolgen, sondern auch daran, dass sich die Zunft der Entwicklungspolitiker und -praktiker aus sehr

unterschiedlichen Berufsgruppen, Weltanschauungen und Strömungen mit sehr verschiedenen Einschätzungen darüber, was entwicklungsförderlich ist, zusammensetzt.
Die anhaltende Auseinandersetzung um den richtigen Ansatz wird naturgemäß begleitet von Kritik an den als falsch betrachteten Ansätzen. Hierzu ein kurzer Überblick.

5.7.1 Die Kritik an der „Projektitis"

EZ wurde in den vergangenen Jahrzehnten (bis heute) überwiegend in Form von Entwicklungsprojekten durchgeführt. Jede Geberorganisation, jede NRO führt in jedem ihrer Partnerländer Dutzende von mehr oder weniger großen (oft – bedingt durch eine verbreitete Kritik an „Großprojekten" – sehr kleinen) Einzelprojekten durch. Für jedes dieser Projekte müssen, meist gemeinsam mit den zuständigen Behörden des Partnerlandes, eigene Planungen durchgeführt, eigene Projektabkommen geschlossen werden. Oft wird in einer Verkennung des Ownership-Prinzips von der Regierung des Partnerlandes ein personeller und finanzieller Beitrag gefordert (die verbreitete Widersprüchlichkeit der Ownership-Rhetorik kommt in dem häufig proklamierten Motto: „Unsere Projekte sind die Projekte des Partners" zum Ausdruck). In stark EZ-abhängigen Ländern mit Hunderten von Einzelprojekten (nach zurückhaltenden Schätzungen gibt es in einem typischen afrikanischen Land rund 600 laufende Einzelprojekte – vgl. S. Klingbiel et al. 2005, 74) sind deshalb die Ministerien dieser Länder überwiegend damit beschäftigt, solche Projekte abzuwickeln, Projektmissionen zu empfangen (die durchschnittliche Zahl von Projektmissionen, die von ranghohen Vertretern des Partnerlandes empfangen werden wollen wird auf 1 000 je Partnerland geschätzt – ebd., 75), in Projektsteuerungs-Komitees zu sitzen und den unterschiedlichen Regularien der verschiedenen Geberorganisationen gerecht zu werden.
Die Kritik liegt auf der Hand: „So kann man keinen Staat machen!" Zwar erfolgt auch normales staatliches Handeln, sowie das Agieren gemeinnütziger Organisationen, zu einem großen Teil in Form von einzelnen Investitionsprojekten (z. B. Straßenbauprojekt, Stadtteilsanierungsprojekt), also in Form von zu planenden, zeitlich befristeten Maßnahmenpaketen (vgl. Kap. 12); doch werden diese Projekte normalerweise nach den Regeln und Verfahren der zuständigen Behörde geplant, geprüft, genehmigt und durchgeführt und nicht nach denen verschiedenster ausländischer Finanziers.
Zu der Inanspruchnahme des gesamten Staatsapparates von Partnerländern durch das Management von EZ-Projekten kommt das Problem der Nachhaltigkeit des Projektansatzes hinzu. Dieses Problem stellt sich dann, wenn durch EZ-Projekte die Durchführung normaler öffentlicher Dienstleistungen finanziell und personell unterstützt wird mit der Erwartung, dass diese Services nach Abschluss des Projektes von der Partnerorganisation eigenständig weitergeführt werden. Oft aber ist diese damit überfordert. Dann sind die positiven Wirkungen der Projekte nicht von Dauer. Es bleibt in solchen Fällen bei den berüchtigten zeitlich befristeten und räumlich begrenzten Insellösungen.
Die Kritik an dieser Art von „Projektitis" ist zumindest seit 2000 zum kaum

noch bestrittenen „Mainstream" innerhalb der Branche geworden (vgl. F. Nuscheler 2008). Konsequenterweise war das damit verbundene Problem zentraler Gegenstand der entwicklungspolitischen Reformbestrebungen (Kap. 6). Dass das Problem weiterhin besteht, liegt daran, dass es schwer ist, sich auf alternative Formen der Bereitstellung von EZ zu einigen (Stichwort „Budgethilfe" – vgl. Kap. 6).

5.7.2 Die Kritik an der Technischen Zusammenarbeit und dem Experten(un)wesen

Große Popularität erfährt von jeher die Kritik an den ausländischen „Entwicklungsexperten" (vgl. hierzu F. Nuscheler 2005). Kern der Technischen Zusammenarbeit (TZ) ist die Entsendung von Fachkräften. Diese – so die Hauptkritikpunkte – kosten im Vergleich zu einheimischen Fachkräften relativ viel, sie verdrängen einheimische Experten, sind oft nicht hinreichend für ihre schwierige Aufgabe qualifiziert oder aber sie wenden ihre Fachkompetenz mangels Kenntnis der lokalen Bedingungen oft in unangepasster Weise an. Kritik wird auch am Verfahren der Auswahl externer Fachkräfte geäußert (vgl. E. V. K. Jaycox 1992): Es gibt in der Regel für sie keine internationalen Ausschreibungsverfahren, bei denen sich die besten Anbieter im Wettbewerbsverfahren durchsetzen könnten. Vielmehr bestimmt die Geberorganisation darüber, wen sie entsendet. Es handelt sich also um eine Art von personeller Lieferbindung.

Neben diesen sachlichen Kritikpunkten an der Entsendung von Fachkräften trifft man häufig auf Einschätzungen zum Thema Entwicklungsexperten, die eher der Kategorie Stammtischäußerungen (Pauschalbewertungen wie „ Lehrer sind faule Säcke" oder „Halbgötter in Weiß") zuzuordnen sind. Jeder Journalist, jeder Wissenschaftler, jeder Praktikant hat schließlich unter den „Entwicklungshelfern" oder „-experten" schon Leute getroffen, die im Luxus schwelgen, die sich darin gefallen, zur lokalen Elite zu zählen, auf Botschaftsempfängen zu verkehren; man weiß von Fällen zu berichten, die aus Frust sich dem übermäßigen Alkoholgenuss zuwandten, die „verbuscht", also professionell nicht mehr auf der Höhe der Zeit waren, die zu Zynikern oder gar zu Rassisten geworden sind. Solche Beobachtungen eignen sich in dem Maße für eine generelle Bewertung des Berufsstandes, wie jene, dass Hochschullehrer generell sich nicht um die Lehre kümmern oder didaktisch unfähig sind.

E. V. K. Jaycox (1992), einst Weltbankmitarbeiter, hob die verbreitete Expertenkritik auf eine strukturelle Ebene zu einer grundsätzlichen Kritik an der TZ an. Diese sei eine teure und wenig effektive Ersatzvornahme für Aufgaben, die eigentlich staatliche oder private Organisationen der Partnerländer zu erfüllen hätten, welche diese jedoch nicht übernehmen würden, solange sich ausländische Hilfsorganisationen mit ihren „Experten" in diese Rolle drängten.

Die GTZ als führende Organisation der deutschen TZ reagierte mit Reformbereitschaft, indem sie ihre Aufgabe deutlicher als zuvor als Capacity Development, als Befähigung der Organisationen des Partnerlandes zur besseren Erfüllung ihrer Aufgaben definierte. Eine weitere legitime Aufgabe internationaler Fachkräfte wird in der Unterstützung der Suche nach verbesserten Problemlösungen durch das Einbringen von internationalen Erfahrungen („best practices") in einen gemeinsamen Lernprozess der Verknüpfung von lokalem und externem Wissen gesehen (vgl. Kap. 11). Dafür, nicht aber für Management bzw. Durchführung von Routineaufgaben, seien qualifizierte entsandte Fachkräfte ihr Geld wert. Ist dieses Verständnis von TZ und der Rolle entsandter Fachkräfte mittlerweile auch zum Credo aller Personalentsendeorganisationen geworden, so sieht die Realität häufig noch immer anders aus. Dem politischen Druck in Geber- und Empfängerländern und den Erwartungen der Bevölkerung in Richtung auf schnelle, konkrete und sichtbare Verbesserungen kann oft allein durch Entwicklung von Kapazitäten und Konzepten nicht entsprochen werden. Somit sehen sich viele Experten gezwungen, sich weiterhin – entgegen ihrer Aufgabenbeschreibung – auf Durchführungstätigkeiten einzulassen, um dem Erfolgsdruck zu genügen.

5.7.3 Die Kritik an technokratischer Entwicklungsplanung

Zur Verbesserung ihrer Entwicklungsprojekte griffen viele Hilfsorganisationen in den 1980er-Jahren zum Instrument ausgereifterer, systematischerer Planungsverfahren. Man hoffte, durch umfassende Analysen, eine systematische Betrachtung von Ursache-Wirkungs-Zusammenhängen und breite Beteiligung aller kompetenten und relevanten Akteure die Akzeptanz und die Wirkungen von Maßnahmen zu verbessern. Symptomatisch für dieses Bestreben ist die Methode der zielorientierten Projektplanung (Zopp – vgl. GTZ Aug. 1997), im englischen Sprachraum bekannt als Logical Framework Methode.

Die damit oft verbundene Hoffnung auf eine Planbarkeit von Entwicklungsprozessen erwies sich als Fiktion (vgl. R. Rottenburg 2002). Zu viele nicht kontrollierbare Einflussfaktoren spielen eine Rolle dabei, ob eine Maßnahme letztendlich tatsächlich zur angestrebten Verbesserung der Lebensbedingungen bei den Adressatinnen und Adressaten (den so genannten Zielgruppen) führt. Entwicklung sei nicht planbar, schlossen daraus vor allem Vertreter der Sozialwissenschaften. Vielmehr sei diese als ein Resultat der Interaktion verschiedenster Akteure zu betrachten. Entwicklungsprojekte wurden als „Arenen der Auseinandersetzung", des Kampfes um knappe Ressourcen charakterisiert (Bierschenk, T. 1988). Entwicklungsplaner – so die Kritiker – tendierten dazu, solche sozialen Dynamiken zu ignorieren. Selbst dort, wo sich die Verantwortlichen der Interessen, die mit einem Projekt verbunden waren, wohl bewusst waren, war es oft politisch zu heikel, diese Interessen offenzulegen und zum Gegenstand der Planung zu machen. So war die Enttäuschung der Planer oft groß, wenn einflussreiche Interessen – sei es in Deutschland, bei der Regierung des Partnerlandes, bei den Durchführungsorganisationen vor Ort und im lokalen gesellschaftlichen Kontext – einer ziel- und sachgerechten Durchführung gemäß der vereinbarten Planung im Wege standen.

Derartige technokratische Naivität bzw. Blindheit gegenüber gesellschaftlichen Interessen ist bis heute – trotz zunehmender Einbeziehung sozialwissenschaftlicher Kompetenz und einem politischeren Verständnis von EZ – eine

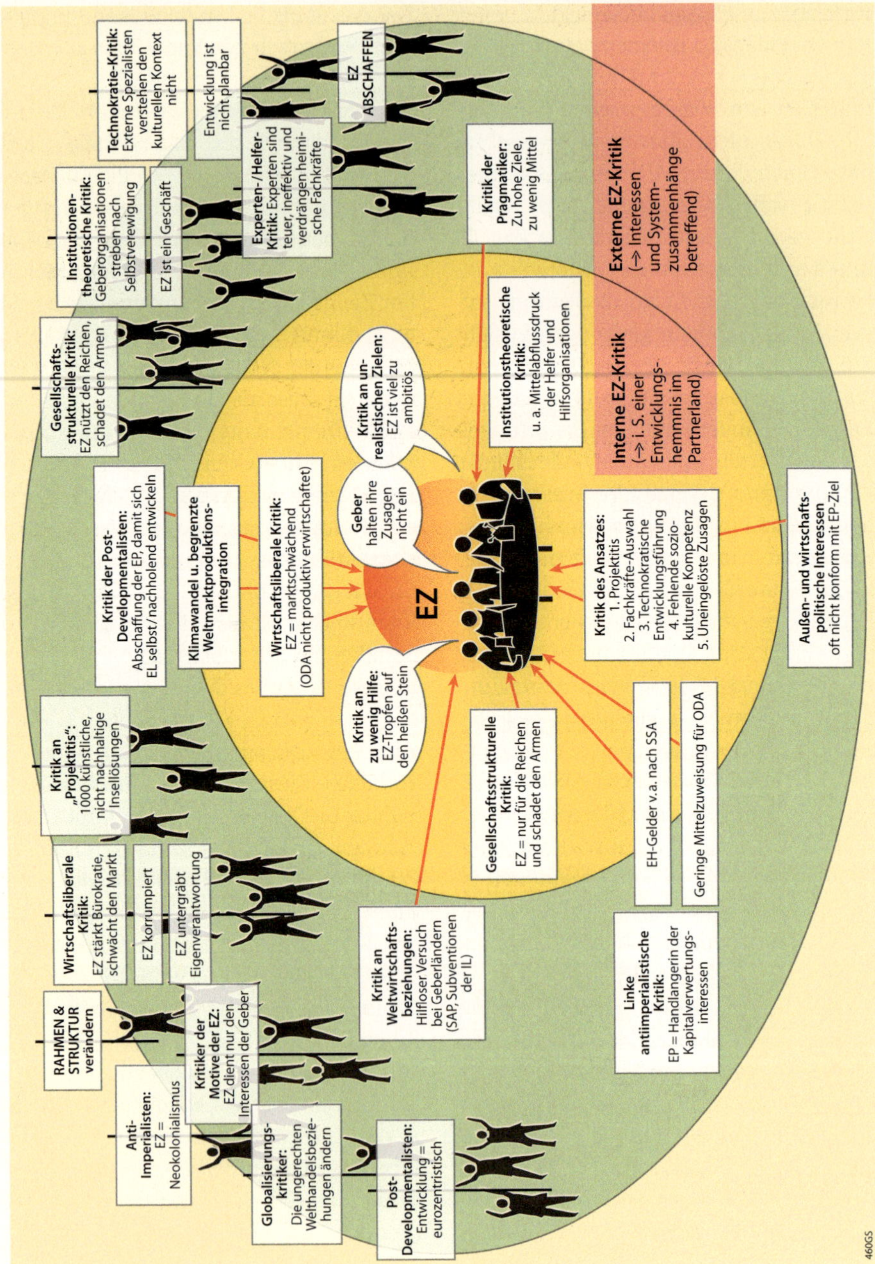

***Abb. 5.7.3/1** EZ-Kritik im Überblick*

Schwachstelle vieler Entwicklungsprogramme geblieben. Der Umgang mit Interessen, die den Entwicklungszielen widersprechen, ist ein häufig tabuisiertes, nicht hinreichend strategisch und methodisch erschlossenes Feld in der entwicklungspolitischen Praxis (vgl. Kap. 10).

5.7.4 Die Kritik an fehlender sozio-kultureller Kompetenz

Auch diese Kritik kommt aus dem Lager der Sozialwissenschaften. Auch sie wendet sich gegen technokratische Herangehensweisen von „Entwicklungsexperten". Ihr Fokus liegt auf dem Verhältnis zwischen Fachleuten und Zielgruppen. Die Kritiker (vgl. G. Elwert & T. Bierschenk 1988; J. P. Olivier de Sardan 1988; K. Crehan & A. von Oppen 1988) setzen bei dem verbreiteten Problem der mangelnden Akzeptanz von Maßnahmen, von Beratungsinhalten und den damit intendierten technischen oder sozialen Neuerungen durch die Zielgruppen an. Beispiele sind die zögerliche Übernahme empfohlener „verbesserter" Anbaumethoden, mangelnde Bereitschaft zur Mitarbeit in Selbsthilfe-Organisationen, die „Zweckentfremdung" von Krediten. Viele Fachleute führten die geringe Bereitschaft, die empfohlenen, vermeintlich problemlösenden Veränderungen zu übernehmen, auf mangelndes Bewusstsein, Ignoranz oder auf eine Orientierung an traditionalen, fortschrittshemmenden Verhaltensmustern zurück. Sozialwissenschaftliche Forschung hingegen konnte in vielen Fällen belegen, dass die Adressatinnen und Adressaten der EZ-Maßnahmen gute, durchaus rationale Gründe hatten, die vermeintlichen Verbesserungen nicht zu übernehmen. Diese neuen Praktiken waren oft nicht hinreichend an die lokalen ökologischen, sozialen oder ökonomischen Bedingungen angepasst. Häufig waren sie zu riskant. Oder sie ignorierten Hemmfaktoren (z.B. Zugang zu Land, Verfügbarkeit von Arbeitskraft, soziale Verpflichtungen), unter denen die Zielgruppen wirtschaften mussten. Insbesondere Frauen wurden von den Mitarbeitern von Entwicklungsprojekten oft ignoriert. Man wandte sich an Haushalte bzw. an deren „Vorstände" – meist Männer – in Angelegenheiten, für die eigentlich die Frauen zuständig waren; und wunderte sich, wenn die Zusagen der Männer nicht eingehalten wurden.

Die EZ reagierte auf diese vor allem in den späten 1980er-Jahren verbreitete Kritik der Entwicklungssoziologie und Sozialanthropologie, indem sie mehr sozialwissenschaftliche Kompetenz engagierte und Verfahren zur besseren Berücksichtigung der soziokulturellen Dimension entwickelte (vgl. BMZ 1992). Nun sollte das „Wollen" und das „Können" der Adressaten der EZ, sollten deren eigene Entwicklungsvorstellungen und -strategien besser bei der Maßnahmenplanung berücksichtigt werden. Durch den Gender-Ansatz wurden nun auch die unterschiedlichen Bedürfnisse, Probleme und Potenziale von Frauen und Männern besser berücksichtigt (vgl. Kap. 11).

5.7.5 Die Kritik an uneingelösten Zusagen

Diese Kritik richtet sich nicht gegen falsche Hilfe, sondern dagegen, dass seit 1970 (als die Geberländer in der Generalversammlung der Vereinten Nationen dem 0,7%-Ziel zustimmten) die ODA-Leistungen der meisten reichen Länder weit hinter den gemachten Zusagen zurück blieben. Diese

Kritik kommt aus dem Lager der entwicklungspolitischen Lobby, zu dem neben den Regierungen der armen Länder vor allem Nicht-Regierungsorganisationen, Wissenschaftler und einzelne Vertreter des öffentlichen Lebens (z. B. engagierte Größen aus dem Bereich der Popmusik wie Bono, Bob Geldof) in den Ländern des Nordens gehören. Diese Kritik ist bis in die Gegenwart nicht verstummt (vgl. J. Martens 2008; Alliance 2015 2007). Berechnungen unterschiedlicher Organisationen kommen zu dem Ergebnis, dass eine Verdoppelung der ODA (und damit die Erfüllung des 0,7 %-Ziels) wohl ausreichen würde, um zumindest die Millenniumsziele zu erreichen (vgl. J. Sachs 2005). „Die Verwirklichung der internationalen Entwicklungsziele (...) muss nicht deswegen scheitern, weil die Kosten so exorbitant hoch sind. Das Geld ist vorhanden. Die Frage ist vielmehr, welche Interessen sich bei der Verteilung und Verwendung öffentlicher Mittel durchsetzen" (J. Martens 2008, 12). Mahubani (2008) spricht vom „Mythos der Entwicklungshilfe". Für das BMZ ist diese Art von Kritik eine willkommene, wenngleich unzureichende Rückenstärkung im Ringen um einen höheren Anteil an den Haushaltsmitteln. Viele der anderen, in obigen Abschnitten zitierten Kritiker, die die positiven Wirkungen der EZ bezweifeln, stehen der Forderung nach Verdoppelung solch einer Hilfe skeptisch gegenüber und fordern stattdessen erst einmal deren Reform (vgl. H. Asche 2006; F. Nuscheler 2008).

Zusammenfassung

Fazit

- Die Kritik an der EZ kommt aus sehr unterschiedlichen Richtungen.
- Für die meisten Kritikpunkte lassen sich Belege in der entwicklungspolitischen Realität finden.
- Während die entwicklungspolitischen Organisationen viele der von ihnen selbst zu verantwortenden und zu beeinflussenden Kritikpunkte aufgegriffen und bei ihren Reformbestrebungen berücksichtigt haben (vgl. auch Kap. 6), bleiben die meisten der Probleme, die außerhalb des Einflussbereichs der Entwicklungspolitik ihre Wurzeln haben, weiterhin bestehen.
- Von der Durchsetzung einer entwicklungsfreundlichen Globalen Strukturpolitik (vgl. Kap. 6) sind die Regierungen in Nord und Süd noch weit entfernt.

Zum Einlesen

Nuscheler, F. (2008): Die umstrittene Wirksamkeit der Entwicklungszusammenarbeit. – Institut für Entwicklung und Frieden, (INEF-Report 93/2008), Universität Duisburg-Essen.

Guter Überblick über die aktuellen Kontroversen über die Wirksamkeit von EZ. Im Zentrum stehen dabei die Problematisierung der korrumpierenden Wirkung auf die Regierungsführung in den Partnerländern und die das „Entwicklungsgeschäft" beherrschenden Eigeninteressen der Geber- bzw. Durchführungsorganisationen. Die Positionen der Kritiker werden konfrontiert mit der Forderung nach einer drastischen Erhöhung der ODA. Der Autor fordert eine Reform der EZ in Einklang mit den Grundsätzen der Paris Declaration und eine konsequente Orientierung am Ziel der Verbesserung der Regierungsführung.

***Abb. 6/1** Die EZ versteht sich immer mehr als Teil der globalen Strukturpolitik*

6 Die Neuerfindung der Entwicklungszusammenarbeit: Aktuelle Reformansätze

Die internationale EZ hat, seit es sie gibt, auf ihre Kritiker reagiert, auf manche mehr, auf manche weniger (vgl. Kapitel 4). Doch so sehr sich die entwicklungspolitischen Strategien im Laufe der Jahrzehnte gewandelt haben, an den meisten von der Kritik aufgezeigten Problemen hat sich wenig geändert. Ende der 1990er-Jahre wurden deshalb die Forderungen nach einer grundlegenden Reform der EZ als solcher immer lauter, sodass schließlich die Führungsspitzen der zuständigen Ministerien in maßgeblichen Geberländern sich diese zu eigen machten. Die Reformbestrebungen lassen sich unter zwei grundlegenden, paradigmatischen Veränderungen des Verständnisses von Entwicklungspolitik bzw. Entwicklungszusammenarbeit zusammenfassen:

1. Entwicklungspolitik wird – insbesondere, aber nicht nur in Deutschland – verstanden als Beitrag zu einer Globalen Strukturpolitik. Der Fokus soll auf die Veränderung entwicklungshemmender Rahmenbedingungen auf globaler und nationaler Ebene gelegt werden, anstatt weiterhin mit Projekten punktuelle Verbesserungen bei fortbestehenden widrigen Rahmenbedingungen anzustreben. Hiermit reagiert die Entwicklungspolitik auf die zahlreichen Kritiker, die eine EZ unter den vorherrschenden weltwirtschaftlichen Bedingungen und den gesellschaftspolitischen Machtverhältnissen für perspektivlos hielten.

2. Die Art und Weise, wie EZ-Leistungen transferiert werden, soll effektiver gestaltet werden (Aid Effectiveness heißt das neue entwicklungspolitische Schlagwort), indem die Geber Entwicklungsprogramme und darauf basierende Budgets der Partnerregierungen gemeinsam und koordiniert unterstützen. Damit reagiert die Gebergemeinschaft unter Führung des DAC (**D**evelopment **A**ssistence **C**ommittee, d. h. Entwicklungshilfeausschuss) der OECD (Organisation für Wirtschaftliche Zusammenarbeit und Entwicklung) auf die Kritik an der „Projektitis“ und der Umgehung bzw. Entmündigung der Regierungen und Parlamente der Partnerländer durch Tausende von „Helfern“ bzw. „Experten“.

In Kombination miteinander sollen diese beiden Reformansätze dazu beitragen, dass die EZ zu einem Baustein einer „Global Governance-Architektur“ wird. In deren Rahmen werden auf globaler Ebene Ziele und globale Strategien (z. B. Millennium Development Goals, Agenda 21, Klimaschutz-Abkommen) vereinbart. An diesen Strategien sollen sich dann nationale Entwicklungsprogramme (z. B. Armutsminderungsstrategien) orientieren, die – bei Bedarf – durch EZ-Ressourcen unterstützt werden. Dies bedeutet eine fundamentale Abkehr vom bisherigen, auf Entwicklungsprojekte fixierten Vorgehen der EZ. Im Folgenden werden die beiden Reformbestrebungen detaillierter dargestellt. Darüber hinaus wird – unter Berücksichtigung bisheriger Umsetzungserfahrungen – eine vorläufige Einschätzung des Problemlösungspotenzials dieser neuen Herangehensweise versucht.

6.1 Entwicklungspolitik als Globale Strukturpolitik

„Entwicklungspolitik versteht sich heute als Baustein einer globalen Struktur- und Friedenspolitik, die einen Beitrag dazu leistet, die Lebensverhältnisse der Menschen weltweit zu verbessern und die gemeinsame Zukunftsfähigkeit aller Menschen in einer immer stärker vernetzten Welt zu sichern“ (BMZ 10/2004, 13). Damit wird Entwicklungspolitik Teil einer sich im Aufbau befindlichen Global Governance-Struktur, d. h. eines Versuchs, ökonomische Globalisierungsprozesse – orientiert am Leitbild einer weltweit nachhaltigen Entwicklung – politisch zu steuern.

Das Verständnis von Entwicklungspolitik als Teil einer globalen Strukturpolitik bedeutet aber nicht, dass diese sich auf eine entwicklungsfreundlichere Veränderung der globalen Rahmenbedingungen beschränken will. Vielmehr versteht das BMZ diese als Mehr-Ebenen-Politik:

- Auf globaler/internationaler Ebene „wirkt sie auf Strukturen hin, die zum Beispiel den EL einen gleichberechtigten Zugang zum Weltmarkt eröffnen“ (BMZ 3/2004, 9). Dabei geht es darum, internationale Strukturen durch Mitgestaltung globaler Rahmenbedingungen und internationaler Regelwerke stärker auf Armutsbekämpfung und Entwicklung auszurichten.
- Auf der nationalen Ebene „unterstützt Entwicklungspolitik die Anstrengungen

der Partnerländer, Strukturen aufzubauen, die eine nachhaltige Entwicklung ermöglichen“ (ebd.). Dabei geht es um die Förderung guter Regierungsführung, also um verbesserte politische und institutionelle Rahmenbedingungen in den EL. Dazu gehört auch die Unterstützung überstaatlicher regionaler Zusammenschlüsse (BMZ 10/2004, 15).

- In Deutschland „unterstützt sie (die Mehr-Ebenen Entwicklungspolitik, T. R.) einen Struktur- und Bewusstseinswandel in Richtung Nachhaltigkeit“ (BMZ 3/2004, 9). Dies bedeutet einerseits eine stärker an den internationalen Entwicklungszielen orientierte kohärente Gesamtpolitik (also z. B. eine am Ziel der Armutsminderung orientierte EU-Agrar- und Handelspolitik), zum anderen aber auch Aktionen zur Beeinflussung des öffentlichen Bewusstseins und Konsumverhaltens im Sinne einer sozial gerechteren und ökologisch tragfähigeren weltweiten Entwicklung.

„Making Fit for fairer Chances“ lautet das entsprechende Motto des BMZ. Durch globale Strukturpolitik sollen fairere Chancen geschaffen werden. Durch Kooperation auf nationaler Ebene sollen die Partnerländer befähigt werden, diese Chancen zu nutzen.

Die sub-nationalen Ebenen innerhalb der Partnerländer, die regionale und lokale Ebene, werden in den einschlägigen Dokumenten des BMZ kaum noch erwähnt. Dementsprechend stellt das BMZ fest: „Der Schwerpunkt der Entwicklungszusammenarbeit hat sich daher mehr und mehr verlagert: Sie ist über EZ vor Ort und die Unterstützung von Einzelprojekten hinausgewachsen und zielt heute verstärkt auf die Veränderung grundsätzlicher sozialer, wirtschaftlicher, ökologischer und politischer Strukturen“ (BMZ 3/2004, 8).

Die Entwicklungspolitik setzt damit nicht allein bei den EL, sondern bei den Nord-Süd-Beziehungen insgesamt, also den Rahmenbedingungen, an. Sie orientiert sich an gemeinsamen, international vereinbarten Zielen (wie den MDGs) und leitet daraus die Legitimation für ihre Intervention ab. Sie sieht die Notwendigkeit von Veränderungen auf beiden Seiten und öffnet damit den Weg für eine Kooperation auf gleicher Ebene. Sie sieht Entwicklungspolitik nicht isoliert, sondern als Teil einer stärker entwicklungsorientierten Gesamtpolitik der reichen Länder. Damit versucht die Entwicklungspolitik den z.T. seit Jahrzehnten artikulierten Forderungen von Kritikern aus unterschiedlichen Lagern nachzukommen: jenen der EZ-Praktiker nach besseren Rahmenbedingungen, jenen der Partnerregierungen nach einer faireren Weltwirtschaftsordnung und stärkeren Mitgestaltungsrechten sowie den Forderungen der weltweiten Solidaritätsbewegungen nach einer Änderung der Politik der reichen Länder. Somit besteht in entwicklungspolitischen Kreisen ein breit gefächertes Einvernehmen darüber, dass der – in Deutschland eng mit dem Namen der Ministerin HEIDEMARIE WIECZOREK-ZEUL verbundene – Kurswechsel (H. WIECZOREK-ZEUL 2001) hin zu einer Entwicklungsförderung durch Makro-Strukturpolitik ein überfälliger Schritt in die richtige Richtung war (vgl. F. NUSCHELER 2005).

Die bisherigen Erfahrungen mit der Umsetzung dieser Politik gaben aber Anlass zu Kritik aus unterschiedlichen Richtungen: Aus den Reihen der Entwicklungspraktikerinnen und -praktiker wird kritisiert, dass mit der Reform de facto eine Abkehr von basisnaher EZ einherging (vgl. Abb. 6.1/1). Im Zentrum der Aufmerksamkeit der entwicklungspolitisch Verantwortlichen stünden nur noch das Parkett der internationalen Konferenzen und der nationalen Ministerien, nicht mehr die realen Probleme der Menschen vor Ort. Damit verbunden sei ein Verlust an Kompetenz für die Gestaltung basisnaher, zielgruppen- und standortgerechter Entwicklungsförderung, eines im Laufe von Jahrzehnten auf Basis leidvoller Erfahrungen errungenen Erfahrungsschatzes, für den insbesondere die Organisationen der deutschen EZ international geschätzt seien. Diese Kompetenzen sind – nach Einschätzung der Kritiker – nicht nur wichtig für die direkte Arbeit auf dezentraler Ebene; sie werden auch benötigt für die Beratung der oberen politischen Ebenen, wenn es um die bedarfsgerechte Gestaltung nationaler Programme und internationaler Regelwerke geht. Basisnahe Fachlichkeit ist demzufolge eine Voraussetzung für bessere Regierungsführung. Sie droht verloren zu gehen, wenn globale Strukturpolitik nicht alle Ebenen von global bis lokal gleichermaßen ernst nimmt (vgl. T. Rauch 2003). Verbunden mit der stärkeren Fokussierung auf die makropolitischen Ebenen ist nach Wahrnehmung vieler Mitarbeiterinnen und Mitarbeiter entwicklungspolitischer Organisationen auch die Tendenz, dass Auslandserfahrung in Ländern des Südens in Personalabteilungen nicht mehr geschätzt oder gar als Karriere hemmend empfunden wird.

***Abb. 6.1/1** Führt die Konferenzmentalität zur Abkehr von basisnaher EZ?*

Zweifel ganz anderer Art kommen auf, wenn man die Ergebnisse der bisherigen Bemühungen auf globaler Ebene betrachtet: Die Erfolge bei den Versuchen zu einer stärker am Entwicklungsinteresse ausgerichteten Gestaltung der globalen Rahmenbedingungen sind als bescheiden zu bezeichnen. Die in der Stadt Doha gestartete und mit dem Versprechen einer stärkeren Entwicklungsorientierung angetretene „Doha-Entwicklungsrunde" der Welthandelskonferenzen im Rahmen der WTO kann vorerst als gescheitert betrachtet werden. Nach dem auf unzureichende Zugeständnisse der IL (auch der EU) beim Abbau der Agrarsubventionen zurückführenden Abbruch der Konferenz in Cancún 2003 sind alle Versuche zu einer Wiederbelebung der Verhandlungen erfolglos geblieben (siehe Kap. 8.3). Das BMZ kann als Resultat seiner Bemühungen immerhin verbuchen, dass die EL – unterstützt von deutscher EZ – erfolgreich dabei waren, Koalitionen zu bilden, um ihre Interessen besser durchzusetzen (BMZ 10/2004). Die Süd-Länder waren zwar nicht in der Lage, das von ihnen angestrebte Ergebnis durchzusetzen; doch sie erwiesen sich als stark genug, um für sie unakzeptable Zugeständnisse zu verweigern. Nach dem Scheitern von Cancún versuchte die EU, auf bilateraler Ebene zu handelspolitischen Vereinbarungen zu gelangen. Instrument hierfür waren **E**conomic **P**artnership **A**greements (EPAs) mit den AKP-Staaten (das sind mit der EU assoziierte Staaten Afrikas, der Karibik und des Pazifiks). Die EPAs stellten für das BMZ ein wichtiges Testfeld für die Umsetzung ihrer globalen Strukturpolitik dar. Sie wurden begrüßt als ein Mechanismus für die Stärkung der Kohärenz zwischen Handels- und Entwicklungspolitik auf EU-Ebene. Erstmals hatten Entwicklungsministerien die Möglichkeit, bei der Gestaltung von Handelsabkommen mit am Konferenztisch zu sitzen. Die Bestrebungen des BMZ waren zweifacher Natur: Zum einen wollte es als Anwalt der AKP-Staaten bei den Verhandlungen dafür eintreten, dass die von der EU geforderte Marktöffnung der EL behutsamer vollzogen wird, d. h. dass die Länder mehr Zeit erhalten, um ihre Handelsschranken abzubauen. Zum anderen wollte das BMZ die AKP-Länder bei der Stärkung ihrer Wettbewerbsfähigkeit nach dem Motto „aid for trade" unterstützen. Die EPA-Verhandlungen konnten nur in einer von sechs regionalen Verhandlungsgruppen termingerecht Ende 2007 abgeschlossen werden. Der Prozess kam auf halbem Weg ins Stocken, weil die Mehrzahl der AKP-Länder ihre Entwicklungsbedürfnisse nicht hinreichend berücksichtigt sahen. In der EU-Verhandlungskommission hatten sich offensichtlich die handels- gegenüber den entwicklungspolitischen Interessen eindeutig durchgesetzt (vgl. T. Rauch 2008). Bis in die Gegenwart wird von Fällen berichtet, in denen subventionierte EU-Agrarprodukte – zum Teil unter Androhung entwicklungspolitischer Sanktionen, für den Fall dass die betroffenen Länder sich durch protektionistische Maßnahmen dagegen zu schützen versuchen – in afrikanische Länder exportiert werden und dort die mit Unterstützung aus EU-Staaten geförderte lokale Produktion vom Markt verdrängen (vgl. die Beiträge von F. Mari & R. Buntzel 2007, F.

Schmidt 2007 und G. Wellmer 2007). In Anlehnung an das BMZ-Motto („Fit for fairer Chances") ist festzustellen, dass EZ weiterhin versucht, ihre Partnerländer fit zu machen für einen verzweifelten Konkurrenzkampf um nach wie vor eng begrenzte Chancen.

Es bleibt festzuhalten, dass es zu globaler Strukturpolitik, im Sinne eines Bestrebens, globale Rahmenbedingungen entwicklungsgerechter zu gestalten, keine sinnvolle Alternative gibt, dass sich bislang jedoch die entwicklungsorientierten Interessen gegenüber den kurzfristigen handels- und agrarpolitischen Eigeninteressen meist als weniger durchsetzungsfähig erwiesen. Immerhin – und das macht Hoffnung – hat eine Koalition aus Ländern des Südens und weltweit agierenden Nicht-Regierungsorganisationen es vermocht, eine einseitige Durchsetzung der Interessen der außenwirtschaftlichen Lobby in den Industrieländern zu verhindern. Die bisherige Erfahrung lehrt aber, dass eine Einigung auf entwicklungsverträgliche globale Regelwerke zu lange dauert, um allein auf diesem Weg schnelle Erfolge bei der Armutsminderung zu erzielen. Daraus resultiert ein Dilemma: Armutsminderung benötigt eine entwicklungsorientierte globale Strukturpolitik, kann aber nicht darauf warten. So müssen weiterhin unter widrigen globalen Rahmenbedingungen auf lokaler und nationaler Ebene Anstrengungen zur Reduzierung der Armut unternommen werden, während parallel hierzu um eine armutsorientierte Ausgestaltung globaler Regelwerke gerungen wird.

6.2 Erhöhte Wirksamkeit der Entwicklungszusammenarbeit durch Budgethilfe

Die in die Pariser Declaration von März 2005 mündenden Bestrebungen zur Erhöhung der Aid Effectiveness setzen bei den Modalitäten der Bereitstellung von ODA an die Partnerländer an. Sie greifen vor allem die Kritiken an der „Projektitis" und an der Beeinflussung der Hilfsleistungen durch die Politiken und Partikularinteressen der Geberländer auf. In der Pariser Erklärung haben sich die in der OECD organisierten IL zusammen mit der Mehrzahl der Partnerländer und multilateralen Organisationen auf folgende fünf Prinzipien geeinigt:

- Ownership: Stärkung der Verantwortlichkeit des Partnerlandes für seine Entwicklungspolitik und damit auch für die von außen unterstützen Programme.
- Alignment: Ausrichtung der EZ an den Zielen, Strategien und Verfahren des Partnerlandes; dies bedeutet unter anderem auch, dass ein zunehmender Anteil der EZ über den Staatshaushalt des Partnerlandes abgewickelt wird.
- Harmonisierung: Koordinierung der Geber untereinander bzw. durch die Partnerregierung mit dem Ziel eines aufeinander abgestimmten Unterstützungs-

programms für jedes Partnerland. Dabei sollen auch die sektoralen Schwerpunkte der Geber in dem Sinn harmonisiert werden, dass beispielsweise Deutschland die Führungsrolle für die Unterstützung des Agrarsektors übernimmt, während die Niederlande zum Lead Donor für den Wassersektor ernannt werden.

- Ergebnis- bzw. Wirkungsorientierung: Stärkere Ausrichtung der EZ, aber auch der dadurch unterstützten Programme des Partnerlandes, auf Wirkungen, d. h. auf messbare Verbesserungen für die Lebensumstände der Menschen.
- Rechenschaftspflicht (Accountability): Dabei geht es sowohl um die wechselseitige Rechenschaftspflicht von Partnerländern und Gebern hinsichtlich der Bereitstellung ihrer Beiträge bzw. Erfüllung ihrer Verpflichtungen als auch um die gemeinsame Rechenschaftspflicht gegenüber Parlamenten und Öffentlichkeit des Partnerlandes.

Mit diesen Prinzipien, die anhand von zwölf Zielen und dazugehörigen Indikatoren operationalisiert wurden, gehen Geber- und Partnerländer wechselseitige Verpflichtungen ein. So soll z. B. der Anteil der ODA-Mittel, die zur Finanzierung von Programmen oder des Budgets des Partnerlandes (und nicht einzelner Geberprojekte) verwendet werden, erhöht werden. Auch die Vorhersehbarkeit der Zahlungsflüsse seitens der Geberländer soll verbessert, der Anteil der an Lieferungen aus dem Geberland gebundenen Leistungen hingegen gesenkt werden. Demgegenüber verpflichten sich die Partnerländer z. B. dazu, die eigenen Staatseinnahmen zu erhöhen und ihre Budgetkontrolle zu verbessern.

In Einklang mit den Grundsätzen der Pariser Erklärung wurden seit Ende der 1990er-Jahre seitens der deutschen EZ folgende Reformschritte unternommen:

Schwerpunktbildung

Die deutsche EZ (wie auch die vieler anderer Länder) konzentriert sich auf weniger Partnerländer und in jedem Partnerland auf einen oder einige wenige Schwerpunktsektoren. Als Konsequenz dieser Konzentration wurden die Kapazitäten nach dem Motto „Klotzen statt Kleckern" besser gebündelt, die einzelnen Unterstützungsmaßnahmen im Rahmen der Schwerpunktprogramme besser aufeinander abgestimmt. Gleichzeitig reduzierte sich dadurch für die Partnerlandorganisationen die Zahl der Geber und Projekte. Geber, die im jeweiligen Partnerland in einem Sektor finanziell und personell besonders stark vertreten sind, werden zu Lead Donors für diesen Bereich ernannt und fungieren federführend als Ansprechpartner gegenüber den zuständigen Partnerland-Organisationen.

„EZ aus einem Guss"

Von Seiten der deutschen EZ wird bis in die Gegenwart die Unübersichtlichkeit der Geberlandschaft für die Partner durch die unterschiedlichen Durchführungsorganisationen (wie z. B. KfW, GTZ, DED, InWEnt – vgl. Kap. 2) noch weiter erhöht. Das Motto „EZ aus einem Guss" soll – solange es nicht zu einer Zusammenlegung dieser Organisationen kommt – dazu beitragen, dass diese wenigstens ihr jeweiliges Instrumentarium (also Finanzierung, Capacity Development, Personalbereitstellung, Training) in einer besser aufeinander abgestimmten Weise, orientiert an gemeinsamen Schwerpunktstrategien oder im Rahmen gemeinsamer Programme, einsetzen.

Budgethilfe

Budgethilfe ist der operationale Kern der unter dem Motto Aid Effectiveness laufenden Reformbestrebungen im Rahmen der internationalen EZ. Die Geberbeiträge sollen dem Staatshaushalt der Partnerländer zur Verfügung gestellt werden; damit sollen sie den dort geltenden Budgetierungsregeln unterliegen und von den jeweiligen Parlamenten verabschiedet werden. Grundlage für die Budgetfinanzierung sind mithilfe der Geber erarbeitete Entwicklungsprogramme (z. B. Armutsminderungsstrategien) und wechselseitige Vereinbarungen, z. B. bezüglich Wirkungen, Budgetmanagement, Rechenschaftslegung. Budgethilfe ermöglicht damit Ownership des Partnerlandes, volle Anpassung der ODA an dessen Strategien und Verfahrensweisen und eine daran orientierte Harmonisierung der Beiträge der Geber. Idealerweise entsteht eine wechselseitige Rechenschaftspflicht: Die EZ-Beiträge unterliegen der Kontrolle durch das Parlament des Partnerlands, während gleichzeitig die Partnerregierung Rechenschaft gegenüber den Gebern ablegen muss. Mit der Einführung von Wirkungsindikatoren und entsprechender Wirkungsmonitoring-Verfahren in den Budgetierungsprozess kann nicht nur die Wirksamkeit des EZ-Beitrags, sondern die der gesamten Staatsausgaben erhöht werden.

Es werden drei Formen von Budgethilfe unterschieden (vgl. S. Klinebiel, S. Leiderer & P. Schmidt 2005):

a. Generelle Budgethilfe: Hier werden die Geberfinanzen als eine Einnahmequelle unter anderen behandelt. Es wird nicht vereinbart, welchem Sektor und welchem Zweck die EZ-Mittel zufließen.
b. Sektorbezogene Budgethilfe: Hier entscheiden die Geber, welchem Sektor des Staatshaushalts (z. B. Gesundheit, Landwirtschaft) ihre Mittel zugute kommen sollen.
c. Programmfinanzierung: Hier stellen die Geber gezielt Mittel für die Finanzierung eines mit ihrer Unterstützung erarbeiteten Programms (z. B. Armutsminderungsprogramm, Klimawandel-Anpassungsprogramm, Basisgesundheitsdienste, HIV/Aids-Präventionsprogramm) zur Verfügung. Das Programm ist Teil des Staatshaushalts. Man spricht hierbei auch von „Korbfinanzierung“, weil alle Geber ihr Geld in einen Korb werfen, oder von P**r**ogrammorientierter G**e**meinschafts**fi**nanzierung (PGF).

Bei allen drei Formen handelt es sich nicht allein um Finanzierungsbeiträge zum Budget, sondern um ein Paket, das auch Politikdialog, Konditionalitäten und Beiträge der TZ enthält.

Politiker und auch Fachleute der Geberländer bevorzugen meist Programmfinanzierung, weil hierbei der Zusammenhang zwischen eigenem finanziellen Beitrag, dem fachlich-technischen Beratungsbeitrag und dem guten Zweck am eindeutigsten zu sein scheint. Angesichts der beliebigen Austauschbarkeit

Armutsminderungsprogramme erreichen die Armen nicht

In Sambia wurden Poverty Reduction Strategies zu Beginn dieses Jahrhunderts mit Unterstützung internationaler Geberorganisationen und mit breiter Einbeziehung zivilgesellschaftlicher Organisationen erarbeitet. Eine Untersuchung der Umsetzung des Programms in drei ländlichen Distrikten im Jahr 2004 (W. Eberlei, P. Meyns & F. Mutesa 2005) zeigte, dass den meisten Vertretern der staatlichen Durchführungsorganisationen auf Distrikt-Ebene die nationale Armutsminderungsstrategie, in deren Rahmen sie die finanziellen Mittel aus der Hauptstadt Lusaka bekamen, gar nicht bekannt war. So war es auch nicht weiter verwunderlich, dass die Unterstützungsleistungen (z. B. Kredite oder Beratung) nicht die intendierten armen Zielgruppen erreichten, sondern nur eine kleine Schicht lokaler Eliten mit guten Beziehungen zur Distrikt-Administration, einer Schicht, die es schon immer verstand, Förderprogramme zu ihrem Vorteil zu nutzen. Weder die Geberorganisationen noch die Vertreter der sambischen Zivilgesellschaft waren hinreichend in den Implementierungsprozess des Armutsminderungsprogramms involviert, um sicherzustellen, dass die Unterstützungsmaßnahmen bei den eigentlichen Adressatinnen und Adressaten ankamen. Die Erstellung und Umsetzung von Armutsminderungsstrategien und -programmen wird deshalb in Sambia von den meisten Menschen als eine typische „Hauptstadt-Eliten-Show“ betrachtet, die an den meisten Menschen im Lande völlig vorbeigeht.

(„Fungibilität“) von Geld verbirgt sich hinter diesem postulierten Zusammenhang natürlich eine Illusion: Wenn die Geber ihr Geld lieber für den Ausbau des ländlichen Basisgesundheitswesens verwenden, kann die Regierung die nicht von Gebern finanzierten Mittel z. B. in teure Spezialkliniken in der Hauptstadt stecken. Bei allgemeiner Budgethilfe hingegen können durch Dialog auch Vereinbarungen über die Aufteilung des Gesamtbudgets (z. B. zugunsten eines höheren Anteils für Basisgesundheitsdienste) angestrebt werden. Gute Argumente sprechen allerdings für eine Verknüpfung von fachlicher Beratung bei Programmkonzipierung und Beteiligung an einer Programmfinanzierung, also zwischen Technischer Zusammenarbeit und finanzieller Unterstützung: Hierdurch kann zumindest die Qualität und Wirksamkeit der finanzierten Programme verbessert werden.

Budgethilfe als die konsequenteste Form der Abwendung vom Projektansatz ist in der entwicklungspolitischen Fachwelt sehr umstritten. Befürworter verweisen auf die oben genannten Ziele und auf die Ineffektivität der bisherigen „Projektitis“. Skeptiker auf der Geberseite verweisen auf Korruption, auf die vielen administrativen Defizite, die verhindern, dass die Maßnahmen sachgerecht durchgeführt werden und „unten“ bei den armen Adressaten ankommen (siehe Box zum Beispiel Sambia).

Das Dilemma der Budgethilfe – so sagen Kritiker – bestehe darin, dass die damit angestrebten Ziele (wie Rechenschaftslegung und effektive Finanzkontrollmechanismen) eigentlich Voraussetzungen für eine positive Wirkung seien. Solange diese Voraussetzungen aber nicht erfüllt seien, erlaube es die Rechenschaftspflicht gegenüber den Parlamenten bzw. Steuerzahlern der Geberländer nicht, ODA-Mittel dafür zu verausgaben. Aus Perspektive der Partnerländer und ihrer Autonomie wird hingegen kritisiert, dass sich durch die mit der Budgethilfe verbundenen Konditionalitäten der externe Einfluss auf die Politik der Partnerländer erhöht habe. Ghana hat sich aus diesem Grund jüngst entschieden, Budgethilfe wieder zurückzuschrauben.

Die Auswertung der bisherigen Erfahrungen mit Budgethilfe lässt noch keine eindeutigen Schlüsse zu, da sich die angestrebten positiven Wirkungen normalerweise erst längerfristig einstellen, während am Anfang naturgemäß die Schwierigkeiten überwiegen. Eine Evaluierung des Ansatzes der generellen Budgethilfe in sechs Ländern (Uganda, Mosambik, Burkina Faso, Ruanda, Nicaragua und Malawi) kam zu einer generell „eindeutig positiven“ Bewertung im Hinblick auf die Ziele der Pariser Erklärung (IDD 2006 = Joint Evaluation of General Budget Support des International Development Department/University of Birmingham, 2006). Durchschnittlich 20 % der ODA in diesen Ländern wird als Budgethilfe vergeben. Die Harmonisierung zwischen den Gebern und die Orientierung der Geber an den nationalen Strategien und Verfahren haben sich deutlich verbessert. Auch kommt es anlässlich der Budgethilfe zunehmend zu einem kritischen Dialog zwischen Gebern und den Partnerregierungen über Reformpolitiken, Transparenz und das öffentliche Finanzmanagement. Die Studie benannte aber auch eine Reihe von Umsetzungsproblemen, die sich überwiegend auf die Wirkungen von Budgethilfe bezogen:

- Die Möglichkeiten der Geber, durch Politikdialoge und Konditionalitäten die tief verwurzelten politischen Strukturen und Interessen in den Partnerländern zu beeinflussen, erwiesen sich als begrenzt.
- Zwar wurde eine quantitative Ausweitung öffentlicher Basisdienstleistungen erreicht; diese war aber oft verbunden mit einer Verschlechterung der Qualität.
- Arme Bevölkerungsgruppen werden oft nicht erreicht.
- Da Armutsminderung bei den Gebern eine höhere Priorität hat als bei den Partnerregierungen, entsteht ein Spannungsfeld zwischen dem Ownership-Prinzip und dem Ziel der Armutsminderung. Ownership seitens der Regierung und seitens der Bevölkerung ist dabei nicht gleichzusetzen.
- Die Verknüpfung von Budgethilfe mit TZ/Capacity Development blieb unzureichend.

Budgethilfe wird als Hebel der Geber betrachtet, um Good Governance auf Seiten der Partnerregierungen durchzusetzen. Dabei haben die Geber vor allem Budgetierungs- und Finanzkontrollverfahren im Auge. Entsprechend groß ist die Zahl der externen Berater, die sich heute in Finanzministerien der Partnerländer drängeln oder die dabei helfen, wirksame Rechnungshöfe und parlamentarische Haushaltsausschüsse einzurichten. Selbst, wenn man von einem Erfolg all dieser Verfahrensverbesserungen ausgeht, so wird dadurch aber nur ein Faktor von mehreren aufgegriffen, die einer armuts- und nachhaltigkeitsorientierten Verwendung öffentlicher Mittel im Wege stehen. Andere Faktoren, das zeigen auch die oben genannten Umsetzungsprobleme, bleiben unberücksichtigt:

- Es fehlen meist Managementkapazitäten in der Verwaltung, die nötig wären, um den rechtzeitigen und sachgerechten Abfluss der finanziellen Mittel zu gewährleisten.
- Es fehlen oft Organisationen der armen und benachteiligten Gruppen auf lokaler Ebene, die sich dafür einsetzen, dass die Mittel wirklich bei den Armen und nicht nur bei den lokalen Eliten ankommen.
- Es fehlt oft an angepassten nachhaltigen Problemlösungen, weshalb die Qualität und die Nachhaltigkeit der Wirkung öffentlicher Dienstleistungen bzw. Fördermaßnahmen auch dann zu wünschen übrig lassen, wenn das Geld „unten" und bei den richtigen Adressaten abkommt.

Budgethilfe braucht nicht nur Mechanismen der fiskalischen Kontrolle; sie braucht finanzierungswürdige, lokal angepasste Lösungen, funktionierendes Durchführungsmanagement und eine wirksame lokale Interessenvertretung der Armen. Entwicklungszusammenarbeit muss also auf eine demokratisch legitimierte Eigenverantwortung und eine Verbesserung der Kapazitäten für die Identifizierung und Umsetzung funktionsfähiger Problemlösungen hinwirken und damit helfen, die Grundlagen für eine der Mehrzahl der Menschen zugute kommende Budgethilfe zu schaffen (vgl. C. von Braunmühl 2008). Andernfalls wird zwar Aid Effectiveness erhöht, nicht aber Development Effectiveness, d. h. die entwicklungspolitische Wirksamkeit. Budgethilfe allein ist also nicht die Antwort auf die Mängel der konventionellen EZ. Das BMZ betrachtet sie als ein Instrument unter mehreren. Entscheidend für eine Verbesserung wird die Verzahnung der Instrumente sein.

Zusammenfassung

Fazit

- Die Neuorientierung der internationalen Entwicklungszusammenarbeit orientiert sich einerseits an der Notwendigkeit einer entwicklungsfreundlicheren Gestaltung der globalen und nationalen ökonomischen und politischen Rahmenbedingungen und andererseits am Gebot einer Erhöhung der Wirksamkeit der EZ-Beiträge (Aid Effectiveness). Beiden Reformansätzen gemeinsam ist eine Tendenz zur Fokussierung auf die Makropolitik-Ebene und eine Abwendung von Projekthilfe auf der Mikro-Ebene.
- globale Strukturpolitik will die Rahmenbedingungen für Entwicklung verbessern, indem sie ökonomische Globalisierungsprozesse im Sinne des Konzepts Global Governance auf eine sozial- und entwicklungsverträgliche Weise politisch steuert.

- Die Notwendigkeit einer stärkeren Konzentration auf entwicklungsfreundliche Rahmenbedingungen wird generell anerkannt. Bezweifelt aber wird, ob die Armen ohne basisnahe Unterstützung in der Lage sein werden, die verbesserten Handlungsspielräume zu nutzen und ob sich – angesichts der ökonomischen Eigeninteressen in den reichen Ländern – entwicklungsfreundliche Rahmenbedingungen schnell genug durchsetzen lassen.
- Die Pariser Erklärung zur Aid Effectiveness von 2005 strebt die Eigenverantwortlichkeit der Partnerländer für die Verwendung der EZ-Leistungen und eine Harmonisierung der Geberbeiträge an. Anstelle einer Förderung von tausend einzelnen Unterstützungsprojekten soll die Zusammenarbeit in Form von gemeinsamen Finanzierungsbeiträgen aller Geber an die Staatshaushalte der Partnerländer erfolgen. Als Basis hierfür dienen gemeinsam ausgearbeitete Entwicklungsprogramme und verbindlich vereinbarte Verbesserungen des Budget-Managements.
- Die verschiedenen Formen von Budgetfinanzierung sind nicht als Ersatz für andere Formen der EZ zu betrachten, sondern als Teil eines miteinander zu verzahnenden Instrumentenbündels. Mit diesem sollen die Grundlagen für eine demokratisch legitimierte Eigenverantwortung, für situationsgerechte und nachhaltige Problemlösungen und für effektives Durchführungsmanagement in den Partnerländern geschaffen werden.

Hierzu muss EZ auf allen Ebenen ansetzen.

Zum Einlesen

Wieczorek-Zeul, H. (2001): Der Umbau zu einer neuen Weltordnung. globale Strukturpolitik, Entwicklungspolitik und ihre praktischen Bezüge. – In: Internationale Politik und Gesellschaft, 3, 227–234.

Darstellung und Begründung des Konzepts der Entwicklungspolitik als Beitrag zu einer Globalen Strukturpolitik durch die zuständige Ministerin des BMZ.

BMZ (August 2004): Globalisierung gestalten – Entwicklungspolitik konkret. – BMZ-Materialien 125. – Bonn/Berlin.

Leicht verständliche, öffentlichkeitsorientierte Aufbereitung des Verständnisses des BMZ von Entwicklungspolitik als Beitrag zu Globaler Strukturpolitik.

Messner, D. (2000): Globalisierung, Global Governance und Perspektiven der Entwicklungszusammenarbeit. – In: Nuscheler, F. (Hrsg.): Entwicklung und Frieden im 21. Jahrhundert. – Dietz, Bonn.

Paradigmatisches Plädoyer für eine neue Entwicklungspolitik. Dabei wird EZ im Kontext von Globalisierung und der Global Governance-Debatte neu begründet.

Klingebiel, S., S. Leiderer & P. Schmidt (2005): Programmfinanzierung und öffentliche Budgets. Neue Instrumente und Ansatzpunkte der Entwicklungspolitik. – In: Messner, D. & I. Scholz (Hrsg.): Zukunftsfragen der Entwicklungspolitik. – Nomos, Baden-Baden.

Überblicksartikel zur Begründung und zum Stand der Diskussion um Budgethilfe. Eine Zusammenfassung empirischer Analysen der Verfasser.

IDD (International Development Department) (2006): Evaluation of General Budget Support: Synthesis Report. – DFID, University of Birmingham.

Detaillierter Evaluierungsbericht der Erfahrungen mit genereller Budgethilfe in sechs Ländern. Obgleich Aufbau und Formulierung dem etwas spröden Stil einer Auftragsstudie entsprechen, ist der Bericht aufgrund seiner zahlreichen empirischen Details sehr empfehlenswert. Als Überblick genügt die 21-seitige Zusammenfassung.

Rauch, T. (2008b): Globalisation, fragmentation and aid – Can Germany's global structural policy help losers win? – In: Die Erde, 139, 3, 169–186.

Kritische Analyse der Ergebnisse der bisherigen Bemühungen der deutschen Entwicklungspolitik, im Rahmen des Konzepts der „globalen Strukturpolitik" entwicklungsfreundlichere Rahmenbedingungen zu schaffen.

II Strategien und Instrumente der Entwicklungspolitik

Abb. 7/1 Nicht nur Armut ist vor dem Hintergrund globaler Dimensionen von Entwicklung zu verstehen

7 Der multidimensionale Mehr-Ebenen-Ansatz der Entwicklungspolitik

Entwicklungspolitik, das lehren die Erfahrungen der vergangenen Jahrzehnte und die Kritiker, kann nur erfolgreich sein, wenn sie auf allen Ebenen ansetzt: von global bis lokal. Und sie muss allen Dimensionen menschlichen Lebens – Dimensionen nachhaltiger Entwicklung – Rechnung tragen: der Logik der Ökonomie, den Gesetzen der Natur, den Machtverhältnissen und Regeln der politisch-institutionellen Sphäre sowie den Normen und Formen gesellschaftlichen Zusammenlebens. Der in diesem Kapitel vorgestellte multidimensionale Mehr-Ebenen-Ansatz der Entwicklungspolitik dient als analytischer Bezugsrahmen für die in den folgenden Kapiteln dargestellten Strategien und Instrumente. Begründet wird dieser Ansatz mihilfe unterschiedlicher Argumentationszusammenhänge:

- als Resultat der in den Kapiteln 4, 5 und 6 dargelegten Erfahrungen und Kritiken
- als Konsequenz aus der sozialwissenschaftlichen Theoriediskussion um die Rolle von Strukturen bzw. Systemen einerseits und menschlichem Handeln bzw. Akteuren andererseits für die Erklärung gesellschaftlicher Prozesse (7.2) und
- als Antwort auf empirisch feststellbare globale Entwicklungsdynamiken, die Massenarmut und erhöhte Verwundbarkeit begünstigt haben (7.3).

7.1 Lehren aus Erfahrung und Kritik

Angesichts der zahlreichen bereits ausprobierten entwicklungspolitischen Ansätze, die nicht wirklich zum breitenwirksamen Erfolg geführt haben, und angesichts der mannigfaltigen, meist gut belegbaren Kritikpunkte stellt sich nach fünf Jahrzehnten Entwicklungspolitik die Frage: Welche entwicklungspolitischen Ansätze, Strategien, Instrumente können nach so viel „Pleiten, Pech & Pannen" heutzutage, 2009, noch Gegenstand eines entwicklungspolitischen Lehrbuchs sein? Worauf gründet sich die Hoffnung, dass man es besser machen kann?

Die Hoffnung basiert auf zwei Überlegungen:

1. Nicht alle Ansätze, Strategien und Instrumente, deren positive Wirkung begrenzt war, waren schlecht. Vielfach lag deren letztlich unzureichender Problemlösungsbeitrag am fehlenden Willen maßgeblicher Akteure, an

Der Prozess der Pervertierung von Reformideen

Phase 1: Aus der Kritik an den Verhältnissen wird (meist an Universitäten) eine Reformidee geboren und ein publikumswirksamer Begriff dafür geprägt.
Phase 2: Durch Public Relations wird die Idee zum Schlagwort, taucht in den Konzeptionspapieren der stets um ein innovatives Image bemühten und in ihren Stabsabteilungen von Vertretern der Reformfraktion durchsetzten Entwicklungsagenturen auf. Wer das Schlagwort ab nun nicht in allen Zusammenhängen verwendet, gilt als nicht mehr ‚in'.
Phase 3: Die alten Vorgehensweisen geraten in die Krise und die zuständigen Organisationen in Legitimationsnöte. Die Forderung, mit der zum Schlagwort gewordenen Idee endlich ernst zu machen, werden lauter. Die Front der Reformskeptiker wird aus eigener Ratlosigkeit weicher. Mit dem Durchbruch wird die Idee verordnet und in Dienstanweisungen und die Formblätter des Berichtswesens aufgenommen.
Phase 4: Die Idee wird Gegenstand von Schulungskursen und Verbreitungsworkshops. Durch ‚Training of Trainers' werden Leute, die selbst eben erst bekehrt wurden, binnen weniger Wochen zu Missionaren der neuen Idee.
Phase 5: Die Idee wird massenhaft umgesetzt, missionarisch-dogmatisch von den einen, formalistisch-pedantisch, rezeptbuch-verhaftet von den anderen, alibiartig-zynisch von denen, die schon viele Modewelten durchstanden haben und natürlich auch ernsthaft-engagiert, flexibel und situationsgerecht von der Fraktion der echten Reformer.
Phase 6: Die Berichte erfolgloser oder pervertierter Umsetzung häufen sich, die Reformgegner gewinnen Oberwasser und die Idee wird für gescheitert erklärt und verworfen. (Rauch, T. 1996)

falscher, vielleicht unflexibler Handhabung oder im Fehlen anderer kritischer Erfolgsfaktoren begründet. Es gibt also einen Fundus an guten Praktiken, an bewährten und bewahrenswerten Strategien und Instrumenten, aus denen man schöpfen kann, die zu breitenwirksameren und nachhaltigeren Erfolgen führen können, wenn bestimmte Anwendungsbedingungen besser beachtet werden und wenn ergänzend auf die Entstehung anderer begünstigender Faktoren hingewirkt wird.

2. Es ist möglich, aus Erfahrung zu lernen, indem man die Differenziertheit und Widersprüchlichkeit von realen Prozessen zur Kenntnis nimmt, indem man Erfolgs- und Misserfolgsfaktoren analysiert. Solch ein differenzierendes Lernen aus Erfahrung wird sowohl durch pauschales Hochjubeln von Projekten zu Erfolgesgeschichten versäumt, als auch durch eine – nicht weniger pauschale – Tendenz zur Abkehr von einem entwicklungspolitischen Trend, verbunden mit der Hinwendung zum nächsten, der sich womöglich in die entgegengesetzte Richtung bewegt.

Welche Lehren lassen sich aus den in Teil I präsentierten (in Kapitel 4 und 5 ausführlich beschriebenen) Erfahrungen ziehen? Zu unterscheiden ist hierbei zwischen generellen Lehren für entwicklungspolitische Strategien und Instrumente und speziellen Lehren für die Rolle der internationalen Entwicklungszusammenarbeit.

Lehren für die entwicklungsstrategische Debatte

1. Mehrebenenansatz:
Entwicklungsförderung auf lokaler Ebene führt nicht zu breitenwirksamen und nachhaltigen Verbesserungen, wenn auf globaler und/oder nationaler Ebene entwicklungshemmende Rahmenbedingungen vorherrschen. Eine entwicklungsorientierte globale Strukturpolitik ist also ebenso wie eine Verbesserung der Regierungsführung auf nationaler Ebene eine notwendige Voraussetzung für Entwicklung.

2. Multidimensionaler Ansatz:
Eine Verbesserung auf globaler und nationaler Ebene, d. h. der weltwirtschaftlichen, ökologischen und politisch-institutionellen Rahmenbedingungen, schafft zwar bessere Voraussetzungen für Entwicklung. Die Masse der Armen und Benachteiligten aber ist ohne gezielte Stärkung ihrer Interessenvertretungsmacht und ohne Unterstützung bei der Suche nach kontext- und zielgruppenspezifischen Lösungen in der Regel nicht in der Lage, solche verbesserten Rahmenbedingungen zu nutzen.

Daraus folgt: Entwicklungspolitik muss auf allen Ebenen gleichzeitig ansetzen. Sie muss für verbesserte Rahmenbedingungen (sozial und ökologisch verträgliche Steuerung von Globalisierungsprozessen und verbesserte Regierungsführung auf nationaler Ebene) sorgen und benachteiligte Gruppen an der Basis zu deren Nutzung befähigen. Sie muss auf lokaler Ebene die gesellschaftlichen Voraussetzungen für verbesserte Institutionen schaffen.

Eindimensionale Ansätze, welche darauf setzen, durch Fokussierung auf einen einzigen Faktor das Problem der

Massenarmut „elegant" zu lösen, sind zum Scheitern verurteilt. Stets hat es sich erwiesen, dass die Veränderung solch eines Schlüsselfaktors nicht hinreichend zur Problemlösung war. Jeder dieser vermeintlich entscheidenden Faktoren hat sich in der Realität als eine zwar notwendige, nicht aber hinreichende Voraussetzung für das Erreichen der angestrebten Entwicklungsziele erwiesen:

- Wirtschaftswachstum ist notwendig, aber nicht ausreichend, weil es – unter den Bedingungen globaler Konkurrenz – nicht genug Existenzmöglichkeiten schafft.
- Stabile makroökonomische Bedingungen (u.a. Geldwertstabilität, funktionierende Märkte) schaffen zwar bessere Anreize für lokale produktive Aktivitäten. Ohne funktionsfähige Institutionen, gezielte Förderung und gezielten Schutz vor übermächtiger externer Konkurrenz kommt es dennoch zu keiner Entfaltung der lokalen ökonomischen Potenziale und zu keiner breiten Binnenmarktentwicklung.
- Eine Verbesserung der Institutionen im Sinne von Good Governance ist eine unverzichtbare Voraussetzung für Entwicklung, bedarf aber ihrerseits grundlegender gesellschaftlicher Veränderungen, kann also nicht allein durch externe Capacity Building-Maßnahmen, verbunden mit Konditionalität, sondern nur mihilfe gesellschaftlicher Reformprozesse von „unten" her erreicht werden.
- Befähigung und Empowerment der Armen sowie eine Stärkung von deren Selbsthilfekapazitäten sind wichtige Voraussetzungen, können aber ohne verbesserte staatliche Institutionen und funktionsfähige Märkte weder den Zugang zu sozialen Grunddiensten noch zu besseren Einkommensmöglichkeiten bewirken.
- Menschliche Fähigkeiten im Sinne des Capability-Ansatzes von A. Sen (2007) sind ein unverzichtbares Element menschenwürdigen Lebens und Voraussetzung für die Reduzierung materieller Not und Verwundbarkeit. Sie führen aber nur dort aus der Armut, wo es auch wirtschaftliche Möglichkeiten (Marktzugang, Beschäftigungsmöglichkeiten) gibt.
- Auch Zugang zu produktiven Ressourcen (Land, Wasser, Finanzierung, Wissen) ist notwendig, aber dort nicht hinreichend, wo die Märkte und die Konkurrenzbedingungen den lokalen Erzeugern keine Einkommenschance bieten.
- Partizipationsmöglichkeiten tragen nur zu armutsorientierter Entwicklung auf breiter Ebene bei, wenn arme Bevölkerungsgruppen gezielt bei der Bildung von Interessenvertretungsorganisationen bzw. Nutzerorganisationen unterstützt werden.

So sehr diese auf monokausalen Denkschulen beruhenden Ansätze in Sackgassen mündeten, so wenig ist zu bestreiten, dass jeder dieser Ansätze einen wichtigen, wohl unverzichtbaren Faktor berücksichtigte.

Daraus folgt: Gesellschaftliche Entwicklung ist ein multidimensionaler Prozess. Ihre Beeinflussung bedarf deshalb einer multidimensionalen Perspektive. Diese muss ökonomische, ökologische, politisch-institutionelle und gesellschaftliche (sozio-kulturelle) Faktoren gleichermaßen berücksichtigen. Nicht die Konkurrenz der verschiedenen Spezialdisziplinen um den einzig richtigen partikularen Ansatz hilft weiter, sondern nur der Versuch einer Synthese. Solch eine multidimensionale Synthese ist ein zentrales und bedeutendes Anliegen geographischer Entwicklungsforschung (vgl. H.-G. Bohle 2007, M. Coy 2005, T. Rauch 2008).

3. **Entwicklungsverständnis:**
Die Leitbilder solch einer Entwicklungspolitik können generell nicht oder nur in sehr allgemeiner Form (wie nachhaltige Entwicklung) auf globaler Ebene vorgegeben oder vereinbart werden. Sie sind Gegenstand nationaler bzw. regionaler Politik und entsprechender gesellschaftlicher Diskurse. Internationale Entwicklungspolitik kann hier nur Mindeststandards wie Beseitigung der absoluten Armut oder Recht auf Trinkwasser vereinbaren, sollte sich aber nicht an darüber hinausreichenden Entwicklungsmodellen orientieren.

Fazit: Entwicklungspolitik muss auf allen Ebenen gleichermaßen ansetzen, von den globalen Rahmenbedingungen bis zur Befähigung und zum Empowerment von Armutsgruppen auf der lokalen Ebene. Sie muss ökonomisch und ökologisch tragfähige Existenzmöglichkeiten für die Masse der Armen schaffen, die zu deren Nutzung erforderlichen Fähigkeiten – einschließlich der Macht zur Vertretung eigener Interessen – vermitteln und dafür Sorge tragen, dass die hierzu benötigten institutionellen Voraussetzungen, d. h. Dienstleistungen, Anreize und Freiräume, vorhanden sind. Gleichzeitig muss sie Verwundbarkeit reduzieren und Sicherheit erhöhen. Damit sind die für die menschliche Existenz und Entwicklung grundlegenden ökonomischen, ökologischen, politisch-institutionellen und gesellschaftlichen Faktoren angesprochen: Möglichkeiten, Ressourcen, Fähigkeiten, Macht, Anreize, Solidarität und Sicherheit sowie deren zeitliche Dimension, die Nachhaltigkeit.

Lehren für die Form der Zusammenarbeit

Wichtige Lehren für die internationale Entwicklungszusammenarbeit wurden bereits in der Pariser Erklärung zu Aid Effectiveness (vgl. Kapitel 6) gezogen. Sie bedürfen aber gewisser Ergänzungen und Modifikationen, damit sichergestellt wird, dass die intendierte effektivere, besser koordinierte und stärker partnerorientierte Abwicklung der Beiträge der EZ nicht zulasten der entwicklungspolitischen Wirksamkeit von nachhaltiger Armutsminderung (d. h. der Development Effectiveness) geht:

Erstens: EZ muss sich am aufgeklärten, langfristigen Eigeninteresse der Gesellschaften der Geberländer, d. h. an den Zielen einer nachhaltigen globalen Entwicklung und Friedenssicherung, orientieren und darf sich nicht kurzfristigen außenpolitischen, wirtschaftspolitischen oder sicherheitspolitischen Interessen unterordnen.

Zweitens: Das aufgeklärte Eigeninteresse erfordert eine stärker entwicklungspolitisch orientierte Kohärenz der verschiedenen relevanten Politikfelder der Geberländer.

Drittens: Entsprechend den Grundsätzen der Pariser Erklärung ist EZ am Prinzip der eigenverantwortlichen Gestaltung von entwicklungspolitischen Maßnahmen durch die zuständigen Akteure des Partnerlandes zu orientieren. Angesichts der oft entwicklungshemmenden Machtstrukturen in Partnerländern erfordert dies aber die Unterstützung beim Aufbau von Strukturen, die eine demokratische und inklusive Ownership, also eine Entscheidung über Mittelverwendung auf Basis demokratischer Entscheidungsprozesse unter breiter Beteiligung, begünstigen.

Viertens: Um eine zielgerechte, zielgruppenorientierte, effektive und kontextgerechte Verwendung der ODA-Mittel zu gewährleisten, sollen diese für gemeinsam konzipierte, im Budget des Partnerlandes verankerte Entwicklungsprogramme eingesetzt werden. In die Gestaltung dieser Programme sollen mit Unterstützung der Technischen Zusammenarbeit vor Ort erprobte und entwickelte Konzepte, Strategien, Instrumente und Verfahrensweisen Eingang finden.

Fünftens: Das zur Veränderung der Machtstrukturen, zum Aufbau von demokratischer Kontrolle und einer lokal verwurzelten Zivilgesellschaft erforderliche Empowerment armer und benachteiligter sozialer Gruppen bedarf der Unterstützung durch EZ, kann aber nicht über staatliche Strukturen erfolgen und sollte deshalb mihilfe von Nicht-Regierungsorganisationen gefördert werden.

Sechstens: Die Rolle der Technischen Zusammenarbeit müsste sich im Rahmen solch einer neu verstandenen Entwicklungszusammenarbeit grundlegend ändern: TZ-Projekte dienen in diesem Kontext nicht mehr der Umsetzung von Maßnahmen in ausgewählten Regionen, sondern sie sollen helfen, kontextgerechte Strategien im Zusammenwirken mit allen relevanten Akteuren vor Ort zu entwickeln und diese in Entscheidungsprozesse auf höherer Ebene, also in die Gestaltung der nationalen Reformpolitiken einzubringen.

Die hier dargelegten Lehren aus der Erfahrung tragen – im Unterschied zur Pariser Erklärung – stärker den entwicklungshemmenden Machtstrukturen, dem weitgehenden Fehlen demokratischer Strukturen an der Basis und dem verbreiteten Mangel an kontextgerechten Problemlösungen Rechnung. In Einklang mit der Pariser Erklärung gehen diese Lehren in die Richtung, alle Finanzierungsbeiträge gemeinsam mit anderen Gebern über die Budgetmanagement-Systeme des Partnerlandes und auf Basis von dessen nationalen Programmen abzuwickeln. Im Unterschied zur Paris Declarationspielt EZ jedoch eine stärkere fachliche und politische Rolle im Prozess der Konzipierung dieser Programme sowie bei der Unterstützung gesellschaftlicher Veränderungsprozesse.

Allen hier festgehaltenen Lehren gemeinsam ist die Quintessenz: Die Defizite der bisherigen Entwicklungspolitik können nicht dadurch überwunden werden, dass anstelle der bisherigen Ansätze nun ein neuer Ansatz zum Hoffnungsträger erklärt wird. Vielmehr ist es an der Zeit, zu einer Synthese der unterschiedlichen, nur vermeintlich gegensätzlichen Ansätze zu gelangen, indem z. B. globale und lokale Interventionen, ökonomische, ökologische, politisch-institutionelle und gesellschaftliche Strategien miteinander verknüpft werden, oder indem Budgetfinanzierung an

Maßnahmen zum Empowerment der Armen und zur Identifizierung besserer Lösungen gekoppelt wird. Insofern versteht sich der multidimensionale Mehr-Ebenen-Ansatz, der diesem Buch zugrunde liegt, nicht als ein völlig neuer, alternativer Ansatz, sondern als überfällige Synthese bekannter, teilweise erfolgreicher, aber für sich genommen nicht zur Problemlösung hinreichender Ansätze.

7.2 Lehren aus der Theorie: Struktur versus Handlung

Auch aus gesellschaftstheoretischer Perspektive spricht vieles dafür, dass man beim Bestreben, Entwicklungsprozesse zu fördern, mehrdimensional und auf mehreren Ebenen gleichzeitig ansetzen muss. Betrachtet man die Einflussfaktoren auf Entwicklung, so gelangt man zu der Feststellung, dass menschliches Handeln sich innerhalb bestimmter, sich wandelnder, durch Natur, Kultur, Gesellschaft, Politik und Ökonomie vorgegebener Handlungsspielräume abspielt. Mit anderen Worten: Das Handeln von Akteuren wird durch Rahmenbedingungen begrenzt, die von diesen nicht unmittelbar beeinflussbar sind (vgl. Abb. 7.2/1). Diese ökonomischen, politisch-institutionellen, sozio-kulturellen und ökologischen Rahmenbedingungen aber begrenzen nicht nur, sie schaffen und gestalten auch Handlungsspielräume und Handlungsanreize. Rechtssicherheit, beispielsweise, begrenzt einerseits Handlungsspielräume und schafft andererseits Handlungsspielräume und -anreize. Da verschiedene Akteure unterschiedliche Einflusssphären und -möglichkeiten haben, sind sie mit entsprechend unterschiedlichen Konstellationen von Rahmenbedingungen und Handlungsspielräumen konfrontiert. Entscheidungen des Direktoriums der Weltbank gestalten Handlungsspielräume von Finanzministern in Entwicklungsländern. Agrarpolitische Entscheidungen von Regierungen setzen Rahmenbedingungen und gestalten Handlungsspielräume von Bäuerinnen und Bauern, Nahrungsmittelkonsumentinnen und -konsumenten. Rahmenbedingungen bzw. Handlungsspielräume und die Handlungsstrategie von Akteuren beeinflussen einander also wechselseitig.

Die Art dieses interdependenten Verhältnisses ist seit langem Gegenstand der Auseinandersetzung um gesellschaftswissenschaftliche Paradigmen. Strukturtheoretische Ansätze nehmen die als Resultat von Handlungen entstandenen Strukturen zum zentralen Betrachtungsgegenstand und glauben, vom Handeln einzelner Akteure weitgehend abstrahieren zu können, weil dieses sich nach bestimmten, durch die Strukturen bzw. Systemmechanismen weitgehend vorgegebenen Regeln abspielt (vgl. C. Lévi-Strauss 1963, der als Vertreter des Strukturalismus in der Ethnologie gilt, sowie T. Parsons 1960 als Vertreter einer strukturell-funktionalen Theorie in der Soziologie). Aber auch die meisten weltmarkt- oder staatstheoretischen Ansätze der Wirtschafts- und Politikwissenschaften lassen sich einer strukturtheo-

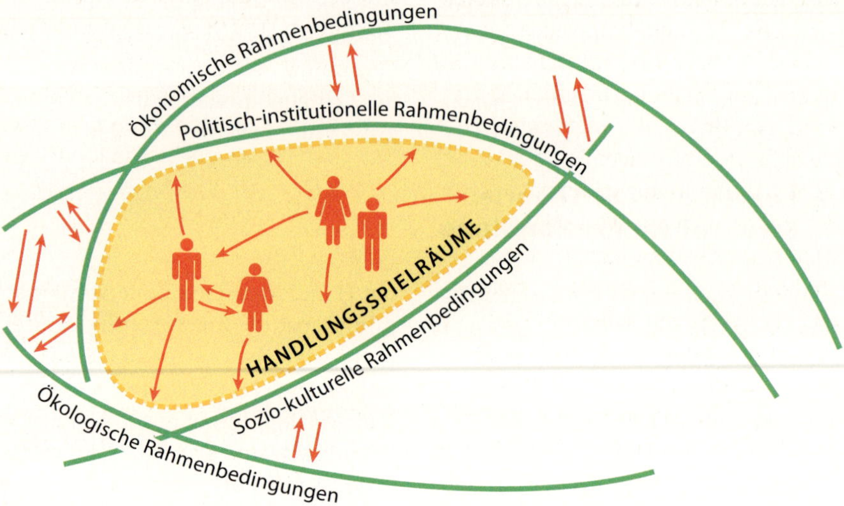

***Abb. 7.2/1** Analyserahmen: Die wechselseitigen Beziehungen zwischen Rahmenbedingungen und Handlungsstrategien der Akteure*

retischen Herangehensweise zuordnen. Zwar wird das Handeln der Individuen nicht notwendigerweise als strukturell determiniert angesehen, doch die Summe alles individuellen Handelns bestimmter Kategorien von Akteuren (z. B. der Arbeiter, der Unternehmer) wird als prognostizierbare Funktion von Strukturen gesehen. Die Vielfalt individueller Handlungsstrategien wird bestenfalls als interessant, nicht aber als erheblich für die Suche nach den Triebkräften und Mechanismen von Gesellschaften gesehen. Im Bereich der Entwicklungstheorien sind sowohl die modernisierungs- als auch dependenztheoretischen Ansätze, aber auch die neueren Beiträge zu den Globalisierungsfolgen (vgl. W. Hein 2002) der Kategorie strukturtheoretischer Ansätze zuzuordnen.

Handlungs- bzw. akteurstheoretische Ansätze (vgl. B. Werlen 1997) hingegen richten ihr Augenmerk in erster Linie auf die Analyse der Akteure und ihrer Handlungsstrategien. Für sie steht die strukturprägende, vor allem aber die strukturverändernde Kraft menschlichen Handelns im Vordergrund der Betrachtung (vgl. die Strukturationsthese von A. Giddens 1992 und B. Werlen 1997). Die einzelnen Akteure werden als die entscheidenden Triebkräfte von Veränderungsprozessen gesehen.

Der hier vorgestellte Analyserahmen begreift sich als Versuch einer Synthese zwischen struktur- und handlungstheoretischen Ansätzen. Hier steht das wechselseitige Verhältnis zwischen Struktur und Handeln, zwischen Rahmenbedingungen und den Handlungsstrategien der verschiedenen Akteure, zwischen objektivistischer und subjektivistischer Herangehensweise (vgl. P. Bourdieu 1980/1999) im Zentrum der Betrachtung. Dabei wird nicht a priori eine Dominanz der Strukturen oder eine hohe strukturprägende Gestaltungsmacht von Akteuren paradigmatisch vorausgesetzt; vielmehr wird das jeweilige Gewicht von Struktur bzw. Handeln – ergebnisoffen – als Resultat historischer Konstellationen betrachtet und damit als Gegenstand konkreter historisch-spezifischer Theorien mittlerer Reichweite. Dem liegt die Hypothese zugrunde, dass Handeln in manchen historischen Situationen (z. B. im Feudalismus) hochgradig strukturbestimmt ist, während es z. B. in historischen Umbruchsituationen relativ große Freiheitsgrade für strukturveränderndes Handeln gibt (vgl. S. Tröger 2003). Diese Herangehensweise erfordert einen pragmatischen Theorien-Pluralismus, welcher weder auf strukturalistische Analysen verzichtet, wenn es etwa darum geht, die Bewegungsmechanismen der globalen Kapitalmärkte im Hinblick auf die Ausgrenzung von Regionen und Bevölkerungsgruppen zu analysieren, noch auf handlungstheoretische Betrachtungen, wenn es darum geht herauszufinden, wie verschiedene Akteursgruppen mit den Folgen solch einer Ausgrenzung umgehen.

Entsprechend dem in Abb. 7.2/1 dargestellten Analyserahmen wird demnach vorausgesetzt (vgl. Rauch, T. 1996):

Erstens: Es gibt Handlungsspielräume begrenzende bzw. gestaltende und Handlungsanreize schaffende, von den jeweiligen lokalen Akteuren nicht oder nur schwer beeinflussbare, Rahmenbedingungen. Dabei gilt es zu unterscheiden zwischen:

- Ökonomischen Rahmenbedingungen der Sphäre der Märkte, deren Triebkräfte und Systemmechanismen in Zeiten fortschreitender Globalisierung vor allem auf globaler Ebene zu suchen sind.
- Politisch-institutionellen Rahmenbedingungen der Sphäre von Macht und Regulierungen, welche – wenngleich mit abnehmendem Grad an Entscheidungsautonomie – primär von Regierungen auf nationaler Ebene gesetzt werden.
- Sozio-kulturellen Rahmenbedingungen der Sphäre der Normen, Werte und Verhaltensmuster, welche meist ethnisch, religiös oder milieumäßig sich definierenden Teilgruppen nationaler Gesellschaften zuzuordnen sind (es kann sich hier um regionale Gemeinschaften, aber auch um international verbreitete Gemeinschaften mit gemeinsamer Identität handeln).
- Ökologischen Rahmenbedingungen der Sphäre der Naturgesetze, welche bestimmten lokalen, regionalen oder auch grenzüberschreitenden Naturräumen bzw. dem globalen Ökosystem zuzuordnen sind.

Zweitens: Diese Rahmenbedingungen beeinflussen einander wechselseitig und bilden für die lokalen Akteure (zum Teil auch widersprüchliche) Handlungsvorgaben und -begrenzungen. Beispielsweise ist fortschreitende Globalisierung von Märkten und Konsummustern mit einem Abbau politisch-institutioneller Gestaltungsmacht auf nationaler Ebene und mit einer

Angleichung von Werten und Verhaltensmustern verbunden. Allerdings gibt es auch Beispiele dafür, dass das gemeinsame Handeln von Regierungen, z. B. bei der Umweltgesetzgebung, auf die globalen Märkte zurückwirkt, oder dass kulturspezifische Konsummuster der Verbreitung von Weltmarktgütern gewisse Schranken setzen.

Drittens: Die Rahmenbedingungen lassen den lokalen Akteuren unterschiedlich große Handlungsspielräume, die sich im Extremfall auf Null (d. h. vollständige Determiniertheit) verengen können.

Viertens: Lokale Akteure konkurrieren innerhalb der für die Gemeinschaften verfügbaren Handlungsspielräume um begrenzte Möglichkeiten. Sie können aber auch zwecks verbesserter Nutzung oder Ausweitung von Handlungsspielräumen kooperieren. Als Resultat solcher Konkurrenz- bzw. Kooperationsbeziehungen ergeben sich unterschiedlich große individuelle Handlungsspielräume für verschiedene Akteure. Die Analyse darf also nicht von lokalen Gemeinschaften oder Haushalten als homogenen Akteursgruppen ausgehen. Es ist stets nach sozialen Gruppen innerhalb einer Gemeinschaft, nach Männern und Frauen, Alten und Jungen zu differenzieren.

Fünftens: Rahmenbedingungen schaffen nicht nur Handlungsmöglichkeiten, sondern auch Handlungsanreize bzw. -entmutigungen, welche die Handlungsstrategien nicht begrenzen, aber deren Attraktivität beeinflussen.

Sechstens: Es kann nicht davon ausgegangen werden, dass lokale Akteure in der Lage sind, ihre Handlungsspielräume stets in bestmöglicher Weise zur Problemlösung bzw. Verbesserung ihrer Situation zu nutzen. Die Handlungsstrategien erzielen aufgrund begrenzter Informationen, beschränkter individueller Fähigkeiten, aufgrund von Wahrnehmungsmustern oder aufgrund von habituell geprägten Reaktionsmustern (vgl. P. Bourdieu 1972/1976) nicht immer die erwünschte Wirkung, oder es werden nicht alle vorhandenen Möglichkeiten wahrgenommen und genutzt. Dies spielt insbesondere bei sich schnell verändernden Rahmenbedingungen eine Rolle. Das alte Wissen eignet sich dann nicht mehr für den Umgang mit den neuen Bedingungen. Als Konsequenz bleiben Handlungsspielräume ungenutzt; die tatsächlichen Handlungsräume sind vergleichsweise begrenzter, hinterlassen ein Vakuum.

Siebentens: Andererseits beschränken sich Akteure nicht notwendigerweise auf die abgesteckten Handlungsspielräume, sondern versuchen, mit ihren Strategien entweder deren Veränderung zu bewirken (bewusst oder als unbeabsichtigter Gesamteffekt der Strategien vieler Einzelner), oder aber sie missachten diese durch grenzüberschreitende Strategien (Missachtung von Gesetzen, Ignorierung von Normen, zerstörerischer Umgang mit den natürlichen Lebensgrundlagen). Mit diesem von Anthony Giddens (1992) thematisierten Phänomen der Strukturation setzt sich S. Tröger (2004) ausführlich auseinander.

Achtens: Auch die unterbleibende Nutzung von Handlungsspielräumen kann zu deren Veränderung führen, indem sie andere Akteure dazu ermutigt, das so entstandene Vakuum zu füllen, und damit die Rahmenbedingungen zu verändern. Ungenutzte natürliche Ressourcen können von externen Landnehmern in Besitz genommen werden. Ungenutzte Mitbestimmungsspielräume können zur Machtergreifung Einzelner und einer daraus folgenden Abschaffung der Partizipationsrechte genutzt werden. Ungenutzte Marktnischen werden von externer Konkurrenz erobert.

Dieser modellhafte, ahistorische Analyserahmen gibt bereits implizit Hinweise darauf, dass es bei entwicklungspolitischen Interventionen grundsätzlich zwei verschiedene Ansatzpunkte gibt:

- Die Beeinflussung der Rahmenbedingungen auf globaler, nationaler und regionaler Ebene (welche sich aus Sicht von entwicklungspolitischen Interventionsagenturen anders darstellen als aus Sicht der lokalen Akteure) zwecks Erweiterung oder Umgestaltung der lokalen Handlungsspielräume.
- Die Befähigung der Akteure auf lokaler, aber auch nationaler Ebene zur besseren Nutzung und eventuell zur Erweiterung oder Restrukturierung ihrer Handlungsspielräume, d. h. Kapazitätsentwicklung und Empowerment im Partnerland.

Struktur- bzw. systemtheoretisch beeinflusste Interventionsstrategien neigen eher zur Veränderung der Rahmenbedingungen, handlungstheoretisch geprägte Fachleute tendieren zur Befähigung von Akteuren. Die hier skizzierte Synthese zwischen struktur- und handlungstheoretischen Ansätzen, die von einer Dialektik, einer wechselseitigen Beeinflussung von Struktur und Handeln ausgeht, erfordert es, bei der Veränderung von Rahmenbedingungen und bei der Befähigung zur Nutzung der daraus resultierenden erweiterten Handlungsspielräume gleichermaßen anzusetzen.

7.3 Ein typisches Szenario für eine von Massenarmut gekennzeichnete Region

Nicht nur die Erfahrungen aus der Entwicklungszusammenarbeit und der oben dargestellte theoretische Analyserahmen legen einen multidimensionalen Mehr-Ebenen-Ansatz in der Entwicklungspolitik nahe. Auch die aktuelle Problemlage in den Ländern des Südens, insbesondere in den vom ökonomischen Globalisierungsprozess peripherisierten Regionen (siehe Kapitel 8) legt es dringend nahe, auf mehreren Ebenen und bei einer Mehrzahl unterschiedlicher Faktoren anzusetzen. Aufgrund der gebotenen Kürze der Darstellung kann hier nur ein holzschnittartig vergröbertes und verallgemeinerndes Szenario skizziert werden, welches die Entwicklungsdynamiken in den von Massenarmut gekennzeichneten Regionen seit Beginn der aktuellen Phase der Globalisierung, also seit etwa 1990, widerspiegelt. Nicht zufällig weist dieses Szenario Ähnlichkeiten mit vielen Fallstudien aus afrikanischen, asiatischen und lateinamerikanischen Regionen auf (vgl. Abb. 7.3/1).

Die globalen ökonomischen Rahmenbedingungen tendieren in von den Globalisierungsprozessen marginalisierten Regionen dazu, durch verstärktes Vordringen von Importwaren auf lokale Märkte die

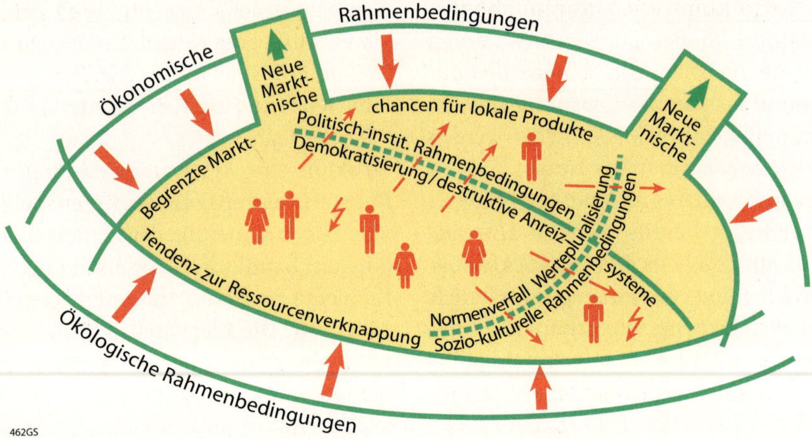

462GS

***Abb. 7.3/1** Szenario von Armutsregionen im Rahmen von Globalisierung*

Chancen zur Verbesserung der Einkommens- und Beschäftigungsmöglichkeiten eng zu begrenzen. Der verschärften Binnenmarktkonkurrenz stehen zwar für manche Regionen und Erzeugergruppen neue Marktchancen auf externen Märkten gegenüber. Diese sind aber in der Regel eingeschränkt und hart umkämpft. Angesichts der teilweisen, aber beschränkten Ausweitung wirtschaftlicher Handlungsspielräume gibt es in den meisten Regionen wenige Gewinner (z. B. Nutzer von Nischenmärkten) und viele Verlierer (vgl. W. Hein 1999 und F. Scholz 2000b).

Auf nationalstaatlicher Ebene schafft die mit Liberalisierung, Privatisierung, Demokratisierung und (zum Teil) Dezentralisierung vollzogene Veränderung der (bislang meist sehr einengenden) politisch-institutionellen Rahmenbedingungen neue politische und wirtschaftliche Handlungsspielräume. Die durch Marktliberalisierung vergrößerten ökonomischen Handlungsspielräume werden meist aber nur in den Bereichen Handel und lokales Dienstleistungsgewerbe von lokalen Akteuren genutzt. Ansonsten bleibt für lokale Eliten die Aneignung von Renteneinkommen (vgl. Kapitel 10) über Positionen im Staatsapparat angesichts der globalen ökonomischen Rahmenbedingungen weiterhin die attraktivste Einkommensquelle (vgl. H. Elsenhans 1997), während die ressourcenarmen Akteure meist zu den Verlierern beim Zugang zu begrenzten wirtschaftlichen Möglichkeiten zählen. Die aus einer Demokratisierung resultierenden vergrößerten politischen Handlungsspielräume bleiben aufgrund klientelistischer Abhängigkeiten (vgl. Kap. 10) der benachteiligten Gruppen von den mächtigen Akteuren meist ungenutzt. In vielen, insbesondere ländlichen Regionen hinterlässt der mit Privatisierungsbestrebungen verbundene Rückzug des Staates aus ökonomischen und sozialen Dienstleistungen ein Vakuum, da den privaten Akteuren entweder die Kapazitäten oder die Anreize fehlen, die Lücke zu schließen.

Die sozio-kulturellen Rahmenbedingungen, d.h. die Normen und Werte, unterliegen einem durch teilweise Marktintegration (Monetarisierung, Arbeitsmigration) ausgelösten Wandel, welcher dadurch gekennzeichnet ist, dass die alten Werte und Regeln ihre Verbindlichkeit verloren haben, ohne dass sie aber durch ein neues Wertesystem abgelöst wurden. Es herrscht ein Wertepluralismus, ein normatives Vakuum, eine Beliebigkeit in der Berufung auf Regeln, kurz: eine „moralische Krise". Die Starken innerhalb der lokalen Gemeinschaften nutzen diese Krise opportunistisch zu ihren Gunsten, den Schwächeren (die z.B. von der Einhaltung von Solidarnormen abhängig waren) bleibt die Verunsicherung (vgl. S. Tröger 2003 am Beispiel Tansanias). Hier wird der Wegfall von Rahmenbedingungen zum Problem.

Die ökologischen Rahmenbedingungen sind häufig durch eine zur Verengung von Ressourcennutzungsspielräumen führende Degradierung natürlicher Ressourcen gekennzeichnet.

Der real in vielfältigen Variationen auftretende typische Problem-, d.h. Armutsfall besteht also in den von der Globalisierungsdynamik ausgegrenzten Regionen darin, dass eine durch begrenzte Märkte und Ressourcenverknappung entstandene Einschränkung wirtschaftlicher Handlungsspielräume mit dem Abbau institutioneller und normativer Begrenzungen von Handlungsspielräumen zusammentrifft. Das bedeutet neue individuelle Freiheiten bei insgesamt begrenzten Möglichkeiten. Diese werden tendenziell von den Starken zulasten der Schwachen genutzt. Hoffnungsvoll angestrebte neue Handlungsspielräume entpuppen sich oft als Vakuum (Abbau sozialer Dienste wie Gesundheit und Bildung in ländlichen Regionen) oder als eine Art „Freistilringkampfarena".

Typische Handlungsstrategien der Akteure in der skizzierten Konstellation sind

- Diversifizierung ökonomischer und sozialer Aktivitäten (auch in regionaler Hinsicht, also Migration),
- Zunahme asozialer, unsolidarischer und krimineller Praktiken,
- Rückkehr zu alten religiösen Normen (Fundamentalismus) oder Hinwendung zu neuen Religionsgemeinschaften mit rigiden Normen,
- Verunsicherung und Hilflosigkeit mit verzweifelten Überlebensaktionen und Suche nach Hilfe.

Dort, wo die Möglichkeiten objektiv begrenzt sind, führen auch die zahlreichen Problemlösungsdiskurse – in die Vertreter handlungstheoretischer Ansätze oft ihre Hoffnungen setzen – meist nicht zu einem konstruktiven Ergebnis (es sei denn, sie werden von einer Hilfsorganisation gesteuert, bei welcher man am Ende des Diskurses einen Antrag auf Unterstützung stellen kann).

7.4 Ein Mehr-Ebenen-Interventionsmodell

Das Szenario konnte illustrieren, was sich auf abstrakter Ebene bereits als Konsequenz aus dem Analyserahmen anbot: Es ist notwendig, mit Interventionen bei Rahmenbedingungen und Handlungsstrategien von Armutsgruppen gleichzeitig anzusetzen, wenn Entwicklung effektiv gefördert und wenn Armut vermindert werden soll. Die Gründe:

Die durch verbesserte Rahmenbedingungen geschaffenen neuen Handlungsspielräume können von lokalen Akteuren und insbesondere von den Armutsgruppen nicht oder nicht konstruktiv im Sinne von breitenwirksamen und nachhaltigen Problemlösungen genutzt werden. Das ist bedingt durch das Fortbestehen alter klientelistischer Abhängigkeiten auf lokaler Ebene, begrenzten individuellen Zugang zu Ressourcen, fehlende Erfahrungen im Umgang mit den neuen Bedingungen (z. B. mit Märkten, Mitbestimmungsrechten, Eigenverantwortung etwa für die Wasserversorgung, Landverknappung) und durch mangelndes Wissen über entsprechende Problemlösungsmöglichkeiten.

Befähigung und Empowerment (d. h. Stärkung der Interessenvertretungsmacht) allein stößt bei bestehenden Rahmenbedingungen und eng begrenzten Opportunitäten sehr schnell an objektive Grenzen. Zwar ist es möglich, im Sinne der Strukturationsthese, Menschen zu Handlungsstrategien zu befähigen, welche zu einer Veränderung von soziokulturellen, ökologischen und lokalen politischen Rahmenbedingungen beitragen, etwa indem klientelistische Abhängigkeitsstrukturen durch demokratische Interessenvertretungsstrukturen ersetzt werden (wozu es eines langfristigen Ansatzes bedarf). Diese Möglichkeiten der strukturverändernden Beeinflussung beschränken sich in der Regel auf lokale Rahmenbedingungen. Makro-Rahmenbedingungen auf nationaler oder gar globaler Ebene sind meist außer Reichweite solcher, auf lokale Akteure bezogenen, Strategien.

Aus diesen Überlegungen resultiert ein 4-Ebenen-Interventionsmodell (vgl. T. Rauch 2003), welches von einander ergänzenden Interventionen auf den verschiedenen Ebenen ausgeht (vgl. Abb. 7.4/1).

Auf globaler Ebene geht es im Sinne des Konzeptes der globalen Strukturpolitik des BMZ darum, die ökonomischen Globalisierungsprozesse sozial und ökologisch verträglich zu gestalten. Neben gewissen Regulierungen des Welthandels und der Weltfinanzmärkte, zum Schutze umweltgerechter und beschäftigungswirksamer lokaler Wirtschaftsentwicklung, bedarf es globaler Umweltabkommen, die Bedingungen für nachhaltige Ressourcennutzung und die Stabilisierung des Weltklimas schaffen.

Eine gezielte Menschenrechtspolitik kann dabei individuelle Handlungsspielräume erweitern.

Auf nationaler Ebene geht es darum, Makro-Strukturreformen so zu gestalten, dass neue attraktive Handlungsfelder für Eliten in produktiven Bereichen entstehen, welche andere Optionen eröffnen als die der Suche nach Rentenquellen durch Erlangung von Positionen im Staatsapparat. Die Schaffung demokratischer

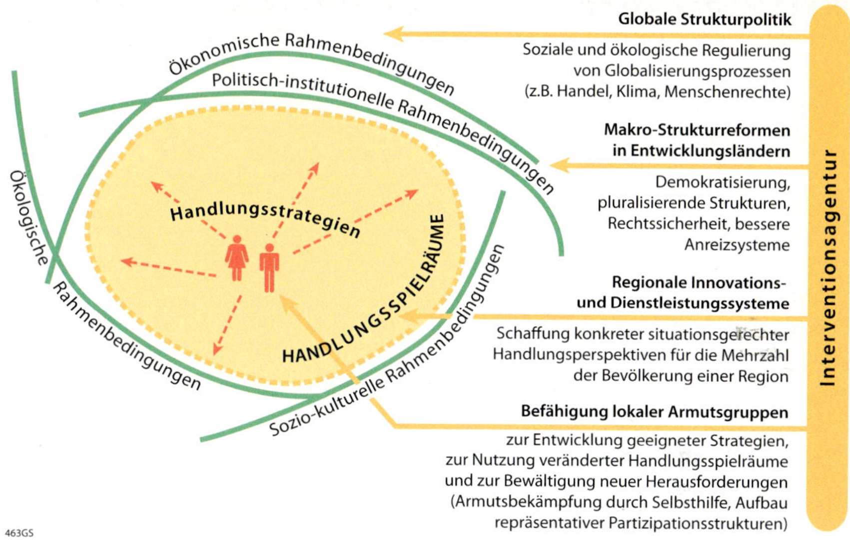

***Abb. 7.4/1** Vier-Ebenen-Interventionsstrategie*

Kontrollmechanismen muss ergänzt werden durch veränderte Anreizsysteme zugunsten produktiver Aktivitäten. Das aber ist, wenn man die Erfahrungen der alten und der neuen Industrieländer zurate zieht, nicht durch die vollständige Öffnung der Grenzen, sondern nur durch selektiven, wohldosierten Protektionismus, also in Verbindung mit globaler Strukturpolitik möglich. Interventionen zugunsten demokratischer, pluralistischer und dezentraler Strukturen müssen dem tief verankerten gesellschaftlichen Strukturmerkmal des Klientelismus Rechnung tragen, welches nicht ohne weiteres durch Verfassungsänderungen und Veränderungen des institutionellen Regelwerkes überwindbar ist, sondern nur durch den Abbau der ökonomischen Abhängigkeiten der Armen von den Zuwendungen der Reichen.

Interventionen auf regionaler Ebene (subnational) sind entscheidend, um reale neue Möglichkeiten für die regionale Bevölkerung zu identifizieren und zugänglich zu machen. Es bedarf Bemühungen auf der regionalen Ebene, um Konzepte und Strategien zu entwickeln, welche gleichermaßen eine Antwort auf die Herausforderungen und Chancen der neu gestalteten, sich stetig verändernden Makro-Rahmenbedingungen sind, als auch den lokalen Bedingungen und Bedürfnissen innerhalb der Region gerecht werden. Regionale Konzepte und Strategien sind erforderlich, um für neue Handlungsspielräume breitenwirksame und nachhaltige Problemlösungsmöglichkeiten zu finden und zu vermeiden, dass solche Handlungsspielräume nur einseitig von ökonomisch starken Akteuren genutzt werden (vgl. T. RAUCH,

M. Bartels & A. Engel 2001). Darüber hinaus sind regionale, d.h. lokal angepasste und mit lokalen Nutzergruppen ausgehandelte Dienstleistungssysteme (z.B. Gesundheits-, Wasserversorgungs, Kredit-, Vermarktungssysteme) nötig, um armen Bevölkerungsgruppen einen erschwinglichen und dauerhaften Zugang zu erforderlichen sozialen und ökonomischen, staatlichen oder privaten Leistungsangeboten zu eröffnen. Träger für die Gestaltung (nicht unbedingt für die Bereitstellung!) solcher Innovations- und Dienstleistungssysteme sind in der Regel regionale Gebietskörperschaften. Diese bedürfen meist externer Unterstützung für den Aufbau entsprechender Kapazitäten.

Interventionen auf lokaler Ebene sind erforderlich, um arme Bevölkerungsgruppen dazu zu befähigen, die Handlungsspielräume im Rahmen der neu geschaffenen Möglichkeiten zu nutzen. Dies erfordert einerseits Eigeninitiative bzw. lokale Selbstverantwortung, andererseits die Fähigkeit, über partizipative Strukturen eigene Bedürfnisse wirkungsvoll zu artikulieren. Dies kann gefördert werden durch Stimulierung und Moderation von lokalen Diskursen zur Frage des Umgangs mit dem Verfall verbindlicher Regeln und Normen sowie zur verbesserten Kooperation. Eine langfristige gesellschaftspolitische Nebenwirkung solcher auf gemeinschaftliche lokale Problemlösungskapazitäten zielenden Interventionen kann die Ablösung klientelistischer Strukturen durch demokratische Interessenvertretungs- und Kontrollstrukturen sein, in denen die Führung nach Leistungskriterien gewählt wird.

Die Interventionen auf diesen vier Ebenen sind zumindest hinsichtlich ihrer grundsätzlichen Ausrichtung aufeinander abzustimmen. Handlungsspielräume können nicht per se, sondern müssen für bestimmte Bevölkerungsgruppen erweitert werden. Eine Befähigung von Armutsgruppen kann andererseits auch nicht generell erfolgen, sondern nur im Hinblick auf bestimmte veränderte Handlungsspielräume und -grenzen. Die Interventionen auf den verschiedenen Ebenen sollten einem vereinbarten Rahmenkonzept mit gemeinsamen Grundsätzen folgen (wie z.B. Armutsorientierung, Nachhaltigkeit, Partizipation und Subsidiarität).

Es gibt gute Gründe dafür, dass die „Basisarbeiter" in den entwicklungspolitischen Organisationen und diejenigen, die auf der Ebene internationaler Konferenzen die Bedingungen für Armutsbekämpfung verbessern wollen, nicht weiter um knappe Mittel konkurrieren, sondern sich zusammenschließen und ihre Arbeit aufeinander abstimmen sollten. Angesichts der Dialektik zwischen Rahmenbedingungen und Handlungsstrategien armer Bevölkerungsgruppen wird weder der Ansatz der Makrostrukturreformer, noch jener der zielgruppennahen Befähiger es alleine schaffen, ihr gemeinsames Ziel der Armutsminderung zu erreichen. Basisarbeiter und -arbeiterinnen – werden sich stets – bildlich gesprochen – entweder auf kleinen Inseln relativer und temporärer Glückseligkeit tummeln, auf denen sie die Bedingungen mit ihren Projektmitteln positiv gestalten können, oder sie werden über die widrigen, alle Anstrengungen zunichte machenden Rahmenbedingungen klagen. Makro-Interventionisten beiderlei Geschlechts werden– ohne komplementäre Interventionen auf lokaler Ebene – immer wieder betrübt feststellen müssen, dass ihre Reformen an der Basis „nicht gegriffen“ haben.

Nur wenn beide Seiten ihre Interventionen koordinieren, ist es wahrscheinlich, dass die „von oben“ veränderten Handlungsspielräume „unten“ auch von benachteiligten sozialen Gruppen problemlösend genutzt werden können. Der mittleren, regionalen Ebene fällt bei diesem wechselseitigen Abstimmungsprozess von politisch-ökonomischen Reformen und lokalen Handlungsstrategien eine besonders wichtige Rolle zu. Auf dieser Ebene gilt es, aus abstrakten neuen Handlungsspielräumen innovative, konkrete Handlungsoptionen unter Berücksichtigung der jeweiligen regionalen Gegebenheiten zu gestalten.

Das Zusammenwirken von Basisarbeitern und Makro-Interventionisten ist aber auch aus einem anderen Grund wichtig: Nur durch Erfahrungsaustausch kann vermieden werden, dass auf der einen Seite Rahmenbedingungen von jenen gestaltet werden, die die reale Situation der davon betroffenen Menschen überhaupt nicht kennen, während auf der anderen Seite Zielgruppen in Unkenntnis der sich verändernden realen Möglichkeiten zu bestimmten Handlungen motiviert und befähigt werden. Damit sind die Möglichkeiten, aber wohl auch die Grenzen einer verbesserten Entwicklungszusammenarbeit angedeutet.

Zusammenfassung

Fazit

- Die Lehren aus der Erfahrung mit den nur teilweise erfolgreichen Entwicklungsstrategien legen einen multidimensionalen Mehr-Ebenen-Ansatz nahe, durch welchen alle relevanten Einflussfaktoren auf Verarmungs- bzw. Entwicklungsprozesse gleichermaßen und einander ergänzend berücksichtigt werden.
- Zu einer ähnlichen Schlussfolgerung führt die Quintessenz aus der gesellschaftstheoretischen Debatte um das wechselseitige Zusammenspiel von Strukturen und dem Handeln von Akteuren. Demnach gilt es, bei einer Veränderung der Rahmenbedingungen, und damit der Handlungsspielräume, und bei der Stärkung der Kapazitäten von Akteuren zur Nutzung und Erweiterung dieser Handlungsspielräume gleichzeitig anzusetzen.
- Die aktuelle, empirisch feststellbare Problemsituation in Regionen mit Massenarmut im Zeitalter der Globalisierung verweist ebenfalls darauf, dass zwar eine Veränderung der globalen und nationalen, der ökonomischen, ökologischen, politisch-institutionellen und auch der gesellschaftlichen Rahmenbedingungen vonnöten ist. Die dadurch erweiterten Handlungsspielräume können aber nur von den gesellschaftlich stärkeren Akteuren genutzt werden, wenn es nicht auf regionaler und lokaler Ebene gezielte Maßnahmen gibt, welche die benachteiligten Gruppen in die Lage versetzen, die so veränderten Rahmenbedingungen für die Verbesserung ihrer Situation zu nutzen.

- Ein multidimensionaler Mehr-Ebenen-Ansatz bildet deshalb den konzeptionellen Rahmen für die in den folgenden Kapiteln dargestellten entwicklungspolitischen Strategien und Instrumente.

Zum Einlesen

Altvater, E. (1987): Sachzwang Weltmarkt. Verschuldungskrise, blockierte Industrialisierung, ökologische Gefährdung – der Fall Brasilien. – VSA, Hamburg.

Hier wird der multidimensionale Mehr-Ebenen-Ansatz als wissenschaftlicher Analyseansatz erstmals ausführlich dargestellt, mit dem Konzept der „Artikulation von Funktionsräumen" theoretisch begründet und am Beispiel Brasiliens (unter besonderer Berücksichtigung der Problematik der Inwertsetzung des tropischen Regenwaldes) praktiziert. Ein sehr informatives Buch für Leserinnen und Leser, die sich für eine stärkere theoretische Durchdringung des Verhältnisses zwischen Weltmarkt, Nation und Region interessieren.

Rauch, T. (1996): Ländliche Regionalentwicklung im Spannungsfeld zwischen Weltmarkt, Staatsmacht und kleinbäuerlichen Strategien. – Breitenbach, Saarbrücken.

In dieser Habilitationsschrift wird versucht, auf Grundlage einer Vier-Ebenen-Analyse (global, national, regional und die Haushaltsebene) und unter Berücksichtigung einschlägiger Erkenntnisse aus Wirtschafts-, Politik-, Sozial- und Umweltwissenschaften eine multidimensionale entwicklungspolitische Strategie für armutsorientierte ländliche Entwicklung abzuleiten. Geeignet für Leserinnen und Leser, die eine tiefere theoretische Fundierung für entwicklungspolitische Praxis suchen. Erkenntnisse über neuere globalisierungsbedingte Dynamiken und entsprechende entwicklungspolitische Strategien (etwa über globale Strukturpolitik) sind in dieser 1995 abgeschlossenen Arbeit allerdings noch nicht enthalten.

Rauch, T. (2007): Afrika im Prozess der Globalisierung. Diercke Spezial. – Westermann, Braunschweig.

In diesem Schulbuch für die Sekundarstufe II wird der multidimensionale Mehr-Ebenen-Ansatz als Instrument der regionalen Analyse für den Geographie- und Politische Weltkunde-Unterricht vorgestellt und, bezogen auf die aktuellen Entwicklungsprozesse in Subsahara-Afrika, exemplarisch angewandt. Gut geeignet zur Veranschaulichung dieses Ansatzes in seiner Relevanz als Analyseinstrument.

***Abb. 8/1** Auch periphersierte Regionen sind Teil der globalisierenden Wirtschaft*

8 Die ökonomische Dimension: Einkommen, Beschäftigung, Ernährung

8.1 Das Problem: Mangel an Existenzmöglichkeiten in einer globalisierten Marktwirtschaft

In der Ökonomie geht es primär um das Erstellen von Gütern und Leistungen zum Zwecke der Befriedigung materieller menschlicher Bedürfnisse, d.h. um Produzieren und Konsumieren. In Zeiten spekulativen Handels mit Finanzmarktderivaten geht dieser Kern menschlichen Wirtschaftens leicht aus dem Auge verloren. Der Tausch von Gütern, die Monetarisierung der Wirtschaftsbeziehungen, die Aufteilung in Kapital und Arbeit und die daraus resultierenden Beschäftigungsverhältnisse, das Streben nach Wirtschaftswachstum oder gar die derzeit in allen Nachrichtensendungen ins Zentrum der öffentlichen Aufmerksamkeit gerückten Börsenkurse, die Kapitalmärkte – all das sind spezifische Formen des Wirtschaftens. In diesem Kapitel aber geht es um jegliche Form der Befriedigung materieller menschlicher Bedürfnisse, sei es durch Selbstversorgung, durch Marktproduktion, durch Lohnarbeit oder durch Unternehmertum.

Das zentrale Problem der Menschheit aus ökonomischer Perspektive besteht darin, dass heute inmitten einer Welt des Reichtums und Überflusses schätzungsweise 20 % der Erdbevölkerung nicht in der Lage sind, ihre grundlegendsten materiellen Bedürfnisse zu befriedigen. Ihre Ernährung ist unzureichend bzw. ungesichert; sie verfügen – auch nach Maßstäben ihrer eigenen Gesellschaften – über keine sichere und menschenwürdige Behausung, keine angemessene Bekleidung und keine Möglichkeit, sich vor Krankheit und Katastrophenrisiken zu schützen. Ihr Überleben ist stets gefährdet; sie sind verwundbar (vulnerabel). Entwicklungsorganisationen wie die Weltbank versuchen, diese prekäre Situation mithilfe des Indikators 1 US-$ pro Kopf pro Tag (so genannte Einkommensarmut, vgl. Tab. 8.1/1) statistisch zu erfassen. Dies ist sicherlich unzulänglich, da es in den meisten armen Ländern keine verlässlichen Statistiken gibt, die Zahlen von Weltbank und UN-Organisationen somit eine Genauigkeit vorspiegeln, die jeder wissenschaftlichen Grundlage entbehrt (S. G. Reddy 2007). Der Indikator erlaubt aber, die Größenordung des Problems annähernd messbar und für Menschen in reichen Ländern einigermaßen nachvollziehbar zu machen. F. Scholz (2006, 29) veranschaulicht das Problem der absoluten Armut anhand zahlreicher Beispiele.

Armut gibt es in allen Ländern (vgl. W. Eberlei & B. Führmann 2006 am Beispiel der EU). Absolute Armut in Verbindung mit existenzbedrohender Verwundbarkeit (Bohle 1993) aber ist sehr stark in den so genannten Entwicklungsländern konzentriert. In einem Land, in dem ein Drittel oder mehr der Bevölkerung in absoluter Armut lebt, kann man von Massenarmut sprechen. Dies trifft auf die Mehrzahl der Länder Subsahara-Afrikas, aber auch für viele asiatische und einige lateinameri-

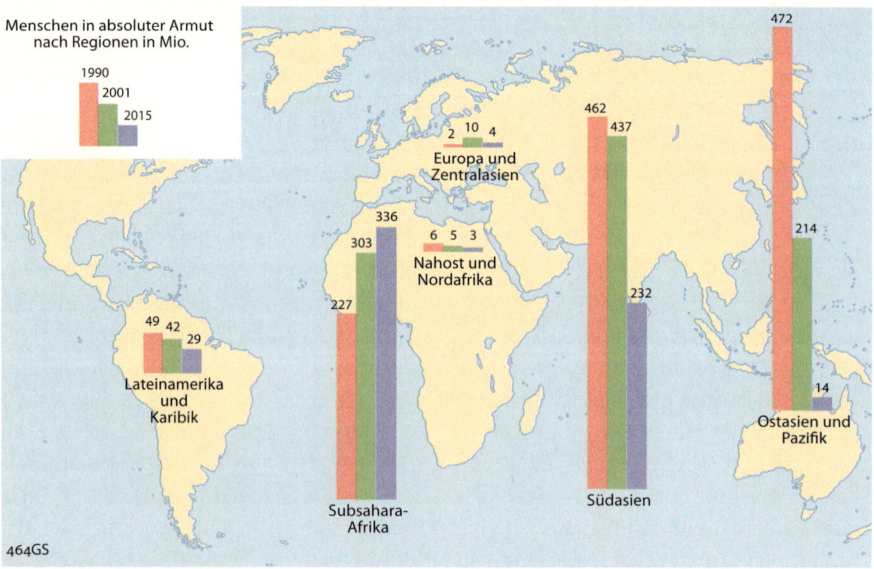

***Abb. 8.1/1** Weltweite Verteilung der Armut 1990, 2001 und 2015*

Zahl der Armen und Anteil der Armen an der Weltbevölkerung (Schätzungen)						
	Arme, die von weniger als 1 US-$ pro Tag leben					
	in Mio.			Anteil in %		
Region	**1990**	**2002**	**2015**	**1990**	**2002**	**2015**
Ostasien und Pazifik ohne China	472 97	214 34	14 2	29,6 21,1	14,9 10,8	0,9 0,4
Europa und Zentralasien	2	10	4	0,5	3,6	0,4
Lateinamerika und Karibik	49	42	29	11,3	9,5	6,9
Naher Osten und Nordafrika	6	5	3	2,3	2,4	0,9
Südasien	462	437	232	41,3	31,3	12,8
Afrika südlich der Sahara	227	303	336	44,6	46,4	38,4
Welt insgesamt ohne China	1218 844	1011 831	617 606	27,9 26,1	21,1 22,5	10,2 12,9
	Arme, die von weniger als 2 US-$ pro Tag leben					
	in Mio.			Anteil in %		
Region	**1990**	**2002**	**2015**	**1990**	**2002**	**2015**
Ostasien und Pazifik ohne China	1116 292	748 215	260 78	69,9 63,2	40,7 38,6	12,7 11,9
Europa und Zentralasien	23	76	39	4,9	16,1	8,2
Lateinamerika und Karibik	125	119	106	28,4	22,6	17,2
Naher Osten und Nordafrika	31	61	40	21,4	19,8	10,4
Südasien	958	1,091	955	85,3	77,8	56,7
Afrika südlich der Sahara	382	516	592	75,0	74,9	67,1
Welt insgesamt ohne China	2654 1829	2611 2078	1993 1811	60,8 56,6	49,9 52,6	32,8 38,6

Tab. 8.1/1 *Weltweite Armuttrends nach Regionen*

kanische Länder (WELTBANK 2008) zu. Trotz eines beachtlichen Wirtschaftswachstums in den Entwicklungsländern seit Anfang der 1990er-Jahre (durchschnittlich 3,1 % pro Kopf jährlich zwischen 1990 und 2006 – vgl. WELTBANK 2008) ist die Zahl der absolut Armen (gemessen am 1 US-$ pro Kopf und Tag-Indikator der WELTBANK) weltweit nur geringfügig um ca. 10 % gesunken (vgl. Abb. 8.1/1) und liegt immer noch bei über 1 Mrd. Menschen (vgl. W. EBERLEI & B. FÜHRMANN 2006, 172). Deren Anteil an der gewachsenen Weltbevölkerung hat sich damit von 29 % 1990 auf 20 % 2008 verringert. Dieses positive Bild wird dadurch relativiert, dass es in hohem Maße durch die – statistisch fragwürdigen, da

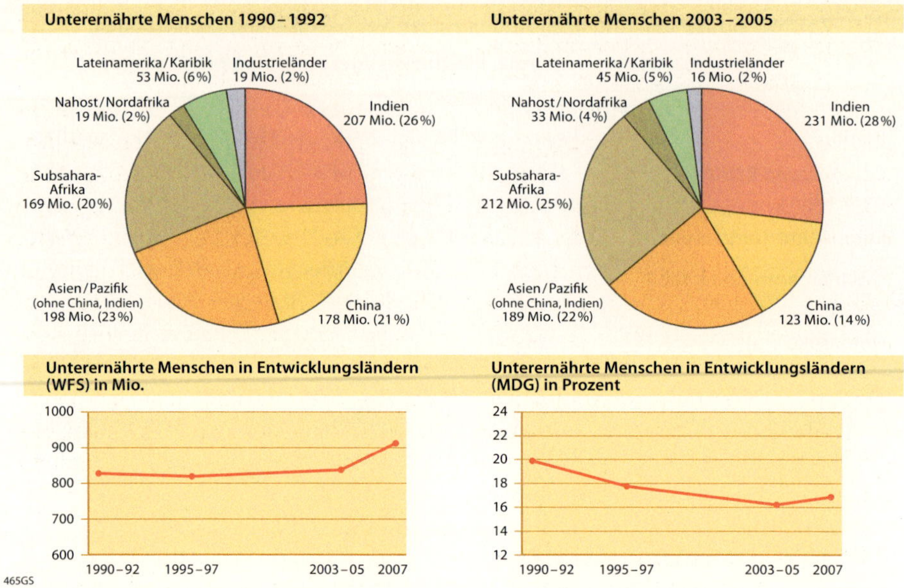

***Abb. 8.1/2** Entwicklung der Zahl und des Anteils des Hungernden weltweit*

weitgehend auf eine Veränderung der Datenbasis, aufgrund einer verstärkten Monetarisierung der Ökonomie, zurückzuführenden (vgl. Breslin, S. 2007) – Armutsminderungserfolge Chinas bedingt ist. Klammert man China aus, so ist die Zahl der absolut Armen unverändert hoch geblieben. Bei allen Zweifeln an der Relevanz der statistischen Datengrundlagen lässt sich festhalten: Die weltweite Armut hat sich im Verlauf des Globalisierungsprozesses bis zum durch Nahrungs- und Finanzkrisen geprägten Jahr 2008 zumindest nicht signifikant verringert. Die weltwirtschaftliche Dynamik hat auf der einen Seite neue Existenzmöglichkeiten geschaffen, auf der anderen Seite hat sie jedoch in ähnlich großem Umfang Existenzgrundlagen vernichtet. Der Netto-Effekt blieb hinter dem Bevölkerungswachstum zurück (vgl. Tab. 8.1/1).

Ein ähnliches Bild ergibt die Analyse der Ernährungssituation. Die Zahl der Hungernden ist mit etwa 1 Mrd. Menschen zwischen 1960 und 2007 annähernd konstant geblieben (vgl. Abb. 8.1/2), wenngleich ihr Anteil an der wachsenden Bevölkerung in den Entwicklungsländern von 28 % auf 17 % gesunken ist (U. Kracht 2005; FAO 2008). Das Hungerkrisenjahr 2008, in welchem die Preise für Grundnahrungsmittel weltweit um über 50 % stiegen (FAO Food Price Index) hat zudem deutlich gemacht, wie stark viele Menschen davon bedroht sind, bei Veränderungen von Angebot und Nachfrage auf den Welt-Getreidemärkten ihre Nahrungsbedürfnisse nicht mehr befriedigen zu können. So ist die Zahl der unterernährten Menschen 2007 und 2008 insgesamt um 119 Mio. gestiegen (Oxfam International 2008).

Auch in Zeiten mit insgesamt reichlicher globaler Nahrungsmittelversorgung ist die Situation der Hungernden dadurch gekennzeichnet, dass sie weder über das Land verfügen, um Nahrungsmittel selbst zu produzieren, noch über die Kaufkraft, diese zu kaufen, noch über die sozialen oder politischen Beziehungen, um diese in der Not unentgeltlich zu erlangen. „Unterernährung, Hungertod und Hungersnöte stehen in engem Zusammenhang mit den Mechanismen der gesamten Wirtschaft und Gesellschaft, (...) die die Möglichkeit der Menschen, sich Nahrung zu beschaffen (...) beeinflussen“ (SEN, A. 2007, 198). SEN fasst die – oben genannten – Möglichkeiten unter dem Begriff ‚entitlement', d.h. Zugangsrechte, zusammen.

Fazit: Der starke, weit über das Bevölkerungswachstum hinausgehende Anstieg des globalen Einkommens hat die Armen in den meisten Weltregionen nicht erreicht. Für das ärmste Fünftel der Menschheit gibt es keine, auch nur für die Befriedigung grundlegendster materieller Bedürfnisse hinreichenden Existenzmöglichkeiten. Die Kluft zwischen Arm und Reich ist also größer geworden. Die Ursachen für diese Entwicklung sollen im folgenden Abschnitt dargestellt werden.

8.2 Theorie: Globalisierung und Peripherisierung

Unter den Bedingungen einer sich globalisierenden Weltwirtschaft lassen sich die materiellen Existenzbedingungen von Menschen nur durch eine Berücksichtigung der globalen Märkte zutreffend erklären. Dies gilt für den Arbeiter bei Opel in Bochum. Dies gilt auch für die Kleinbäuerinnen und Kleinbauern in einem entlegenen afrikanischen Dorf. Der Preis, den sie für ihre vermarkteten Überschüsse bekommen, den sie für einen eventuell nötigen Zukauf von Nahrungsmitteln bezahlen, hängt von Angebot und Nachfrage auf den Weltagrarmärkten und von Spekulationen an Getreidebörsen in London oder New York ab. Steigt – wie im Jahr 2008 – der Preis für Grundnahrungsmittel um 60 %, so erhöht sich für arme Bevölkerungsgruppen, die im Normalfall bereits 60 % ihres Einkommens für Grundnahrungsmittel ausgeben (vgl. J. VON BRAUN 2008), dieser Anteil auf 96 %. Seit die Wirkungen von Weltmarktentwicklungen auf lokale Erzeuger- und Konsumgüterpreise aufgrund des Abbaus von Handelsbarrieren nur noch geringfügig durch Importzölle, staatlich geregelte Wechselkurse oder Subventionen abgefedert werden, sind die weltwirtschaftlichen Rahmenbedingungen zum entscheidenden Einflussfaktor für das materielle Wohlergehen der Menschen geworden. Es ist deshalb unabdingbar, das Wesen, die Ursachen und die Wirkungen ökonomischer Globalisierung zu verstehen, wenn man mithilfe von Entwicklungspolitik die Lebensbedingungen in armen Ländern verbessern will.

Für Globalisierung gibt es mittlerweile eine unüberschaubare Vielfalt von Definitionen (D. MÜLLER-MAHN 2002). Ökonomische Globalisierung bedeutet im Kern eine Intensivierung weltweiter grenzüberschreitender Verflechtungen in den Bereichen Handel und Dienstleistungen, Kapitalverkehr, Arbeitskräftemigration und Austausch von technischem Wissen (E. SCHAMP 1996). Damit verbunden ist nach Einschätzung vieler Autoren eine grundlegende Beeinträchtigung nationalstaatlicher Handlungsautonomie. Damit gehen zunehmende politische, soziale, kulturelle und ökologische Verflechtungen einher (N. BACKHAUS 1999).

Es ist in der Fachwelt umstritten, wann der Beginn der ökonomischen Globalisierung anzusetzen ist (vgl. PERIPHERIE 1995). Für viele Autoren fand der Aufbruch in die Welt der entgrenzten Märkte 1985–1990 statt, als im Zuge der Durchsetzung neoliberaler Freihandelspolitik und begünstigt durch den Zusammenbruch des Ostblocks nicht nur die internationalen Wirtschaftsbeziehungen einen starken Anstieg verzeichneten, sondern auch die Regulierungsmacht und somit die Souveränität der Nationalstaaten verloren ging (E. ALTVATER & B. MAHNKOPF 1999; F. SCHOLZ 2004). Andere sehen in den Dynamiken der letzten beiden Jahrzehnte nur einen neuen Beschleunigungsschub im Rahmen eines mit der europäischen Expansion um 1500 beginnenden Prozesses der schrittweisen Eingliederung aller Weltregionen in ein kapitalistisches Wirtschaftssystem und verweisen auf eine ähnliche massive Ausweitung der grenzüberschreitenden Güter-, Kapital- und Migrationsströme zwischen Mitte des 19. Jahrhunderts und dem Beginn des Ersten Weltkriegs (T. L. FRIEDMANN 1999). Einig aber sind sich alle Autoren darin, dass es sich um eine grundlegend neue Phase des Prozesses weltweiter Integration handelt. Diese ist nicht nur durch eine quantitative Zunahme der Verflechtungen gekennzeichnet, sondern auch durch eine neue Qualität der Beziehungen zwischen Wirtschaft, Politik und Gesellschaft (U. BECK 1997; W. HEIN 1995; U. MENZEL 1998).

Die Erscheinungsformen des ökonomischen Globalisierungsprozesses sind (zumindest teilweise) empirisch mess-

Periode	1988–1995	1996-2003	2004–2007	1988–2007	2008	Schätzung 2009
Jährliches Wachstum des Welt-BSP (1)	3,2 %	3,7 %	4,9 %	3,74 %		
Jährliches Wachstum des Welthandels (inkl. Dienstleistungen) (2)	6,6 %	6,1 %	8,3%	6,74 %	4,1 %	–2,8 %
Jährliches Wachstum der Weltbevölkerung	1,7 %	1,4 %	1,2 %	1,4 %		
Wachstum Welthandel in Relation zum Wachstum Welt-BSP (2) : (1)	2,1	1,6	1,7	1,8		

***Tab. 8.2/1** Wachstum des Welthandels in Relation zum Wirtschaftswachstum*

bar. Als Indikatoren eignen sich der Anteil des Außenhandels, der Auslandsinvestitionen und der Finanztransaktionen am globalen Bruttosozialprodukt (BSP) (M. Becker, S. John & S. A. Schirm 2007) sowie der Anteil der internationalen Arbeitsmigration an der Weltbevölkerung. Der Welthandel wuchs also zwischen 1988 und 2008 fast doppelt so stark wie das Welt-Sozialprodukt (vgl. Tab. 8.2/1; zu dessen Zusammensetzung vgl. Abb. 8.2/1 und 8.2/2). Lag sein Anteil am BSP 1990 noch bei knapp unter 40%, so stieg dieser bis 2007 auf über 61% (Weltbank 2008, 322).

Auch die ausländischen Direktinvestitionen entwickelten sich im langjährigen Durchschnitt weit überproportional im Vergleich zum BSP. Allerdings zeigt sich hier, wie störungsanfällig der Globalisierungsprozess ist. In den Krisenjahren 2001–2003 (Folgen der asiatischen Finanzkrise, Börsenabschwung bei den neuen Technologien, Nachwirkungen des 11. September 2001) gingen die Auslandsinvestitionen überproportional zurück. Die Auswirkungen der Weltfinanzkrise 2008/2009 auf den Globalisierungsprozess sind zum Zeitpunkt der Drucklegung dieses Buches noch nicht absehbar. Viele Anzeichen deuten auf eine Deglobalisierung hin (R. Falk 2009).

Die Expansion des Wertes der weltweiten Finanztransaktionen, die im Zeitraum von Minuten über den Erdball hin und her geschoben werden, übersteigt die Ausweitung der Realwirtschaft um ein Vielfaches (S. Hessler 2009). Der wöchentliche Umsatz auf Devisen- und Derivatenmärkten übertrifft den weltweiten Güterhandel eines ganzen Jahres (F. Nuscheler 2005). Wuchs das weltweite reale BSP zwischen 1975 und 2000 um 140 % und der Welthandel um 320 %, so stieg im gleichen Zeitraum der Wert der internationalen Kapitalströme um 3 000 % an (ebd. 55). Die in die Größenordnung von über 100 Milliarden Euro reichenden, nicht mehr eintreibbaren Kredite einzelner Banken in der Finanzkrise 2008/09 sind ein Indiz für diesen Trend. So erforderte allein die Rettung der Münchener Immobilienbank Hypo Real Estate bis 20.02.2009 eine Summe von 112 Mrd. Euro an staatlichen Garantien und Zuschüssen. Dies sind fast 39% des deutschen Bundeshaushaltes 2009 (Süddeutsche Zeitung 20.02.2009).

Über die Ursachen der aktuellen Globalisierungsphase besteht weitgehend Einigkeit. Drei Faktoren kamen zusammen:

1. Als treibende Kraft (Push-Faktor) hinter den verstärkten Bestrebungen des Kapitals in den alten Industrieländern zu weltweiter Suche nach billigen Produktionsstandorten bzw. Bezugsquellen wird häufig die Krise des „fordistischen", sprich sozialstaatlichen und auf Massenkaufkraft breiter Bevölkerungsschichten basierenden Entwicklungsmodells des 20. Jahrhunderts ins Feld geführt (W. Hein 1995). Die Logik Henry Fords bestand darin, dass es seinem Unternehmen nur gut gehen kann, wenn sich seine Arbeiter die von ihnen gebauten Autos leisten können. Diese Logik war in den 1970er-Jahren aus Perspektive der Unternehmer durch die Vollbeschäftigung, die damit verbundene Stärke der Gewerkschaften und die steigenden Lohnkosten bzw. Sozial-

leistungen an ihre Grenzen gestoßen (J. Maier 2005). So suchte das Kapital aus den alten Industrieländern nach günstigeren Verwertungsbedingungen in fernen Ländern. Zumindest wollten sie das mit einer Firmenverlagerung ins Ausland verbundene Drohpotenzial nutzen. Empirische Befunde deuten allerdings darauf hin, dass die Trends zur Produktionsauslagerung nur zum Teil den niedrigen Lohnkosten etwa in Südostasien folgen, zum größeren Teil aber die Nähe zu den Kunden zählt. Wer in den USA, in China oder in Brasilien Autos verkaufen will, muss vor Ort präsent sein, muss dort investieren. Der Anteil der Länder mit niedrigem Einkommen an den weltweiten ausländischen Privatinvestitionen betrug laut Weltbank 2006 (Weltbank 2008, 354) nur 3,1 % (1995: 2,4 %). Der Anteil der Länder mit mittlerem Einkommen belief sich auf 24,1 % (1995: 29,3 %), jener von Ländern mit hohem Einkommen aber immer noch auf 72,8 % (1995: 68,3 %).

2. Ein entscheidender ermöglichender Faktor für die ökonomische Globalisierung waren Innovationen im Bereich der Transport- und Kommunikationstechnologie (Containerisierung, Großraumflugzeuge, Internet). Hierdurch wurden einerseits die Kosten der Distanzüberwindung drastisch reduziert und andererseits eine sekundenschnelle weltweite Steuerung von Kapitalströmen und Arbeitsprozessen erst ermöglicht (U. Menzel 1995).
3. Letzlich aber war es die Politik der reichen Industrieländer, allen voran der USA und Großbritanniens („Reaganomics“ nach US-Präsident R. Reagan

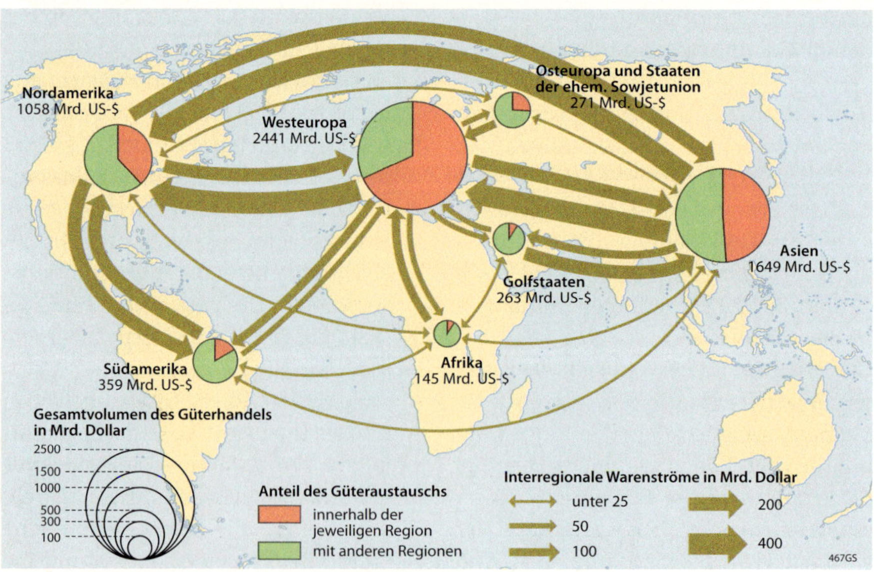

Abb. 8.2/1 *Anteil der Ländergruppen am Welthandel 1996 und 2006*

Armutsminderungsprogramme erreichen die Armen nicht

In Sambia wurden Poverty Reduction Strategies zu Beginn dieses Jahrhunderts mit Unterstützung internationaler Geberorganisationen und mit breiter Einbeziehung zivilgesellschaftlicher Organisationen erarbeitet. Eine Untersuchung der Umsetzung des Programms in drei ländlichen Distrikten im Jahr 2004 (W. Eberlei, P. Meyns & F. Mutesa 2005) zeigte, dass den meisten Vertretern der staatlichen Durchführungsorganisationen auf Distrikt-Ebene die nationale Armutsminderungsstrategie, in deren Rahmen sie die finanziellen Mittel aus der Hauptstadt Lusaka bekamen, gar nicht bekannt war. So war es auch nicht weiter verwunderlich, dass die Unterstützungsleistungen (z. B. Kredite oder Beratung) nicht die intendierten armen Zielgruppen erreichten, sondern nur eine kleine Schicht lokaler Eliten mit guten Beziehungen zur Distrikt-Administration. Weder die Geberorganisationen, noch die Vertreter der sambischen Zivilgesellschaft waren hinreichend in den Implementierungsprozess des Armutsminderungsprogramms involviert, um sicherzustellen, dass die Unterstützungsmaßnahmen bei den eigentlichen Adressaten ankamen. Die Erstellung und Umsetzung von Armutsminderungsstrategien und -programmen wird deshalb in Sambia von den meisten Menschen als eine typische „Hauptstadt-Eliten-Show" betrachtet, die an den meisten Menschen im Lande völlig vorbei geht.

1981–1988 und „Thatcherism" nach der britischen Premierministern M. Thatcher 1979–1990), die mithilfe des IWF und der Weltbank einen weltweiten Prozess der erzwungenen Öffnung der Binnenmärkte durch den Abbau von Handelsbarrieren initiierte. So haben zwischen 1985 und 1996 die Mehrzahl aller Länder die (bis dahin oft noch staatlich festgesetzten) Wechselkurse ihrer Währungen freigegeben, Devisenverkehrsbeschränkungen abgebaut und Zölle reduziert (Weltbank 2001).

Insofern war Globalisierung eine politisch gewollte Entwicklung, eine Reaktion der Regierungen der reichen Länder, mit denen diese – beeinflusst durch neoliberale Wirtschaftstheorien – das Kapital in den alten Industrieländern dabei unterstützten, unter Nutzung der neuen technischen Möglichkeiten Zugangsbarrieren zur Ausschöpfung profitablerer Kapitalanlagemöglichkeiten zu beseitigen.

Mit Globalisierung verbunden war nicht nur eine verschärfte weltweite Konkurrenz der Produktionsstandorte einerseits sowie der global agierenden Unternehmen um Absatzmärkte andererseits. Damit einher ging auch ein verstärkter Rationalisierungswettbewerb, oft verbunden mit Unternehmenszusammenschlüssen. Die Logik der Unternehmenschefs lautete: „Entweder wir bauen Arbeitsplätze in den Hochlohnländern ab oder wir müssen die Produktion in Niedriglohnländer verlagern". Dies führt weltweit zu einer Reduzierung der Arbeitsintensität der Produktion. J. Rifkin (2004) sprach

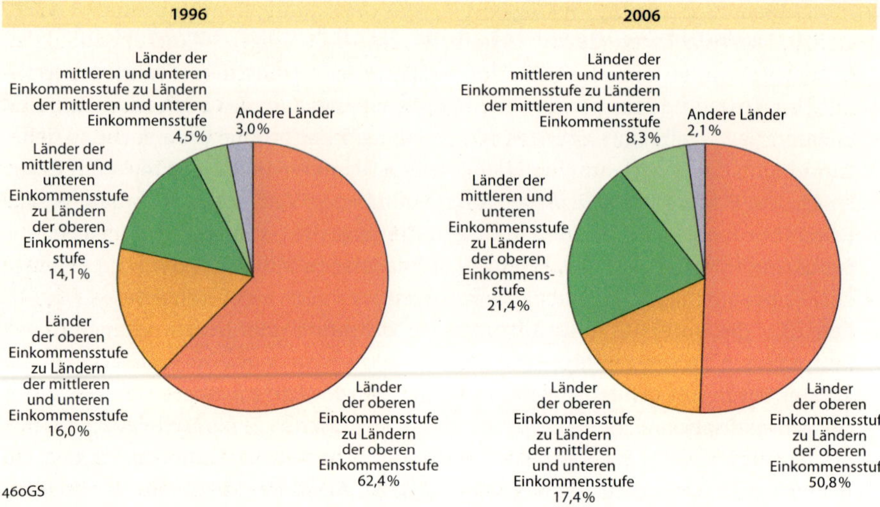

Mehr als die Hälfte des weltweiten Warenhandels spielt sich zwischen einkommensstarken Volkswirtschaften ab. Zwischen 1996 und 2006 stieg jedoch der Anteil der einkommensschwächeren bzw. einkommensschwachen Volkswirtschaften am globalen Handel.

***Abb. 8.2/2** Anteil des Handels zwischen Ländern mit verschiedenen Einkommen*

bereits vom „Ende der Arbeit“. Während der Welthandel seit 1988 alljährlich um 6–8 %, das Welt-BSP um 3–5 % wuchs (siehe oben) stagnierte die weltweite Beschäftigung in den formellen Sektoren. Auch in Ländern mit hohem Wirtschaftswachstum wie China, Indien, Südafrika und Brasilien blieb das Wachstum der Beschäftigung deutlich hinter dem Wachstum der Erwerbsbevölkerung zurück (ILO 2007). Die Beschäftigungsrate (Anteil der Beschäftigten an der Zahl der arbeitsfähigen Bevölkerung) sank zwischen 1996 und 2006 von 62,6 % auf 61,5 % (ILO 2007). In vielen Ländern sprach man von „job-less-growth“. Immer mehr Menschen mussten ihre Überlebenschancen in oft marginalen, unsicheren und unproduktiven informellen Wirtschaftstätigkeiten suchen.

Gleichzeitig wuchs die Bedeutung der Finanzmärkte, der so genannten virtuellen Ökonomie, im Rahmen des Wirtschaftsgeschehens. Massive Kapitalströme, oft spekulativer Art, werden tagtäglich zwischen London, New York, Tokio, Frankfurt und anderen Börsenplätzen verschoben, ohne dass die Beteiligten noch die Inhalte der gehandelten „Finanzprodukte“ kennen würden. Die Maximierung der Flexibilität des Kapitals geht einher mit einer Maximierung der Unsicherheit für alle standortgebundenen realen wirtschaftlichen Tätigkeiten und für die davon lebenden Menschen (E. Altvater 2007). Dies hat die Finanzkrise 2008/09 mit ihren immer noch unabsehbaren Auswirkungen deutlich gemacht.

Die Auswirkungen der ökonomischen Globalisierung sind vielfältiger Natur (F. Scholz 2003; 2006). Mit Globalisierung gehen verschiedene Phänomene einher, die nicht nur Unternehmensentscheidungen, sondern auch die Arbeits- und Lebenswelt der Menschen in allen Weltregionen betreffen. Hierzu gehören unter anderem (U. Beck 1997; J. Ossenbrügge 2007):

- Entgrenzung im Sinne eines Bedeutungsverlustes nationaler Grenzen und damit auch nationalstaatlicher Handlungsautonomie. Die Reichweite wirtschaftlicher Akteure erhöht sich, die Bedeutung des Faktors Distanz sinkt.
- Beschleunigung im Sinne einer Zunahme der Transaktionsgeschwindigkeit und -intensität (das entsprechende Schlagwort „Turbokapitalismus“ weist auf diesen Aspekt hin).
- Flexibilisierung von Unternehmensentscheidungen, aber auch der Anforderungen an Arbeitnehmer und sonstige Marktteilnehmer (z. B. Kleinbauern).

Ein wichtiger Gegenstand geographischer Globalisierungsforschung sind deren raumstrukturelle Auswirkungen (z. B. Differenzierung zwischen Global Cities, globale Orte, globalisierte Orte, neue Peripherie – Ch. Dittrich 2004; R. Kappel 1995; F. Scholz 2002; 2004). Im Folgenden werden insbesondere die Zusammenhänge zwischen Globalisierung und Massenarmut in den EL in den Vordergrund gestellt.

Ökonomische Globalisierung schuf für bisherige EL auf der einen Seite neue wirtschaftliche Möglichkeiten. Ihr Anteil am Welthandel hat sich deutlich erhöht (vgl. Abb. 8.2/1 und Abb. 8.2/2).

Der „Aufstieg“ in die Liga der IL ist möglich geworden. Länder wie China oder Südkorea sind eindrucksvolle Beispiele für die aus dem globalisierten Wettbewerb für Niedriglohnländer erwachsenden Chancen.

Globalisierung vernichtet jedoch auf der anderen Seite Existenzmöglichkeiten durch die Überflutung der Binnenmärkte vieler Länder mit billigen Weltmarktprodukten. Heimische Industrien, Kleingewerbetreibende und zum Teil auch Landwirte sind ohne Zollschutz gegenüber industrieller Massenware aus Europa, USA oder China oft nicht konkurrenzfähig. Dem Ratschlag der Freihandelsbefürworter folgend versuchen diese Länder nun, sich auf einige Exportprodukte zu spezialisieren. Folglich drängen viele Regionen in einen oft verzweifelten und ruinösen Konkurrenzkampf um begrenzte Nischenmärkte. Letztere haben sich zwar im Zuge der Globalisierung dynamisch erweitert, sind aber meist zu eng, um für die Masse der im globalen Rationalisierungswettbewerb überflüssig gewordenen (bzw. noch nie in die Weltmarktproduktion integrierten) Arbeitskräfte hinreichend viele Existenzmöglichkeiten zu schaffen.

Daraus resultieren neue Chancen für die einen, vernichtete Existenzgrundlagen für die anderen. Der Globalisierungswettbewerb schafft Gewinner und Verlierer. Darin sind sich Globalisierungsbefürworter und -kritiker einig (vgl. Weltbank 2001). Gewinner sind überwiegend die Bewohner zentral gelegener Regionen und Akteure mit relativ gutem Ressourcenzugang. Verlierer sind zumeist Menschen in marktfernen Regionen und mit begrenztem Zugang zu Ressourcen. Tendenziell gehören also diejenigen mit der besseren Ausgangsposition zu den Gewinnern und jene mit der schlechten Ausgangslage zu den Verlierern. Dies führt dazu, dass sich die Kluft zwischen Arm und Reich weiter vergrößert (Abb. 8.2/2).

Das Neuartige an der Globalisierung besteht aber darin, dass diese Zunahme der Disparitäten sich nicht mehr eindeutig an der einstigen Grenzlinie zwischen IL und

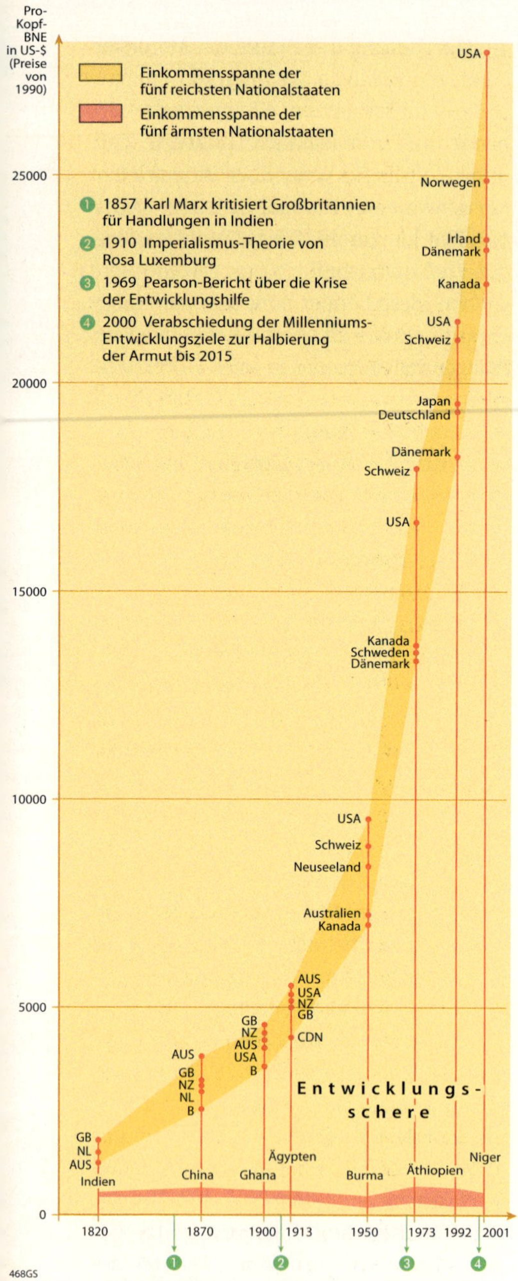

***Abb. 8.2/2** Die Verschärfung des Gegensatzes zwischen Reich und Arm*

EL, zwischen Nord und Süd und auch nicht an nationalen Grenzen orientiert. Neben den sich teilweise auflösenden großräumigen Gegensätzen zwischen den alten Industrie- und Entwicklungsländern nehmen die Disparitäten zwischen reichen und armen Regionen innerhalb der nationalen Grenzen (z. B. zwischen den Küstenregionen und dem Hinterland Chinas) und die sozialen Unterschiede an allen Orten zu (D. MÜLLER-MAHN 2007). Auch in den reichen globalen Zentren nimmt die Zahl der Armen zu, während in armen Ländern, geschützt durch Sicherheitsvorkehrungen, die Inseln des Reichtums wachsen. Dieser Prozess wird mit den Metaphern „fragmentierende Entwicklung" (E. ALTVATER & B. MAHNKOPF 1999; U. MENZEL 1998; F. SCHOLZ 1999) oder „Archipelisierung" (W. HEIN 1999) umschrieben: „Inseln des Reichtums in einem Meer der Armut" (F. SCHOLZ 2000). Zur Problematik der Fragmentierung der Gesellschaften gesellt sich das Problem der Zunahme ökonomischer Risiken. Der Preis der hohen Kapitalmobilität ist nicht allein das Risiko großer Finanz- und Wirtschaftskrisen wie in 2008/09, die – ausgehend z. B. von einer Immobilienkreditkrise in den USA – die Arbeitsplätze und Einkommenschancen von Menschen auch in den entlegensten Weltregionen bedrohen. Die Instabilität der Finanz- und Devisenmärkte lässt auch in „normalen" Jahren die Zinsen sowie die Erzeuger- und Verbraucherpreise von Grundnahrungsmitteln (und damit die Nahrungsunsicherheit) in Größenordnungen von ± 50 % schwanken. So fiel z. B. der Wert des Rand in Südafrika infolge der Terroranschläge am 11.09.2001 in den

USA aus für die Bevölkerung nicht nachvollziehbaren Gründen um 20 %. Die Importwaren verteuerten sich entsprechend. Die ökonomische Globalisierung hat auch problematische Auswirkungen auf die Funktionsfähigkeit, Legitimität und Stabilität der politischen Systeme in den armen Ländern (vgl. Kap. 10). Sie führt darüber hinaus auch zu krisenhaften Dynamiken in den gesellschaftlichen (Kap. 11) und ökologischen Systemen (Kap. 9).

Festzuhalten bleibt, dass Globalisierung zwar wirtschaftliche Aufstiegschancen für arme Regionen und Bevölkerungsgruppen bietet. Sie schafft aber aufgrund des anhaltenden Rationalisierungswettbewerbs – selbst bei dynamischem Wirtschaftswachstum – zu wenig gesicherte Existenzmöglichkeiten für die gesamte Weltbevölkerung und damit für die Mehrzahl der Armen. Ein großer, marginalisierter Teil der Weltbevölkerung (das sind Menschen, die für die Kapitalverwertung nicht gebraucht werden, die aber zu ihrem Lebensunterhalt auf Beschäftigungs- bzw. Absatzmöglichkeiten der weltmarktintegrierten Sektoren angewiesen und deshalb gezwungen sind, sich zu miserablen Bedingungen auf den Märkten anzubieten) wird von den weltmarktintegrierten Wirtschaftssektoren, die einen immer größeren Teil der Ressourcen in Anspruch nehmen, weder als Arbeitskraft/Produzent noch als Konsument wirklich benötigt. F. Scholz (2004, 229) spricht von einer „dreifach überflüssigen Masse der Weltbevölkerung".

8.3 Entwicklungspolitik und -strategien

8.3.1 Überblick: Eine Mehr Ebenen-Strategie der armutsorientierten Wirtschaftsförderung

Ökonomische Strategien zur Reduzierung von Massenarmut lassen sich grob nach ihrer Position zu Globalisierung und Freihandel unterteilen:

A. Die neoliberale Position der Freihandelsverfechter will die Deregulierung der Märkte schneller vorantreiben und setzt darauf, dass das daraus resultierende Wirtschaftswachstum mittelfristig genügend Arbeitsplätze schafft, um die Armen in die Weltwirtschaft zu integrieren (J. Williamson 1990). Die Vertreter dieser Strategie verweisen auf die positive Korrelation zwischen Marktöffnung, Wirtschafwachstum und Armutsminderung (M. Ravallion & S. Chen 1997).

B. Die radikale globalisierungskritische Position wendet sich gegen Öffnung der Märkte und strebt – in Einklang mit früheren dependenztheoretisch begründeten Forderungen nach Ab kopplung vom Weltmarkt – einen möglichst hohen Grad an regionaler bzw. lokaler ökonomischer Autonomie, verbunden mit einer drastischen Reduzierung des Ressourcenverbrauchs an. Damit verbunden wäre „das Ende des Kapitalismus, wie wir ihn kennen" (E. Altvater 2007).

C. Viele derzeit im Rahmen der EZ propagierten und praktizierten Wirtschaftsförderungsstrategien gehen vom Globalisierungsprozess als gegebener Rahmenbedingung aus und versuchen auf nationaler, regionaler oder lokaler

Ebene, die Regierungen und/oder die wirtschaftlichen Akteure (z.B. Unternehmer, Kleinbauern, Genossenschaften) zur besseren Nutzung der Chancen bzw. zur Vermeidung der Risiken der Globalisierung zu befähigen (z.B. Förderung von Klein- und Mittelunternehmen, Wertschöpfungsketten, Schaffung geeigneter Rahmenbedingungen durch nationale Wirtschaftspolitik, Verbesserung des Zugangs zu Ressourcen und Märkten, Mikrofinanzierung).

D. Pragmatisch globalisierungskritische Strategien versuchen im Rahmen von Global Governance bzw. einer als globale Strukturpolitik verstandenen Entwicklungspolitik (BMZ), auf eine politische Regulierung bzw. Steuerung des ökonomischen Globalisierungsprozesses in eine sozial- und umweltverträglichere Richtung hin zu wirken (vgl. Weltkommission für die soziale Dimension der Globalisierung 2004).

Die Vertreter der Strategie A, also der Freihandelsstrategie, ignorieren die ökologischen Grenzen des Wachstums. Sie verkennen zudem, dass die meisten Aufsteigerländer mit starkem Wirtschaftswachstum ihre heutige Konkurrenzfähigkeit erst nach einigen Jahrzehnten selektiver Abschottung erreicht haben (U. Menzel 1998). Auch ziehen sie aus den statistischen Korrelationen zwischen Wachstum und Armutsminderung in der Vergangenheit falsche Schlüsse für die Zukunft, weil sie die Grenzen des Beschäftigungswachstums übersehen. Was für einzelne (!) Länder einst ein gangbarer Weg war, ist kein Weg für die gesamte Menschheit, für die großen Masse der Marginalisierten. Aus diesen Gründen haben sich viele Organisationen von einer reinen Wachstumsförderstrategie abgewandt (u.a. die Weltbank) und verfolgen Strategien eines staatlich gesteuerten armutsorientierten Wachstums (Pro-Poor Growth – Siehe Abschnitt 8.3.3).

Die radikale globalisierungskritische Strategie (B) einer alternativen nachhaltigen und solidarischen, auf einem höheren Grad an regionaler Autonomie und der Verwendung regenerativer (dezentraler) Energiequellen basierenden Ökonomie gewinnt in Zeiten der globalen Finanzkrise mit ihren immanenten Deglobalisierungstendenzen an Überzeugungskraft. Sie weist auf positive alternative Perspektiven hin für Krisensituationen, die sich mit den herkömmlichen Instrumenten des politischen Krisenmanagements nicht mehr bewältigen lassen. Sie zeigt Wege nach vorn, im Gegensatz zu einem perspektivlosen, nach rückwärts gerichteten, Krisen verschärfenden und Konflikte schaffenden nationalstaatlichen Protektionismus. Sie setzt bei Aktionsmöglichkeiten für neue soziale Bewegungen (z.B. in Brasilien) an (E. Altvater 2007) und gibt diesen einen Begründungszusammenhang und eine globale Perspektive. Die radikalen globalisierungskritischen Positionen – die durchaus nicht das Rad der Geschichte einfach nur zurückdrehen wollen – sind meist nicht als kurzfristig umsetzbare Strategieentwürfe, sondern erst einmal als Kritik formuliert. Sie liefern dennoch relevante Bezugspunkte (wie Solidarität, Nachhaltigkeit, dezentrale Steuerung, lokale Selbstbestimmung, regenerative Energien) auch für die aktuelle Entwicklungspolitik und für das erforderliche Umsteuern. Konkrete Lösungen aber lassen sich nicht eins zu eins aus solchen globalen Langzeitperspektiven ableiten, sondern müssen kontextspezifisch für jede Region entwickelt werden (vgl. Kap. 7).

Die im Folgenden ausgeführte entwicklungspolitische Strategie stellt folglich die Notwendigkeit der Kombinationen der unter C und D skizzierten Ansätze in den Vordergrund. Das BMZ propagiert diese Verknüpfung unter dem Motto: „Fit for fairer Chances" (BMZ 10/2004). Strategie C, die Unterstützung verbesserter Wirtschaftsförderstrategien in den Partnerländern der EZ, kennzeichnet, für sich allein genommen, die bisherige Entwicklungspolitik (vgl. Kap. 5). Sie versucht, Partnerländer und Zielgruppen „fit" zu machen für einen verzweifelten Kampf um begrenzte Chancen. Damit ist sie – wie gezeigt wurde – trotz der teilweise beeindruckenden lokalen Erfolge zum Scheitern verurteilt, gemessen am Ziel eines Beitrags zur weltweiten Armutsminderung. Strategie D (entwicklungsorientierte globale Strukturreformen) kann, sofern sie durchsetzungsfähig ist, die Chancen, d. h. die ökonomischen Handlungsspielräume, erweitern. Aber verbesserte Chancen für die Länder des Südens insgesamt werden in der Regel nur von jenen genutzt werden, die bereits „fit" sind, sofern nicht gleichzeitig die Armen dazu befähigt werden, diese für sich zu nutzen. Konsequenz dieser Überlegungen ist – in Einklang mit dem in Kap. 7 vorgestellten generellen Mehr-Ebenen-Ansatz – eine Mehr-Ebenen-Strategie armutsorientierter Wirtschaftsförderung:

- Auf globaler Ebene und in den reichen Ländern geht es darum, arbeitsintensive Wirtschaftsaktivitäten in Ländern mit Massenarmut vor der Konkurrenz der Weltmarktproduktion angemessen zu schützen und fairere Handelsbedingungen sowie Sozialstandards durchzusetzen, um dadurch mehr Existenzmöglichkeiten und menschenwürdige Arbeitsbedingungen zu schaffen. Dies ist der reale Gegenstand einer sozialverträglichen Steuerung von Globalisierung.
- Auf nationaler Ebene in den Partnerländern geht es darum, den verbesserten Schutz vor übermächtiger externer Konkurrenz zu nutzen, um einerseits die Konkurrenzfähigkeit der inländischen (einschließlich der am Binnenmarkt orientierten) Produktion zu erhöhen und andererseits das Wirtschaftswachstum in eine armutsorientierte (Pro-Poor) Richtung zu steuern.
- Auf regionaler (sub-nationaler) Ebene geht es vor allem darum, kontextgerechte ökonomische Möglichkeiten unter Berücksichtigung naturräumlicher, soziokultureller, institutioneller Bedingungen und der Nachfragesituation zu identifizieren sowie darum, die für Wirtschaftsaktivitäten erforderlichen ökonomischen Dienstleistungssysteme aufzubauen.
- Auf lokaler Ebene kommt es darauf an, insbesondere die ärmeren und benachteiligten Bevölkerungsgruppen in die Lage zu versetzen, die verbesserten Möglichkeiten zu nutzen und mit den Risiken und Chancen von Märkten strategisch umzugehen.

Nur die Kombination von Maßnahmen auf all diesen Ebenen, also die Verknüpfung von angemessenem Schutz, Anreizen für die Entfaltung produktiver Potenziale, Unterstützung bei der Suche nach tragfähigen Möglichkeiten und gezielter Befähigung und Stärkung der Marktmacht der Armen kann zu einer armutsmindernden Wirtschaftsentwicklung beitragen. Die einzelnen Strategiekomponenten auf den verschiedenen Ebenen werden in den folgenden Abschnitten näher erläutert und begründet.

8.3.2 Globale Ebene: sozialverträgliche Steuerung der globalen Märkte

Die Analyse der Globalisierungswirkungen zeigte, dass eine Öffnung der Binnenmärkte in armen Ländern aufgrund eines weltweiten Rationalisierungswettbewerbs mehr Existenzmöglichkeiten zerstört als sie an anderer Stelle neue schaffen kann. Gleichzeitig fördert sie einen zum Teil ruinösen Kostensenkungswettbewerb, der zu Niedriglöhnen und miserablen Arbeitsbedingungen führt. Ein zusätzliches Problem entsteht aus der Doppelzüngigkeit der reichen Länder, die von den armen Ländern Freihandel fordern, selbst aber ihre Produzenten mit protektionistischen Marktinterventionen weiterhin schützen und in die Lage versetzen, andere Länder mit ihren subventionierten Produkten zu überschwemmen. Der freie Kapitalverkehr schafft Unsicherheit für Produzenten durch ständige erratische Schwankungen von Preisen, Zinsen und Wechselkursen. Produktives Wissen ist immer weniger frei verfügbar. Gleichzeitig nimmt auch die internationale Arbeitsmigration zu – obgleich weit stärker reguliert als Handel und Kapitalverkehr – und führt auf Seite der Herkunftsländer zum Verlust von Kompetenz (Brain Drain), aber auch zu bedeutenden Einkommenszuflüssen (Rücküberweisungen), und auf Seite der reichen Länder zur Furcht vor Erosion mühsam erreichter Sozialstandards.

Ziel einer sozial verträglichen Steuerung dieser Prozesse müsste es vor dem Hintergrund dieser Problemsituation sein (vgl. J. Stiglitz 2006):

- einerseits die Existenzgrundlagen der Armen angemessen zu schützen vor übermächtiger Konkurrenz, vor massiven unberechenbaren Schwankungen der ökonomischen Rahmenbedingungen und vor Verlust der Kontrolle über die eigenen Ressourcen,
- und andererseits den Zugang der Armen zu Märkten und zu Wissen zu erleichtern.

Die entscheidenden Politikfelder für die Erreichung dieser Ziele sind die Handelspolitik, die Regulierung grenzüberschreitender Direktinvestitionen, die damit verbundene Debatte um Sozialstandards, die Regulierung der Finanzmärkte, das Regelwerk zum Schutz und zur Nutzung von geistigem Eigentum (z. B. Patentrecht) sowie die Steuerung internationaler Arbeitsmigration (vgl. Weltkommission für die soziale Dimension der Globalisierung 2004). In all diesen Politikfeldern finden seit vielen Jahren Verhandlungen unter dem Dach internationaler Organisationen statt. In keinem dieser Bereiche haben die Verhandlungen bislang zu einem für alle Beteiligten zufriedenstellenden Abschluss geführt. Obgleich die Ergebnisse dieser Verhandlungen für die Entwicklungschancen der Länder des Südens und insbesondere für Armutsminderungsbestrebungen eine entscheidende Rolle spielen, werden die einschlägigen internationalen Konferenzen meist von anderen als den entwicklungspolitischen Interessen dominiert. Die globale Strukturpolitik des BMZ zielt darauf hin, die entwicklungspolitischen Ziele gegenüber den handels- oder agrarpolitischen Interessen der IL stärker in den Vordergrund der Agenda zu rücken.

Handelspolitik: Die Armen brauchen Schutz und Zugang

Die World Trade Organisation (WTO) wurde 1995 als Nachfolgeorganisation von GATT (General Agreement on Trade and Tariffs, gegründet 1948) mit dem Ziel der Förderung des Freihandels eingerichtet. Ihr gehören mittlerweile 153 Staaten an. Im Rahmen der WTO werden Vereinbarungen über Regelungen des internationalen Handels (einschließlich Dienstleistungen und Eigentumsrechte) getroffen und überwacht. Seit Gründung des GATT wurden weltweit die Zölle für Industrieprodukte von durchschnittlich 40 % auf 5 % abgebaut (M. Becker, S. John & S. Schirm 2007, 141). Die WTO zählt somit zu den Vorreitern der ökonomischen Globalisierung.

In der derzeitigen, 2001 in Doha begonnenen (deshalb als „Doha-Runde" bezeichneten) Welthandelsrunde sollte es um ein wechselseitiges Geschäft zwischen Industrie- und Entwicklungsländern gehen: Die IL sollten die für die EL relevanten Zölle und (Export-) Subventionen für Agrarprodukte sowie Textilien und Bekleidung abbauen. Im Gegenzug sollten sich die EL sich verpflichten, weitere Schritte hin zur Öffnung ihrer Binnenmärkte (einschließlich liberalisierter Investitionsbedingungen und Öffnung des öffentlichen Beschaffungswesens für den internationalen Wettbewerb) zu unternehmen. Diese Bestrebungen scheiterten auf der Konferenz in Cancún 2003 an der fehlenden Bereitschaft der IL, ihren Agrarprotektionismus stärker abzubauen, und dem Widerstand einer Gruppe von Entwicklungs- und Schwellenländern gegen die Forderungen der IL nach verbesserten Investitionsbedingungen für transnationale Unternehmen. Seit Cancún sind alle weiteren Anläufe zu einem Kompromiss, und damit zu einem Abschluss der Doha-Runde zu gelangen, gescheitert. Stattdessen versuchen die USA und die EU nun auf dem Weg über bilaterale Abkommen, eine weitere Marktöffnung der Entwicklungs- und Schwellenländer zu erreichen (C. Jakobeit 2006).

Das Scheitern erfuhr ein geteiltes Echo: Freihandelsverfechter, aber auch jene, die auf einen schnelleren Abbau des Agrarprotektionismus der IL hofften, waren enttäuscht. Globalisierungskritiker sahen in der gestärkten Verhandlungsmacht der Länder des Südens und in deren erstmals erprobten Fähigkeit, sich gegen eine weitere Öffnung ihrer Märkte zu wehren, ein Zeichen der Hoffnung. Aus der Perspektive der globalen Strukturpolitik, des Versuchs, zu sozial- und entwicklungsverträglichen Handelsvereinbarungen zu gelangen, ist das vorläufige Scheitern der Doha-„Entwicklungs"-Runde wohl eher als Rückschlag zu bewerten (T. Rauch 2008): Prallten in Cancún und bei den darauf folgenden Treffen doch die kurzsichtigen Eigeninteressen einflussreicher

Wer ist Nutznießer eines Abbaus des EU-Agrarprotektionismus?

Ein Abbau der Handelsschranken und der Subventionen der EU und der USA im Agrarbereich führt nicht nur zu verbesserten Absatzmöglichkeiten für Agrarprodukte für den Rest der Welt, sondern auch zu einer Reduzierung der Überschussproduktion und damit zu einer Verknappung des Angebots und einer Erhöhung des Agrarpreisniveaus. Es gilt zu unterscheiden zwischen den unmittelbaren und den längerfristigen Folgen. Bei letzteren wird die Reaktion der Agrarproduzenten im Rest der Welt auf die zu erwartenden Preiserhöhungen berücksichtigt. Dabei kommt es darauf an, in welchem Umfang es noch ungenutzt landwirtschaftliche Ressourcen gibt, wie groß also das Produktionsausweitungspotenzial (ökonomisch ausgedrückt: die Angebotselastizität) ist. (vgl. Brüntrup, M. 2005)

Adressaten der Wirkung	Art der Wirkung	Kurzfristiger Einkommenseffekt	Mittelfristiger Effekt (nach Mengenanpassung)	
			Bei geringen Produktionsausweitungsspielräumen	Bei hohen Produktionsausweitungsspielräumen
Nach Ländergruppen	Strukturelle Agrar-Exportländer	+ • Höhere Mengen • Höhere Erzeugerpreise	(+) • Geringe Mengenausweitung • Höhere Erzeugerpreise	++ • Starke Mengenausweitung • Höhere Erzeugerpreise
	Strukturelle Agrar-Importländer	– • Höhere Verbraucherpreise • Höheres Risiko von Versorgungsengpässen	– • Höhere Verbraucherpreise • Anhaltende Importabhängigkeit	+ • Mengenausweitung • Verbraucherpreise sinken wieder
	Länder mit Handelspräferenzen	– Präferenzverlust: • geringe Exportmengen • niedrige Exportpreise	– • anhaltender Präferenzverlust • Zwang zu Strukturanpassung • anhaltend höhere Verbraucherpreise	(+) • erhöhter Selbstversorgungsgrad • Zwang zur Erhöhung der Konkurrenzfähigkeit
Bevölkerungsgruppen innerhalb der Länder	Städtische Bevölkerung/Käufer von Agrarprodukten	– • Höhere Verbraucherpreise • Höheres Risiko von Versorgungsengpässen	– • Höhere Verbraucherpreise • Höheres Risiko von Versorgungsengpässen	+ • erhöhter Grad der Selbstversorgung • Verbraucherpreise sinken wieder
	Bäuerliche Bevölkerung/Verkäufer von Agrarprodukten	+ • Höhere Mengen • Höhere Erzeugerpreise	+ • Geringe Mengenausweitung • Höhere Erzeugerpreise	++ • Starke Mengenausweitung • Höhere Erzeugerpreise

Tab. E 8.3.2/1 Zu erwartende Wirkungen eines Abbaus der Agrarprotektion der OECD-Länder auf die Nicht-OECD-Länder

Lobby-Gruppen der reichen Länder und die Interessen der Regierungen der Südländer (die auch untereinander heterogen sind) ohne eine Chance erfolgreicher Vermittlung durch Vertreter des langfristigen gemeinsamen Interesses an globaler Entwicklung (wie das BMZ) frontal aufeinander.

Worin aber könnte eine an den Bedürfnissen der Armen orientierte Regulierung des Welthandels bestehen? Die Armen brauchen einen asymetrischen Abbau von Protektionismus. Sie brauchen einerseits Zugang zu Märkten. Dabei geht es nicht nur um die Produktion für die Märkte der IL, sondern auch für die von subventionierten Produkten aus dem Norden überschwemmten lokalen und regionalen Märkte (zwar sind die zu erwartenden Wirkungen eines Subventionsabbaus ambivalent – vgl. Abb. 8.3.2/1 –, sie begünstigen aber langfristig den Abbau von Armut). Die Armen brauchen andererseits aber Schutz für arbeitsintensive lokale Produktionszweige, die Beschäftigungs- und Einkommensmöglichkeiten für viele schaffen. Nun ist es durchaus umstritten, ob Protektion wirklich den Armen nützt. Erfahrungen mit der einstigen Schutzzollpolitik der EL geben Anlass zu Zweifel.

Meist entfalteten sich hinter den Zollmauern nur eine blühende Korruption der Politiker und Zollverwaltungen sowie ineffiziente staatliche Großbetriebe, in denen nur ein kleiner Teil der Arbeitssuchenden Beschäftigung fand, und in denen Misswirtschaft wucherte. Die verbreitete Skepsis der Freihandelsbefürworter gegenüber Schutzzöllen fand somit tausendfach Bestätigung. Eine Wiederholung dieser – zur Verschuldungskrise beitragenden – Fehlentwicklung würde die Massenarmut nicht verringern. Eine armutsorientierte Politik zum Schutz der Binnenmärkte muss folglich fokussiert und maßgeschneidert sein: Sie sollte

- auf arbeitsintensive Gewerbezweige, die viele Existenzmöglichkeiten schaffen fokussiert werden,
- auf solche Wirtschaftsaktivitäten, die – bei entsprechender Förderung – mittelfristig (in ca. 20 bis 40 Jahren) eine Chance haben, international konkurrenzfähig zu werden,
- maßvoll und zeitlich befristet sein (mit einem effektivem Zollschutz von nicht mehr als 30 – 40 % – dieser bezieht sich im Unterschied zum nominellen Zollsatz nicht auf den Gesamtwert des Produkts, sondern auf die lokale Wertschöpfung – und geplanter stufenweiser Reduktion), um Anreize für die Erreichung der Wettbewerbsfähigkeit zu schaffen.

Für solch eine feingesteuerte entwicklungsorientierte Schutzzollpolitik gibt es viele historische Vorbilder (von Deutschland im 19. Jahrhundert bis hin zu Südkorea im letzten Drittel des 20. Jahrhunderts) und ausgereifte Konzepte (H.-J. Chang 2003; J. Wiemann 2005). Es bedarf jedoch eines hohen Niveaus an Regierungsführung, um das zollpolitische Instrumentarium zielgerecht zu bedienen. Dies kann nicht vorausgesetzt werden und sollte deshalb Gegenstand von handelspolitischen Vereinbarungen und entsprechender EZ-Unterstützung sein. Schutz für die Armen vor der zerstörenden Macht der Märkte und vor dem damit einhergehenden

Peripherisierungsdruck kann also nicht heißen, diese wieder der alleinigen Obhut nationalstaatlicher Souveränität zu überlassen. Es liegt vielmehr auch in der globalen Verantwortung, dafür Sorge zu tragen, dass von den erforderlichen einseitigen Handelspräferenzen zugunsten der Länder des Südens auch tatsächlich die Armen profitieren (W. HEIN 2002).

Sozialstandards: Menschenwürdige Arbeitsbedingungen

Gegenstand der Diskussion um Sozialstandards sind – anders als bei armutsorientierter Handelspolitik, bei der es um die Schaffung zusätzlicher Existenzmöglichkeiten geht – die Arbeitsbedingungen derer, die einen Arbeitsplatz haben. Der Fokus ist hier auf die Situation der Working Poor gerichtet. Ziel ist hier also nicht die Überwindung von Marginalisierung, sondern die Verhinderung extremer Formen der Ausbeutung von Arbeitskraft. Durch internationale Vereinbarungen soll erwirkt werden, dass überall, insbesondere aber bei der Erstellung international gehandelter Güter- und Dienstleistungen, zumindest menschenwürdige Arbeitsbedingungen herrschen.

Dieses Ziel wird mithilfe unterschiedlicher Ansätze verfolgt, die teils als komplementär zu betrachten sind, teils als konkurrierende Strategien diskutiert werden. Diese lassen sich in verbindliche internationale Vereinbarungen und in freiwillige Selbstverpflichtungen unterteilen:

- Die Kernarbeitsnormen der ILO (International Labour Organisation), vereinbart 1998, sind völkerrechtlich verbindliche Standards, die von den unterzeichnenden Regierungen in nationales Arbeitsrecht überführt werden müssen (vgl. B. ENGELS 1999). Die Kernarbeitsnormen wenden sich gegen Zwangsarbeit, gegen die schlimmsten Formen von Kinderarbeit, gegen rassistische, sexistische und weltanschauliche Diskriminierung am Arbeitsplatz und für Vereinigungsfreiheit der Beschäftigten.
- Der Einbau von Sozialklauseln in Handelsabkommen der WTO sollte dazu dienen, Handelssanktionen gegen Länder zu verhängen, die bestimmte zu vereinbarende soziale Mindeststandards nicht einhalten. Dadurch sollte verhindert werden, dass ein Land oder ein Unternehmen durch inakzeptable Sozialstandards (Sozial-Dumping) Wettbewerbsvorteile auf dem Weltmarkt erlangt. Dieser Ansatz scheiterte am Widerstand der Entwicklungs- und Schwellenländer, die befürchteten, dass es den alten Industrieländern nur um einen Vorwand ging, neue Handlungsbarrieren gegen Niedriglohnkonkurrenz zu errichten (H. GROSSMANN 2004).
- Corporate Social Responsibility (CSR) setzt hingegen auf freiwillige Verpflichtungen transnational agierender Unternehmen zur Einhaltung von schriftlich vereinbarten Verhaltenskodizes. Hier gibt es mittlerweile eine schwer überschaubare Fülle von – oft branchenspezifischen – Standards.
- Der UN Global Compact resultiert aus einer Initiative des damaligen UN-Generalsekretärs Kofi Annan am Weltwirtschaftsforum in Davos 1999. Der Global Compact setzt für freiwillige

Vereinbarungen (deren Einhaltung – zum Missfallen der Kritiker – keiner unabhängigen Kontrolle unterliegt) einen gemeinsamen internationalen Bezugsrahmen. Dieser besteht aus zehn Prinzipien, die allesamt auf bereits existierenden internationalen Vereinbarungen beruhen. Darüber hinaus erfüllt der Global Compact die Funktion eines Lern- und Dialogforums zwischen Privatwirtschaft, Regierungen und NROs. Mehr als 4500 Unternehmen aus etwa 120 Ländern haben sich bis Mitte 2008 auf die zehn Prinzipien verpflichtet (BMZ 2008).

- Die OECD-Leitlinien für multinationale Unternehmen (2000) stellen einen weiteren Versuch dar, einen gemeinsamen internationalen Orientierungsrahmen für freiwillige Verhaltensregeln aufzustellen. Im Unterschied zum Global Compact handelt es sich hierbei um ein von den Regierungen der OECD-Länder vereinbartes multilaterales Regelwerk (F. Nuscheler 2005).

Bei der Schaffung eines internationalen Regelwerks zur Sicherstellung minimaler Sozialstandards im Arbeitsleben wurden seit der Jahrhundertwende bedeutende Fortschritte erzielt. Es gibt eine Einigung der Mehrzahl der Regierungen auf die ILO-Kernarbeitsnormen, die zunehmend auf nationale Arbeitsgesetzgebungen übertragen werden. Ergänzend dazu gibt es einen normativen, von den Regierungen der reichen Länder gesetzten Rahmen als Bezugspunkt für freiwillige Verhaltenskodizes transnational agierender Unternehmen. Diese Kombination aus nationalen Gesetzen, freiwilligen Verpflichtungen transnational agierender Firmen und internationalen Foren, an denen Regelverstöße thematisiert werden können, bildet eine gute Voraussetzung dafür, dass Sozialstandards zumindest dort besser respektiert werden, wo für Exportmärkte produziert wird.

Eine armutsorientierte Strategie zur Sicherstellung sozialer Minimumstandards muss kontextgerecht sein. Nur, wenn sie die lokalen Produktionsbedingungen und sozialen Gegebenheiten berücksichtigt, hat sie eine Chance, umgesetzt zu werden. Nur dann vermeidet sie die Gefahr, die Ausbeutung von Menschen dadurch zu beenden, dass diese ihre Existenzgrundlagen verlieren. Ein Beispiel: Wer Kinderarbeit in kleinbäuerlichen Viehhaltergesellschaften unterbinden will (wo Kinder auf die Tiere aufpassen müssen und dadurch oft am Schulbesuch gehindert werden), trägt tendenziell dazu bei, dass die soziale Sicherungsfunktion der Tierhaltung verloren geht, oft ohne dass durch einen Schulbesuch die Chancen der Kinder, einen Arbeitsplatz zu erlangen, sich verbessern würden. Wo die Einhaltung sozialer Mindeststandards an der Armut scheitert, helfen also normativ gesetzte globale Standards und deren rigorose Durchsetzung wenig (H. Grossmann 2004). Worauf es ankommt ist, wenigstens zu verhindern, dass durch globalen Wettbewerb und einen auf die Lieferanten aus armen Ländern ausgeübten Preisdruck die Arbeitsbedingungen in Relation zum üblichen lokalen Niveau verschlechtert werden. Darüber hinaus gilt es, extreme menschenverachtende Auswüchse (Sklaverei, Prostitution, schlimmste Formen von Kinderarbeit) zu bekämpfen. Hierzu bedarf es – neben den vorhandenen globalen Grundprinzipien und daran orientierten, aber auf die landesspezifischen Bedingungen zugeschnittenen nationalen Gesetzen – konkreter branchen- und regionsspezifischer, mit lokalen Akteuren ausgehandelter Vereinbarungen.

Kapitalverkehr: stabile ökonomische Rahmenbedingungen

Arme Länder und arme Menschen brauchen stabile wirtschaftliche Rahmenbedingungen. Sie haben geringe Kapazitäten, um mit externen Schocks umzugehen (Coping Capacities). Sie sind risikoanfälliger, verwundbarer in krisenhaften Situationen als wirtschaftlich stärkere Akteure. Nicht erst die Weltfinanzkrise 2008/2009 zeigte, dass freie Kapitalmärkte das erforderliche Minimum an Stabilität und Berechenbarkeit nicht bieten können. Die Netto-Kapitalzuflüsse in die EL, die Wechselkurse, die Zinssätze, die Aktienkurse, die Erdöl- und Treibstoffpreise und die Nahrungsmittelpreise unterliegen extremen Schwankungen. Das Ausmaß dieser Schwankungen ist meist spekulativ überhöht, resultiert also aus den ungebremsten Kapitalströmen.

Stabile Bedingungen für wirtschaftende Menschen in aller Welt, insbesondere für die Ärmeren und Risikoanfälligeren, erfordern deshalb eine globale Regulierung der Finanzmärkte. Die nötigen Maßnahmen werden seit Beginn der Deregulierung des internationalen Kapitalverkehrs diskutiert (u. a. auf dem G-20 Finanzgipfel in London 2009). Sie ließen sich jedoch bislang gegen die mächtigen Interessen des Finanzkapitals nicht durchsetzen. Zu diesen Maßnahmen gehören (vgl. S. Hessler 2009):

- Besteuerung von Finanztransaktionen und des Börsenhandels, um dadurch Volumen und Geschwindigkeit spekulativer Kapitalflüsse abzubremsen (z. B. „Tobin-Steuer").
- Zulassungspflicht für Finanzmarktprodukte (ähnlich wie bei Medikamenten).
- Erhöhung von Transparenz und Kontrolle von Finanzmarkttransaktionen durch Bilanzierung aller Vorgänge und Bestände. Diese Maßnahme ist zwar primär zum Schutz der Anleger gedacht, ist aber auch geeignet, eine gefährliche Abkopplung der finanziellen von der realwirtschaftlichen Sphäre zu bremsen.
- Vorgabe eines Mindest-Eigenkapitalanteils bei allen Finanztransaktionen.
- Sanktionen gegen Steuerfluchtoasen und Finanzplätze, die sich einer stärkeren Kontrolle des Finanzkapitals verweigern.
- Stärkung und Demokratisierung internationaler Organisationen zur Stabilisierung von Finanz- und Devisenmärkten. Dies betrifft insbesondere die zukünftige Rolle des IWF.

Diese Maßnahmen sind nicht nur notwendig, um das Vertrauen von Anlegern in die für eine arbeitsteilige Wirtschaft unverzichtbar gewordenen Finanzinstitutionen zurückzugewinnen. Sie sind auch wichtig, um den Einfluss der Politik, einer international koordinierten Politik, gegenüber der Macht des Finanzkapitals wieder zu stärken. Und sie sind – das ist für Armutsminderung besonders wichtig – ein Schritt in Richtung Entschleunigung, Stabilisierung, Erhöhung regionaler ökonomischer Gestaltungsmacht. Manche nennen diese reale Utopie „globale soziale Marktwirtschaft“ (BMZ 2005), andere sehen darin den überfälligen Schritt zu einem System von Global Governance, einer der Globalisierung der Märkte folgenden, überfälligen Globalisierung von Politik und Gesellschaft (D. MESSNER & F. NUSCHELER 2003), wieder andere bezeichnen sie als Schritt in Richtung Deglobalisierung (E. ALTVATER 2005, 222). All dies trifft wohl zu: Eine Verringerung des Grades der Globalisierung der Wirtschaft (gemessen an der eingangs genannten Definition) würde erreicht durch eine Zunahme der globalisierten politischen und gesellschaftlichen Regulierung.

Auf dem G-20 Finanzgipfel im April 2009 in London wurden weder eine Reform des Weltwährungssystems noch Einschränkungen des internationalen Kapitalverkehrs in Angriff genommen. Dennoch wurden einige wichtige Schritte zur Kontrolle der Finanzinstitute, zur Erhöhung der Transparenz von Finanztransaktionen und zur Beseitigung von Steueroasen beschlossen (B. LUDERMANN 2009). Wie bei allen internationalen Vereinbarungen, die eine Vielzahl mächtiger Partikularinteressen tangieren und die die Klärung vieler Details erfordern (z. B. Klimavereinbarungen), wird es auch hier eines langen Atems und eines anhaltenden zivilgesellschaftlichen Drucks auf die Regierungen bedürfen.

Der Schutz geistigen Eigentums: Patentrecht und Armutsminderung

Armutsminderung erfordert Zugang zu Wissen. Dies beinhaltet den Zugang zu externem Wissen wie im Fall von ertragssteigerndem Saatgut oder Medikamenten. Es gilt aber auch für das lokale Wissen der Armen, z. B. über die Vielfalt lokaler Arten oder über lokale Heilkräuter. Die politische Forderung zur Umsetzung der Armutsminderungsziele müsste also ganz einfach lauten: freier Zugang der Armen zu Wissen und den Technologien, in denen das Wissen verkörpert ist, und Schutz des lokalen Wissens gegen Entwendung und kommerzielle Verwertung. Nun ist aber die Schaffung von neuem Wissen mit (Forschungs-) Kosten verbunden. Bei Pflicht zu unentgeltlicher Bereitstellung des für die Armen relevanten Wissens würden sich die Forschungsinvestitionen auf jene Bereiche konzentrieren, für die es kaufkräftige Abnehmer gibt. So wird beispielsweise von der Pharmaindustrie mehr Geld in die Entwicklung von Medikamenten für Wohlstandskrankheiten investiert als in Mittel zur Bekämpfung von Krankheiten, von denen überwiegend arme Länder betroffen sind. Die Frage stellt sich also: Wer bezahlt für die Schaffung von Wissen, von Technologien, die für die Armen wichtig sind, von diesen aber nicht finanziert werden können?

Geistige Eigentumsrechte (wie Patentrechte) sind ein wirtschaftspolitisches Instrument zum Umgang mit diesem Konflikt (K. LIEBIG 2005). Konkret geht es dabei darum, zu welchem Grad Wissen privatisiert werden soll, um einerseits die Forschungskosten zu finanzieren und Anreize für private Forschung zu schaffen, und um andererseits das Wissen so breit wie möglich für die Allgemeinheit nutzbar zu machen.

Im Rahmen des TRIPS-Abkommens (Trade Related Aspects of Intellectual Property Rights), das unter dem Dach

Medikamente nur für die Reichen?

TRIPS betrifft auch Patente auf Medikamente. Es erlaubte schon bisher Entwicklungsländern, patentgeschützte Medikamente gegen Aids, Tuberkulose, Malaria und andere schwere Krankheiten herzustellen – jedoch nur für den Eigenbedarf. Ansonsten durften ausschließlich Pharmaunternehmen, die diese Patente entwickelt haben und in Industrieländern angesiedelt sind, diese Medikamente exportieren. Doch vielen armen Ländern nützte dieses Recht auf Eigenbedarf wenig: Sie haben keine eigene Pharmaindustrie, mussten deshalb teure Medikamente aus Industrieländern importieren. Dabei können preiswerte Medikamente gegen Krankheiten wie HIV/Aids deren Ausbreitung eindämmen.

(BMZ 2004)

der WTO 1994 abgeschlossen wurde, hat man den Konflikt sehr einseitig zugunsten der Interessen der forschungsintensiven Branchen (z. B. Pharma-Konzerne) in den IL und zulasten des freien Zugangs der EL zu bestehendem Wissen gelöst. Der den EL aufgenötigte Patentschutz entspricht nahezu dem sehr hohen IL-Niveau (K. Liebig 2005). Zudem sind die Verfahrensrichtlinien zur faktischen Durchsetzung des Abkommens sehr detailliert. Da TRIPS im Rahmen der WTO mit den Handelsabkommen verknüpft ist, können Verstöße gegen TRIPS mit Handelssanktionen geahndet werden. TRIPS gilt deshalb als ein Abkommen „mit Biss". Die Zustimmung der – überwiegend von der komplexen patentrechtlichen Materie überforderten – EL wurde durch Zugeständnisse bei Handelsvereinbarungen erkauft. TRIPS kann als Beispiel für ein entwicklungshemmendes, Ungleichheiten zementierendes und unflexibles, also nicht kontextgerechtes Resultat von Global Governance bewertet werden. Prominente Beispiele für dessen problematische Wirkungen sind die Auseinandersetzungen um die Möglichkeit der Nutzung billigerer, in EL produzierter Aids-Medikamente (Generika) für Patienten in afrikanischen Ländern (vgl. Box) sowie die Debatte um geistige Eigentumsrechte bei der Entwicklung von Saatgut für Grundnahrungsmittel. Angesichts des Stillstands der WTO-Verhandlungen seit 2003 wird TRIPS zunehmend durch bilaterale Vereinbarungen zum Schutz von geistigem Eigentum ergänzt und dabei im Interesse der IL zugunsten eines strengeren Patentschutzes weiterentwickelt.

Welche Ansatzpunkte gibt es, um den armutsverschärfenden Zugangsbeschränkungen des TRIPS-Abkommens entgegenzuwirken?

1. Weiterentwicklung von TRIPS: Es gilt, jene Regelungen, die sich in der Realität als besonders problematisch für arme Länder bzw. Bevölkerungsgruppen erwiesen haben, zu verändern. Ein Beispiel hierfür sind Erleichterungen im grenzüberschreitenden Handel mit Billigmedikamenten für arme Länder ohne eigene Pharmaindustrie (BMZ, 3/2004 – siehe Box).
2. Gezielte Förderung des Technologietransfers im Rahmen öffentlicher

Forschungskooperation und durch staatliche Anreize für verstärkten Technologietransfer im Rahmen privatwirtschaftlicher Beziehungen zu armen Ländern (z. B. als Teil von Public-Private-Partnership Arrangements).

3. Als eine Art Parallelveranstaltung zu TRIPS, das den Markt für privates Wissen regelt, sollte ein globaler Pool an frei zugänglichem Wissen geschaffen werden (K. Liebig 2005). Hier sollten für Entwicklungsländer und für Armutsminderung besonders relevante nicht privatisierte Innovationen angeboten werden.
4. Mithilfe öffentlich oder gemeinnützig gespeister internationaler Fonds zur Finanzierung wichtiger Innovationen für EL (nach dem Muster des Fonds der Bill und Belinda Gates Foundation für die Entwicklung von Aids-Medikamenten) kann privates Wissen für arme Länder bzw. Bevölkerungsgruppen verfügbar gemacht werden.

Der Konflikt zwischen Schutz von geistigem Eigentum und Erleichterung des Zugangs zu Innovationen für die Armen kann also wohl nur gelöst werden durch Bereitstellung öffentlicher und gemeinwohlorientierter Ressourcen zum einen, und zum anderen durch einen Interessenausgleich für jene Bereiche geistigen Eigentums, die dem spezifischen Wissensbedarf armer Regionen entsprechen.

Internationale Arbeitsmigration: Barrieren abbauen?

Während die nationalen Grenzen für den Handel, den Kapitalverkehr und auch für Informationen weitgehend beseitigt wurden, haben die Politiker der reichen Länder die Türe für Arbeitskräfte nur einen Spalt breit geöffnet. Die Liberalisierung machte bei der Niederlassungsfreiheit der Menschen weitgehend Halt. Dennoch war der Prozess der Globalisierung auch mit einem Anstieg des Anteils der im Ausland lebenden Menschen verbunden. Deren Zahl hat sich zwischen 1975 und 2000 verdoppelt (S. Castles 2005, 16). Derzeit gibt es etwa 200 Mio. internationale Migranten (knapp 50 % davon sind Frauen). Das sind 3,0 % der Weltbevölkerung. Etwa ein Drittel davon lebt in Europa (IOM = **I**nternational **O**ffice for **M**igration 2008: World Migration Report 2008). Der Prozess der internationalen Arbeitsmigration verlief also weitaus langsamer als die Ausweitung der Güter- und Kapitalbewegungen. Die Migrationsbarrieren der IL sind sicherlich als Hauptgrund dafür zu sehen (D. Müller-Mahn 2005), dass sich der Zustrom von Arbeit suchenden Menschen aus den EL bislang in Grenzen hielt (andere Migrationsursachen wie politische Verfolgung, Flucht vor Krieg und Gewalt werden hier nicht thematisiert).

Die Wirkungen der Arbeitsmigration auf die Entwicklung der Herkunftsländer sind unter Fachleuten nach wie vor umstritten (B. Lohnert 2007). Dem selektiven Entzug des aktiveren, meist besser ausgebildeten Teils der Bevölkerung (Brain Drain) stehen die oft überlebensnotwendigen Überweisungen (Drain Gain) gegenüber. Es ist wohl müßig, darüber zu streiten, welcher dieser Effekte langfristig stärker die Entwicklung im Herkunftsland beeinflusst. Im Rahmen eines Prozesses fragmentierender Entwicklung (vgl. Kap. 8.2) ist Migration eine oft unverzichtbare

Strategie der Menschen in den peripherisierten Regionen geworden (E. Graner 2008). Sie versuchen, einen Beitrag zum Lebensunterhalt der Familie dort zu erwirtschaften, wo es wenigstens bescheidene Möglichkeiten hierzu gibt. Darüber hinausreichende Entwicklungsperspektiven eröffnen sich für die Mehrzahl der Menschen weder durch Migration noch ohne diese. In den reichen Ländern des Nordens würde eine unkontrollierte Einwanderung mit hoher Wahrscheinlichkeit zu einem Angebotsdruck auf die Arbeitsmärkte des Niedriglohnsektors führen, mit der Konsequenz einer Senkung von Lohnniveau und Sozialstandards.

Die Migrationsforschung widmet sich währenddessen vor allem den Charakteristika und sozialen Dynamiken der Migrationsmuster. Sie diagnostiziert das Entstehen von transnationalen Räumen (L. Pries 2005) und Migrantennetzwerken (D. Müller-Mahn 2005) und verknüpft damit die Hoffnung auf eine allmähliche Überwindung der Nord-Süd-Dichotomie.

Aufgrund der ambivalenten Wirkungen der Arbeitsmigration sind die meisten mit Global Governance befassten Organisationen und auch die meisten Wissenschaftler sehr zurückhaltend mit Empfehlungen zur Regulierung internationaler Arbeitsmigration. Die Global Commission on International Migration kommt zu dem Ergebnis, dass „zurzeit kein Konsens über die Einführung eines globalen Steuerungssystems für die internationale Migration, einschließlich der Einrichtung neuer, internationaler rechtlicher Instrumente oder Institutionen besteht“ (zitiert nach Globale Trends 2007, 400). Kritisiert werden die unmenschlichen, oft tödlichen Praktiken, mit denen die europäischen Regierungen einwanderungswillige Afrikaner von der „Festung Europa“ fernhalten. Gefordert werden auch Maßnahmen zur rechtlichen Gleichstellung und besseren Integration von Migranten (O. Köppe 2005) seitens der Einwanderungsländer. Doch kaum jemand fordert eine völlige Liberalisierung der Einwanderung. Gefordert wird stattdessen, Migration von der Wurzel her, also durch Überwindung globaler Ungleichheit, zu bekämpfen (S. Castles 2005).

Aus entwicklungspolitischer, am Ziel globaler Armutsminderung orientierter Perspektive erscheint es im Rahmen einer sozialen Steuerung von Globalisierungsprozessen weder sinnvoll, Maßnahmen zur Erleichterung und Förderung internationaler Arbeitsmigration zu fordern, noch erscheint es als möglich und erstrebenswert, diese zu verhindern. Vielmehr bedarf es bilateraler Abkommen zwischen Herkunfts- und Zielländern, um diese auf menschenwürdige und entwicklungspolitisch verträgliche Weise zu steuern.

Fair Trade: der Beitrag kritischer Konsumenten in den Industrieländern

„(…) [D]ie Veränderungen im Zuge der Globalisierung verlangen die Einflussnahme der Bürgerinnen und Bürger. Und das ist machbar, jeder kann dazu beitragen (…) Konsumentinnen und Konsumenten können ‚mit dem Einkaufskorb‘ etwas bewegen.“, appelliert das BMZ (2004, 84) an uns alle. Konsumenten entscheiden beim Kauf auch über die ökologischen und sozialen Produktionsbedingungen. Doch das ist nicht immer ganz einfach in einer ungleichen Welt: „Ich bin zurzeit knapp bei Kasse. Darf ich die billigen Klamotten aus

Asien kaufen oder fördere ich damit ausbeuterische Produktionsbedingungen? Wenn ich aber nur noch teure, in Europa produzierte Sachen kaufe, nehme ich dann nicht den Armen in Asien auch noch ihre bescheidene Existenzgrundlage weg?" fragt eine Leserin beim moralischen Ratgeber einer großen deutschen Tageszeitung.

Aus diesem moralischen Dilemma versucht die Fair Trade-Bewegung einen Ausweg zu bieten. Dieser lautet: Kaufe von den Armen, aber zu garantiert besseren Bedingungen und zu einem etwas höheren Preis. Das Fair Trade-Siegel und der dafür notwenige Prozess der Zertifizierung bieten Konsumenten die Sicherheit, dass sie Produkte kaufen, die zu vertraglich vereinbarten, angemessenen (d.h. über den üblichen Weltmarkt-Erzeugerpreisen liegenden) Preisen und unter Einhaltung sozialer Mindeststandards erstellt wurden (vgl. Abb. 8.3.2/2). Ebenso wichtig wie bessere Erzeugerpreise sind langfristig stabile Handelsbeziehungen und die Vorfinanzierung der Kosten. Der Fair Trade-Dachverband FINE orientiert sich an folgenden, nicht nur monetären, Zielsetzungen:

„Fairer Handel ist eine Handelspartnerschaft, die auf Dialog, Transparenz und Respekt beruht und nach mehr Gerechtigkeit im internationalen Handel strebt. Durch bessere Handelsbedingungen und Sicherung sozialer Rechte für benachteiligte Produzenten und Arbeiter (...) leistet der faire Handel einen Beitrag zur nachhaltigen Entwicklung. Fair-Handels-Organisationen engagieren sich (gemeinsam mit Verbrauchern) für die Unterstützung der Produzenten, die Bewusstseinsbildung sowie die Kampagnenarbeit zur Veränderung der Regeln und der Praxis des konventionellen Welthandels" (FINE 2006, 10, vgl. auch www.fair-feels-good.de).

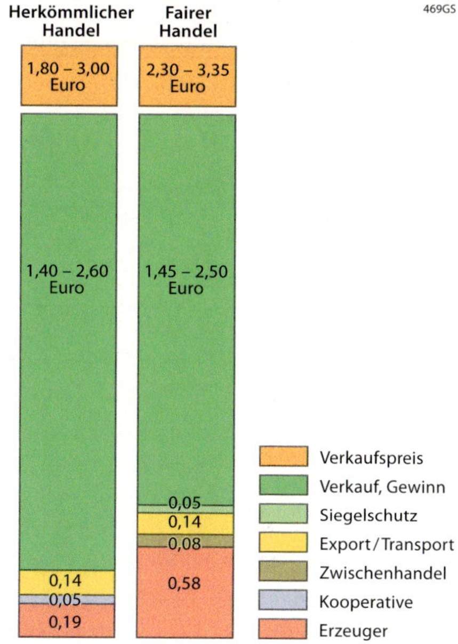

Abb. 8.3.2/2 *Anteil am Verkaufspreis von Kaffee beim herkömmlichen und fairen Handel*

Insbesondere kleinbäuerliche Exportprodukte wie Kaffee, Tee, Bananen, Blumen, Honig bzw. weiterverarbeitete Agrarprodukte wie Schokolade werden fair gehandelt. Obwohl der Umsatz von Fair Trade-Produkten in Deutschland sich seit 2004 vervierfacht hat und zunehmend auch Supermärkte Fair Trade-Marken ins Sortiment aufnehmen (TRANSFAIR 2008), stieg der Marktanteil der wichtigsten Fair Trade-Produkte in den meisten Industrieländern nie über 5%.

Etwa 1,6 Millionen Bauern und Landarbeiter, also weniger als 1% der landwirtschaftlichen Erwerbstätigen, zählen zu den Nutznießern (BMZ 2008). Der Anteil am gesamten Welthandelsvolumen liegt bei 0,01 % (Ohnmacht 2007, 101). Fair Trade blieb ein Nischenmarkt.

Wie kann der faire Handel aus seiner Nischenexistenz befreit werden? Das relativ aufwendige Zertifizierungsverfahren ist wohl nicht für Nord-Süd-Handelsbeziehungen zu verallgemeinern. Durchaus auf breiter Basis umzusetzen sind jedoch die beiden Grundgedanken:

- Zunehmende Offenlegung und Berücksichtigung der Produktionsbedingungen beim Marketing von Produkten und bei der Kaufentscheidung. Hier begegnen sich die Ansätze zur Einführung von Codes of Conduct (siehe Abschnitt 8.3.2.2) und Fair Trade.
- Stärkung der Organisations- und Verhandlungsmacht ärmerer Kleinproduzenten zur Durchsetzung vertraglich abgesicherter und verbesserter Absatzbedingungen für ihre Produkte (vgl. Abschnitt 8.3.5).

Die extremen globalen Ungleichheiten in der Entlohnung von Arbeitskraft können durch diese Ansätze zur fairen Gestaltung von Handelsbeziehungen nicht annähernd beseitigt werden. Hierzu bedürfte es im Rahmen kapitalistischer Arbeitsverhältnisse einer Produktivitätsangleichung, also einer nachholenden Entwicklung, oder aber einer radikalen sozialistischen Umverteilung im Sinne einer Entkopplung von Entlohnung und Arbeitsproduktivität (also Arbeitslöhnen, die nicht an den extremen weltweiten Produktivitätsunterschieden orientiert sind). Was fairer Handel im Rahmen eines stärker sozial gesteuerten marktwirtschaftlichen Systems und angesichts verbreiteter Unterbeschäftigung bewirken kann, bedeutet nicht mehr und nicht weniger als Erzeugerpreise bzw. Arbeitslöhne auf ein stabiles und in etwa das jeweilige Existenzminimum abdeckende Niveau anzuheben. Aufgeklärte Kunden in den reichen Ländern könnten also verhindern, dass der Konkurrenzkampf der Marginalisierten um Zugang zu Exportmärkten zu Verelendung führt. Dazu können weder Fair Trade noch Sozialstandards beitragen.

8.3.3 Nationale Ebene: Wirtschaftspolitik zwischen Wachstum, Stabilisierung und Armutsminderung

Armutsorientierung war kaum jemals ein vorrangiges Ziel nationaler Wirtschaftspolitik in Entwicklungsländern. Wenn überhaupt, dann versuchte man, Armutsminderung durch Bereitstellung sozialer Infrastruktur und anderer sozialpolitischer Maßnahmen zu erreichen. Einer primär wachstumorientierten Strategie der importsubstituierenden, duch hohe Schutzzölle abgesicherten Industrialisierung in den 1960er-/1970er-Jahren, die oft in Misswirtschaft und Verschuldung mündete (vgl. D. Ernst 1973), folgte in den 1990er-Jahren, die auf Deregulierung und Privatisierung ausgerichtete, von IWF und Weltbank geforderte Strukturanpassungspolitik. Diese war durch Marktliberalisierung und Privatisierung gekennzeichnet. Sie führte zu einer gewissen ökonomischen Stabilisierung (z. B. Preisstabilität), aber gleichzeitig zur Verschärfung sozialer Gegensätze (vgl. Weltbank 1989; P. Kör-

NER et al. 1985). Vor diesem Hintergrund sind die gegenwärtigen Bemühungen zu sehen, Wirtschaftswachstum in eine stärker armutsorientierte Richtung zu steuern.

Pro-Poor Growth: Wachstum durch und für die Armen?

Seit die Millenniums-Entwicklungsziele (MDGs) und die Armutsminderungsstrategien im Vordergrund der entwicklungspolitischen Tagesordnung stehen, wird auch die Frage einer armutsorientierten Wirtschaftspolitik wieder vermehrt diskutiert. Dabei stehen zwei Denkschulen einander gegenüber:

1. Armutsminderung infolge von Wirtschaftswachstum: Diese in den 1950er-/ 1960er-Jahren den Mainstream der ökonomischen Entwicklungstheorien bestimmende Schule (vgl. Kap. 4) folgt der Logik „erst muss der Kuchen gebacken werden, dann kann er verteilt werden". Mit Verweis auf die Erfahrung der alten IL und der ostasiatischen Schwellenländer (bzw. neuen IL) gehen die Vertreter dieser reinen Wachstumsstrategie (z. B. D. DOLLAR & A. KRAAY 2000 in ihrer Weltbank-Studie) davon aus, dass Wirtschaftswachstum – mit einer gewissen Verzögerung – automatisch zur Beseitigung von Armut führt.
2. Pro-Poor Growth: Diese infolge der Millenniumsziele seit 2000 populäre Schule folgt der Logik, dass die Armen durchaus in die Lage versetzt werden können, den Kuchen selbst zu backen, um sich dadurch auch einen der vorderen Plätze zu sichern, wenn es um das Anrecht auf Teilhabe geht. „Wachstum durch und für die Armen" lautet – wie bereits in den 1970er-Jahren (H. B. CHENERY 1974) – die Parole. Die Vertreter der Pro-Poor-Growth-Strategie (hierzu gehören zahlreiche EZ-Organisationen, an vorderster Front das britische DFID (Department for International Development); vgl. auch S. KLASEN 2004; N. MCCULLOCH & B. BAULCH 1999; M. GRIMM, S. KLASEN & A. MCKAY 2007) gehen davon aus, dass die armutsmindernde Wirkung von Wachstum frühestens (wenn überhaupt) im Stadium der Vollbeschäftigung eintrete und dass die Armen darauf nicht warten könnten. Demgegenüber verfügten die Armen über reichlich ungenutztes Potenzial, um zum Wachstumsprozess beizutragen.

Angesichts des Rationalisierungswettbewerbs in einer globalisierten Ökonomie ist zu bezweifeln, ob unter den Bedingungen einer weltweiten Marktwirtschaft reines Wirtschaftswachstum jemals den Beschäftigungseffekt erzielen kann (auch unter Berücksichtigung der ökologischen Grenzen), der nötig wäre, um der Mehrzahl der absolut Armen eine Teilhabe zu ermöglichen. Die weiteren Ausführungen in diesem Abschnitt zu einer am Ziel der Armutsminderung orientierten nationalen Wirtschaftspolitik beziehen sich deshalb auf die Strategie des Pro-Poor Growth (PPG).

In der PPG Debatte werden zwei unterschiedliche Definitionen von PPG diskutiert. Die in ihrem Anspruch bescheidenere Definition sieht PPG bereits dann gegeben, wenn im Prozess des Wirtschaftswachstums auch das Einkommen der absolut Armen wächst. Die ambitiösere Definition verlangt, dass das Einkommen der absolut Armen überproportional zum gesamten BSP wächst, dass sich die Einkommensungleichheit also verringert (T. ALTENBURG 2005). Letzteres würde allerdings eine grundlegende Veränderung der Gesellschaftsstruktur voraussetzen. Die Komponenten einer PPG-Strategie leiten sich aus den Einflussfaktoren auf Einkommensarmut ab (vgl. Abb. 8.3.2/2). PPG erfordert, dass der Prozess des Wirtschaftswachstums so beeinflusst wird, dass (1) mehr Beschäftigungs- bzw. Einkommensmöglichkeiten für die Armen geschaffen werden, dass (2) diese für ihre Arbeit besser entlohnt werden, dass (3) der Preis für Grundbedarfsgüter erschwinglich bleibt und dass (4) für jene Fälle, in denen all dies nicht zum Überleben reicht, Transferleistungen verfügbar sind.

1. Beschäftigungsintensives Wachstum

PPG heißt, den Wachstumsprozess so zu steuern, dass dabei viele Beschäftigungs- bzw. Einkommensmöglichkeiten entstehen und dass die dafür erforderlichen Ressourcen und Märkte für arme Bevölkerungsgruppen zugänglich gemacht werden. Im Einzelnen bedeutet das:

- Fokus auf Förderung jener Wirtschaftssektoren, die relativ arbeitsintensiv sind, und von denen die Mehrzahl der Armen lebt (R. KAPPEL et al. 2005). Dies trifft insbesondere auf die Landwirtschaft, auf das Kleingewerbe und auf informelle Sektoren zu (vgl. WELTBANK 2005). Hierbei wird bereits ein tendenzielles Spannungsverhältnis zwischen Armutsorientierung und Wirtschaftswachstum deutlich: Das Wachstumspotenzial dieser Sektoren ist oft geringer als jenes von kapitalintensiveren Sektoren. So sind beispielsweise Subsistenzlandwirtschaft und viele informelle Wirtschaftstätigkeiten vergleichsweise wenig produktiv (J. GERTEL 1999). Im Rahmen einer PPG-Strategie aber werden sie gefördert, solange es für die davon lebenden Menschen keine hinreichende Anzahl alternativer, besserer Existenzmöglichkeiten gibt.
- Gezielte, gemäßigte und zeitlich begrenzte Protektion von arbeitsintensiven, aber potenziell konkurrenzfähigen Gewerbezweigen durch eine maßgeschneiderte, feingesteuerte Schutzzoll- und/oder Subventionspolitik. Dies erfordert starke fiskalpolitische Institutionen und ausgereifte Monitoringsysteme, um politischen bzw. bürokratischen Missbrauch zu vermeiden.
- Unterstützung bei der Entwicklung arbeitsintensiver Technologien. Diese können in Niedriglohnländern, insbesondere an entlegenen Standorten, gegenüber kapitalintensiven Weltmarkttechnologien durchaus konkurrenzfähig sein. Bisher bestand jedoch kein privatwirtschaftliches Interesse, diese zu entwickeln (z. B. dezentrale regenerative Energien, kleingewerbliche Nahrungsmittelverarbeitung).
- Durchführung arbeitsintensiver öffentlicher Infrastrukturprogramme (insbesondere beim Straßen- und Wegebau), um dadurch saisonale Beschäftigungsmöglichkeiten zu schaffen. Einschlägige Erfahrungen aus Ernährungssicherungsprogrammen (Food for

Work, Cash for Work) können als generell anzuwendende Verfahren im Rahmen des öffentlichen Bauwesens institutionalisiert werden.

- Verbesserung des Zugangs ärmerer Kleinproduzenten zu den erforderlichen Ressourcen. Das Bodenrecht muss so gestaltet werden, dass ärmere Kleinbauern nicht nur langfristige Nutzungssicherheit haben, sondern dass ihnen das Recht auf Zugang zu Ackerland nicht genommen werden kann (etwa durch Zwangsverkäufe im Fall einer Verschuldung). Die Agrarforschung darf nicht allein auf die Bedürfnisse kommerzieller Farmer ausgerichtet sein, sondern sollte ein an die spezifischen Bedingungen kleinbäuerlicher Livelihood-Systeme (d. h. Systemen der Lebenshaltung, vgl. Kap. 11) angepasstes Wissen bereitstellen. Weiterbildungs- und Beratungsmaßnahmen sollten am Bedarf ärmerer Adressatengruppen ausgerichtet werden. Dasselbe gilt für Finanzdienstleistungen. In Landwirtschaft und Handwerk können Kleinproduzenten vorhandene Ressourcen oft effektiver und nachhaltiger nutzen als dies in Großbetrieben mit schlecht motivierten Lohnarbeitern der Fall ist. Sicherstellung des Ressourcenzugangs für Kleinproduzenten trägt deshalb sowohl zur Armutsminderung als auch zum Wirtschaftswachstum bei.
- Ähnlich wichtig wie der Ressourcenzugang ist der Marktzugang für ärmere Produzentengruppen (WELTBANK 2007). Dabei sind sowohl physische als auch institutionelle Zugangsbarrieren zu überwinden. Die Verbesserung der Transportinfrastruktur und die Bereitstellung von lokalen Transportmitteln ist insbesondere für Produzierende in entlegenen Regionen von großer Bedeutung. Ebenso wichtig aber ist es, die Einrichtung von Marktplätzen zu fördern, auf denen Kleinproduzenten und Aufkäufer eine Chance haben, miteinander in Kontakt zu kommen (siehe Abschnitt 8.3.4).

Die entsprechenden Fördermaßnahmen müssen auf regionaler, zum Teil auch auf lokaler Ebene konzipiert und umgesetzt werden. Eine armutsorientierte nationale Wirtschaftspolitik muss aber die rechtlichen, institutionellen und fiskalischen Rahmenbedingungen hierfür setzen. Sie muss die Weichen in Richtung Pro-Poor stellen.

2. Faire und stabile Preise und Löhne

PPG heißt auch, Preise und Löhne so zu beeinflussen, dass die Armen als die schwächeren Marktteilnehmer nicht übervorteilt werden und dass ihr Existenzrisiko nicht durch extreme Schwankungen von Erzeuger- und Verbraucherpreisen erhöht wird. Hierzu bedarf es einerseits produktivitätssteigernder Maßnahmen, da Netto-Einkommen und Arbeitslöhne nicht zuletzt auch vom Produktivitätsniveau, von der Produktqualität, also der Leistungsfähigkeit der Arbeitenden abhängen. Dafür benötigt es aber auch wettbewerbspolitischer Maßnahmen und staatlicher Marktinterventionen, um monopolistische Preisbildung oder spekulative Tendenzen zulasten der Armen zu verhindern. Im Einzelnen sind hierfür folgende wirtschaftspolitische Maßnahmen relevant:

- Stärkung der (nicht nur) produktiven Fähigkeiten der Armen durch Basisgesundheitsdienste, Versorgung mit sauberem Trinkwasser und Hygiene sowie durch Zugang zu Bildung. Nur gesunde und hinreichend gebildete Menschen sind in der Lage, über Produktivitätssteigerung die Grundlage für eine bessere Entlohnung zu erwirtschaften. Darüber hinaus ist die Entfaltung menschlicher Fähigkeiten eine Voraussetzung für eine selbstbestimmte Gestaltung des Lebens (A. Sen 2007).
- Preise und Löhne sind aber auch eine Frage der Marktmacht. Wo ein monopolistischer Händler oder Arbeitgeber einer Vielzahl von abhängigen Kleinbauern oder Arbeitssuchenden gegenübersteht, kann dieser die Preise bzw. Löhne zu Ungunsten der Armen diktieren. Eine funktionierende Marktwirtschaft setzt Konkurrenzmärkte voraus, Märkte auf denen nicht nur Kleinproduzenten und Arbeitssuchende, sondern auch Händler und Arbeitgeber miteinander konkurrieren. Solche Konkurrenzmärkte entwickeln sich nicht von allein. Sie müssen durch eine aktive staatliche Wettbewerbspolitik gefördert werden. Diese setzt Rechtssicherheit voraus, damit potenzielle Wettbewerber nicht fürchten müssen, dass sie mit illegalen Machtmitteln vom Markt verdrängt und ihrer Investitionen beraubt werden. Sie erfordert zudem Finanzierungsmöglichkeiten für neue Marktteilnehmer. Darüber hinaus bedarf es einer funktionsfähigen Marktaufsicht und der Einrichtung von Marktinformationssystemen für die schwächeren Marktteilnehmer. Wo gut informierte Kleinproduzenten einer Vielzahl von Händlern gegenüber stehen, ist es leichter, einen fairen Preis zu erzielen als dort, wo uninformierte Anbieter alternativlos von einem einzigen Aufkäufer abhängig sind.
- Konkurrenz allein aber schützt nicht vor Ausbeutung. Dies gilt insbesondere dann, wenn es zu viele Anbieter und zu wenig Nachfrage gibt. Hier können staatliche Interventionen in Arbeitsmärkte – z. B. durch Mindestlöhne – extreme Formen von Ausbeutung vermeiden helfen. Dabei ist aber stets zu berücksichtigen, dass solche Interventionen tendenziell die Wettbewerbsfähigkeit der lokalen Produktion und damit die Wachstumschancen beeinträchtigen. Zudem sind die Nutznießer solcher Interventionen diejenigen, die bereits in den formellen Sektoren integriert sind, während für die Ausgeschlossenen Zugangsbarrieren zu stärker regulierten Arbeitsmärkten tendenziell erhöht werden. Zumindest die Einhaltung international vereinbarter menschenrechtlicher Mindeststandards (vgl. 8.3.2) sollte jedoch durch arbeitsmarktpolitische Interventionen sichergestellt werden

.

3. Preisstabilisierung bei Grundnahrungsmitteln

- Staatliche Interventionen sind auch notwendig, um das Ziel der Ernährungssicherung zu erreichen. Hierzu müssen die Verbraucherpreise für Grundnahrungsmittel stets auf einem auch für arme Bevölkerungsgruppen erschwinglichen Niveau gehalten werden. Da es bei Verknappung des Angebots auf Getreidemärkten stets zu Spekulationen und zu entsprechend extremen Preisausschlägen kommt (im Jahr 2008 stiegen die Weltmarktpreise für Getreide um über 50 % gegenüber dem Vorjahr), kann das Recht auf Nahrung durch preisstabilisierende staatliche Interventionen realisiert werden. Hierzu eignet sich das Instrument strategischer Nahrungsmittel-Reserven. Diese werden auf den Markt geworfen, sobald der Preis eine vorher festgesetzte Höchstmarke zu überschreiten droht. In der Regel genügt jedoch bereits die bloße Existenz solcher Reserven, um Spekulationen zu entmutigen. Da aber der Einsatz dieses Instruments anfällig für politischen Missbrauch ist (z. B. Wahlgeschenke für die eigene Klientel), sollte dessen Management in die Hände unabhängiger Organisationen gelegt werden.

- Staatliche Subventionen sind ein anderes Instrument, um Grundnahrungsmittel für arme Bevölkerungsgruppen erschwinglich zu machen. Solche Subventionen sollten möglichst direkt den bedürftigen Konsumenten zugute kommen. Verbreitete Instrumente hierzu sind z. B. die Vergabe von Lebensmittelgutscheinen, Schulspeisung, Armenspeisung.

4. Umverteilung und Sozialpolitik

Die bisher genannten Ansatzpunkte haben gezeigt, wie mehr Menschen am Prozess des Wirtschaftswachstums beteiligt werden können, und wie die Ergebnisse des Wachstums im Rahmen einer im Prinzip marktwirtschaftlichen Preis- und Lohnbildung etwas gerechter verteilt werden können. Dies sind die beiden zentralen Ansatzpunkte von armutsorientierter Wirtschaftspolitik. Allerdings genügt dies allein in der Regel nicht, um alle Ursachen und Formen von Armut zu beseitigen. Insbesondere genügt es nicht, um Verwundbarkeit gegenüber Risiken zu reduzieren. Strategien des PPG müssen hierzu durch das klassische Instrumentarium einer Umverteilungs- und Sozialpolitik ergänzt werden. Hierzu gehören:

- Eine Fiskalpolitik, die durch progressive Steuersätze die Reichen stärker zur Kasse bittet und aus den Erlösen öffentliche Dienstleistungen für die Ärmeren finanziert.
- Soziale Sicherungssysteme für nicht erwerbsfähige Personengruppen (Kinder, Alte, Kranke, sonstige Erwerbsunfähige). Hierbei müssen die vorhandenen traditionellen Solidarsysteme berücksichtigt und gegebenenfalls gestärkt werden. Da diese angesichts der Zunahme von Risiken und aufgrund der durch Monetarisierung und Migration zunehmend unüberschaubaren Bedürftigkeitsverhältnisse oft überfordert sind, bedürfen sie einer Stärkung bzw. Ergänzung durch staatliche Leistungen (B. Schubert 1999).
- Not- und Katastrophenhilfe sowie Katastrophenvorsorgesysteme sind wichtig, um Katastrophenrisiken zu reduzieren und im Katastrophenfall zu helfen, Existenzgrundlagen wieder aufzubauen.

Arme Länder mit geringer Wirtschaftsleistung können sich keinen perfekten Sozialstaat leisten. Der Staat kann dennoch durch Verteilungspolitik dafür sorgen, dass die Kluft zwischen exzessivem Reichtum und extremer Armut verringert wird.

Fazit: Spannungsfelder zwischen den Zielen Wirtschaftswachstum und Armutsminderung

Die Logik von PPG ist auf eine Schaffung von „Win-Win"-Situationen angelegt: Die meisten Instrumente helfen, die ungenutzten Potenziale des ärmeren Teils der Bevölkerung besser inwertzusetzen, also produktiv zu nutzen. Sie schaffen Wachstum, indem sie die Ressourcen der Armen nutzen und dabei deren Armut mindern. Es gibt aber auch Instrumente, bei denen die Einbeziehung der Armen bzw. eine Umverteilung zugunsten der Armen in Widerspruch zum Ziel der Wachstumsmaximierung steht (vgl. T. Altenburg 2005). Förderung der Landwirtschaft mag mehr Existenzmöglichkeiten für Arme schaffen, Förderung von Hightech-Industrien mag besser für das Wirtschaftswachstum sein. Wer im internationalen Konkurrenzkampf bestehen will, kann nicht immer nur auf arbeitsintensive Technologien setzen, kann oft die Armen nicht „mit an Bord nehmen". Es gibt also armutsmindernde Maßnahmen, die das Wachstum fördern und es gibt solche, die es bremsen.

Insgesamt muss folglich angenommen werden, dass PPG zu etwas bescheideneren Wachstumsraten führt als eine kompromisslose Wachstumsstrategie. Manche Schwellenländer (z. B. Südkorea) verfolgten deshalb eine Doppelstrategie. Sie praktizierten in einigen Sektoren – insbesondere in der Landwirtschaft und in binnenmarktorientierten Industrien und Dienstleistungen – eine PPG-Strategie, in einigen exportorientierten Sektoren aber eine auf Konkurrenzfähigkeit und Wachstum ausgerichtete Strategie (U. Menzel 1998).

8.3.4 Regionale Ebene: Schaffung kontextgerechter ökonomischer Möglichkeiten

8.3.4.1 Die Region als räumliche Bezugseinheit für Entwicklungspolitik

Region wird hier verstanden als eine geschlossene räumliche Einheit unterhalb der nationalen und oberhalb der lokalen Ebene (in Abgrenzung zu dem vor allem in den Politikwissenschaften verbreiteten Verständnis von Region als eine überstaatliche geographische Einheit). Eine Region ist demnach ein Teilraum eines staatlichen Territoriums und zugleich ein siedlungsübergreifendes Gebiet.

In der Geographie und den Regionalwissenschaften gibt es drei übliche Kriterien zur räumlichen Abgrenzung von Regionen (vgl. D. Fürst, S. Löb, A. Rudolph & K. Zimmermann 2003):

a. Das Homogenitätskriterium: Region als geographischer Raum mit vielen Gemeinsamkeiten. Hierbei sind naturräumliche und kulturräumliche Regionen zu unterscheiden (z. B. Alpenvorland, norddeutsches Tiefland, Ruhrgebiet, Rheinland).
b. Das funktionale Kriterium: Funktionale Regionen sind durch enge Verflechtungen (oft Stadt-Land-Beziehungen) zwischen den Standorten gekennzeichnet. Typischerweise handelt es sich um große Ballungszentren und ihr ländliches Umland (z. B. Großraum München).
c. Das politisch-administrative Kriterium: Region als Zuständigkeitsgebiet einer dezentralen Gebietskörperschaft (z. B. Landkreis, Bezirk). Hier steht die demokratische Verantwortung der für Regionalentwicklung zuständigen Re-

gierungen im Vordergrund. Da die Verwaltungsgrenzen oft trennen, was unter funktionalen und Homogenitätsgesichtspunkten eigentlich zusammengehört, ist die richtige Abgrenzung von Region stets eine – letztlich unlösbare – Streitfrage.

In der Praxis werden je nach Entscheidungsgegenstand Regionen unterschiedlich abgegrenzt. So werden z. B. für den öffentlichen Personennahverkehr und für den Naturschutz unterschiedliche interkommunale Zweckverbände gegründet. Mit dem Konstrukt „Region" (bzw. „Territorium") wurden und werden im entwicklungspolitischen Diskurs sehr unterschiedliche Vorstellungen verbunden (vgl. H. H. BLOTEVOGEL 1996; H. DÜRR 1993). Dies gilt insbesondere für die regionale Wirtschaftsförderung:

1. Region als geographische Einheit zur Identifizierung angepasster, d. h. kontextgerechter, wirtschaftlicher Möglichkeiten. Nach dieser Vorstellung kann nationale Wirtschaftspolitik zwar den Rahmen für wirtschaftliche Entwicklung setzen. Die Art der förderungswürdigen wirtschaftlichen Aktivitäten kann aber nur unter Berücksichtigung der konkreten natürlichen und sozio-kulturellen Standortbedingungen, der spezifischen Ressourcen in einer Region bestimmt werden. Gegenüber lokalen Förderstrategien hat regionale Wirtschaftsförderung andererseits den Vorteil, dass sie auch sektor- und standortübergreifende Verflechtungen, insbesondere zwischen Land und Stadt, berücksichtigt und einer lokalen „Kirchturmpolitik", die leicht zu destruktiver Standortkonkurrenz führt, eine gemeindeübergreifende Perspektive entgegensetzt.
2. Region als geographische Einheit für eine eigenständige autozentrierte Wirtschaftsentwicklung. Diese Vorstellung von Region war insbesondere in den späten 1970er und frühen 1980er-Jahren populär (W. HEIN 1994). Sie resultierte aus der dependenztheoretischen Debatte um die strukturelle Abhängigkeit peripherer Regionen und deren ungleiche Einbindung in die Weltwirtschaft. Sie setzt der funktionalen Eingliederung peripherer Regionen das Konzept einer territorial orientierten (W. STÖHR & D. TAYLOR 1981), regional autozentrierten Entwicklung auf Basis kleinräumiger Wirtschaftskreisläufe (T. RAUCH & A. REDDER 1987) entgegen. Mit lokalen Ressourcen vorrangig lokale Bedürfnisse befriedigen, lautete das Leitbild der „territorialen" Entwicklung. Damit erreicht werden sollten ein hohes Maß an wirtschaftlicher Eigenständigkeit, eine vielseitige Kompetenzentwicklung, eine Bewahrung kultureller regionaler Identität und eine ökologisch nachhaltige Entwicklung auf der Grundlage kurzer Transportwege.
3. Eng damit verbunden ist die Vorstellung von Region als Forum für eine horizontale, sektorübergreifende, ganzheitliche an den Bedürfnissen der Menschen und den Bedingungen der Lokalitäten orientierte Planung von entwicklungsfördernden Programmen. Nachdem es aber offensichtlich wurde, dass gute Planung auf spezialisierte sektorale und vertikale Fachplanung nicht ganz verzichten kann (vgl. Kap. 12), wandelte sich dieses Bild der Region zu dem eines Forums, im

Rahmen dessen die territorial bezogene, ganzheitliche Logik mit der sektoralen Logik der Fachspezialisten verknüpft wird (siehe Abb. 8.3.4/1).

4. In Zeiten der Globalisierung wird die Rolle der Region aus einer anderen Perspektive gesehen. Nachdem durch Deregulierung die Rolle des Nationalstaates als wirtschaftspolitischer Akteur geschwächt wurde, betrachtete man zunehmend Regionen als die entscheidenden Einheiten, wenn es darum ging, Konkurrenzfähigkeit im globalen, entgrenzten Wettbewerb zu erlangen. Regionalisierung wurde als Gegenstück zu Globalisierung betrachtet (R. Danielzyk & J. Ossenbrügge 1996). Nicht nationale Regierungen, sondern das Zusammenwirken der regionalen Akteure sollte die Antwort auf die Herausforderungen der Globalisierung geben. Wie im Konzept der regional autozentrierten, territorialen Entwicklung der 1980er-Jahre spielt auch in dieser Sichtweise von Region die regionale Identität, die Betonung der regionalen Eigenheiten eine wichtige Rolle. Nun aber geht es nicht mehr darum, diese regionsspezifischen Faktoren für eine regionale ökonomische Eigenständigkeit zu nutzen; vielmehr geht es nun darum, diese „weichen" Standortfaktoren zur Erlangung systemischer Wettbewerbsfähigkeit auf globalisierten Märkten einzusetzen.

5. Ein weiteres Bild von Region wurde im Weltentwicklungsbericht 2009 der Weltbank, welcher dem Thema „Reshaping Economic Geography" gewidmet war (Weltbank 2008), konzeptionell wieder belebt. Es ist die Vorstellung von Region als Funktionsraum und Ressourcenlieferant. Der Logik von regionaler Konzentration, Spezialisierung und Integration folgend werden Regionen hier – wie bereits in der wachstumsorientierten Phase der 1950er-/1960er-Jahre – als

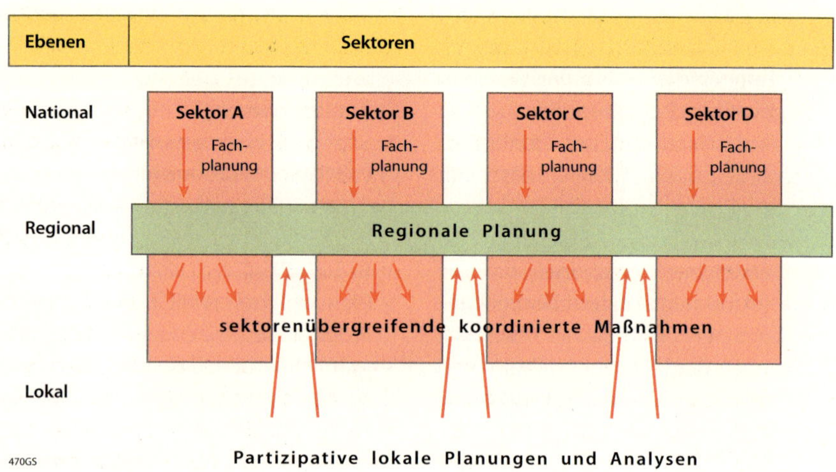

***Abb. 8.3.4/1** Verknüpfung von sektoraler und territorialer Logik auf regionaler Ebene*

Bereitsteller von Produktionsfaktoren für einen Wachstumsprozess betrachtet, der sich an der Standortlogik des Kapitals orientiert.

Den verschiedenen hier skizzierten Vorstellungen von Region entsprechen unterschiedliche regionale Wirtschaftsförderstrategien. Manche von ihnen sind stärker armutsorientiert, andere stärker wachstumsorientiert. Manche orientieren sich an der Globalisierungslogik, andere versuchen, dieser etwas entgegenzusetzen. Die Vielfalt der Ansätze regionaler Wirtschaftsförderung wird hier der Überschaubarkeit halber zu zwei aktuellen großen strategischen Grundorientierungen zusammengefasst: dem Ansatz der armuts- und Livelihood orientierten regionalen Wirtschaftsförderung zum einen (8.3.4.2), und dem stärker wachstumsorientierten Ansatz der regionalen systemischen Wettbewerbsfähigkeit zum anderen (8.3.4.3). Als weitere Wirtschaftsförderstrategie wird der Wertschöpfungsketten-Ansatz (8.3.4.4) in diesem Abschnitt vorgestellt. Dieser lässt sich als Strategie zur besseren Vermarktung regionaler Produkte beiden davor genannten Ansätzen zuordnen; es handelt sich aber um einen Ebenenübergreifenden Förderansatz, und er verdient aufgrund dieser Sonderstellung einen eigenen Abschnitt.

8.3.4.2 Armuts- und Livelihood orientierte regionale Wirtschaftsförderung

Ziel dieser in der Tradition des Konzepts der „Ländlichen Regionalentwicklung" (LRE – vgl. GTZ 1983; T. Rauch/GTZ 1993; T. Rauch 1996) stehenden Strategie ist es, ökonomische Möglichkeiten (Opportunities) insbesondere für arme Bevölkerungsgruppen zu identifizieren und zu schaffen (T. Rauch, M. Bartels & A. Engel 2001). Ausgangspunkt und Anwendungsbereich der Strategien sind informelle, marginalisierte ländliche oder städtische Kleinproduzentinnen bzw. -produzenten, die ihren Lebensunterhalt meist durch eine Kombination aus Subsistenzproduktion, Erwirtschaftung vermarktbarer Überschüsse, Lohnarbeit und Arbeitsmigration bestreiten (vgl. J. Janzen 1999; U. Müller-Böker & S. Thieme 2002). Es geht also primär um diversifizierte, multilokale Livelihood-Systeme (zur Methodik des Livelihood-Ansatzes vgl. Kap. 11). In einem ersten Abschnitt (1) werden die typischen Situationsmerkmale und die Logik dieser Livelihood-Systeme dargestellt. Dem folgen (2) strategische Leitlinien, (3) ein methodischer Ansatz zur Identifizierung ökonomischer Möglichkeiten und schließlich (4) ein Überblick über regionale Strategien zur Förderung der besseren Nutzung identifizierter Möglichkeiten bzw. zu deren Erweiterung.

1. Livelihood-Systeme als Ausgangspunkt für armutsorientierte regionale Wirtschaftsförderung

Die Potenziale armer Zielgruppen werden von Wirtschaftsförderungsspezialisten oft unterschätzt. Diesen Menschen scheint es aus ökonomischer Perspektive an nahezu allem zu fehlen: Meist haben sie zu wenig Land bzw. begrenzten Zugang zu natürlichen Ressourcen. Sie sind schlecht mit Arbeitsgeräten ausgestattet und leiden deshalb zu bestimmten saisonalen Arbeitsspitzen unter zu geringer

Arbeitskapazität, was oft durch Krankheiten noch verschärft wird. Sie haben keine finanziellen Reserven, leiden ständig unter Geldnot, sind oft verschuldet und deshalb gezwungen, ihre Überschüsse gerade dann zu verkaufen, wenn der Preis am ungünstigsten für sie ist. Sie sind nicht in der Lage und meist auch nicht Willens, Risiken einzugehen und deshalb äußerst vorsichtig, wenn es um die Übernahme von ertragssteigernden Innovationen geht. All diese Aspekte zusammengenommen lassen diese Menschen aus Sicht von Unternehmensberatern als „hoffnungslose Fälle" erscheinen, als Zielgruppe für Sozialhilfe, nicht aber für Wirtschaftsförderungsmaßnahmen.

Es ist notwendig, die Logik der Livelihood-Systeme armer Kleinproduzenten zu verstehen (zur Methodik des Livelihood-Ansatzes vgl. Kapitel 11), um mögliche Ansatzpunkte für eine armutsorientierte Wirtschaftsförderung zu erkennen. Dabei wird unterstellt, dass sich die Menschen im Rahmen der Bedingungen, unter denen sie ihren Lebensunterhalt zu sichern versuchen, tendenziell rational verhalten (vgl. Tab. 8.3.4.2/1).

Aufgrund der vielfältigen klimatischen, gesundheitlichen und marktbedingten Risiken tendieren Kleinproduzenten meist zu einer Diversifizierung ihrer Livelihood-Aktivitäten anstatt dem Rat von Unternehmensberatern zu folgen und sich zwecks Effizienzsteigerung auf eine Erwerbsquelle zu spezialisieren. Aus ihrer Sicht wäre es zwar problematisch, sich allein auf die Eigenproduktion von Nahrungsmitteln zu verlassen. Nicht weniger unsinnig aber wäre es, den Subsistenzanbau einzustellen und sich allein auf ein bestimmtes Vollzeitgewerbe zu konzentrieren.

Aufgrund derselben Unsicherheitsfaktoren tendieren arbeitende Menschen in armen Ländern dazu, ihre familiären sozialen Netzwerke zu pflegen. Anstatt Überschüsse aus wirtschaftlichen Aktivitäten in produktivitätssteigernde Produktionsmittel zu investieren – wie es in einer funktionierenden Marktwirtschaft rational erschiene – kommen sie den familiären Erwartungen nach und unterstützen bedürftige Familienmitglieder, erfüllen damit die Funktion sozialer Sicherungssysteme. Würde man sich aus dem Sozialverband verabschieden, wer würde einem dann helfen, wenn man selbst in Not gerät? Angesichts der ständigen Bedrohung durch Notlagen tendieren arme Menschen auch dazu, gute Beziehungen zu den Mächtigen und Wohlhabenden ihrer Gesellschaft, zu den Patrons, zu pflegen. Sie zögern tendenziell, sich mit Angehörigen ihrer eigenen sozialen Gruppe zusammenzuschließen, sich also beispielsweise als Kleinbauerngruppe zwecks gemeinsamer Interessenvertretung zu organisieren und sich dadurch gegen ihren Patron, den Großgrundbesitzer, Dorfchef, Geldverleiher, Händler zu stellen. Denn – so die Logik – diejenigen, die ähnlich arm sind wie man selbst, können einem in der Not nicht helfen.

Armutsorientierte Wirtschaftsförderung muss diesen Bedingungen und den entsprechenden Handlungsstrategien Rechnung tragen. Das kann ökonomische Möglichkeiten einschränken. Aber auch innerhalb der Risikominimierungslogik multipler und multilokaler Livelihood-Systeme gibt es meist ungenutzte ökonomische Möglichkeiten. Armutsorientierte regionale Wirtschaftsförderung kann helfen, solche Möglichkeiten zu identifizieren und darüber hinaus dazu beitragen, dass diese von den Menschen auch genutzt werden können.

2. Identifizierung ökonomischer Möglichkeiten: Strategische Leitlinien

Angesichts der oft dramatischen Veränderungen der ökonomischen Rahmenbedingungen durch Globalisierung und Einführung der Marktwirtschaft sowie der natürlichen Rahmenbedingungen durch Ressourcendegradierung und Klimawandel sind arme Kleinproduzentinnen und -produzenten in Stadt und Land meist damit überfordert, auf Basis ihres überkommenen lokalen Wissens selbst neue wirtschaftliche Möglichkeiten zu finden. Die altbekannten Opportunitäten sind nämlich meist schon ausgeschöpft. Bei der Unterstützung der Suche nach zusätzlichen Einkommens- und Ernährungssicherungsmöglichkeiten (in monetärer Art oder in Form von Naturalien) für arme Produzentenschichten ist es – in Einklang mit dem Konzept der Ländlichen Regionalentwicklung (vgl. T. Rauch, M. Bartels & A. Engel 2001) – hilfreich, folgende Kriterien zu berücksichtigen:

- Angesichts der zahlreichen Risiken, denen arme Zielgruppen ausgesetzt sind, ist es sinnvoll, deren Risikominimierungs- und Diversifizierungsbestrebungen zu respektieren und nach Möglichkeiten zu suchen, die sich hierin problemlos einfügen.
- Wo arme Kleinbauern und -bäuerinnen während der Hauptanbauperiode unter Arbeitsengpässen leiden, ist es sinnvoll, sich auf außersaisonale Aktivitäten zu konzentrieren.

Bedingungen für Sicherung des Lebensunterhalts	Livelihood-Strategien	Implikationen für Wirtschaftsförderung
• natürliche Risiken • Gesundheitsrisiken • Marktrisiken → hohe Verwundbarkeit	• Diversifizierung (statt Spezialisierung) → Subsistenzproduktion → Marktproduktion → Lohnarbeit → Migration	• Diversifizierungs-, Subsistenzsicherungs- und Migrationsstrategien nicht konterkarieren/unterminieren • Förderung von Off-Season-Aktivitäten und Tätigkeiten, die sich in die Livelihood-Systeme einfügen
Bedeutung sozialer bzw. familiärer Netzwerke	• Soziale Investitionen (statt produktiver Investitionen) • Low External Input (statt Ertragsmaximierung)	• Einhaltung sozialer Verpflichtungen nicht konterkarieren • Förderung von Low Investment/Low External Input-Technologien
Bedeutung klientelistischer Abhängigkeit	• Aufrechterhaltung guter Beziehungen zu den Mächtigen (statt horizontale Organisierung)	• Kulturell sensible, pragmatische Ansätze des Empowerment

Tab. 8.3.4.2/1 *Livelihood-Strategien, ihre Bedingungen und Implikationen für die Wirtschaftsförderung*

- Wo arme Bevölkerungsschichten wenig Land zur Verfügung haben, sollte der Fokus auf Aktivitäten mit geringem Landbedarf liegen (z. B. Obstbäume, Gemüse, Hühnerhaltung).
- Wo Armen die Grundbildung fehlt, um leicht Zugang zu neuem Wissen zu finden, ist es hilfreich, die Suche auf Produkte oder Dienstleistungen zu konzentrieren, die auf vorhandenem lokalem Wissen aufbauen.
- Wo arme Produzenten über keine finanziellen Mittel verfügen und kaum Zugang zu kommerziellen Inputs haben (insbesondere in entlegenen Regionen, wo oft weder private noch staatliche Dienstleistungen funktionieren), ist es sinnvoll, Möglichkeiten mit möglichst geringem Bedarf an externen Inputs und Produktionsmitteln (Low External Input-, Low Capital Investment-Technologien) zu identifizieren.

Nicht alle ökonomischen Möglichkeiten in einer Region genügen all diesen Kriterien. Auch sind nicht alle für die Lösung der Einkommensprobleme der Armen geeignet. Manche regionalen Potenziale lassen sich nur durch besser mit Ressourcen ausgestattete, risikofähigere, größere Produzenten nutzen. Auch können manche Qualitätsanforderungen externer Märkte nur durch spezialisierte, einschlägig erfahrene und mit modernen Produktionsmitteln ausgestattete Erzeuger erfüllt werden. Folglich werden für ärmere Gruppen nicht geeignete, aber für eine regionale Entwicklung wichtige Opportunitäten im Rahmen dieser am Grundsatz Pro-Poor Growth orientierten Wirtschaftsförderung nicht vernachlässigt (vgl. auch 8.3.5).

3. Methodik zur Identifizierung wirtschaftlicher Möglichkeiten: die regionale Potenzialanalyse

Es gibt unterschiedliche methodische Ansätze zur Identifizierung von wirtschaftlichen Potenzialen und von darauf basierenden Möglichkeiten. In der klassischen Regionalanalyse werden die Potenziale einer Region auf aggregierter Ebene und auf Basis fachwissenschaftlicher Analysen (z. B. Bodenanalysen, Analysen des Qualifikationsprofils der Regionalbevölkerung, Marktanalysen) mithilfe statistischer Methoden und technischer Hilfsmittel (Fernerkundung, Geographische Informationssysteme = GIS) identifiziert (für einen Überblick mit kritischer Einordnung vgl. P. Waller 1986). Man geht dabei von der Region und den dort vorhandenen Ressourcen aus, nicht aber von den Menschen, von deren Problemen und Zugangsmöglichkeiten zu Ressourcen. Der Mensch erscheint aus dieser Perspektive als eine Ressource für die Entwicklung der Region.

Sozialwissenschaftliche Potenzialanalysen – wie der Livelihood-System-Ansatz – setzen hingegen auf lokaler Ebene, bei den Menschen und ihren unterschiedlichen zielgruppenspezifischen Potenzialen an. Sie bedienen sich dabei überwiegend qualitativer und partizipativer Analysemethoden (z. B. Participatory Rural Appraisal – PRA, siehe Kap. 11). Beim Fokus auf die Potenziale einzelner Personengruppen geht aber der Blick auf die größeren regionalen Zusammenhänge tendenziell verloren. Neuere, handlungs- und akteurstheoretisch beeinflusste Analyseansätze setzen bei der Erfahrung und Kompetenz maßgeblicher regionaler Akteure aus Privatwirtschaft, Politik, Verwaltung, Wissenschaft und Zivilgesellschaft an. Die Methode Participatory Assessment of Competitive Advantages (PACA) versucht, auf der Grundlage von Workshops mit relevanten Entscheidungs- und Wissensträgern die im jeweiligen aktuellen Kontext relevanten Potenziale einer Region gemeinsam im Diskurs zu identifizieren. Fachwissenschaftliche Analysen werden im Fall wichtiger Informationsdefizite ergänzend eingesetzt. Diese Methode fokussiert auf solche Potenziale, die im Kontext der aktuellen Wettbewerbs- und Problemkonstellation der regionalen Wirtschaft relevant sind. Sie macht sich die Perspektive der regionalen Stakeholder, also der organisierten Interessengruppen, zu eigen, wobei leicht die Perspektiven benachteiligter Gruppen vernachlässigt werden. Sie setzt vor allem bei weichen, institutionellen, also von den Akteuren gestaltbaren Potenzialfaktoren an. Zudem setzt sie ein hohes unternehmerisches Kompetenzniveau voraus, ist also eher für städtische und marktwirtschaftlich gut erschlossene Regionen geeignet.

Die hier vorgeschlagene, in der Praxis von Programmen der LRE entwickelte und vor allem in armen und peripheren ländlichen Regionen praktizierte Methode (siehe Box Methodik) kombiniert die regionalwissenschaftliche Herangehensweise mit der Livelihood-Systems-Perspektive. Sie setzt bei den Menschen, deren Problemen und Potenzialen, und bei der Analyse übergreifender regionaler (und überregionaler) Systemzusammenhänge gleichzeitig an. Beide Perspektiven werden miteinander verknüpft, um nicht nur Möglichkeiten für die Region als Ganzes, sondern für die unterschiedlichen Bevölkerungsgruppen in der Region zu identifizieren. Ausgangspunkt im Rahmen einer armutsorientierten Wirtschaftsförderung aber ist die Analyse der Livelihood-Systeme armer Zielgruppen. Deren Situation beeinflusst die Blickrichtung bei der Potenzialanalyse auf regionaler Ebene.

Methodischer Kern der Analyse ist die ökonomische Potenzialanalyse. Potenziale werden dabei verstanden als vorhandene, aber ungenutzte Ressourcen bzw. Nachfrage. Potenziale sind also nicht Ideen, gedachte Möglichkeiten, sondern empirisch vorfindbare Gegebenheiten (so ist z.B. nicht Tourismus ein Potenzial, sondern eine schöne Landschaft, kultureller Reichtum und ein angenehmes Klima sind Potenziale, auf deren Grundlage Tourismus sich als ökonomische Möglichkeit erkennen lässt).

Bei Potenzialen ist zu unterscheiden zwischen vorgegebenen, harten, nicht oder nur langfristig veränderbaren Potenzialfaktoren (wie natürliche Ressourcen, menschliche Arbeitskraft und Nachfragepotenziale) einerseits, und weichen, durch politische Maßnahmen veränderbaren Potenzialfaktoren (wie Infrastruktur, finanzielle Ressourcen, technisches Wissen), die durch Fördermaßnahmen relativ kurzfristig bereitgestellt werden können, andererseits. Entscheidend für die Abschätzung der Expansionspotenziale sind die vorgegebenen harten Potenzialfaktoren. Wo hinreichend natürliche Ressourcen, Arbeitskraft und Nachfrage vorhanden sind, da (aber auch nur dort) lohnt sich eine Förderung z.B. durch Bereitstellung von Infrastruktur, Finanz- und Beratungsdienstleistungen, also durch Hinzufügung weicher Potenzialfaktoren.

Das Potenzial für eine bestimmte Wirtschaftstätigkeit kann mithilfe einer

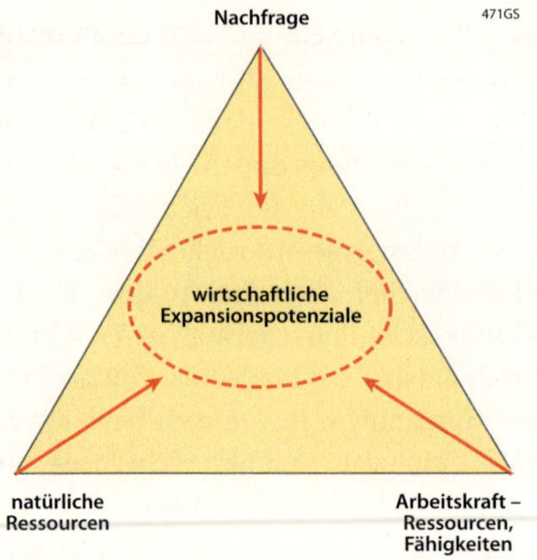

***Abb. 8.3.4.2/1** Identifizierung von ökonomischen Potenzialen durch Triangulierung*

Triangulierungs-Methode identifiziert werden. Dabei werden die Ergebnisse der Analyse der natürlichen Ressourcen, der Arbeitskraftpotenziale und der (regionalen) Nachfrage miteinander verknüpft und vergleichbar gemacht. Der jeweils limitierende Faktor setzt die Grenzen für eine Produktionsausweitung, bestimmt also das gesamte Expansionspotenzial bei gegebener Technologie und, im Falle einer Produktion, für regionale Märkte. Die Triangulierungsmethode und die damit verbundene Identifizierung des limitierenden Faktors geben aber gleichzeitig Hinweise auf Interventionsansätze zur Überwindung der Potenzialgrenzen (vgl. Abb. 8.3.4.2/1):

- Wo natürliche Ressourcen der Engpassfaktor sind, dort – aber auch nur dort – lohnt es, über Einführung von Technologien zur Erhöhung der Ressourcennutzungsproduktivität (Flächenproduktivität, Wasserproduktivität) nachzudenken.
- Wo Arbeitskräfte Engpassfaktor sind, dort – aber auch nur dort – lohnt es, über Mechanisierung bzw. Automatisierung, also über Maßnahmen zur Erhöhung der Arbeitsproduktivität zu diskutieren.
- Wo die regionale Nachfrage der begrenzende Faktor ist, dort – aber auch nur dort – lohnt es, Absatzmöglichkeiten für die betreffenden Produkte auf externen Märkten zu analysieren.

Bei Anwendung der Potenzialanalyse (Schritte 1–5 der skizzierten Methodik) ist es wichtig, sich stets zu vergegenwärtigen, dass es sich „nur" um eine Analysemethode, eine Methode zur Gewinnung und Bereitstellung von Informationen, nicht aber um eine Methode handelt, mit der Entscheidungen darüber gefällt werden können, welche Möglichkeiten von wem genutzt bzw. gefördert werden sollen. Die Methode ist dazu geeignet, Möglichkeiten aufzuzeigen. Welche dieser Möglichkeiten von welchen Menschen genutzt werden, das entscheiden die nach verbesserten Existenzgrundlagen suchenden Menschen selbst. Hierzu ist die Information aus der Potenzialanalyse ein wichtiger, unverzichtbarer Beitrag. Darüber hinaus sind aber viele andere Gesichtspunkte zu berücksichtigen: z. B. die Vorlieben und Gepflogenheiten der Menschen, aber auch das Kosten-Nutzen-Verhältnis, das von ständig sich verändernden Preisen abhängt. So kann es sein, dass sich in einem Jahr diese, im anderen Jahr jene Aktivitäten als attraktiver erweisen. Schließlich sind die für die Region insgesamt (ggf. nach Teilregionen differenziert) und für die wichtigsten Zielgruppen generell ermittelten Potenziale oft von Standort zu Standort etwas unterschiedlich, sodass Entscheidungen darüber, welche Möglichkeiten genutzt werden, standortspezifisch gefällt werden.

Die Potenzialanalyse dient dem ökonomischen Zweck, bessere Einkommens- und Ernährungsmöglichkeiten zu identifizieren. Sie kann sich aber methodisch nicht auf eine rein ökonomische Perspektive beschränken. Schließlich ist das Ziel eine nachhaltige Armutsminderung. Diese erfordert eine entsprechend nachhaltige Nutzung der natürlichen Ressourcen und eine sozial akzeptable Nutzung menschlicher Arbeitskraft. Bei der Analyse sind folglich Ökosystem-Zusammenhänge sowie soziale und kulturelle Zusammenhänge des Livelihood-Systems durch Involvierung entsprechender Fachleute mit zu berücksichtigen. Wenngleich es bei der Potenzialanalyse nur um Information und nicht um Entscheidung über Fördermaßnahmen geht, ist die Analyse nicht wertneutral. Die entwicklungspolitischen Zielsetzungen beeinflussen stets die Analysemethodik, den Fokus der Betrachtung. Wer sich primär am Ziel des Wirtschaftswachstums orientiert, wird einen anderen Blick auf die Potenziale der Armen werfen als jemand, der sich am Ziel der Armutsminderung orientiert. Aus der Makro-Perspektive erscheint z. B. das Potenzial von „Landlosen", in Hausgärten zehn Obstbäumen zu pflanzen oder auf 100 m^2 saisonal Gemüse für den Markt anzubauen, als irrelevant. Bei armutsorientierter Perspektive wird der Fokus ganz speziell auf solche Potenziale gerichtet. Dabei lässt sich unschwer erkennen, dass die 100 US-$, die das vielleicht an zusätzlichem Haushaltseinkommen erbringt, für die betroffenen Familien z. B. einer Getreidemenge im Umfang des Bedarfs von drei Monaten entsprechen, oder aber den jährlichen Bedarf eines Haushalts an Zucker, Salz und Seife decken können. Ähnliches gilt für den Grundsatz der Nachhaltigkeit. Wer sich daran orientiert, wird Potenziale anders analysieren als jemand, der allein das Ziel der kurzfristigen Konkurrenzfähigkeit im Auge hat.

4. Förderstrategien zur Nutzung ökonomischer Möglichkeiten

Einer erfolgreichen Nutzung vorhandener ökonomischer Möglichkeiten stehen oft eine fehlende Infrastruktur, schlecht funktionierende Märkte, unzureichende ökonomische Dienstleistungen und ineffiziente Vermarktungskanäle im Wege. In vielen Fällen ist der Weg zur Nutzung neuer Möglichkeiten auch mit Lernkosten, Unsicherheiten oder auch mit Störmanövern (Dumpingstrategien) von bisher marktbeherrschenden Akteuren verbunden. Regionale Förderstrategien versuchen, den Weg zu bereiten, um erweiterte ökonomische Handlungsspielräume begehbar zu machen. Instrumente hierfür sind:

a. Verbesserung der regionalen Infrastruktur (insbesondere der Transportinfrastruktur)
b. Marktentwicklungsmaßnahmen
c. Breitenwirksamer Zugang zu Dienstleistungen durch Förderungsobergrenzen
d. Subventionen
e. Förderung von Wertschöpfungsketten (siehe Abschnitt 8.3.4.4)
f. Verbesserung regionaler ökonomischer Dienstleistungssysteme (siehe Kap. 10).

a. Regionale Transportinfrastruktur

Für die meisten Menschen in entlegenen Regionen gilt ein besserer Anschluss an das nationale Transportnetzwerk als der Schlüssel zur Entwicklung der Region. Dabei wird zum einen oft übersehen, wie

Methodik: Identifizierung wirtschaftlicher Möglichkeiten

Schritt 1: Analyse der Livelihood-Systeme wichtiger Zielgruppen
Zweck: Zielgruppengerechte Möglichkeiten finden
- Ökonomische Aktivitäten
- diesbezügliche Probleme/Constraints
- Potenziale (Assets)
- Strategien (bezüglich der Probleme/Constraints)

Schritt 2: Regionale Analyse der wirtschaftlichen Aktivitäten
Zweck: Bezugsrahmen, Anknüpfungsmöglichkeiten für neue Wirtschaftstätigkeiten kennen
- Umfang der Aktivitäten (Größenordnungen)
- Akteure (nach Geschlecht, sozialer Schicht, ethnischer Zugehörigkeit)
- Technologien
- Standorte, Märkte
- Trends, Tendenzen
- Probleme/Constraints

Schritt 3: Vorläufige Identifizierung und Einengung von näher zu betrachtenden wirtschaftlichen Möglichkeiten
Zweck: Begrenzung des Analyseaufwands für die weiteren Analyseschritte
Basis:
- Ergebnisse von Schritt 1 und 2
- vorhandene Studien
- Befragung von Informanten
- Partizipative Bestandsaufnahme mit ökonomischen Akteuren (PACA)

Schritt 4: Ökonomische Potenzialanalyse (Triangulierung)
Zweck: Systematische Identifizierung von Potenzialen und Potenzialbegrenzungen

Schritt 4a: Nachfragepotenzial
- Regionale Nachfrage: Mengen, Preise, regionale Importe, Versorgungsengpässe (umfassende Analyse)
- Externe Nachfrage: Fokussierte Analysen für Produkte, die in Schritt 3 identifiziert wurden, und für die die regionale Nachfrage den Engpassfaktor darstellt. Fokus auf ausgewählte Märkte bzw. Vermarktungskanäle (vgl. Wertschöpfungsketten-Ansatz in Abschnitt 8.3.4.4)

Schritt 4b: Natürliches Ressourcenpotenzial
- derzeitiges Nutzungsvolumen
- geschätztes Expansionspotenzial unter Berücksichtigung von Ökosystem-Zusammenhängen (nachhaltige Nutzung)
- Ressourcenzugang für Zielgruppen

Schritt 4c: Arbeitskräftepotenzial
- Arbeitskräfte-Verfügbarkeit (unter Berücksichtigung von Saisonalität)
- Differenzierung nach Ausbildungsgrad und -art
- Differenzierung nach Geschlecht, Altersgruppe, Ethnie, sozialer Schicht
- Schätzung des Expansionspotenzials unter Berücksichtigung von Livelihood-System-Zusammenhängen (u. a. soziale und kulturelle Aspekte, Subsistenzsystem)

Schritt 4d: Nachfragepotenziale, natürliche Ressourcenpotenziale und Arbeitskräftepotenziale miteinander verknüpfen
- bei der Identifizierung der Expansionspotenziale vom jeweiligen Engpassfaktor ausgehen
- die Identifizierung der Potenzialsektoren als Basis für Analysen und Diskussionsprozesse

Schritt 5: Identifizierung zielgruppen-, gender- und standortspezifischer wirtschaftlicher Möglichkeiten (Sektoren)
- erfolgt auf der Grundlage der Ergebnisse von Schritt 1 bis 4
- Wirtschaftliche Potenzialsektoren einschließlich des geschätzten Expansionspotenzials (Größenordnung) standort-, zielgruppen- und genderspezifisch differenzieren

Schritte 1–5 sind reine Analyseschritte. Sie werden in der Regel arbeitsteilig von Fachspezialisten durchgeführt. Die Ergebnisse sagen nichts darüber aus, was gemacht werden soll, sondern nur darüber, was für wen möglich ist. Sie sind eine wichtige, aber nicht hinreichende Information für Zielgruppen und Förderorganisationen. Was letztlich gemacht wird, hängt von deren Entscheidung und von den jeweiligen – sich ständig verändernden – Preisverhältnissen und Konkurrenzbedingungen ab. Schritte 6-10 zeigen die erforderlichen aufbauenden Planungsschritte.

Schritt 6: Identifizierung angepasster Technologien für die Potenzialsektoren
- Identifizierung technologischer Optionen
- Alternativenanalyse für technologische Optionen
- dabei Berücksichtigung von:
    - wirtschaftlicher Rentabilität (Konkurrenzfähigkeit bei jeweiligen Preisen)
    - den bei der Livelihood- und Potenzialanalyse festgestellten Engpassfaktoren
    - lokalen Bedingungen, lokalem Wissen
    - Zielgruppen-spezifischen Potenzialen (Assets) und Constraints

Schritt 7: Information/Partizipation/Entscheidung der möglichen Zielgruppen
- Information über Möglichkeiten und Risiken (sektor- bzw. produktspezifische Versammlungen)
- Demonstrationsbetriebe, Austauschbesuche
- Entscheidung der Zielgruppen-Mitglieder

Schritt 8: Identifizierung von Förder- bzw. Dienstleistungsbedarf
- differenziert nach Produkt/Wirtschaftsaktivität und Zielgruppen
- Analyse des Trainingsbedarfs
- Analyse der Vermarktungskanäle/Wertschöpfungsketten
- Analyse des sonstigen Dienstleistungsbedarfs

Schritt 9: Identifizierung der Dienstleistungsbereitsteller und Marktpartner (vgl. Kap. 10)
- Identifizierung geeigneter Marktpartner und Service-Bereitsteller (für jede wirtschaftliche Aktivität)
- Verknüpfung mit den potenziellen Produzent/innen (bzw. Gruppen)
- Vereinbarungen zwischen Zielgruppe und Service-Bereitstellern/Marktpartnern

Schritt 10: Identifizierung des Organisationsbedarfs auf Zielgruppen-Seite (vgl. Kap. 10)
- basierend auf Schritt 9 (Vereinbarung mit Dienstleistungsbereitstellern/Marktpartnern)
- bezogen auf den spezifischen Organisationsbedarf jeder Wirtschaftsaktivität

Je nach Informationsstand und den ökonomischen Erfahrungen der jeweiligen Zielgruppen können die Schritte 1 bis 10 in größerem oder geringerem Umfang partizipativ von der Zielgruppe selbst durchgeführt werden.

teuer der Bau von Straßen und Bahnlinien ist. Zum anderen wird ignoriert, dass die Wirkung einer Senkung der Transportkosten ambivalent ist. Transport geht in beide Richtungen. Verbesserter Transportzugang eröffnet neue Möglichkeiten auf externen Märkten. Aber er öffnet auch lokale Märkte für die Konkurrenz aus den großen Ballungszentren und vernichtet – ähnlich wie der Abbau von Schutzzöllen – alte Gewerbezweige (Weltbank 2008). Berücksichtigt man diese beiden Sachverhalte, so kann man für den Ausbau der Transportinfrastruktur in entlegene Regionen zwei strategische Leitlinien ableiten:

- Erschließung für motorisierten (oder Bahn-) Transport lohnt nur für dicht besiedelte periphere Regionen mit erheblichen komparativen Standortvorteilen, d. h. einer hohen Wahrscheinlichkeit, dass mehr wirtschaftliche Opportunitäten entstehen als vernichtet werden. Sie sollte sich möglichst auf strategische Verbindungen (z. B. Anschluss eines weiten Hinterlandes durch eine Brücke) konzentrieren.
- Förderung verbesserter Verbindungen für nicht-motorisierten Transport zur besseren Markterschließung innerhalb peripherer Regionen in Verbindung mit einer Förderung der Ausstattung der lokalen Bevölkerung mit entsprechenden Transportmitteln (vgl. K. Kaira 1993; N. Sieber 1998).

b. Marktentwicklungsförderung

Märkte entwickeln sich nicht von alleine, nur weil es die Deregulierungspolitik von Regierungen erlaubt. Insbesondere in ländlichen Regionen versagten die Märkte vielerorts nicht weniger als in früheren Dekaden der Staat. An die Stelle schlecht funktionierender staatlicher Vermarktungs-, Produktionsmittelversorgungs- oder Kreditsysteme drängte sich eben nicht, wie erhofft, eine Vielfalt von privatwirtschaftlichen Akteuren. Vielmehr hinterließ der Rückzug der staatlichen Organisationen oft (insbesondere in peripheren Regionen) ein Vakuum oder aber eine Kontrolle der lokalen Märkte durch einzelne monopolitische Anbieter bzw. Aufkäufer. Für die armen ländlichen Kleinproduzenten aber ist die Abhängigkeit von monopolistischen privaten Händlern oder Geldverleihern nicht weniger problematisch als diejenige von staatlichen Aufkauforganisationen. Armutsmindernde Wirtschaftsentwicklung erfordert, dass arme Produzenten und Konsumenten eine Auswahlmöglichkeit zwischen konkurrierenden Nachfragern bzw. Anbietern haben. In anderen Worten: Sie erfordert funktionierende Märkte. Marktentwicklungsmaßnahmen sind deshalb neben der physischen Infrastruktur eine Voraussetzung dafür, dass ökonomische Möglichkeiten tatsächlich den ärmeren Teilnehmern am Marktgeschehen zugute kommen. Was aber können Regierungen auf regionaler Ebene dazu beitragen, dass Märkte sich entwickeln?

Sie können, erstens, dafür sorgen, dass eine zunehmende Anzahl von Akteuren beispielsweise als Händler, Transportunternehmer, Betreiber einer Mühle oder Reparaturwerkstätte in ländlichen Regionen unternehmerisch tätig wird und dadurch das Angebot bzw. die Nachfrage belebt. Dies setzt neben Fördermaßnahmen wie Finanzierung und anderen Services (vgl. „Förderung von Klein- und Mittelunternehmen“ in Abschnitt 8.3.5.2) auch die

Sicherheit voraus, dass sich die betreffende Wirtschaftstätigkeit ohne Beeinträchtigung und Übergriffe entfalten kann. Dazu ist eine faktische Durchsetzung von Rechtssicherheit auf lokaler Ebene notwendig. Wer in eine Mühle investiert, muss sich darauf verlassen können, dass diese ihm nicht folgenlos von einem politisch einflussreichen Konkurrenten zerstört oder weggenommen werden kann.

Regionale Regierungen können, zweitens, Marktplätze errichten, wo das Marktgeschehen auf geregelte Weise abgewickelt und überwacht wird. Dort werden z. B. die von Händlern benutzten Waagen kontrolliert, um Betrug beim Wiegen zu vermeiden. Für Bauern und Bäuerinnen aus entlegenen Dörfern werden nötigenfalls sichere Lager- und Übernachtungsplätze eingerichtet, damit diese nicht vor Marktschluss, bevor sie nach Hause müssen, im Preis gedrückt werden können.

Eine dritte wichtige Rolle von Unterstützungsorganisationen bei der Entwicklung von Märkten besteht in der Übernahme einer Maklerrolle bei der Anbahnung von Marktbeziehungen mit externen, außerregionalen Abnehmern. Das ist vonnöten, weil kleinbäuerliche Anbieter von Überschüssen in entlegenen Regionen und städtische oder regionsfremde Nachfrager oft nicht zueinander finden. So erwirtschaften die Produzenten vermarktbare Überschüsse, aber niemand kommt, um diese aufzukaufen. Folglich stellen sie die Überschussproduktion ein. Auf der anderen Seite gibt es Händler, die zu hohen Transportkosten in die Dörfer kommen, um Produkte aufzukaufen; doch sie finden kaum ein Angebot vor und kehren mit leerer Ladefläche zurück. Folglich kommen sie nie wieder. Mittler können in solchen Konstellationen die potenziellen Marktpartner zusammenbringen, können helfen, Vereinbarungen zu schließen und dafür sorgen, evtl. auch dafür bürgen, dass diese von beiden Seiten eingehalten werden. Dies kann nach einiger Zeit zu selbstregulierenden, bei Bedarf vertraglich abgesicherten Marktbeziehungen führen. Eine weitere strategische Option zur besseren Erschließung von Vermarktungsmöglichkeiten bietet die Förderung von Wertschöpfungsketten. Aufgrund seiner größeren Komplexität wird diesem Ansatz ein eigener Abschnitt in diesem Buch gewidmet.

c. Förderungsobergrenzen bei öffentlichen Dienstleistungen

Ökonomische Dienstleistungen, wie z. B. die Bereitstellung von Produktionsmitteln auf Kreditbasis, eröffnen einen Zugang zu Produktionsfaktoren, mit deren Hilfe die Empfänger ihre Inanspruchnahme anderer knapper Ressourcen wie Land oder Wasser ausweiten und begrenzt aufnahmefähige Absatzmärkte beliefern können. Werden solche Dienstleistungen von staatlicher oder gemeinnütziger Seite für ausgewählte Adressatengruppen zur Verfügung gestellt, so bedeutet dies folglich eine Einflussnahme auf lokale Konkurrenzbeziehung um knappe Ressourcen und/oder begrenzte Absatzmöglichkeiten. Die Folge, die unerwünschte (aber vorhersehbare) Nebenwirkung, kann somit eine Verdrängung der ärmeren, weniger durchsetzungsfähigen Produzentengruppen sein, die mangels Kontakt zu den betreffenden Dienstleistern nicht zum Zuge kommen.

Dies kann vermieden werden, indem bei der Vergabe öffentlicher Dienstleistungen durch Förderungsobergrenzen darauf geachtet wird, dass begrenzte ökonomische Möglichkeiten breitenwirksam genutzt werden können, dass sie also der großen Mehrzahl der dafür infrage kommenden Nutzerinnen und Nutzer zugute kommen. Wo z. B. die Expansionspotenziale in einer Region einer zusätzlichen Anbaufläche von 100000 ha entsprechen und es etwa 100000 kleinbäuerliche Produzentinnen und Produzenten gibt, sollte demnach das Kreditvolumen pro Kreditnehmer seitens öffentlicher Banken auf eine Höhe begrenzt werden, die dem Produktionsmittelbedarf von 1 ha entspricht.

d. Subventionen und Armutsminderung

Subventionen sind als Instrument regionaler Wirtschaftsförderung in allen Ländern verbreitet. Generell gelten Subventionen als wirtschaftspolitisches Steuerungsinstrument des Staates (umwelt- oder sozialpolitisch motivierte Subventionen werden an dieser Stelle nicht behandelt) zugunsten einzelner Sektoren (z. B. Landwirtschaft, Kohlebergbau), einzelner Regionen (z. B. strukturschwache Regionen), Technologien (z. B. Atomkraft oder regenerative Energien) oder Personengruppen (z. B. Kleinbauern). In der Entwicklungszusammenarbeit werden Subventionen häufig zum Zwecke der Armutsminderung eingesetzt bzw. damit begründet. Sie sind eine vielfach praktizierte, aber bemerkenswert wenig thematisierte Förderstrategie staatlicher wie nicht-staatlicher Entwicklungsorganisationen. Subventionierte Inputs, Kredite oder Produktionsmittel werden an Zielgruppen vergeben, um es armen Produzenten zu ermöglichen bzw. um für diese einen Anreiz zu schaffen, eine bestimmte Wirtschaftstätigkeit aufzunehmen oder eine empfohlene Technologie zu übernehmen.

Derartige Produzentensubventionen seitens einzelner Hilfsorganisationen oder Behörden sind aus mehreren Gründen problematisch: Sie sind selektiv und erreichen meist nicht die wirklich Armen, sondern jene mit guten Kontakten zu den Förderorganisationen. Indem sie einzelne Personengruppen und Aktivitäten begünstigen, können sie die Existenzgrundlagen anderer zerstören (Beispiel: Mineraldüngersubventionen unterminieren ökologische Anbaumethoden, Treibstoffsubventionen für motorisierten Transport zerstören die Existenzgrundlage von Ochsenkarrenbetreibern). Sie sind temporär und deshalb oft nicht von nachhaltiger Wirkung. Vielfach werden die so geförderten Aktivitäten wieder eingestellt, sobald es keine Subvention mehr gibt. Sie verleiten Produzenten dazu, produktive Tätigkeiten aufzunehmen bzw. Technologien anzuwenden, die nicht den lokalen Bedingungen angepasst sind und dabei standortgerechtere Formen der Existenzsicherung zu unterlassen. Ökonomen nennen dies „Fehlallokation von Ressourcen“. In anderen Worten: Sie verleiten die Adressaten dazu, das zu tun, was die Fachleute in den Förderorganisationen für richtig halten und das zu unterlassen, was sie selbst für sinnvoll halten und was unter lokalen Bedingungen oft ökonomisch tragfähiger wäre. So werden Subventionen von Förderorganisationen oft benutzt, um skeptische Produzenten zur Teilnahme an ihren Programmen zu motivieren und damit die Projektziele zu erreichen. Die Wirkungen von Subventionen sind also oft problematisch. So war es nicht zuletzt dem unreflektierten Einsatz von

Green Roads in Nepals Bergen

Ein Beispiel für die Öffnung neuer ökonomischer Möglichkeiten in entlegenen Regionen durch eine angemessene Form des Ausbaus der Verkehrsinfrastruktur sind die von deutscher, schweizerischer und britischer Seite unterstützen Green Roads in Nepal. Dabei handelt es sich um eine arbeitsintensive und ökologisch angepasste, zudem kostengünstige Technologie des Straßen- und Wegebaus in Bergregionen. Es werden weder große Maschinen noch Sprengstoff verwendet. Es fällt kein flächenvernichtender Schutt an. 70% bis 80% der Baukosten werden zu Einkommen lokaler Arbeitskräfte. Die Straßenränder werden mit Pflanzenmaterial befestigt. Die Straßen können nur von Kleintransportern und nicht während der Periode der Monsunregen befahren werden, was aber mit der Vermarktungssaison für die wichtigsten Exportprodukte in Einklang steht. Strategisch bemerkenswert ist die Einbettung des Straßenbauprogramms in ein umfassenderes regionales Wirtschaftsförderungsprogramm für die Bergregionen.

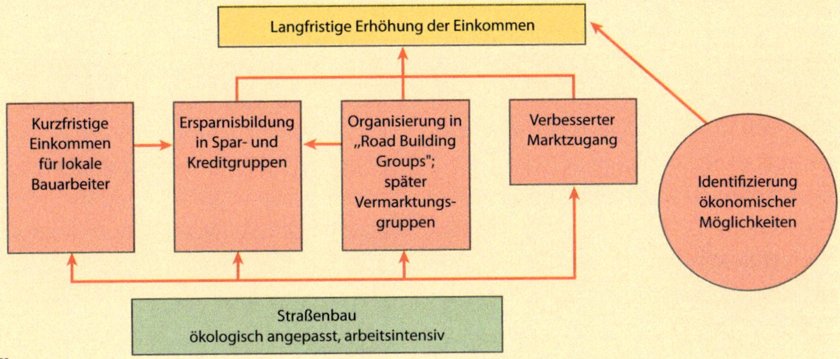

Abb. E 8.3.4/1 Strategie des „Rural Access Programms"/Nepal

Die Straßenbaumaßnahmen werden nach dem Prinzip „Cash for Work" durchgeführt. Die Bezahlung ist unattraktiv, die Arbeit so hart, dass nur die wirklich Armen mitmachen (so genanntes Self Targeting, siehe Kap. 11). Da die Straßenbauarbeiten im Gebiet eines Dorfes nur zwei bis drei Jahre andauern und damit keine langfristige Einkommensquelle darstellen, werden die in Road Building Groups organisierten Bauarbeiterinnen und Bauarbeiter dazu angehalten, einen Teil ihres Einkommens zu sparen, um nach Ende der Bauarbeiten über finanzielle Mittel für den Start einer ökonomischen Aktivität (z. B. für Saatgut, Setzlinge, ein Maultier, Jungtiere) zu verfügen. Durch die Road Building Groups werden die Mitglieder zu gemeinschaftlicher Aktion und zur Vertretung ihrer Interessen befähigt, was ihnen später bei der gemeinsamen Vermarktung ihrer Produkte zugute kommen soll. Zusätzlich werden die am Programm Teilnehmenden bei der Identifizierung geeigneter ökonomischer Möglichkeiten unterstützt. (Projekterfahrung T. Rauch)

Subventionen anzulasten, wenn viele Entwicklungsprojekte zu nicht nachhaltigen Insellösungen führten.

Subventionen können aber ein zweckmäßiges Instrument einer armutsorientierten Wirtschaftsförderung sein, wenn sie

- bestimmte armutsrelevante Wirtschaftsaktivitäten bzw. Technologien gegen subventionierte Konkurrenz schützen (Anti-Dumping oder kompensatorische Subventionen),
- Risiken und Lernkosten bei der Erprobung von Neuerungen temporär abdecken (Test- und Erziehungssubventionen),
- armen Konsumenten gesicherten Zugang zu Grundnahrungsmitteln verschaffen.

Dabei sollten stets folgende Kriterien berücksichtigt werden:

- Genereller Zugang für alle Bewohner, die bestimmte Bedingungen erfüllen; Subventionen sollten also ein reguläres Instrument staatlicher Wirtschaftspolitik sein.
- Eine begründete, explizite Nachhaltigkeitsperspektive (z. B. keine Subventionierung von laufenden Kosten, sondern nur von einmal anfallenden Investitionskosten).
- Eine explizit formulierte entwicklungspolitische Zielsetzung, verbunden mit einer Berücksichtigung zu erwartender Verdrängungseffekte.

Nachhaltige Armutsminderung ist meist leichter zu erreichen, indem man die Menschen dabei unterstützt, tragfähige ökonomische Möglichkeiten zu finden, als sie mit Subventionen zur Praktizierung nicht tragfähiger Wirtschaftsaktivitäten zu motivieren.

Die wirtschaftlichen Möglichkeiten für die Armen sind in den meisten, gerade auch in peripheren Regionen auch unter den schwierigen weltwirtschaftlichen Konkurrenzbedingungen bei weitem noch nicht ausgeschöpft. Allerdings handelt es sich dabei in der Regel um – gemessen an den extremen Einkommensdisparitäten – bescheidene Möglichkeiten zu einer besseren und sichereren Befriedigung materieller Grundbedürfnisse. Für absolut Arme ist dies ein Existenz sichernder großer Fortschritt, aus makroökonomischer Perspektive eine kaum erkennbare Veränderung.

8.3.4.3 Systemische Wettbewerbsfähigkeit durch Regionalmanagement

Prioritäres Ziel einer am Konzept der systemischen Wettbewerbsfähigkeit orientierten regionalen Wirtschaftsförderung ist es, die Wettbewerbsfähigkeit einer Region im Rahmen einer globalisierten Ökonomie zu stärken und damit die wichtigste Voraussetzung für regionales Wirtschaftswachstum zu schaffen. Entscheidendes Merkmal des Ansatzes ist das systemische Verständnis von Wettbewerbsfähigkeit. Anders als in konventionellen ökonomischen Denkschulen wird die Fähigkeit, sich im globalisierten Konkurrenzkampf zu behaupten, nicht allein als Resultat vorgegebener komparativer Standortvorteile (d. h. so genannter harter Standortfaktoren wie geographische Lage, natürliche Ressourcen oder niedrige Lohnkosten) gesehen, sondern als Ergebnis gestaltbarer institutioneller Faktoren (J. Maier 2005). Dabei spielen weiche Standortfaktoren wie die Fähigkeit der regionalen Akteure zur

Kooperation, die Schaffung förderlicher politisch-administrativer Rahmenbedingungen für unternehmerische Initiativen und die räumliche Konzentration und Vernetzung von Betrieben, Ausbildungs- und Forschungseinrichtungen, d. h. die Bildung von Clustern (vgl. hierzu J. Meyer-Stamer 1999; M. Porter 1990; E. W. Schamp 2000; J. Sedlacek 2007) eine entscheidende Rolle. Im Vordergrund stehen also weniger unternehmensspezifische, betriebswirtschaftliche Effizienzvorteile als vielmehr unternehmensübergreifende Beziehungen zwischen staatlichen, privatwirtschaftlichen und zivilgesellschaftlichen Akteuren. Die frohe Botschaft lautet: Wettbewerbsfähigkeit einer Region ist kein Schicksal mehr, sie ist machbar!

Der Ansatz versteht sich als regionale Antwort auf den zunehmenden Wettbewerbsdruck durch Globalisierung und die damit verbundene Reduzierung nationalstaatlicher wirtschaftspolitischer Handlungsautonomie. Wo nationale Politik die Existenzgrundlage von Menschen nicht mehr schützen bzw. verbessern kann, dort müssen die Menschen sich selbst zusammentun und gemeinsame Initiativen ergreifen, um gegen die externe Konkurrenz zu bestehen, sei es auf Exportmärkten oder auch auf lokalen/regionalen Märkten. Die regionale Ebene bietet sich hierbei als die geeignete räumliche Ebene für gemeinschaftliche Aktion an: Die Region verbindet Menschen, schafft gemeinsame Interessen. Regionen sind – anders als einzelne Orte – auch hinreichend groß für die Herausbildung ökonomischer Cluster und genügend stark als Player, d. h. als Kraft im internationalen Konkurrenzkampf.

Neben der ökonomischen Globalisierung bilden die politische Demokratisierung und Dezentralisierung einen weiteren wichtigen Bezugsrahmen für das Konzept der systemischen Wettbewerbsfähigkeit. Nur im Rahmen dezentraler Demokratie ist die erforderliche partnerschaftliche Kooperation zwischen staatlichen und privaten Akteuren und eine eigenständig gestaltende Rolle regionaler bzw. lokaler staatlicher Verwaltung vorstellbar.

In der Entwicklungspolitik findet das Konzept systemischer Wettbewerbsfähigkeit (J. Meyer-Stamer 1999) im Rahmen von Projekten der Lokalen und Regionalen Wirtschaftsentwicklung (LRWE, auf englisch LRED = **L**ocal and **R**egional **E**conomic **D**evelopment) der GTZ (vgl. A. Gomm & S. Beckers 2004;
www.gtz.de/de/themen/wirtschaft-beschaeftigung, (16.03.2009)
sowohl als Analyseansatz (1) als auch als konzeptionelle Grundlage für Förderstrategien (2) Anwendung.

1. Methodik zur Identifizierung von wirtschaftlichen Möglichkeiten: Analyse von Potenzialen für systemische Wettbewerbsfähigkeit

Systemische Wettbewerbsfähigkeit als Analysemethode zur Identifizierung ökonomischer Möglichkeiten ist gekennzeichnet durch zwei wesentliche Elemente: einen Analyserahmen und einen Analyseprozess.

Der Analyserahmen setzt bei den Einflussfaktoren auf die systemische Wettbewerbsfähigkeit an (vgl. Abb. 8.3.4.3/3) Diese Einflussfaktoren werden vier Ebenen zugeordnet, die aber nicht mit den

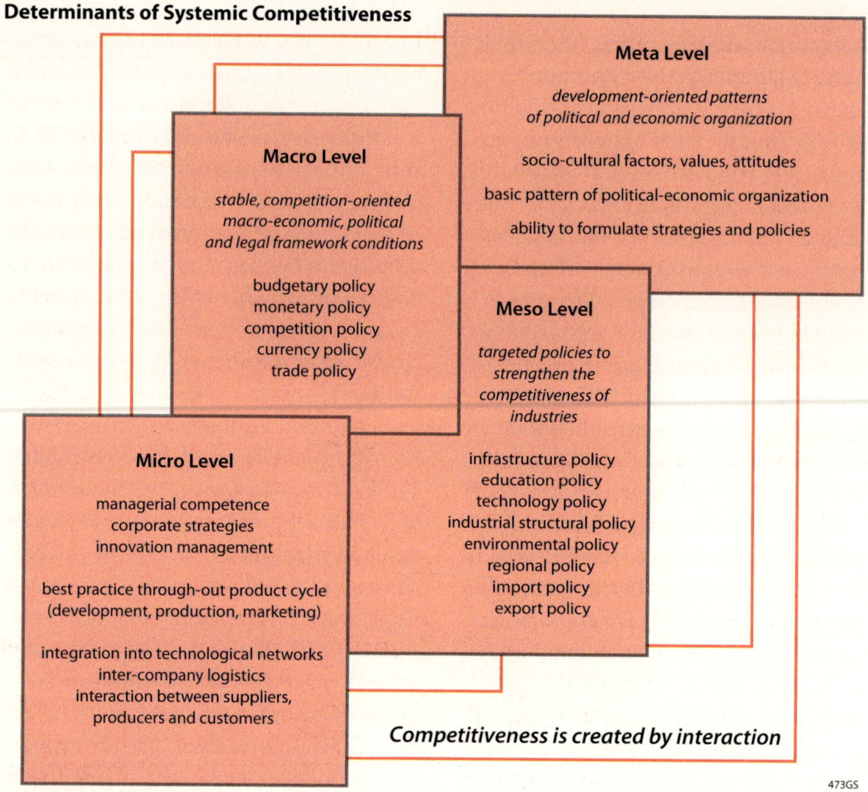

***Abb. 8.3.4.3/3** Einflussfaktoren auf die systemische Wettbewerbsfähigkeit*

räumlichen Ebenen (global, national, regional, lokal), wie sie dem Mehr-Ebenen-Ansatz dieses Buches zugrunde liegen, verwechselt werden dürfen. Vielmehr handelt es sich um Aggregationsebenen der Politik:

- Die Mikro-Ebene ist die Unternehmens- bzw. betriebliche Ebene. Die entscheidenden Einflussfaktoren auf dieser Ebene sind unternehmerische Effizienz und Innovationsfähigkeit sowie das zwischenbetriebliche Management von Bezugs- und Absatzbeziehungen. Hier geht es also vor allem um betriebswirtschaftliche Faktoren.
- Die Meso-Ebene ist die Ebene gezielter Förderpolitiken. Wichtige Einflussfaktoren auf die Wettbewerbsfähigkeit sind hier die Bereitstellung von Infrastruktur, Technologieentwicklung, Ausbildungseinrichtung, Finanzdienstleistungen und gezielte Förderprogramme. Diese Faktoren liegen überwiegend in der Verantwortung nationaler, regionaler und lokaler Regierungen.
- Die Makro-Ebene ist die Ebene der politisch-institutionellen Rahmenbedingungen. Hier geht es um Faktoren wie staatliche Finanz-, Währungs-, Geld- und Außenwirtschaftspolitik,

aber auch um den arbeits- oder wettbewerbsrechtlichen Rahmen. Die Verantwortung hierfür liegt bei der Legislative, Exekutive und Judikative.

- Die Meta-Ebene lässt sich wohl am besten umschreiben als die Sphäre der Wirtschafts- und Gesellschaftsordnung, der historisch geprägten gesellschaftlichen und sozio-kulturellen Bedingungen. Dabei handelt es sich um kurzfristig kaum veränderbare Voraussetzungen für systemische Wettbewerbsfähigkeit wie z. B. gesellschaftliche Werte, Verhaltensmuster, unternehmerische Tradition, innovatives Milieu, Sozialkapital, d. h. Fähigkeit zu Kooperation sowie regionale Identität. Diese Faktoren können weder allein durch politische Entscheidungen noch durch Initiativen einzelner privatwirtschaftlicher Akteure verändert werden, sondern allenfalls durch gemeinschaftliche Initiativen vieler maßgeblicher Akteure zur Initiierung eines historischen Prozesses gesellschaftlichen Wandels.

Anders als bei klassischen Potenzialanalysen geht es hier also nicht um natürliche Ressourcen, Arbeitskraftpotenziale und Nachfragepotenziale, sondern ganz überwiegend um politisch-institutionelle Faktoren. Dabei handelt es sich – mit Ausnahme der Meta-Ebenen-Faktoren – meist um veränderbare Faktoren, d. h. Einflussgrößen, deren Gestaltung im Verantwortungsbereich von staatlichen und privaten Akteuren liegt.

Dementsprechend wird der Analyseprozess, die Diagnose der systemischen Wettbewerbsfähigkeit überwiegend partizipativ gestaltet. Die maßgeblichen regionalen Akteure, Unternehmer, Politiker, Vertreter der Verwaltung, Fachleute aus Wissenschaft und Bildung sowie Vertreter der Zivilgesellschaft identifizieren auf Basis ihrer vielfältigen Kompetenz und Erfahrung gemeinsam unter Zuhilfenahme des Analyserasters die Konkurrenzvor- und -nachteile (Competitive Advantages) ihrer Region. Entscheidend für die Relevanz und Qualität der Analyse ist zum einen, die richtigen Akteure zu versammeln, und zum anderen, den Analyseprozesses durch in systemischem Denken und im Management von komplexen Interaktionsprozessen geschulte Moderatoren zu finden. Ein von Entwicklungsorganisationen häufig eingesetztes Instrument zur partizipativen Identifizierung ökonomischer Möglichkeiten nennt sich PACA (Participatory Assessment of Competitive Advantages). Spezielle Studien zu einzelnen Aspekten spielen eine ergänzende Rolle.

Die Analyse ist im Rahmen des Konzepts systemischer Wettbewerbsfähigkeit kein einmaliger Akt, dem eine Planungs- und dann eine Durchführungsphase folgen. Vielmehr handelt es sich um einen fortlaufenden Prozess, in dem Analysen, die Entwicklung von Strategievorschlägen und die Umsetzung von vereinbarten Maßnahmen miteinander verknüpft werden. Entscheidend dabei ist die Überlegung, dass sich die Wettbewerbsbedingungen ständig ändern, flexible Anpassungsprozesse folglich vonnöten sind.

2. Strategien zur Verbesserung systemischer Wettbewerbsfähigkeit

Strategien zur Verbesserung systemischer Wettbewerbsfähigkeit sind vereinbarte gemeinsame Aktionen zur Beseitigung der bei der Analyse identifizierten Schwachstellen. Dabei sollen die verschiedenen Akteure in ihren jeweiligen unterschiedlichen Verantwortungsbereichen ansetzen. Die Strategien sind somit in hohem Maße kontextbezogen. Angesichts des Analyserasters liegt es nahe, dass es sich vor allem um Verbesserungen im „systemischen", im politisch-institutionellen Bereich auf den verschiedenen politischen Aggregationsebenen (siehe oben) handelt. Nicht die Frage nach Potenzialsektoren und geeigneten Technologien steht also hier im Vordergrund, sondern die Frage nach verbesserter Politik, effizienterem Management, funktionierender Kommunikation, Kooperation und Vernetzung. Auch liegt es in der Natur des partizipativen Ansatzes, vom Bestehenden – von den bereits existierenden Unternehmen und Clustern – auszugehen, und dieses zu verbessern oder anzupassen.

Typische strategische Ansätze zur Verbesserung der systemischen Wettbewerbsfähigkeit auf regionaler Ebene sind:

- Schaffung fördernder administrativer Rahmenbedingungen für die Ansiedlung und Entwicklung von Wirtschaftsbetrieben seitens lokaler/regionaler Regierungen, z.B. durch Abbau administrativer Hürden („one-stop-shops", über welche alle Verwaltungsvorgänge mithilfe eines Ansprechpartners erledigt werden können, angemessene Steuer- und Abgabenpolitik, Bereitstellung geeigneter Grundstücke, aber auch durch verbesserte Formen des Dialogs zwischen Bürokratie und Privatsektor,
- Bereitstellung einer funktionsfähigen ökonomischen Infrastruktur,
- Standort-Marketing,
- Maßnahmen zur Verbesserung der Wohnqualität des Standortes (Kultur- und Freizeitangebot, Umweltqualität),
- gezielte, an den Erfordernissen der jeweiligen sektoralen Cluster orientierte Förderung von Ausbildungs- und Forschungseinrichtungen,
- Bereitstellung von Foren für den Dialog zwischen allen relevanten Akteuren,
- Verbesserung der Effizienz von Wertschöpfungsketten.

Die Strategien können – je nach Ergebnis der Diagnose – variieren. Entscheidend ist die Schaffung eines institutionellen Rahmens für den Dialog zwischen den unterschiedlichen staatlichen und privaten Akteuren und für daraus resultierende gemeinschaftliche Initiativen. Genau darum geht es bei „Regionalem Entwicklungsmanagement" bzw. „**R**egional**m**anagement" (RM), einem mit dem Konzept der systemischen Wettbewerbsfähigkeit eng verwandten Ansatz der regionalen Entwicklungsförderung. Dieser vor allem im Rahmen der ländlichen Entwicklung in EU-Ländern praktizierte Ansatz (D. Fürst 1995; J. Maier & F. Obermaier 2000) strebt eine nachhaltige regionale Entwicklung auf Basis der Nutzung endogener regionaler Potenziale an, welche durch die aufeinander abgestimmten Initiativen regionaler Akteure aus Politik und Verwaltung, Privatwirtschaft und Zivilgesellschaft mobilisiert werden sollen. Regionales Entwicklungsmanagement ist also ein Instrument zur Verbesserung der systemischen Wettbewerbsfähigkeit einer Region. Der Anspruch von Regionalmanagement (RM) reicht allerdings über ökonomische Zielsetzungen hinaus. Probleme werden grundsätzlich in ihrem multidimensionalen Zusammenhang betrachtet. Entscheidend für RM ist, dass die unterschiedlichen, in einer Region vertretenen strategischen Interessengruppen (z.B. Arbeitgeber, Gewerkschaften, Umweltverbände) in einem konsultativen Prozess zu einem Konsens und zu koordinierter Aktion in den für die regionale Wettbewerbsfähigkeit und Entwicklung wichtigen Fragen – über all ihre Interessengegensätze hinweg – finden. Diese Fähigkeit zur Einigung und zu konzentriertem Handeln kann als „Sozialkapital“ (vgl. Kapitel 11) einer Region im weltweiten Konkurrenzkampf betrachtet werden. Sie soll deshalb im Rahmen des RM-Ansatzes dauerhaft institutionalisiert werden. Hierbei können regionale Gebietskörperschaften (Bezirksregierung, Kreisverwaltungen oder eigens geschaffene interkommunale Zweckverbände) eine wichtige Rolle spielen. Diese können Foren für eine regelmäßige gleichberechtigte und formlose Interaktion zwischen Vertretern von Politik und Verwaltung einerseits und Privatwirtschaft und Zivilgesellschaft andererseits bereitstellen. Neben solchen Austauschforen benötigt professionelles Regionalmanagement aber auch kompetente „Think Tanks“, also Forschungs- und Entwicklungseinheiten für die Erstellung von Analysen, die Koordination und Moderation von konsultativen Prozessen und die Dokumentation. Solche Organisationseinheiten können vom Staat oder von der Privatwirtschaft (z.B. von Unternehmensverbänden) angeboten werden. Wichtig ist, dass sie einen hohen Grad an Autonomie erhalten, um mit allen Akteursgruppen interagieren zu können und als überparteiliche Vermittlungsinstanz glaubwürdig zu sein.

Für die Anwendung des Konzepts der systemischen Wettbewerbsfähigkeit und des regionalen Entwicklungsmanagements müssen gewisse Voraussetzungen erfüllt sein:

- Der konsultative bzw. partizipative Ansatz zur Identifizierung von Wettbewerbsvorteilen und neuen wirtschaftlichen Möglichkeiten setzt eine gewisse Kompetenz der beteiligten Akteure, d.h. marktwirtschaftliche Erfahrung und unternehmerische Tradition, voraus. Er setzt darüber hinaus bei bereits existierenden Wirtschaftssektoren bzw. Clustern an, will deren Konkurrenzfähigkeit sichern oder verbessern. Der Ansatz ist also besser für stärker urbanisierte und gewerblich entwickelte Regionen geeignet (z.B. im Süden Brasiliens oder in Thailand; J. Meyer-Stamer 1999), weniger hingegen für periphere subsistenzbäuerlich geprägte Regionen.
- Der Ansatz setzt voraus, dass Akteure, die normalerweise in Konkurrenz zueinander stehen (wie Unternehmen der gleichen Branche) oder gegensätzliche Interessen haben (wie Unternehmer, Gewerkschaften, Umweltorganisationen) bzw. unterschiedlichen Organisationskulturen entstammen (wie Parteipolitiker, Bürokraten und Unternehmer) bereit und fähig sind, zugunsten eines übergeordneten gemeinsamen Interesses hierarchiefrei zusammenzuarbeiten. Regionalmanagement soll den Aufbau von Sozialkapital fördern, setzt dieses aber zu einem gewissen Grad bereits voraus. Der Ansatz funktioniert umso besser, je stärker in einer Region der Interessengruppen und soziale Schichten übergreifende Gemeinsinn sowie eine

Aspekt	Armuts- und Livelihood orientierte Wirtschaftsförderung	Systemische Wettbewerbsfähigkeit
Ziel	Armutsminderung Reduzierung von Verwundbarkeit	Regionales Wirtschaftswachstum Nachhaltige Regionalentwicklung (indirekt: Armutsminderung)
Adressaten/ Zielgruppen	Primär: ärmere Kleinproduzenten Ergänzend: ressourcenreichere Wirtschaftsakteure	Primär: Repräsentanten wichtiger Interessenvertretungsorganisationen, Unternehmer Indirekt: Beschäftigte, Arbeitslose
zentraler strategischer Ansatzpunkt	Identifizierung und Schaffung neuer zielgruppenspezifischer ökonomischer Möglichkeiten durch • Berücksichtigung der Livelihood-Systeme • Potenzialanalyse • Verbesserung des Marktzugangs für die Armen	Identifizierung und Erweiterung regionaler ökonomischer Möglichkeiten durch • Verbesserung der politisch-institutionellen Rahmenbedingungen • Intensivierung von Kooperation und Vernetzung
Analysemethodik	• Betonung fachlich-technischer Potenzialanalysen (natürliche Ressourcen, Arbeitskraft-, Nachfragepotenziale, Livelihood-System-Analysen) • Darauf aufbauend: Entscheidung durch Zielgruppen	• Betonung partizipativer Analysen, basierend auf Kompetenz der Beteiligten • Ergänzend: fachlich-technische Analysen
vorrangige Potenzialfaktoren	„Harte" Standortfaktoren: Natürliche Ressourcen, Arbeitskräfte, Nachfrage	„Weiche", gestaltbare Standortfaktoren: Politik, Institutionen, Sozialkapital
Förderstrategien (soweit diese sich unterscheiden)	Bessere ökonomische Möglichkeiten durch • Marktentwicklungsmaßnahmen (wo Märkte nicht funktionieren) • Herstellung von Marktzugang • Orientierung an Engpässen und Potenzialen armer Haushalte • klein(st)produzentenfreundliche Dienstleistungen • Organisierung der Kleinproduzenten in Vermarktungsgruppen	Bessere ökonomische Möglichkeiten durch • wirtschaftsfreundliche Politik und Verwaltung • Verbesserung der unternehmensübergreifenden Kooperation • Orientierung an regionsspezifischen Wettbewerbsprofilen • unternehmensorientierte Dienstleistungen • Konsultationsforen und Vernetzung strategischer Gruppen
Anwendungsbereiche	• Ländliche/landwirtschaftliche/ subsistenzbäuerlich geprägte Regionen • Dominanz multipler, multilokaler Livelihood-Systeme	• Urban/gewerblich geprägte Regionen • Dominanz von Marktorientierung und Unternehmertum

Tab. 8.3.4.3/1 *Regionale Wirtschaftsförderungsstrategien im Vergleich*

verbindende regionale Identität ausgeprägt sind. Die Erfolgsbeispiele aus Mittelitalien, Südbrasilien und Südbayern sind alle durch einen starken soziokulturellen Faktor gekennzeichnet.

Anzumerken ist, dass das Konzept der systemischen Wettbewerbsfähigkeit die Perspektive einer Region im globalen Konkurrenzkampf einnimmt (vgl. Tab. 8.3.4.3/1). Aus dieser Perspektive betrachtet ist es sinnvoll und legitim, Konkurrenzvorteile gegenüber anderen Regionen anzustreben, um die Wohlfahrt der regionalen Bevölkerung zu erhalten oder zu verbessern. Aus einer übergeordneten globalen Perspektive hingegen, also aus dem Blickwinkel einer an globaler Armutsminderung orientierten internationalen Entwicklungszusammenarbeit macht dies nur Sinn, wenn man von der Annahme ausgeht, dass sich die Zahl der weltweiten Beschäftigungsmöglichkeiten erhöht, dass es also darum geht, eine Region „fit“ für zusätzliche Chancen zu machen. Trifft hingegen – wie die Zahlen über globale Beschäftigungsentwicklung es nahelegen – die Fragmentierungsthese – d. h. die These begrenzter Chancen – zu, dann führt die Verbesserung der systemischen Wettbewerbsfähigkeit in einer Region zur Verschlechterung der Wettbewerbsfähigkeit anderer Regionen. Dann ist das, was regionalpolitisch sinnvoll ist, aus globaler entwicklungspolitischer Sicht perspektivlos. Was nützt es im Hinblick auf globale Armutsminderung, wenn sich z. B. die brasilianische Schuhindustrie gegenüber der chinesischen durchsetzt (oder umgekehrt)? Globale Armutsminderung kann nur dann erreicht werden, wenn sich durch eine Verbesserung der systemischen Wettbewerbsfähigkeit arbeitsintensive, kleingewerbliche Produktionsformen gegenüber kapitalintensiven, automatisierten Produktionsformen durchsetzen und sich dadurch die globale Beschäftigung insgesamt erhöht.

8.3.4.4 Der Wertschöpfungsketten-Ansatz

Der in vielen entwicklungspolitischen Organisationen verbreitete Wertschöpfungsketten- (WSK-) Ansatz (vgl. A. Stamm 2006) richtet sein zentrales Augenmerk auf die Vermarktungsseite wirtschaftlicher Aktivitäten. Somit lässt er sich als ergänzender strategischer Ansatz beiden bisher dargestellten Konzepten der regionalen Wirtschaftsförderung zuordnen. Bei armuts- und Livelihood orientierten Förderansätzen blieb die Vermarktungsseite in ihrer Komplexität in der Vergangenheit oft unterbelichtet, was mit ein Grund dafür war, dass die Zahl der Nutznießer meist eng begrenzt blieb. Der WSK-Ansatz kann dazu beitragen, dass die Vermarktung von Überschüssen zu möglichst vorteilhaften Bedingungen gesichert ist. Die systemische Wettbewerbsfähigkeit von Regionen hängt nicht zuletzt von der Effizienz der Vermarktungskanäle für die regionalen Produkte ab. Wer seine Produktion besser auf die Bedürfnisse der Kunden einstellt, wer sein Produkt schneller und mit geringeren Reibungsverlusten zum Kunden bringt, schafft sich Wettbewerbsvorteile.

Zunächst aber bedarf es einer Erläuterung der Begriffe. Ein einfaches Beispiel einer WSK ist die Abfolge der Produktions- und Dienstleistungsschritte vom Saatguthersteller zum Bauern, von diesem – vielleicht über einen Zwischenhändler – zum Müller und von diesem zum Bäcker und weiter – gegebenenfalls über einen Supermarkt –

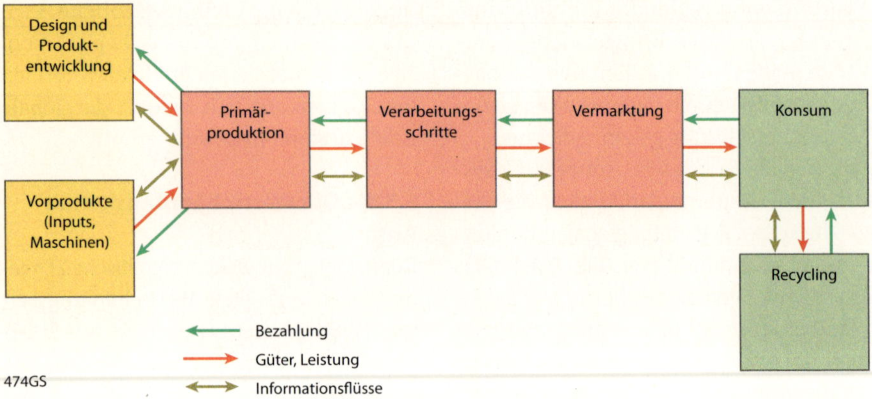

***Abb. 8.3.4.4/1** Modell einer einfachen Wertschöpfungskette*

zum Konsumenten. In anderen Worten: Saatgut wird zu Weizen verarbeitet, aus diesem wird – nach Transport – Mehl hergestellt, aus diesem wird Brot gebacken, welches (möglicherweise) in verpackter Form für den Kunden in einem Regal bereitgelegt wird. Bei jedem dieser Schritte, durch jeden der genannten Akteure findet eine Wertschöpfung statt. Der Wert des Produktes wird gesteigert, indem Arbeitskraft, Energie, Maschinenleistung, d.h. Produktionsfaktoren, hinzugefügt werden. Deren Kosten fließen – neben der jeweiligen Verhandlungsmacht von Verkäufer und Käufer, die den Preis aushandeln bzw. festlegen – in die Wertschöpfung ein. Der Konsumentenpreis des Endproduktes setzt sich folglich aus der Summe der Wertschöpfungen aller beitragenden Betriebe zusammen. Als Wertschöpfungskette (WSK) bezeichnet man die Gesamtheit der miteinander verknüpften Stufen, die ein Produkt bzw. eine Dienstleistung vom Entwurf über die verschiedenen Produktions- und Dienstleistungsschritte bis hin zum Endverbraucher durchläuft, einschließlich aller Beiträge, die zu seiner Bereitstellung notwendig sind (vgl. Abb. 8.3.4.4/1). Hierzu gehören neben den physisch greifbaren Beiträgen auch intangible Leistungen wie Informationsflüsse, Weiterbildung von Mitarbeitern, Werbung, Gestaltung und Kontrolle von Umweltauflagen. Die Kettenglieder können auf verschiedene, miteinander durch Lieferbeziehungen verknüpfte Unternehmen verteilt sein; es können aber auch mehrere Glieder innerhalb eines Unternehmens miteinander verflochten sein (Vertikale Integration von Unternehmen). Reale WSK, die sämtliche Wertschöpfungsbeiträge umfassen, sind in der Regel sehr komplex. Meist werden WSK deshalb in modellhaft vereinfachter Form dargestellt.

In der Entwicklungspolitik wurde der WSK-Ansatz etwas seit Ende des 20. Jh., insbesondere im Bereich der Agrarwirtschaftsförderung, populär. Zwei Tendenzen waren dafür ausschlaggebend: Zum einen wurde es nach der Deregulierung und Privatisierung zunehmend wichtiger, das

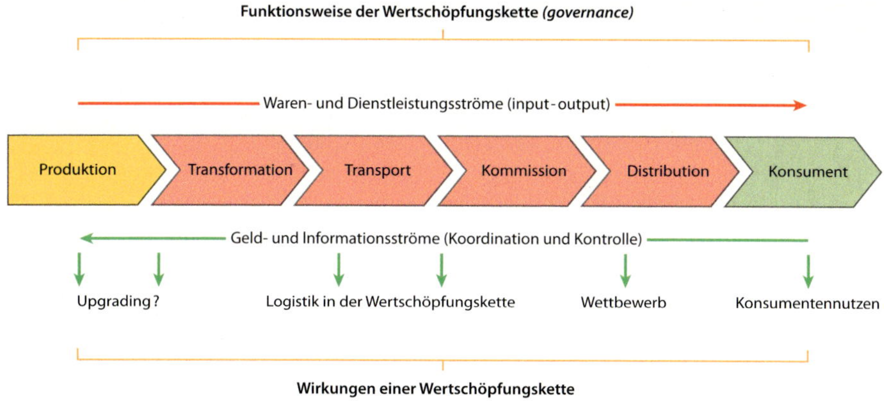

475GS
Abb. 8.3.4.4/2 *Modell einer komplexen Wertschöpfungskette*

Augenmerk auf die Vermarktungsseite zu richten. Unzureichender Marktzugang und ungünstige Vermarktungsbedingungen hatten häufig zum Scheitern hoffnungsvoll begonnener Wirtschaftsentwicklungsprogramme geführt. Zum anderen wuchsen im Verlauf des Globalisierungsprozesses die Chancen für Produzenten in EL, Zugang zu den Märkten der IL zu erlangen. Die Vermarktungskanäle bzw. Wertschöpfungsketten in die Regale der Supermärkte in Europa oder Nordamerika wurden aber überwiegend von den Großhändlern bzw. Supermarkt-Ketten in den IL beherrscht. Für Kleinproduzenten in den Ländern des Südens bot diese Entwicklung neue Chancen, stellte aber gleichzeitig eine völlig neue Herausforderung dar. Wer nicht in der Lage war, die Bedingungen zu erfüllen, erhielt keinen Zugang zu diesen Märkten. Der WSK-Ansatz stellte die Vermarktung ins Zentrum der Wirtschaftsförderung und wollte dadurch den Erzeugern in den EL dabei helfen, diese Herausforderungen zu bewältigen (vgl. Abb. 8.3.4.4/2).

Drei entwicklungspolitische Ziele des WSK-Ansatzes sind zu unterscheiden (A. Stamm 2006):

1. Erhöhung der systemischen Wettbewerbsfähigkeit der Herkunftsregion von Produkten durch eine effizientere Verknüpfung der Kettenglieder. Dadurch kann die – bei verderblichen Produkten oft entscheidende – Geschwindigkeit erhöht, die Produktqualität verbessert und Vermarktungskosten und -verluste können reduziert werden.
2. Erhöhung des WS-Anteils der Erzeugerregionen und der Kleinproduzenten.
3. Verbesserung des Marktzugangs für Kleinproduzentinnen und -produzenten durch deren gezielte Eingliederung in die WSK.

WSK-Förderung kann somit in mehrfacher Weise zur Erweiterung ökonomischer Möglichkeiten beitragen.

Zur Erreichung dieser Ziele bedarf es zunächst einer Analyse der für eine Region relevanten WSK. Dabei sind vier Dimensionen einer WSK zu unterscheiden:

- Die physisch-technische Dimension erfasst alle materiellen WS-Schritte hinsichtlich ihrer Quantität, Qualität und der eingesetzten Technologie.
- Die institutionelle Dimension erfasst alle beteiligten Akteure und deren Beziehungen; dabei stellt sich unter anderem die Frage, wer die WSK kontrolliert (Governance von WSK).
- Die monetäre bzw. Verteilungsdimension erfasst die Preise, zu denen die Vor- bzw. Zwischenprodukte ge- und verkauft werden; damit können die Wertschöpfung auf jeder Stufe und der Anteil jedes Akteurs ermittelt werden.
- Die geographische Dimension erfasst die Standorte der einzelnen WS-Schritte; sie ermöglicht Aussagen über die räumliche Verteilung der WS.

Bei der Analyse jeder Dimension werden Defizite bzw. Probleme identifiziert. Daraus wird ein entsprechender Interventionsbedarf als Basis für die Planung von WSK-Fördermaßnahmen abgeleitet.

WSK-Förderstrategien lassen sich nach den drei genannten Zielsetzungen unterteilen. Die Effizienz und Konkurrenzfähigkeit einer WSK kann beispielsweise erhöht werden durch:

- Verbesserung der Produktqualität, gemessen an den Anforderungen der jeweiligen Absatzmärkte, durch verbesserte Techniken, Weiterbildung und Beratung, Anreize und Kontrolle.
- Verbesserung der Logistik (Lagerung, Transport, Kommunikation) entlang der Kette.
- Verbesserung des Koordinationsprozesses zwischen den Akteuren entlang der Kette zur Sicherung zuverlässiger und vertrauensvoller Marktbeziehungen.
- Verbesserung der staatlichen Rahmenbedingungen für den Handel durch effiziente Regulierung, Minimierung von Korruption und Durchsetzung von Wettbewerb.

Der Wertschöpfungsanteil der Erzeugerregionen und von Kleinproduzentinnen bzw. -produzenten kann erhöht werden, indem Primärprodukte vor Ort industriell weiterverarbeitet werden. Dies steigert den regionalen Wertschöpfungsanteil, erfordert aber meist größere Investitionen und spezialisierte technische Fähigkeiten. Es handelt sich somit meist um anspruchsvollere Produktionsstufen für ressourcenreichere Produzenten mit unternehmerischem Potenzial. Ihr Beschäftigungseffekt ist vergleichsweise gering. Besser für die Erhöhung des Wertschöpfungsanteils der Masse der Primärproduzenten, insbesondere ärmerer Zielgruppen, geeignet sind demgegenüber betriebsnahe Aufbereitungs- und Veredelungsschritte. Hierzu gehören: Sortieren nach Qualitätsstufen und Qualitätssicherung, haushaltsnahe Aufbereitung (z. B. Schälen von Erdnüssen), Verpackung und Etikettierung. Aber auch nicht tangible Schritte können zur Wertsteigerung beitragen, so z. B. die gemeinschaftliche Vermarktung größerer Mengen, der Transport der Überschüsse zu einem Vermarktungspunkt an der Hauptstraße oder das Warten auf günstigere Erzeugerpreise (verbunden mit Lagerung der Produkte) im Fall saisonaler Preisschwankungen. Diese wertschöpfenden Aktivitäten erfordern meist keine größeren Investitionen und keine spezialisierten technischen Fähigkeiten. Da Werte nicht objektiv vorgegeben sind, sondern vom Marktmechanismus oder von Aushandlungsprozessen abhängen, stellt auch die Organisierung von Kleinproduzenten zur Stärkung ihrer Verhandlungsmacht einen Schritt zur Erhöhung von deren Wertschöpfunganteil dar.

Ärmere Produzenten schaffen es ohne Unterstützung oft nicht, Zugang zu nationalen oder internationalen WSK und damit zu neuen wirtschaftlichen Möglichkeiten zu finden. Dies liegt teilweise an objektiv schwer erfüllbaren produktspezifischen Anforderungen (z.B. kapitalintensive Produktion in Gewächshäusern) der Abnehmer, zum Teil aber auch an überwindbaren Barrieren. Ein armutsorientierter WSK-Ansatz muss armen Zielgruppen dabei helfen, solche Zugangsbarrieren – wie Erfüllung von Qualitätsstandards, Mindestmengen, räumliche Barrieren, Einhaltung von Fristen, Kommunikationsschranken – zu überwinden (vgl. hierzu Abschnitt 8.3.5).

Der Aspekt des Zugangs ärmerer Produzentengruppen wird bei der Anwendung des WSK-Ansatzes in der entwicklungspolitischen Praxis oft vernachlässigt (vgl. C. Berg et al. 2006). Gegenstand von Analyse und Förderung sind dann nur jene Akteure, die bereits Teil der Kette sind. Das aber sind meist die besser gestellten, ressourcenreichen, stärker im Markt integrierten Erzeuger. In diesem Fall droht der WSK-Ansatz zu einem selektiven Förderansatz zulasten der Ärmeren, der Marginalisierten zu werden. Sein Potenzial, zur Armutsminderung beizutragen, indem er den Marktzugang für die Armen verbessert, kann der WSK-Ansatz nur realisieren, wenn er sich den Markzugangsbarrieren jener zuwendet, die außen vor sind. Hier liegen die Stärken des oben dargestellten Ansatzes der armuts- und Livelihood orientierten regionalen Wirtschaftsförderung mit seinem Fokus auf der Analyse der Potenziale der Armen (vgl. Abb. 8.3.4.4/3). Eine Verknüpfung der beiden Ansätze kann dazu beitragen, wirtschaftliche Möglichkeiten zu erschließen, die sowohl zielgruppengerecht als auch markttauglich sind.

Eine große Herausforderung für die Förderung stabiler Wertschöpfungsketten ist die begrenzte Verlässlichkeit der beteiligten Handelspartner. Märkte sind dynamisch und Marktteilnehmer verhalten sich tendenziell opportunistisch. Sie suchen bei schwankenden Preisen nach dem jeweils günstigsten Angebot bzw. den günstigsten

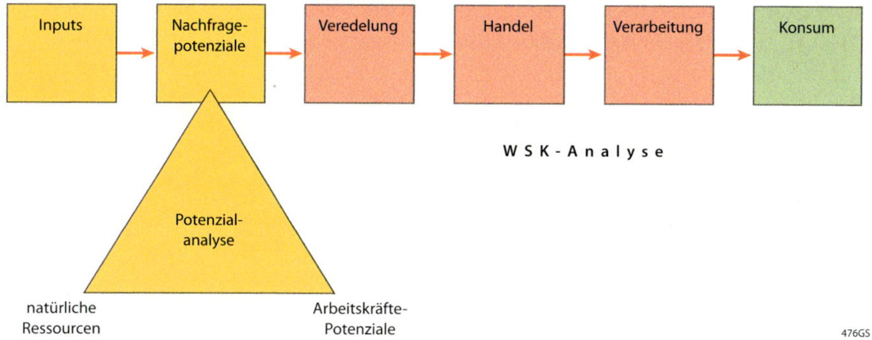

***Abb. 8.3.4.4/3** Verknüpfung des WSK-Ansatzes mit der Livelihood orintierten Potenzialanalyse*

Absatzbedingungen. Gleichzeitig aber benötigen Käufer wie Verkäufer ein gewisses Maß an Marktsicherheit. Für Kleinbauern ist ein gesicherter Marktzugang zu vorhersehbaren Preisen nur um den Preis eingeschränkter Flexibilität zu bekommen. Wer langfristig einen gesicherten Absatz zu stabilen Preisen will, darf seine Überschüsse nicht an den nächstbesten mehr bietenden Zwischenhändler verhökern. Vertragsproduktion ist ein Instrument zur Stabilisierung von Handelsbeziehungen. Sie hat in der Agrarproduktion seit der Deregulierung der Märkte und dem Wegfall staatlich festgesetzter Preise stark zugenommen. Die Erzeuger gewinnen neben einem gesicherten Marktzugang zu vorher vereinbarten Preisen meist auch einen verlässlichen Zugang zu Inputs, Produktionsmitteln, Krediten und nötigem Wissen. Ihr Marktrisiko wird reduziert. Der Aufkäufer, meist ein Agrobusiness-Unternehmen, sichert sich dabei den Zugang zu den benötigten Rohmaterialien (R. PELTZER 2007).

Eine wichtige Voraussetzung für zur Zufriedenheit aller Beteiligten funktionierende Vertragsproduktionsbeziehungen ist eine Organisierung der Kleinproduzenten. Vertragsbauern gewinnen dadurch Verhandlungsmacht, können sich besser vor einseitiger Abhängigkeit und ausbeuterischen Vermarktungsbedingungen schützen. Die aufkaufenden Unternehmen gewinnen eine überschaubare Zahl von leistungsfähigen Ansprech- und Marktpartnern, die größere Mengen liefern und Qualitätsnormen garantieren können (D. GLOVER 1994). Entwicklungspolitik kann bei der Anbahnung und Gestaltung der Vertragsbeziehungen helfen, indem sie die bäuerlichen Vertragspartner bei der Organisierung und Interessenvertretung, aber auch bei der Erfüllung ihrer Vertragspflichten unterstützt, und indem sie eine vermittelnde Maklerrolle übernimmt, so lange, bis sich die Vertragsbeziehungen stabilisiert haben.

8.3.5 Lokale Ebene: Befähigung zur Nutzung der Möglichkeiten

Erweiterte Handlungsspielräume, wie sie durch eine Verbesserung der globalen und nationalen ökonomischen Rahmenbedingungen geschaffen werden können, aber auch verbesserte regionale ökonomische Möglichkeiten allein führen noch nicht zu einer Reduzierung von Armut. Solche Spielräume bzw. Opportunitäten werden meist von den sozial und ökonomisch Stärkeren genutzt, oft zulasten der Ärmeren. Die Menschen, vor allem die benachteiligten Gruppen, die Marginalisierten, müssen in die Lage versetzt werden, die neuen – oft noch unbekannten – Möglichkeiten zu nutzen. Dies ist eine zentrale entwicklungspolitische Aufgabe auf der lokalen, d. h. der Zielgruppenebene. So wenig zielführend es in der Vergangenheit war, Fähigkeiten zu vermitteln, Kapazitäten zu stärken, wo es an Möglichkeiten fehlte, so wenig realistisch wäre es anzunehmen, dass verbesserte Möglichkeiten ohne Weiteres von den Armen genutzt werden könnten. Die nicht zu unterschätzenden vorhandenen Fähigkeiten ärmerer Gruppen, wie sie sich u. a. in Form überlieferten lokalen Wissens im alltäglichen Existenzkampf oft bewährt haben, reichen meist nicht, um mit den neuen Herausforderungen der Globalisierung zurechtzukommen, und die neuartigen Möglichkeiten effektiv zu nutzen. Eine ganz besondere Herausforderung für ärmere Produzenten und Konsumenten stellt dabei der Umgang mit Märkten dar. Die erweiterten marktwirtschaftlichen Handlungsspielräume, begleitet von extremen saisonalen Preisschwankungen und regionalen Preisunterschieden, werden von Menschen, die mit einem System staatlich festgelegter einheitlicher Preise aufgewachsen sind, tendenziell eher als Bedrohung denn als Chance wahrgenommen. Das Risiko, als Verlierer vom Markt nach Hause zu gehen und für den Ertrag einer Anbausaison nur 50% des erwarteten und zum Lebensunterhalt nötigen Erlöses erhalten zu haben, ist für arme Kleinproduzenten besonders groß.

Auch im Rahmen einer armutsorientierten Entwicklungspolitik ist aber Befähigung nicht nur für die Ärmeren relevant. Mehrere Gründe sprechen dafür, im Rahmen einer Doppelstrategie neben armen Zielgruppen auch die ressourcenreicheren, bessergestellten, mächtigeren lokalen Gruppen zur Nutzung ökonomischer Möglichkeiten zu befähigen:

- Diese haben Potenziale, mit denen sie regionale Möglichkeiten nutzen können, die für Ärmere nicht zugänglich oder zu riskant sind.
- Durch Inwertsetzung dieser Potenziale können sie zum regionalen Wirtschaftswachstum beitragen, Beschäftigungsmöglichkeiten oder Absatzmöglichkeiten für andere schaffen oder den Zugang zu Dienstleistungen verbessern.
- Sie sind einflussreich (z. B. im Gemeinde- oder Bezirksparlament) und können armutsorientierte Programme leicht verhindern oder zu ihren Gunsten umwandeln, falls ihre Interessen als lokale Elite nicht berücksichtigt werden.
- Die Bessergestellten im lokalen Kontext beziehen oft einen Teil ihres Reichtums aus der Ausbeutung der von ihnen abhängigen Armen. Als Geldverteiler, Händler, Grundbesitzer profitieren sie von überhöhten Zinssätzen, monopolistischen Handelsgewinnen oder Pachtgebühren. Eine Stärkung der Armen, z. B. durch Spar- und Kreditgruppen oder durch Vermarktungsorganisationen, geht deshalb tendenziell auf Kosten der lokalen Eliten. Diese bedürfen also attraktiver alternativer ökonomischer Möglichkeiten in produktiven Sektoren, um nicht ihren Einfluss zulasten von Armutsminderungs- und Empowerment-Maßnahmen geltend zu machen. Man folgt somit dem Motto: Es ist besser, wenn lokale Eliten ihr Einkommen aus verbesserter Konkurrenzfähigkeit gegenüber Weltmarktprodukten beziehen als aus der Ausbeutung der lokalen Unterschichten.

Entscheidend für die Vereinbarkeit der Befähigung der ökonomisch Stärkeren mit den Armutsminderungszielen ist, dass die verschiedenen Gruppen zur Nutzung unterschiedlicher Möglichkeiten befähigt werden, die Eliten also nicht mit den Armen um dieselben begrenzten Ressourcen und Absatzmärkte konkurrieren.

Auch die Förderansätze sind unterschiedlich. Für die ärmeren Kleinproduzenten eignet sich das Instrumentarium der Livelihood orientierten Kleinproduzentenförderung. Für die ökonomisch stärkeren

Zielgruppen ist das Instrumentarium der Förderung von Klein- und Mittelunternehmen angemessener.

8.3.5.1 Armuts- und Livelihood orientierte lokale Befähigungsansätze

Diese richtet sich an ressourcenarme Kleinproduzenten, die – orientiert am Grundsatz der Risikominimierung – den Lebensunterhalt der Familie durch vielfältige Einkommensquellen zu sichern versuchen. Die Förderstrategie orientiert sich am Ziel Sustainable Livelihoods, d. h. daran, die Verwundbarkeit (Vulnerabilität) zu reduzieren und die Grundbedürfnisbefriedigung auf stabilerem, möglicherweise etwas höherem Niveau zu sichern (R. Chambers 1989; vgl. auch Kap. 11.3). Diese Strategie eignet sich für solche Wirtschaftstätigkeiten, die von einer Vielzahl von Kleinstproduzenten und -produzentinnen betrieben werden, welche sich an vorgegebene Marktbedingungen (wie Qualitätsanforderungen, Preise) anpassen und nicht auf individueller Basis um Marktanteile konkurrieren. Dies gilt vor allem für landwirtschaftliche und kleingewerbliche Produkte. Typischerweise ist die Situation der Kleinstproduzenten dadurch gekennzeichnet, dass sie kooperieren, um gemeinsam Marktzugangsbarrieren zu überwinden und sich Möglichkeiten zu erschließen, die ihnen angesichts geringer und unregelmäßiger Überschüsse als individuelle Anbieter versperrt bleiben würden.

Die Förderstrategien bei dieser Kategorie von Produzenten sind in hohem Maße zielgruppenspezifisch, gehen also von den Problemen, Engpässen und Potenzialen der Adressaten aus (T. Rauch et al. 2001). Sie fügen sich somit weitgehend in das jeweilige Livelihood-System ein. Meist stehen saisonale Aktivitäten mit geringem Land- und Kapitalbedarf im Vordergrund. Aufgrund ihrer mangelnden Markterfahrung benötigen diese Gruppen externe Unterstützung bei der Suche nach tragfähigen Möglichkeiten und bei der Eröffnung des Marktzugangs.

Entscheidend für einen verbesserten Marktzugang ist die Fähigkeit, mit starken saisonalen Preisschwankungen und mit regionalen Preisunterschieden umzugehen. Kleinbauern müssen z. B. in die Lage versetzt werden, mit dem Verkauf ihrer Überschüsse so lange zu warten, bis die Preise günstig sind bzw. diese dort zu vermarkten, wo sie einen besseren Preis erzielen. Das Warten auf den günstigsten Zeitpunkt setzt sichere Lagerungsmöglichkeiten und Zugang zu finanziellen Mitteln voraus, um die Periode des Wartens auf den höheren Verkaufserlös zu überbrücken. Vermarktung in den Städten, wo höhere Preise geboten werden, erfordert Zugang zu Transportmitteln. Dies alles ist für ärmere Zielgruppen nur durch gemeinschaftliche Aktion möglich. Die Unterstützung der Organisierung von Kleinproduzenten ist also Voraussetzung für einen Marktzugang zu fairen Bedingungen und damit dafür, dass sie eine Überlebenschance auf deregulierten Märkten haben werden (M. Brüntrup & D. Messner 2006; T. Rauch 2006).

	Armuts-/ Livelihood orientierte Wirtschaftsförderung	Förderung von Klein- und Mittel-Unternehmen (KMU)
Zielgruppen	• Ressourcenärmere Haushalte mit Zugang zu produktiven Ressourcen • Hohe Verwundbarkeit/Risikoanfälligkeit • Multiple, multilokale Livelihood-Systeme mit hohem Anteil der Subsistenzproduktion/Teilzeitgewerbe • Marktferne Standorte	• Ressourcenreichere Haushalte • Geringere Verwundbarkeit/ höhere Risikofähigkeit • Kleinbetriebe mit höherem Spezialisierungsgrad • Marktnahe, urbanisierte Standorte
Ziel **(Beitrag zu...)**	• Gesicherte Grundbedürfnisbefriedigung auf Basis von Sustainable Livelihoods • geringe Verwundbarkeit (Armutsminderung, Ernährungssicherung)	• Profit/höhere Einkommen • Expansion (Wachstum; Beschäftigung; bessere Dienstleistungen)
Anwendungsbedingung	• Vielzahl von Kleinproduzenten (insbesondere Landwirtschaft) • Anpassung an vorgegebene Marktbedingungen • Begrenzte Möglichkeiten	• Überschaubare Zahl von Anbietern • Konkurrenzbeziehung zwischen Anbietern/individuelle Markterschließungs-/Markterweiterungsstrategien • Ungenutzte Möglichkeiten
Strategische Leitlinien	• Erfüllen von Marktzugangsbedingungen; Kooperation untereinander • Anpassung • Diversifizierung/Risikominimierung • Sicherung eines bestimmten Einkommensniveaus • Minimaler Einsatz externer Produktionsmittel	• Konkurrenzfähigkeit • Innovation • Spezialisierung • Profitabilität • Höhere Kapitalintensität
Förderinstrumente	• Gruppenansatz • Fokus auf ökonomische Aktivitäten, die sich gut in das Livelihood-System einfügen → basierend auf Analyse zielgruppen-spezifischer Potenziale • Bereitstellung von Informationen über ökonomische Möglichkeiten/Marktinformationen • Maklerrolle bei der Anknüpfung von Marktbeziehungen • Befähigung zur Erfüllung vorgegebener Qualitätsstandards • Befähigung zur Erhöhung der Marktmacht: Transport, Lagermöglichkeiten, Ersparnisse, Informationen, Organisation	• Individuelle Förderung • Fokus auf ökonomischen Aktivitäten, die höheres Potenzial und stärkere Spezialisierung erfordern → basierend auf Marktanalyse • Befähigung zur Suche nach ökonomischen Möglichkeiten/ Marktanalyse • Befähigung zur Anknüpfung von Marktbeziehungen • Befähigung zur offensiven Qualitätskonkurrenz • Unterstützung der Bildung von Interessenvertretungsorganisationen und Netzwerken

Tab. 8.3.5.3/1 *Vergleich zwischen Livelihood- und unternehmensorientierten Förderstrategien*

8.3.5.2 Förderung von Klein- und Mittelunternehmen (KMU)

Diese richtet sich an existierende Unternehmen und an Kleinproduzenten mit besserer Ressourcenausstattung und unternehmerischem Potenzial (C. Liedholm 1998). Aber auch einschlägig talentierte Schulabgänger können bei der Gründung von Kleinunternehmen unterstützt werden. KMU-Förderung wird bevorzugt in zentral gelegenen, marktwirtschaftlich erschlossenen Regionen praktiziert; dort also, wo unternehmerisch orientierte Menschen Möglichkeiten zur Realisierung ihrer Ideen vorfinden. Anders als Livelihood-Systeme folgen Unternehmen im Prinzip einer marktwirtschaftlichen Logik. Ihr Ziel ist es, Profit zu erwirtschaften, um dadurch einerseits das Einkommen zu erhöhen, andererseits aber auch um zu reinvestieren und zu expandieren. Dadurch können sie zu Wirtschaftswachstum, Schaffung von Arbeitsplätzen, aber auch zur Verbesserung der Versorgung mit Gütern und Dienstleistungen (z.B. Dorfmühlen, Fahrradreparaturwerkstätten) beitragen (vgl. R. Kappel et al. 2005). KMU-Förderung ist in der Regel bezogen auf Individuen. Sie eignet sich deshalb für Branchen, in denen eine überschaubare Anzahl von Betrieben mittels Preisgestaltung, Qualität und Marketing miteinander um Kunden konkurriert. Beispiele hierfür sind das Dienstleistungsgewerbe (Hotels, Gastronomie) und verarbeitendes Gewerbe (Schreinereien, Schneidergewerbe, Mühlen).

Die Strategien bei Unternehmensförderung orientieren sich nicht primär an den spezifischen Bedingungen der jeweiligen Zielgruppen, sondern an den Anforderungen des betreffenden Marktes. Diese verlangen in der Regel Innovationsfähigkeit, Kreativität, ein gewisses Maß an Spezialisierung und eine entsprechende Produktionsmittelausstattung. All dies ist normalerweise auch mit der Fähigkeit und Bereitschaft verbunden, Risiken einzugehen – eine Eigenschaft, die meist nur bei ressourcenreicheren Akteuren vorhanden ist. Anders als bei Produzenten, die sich den vorgegebenen Anforderungen des jeweiligen Absatzmarktes anpassen, müssen Unternehmer dazu befähigt werden, ökonomische Möglichkeiten selbst zu finden, selbstständig ihre Marktbeziehungen aufzubauen und in Konkurrenz zu anderen zu treten.

8.3.5.3 Vergleich der beiden Strategien

Unternehmensförderung und armuts- und Livelihood orientierte Wirtschaftsförderung sind also sehr verschiedenartige, aber einander ergänzende Ansätze der lokalen und regionalen Wirtschaftsentwicklung. Sie eignen sich für unterschiedliche Zielgruppen, Produktionszweige und Marktsituationen. Beide Ansätze müssen im Rahmen einer armutsorientierten, dabei aber auch regionale Wachstumspotenziale nutzenden Wirtschaftsförderung parallel eingesetzt werden (vgl. Tab. 8.3.5.3/1). In der Vergangenheit wurde oft versucht, die Probleme von marginalisierten, ressourcenarmen Kleinproduzentinnen und -produzenten mithilfe des KMU-Förderansatzes zu lösen. Das ist meist daran gescheitert, dass man die Logik diversifizierter multilokaler Livelihood-Systeme nicht verstanden, bzw. als zu überwindendes Relikt missverstanden hat. Adressaten von Unternehmer-Trainingskursen, die sich nicht an der marktwirtschaftlich-unternehmerischen Logik orientieren wollten, wurden oft als

Survivalists, als hoffnungslose Fälle, als Sozialfälle betrachtet. Dabei wurden die Potenziale dieser Zielgruppen, im Rahmen ihres diversifizierten Livelihood-Systems die Produktion auszuweiten und dadurch ihre Einkommen zu verbessern und zu stabilisieren, unterschätzt. An den meisten Orten gibt es auch unter den vorherrschenden globalen und nationalen ökonomischen Rahmenbedingungen ungenutzte Möglichkeiten zur Verbesserung der Grundbedürfnisbefriedigung und zur Reduzierung der Verwundbarkeit armer Bevölkerungsgruppen im Kontext ihrer diversifizierten Livelihood-Systeme. Für eine darüber hinausgehende nachholende Entwicklung, d. h. eine zunehmende Marktintegration der Masse der Armen bedürfte es aber einer Verbesserung der globalen und nationalen Rahmenbedingungen im Sinne der in 8.3.2 und 8.3.3 skizzierten Strategievorschläge.

Zusammenfassung

Fazit

- Der globale Einkommensanstieg hat die Armut nicht wesentlich verringert. Für das ärmste Fünftel der Menschheit gibt es keine hinreichenden Möglichkeiten, ihre Grundbedürfnisse zu befriedigen. Die Zahl der Verwundbaren, deren Existenzgrundlage ständig gefährdet ist, ist noch weitaus höher. Die Kluft zwischen Arm und Reich vergrößert sich weiter.
- Die Erklärung für diese Situation ist darin zu suchen, dass Globalisierung zwar neue Chancen für arme Länder bietet, aber gleichzeitig durch weltweiten Standort- und Rationalisierungswettbewerb Existenzmöglichkeiten vernichtet. Die von der Globalisierungsdynamik an den Rand gedrängten werden weder als Arbeitskräfte noch als Konsumenten von den in den Weltmarkt integrierten Wirtschaftssektoren benötigt.
- Eine Armutsminderungsstrategie muss unter diesen Bedingungen auf mehreren Ebenen gleichzeitig ansetzen. Sie muss auf globaler Ebene Existenzmöglichkeiten erweitern und auf lokaler Ebene die Globalisierungsverlierer in die Lage versetzen, diese Möglichkeiten zu nutzen.
- Auf globaler Ebene gilt es, den Globalisierungsprozess sozialverträglich zu gestalten, indem für arme Produzenten Schutz, Zugang und stabilere Bedingungen geschaffen werden.
- Auf nationaler Ebene gilt es, über Pro-Poor-Growth-Strategien Beschäftigungsmöglichkeiten zu erhöhen, den Marktzugang für arme Produzenten zu verbessern und die Marktbedingungen zu stabilisieren sowie soziale Sicherungssysteme zu stärken.
- Auf regionaler Ebene gilt es, neue ökonomische Möglichkeiten unter den Bedingungen der Globalisierung insbesondere für arme Gruppen zu identifizieren und die systemische Wettbewerbsfähigkeit der Region insgesamt zu stärken, z. B. durch Erhöhung der Effizienz der für die Region relevanten Wertschöpfungsketten.
- Auf lokaler Ebene gilt es, im Rahmen einer Doppelstrategie einerseits die Potenziale der Armen zur Nutzung der identifizierten Opportunitäten zu

stärken und andererseits Klein- und Mittelunternehmen bei Nutzung jener ökonomischen Möglichkeiten zu stärken, die nicht mit denen der Armen konkurrieren.

- Die Mehr-Ebenen-Strategie orientiert sich also am Leitbild Fit for fairer Chances. Stärkung der Wettbewerbsfähigkeit einzelner Regionen macht demnach nur Sinn, wenn auch die Chancen durch globale Regulierung der Märkte erweitert werden. Anderenfalls würde durch Entwicklungspolitik nur ein ruinöser Verdrängungswettbewerb zwischen armen Regionen gefördert.

Zum Einlesen

Es gibt zumindest im deutschsprachigen Raum keinen umfassenden Überblick über die Vielfalt der hier dargestellten ökonomischen Strategieansätze auf den verschiedenen politischen Handlungsebenen.

Zur Vertiefung im Bereich der sozial gerechten Gestaltung von Globalisierungsprozessen eignen sich:

Stiglitz, J. (2006): Die Chancen der Globalisierung. – Siedler, München.
Der einstige Weltbank-Mitarbeiter und Globalisierungskritiker Stiglitz zeigt in diesem Band seine Perspektiven für eine sozial- und umweltverträgliche Steuerung von Globalisierungsprozessen auf.

Weltkommission für die soziale Dimension der Globalisierung (2004): Eine faire Globalisierung. Chancen für alle schaffen. – ILO, Genf.
Hierbei handelt es sich um ein Memorandum zugunsten einer sozialeren Gestaltung des ökonomischen Globalisierungsprozesses, welches aus einem Diskussionsprozess führender Politiker und einflussreicher Wissenschaftler aus Nord und Süd hervorging. Das Dokument beinhaltet Reformvorschläge für die globale, nationale und lokale Ebene.

Zur Vertiefung für den Bereich nationaler Pro-Poor-Growth-Strategien eignen sich die beiden Sammelbände:

Grimm, M., S. Klasen & A. McKay (eds.) (2007): Determinants of Pro-Poor Growth: Analytical Issues and Findings from Country Cases. – Palgrave, London.

Menkhoff, L. (ed.) (2006): Pro-Poor Growth: Policies and Evidence. – Duncker & Humboldt, Berlin.
Beide Sammelbände liefern über theoretische und strategische Grundsatzbeiträge hinaus eine Vielzahl empirischer Länderfallstudien.

Zur Vertiefung für den Bereich der regionalen und lokalen Strategien eignen sich:

Rauch, T, M. Bartels & A. Engel (2001): Regional Rural Development. A Regional Response to Rural Poverty. – GTZ, Eschborn.
Hierbei handelt es sich um strategische Leitlinien der GTZ zur Förderung ländlicher Regionalentwicklung. Das Kapitel über ökonomische Strategien enthält unter dem Motto „Coping with Markets" strategische Hinweise zur Befähigung von Kleinbauern im Umgang mit den Folgen der Globalisierung und Marktliberalisierung.

Weltbank (2007): Agriculture for Development. World Development Report 2008. – Washington D.C.
Eine Strategie der Kleinbauernförderung mit starker Betonung von Technologieentwicklung und Marktintegration. Teilweise als alternativer Ansatz zu den hier vorgestellten Strategieansätzen von Interesse.

Menkhoff, L. (ed.) (2006): Pro-Poor Growth: Policies and Evidence. – Duncker & Humboldt, Berlin.
Beide Sammelbände liefern über theoretische und strategische Grundsatzbeiträge hinaus eine Vielzahl empirischer Länderfallstudien. Zur Vertiefung für den Bereich der regionalen und lokalen Strategien eignen sich:

Rauch, T., M. Bartels & A. Engel (2001): Regional Rural Development. A Regional Response to Rural Poverty. – GTZ, Eschborn.
Hierbei handelt es sich um strategische Leitlinien der GTZ zur Förderung ländlicher Regionalentwicklung. Das Kapitel über ökonomische Strategien enthält unter dem Motto „Coping with Markets" strategische Hinweise zur Befähigung von Kleinbauern im Umgang mit den Folgen der Globalisierung und Marktliberalisierung.

Weltbank (2007): Agriculture for Development. World Development Report 2008. – Washington D.C.
Eine Strategie der Kleinbauernförderung mit starker Betonung von Technologieentwicklung und Marktintegration. Teilweise als alternativer Ansatz zu den hier vorgestellten Strategieansätzen von Interesse.

Abb. 9/1 *Die Regenerationsfähigkeit von Ökosystemen als Grundlage für Nachhaltigkeit*

9 Die ökologische Dimension: Nachhaltige Nutzung natürlicher Ressourcen

9.1 Die Probleme: Degradierung, Verknappung, Risiken

Nahezu alle wichtigen natürlichen Ressourcen der Erde werden derzeit in einem Umfang genutzt, der ihre Regenerationsfähigkeit deutlich überschreitet. Dies führt zu

- fühlbaren Verknappungen und Qualitätsbeeinträchtigungen überlebenswichtiger Ressourcen sowie zunehmenden naturbedingten Gefährdungen für große Teile der jetzt lebenden Weltbevölkerung und damit auch zu ökonomischer Verarmung,
- einer Verschlechterung der natürlichen Existenzgrundlagen für zukünftige Generationen, d.h zu einem Verstoß gegen das Gebot nachhaltiger Entwicklung (vgl. K. Engelhardt 1998; P. Messerli 1994),
- einer Störung der Regenerations- und Entwicklungsfähigkeit von Ökosystemen und damit zu einer Beschädigung des Reichtums der natürlichen Umwelt,
- zunehmenden Konflikten um den Zugang zu den sich verknappenden Ressourcen und damit zu einer Gefährdung des Weltfriedens.

Die Ursachen der Übernutzung der natürlichen Ressourcen liegen zum überwiegenden Teil in der verschwenderischen, weil auf Expansion hin ausgerichteten

und die natürlichen Ressourcen nicht angemessen bewertenden Wirtschaftsweise in den industrialisierten Weltregionen. In einigen – meist armen – Regionen spielt auch die Übernutzung durch eine stark wachsende Bevölkerung bei fehlender Entwicklung der Ressourcennutzungseffektivität eine Rolle. Angesichts enormer Unterschiede im Ressourcenverbrauch pro Kopf wäre es aber irreführend, im Wachstum der Weltbevölkerung die Hauptursache für die Übernutzung der natürlichen Ressourcen zu sehen.
Von der Degradierung und Verknappung sind sowohl mineralische Rohstoffe und fossile Energieträger als auch Ökosysteme (verstanden als Wirkungsgefüge aus einer Gesamtheit von Lebewesen, die mit ihrer anorganischen Umwelt in Wechselwirkung stehen – vgl. T. Mosimann 2007, 489) betroffen. Im Rahmen der in diesem Kapitel thematisierten ökologischen Dimension von Entwicklungspolitik geht es primär um die aus Ökosystemen resultierenden natürlichen Ressourcen bzw.

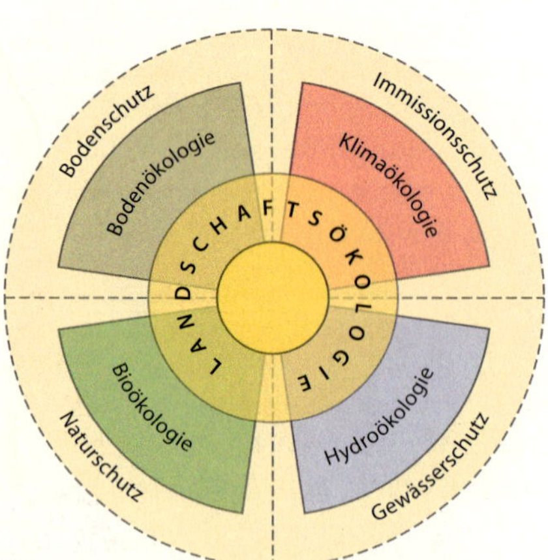

Abb. 9.1/1 *Teilbereiche des Ökosystems*

Naturgefahren, also um die produktiven und destruktiven Potenziale von Böden, Wasser, Wald, Biodiversität und Klima (vgl. Abb. 9.1/1).
Diese Ökosysteme lassen sich unterschiedlichen räumlichen Maßstabsebenen zuordnen. Während Klimawandel nur als Resultat globaler Systemzusammenhänge verstanden werden kann, Wassereinzugsgebiete als typischer Fall großräumiger, meist grenzüberschreitender regionaler Wirkungsgefüge gelten, spielen z. B. bei Böden und Biotopen oft kleinräumige lokale Ökosysteme eine bestimmende Rolle.

9.1.1 Bodendegradation

In den vergangenen hundert Jahren ging weltweit etwa ein Drittel der fruchtbaren Böden verloren, oder sie wurden entwertet (H. Gebhardt et al. 2007, 961; vgl. Abb. 9.1.1/1). Während die landwirtschaftlich genutzte Fläche weiterhin – hauptsächlich zulasten der Waldfläche – ausgeweitet wird (ca. 12 % der eisfreien Landfläche, d. h. 1,6 Mrd. ha werden ackerbaulich, ca. 27 % bzw. 3,5 Mrd. ha weidewirtschaftlich genutzt – United Nations Development Programme = UNDP, World Resources 2005), gehen gleichzeitig weite Flächen für landwirtschaftliche Nutzung verloren oder werden in ihrer Ertrags-fähigkeit zunehmend eingeschränkt. Da es sich dabei meist um schleichende Prozesse handelt, gibt es hierzu keine auch nur annähernd genauen aggregierten Daten. Satellitenbildanalysen lassen darauf schließen, dass in den letzten 25 Jahren etwa 18 % der globalen Ackerfläche in ihrer natürlichen Produktivität beeinträchtigt wurden (das sind 300 Mio. ha Ackerland bzw. 12 Mio. ha jährlich). Andere Studien kommen durch

Hochrechnungen zu dem Ergebnis, dass jährlich 2 bis 5 Mio. ha für ackerbauliche Nutzung verloren gehen (berechnet nach UNDP, WORLD RESOURCES 2005, 92–95). Die Degradationsraten sind in tropischen Regionen 2- bis 6-mal höher als in gemäßigten Breiten. Hauptformen der Bodendegradation sind Erosion (durch Wasser oder Wind), Versalzung (meist durch Bewässerung), Versauerung (meist durch Düngung) sowie schleichender Verlust der Bodenfruchtbarkeit (durch Übernutzung). Nahezu alle Formen von Degradation sind direkt oder indirekt durch menschliche Nutzung bedingt. Monokulturen, Bewirtschaftung von steilen Hangflächen ohne Terrassierung, ungeeignete Bodenbearbeitungspraktiken, Entwaldung, Überweidung sind verbreitete Formen unangepasster Nutzung. Eine spezielle Form der Bodendegradation ist die Desertifikation in ariden und semi-ariden Wüstenrandzonen (F. IBRAHIM 2003; R. BAUMHAUER 2007).

Die zur Degradation beitragenden unangepassten Bodennutzungsformen sind teilweise durch kurzfristig orientierte kommerzielle Interessen, teilweise aber auch durch Mangel an Alternativen bedingt. Arme Nutzergruppen werden oft an ungeeignete Standorte verdrängt, oder ihnen fehlen die Ressourcen (Kapital, Wissen, Zugang zu Produktionsmitteln) für intensivere und nachhaltigere Formen der Landnutzung (vgl. R. ENGELMANN & P. LEROY 1996).

Die Auswirkungen abnehmender Bodenfruchtbarkeit auf landwirtschaftliche Erträge (bzw. auf die Produktionskosten im Falle eines erhöhten Düngereinsatzes) und damit auf die Ernährungs- und Einkommenssituation liegen auf der Hand.

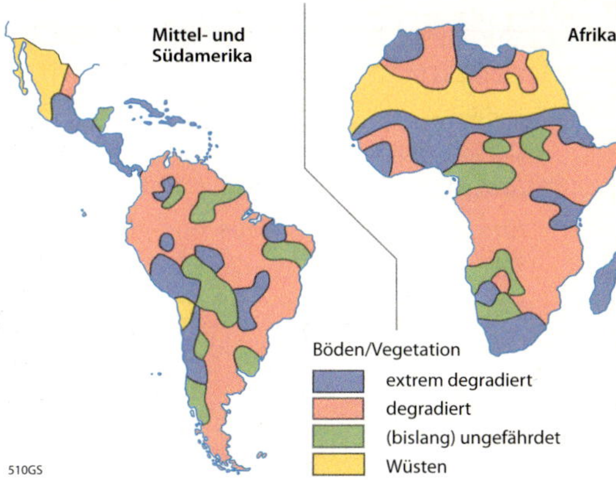

***Abb. 9.1.1/1** Degradation der Böden und Vegetation in Afrika, Mittel- u. Südamerika*

9.1.2 Wasserverknappung

Die Nutzung der weltweit zugänglichen Süßwasservorräte durch den Menschen hat sich im 20. Jh. versechsfacht; das entspricht einer Verdopplung des Pro-Kopf-Verbrauchs (vgl. Abb. 9.1.2./1). Damit werden heute bereits 54 % der jährlich verfügbaren Frischwasservorräte genutzt (H. KREUTZMANN 2006). Für das Jahr 2025 wird eine Nutzungsquote von 70 % erwartet (FISCHER WELTALMANACH 2007, 727). Problematisch ist die extrem ungleiche regionale Verteilung des Süßwasserangebots. Das Wasserangebot pro Kopf und Jahr variiert von etwa 100 000 m³ in Ländern wie Kanada und Norwegen bis hin zu 1 000 m³ in Ländern wie Ägypten und Südafrika (J. HAUSER 1990, 179). Hinzu kommen starke saisonale Variationen, insbesondere in den ariden und semi-ariden Gebieten. Mehr als 30 Länder mit ca. 1 Mrd. Bewohnern – die meisten davon in Afrika und Asien – zählen bereits heute zu den Ländern mit akuter Wasserknappheit (BMZ 2006). 2025 werden 1,8 Mrd. Menschen in Regionen mit absoluter Wasserknappheit leben (UNDP World Ressources 2008). Dabei ist zu berücksichtigen, dass sich die Wasserversorgung nicht an Landesgrenzen orientiert (vgl. Abb. 9.1.2/2). Maßgeblich für den Versorgungsstatus sind grenzüberschreitende Wassereinzugsgebiete (z. B. Nil, Ganges) einerseits und extreme Versorgungsunterschiede innerhalb einzelner Länder andererseits. Bedrohlich sind die Trends: Der Wasserverbrauch steigt nach Prognosen der IFPRI (International Food Policy Research Institute 2001) zwischen 1995 und 2025 um 23 % (in EL um 28 %), während sich das verfügbare Frischwasserangebot aufgrund von Versalzung, Verschmutzung und Klimawandel tendenziell verringert.

Die Wassernutzung von etwa 40 % der Weltbevölkerung bewegt sich somit auf einem nicht nachhaltigen Entwicklungspfad (IWMI = International Water Management Institute 2006).

Eine Analyse der sektoralen Anteile am Verbrauch zeigt, dass die Bewässerungslandwirtschaft mit 70 % (in Entwicklungsländern sogar mit über 80 %) der bei weitem größte Wassernutzer ist (H. Lotze-Campen 2006, 8). Industrie und Gewerbe beanspruchen etwa 20 %, private Haushalte weniger als 10 % (wovon wiederum nur ein geringer Anteil als Trinkwasser genutzt wird). Bewässerungslandwirtschaft leistet zwar weltweit (insbesondere in Nordamerika und Asien) einen wichtigen Beitrag zur Ernährungssicherung: Auf 20 % der globalen Ackerfläche werden dort 40 % der Nutzpflanzen und 60 % des Getreides produziert. Die Effizienz der Wassernutzung ist mit 43 % jedoch sehr gering. Dies ist vor allem dort problematisch, wo Grundwasser genutzt wird (30 % aller Bewässerungsflächen) und so der Grundwasserspiegel gesenkt wird. Wassersparende Techniken kommen meist

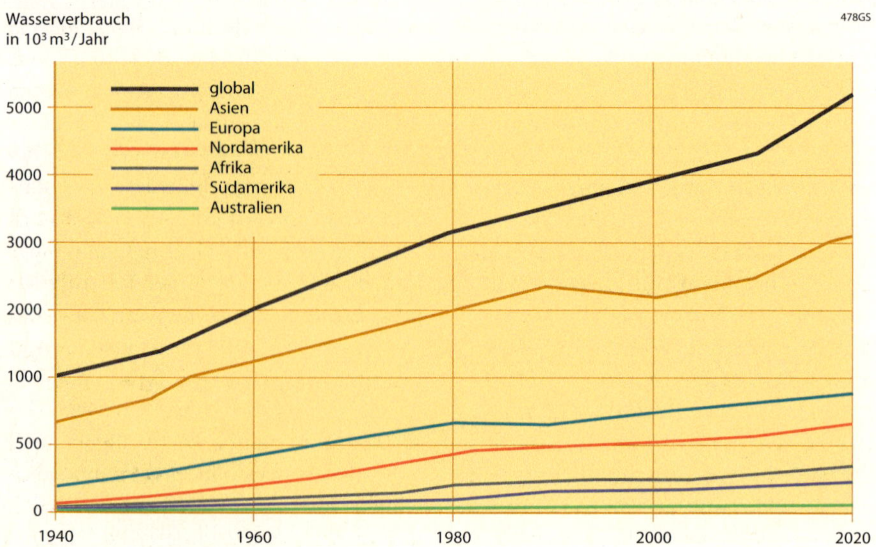

***Abb. 9.1.2/1** Weltweiter Wasserverbrauch 1940 bis 2020*

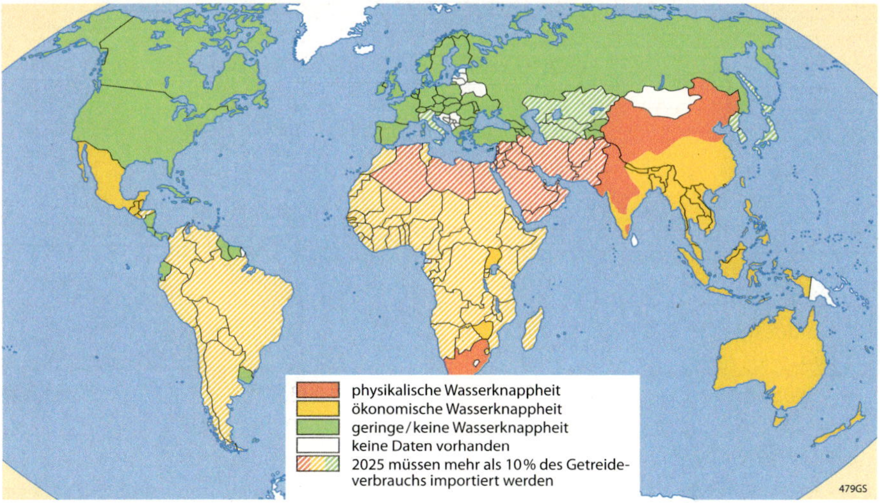

***Abb. 9.1.2/2** Regionale Verteilung der Wasserknappheit (Prognose für 2025)*

nicht zur Anwendung, weil das Wasser in vielen Ländern für die Bauern bzw. Agrarunternehmer frei verfügbar ist.

Nur teilweise mit dem Problem zunehmender Wasserknappheit verbunden ist das Trinkwasserproblem. Etwa 1,1 Mrd. Menschen leben ohne Zugang zu sauberem Trinkwasser. Die Ursachen hierfür sind meist in unzureichenden Investitionen in die Trinkwasserversorgung (Staatsversagen und – im Fall der Privatisierung der Wasserversorgung – Marktversagen) und in institutionellen Defiziten zu suchen (vgl. Kapitel 10).

9.1.3 Das Schwinden der Wälder

Etwa 30 % der eisfreien Landfläche der Erde sind von Wäldern bedeckt. 47 % dieses Waldbestandes entfallen auf die Tropen (Fischer Weltalmanach 2007, 721). Die Menschheitsgeschichte war stets auch eine Geschichte der Urbarmachung, d. h der Zurückdrängung der Wälder. Weltweit wurde die Waldfläche im Laufe der Jahrtausende von 6 Mrd. ha auf 4 Mrd. ha reduziert. Ihren Höhepunkt fand die Abholzung in den 1980er-Jahren. Seitdem hat sich ihr Tempo etwas verlangsamt (vgl. Abb. 9.1.3/1). Seit 2000 werden jährlich 13 Mio. ha abgeholzt (netto, abzüglich Wiederaufforstung, sind das 7,3 Mio. ha oder knapp 0,2 % des Bestandes), davon 5 bis 6 Mio. ha Primärwälder (UNEP 2007). Während in den gemäßigten und nördlichen Breiten der Waldbestand einigermaßen stabil ist, und allenfalls dessen Qualität Sorgen macht („Waldsterben"), stellt die Dynamik der Entwaldung in tropischen Regionen – insbesondere in Amazonien, in den west- und zentralafrikanischen Regenwaldzonen und in Indonesien – ein akutes Problem dar. Damit verbunden sind Nutzungskonflikte zwischen externen Siedlern und indigenen Nutzergruppen, deren Lebens-

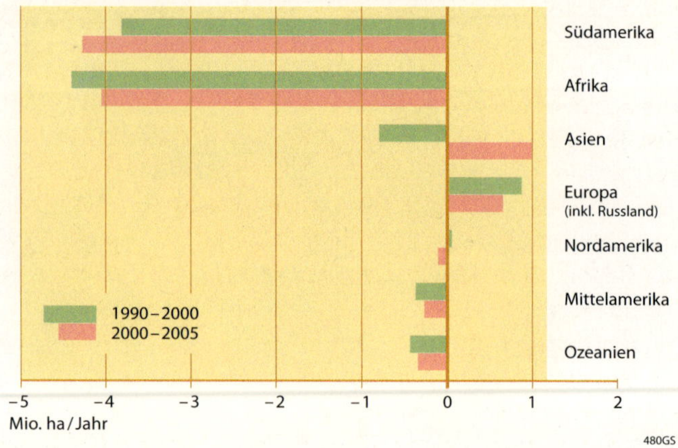

Abb 9.1.3/1 *Veränderung des Primärwaldbestandes 1990–2005 nach Kontinenten*

raum zerstört wird, ferner die Reduzierung von Biodiversität (siehe 9.1.4) sowie das aus Sicht der reichen Länder als vorrangig wahrgenommene Problem des Verlustes von CO_2-Senken (siehe 9.1.5).

Auch aus der Perspektive der lokalen Bevölkerung stellt sich der Prozess der Abholzung im kleinräumigen Kontext als ein Problem dar. Für sie geht es um den Zugang zu Feuerholz und um die Erhaltung der Funktionen des Waldes für den Wasserhaushalt und die Bodenkonservierung.

9.1.4 Verlust der Biodiversität

Wo fruchtbare Böden verloren gehen, Wasser knapper wird, Wald verschwindet, ist die akute Bedrohung für den Menschen unmittelbar nachvollziehbar. Bei der Reduzierung der Artenvielfalt handelt es sich demgegenüber eher um ein schleichendes Problem. Von den nahezu 2 Mio. wissenschaftlich erfassten Arten, von denen über 100 000 irgendwie durch Menschen genutzt werden, gehen pro Jahr etwa 30 000 verloren. Das sind – grob geschätzt – 100- bis 1000-mal mehr als ohne den Eingriff des Menschen. 16 000 Säugetiere, Vögel, Reptilien und Amphibien gelten als bedroht (U. Sprenger 2008, 5). Biodiversität lässt sich – allein schon wegen der Ungenauigkeit der Schätzungen – nur unzureichend anhand der Zahl der Arten erfassen. Zudem gilt es, neben der Artenvielfalt auch die genetische Vielfalt und die Funktionsfähigkeit der Ökosysteme als Ganzes zu berücksichtigen (vgl. Abb. 9.1.4/1).

Die rapide Zunahme des Artensterbens wird insbesondere auf folgende menschliche Eingriffe in die Natur zurückgeführt:

- Ausweitung der Nutzflächen generell (mittlerweile 40 % der Landfläche),
- Verbreitung der modernen, monokulturellen, chemisierten und mechanisierten Landwirtschaft,
- Transport exogener, „exotischer" Arten, die sich an den neuen Standorten oft als biologische Invasoren erweisen,
- indirekte Störungen, z. B. durch den Klimawandel.

Die Dynamik des Biodiversitätsverlustes konzentriert sich räumlich in Hotspots: Standorte, die einerseits durch besonders große Artenvielfalt, andererseits aber durch überdurchschnittlich hohe Verlustraten der Vegetationsbedeckung gekennzeichnet sind (N. JÜRGENS 2007, 989).

Die tropischen Regionen sind mit besonders hoher Biodiversität ausgestattet (mit geschätzten 90 % aller Arten).

Warum aber ist die Erhaltung von Biodiversität über das Bestreben einer Bewahrung des Reichtums der Natur (ökozentrisches Nachhaltigkeitsverständnis) hinaus auch für das Überleben der Menschheit – also im Sinne eines anthropozentrischen Nachhaltigkeitsverständnisses – so wichtig?

1. Ökosysteme sind anfällig. Eine Reduzierung der Vielfalt gefährdet deren Stabilität bzw. Resilienz (Widerstands- und Anpassungsfähigkeit). Die Folgen für die menschliche Nutzung natürlicher Ressourcen, wie auch für die Gefährdung des Menschen durch extreme Naturereignisse sind nicht absehbar.
2. Biologische Diversität ist wichtig für Bodenbildung bzw. -regeneration, für den Wasserhaushalt und für die Klimaregulierung.
3. Biologische Diversität bildet die unmittelbare Basis für eine Vielzahl von Gütern und Dienstleistungen. Prominente Beispiele sind Medikamente und der hohe Freizeitwert unberührter Natur.

Auch wenn der Verlust von Biodiversität für die Menschen weniger unmittelbar spürbar ist als die Verknappung von Ressourcen wie Wasser, Wald und Böden, so wird an deren exemplarisch genannten Funktionen doch deutlich, dass eine dem Grundsatz der nachhaltigen Entwicklung verpflichtete Entwicklungspolitik das Ziel der Vermeidung einer irreversiblen Reduzierung der biologischen Vielfalt ähnlich ernst nehmen muss, wie die Lösung unmittelbar gefühlter Probleme (siehe 9.3.2.3).

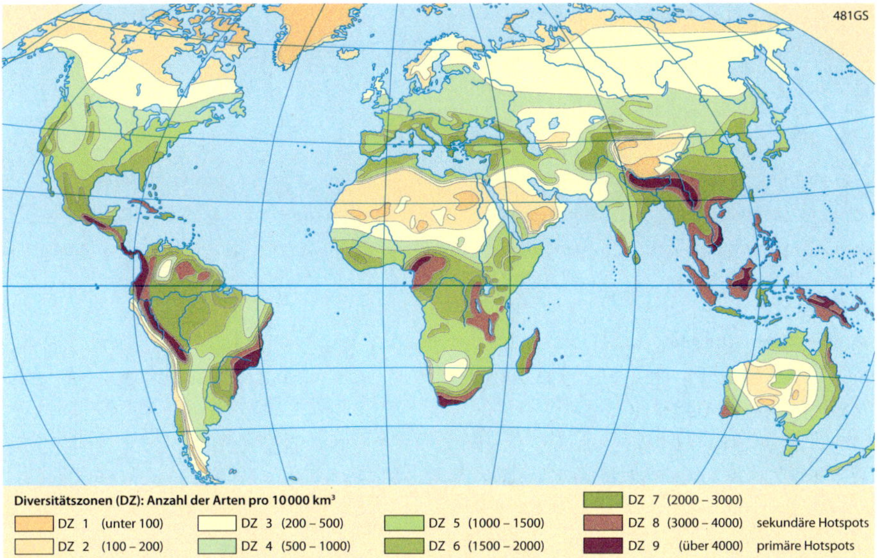

Abb 9.1.4/1 *Globale Muster der pflanzlichen Diversität*

„Die Erwärmung des Klimasystems ist eindeutig, wie dies nun aufgrund der Beobachtungen des Anstiegs der mittleren globalen Luft- und Meeresoberflächentemperatur, des ausgedehnten Abschmelzens von Schnee und Eis und des Anstiegs des mittleren globalen Meeresspiegels offensichtlich ist"

(IPCC = Intergovernmental Panel on Climate Change 2007, 5).

9.1.5 Klimawandel

Zwischen 1906 und 2006 war ein globaler Temperaturanstieg von 0,7 °C zu beobachten. Die Prognosen für das 21. Jh. sind immer noch mit einem hohen Grad an Unsicherheit behaftet, zumal die weitere Entwicklung weitgehend vom Verhalten des Menschen abhängt. Nach den vorliegenden Schätzungen bzw. Modellrechnungen der im Weltklimarat vertretenen Wissenschaftler, basierend auf unterschiedlichen Szenarien, ist ein Anstieg von 1,8 bis 4 °C bis zum Ende dieses Jahrhunderts zu erwarten. Damit verbunden wäre ein Anstieg des Meeresspiegels um 0,2 bis 0,6 m.

Auch an der überwiegend anthropogenen Verursachung des Klimawandels gibt es mittlerweile kaum noch wissenschaftlich begründete Zweifel: „Die globalen atmosphärischen Konzentrationen von Kohlendioxid (CO_2), Methan (CH_4) und Lachgas (NO_2) sind als Folge menschlicher Aktivitäten seit 1750 markant gestiegen und übertreffen heute die (...) vorindustriellen Werte bei weitem. Der weltweite Anstieg der Kohlendioxidkonzentration ist primär auf den Verbrauch fossiler Brennstoffe und auf Landnutzungsänderungen zurückzuführen, während derjenige von Methan und Lachgas primär durch die Landwirtschaft verursacht wird" (IPCC 2007, 2).

Der Großteil (ca. 65 %) der bis heute akkumulierten Treibhausgasemissionen wurde durch die energieintensive Wirt-

	CO_2/Kohlenstoffdioxid	CH_4/Methan	N_2O/ Stickstoffdioxid/Lachgas
Konzentration	383,1 ppm	1789 ppb	320,9 ppb
Anstieg im Vergleich zum vorindustriellen Niveau	137 % (280 ppm)	256 % (770 ppb)	119 % (270 ppb)
Anteil an der Wirkung aller Treibhausgase	63 %	18,5 %	6,3 %
Quellen	hauptsächlich aus Verbrennung fossiler Energieträger, Brandrodung und Landnutzungswechsel	zu 60 % aus anthropogenen Quellen (z.B. Reisanbau, Viehzucht)	> 1/3 von anthropogenen Quellen (Verbrennung von Biomasse, Dünger und verschiedene industrielle Prozesse)

Tab. 9.1.5/1 *Einflussfaktoren auf den Klimawandel*

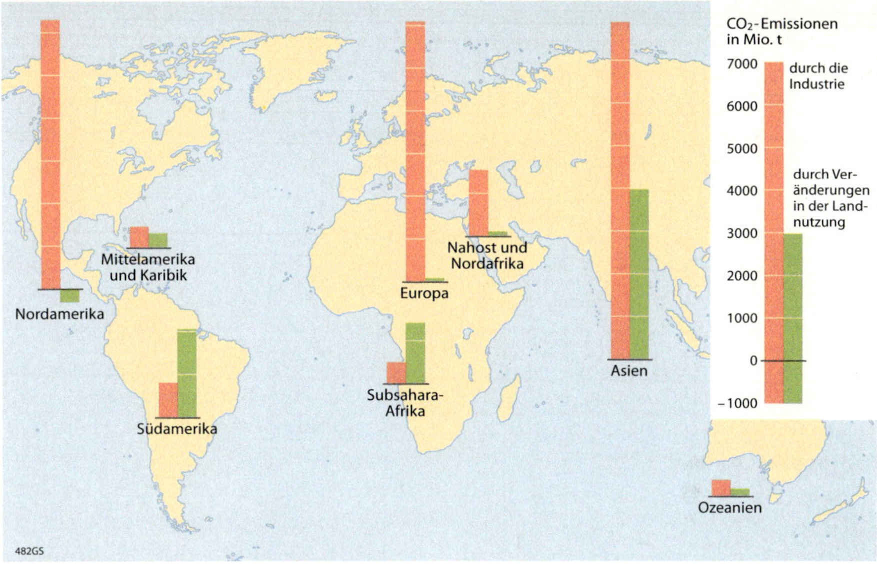

***Abb. 9.1.5/1** CO_2-Emissionen nach Regionen 1973 – 2005*

schaftsweise in den alten Industrieländern verursacht. Von den derzeitigen jährlichen CO_2-Emissionen (inkl. Berücksichtigung des Effekts der Vernichtung von CO_2-Senken durch Entwaldung) entfallen etwas mehr als 50 % auf die OECD-Länder, bei Berücksichtigung aller Treibhausgase 38 % (WMO 2008; vgl. Abb. 9.1.5/1). Pro Kopf gerechnet liegt der Treibhausgasausstoß der Bewohner der OECD-Länder um den Faktor 8,8 (bzw. Faktor 3,6 bei Einbeziehung des Effekts der Landnutzungsänderungen) über dem der Entwicklungs- und Schwellenländer (WRI = World Resources Institute 2009). Der Pro-Kopf-Ausstoß der USA ist mehr als sechs mal so hoch wie jener Chinas (FISCHER WELTALMANACH 2008). Bezieht man dieses Verhältnis nicht auf den Produktionsstandort, sondern auf die Heimatregionen der Konsumenten (z. B. von auf den Flächen gerodeter Tropenwälder produziertem Rindfleisch), so wird die Verantwortung der Industrieländer noch deutlicher. Der Anteil von Schwellenländern, insbesondere Chinas, am Ausstoß von Treibhausgasen hat sich aber in den letzten beiden Jahrzehnten deutlich erhöht (2010: ca. 50 %) und wird voraussichtlich weiter steigen.

Die problematischen Auswirkungen des Klimawandels (vgl. Tab. 9.1.5/1) werden demgegenüber die Entwicklungsländer stärker treffen als die Industrieländer. Das gilt sowohl hinsichtlich des Auftretens produktionshemmender natürlicher Veränderungen als auch hinsichtlich der geringeren Anpassungsfähigkeit.

Die Wirkungen des Klimawandels berühren also auch alle anderen in diesem Abschnitt angesprochenen Bereiche: Desertifikation und Bodendegradation

Art der Auswirkungen	Regionale Verteilung	
	IL	EL
Anstieg des Meeresspiegels	Alle Küstenregionen; Inselstaaten	
Gletscherschmelze in Bergregionen	Überflutungsrisiken (kurzfristig)	
Erhöhte Niederschlagsvariabilität		Geringere Wasserverfügbarkeit der Flüsse (z. B. Indus, Ganges)
		Unsicherheit für tropische Landwirtschaft
Zunahme klimatischer Extremereignisse (z. B. Wirbelstürme, Starkregen, Hitzewellen)	Teilweise (USA – Südstaaten)	Überwiegend in den Tropen
Rückgang von Permafrost → Verlust der Tragfähigkeit der Böden	Überwiegend am Polarkreis (Sibirien, Kanada, Alaska)	
	Gefahr von Bergstürzen in bewohnten Hochgebirgsregionen	
Verbreitung von Schädlingen, Krankheiten	Überall (z. B. Ausbreitung der Malaria)	
Versauerung des Meerwassers	Überall	
Wasserverknappung; Desertifikation		Semi-aride Regionen

***Tab. 9.1.5/2** Erwartete Auswirkungen des Klimawandels*

werden verstärkt, Wasserverfügbarkeit wird weiter eingeschränkt und unsicher, Biodiversität geht verloren (vgl. Tab. 9.1.5/2).

9.1.6 Naturkatastrophen

Naturkatastrophen – verstanden als extreme Naturereignisse, auf welche die Gesellschaft nicht hinreichend vorbereitet ist, und die deshalb großen Schaden anrichten – treten immer häufiger auf (vgl. Abb. 9.1.6/1). Wurden zwischen 1966 und 1970 noch durchschnittlich 88 pro Jahr gezählt, so lag deren Anzahl zwischen 2000 und 2005 bereits bei jährlich 400. Alljährlich sind schätzungsweise 250 Mio. Menschen, also 4 % der Weltbevölkerung, betroffen. Allein die sechs größten Naturkatastrophen 2005 (ohne den Tsunami) forderten über 91 000 Menschenleben und verursachten Gesamtschäden von 170 Mrd. US-$. Entwicklungsländer sind stärker betroffen, insbesondere hinsichtlich der Zahl der Todesopfer (97 %) und Personenschäden (IFCR).

Naturkatastrophen resultieren aus dem Zusammentreffen zweier Einflussfaktoren: Dem Eintreten extremer Naturereignisse und dem – gesellschaftlich bedingten – Grad der Gefährdung von Menschen und Gesellschaft. Beide Faktoren verzeichnen eine steigende Tendenz: Auf Seite der Natur wächst infolge des Klimawandels die Wahrscheinlichkeit und die Intensität extremer meteorologischer Ereignisse (IFCR = International Federation of Red Cross). Auf Seite der Gesellschaft erhöht sich der Grad der Anfälligkeit vor allem aufgrund wachsender Besiedlungsdichte und zunehmender Ansiedlung an bedrohten Standorten. Auch die Übernutzung natürlicher Ressourcen (Entwaldung, Bewirtschaftung fragiler Ökosysteme) erhöht die Anfälligkeit (vgl. P. Blaikie, T. Cannon, I. Davis & B. Wisner 2003). Arme Länder müssen nicht nur mit dem größten Katastrophenrisiko leben. Sie sind auch weniger in der Lage, eine Katastrophe zu bewältigen bzw. sich von dieser zu erholen. Arme Menschen bzw. Gesellschaften haben meist keine Reserven, um ihre Reproduktions- und Produktionsgrundlagen wiederherzustellen (H.G. Bohle 2001). In vielen EL stellten Naturkatastrophen somit ein zentrales Entwicklungsproblem dar. Zu den besonders stark betroffenen Regionen zählen Zentralamerika, wo meteorologische und tektonische Gefahrenquellen sich räumlich konzentrieren, sowie Südost- und Südasien, wo Erd- und Seebeben, Vulkanausbrüche, Überschwemmungen und Wirbelstürme eine ständige Bedrohung darstellen. In Afrika finden sich die am stärksten dürregefährdeten Regionen. Hier verstärken Katastrophenrisiken und Armut einander wechselseitig (vgl. E.J. Plate & B. Merz 2001; R. Dikau & J. Pohl 2007).

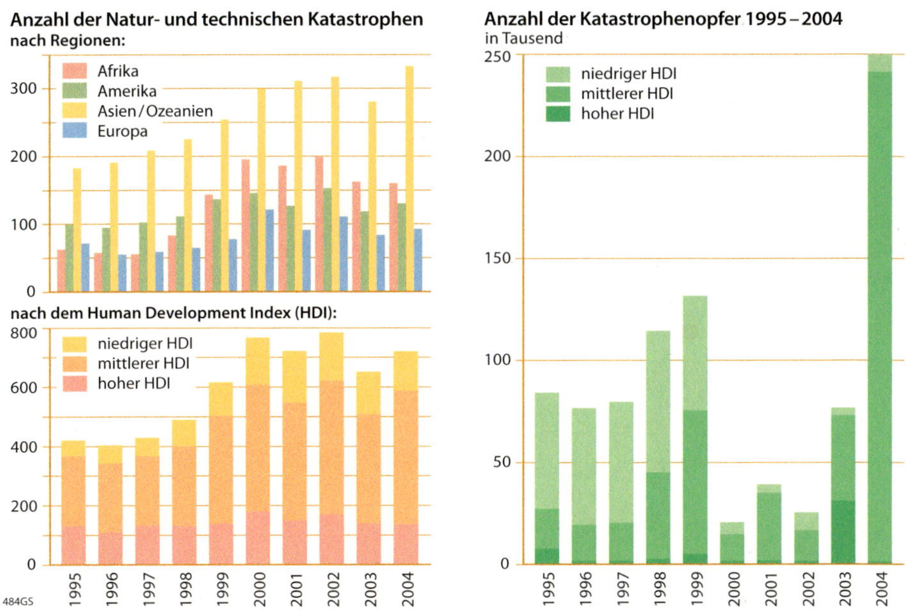

***Abb 9.1.6/1** Räumliche Verteilung des Katastrophenrisikos*

9.1.7 Fazit

Die Darstellung der Trends bei den unterschiedlichen Teilbereichen des Ökosystems haben deutlich gemacht, dass in fast allen Bereichen die Degradations- bzw. Destabilisierungserscheinungen progressiv zunehmen, dass nahezu all diese Prozesse anthropogen, d.h. durch Übernutzung der Ressourcen, verursacht sind, und dass sie untereinander in meist selbstverstärkender Weise miteinander wechselseitig verbunden sind. Die Leidtragenden leben überwiegend in den Ländern des Südens. Die hier nur kurz skizzierten ökologischen Probleme stellen deshalb nicht nur eine Gefährdung für eine nachhaltige globale Entwicklung dar. Sie bedeuten für viele Menschen in armen Ländern auch heute schon eine Situation ständiger existenzieller Bedrohung und permanenter Unsicherheit.

9.2 Theorie: Das Verhältnis zwischen Gesellschaft und Natur

Degradation natürlicher Ressourcen ist eine Folge menschlichen Handelns und stellt gleichzeitig eine Einflussgröße auf menschliche Handlungsspielräume dar. Die hierfür interessanten Theorien haben deshalb alle das wechselseitige Verhältnis von Mensch bzw. Gesellschaft und Natur zum Gegenstand. Die theoretischen Ansätze unterscheiden sich aber zum einen hinsichtlich ihres Betrachtungsschwerpunktes und zum anderen in ihren Hypothesen darüber, welches die für Ressourcenerhaltung bzw. zerstörung entscheidenden gesellschaftlichen Merkmale sind.

9.2.1 Soziale Ökologie: Analyse des „gesellschaftlichen Naturverhältnisses"

Der Ansatz der Sozialen Ökologie (E. Becker & T. Jahn 2006; C. Görg 2003) bietet – ähnlich dem geographischen Ansatz der Landschaftsökologie (vgl. R. Schneider-Sliwa et al. 1999) – einen Modellrahmen zur Analyse des wechselseitigen Verhältnisses zwischen Gesellschaft und Natur (E. Ehlers 2005). Dabei wird unterschieden zwischen zwei Dimensionen des gesellschaftlichen Naturverhältnisses: Zum einen geht es um die ökonomisch-technische Dimension, die materiellen Aneignungsmuster der Natur durch den Menschen und die physischen Einwirkungen der Natur auf die Existenzbedingungen des Menschen. Zum anderen ist die kulturelle Dimension des Verhältnisses von Bedeutung, die Art, wie Menschen in einer bestimmten Gesellschaft die Natur wahrnehmen, die Normen und Regeln, die ihren Umgang mit der Natur beeinflussen (dieser Aspekt ist ein zentraler Gegenstand der Ethno-Ökologie – vgl. U. Müller-Böker 1995). Dabei wird das Verhältnis der Individuen zur Natur als gesellschaftlich bedingt gesehen. Insofern interessieren sich die Vertreter der Sozialen Ökologie für das Dreiecks-Verhältnis Individuum – Gesellschaft – Natur. Der Charakter dieses Wechselverhältnisses kann in jeder Gesellschaft anders sein. Der Ansatz der Sozialen Ökologie sieht die Notwendigkeit, dieses Verhältnis im jeweiligen gesellschaftlichen und ökologischen Kontext zu untersuchen. Hierfür bietet er einen Analyserahmen, aber keine generellen Aussagen zum Charakter des wechselseitigen Verhältnisses.

9.2.2 Politische Ökologie: Analyse von Macht und Interessenkonstellationen

Demgegenüber gelangen die Vertreter des Ansatzes der Politischen Ökologie (P. Blaikie 1985; R. L. Bryant & S. Bailey 1977) zu ziemlich eindeutigen Aussagen über die Art dieses Verhältnisses. Deren Betrachtungsfokus liegt bei dem Aspekt der Verursachung von Umweltveränderungen. Sie sehen diese als Resultat ökonomischer, politischer und gesellschaftlicher Interessenkonstellationen und Machtstrukturen (T. Krings 2007 und 2008; B. Lohnert & H. Geist 2004). Umweltwahrnehmung, Umweltverhalten und die Art der Ressourcennutzung durch den Menschen werden nicht als Ergebnis individueller Handlungsstrategien autonomer Personen oder Gemeinschaften gesehen, sondern als geprägt durch gesellschaftliche Machtverhältnisse und dominierende Inwertsetzungsinteressen. So wird z.B. der Zusammenhang zwischen globalisierter Standortkonkurrenz und kurzfristig orientierter Übernutzung natürlicher Ressourcen analysiert (E. Altvater 1987). Oder es wird Ressourcenzerstörung als Folge der Rent-seeking-Strategien von politischen Eliten bzw. Staatsklassen thematisiert (T. Rauch 1996). Dabei werden mithilfe eines Mehr-Ebenen-Ansatzes die lokalen

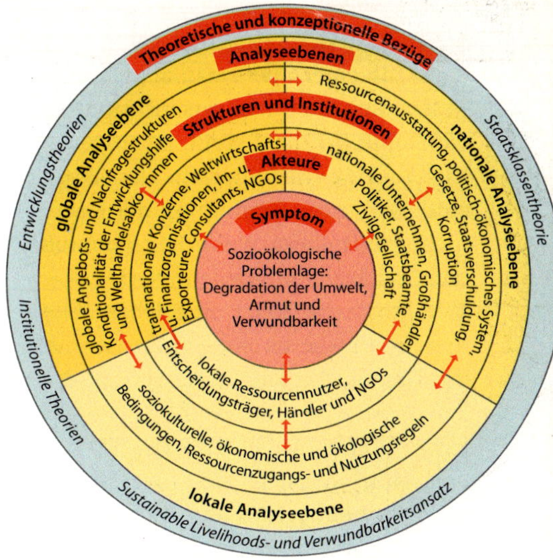

Abb 9.2.2/1 *Polit-ökologische Erklärungskette für Bodendegradation*

Ressourcennutzungsprozesse in ihrem globalen, nationalen und regionalen Kontext widerstreitender Nutzungsinteressen betrachtet (vgl. Abb. 9.2.2/1). Der Ansatz der Politischen Ökologie zwingt die entwicklungspolitische Praxis also dazu, bei Problemlösungsstrategien die Machtfrage, die gesellschaftlichen Systemzusammenhänge und den globalen polit-ökonomischen Kontext zu berücksichtigen.

9.2.3 Institutionenökonomische Ansätze: Analyse der Verfügungsrechte

Auch bei den verfügungsrechtlichen Ansätzen geht es primär um den Einfluss menschlicher Ressourcennutzung auf die Natur. Deren Vertreter sehen die institutionellen Rahmenbedingungen, die Regeln für den Zugang zu natürlichen Ressourcen, als entscheidend dafür an, ob Menschen die Ressourcen nachhaltig nutzen oder nicht (J.C. RIBOT & N.L. PELUSO 2003). Zu einer Übernutzung natürlicher Ressourcen kommt es aus institutionenökonomischer Sicht dann, wenn der Zugang und die Nutzung nicht klar geregelt sind, wenn die Einhaltung der Regeln nicht kontrolliert, wenn Regelverstöße nicht sanktioniert werden (N. BACKHAUS & M. KOLLMAIR 2001). In solchen Fällen bestehe für die an einer Inwertsetzung der Ressourcen interessierten Akteure kein Anreiz zu einer nachhaltigen Nutzung. Es lohne sich in diesem Falle für den einzelnen nicht, den Preis für umweltschonende Nutzung zu bezahlen, wenn die anderen nicht mitmachten. Ein klassisches Beispiel für institutionenökonomische Ansätze ist die Kontroverse um die „Tragödie der Allmende" (bzw. „The Tragedy of the Commons" – G. HARDING 1968/1970). Nach G. HARDINGS These führt eine gemeinschaftliche Nutzung von begrenzt verfügbaren Ressourcen zu deren Degradation (z.B. im Fall von Gemeindeweiden oder -wäldern), weil alle Nutzer der Versuchung unterliegen, ihr eigenes Nutzungsinteresse zu verfolgen und von den Anstrengungen anderer zur Erhaltung der Ressource zu profitieren („Trittbrettfahrer"-Phänomen, wohlbekannt aus Wohngemeinschaften). Die – ebenfalls der verfügungsrechtlichen Logik folgende – Gegenthese lautet, dass Gemeinschaften sich aus dem Dilemma befreien können, indem sie sich organisieren und sich auf bestimmte Regeln und Sanktionsmechanismen einigen (E. OSTROM 1999). Die institutionenökonomische Logik – bezieht man sie auf das Thesengebäude der Politischen Ökologie – lautet: Machtverhältnisse und Interessen können nur dort zu Ressourcendegradation führen, wo klare, verbindliche Regeln fehlen. Die Antwort aus polit-ökologischer Sicht würde lauten: Die Institutionen, die Regeln selbst, sind Resultat der Machtverhältnisse. Die für Umweltzerstörung relevanten Interessen seien – anders als im Fall der Gemeindeweide – auf nationaler bzw. globaler Ebene zu verorten (J. WEIGELT 2008). Bezieht man diese Kontroverse auf die globale Umweltproblematik, so bleibt die Frage noch zu beantworten, ob sich die maßgeblichen Mächte im Sinne von E. OSTROM entgegen den Inwertsetzungsinteressen des international agierenden Kapitals auf verbindliche Regeln und Sanktionsmechanismen zur nachhaltigen Nutzung natürlicher Ressourcen, z.B. zur Reduktion von Treibhausgasemissionen, einigen können.

9.2.4 Umweltökonomische Ansätze: Marktversagen bei Umweltleistungen

Aus umweltökonomischer Sicht stellt sich das Problem relativ einfach und eindeutig dar: Umwelt wird zerstört, weil die Nutzer von Umweltprodukten bzw. -leistungen keinen oder keinen angemessenen Preis dafür bezahlen. Der Marktmechanismus versagt, wo es um CO_2-Ausstoß, um Verschmutzung von Flüssen, um Übernutzung von Böden, um die Abholzung von Wäldern geht (B. FREY 1992). Das Argument basiert auf dem altbekannten ökonomischen Prinzip externer Effekte. Das sind mit der Erstellung von Wirtschaftsgütern einhergehende positive Nebenwirkungen, die nicht entlohnt werden, bzw. negative Nebenwirkungen (Kosten), die vom

Verursacher nicht bezahlt werden müssen. Wer Tropenholz konsumiert, zahlt also nicht für den Verlust von CO_2-Senken und Biodiversität. Wer Treibstoff kauft, zahlt nicht für CO_2- und Feinstaubausstoß. Würde man Umweltleistungen angemessen bewerten und entsprechend bezahlen, käme es – bei gegebenen Macht- und Interessenkonstellationen – zu keiner Umweltzerstörung mehr. Doch auch hier gilt die bereits der institutionenökonomischen Schule entgegengehaltene Frage: Sind es nicht die vorherrschenden ökonomischen und politischen Interessen, die bislang eine angemessene Bewertung der natürlichen Ressourcen verhindert haben?

9.2.5 Der Verwundbarkeits-Ansatz: Analyse der Reaktion der Betroffenen

Bei den bisher thematisierten Ansätzen stand die Gesellschaft auf der Verursacher-, die Natur auf der Wirkungsseite des „gesellschaftlichen Naturverhältnisses". Die Vertreter des Verwundbarkeitsansatzes (R. Chambers 1989; M. Watts & H.G. Bohle 1993) beleuchten die andere Seite des wechselseitigen Verhältnisses: Wie wirken sich Veränderungen der Ökosysteme und extreme Naturereignisse auf die Situation der davon betroffenen Menschen aus? Wie anfällig ist die Lebenssituation, sind die Livelihood-Systeme verschiedener sozialer Gruppen? Wie nehmen sie die Ressourcendegradation, die Umweltgefahren wahr? Mit welchen Strategien versuchen sie sich zu schützen bzw. sich anzupassen? Über welche Möglichkeiten verfügen sie, um sich von einer Katastrophe zu erholen? All diese Fragen sind Gegenstand der Verwundbarkeitsforschung (H.G. Bohle 2007). Das Konzept der Verwundbarkeit bzw. Vulnerabilität ist auch ein Kernelement der Risikoforschung (D. Müller-Mahn 2007b). Vulnerabilität stellt einen entscheidenden Einflussfaktor auf die Höhe des Risikos dar. Die hier thematisierte ökologische Verwundbarkeit ist neben der sozialen und ökonomischen (z.B. gegenüber Finanz- und Wirtschaftskrisen) nur eine Dimension von Vulnerabilität bzw. Risikoanfälligkeit. Vulnerabilität ist das Ergebnis externer Faktoren, der Exposition gegenüber Umweltverän-

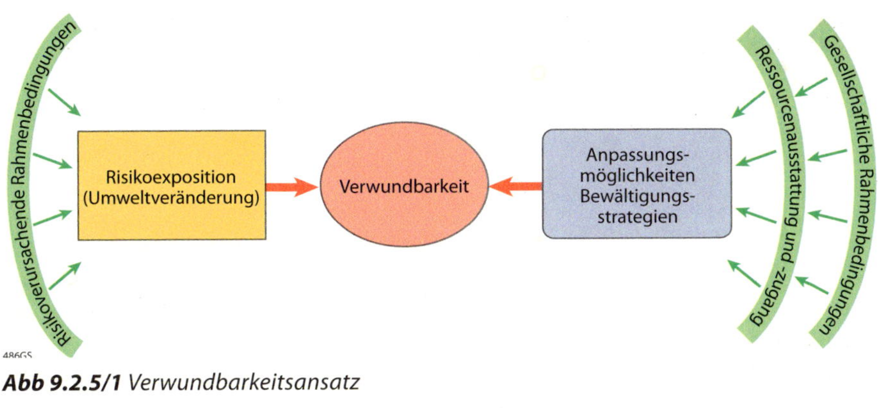

Abb 9.2.5/1 *Verwundbarkeitsansatz*

derungen einerseits, und der Möglichkeit sich zu schützen bzw. anzupassen sowie sich von der Krise bzw. Katastrophe zu erholen andererseits. Beide Einflussfaktoren, die Umweltveränderung und die individuelle Reaktionsmöglichkeit hierauf sind gesellschaftlich bedingt (vgl. Abb. 9.2.5/1).

Kernthese der Vertreter des Verwundbarkeitsansatzes ist, dass Verwundbarkeit auf gesellschaftlichen Strukturen und Beziehungen (z. B. auf Machtverhältnissen, auf ökonomischer und sozialer Marginalisierung, auf der Ressourcenausstattung der jeweiligen gesellschaftlichen Gruppierung) beruht (H. G. Bohle 2007). Die aus Ressourcendegradation und Umweltveränderungen resultierenden Risiken sind ungleich verteilt (Problem mangelnder Umweltgerechtigkeit).

Der Verwundbarkeitsansatz bildet somit eine wichtige Grundlage für Strategien zur Anpassung an Umweltveränderung (z. B. an Klimawandel) und zur Katastrophenvorsorge.

9.2.6 Fazit

Die dargestellten Ansätze beleuchten die Aspekte gesellschaftlicher Naturverhältnisse. Während die Soziale Ökologie einen Analyserahmen für das Verhältnis Gesellschaft – Natur insgesamt bereitstellt, konzentriert sich u.a. die Politische Ökologie, auf die anthropogenen Einflussfaktoren gegenüber Umweltveränderungen. Die Politische Ökologie stellt die Faktoren Macht und Interessen, die Institutionenökonomie den Faktor Regulierung des Ressourcenzugangs und die Umweltökonomie den Faktor Bewertung der Umweltnutzung in den Vordergrund (vgl. Abb. 9.2.6/1).

Der Verwundbarkeitsansatz und mit ihm die Risikoforschung beleuchten die andere Seite der gesellschaftlichen Naturverhältnisse: die Beeinträchtigung menschlicher Existenzgrundlagen durch Umweltveränderungen. Menschen sind in unterschiedlichem Grade dazu in der Lage, die Folgen zu bewältigen. Beides ist eine Frage der Ausstattung mit ökonomischen Ressourcen und damit von gesellschaftlichen Strukturen.

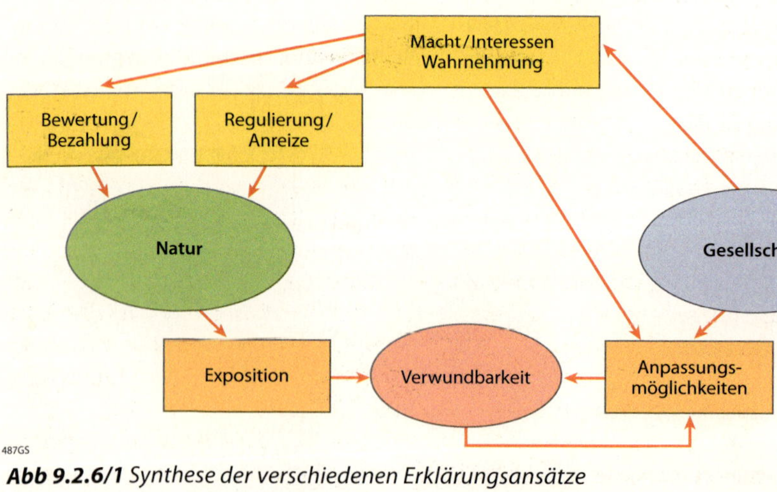

Abb 9.2.6/1 *Synthese der verschiedenen Erklärungsansätze*

9.3 Entwicklungspolitik und -strategien

9.3.1 Überblick: Eine Mehr-Ebenen-Strategie der nachhaltigen Ressourcennutzung in Entwicklungsländern

Die derzeit praktizierten Strategie-Ansätze zur Förderung eines nachhaltigen Ressourcenmanagements lassen sich unterteilen in:

1. Technische Lösungen zur Erhöhung der Ressourcennutzungseffektivität der Produktion. Hierzu gehören sowohl nachhaltige Landnutzungssysteme als auch Treibstoff sparende Motoren oder Rußfilter.
2. Institutionelle Strategien zur Schaffung besserer Anreize und Kontrollmechanismen, um dadurch ein Interesse der Individuen an nachhaltiger Ressourcennutzung zu wecken. Hierzu gehören sowohl Nutzungsvereinbarungen für Gemeindewälder als auch die Regelung des CO_2-Ausstoßes durch globale Abkommen.
3. Ökonomische Strategien zur Internalisierung externer Effekte bzw. zur angemessenen Bezahlung ökologischer Leistungen. Hierzu gehören sowohl Ausgleichszahlungen von Unterhangbewohnern an Oberhangbewohner für die Erhaltung der Bergwälder, Subventionen für Investitionen in nachhaltige Ressourcennutzung als auch die Bezahlung eines höheren Konsumentenpreises für Produkte mit Ökosiegel.
4. Informationsstrategien zur Verbesserung von Umweltwissen und Umweltbewusstsein. Diese können sich sowohl an Ressourcennutzer (Produzenten) als auch an die Nutznießer einer Erhaltung der natürlichen Umwelt (Konsumenten) richten.
5. Unterstützung von Anpassungs- bzw. Bewältigungsstrategien der von Umweltveränderungen und extremen Naturereignissen tendenziell betroffenen Bevölkerungsgruppen. Hierzu gehören sowohl Beratung bei Produktionsumstellung und technologischen Anpassungen, Umsiedlungshilfe als auch Maßnahmen der Katastrophenvorsorge.
6. Strategien des Empowerment der durch Umweltveränderung in ihren Interessen beeinträchtigten Gruppen. Diese sollen in die Lage versetzt werden, auf allen Ebenen, im lokalen Kontext wie bei internationalen Verhandlungen, ihre Interessen wirksamer zur Geltung zu bringen. Dies kann sich auf indigene Bewohner tropischer Regenwälder, auf die Fischfangindustrie eines Landes oder auf die Regierungen kleiner Inselstaaten beziehen.

Diese Strategien setzen bei den unterschiedlichen, von den Theorien in den Vordergrund gestellten Ursachen an. Sie lassen sich allesamt auf die verschiedenen von Degradationsprozessen betroffenen Ressourcen anwenden: auf Erosionsschutz und Desertifikationsbekämpfung, auf nachhaltige Wasser- und Waldnutzung, auf Biosphärenreservate und andere Schutzgebiete, auf Abschwächung des Klimawandels wie auch auf Anpassung an ihn, auf Ernährungssicherung und Katastrophenvorsorge.

Obgleich die Auseinandersetzungen der verschiedenen Disziplinen um die sinn-

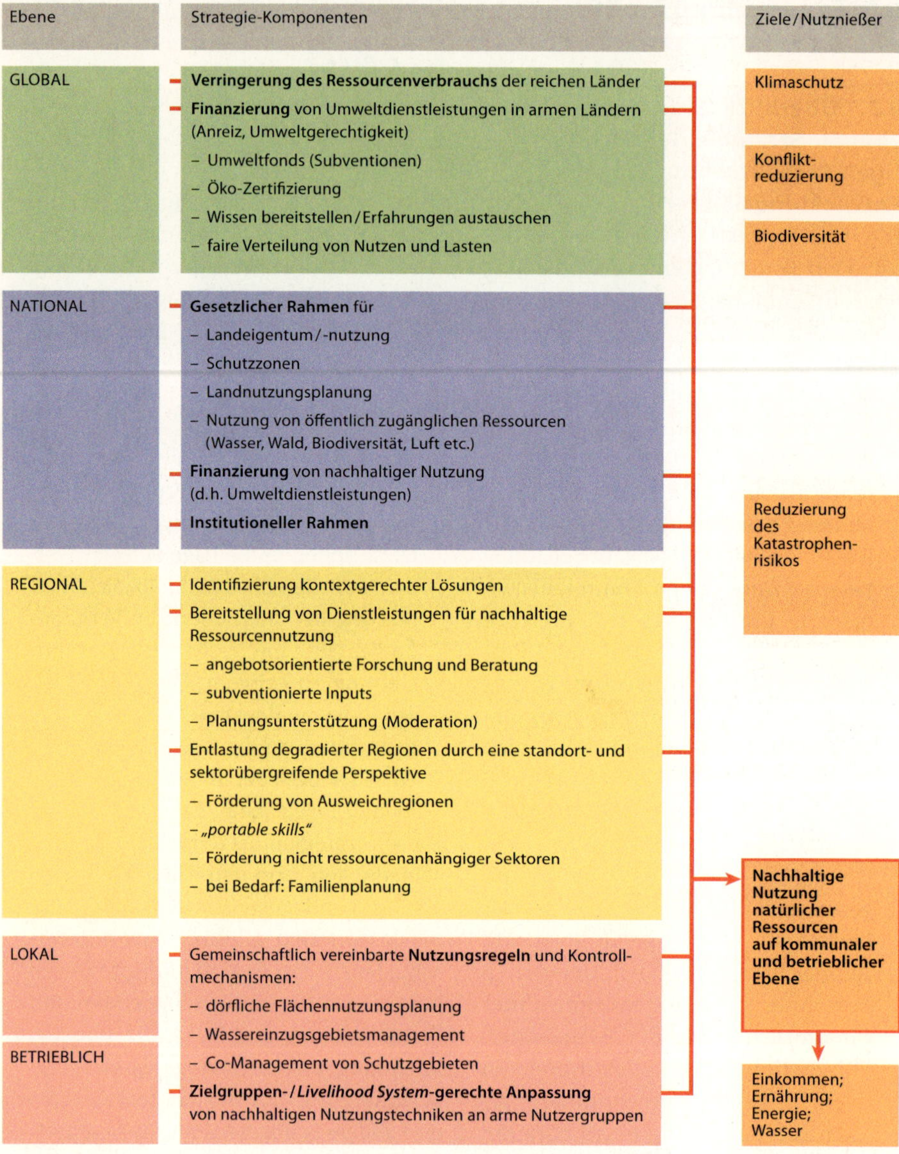

***Abb* 9.3.1/1** *Mehr-Ebenen Strategie der Umweltpolitik*

vollste Strategie andauern, weist sowohl die logische Einsicht in die Zusammenhänge zwischen den verursachenden Faktoren als auch die empirische Erfahrung beim Umweltschutz bzw. bei Förderung von nachhaltiger Ressourcennutzung darauf hin, dass es nicht den Königsweg zur ökologischen Nachhaltigkeit gibt, sondern dass es eines komplementären Einsatzes all dieser Strategieansätze bedarf. Aufgrund der globalen Reichweite vieler relevanter Ökosysteme (Klima, Biodiversität, Weltmeere, Wasser), globalökonomischer Verursachungszusammenhänge (globale Inwertsetzungsstrategien des Kapitals) und aufgrund des problematischen „Vorbild"-Charakters der ressourcenverschwenderischen Wirtschaftsweise der reichen Länder des Nordens bedarf es auch einer Mehr-Ebenen-Strategie (vgl. Abb. 9.3.1/1):

- Auf globaler Ebene und in den reichen Ländern geht es einerseits darum, im Rahmen internationaler Vereinbarungen in Richtung hin auf einen nachhaltigen Wirtschafts- und Lebensstil umzusteuern und andererseits Umweltdienstleistungen (also nachhaltigere Nutzungsformen) und Anpassungsmaßnahmen in den Ländern des Südens finanziell zu unterstützen.
- Auf nationaler Ebene geht es vor allem darum, einen gesetzlichen Rahmen mitsamt wirksamer Umsetzungsinstitutionen für nachhaltige Ressourcennutzung zu schaffen und finanzielle Mittel für die Bezahlung von Umweltdienstleistungen sowie Ressourcen für die Entwicklung umweltfreundlicher Technologien bereitzustellen.
- Auf regionaler Ebene (z. B. im Rahmen von Wassereinzugs- oder Schutzgebieten sowie für agroökologische Zonen) gilt es einerseits, standortgerechte nachhaltige Ressourcennutzungstechniken zu identifizieren, und andererseits, öffentliche Dienstleistungen für die Planung und Durchführung nachhaltiger Ressourcennutzung bereitzustellen. Im Falle einer Übernutzung regionaler Ökosysteme ist im Rahmen eines regionalen und sektorübergreifenden Entwicklungsansatzes eine Unterstützung bei der Suche nach Entlastungsmöglichkeiten nötig.
- Auf lokaler Ebene gilt es, lokale Nutzergruppen bei der gemeinsamen Planung von Nutzungssystemen und der Einigung auf Nutzungsregeln zu unterstützen und diese bei der Vertretung ihrer Interessen zu stärken.
- Auf betrieblicher Ebene geht es um Beratung bei der (Weiter-)Entwicklung standortgerechter Nutzungstechniken und um die Anpassung solcher Techniken an die spezifischen Livelihood-Bedingungen der Ressourcennutzer.

Auch hier gilt: Eine Verbesserung globaler und nationaler Regelwerke und Finanzierungsmechanismen wird nicht zu nachhaltiger Ressourcennutzung auf lokaler Ebene führen, wenn es keine kontextgerechten Techniken und keine funktionsfähigen lokalen Nutzerorganisationen gibt. Aber auch die angepasstesten Nutzungsformen werden selbst von gut kooperierenden lokalen Nutzergruppen nicht angewandt, wenn es keine Anreizsysteme und keine finanzielle Unterstützung hierfür gibt.

9.3.2 Globale Ebene: Regelwerke für nachhaltiges Wirtschaften

Nachhaltige Ressourcennutzung erbringt Nutzen, vermeidet Schaden. Sie hat aber auch ihre Kosten. Nutzen und Kosten sind jedoch ungleich verteilt, sozial und regional, auch international. Wer nachhaltig wirtschaftet, hat tendenziell Wettbewerbsnachteile im globalen Konkurrenzkampf, verzichtet auf Wachstumsmöglichkeiten, gerät gegenüber denen, die rücksichtslos zulasten der Natur produzieren, ins Hintertreffen. Ärmere Länder wie Brasilien, Kongo oder Indonesien fragen zurecht, warum sie die Kosten, den Verzicht auf Nutzung von Wachstumspotenzialen tragen sollen, um tropische Regenwälder als Senken für das von reichen Ländern im Übermaß ausgestoßene CO_2 zu erhalten, damit diese sich weiterhin am Nutzen billiger Energie erfreuen können. Es geht also bei nachhaltiger Entwicklung auch um internationale Verteilungsgerechtigkeit, um eine faire Aufteilung von Lasten und Nutzen. Deshalb bedarf es internationaler Regelwerke. Deshalb ist es aber auch so schwierig, sich zu einigen.

Am offensichtlichsten ist der Bedarf an globalen Vereinbarungen beim Thema Klimawandel, handelt es sich hier doch um Veränderungen eines Ökosystems von globaler Reichweite. Die Erhaltung von Wäldern, Biodiversität, Böden und Süßwasser ist zwar meist regionalen – wenngleich häufig Grenzen überschreitenden – Ökosystem-Zusammenhängen zuzuordnen und fällt deshalb in der Regel unter die Zuständigkeit nationaler Politik. Doch die Degradation dieser Ressourcen ist – wie in den Abschnitten 9.1 und 9.2 gezeigt wurde – teilweise ein Resultat des globalen Klimawandels und teilweise eine Folge weltweiter Inwertsetzungszusammenhänge. Darüber hinaus ist auch der Nutzen an der Erhaltung dieser Ressourcen über alle Erdregionen verteilt. Auch daraus leitet sich eine internationale Verantwortung ab.

9.3.2.1 Klimaschutz

Die internationalen Bemühungen um den Klimaschutz begannen 1992 auf dem Erdgipfel in Rio de Janeiro. Dort wurde die mittlerweile von 189 Staaten ratifizierte Klimarahmenkonvention (KRK) unterzeichnet. Damals einigte man sich nur auf das Ziel, „die Treibhausgaskonzentration in der Atmosphäre auf einem Niveau zu stabilisieren, das eine gefährliche Störung des Klimasystems verhindert“ (zitiert nach Fischer Weltalmanach 2007, 714). Die KRK aber bot den Rahmen für alle weiteren internationalen Klimaschutzvereinbarungen. Eine verbindliche vertragliche Grundlage für konkrete Klimaschutzmaßnahmen schuf das 1997 vereinbarte, aber erst 2005 in Kraft getretene Kyoto-Protokoll. In diesem verpflichteten sich die Industrieländer zu einer überprüfbaren Senkung ihres Ausstoßes von Treibhausgasen bis 2012 (um 5,2 % gegenüber 1990), um so das Ausmaß des Klimawandels wenigstens abzuschwächen (Mitigation).

Erreicht werden sollten die Reduktionsziele durch eine Kombination aus staatlicher Kontrolle und marktwirtschaftlichen Instrumenten. So wurden z. B. in der Europäischen Union Emissionsobergrenzen für Energieversorgungsunternehmen und für energieintensive Industrien festgelegt. Für die zugelassenen Mengen (die sich an dem Emissionsvolumen in vergangenen Jahren orientieren – „Grandfathering“) erhält jedes Unternehmen kostenlose Zertifikate. Unternehmen, die einen höheren Ausstoß haben, müssen Zertifikate hinzukaufen. Unternehmen, die ihren Ausstoß reduzieren und so ihr Kontingent nicht ausschöpfen, können ihre überflüssigen Zertifikate über Versteigerungen verkaufen (Emissionshandel). Solch ein Handel mit Emissionsrechten ist seit 2008 auch zwischen Staaten möglich (Deutsche Emissionshandelsstelle; www.dehst.de/cln090/nn).

Ein weiteres im Kyoto-Protokoll verankertes Instrument zur Reduzierung des Ausstoßes von Treibhausgasen ist der **C**lean **D**evelopment **M**echanism (CDM). Hierdurch können Unternehmen aus IL Emissionsgutschriften erwerben, wenn sie in EL Projekte (z. B. im Bereich erneuerbare Energien) finanzieren, die zu Emissionsminderungen führen.

Während das Kyoto-Protokoll von dem weltweit größten Emittenten, den USA, nie unterzeichnet wurde, wurden bei der Klimakonferenz in Bali (Dezember 2007) bereits die Weichen für ein Kyoto-Nachfolgeabkommen, das Ende 2009 in Kopenhagen verabschiedet werden soll, gestellt. Demnach soll bis 2050 eine globale Verringerung der Emissionen um 50 % erreicht werden, um so die Erderwärmung unter der als kritisch angesehenen Grenze von 2 °C zu halten.

Neben dem Ziel der Abschwächung des Klimawandels rückten in den Vereinbarungen von Bali Maßnahmen zur Anpassung (Adaptation) an den – mittlerweile als unvermeidlich betrachteten – Klimawandel stärker in den Vordergrund. Hierzu gehören z. B. das Bauen von Deichen in Küstenregionen oder Wasserspeicherung in Trockenregionen. In vielen stark betroffenen EL werden die Anpassungskosten auf über 10 % des Brutto-National-Einkommens (BNE) dieser Länder geschätzt. Deren Finanzierung bedarf internationaler Unterstützung durch die Verursacherstaaten. Die Klimaschutzvereinbarungen des Kyoto-Protokolls sind nicht ohne Wirkung geblieben. Aber diese blieb weit hinter den Zielvorgaben zurück. Seit Verabschiedung des Protokolls wurden weltweit nicht etwa weniger Treibhausgase ausgestoßen, sondern wesentlich mehr. Das lag aber überwiegend an den Staaten, die das Abkommen nicht ratifiziert hatten (USA, Australien) und an den Schwellenländern (vor allem China und Indien), für die es noch keine Reduktionsverpflichtungen gab (vgl. Abb. 9.3.2.1/1).

Für viele Unterzeichnerstaaten, darunter auch Deutschland, ist hingegen das (bescheidene) Ziel einer Einhaltung der Kyoto-Verpflichtung in greifbare Nähe gerückt.

Einig sind sich aber alle Fachleute, dass es weitaus ambitiöserer Ziele bedarf, um die Erderwärmung unter 2 °C zu halten. Dazu ist die Mitwirkung der USA einerseits und der großen Schwellenländer China und Indien andererseits unverzichtbar. Derzeit machen beide Seiten ihre Bereitschaft vom Verhalten der anderen Seite abhängig: China verweist auf den hohen, historisch akkumulierten Anteil der USA an der gegenwärtigen Treibhausgaskonzentration in der Atmosphäre und auf den anhaltend hohen

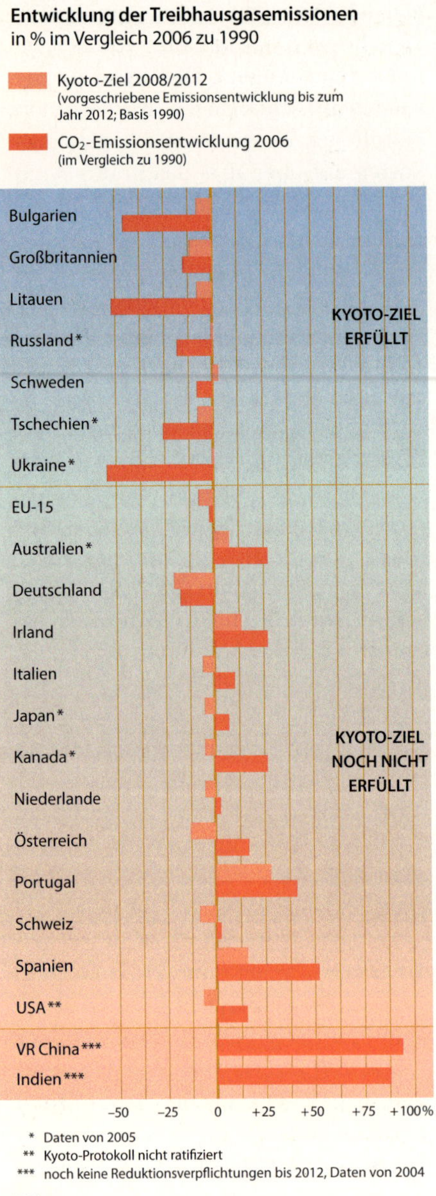

***Abb 9.3.1/2** Kyoto-Ziele: Ist und Soll*

Pro-Kopf-Ausstoß der USA (und anderer IL), während diese den starken Anstieg der Emissionen in China (und anderen Schwellenländern) hervorheben. Eine Vermeidung der Katastrophe ist nur dann möglich, wenn sich alle Beteiligten 2009 auf eine gerechte Verteilung der Reduktionskosten zumindest im Rahmen des in Bali beschlossenen Reduktionsziels von 50 % bis zum Jahr 2050 einigen.

9.3.2.2 Rettung der Tropenwälder

Auch der Schutz und die nachhaltige Bewirtschaftung der Wälder der Erde standen auf der Tagesordnung des Erdgipfels von Rio de Janeiro 1992. Im Unterschied zur Klimarahmenkonvention ist aber die dort verabschiedete „Walderklärung" nicht völkerrechtlich verbindlich. Im Jahr 2000 wurde auf Grundlage der Walderklärung ein UN-Waldforum (UNFF) eingerichtet. Seitdem findet ein regelmäßiger internationaler Dialog zur Waldschutz-Thematik statt. Bisher wichtigstes Ergebnis der jährlichen Treffen der Mitglieder des Waldforums ist eine internationale Waldübereinkunft (2007), die zwar rechtlich nicht verbindlich ist, aber immerhin von der Generalversammlung der Vereinten Nationen verabschiedet wurde. Diese orientiert sich an den Zielen

- Trendumkehr bei der Abholzung der Waldflächen,
- Verbesserung der sozialen und ökologischen Funktionen der Wälder,
- Ausweitung von Waldschutzgebieten und Gebieten, die für nachhaltige Forstwirtschaft reserviert sind,
- Erschließung neuer Finanzmittel für die Umsetzung nachhaltiger Forstwirtschaft.

Auch auf einen Maßnahmenkatalog hat man sich geeinigt. Hierzu gehören u.a. die Errichtung eines Netzwerkes von Schutzgebieten, Instrumente zur ressourcenschonenden Nutzung der Wälder (z.B. effizientere Holzverarbeitung, Fokus auf Inwertsetzung von Nicht-Holz-Waldprodukten) und Beteiligung der lokalen Bevölkerung an der Planung von Maßnahmen zur nachhaltigen Waldnutzung. Entscheidend für die Umsetzung dieser Maßnahmen in den von konkurrierenden Nutzungsansprüchen bedrohten tropischen Wäldern wird die Bereitstellung internationaler Finanzmittel sein.

Der Schutz von Wäldern ist auch Gegenstand anderer internationaler Umweltabkommen (z.B. Biodiversitäts-Konvention, Desertifikations-Konvention). Insbesondere vom Klimaschutzabkommen erhofft man sich eine positive Wirkung auf die Erhaltung der Wälder. Im Kyoto-Nachfolgeprotokoll soll der Waldschutz ausdrücklich (und rechtlich verbindlich!) mit einbezogen werden.

Darüber hinaus gibt es internationale Bestrebungen zur Bekämpfung des illegalen Holzeinschlags im Rahmen der G8, der Weltbank und der EU. Unter dem Begriff „Forest Law Enforcement, Governance and Trade“ (FLEGT) wollen die IL den Import illegal geschlagenen Holzes unterbinden und auf Basis von Partnerschaftsabkommen die Erzeugerstaaten bei der Bekämpfung illegaler Abholzung unterstützen (BMZ 10/2008). Die Umsetzung dieser Initiative steht noch am Anfang.

Das Eigeninteresse der über Tropenwald verfügenden Staaten und der dort maßgeblichen Interessengruppen am Schutz des Waldes gegenüber seiner ökonomischen Nutzung ist vergleichsweise gering, während die Nutznießer einer Erhaltung sich über den gesamten Globus verteilen. Deshalb wird Tropenwaldschutz nur in dem Maße durchsetzbar sein, in dem es gelingt,

a. Finanzmittel bereitzustellen, die den Schutz bzw. die nachhaltige Nutzung ökonomisch interessant machen und
b. Wissen über technisch effiziente und ökonomisch interessante nachhaltige Nutzungsmöglichkeiten verfügbar zu machen.

Inwieweit der beobachtbare Rückgang der Abholzungsrate seit 1990 (vgl. 9.1) bereits als Indiz zu werten ist, dass die entsprechenden Bemühungen erste bescheidene Erfolge zeitigen, kann derzeit noch nicht beantwortet werden.

9.3.2.3 Erhaltung der Biodiversität

Auch für die internationalen Bestrebungen zur Erhaltung der Biodiversität wurde in Rio de Janeiro 1992 ein wichtiger Grundstein gelegt. Es wurde eine Biodiversitätskonvention verabschiedet, die mittlerweile von 190 Staaten unterzeichnet wurde. Die vereinbarten Ziele folgen – ähnlich wie die der Walderklärung – den Grundsätzen ökologischer, ökonomischer und sozialer Nachhaltigkeit, indem sie den Erhalt der Biodiversität, deren nachhaltige Nutzung und die gerechte Aufteilung der daraus resultierenden Gewinne gleichberechtigt nebeneinander stellen.

Wie beim Waldschutz und beim Klimaschutz sollen auch in diesem Bereich die generellen Ziele und Grundsätze im Rahmen regelmäßiger Vertragsstaatenkonferenzen (die bislang letzte, neunte Konferenz fand 2008 in Bonn statt) schrittweise in konkrete und verbindliche Aktionsprogramme umgesetzt werden. Der Prozess verlief zäh: Erst 2008 in Bonn einigte man sich wenigstens auf einen konkreten Fahrplan für die Verabschiedung eines internationalen Regimes zur Frage des Zugangs und Vorteilsausgleiches bei der Nutzung genetischer Ressourcen („Access and Benefit Sharing" = ABS) bis 2010. Hier geht es um die Verhinderung von „Biopiraterie" d. h. einer Nutzung von genetischen Ressourcen und traditionellem Wissen (z. B. durch Pharmaunternehmen) ohne vorherige informierte Zustimmung der betroffenen lokalen Akteure und ohne deren Beteiligung an den Gewinnen (U. Sprenger 2008). Die Entwicklungsländer wollen den freien Zugang zu ihren genetischen Ressourcen verhindern, solange sie befürchten müssen, dass – in Einklang mit dem TRIPS-Abkommen (= Trade Related Aspects of Intellectual Property Rights, siehe Kap. 8.3.2.4) – der Gewinn allein bei den internationalen Unternehmen bleibt. Die Wirtschaftsvertreter aus dem Norden sperren sich unter Verweis auf das für sie so vorteilhafte TRIPS-Abkommen gegen eine Gewinnbeteiligung.

Fortschritte sind hingegen bei der Ausweitung von Schutzgebieten zu verzeichnen. Weltweit gibt es mehr als 100 000 Schutzgebiete. 19,5 Mio. km², d. h etwa 12 % der Landfläche stehen unter Schutz (1960: 2 Mio. km²) (F. Wulf 2008). Die Informationen über die Effektivität des Schutzes in diesen Gebieten sind sehr widersprüchlich. Manche Untersuchungen belegen, dass zumindest Rodungen und grundlegende Nutzungsänderungen in der Regel vermieden werden konnten (Fischer Weltalmanach 2007). Andere Autoren verweisen darauf, dass der Schutz oft nicht so funktioniert wie intendiert. Illegale Nutzungen und unsachgemäßes Management seien in Ländern des Südens die Regel. Die Ursache wird in unzureichender internationaler Finanzierung gesehen. Wo diese ausblieb, blieben die Anreize zur Unterlassung von wirtschaftlicher Nutzung und die Kapazitäten zur Überwachung der Schutzgebiete zu gering (F. Wulf 2008).

Ergänzt wird die Biodiversitäts-Konvention durch ein Biosafety-Protokoll (Cartagena 2003), das den grenzüberschreitenden Verkehr genetisch veränderter Organismen (GVO) durch Mindeststandards regelt. Es erlaubt Ländern, Einfuhrverbote für GVO zu verhängen, wenn sie Gefahren für die biologische Vielfalt befürchten.

Für die Erhaltung der biologischen Vielfalt in Entwicklungs- und Schwellenländern gelten dieselben strategischen Überlegungen wie für die Erhaltung tropischer Regenwälder: Die Erhaltung dieser Ressource stellt einen Dienst an der gesamten Menschheit dar. Sie muss deshalb international finanziert werden. Das ist nicht nur möglich, sondern auch lohnend, da der ökonomische Wert der Biodiversität die Kosten zu ihrer Erhaltung um ein Vielfaches übersteigt (P. Sukhdev 2008). Schließlich muss den Bewohnern ein fairer Anteil an der nachhaltigen Nutzung der Artenvielfalt zukommen.

9.3.2.4 Erhaltung der Böden und Bekämpfung der Desertifikation

Auch die internationalen Bemühungen um die Erhaltung der Böden sind auf die Umweltkonferenz in Rio de Janeiro zurückzuführen. Sie konzentrieren sich auf den Aspekt der Desertifikationsbekämpfung. Die an diesem Ziel orientierte UN-Konvention wurde von 191 Staaten unterzeichnet. Das Verfahren entspricht dem der anderen Umweltkonventionen: Durch regelmäßige globale Konferenzen sollen die generellen Ziele und Grundsätze konkretisiert und umsetzbar gemacht werden. Da das Problem der Bodendegradation unter nationale Zuständigkeit fällt, werden auf internationaler Ebene nur Leitlinien für Nationale Aktionsprogramme erstellt. Mittlerweile gibt es solche Programme in 79 Ländern. Die Umsetzung dieser Aktionsprogramme soll auf partnerschaftlicher Basis mit internationaler finanzieller und personeller Unterstützung erfolgen (UNDP: World Resources 2005).

Die Finanzierung und Implementierung dieser Programme lässt allerdings auf sich warten. Stattdessen streitet man auf den internationalen Konferenzen immer noch um die Definition des Begriffs Desertifikation und um geeignete Indikatoren (vgl. Abb. 9.3.2.4/1). Im Rahmen einer umfassenden Bestandsaufnahme (Land Degradation Assessment in Drylands" = LADA-Projekt, initiiert 2006) soll erst einmal eine weltweit einheitliche Datengrundlage als Entscheidungsbasis für internationale Hilfsprogramme geschaffen werden. Es mag zunächst unverständlich erscheinen, warum Programme gegen Desertifikation an Definitionsfragen scheitern müssen. Doch zum einen handelt es sich bei Bodendegradation und Desertifikation um schleichende Prozesse, die in

***Abb 9.3.2.4/1** Der Desertifikationsprozess wird durch den Klimawandel beschleunigt*

ihrer Vielfältigkeit schwer erfassbar sind; entsprechend stark weichen die Schätzungen über die degradierten Flächen voneinander ab (vgl. 9.1). Zum anderen handelt es sich auch bei der internationalen Desertifikationsbekämpfung um einen Verteilungskampf um knappe finanzielle Mittel. Definitionen und Kriterien, Indikatoren und Analysen entscheiden darüber, wohin die Mittel fließen, werden deshalb politisch benutzt.

Da das Thema Klimawandel derzeit an der Spitze der internationalen Umweltagenda steht, und da es kaum noch Zweifel daran gibt, dass Desertifikationsprozesse in vielen Trockengebieten durch den Klimawandel beschleunigt werden (vgl. R. Baumhauer 2007), erhofft man sich von einer neuen Klimakonvention auch Impulse im Kampf gegen die Wüstenausbreitung.

9.3.2.5 Nachhaltige Wassernutzung

Im Unterschied zu anderen Umweltbereichen finden die Bemühungen um Global Governance im Wassersektor nicht im Rahmen von UN-Konferenzen statt. Das maßgebliche Koordinationsinstrument ist hier vielmehr das 1997 ins Leben gerufene Weltwasserforum, ein für staatliche, zivilgesellschaftliche und privatwirtschaftliche Organisationen offenes Prozessforum, das sich alle drei Jahre trifft (letztes Treffen 2009 in Istanbul). Ziel des Forums ist es, die Bedeutung des Themas Wasser im Rahmen der politischen Diskussion stärker zu betonen und politische Entscheidungsträger zu beeinflussen (www.worldwaterforum5.org).

So gelang es z. B., die vom 2. Weltwasserforum formulierten Ziele bezüglich der Verbesserung des Zugangs zu Trinkwasser und sanitären Einrichtungen in den Millennium Development Goals zu verankern. Weltwasserentwicklungsberichte, erstellt in Zusammenarbeit mit UN-Organisationen, dienen dazu, auf Probleme des Wassersektors aufmerksam zu machen, und Lösungsansätze zur Diskussion zu stellen.

Während die ersten Weltwasserforen hauptsächlich am Ziel der verbesserten Trinkwasser- und Sanitärversorgung orientiert waren, tritt seit 2006 auch das Thema der Bekämpfung der Wasserknappheit bzw. des nachhaltigen Wasserressourcenmanagements stärker in den Vordergrund. Da es sich bei Süßwasserreserven um nationale oder regionale (länderübergreifenden Regionen) handelt, bedarf es primär nationaler oder grenzübergreifender Strategien. Die Notwendigkeit weltweiter Kooperation ergibt sich hier nicht vorrangig aus der Nutzung gemeinsamer Ressourcen (obgleich über das Weltklima und über internationale Agrarmärkte auch eine gemeinsame Verantwortung für die regionale Wasserverfügbarkeit entsteht), sondern aus der Vergleichbarkeit der Problemsituation und Problemursachen in Regionen mit Wasserstress. Überall geht es um dieselbe Frage nach technischen und institutionellen Instrumenten zur Erhöhung der Wassernutzungseffektivität, um so eine nachhaltige Wassernutzung bei gleichzeitiger Gewährleistung des Menschenrechts auf Trinkwasser sicherzustellen. Die bei zunehmender Wasserknappheit zu befürchtenden Konflikte auf allen Ebenen begründen darüber hinaus ein Interesse der internationalen Gemeinschaft an einer Kooperation auf globaler Ebene. Deren Gegenstand sind vor allem drei Aufgabenbereiche:

1. Einigung auf gemeinsame Ziele und Grundsätze,
2. Bereitstellung und Austausch von Wissen über Möglichkeiten nachhaltiger Wassernutzung,
3. technische und finanzielle Unterstützung für Länder mit Wassermangel und solchen, die negativ vom Klimawandel betroffen sind.

Die konzeptionelle Auseinandersetzung, die auch die Diskussion auf den internationalen Foren beherrscht, kreist um die Frage, wie Anreize für sparsame Nutzung geschaffen werden können (Forderung nach Privatisierung und Anhebung der Wasserpreise) und gleichzeitig das Menschenrecht auf Trinkwasser (Forderung nach freiem Zugang für alle) realisiert werden kann (auf diese Frage wird in diesem Buch im Rahmen der Strategien auf nationaler Ebene eingegangen – siehe 9.3.3.1).

9.3.2.7 Katastrophenvorsorge

Auch das Thema Katastrophenvorsorge ist seit den 1990er-Jahren zum Gegenstand globaler Konferenzen und Vereinbarungen geworden. Die von der Generalversammlung der Vereinten Nationen für den Zeitraum 1990–1999 ins Leben gerufene „Internationale Dekade zur Reduzierung von Naturkatastrophen“ hat dazu beigetragen, das internationale Bewusstsein für die Notwendigkeit der Abkehr von einer einseitigen Fokussierung auf reaktive Katastrophenhilfe zugunsten von Prävention zu stärken. Mittlerweile hat man sich weltweit auf gemeinsame konzeptionelle Grundlagen im Rahmen einer internationalen Strategie für Katastrophenvorsorge und einen gemeinsamen Aktionsplan geeinigt. Viele Mitgliedsländer haben nationale Katastrophenvorsorge-Komitees gegründet. Die Voraussetzungen für eine stärkere Berücksichtigung und eine bessere Koordination von Vorsorgemaßnahmen sind damit geschaffen (vgl. R. Schneider-Sliwa & C. Saalfrank 2009).

Katastrophenvorsorge in armen Ländern ist aber auch auf internationale Finanzierung angewiesen. Bei Eintritt von Katastrophen gilt die Verpflichtung zu internationalem Beistand als selbstverständlich, sind doch Naturkatastrophen definiert als extreme Naturereignisse, bei denen die Größe des Schadens die Selbsthilfekapazitäten der betreffenden Region deutlich überschreitet (E .J. Plate & B. Merz 2001). Würde aber externe Unterstützung auf Hilfe im Katastrophenfall beschränkt und bei Vorsorgemaßnahmen verweigert, so würde auch bei den Regierungen armer Länder die Präventionsbereitschaft untergraben: Anstatt mühsame Anstrengungen zu unternehmen, um Katastrophen zu vermeiden, wäre es lohnender, sich auf die medienwirksame, geschäftlich attraktive und politisch populäre Katastrophenhilfe zu verlassen. Auch für die Regierungen der Geberländer, die Steuerzahler und die Spender scheint es überzeugender zu sein, große Beträge nach einer Katastrophe bereitzustellen als kleine Beträge – nicht medienwirksam – in deren Verhinderung zu investieren. So hat auch das deutsche BMZ keinen Schwerpunkt und Budgettitel für Katastrophenvorsorge. Vielmehr gilt diese als „Querschnittsaufgabe“, d. h eine Aufgabe, die alle Akteure stets mit bedenken sollen, für die es aber keine separaten Mittel gibt (BMZ 2008).

Nur wenn über gemeinsame Strategien und gemeinsame Forschungen hinaus die reichen Länder bereit sind, auch die nötigen finanziellen Beiträge zum Aufbau von Katastrophenvorsorgeeinrichtungen in armen Ländern zu leisten (wie dies z. B. bei der Finanzierung der Tsunami-Frühwarnsysteme der Fall war), besteht Aussicht darauf, in Zukunft das Ausmaß von Katastrophen zu reduzieren.

9.3.2.7 Global Environmental Facility (GEF) und Umweltfonds

In allen Abschnitten dieses Kapitels wurde deutlich, dass für einen effektiven Umweltschutz in den Ländern des Südens internationale Finanzierung eine Voraussetzung ist. Diese ist

- gerechtfertigt zum einen durch das Verursacherprinzip, d. h durch den überproportionalen Verbrauch globaler Ressourcen, und zum anderen durch das Nutznießerprinzip, d. h die Entrichtung eines angemessenen Preises für wertvolle Umweltleistungen (zum Verursacher- und Nutznießerprinzip vgl. Tab. 9.3.3.2/1),
- notwendig, um für arme Länder und Ressourcennutzer Anreize und Möglichkeiten für den Schutz und die nachhaltige Nutzung natürlicher Ressourcen zu schaffen.

Zu diesem Zweck wurde 1991 – im Vorfeld des Erdgipfels von Rio de Janeiro und auf deutsch-französische Initiative hin – die Globale Umweltfazilität (GEF) gegründet. Diese ist das Finanzierungsinstrument der oben skizzierten internationalen Umweltkonventionen zu Klimawandel, Biodiversität, Desertifikationsbekämpfung und Gewässerschutz (im Falle grenzüberschreitender Wassersysteme). Darüber hinaus wurden Maßnahmen zur Erhaltung der Ozonschicht und zur Bekämpfung langlebiger Chemikalien unterstützt. Die GEF bezuschusst Projekte in dem Maße, indem sie zur Bekämpfung globaler Umweltprobleme beitragen. Insgesamt wurden seit 1991 über 8 Mrd. US-$ aus eigenen Fondsmitteln bereitgestellt. Zusätzlich wurden über 33 Mrd. US-$ von anderen Gebern, internationalen NRO und dem Privatsektor für GEF-Projekte des globalen Umweltschutzes verfügbar gemacht (BMZ 2008). Durchgeführt werden die meisten GEF-unterstützten Projekte von der Weltbank oder von den Umwelt- und Entwicklungsorganisationen der Vereinten Nationen.

Ein weiteres internationales Finanzierungsinstrument für den Umweltschutz sind von Stiftungen kontrollierte Umweltfonds. Diese werden gespeist aus privaten Spenden (z. B. durch die Stiftungen großer Privatunternehmen) und aus ODA-Mitteln. Die Zinserträge der Stiftungsfonds bilden eine dauerhafte, nicht versiegende Finanzierungsquelle für Umweltschutzprogramme. Die Fonds werden kontrolliert durch Stiftungsbeiräte, die sich aus Vertretern der Geldgeber, der nationalen Regierungen und aus Repräsentanten der regionalen Nutzerorganisationen zusammensetzen. Der Vorteil solcher Fondsmodelle gegenüber Zuschüssen an Regierungen besteht darin, dass die Mittel zweckgebunden sind, und deren Verwendung nicht den Unwägbarkeiten nationaler politischer Entscheidungsprozesse überlassen wird. So werden internationale Finanzierungsverpflichtungen für die Erhaltung von Umweltleistungen an internationale Mitsprachemöglichkeiten gekoppelt (C. Jakobeit 1999).

9.3.2.8 Öko-Siegel

Der internationale Handel mit Öko-Produkten folgt derselben Logik wie Fair Trade (vgl. 8.3.2.6): Umweltbewusste Konsumenten entrichten einen höheren Preis für umweltfreundlich produzierte Güter, wenn sie durch das Umweltsiegel und den damit verbundenen Zertifizierungsprozess Vertrauen gewonnen haben, dass auch „Öko drin ist, wo Öko drauf steht". Dabei gilt es zu unterscheiden zwischen Zertifizierungen, die primär dem gesundheitlichen Wohl des Konsumenten dienen (z.B. Lebensmittel, die keine Chemikalien enthalten) und solchen, die auch oder vorrangig der Umwelterhaltung in den Erzeugerregionen dienen (z.B. boden-, wald- oder wasserschonende Produktionsverfahren). In jedem Fall gilt das Prinzip: Umweltdienstleistungen werden vom Nutznießer, den Verbrauchern, bezahlt. Dadurch sollen Anreize und Finanzierungsmöglichkeiten für die Zusatzkosten nachhaltiger Ressourcennutzung geschaffen werden (C. Mayer 2003).

9.3.2.9 Zwischenfazit globale Ebene

Die Entwicklung von Global Governance-Strukturen ist im Umweltbereich infolge der Konferenz von Rio de Janeiro 1992 relativ weit fortgeschritten. Die internationalen Vereinbarungen, die oft noch ziemlich allgemein gehalten sind, basieren auf folgenden generellen Grundsätzen:

1. Die alten Industrieländer müssen ihren Ressourcenverbrauch reduzieren (Vorbildfunktion).
2. Nachhaltige Ressourcennutzung (insbesondere in armen Ländern) muss durch die Nutznießer der dadurch bereitgestellten Umweltleistungen (insbesondere in reichen Ländern) finanziert werden (Preisanreize).
3. Verbessertes Wissen über effiziente und ökonomisch lohnende Formen nachhaltiger Ressourcennutzung muss bereitgestellt und ausgetauscht werden (technische und institutionelle Lösungen).
4. Regeln für die gerechte Verteilung von Kosten und Nutzen nachhaltiger Ressourcennutzung bei gleichzeitiger Sicherstellung des Ressourcenzugangs insbesondere für die Armen müssen vereinbart werden; sie können nicht dem Marktmechanismus überlassen werden (Fairness).
5. Anpassungsmaßnahmen an irreversible Umweltveränderungen müssen extern unterstützt werden in dem Maße, in dem die Veränderungen global verursacht wurden (Entschädigung).

Nur durch die Befolgung all dieser Grundsätze können hinreichend Anreize geschaffen werden für die nachhaltige Nutzung gefährdeter Ressourcen, nur dann können auch die Kosten getragen werden. Die schleppenden und unzureichenden Fortschritte in der Umsetzung dieser Grundsätze verweisen auf die von den Vertretern der Politischen Ökologie benannten Problemursachen: Es handelt sich um Verteilungskämpfe. Diese werden entsprechend der Machtverteilung auf globaler Ebene und in jedem einzelnen Land entschieden. Deshalb bedarf es zweier zusätzlicher Grundsätze, die auf die Machtverteilung zielen:

6. Die Interessen von armen Ressourcennutzern und von Leidtragenden von Umweltveränderungen müssen durch geeignete Repräsentanten (nicht notwendigerweise den Regierungen) am internationalen Verhandlungstisch vertreten werden (Gremien-Repräsentation).
7. Wissenschaft und zivilgesellschaftliche Organisationen müssen dafür Sorge tragen, dass Umweltprobleme in der Öffentlichkeit realistisch wahrgenommen werden, und dadurch die Durchsetzungschancen zugunsten von notwendigen Reformen und Verhaltensänderungen verschoben werden (Wahrnehmung bzw. Bewusstsein).

9.3.3 Die nationale Ebene: Gesetzlicher Rahmen und fiskalische Steuerung

Worin besteht die Rolle des Staates bei der Erhaltung der Umwelt? Folgende der bereits erörterten Aspekte der Umweltproblematik sind für die Beantwortung dieser Frage von Bedeutung:

- Bei der Nutzung von natürlichen Ressourcen – das sind öffentliche Güter – versagt der Marktmechanismus. Umweltschutz ist deshalb eine öffentliche Aufgabe.
- Öffentlich zugängliche Güter – dazu gehören viele natürliche Ressourcen wie Luft, Wasser, Wälder, Flora und Fauna, zum Teil auch Böden – unterliegen der Gefahr der Übernutzung, wenn es keine verbindlichen Regeln und entsprechende Kontrollmechanismen gibt. Der Staat muss deshalb dafür Sorge tragen, dass es solche Systeme gibt, und dass sie funktionieren. Wo das nicht der Fall ist, muss er selbst die Aufgabe übernehmen.
- Nachhaltige (oder unterlassene) Nutzung ist mit Kosten bzw. mit Verzicht auf Einkommen verbunden. Den Nutzen daraus ziehen aber zum überwiegenden Teil andere. Nachhaltige Nutzung wird deshalb nur dann erfolgen, wenn die Nutzer (d. h die Produzenten) dafür bezahlt werden. In den Fällen, in denen dies nicht privat geregelt werden kann, muss der Staat für eine gerechte Verteilung von Kosten und Nutzen Sorge tragen.
- Nachhaltige Nutzung erfordert Fördermaßnahmen bzw. Dienstleistungen (Wissen über Techniken, Inputs, Kredite). Diese Dienstleistungen werden von den Nutzern, die meist die Vorteilhaftigkeit einer Umstellung auf nachhaltige Nutzung noch nicht kennen, in der Regel nicht nachgefragt. Deshalb werden sie meist vom Privatsektor auch nicht angeboten. Dem Staat fällt also die Aufgabe zu, dafür Sorge zu tragen, dass solche Dienstleistungen bereitgestellt werden. Dies betrifft u. a. öffentlich finanzierte Forschung.
- Bei all den vom Staat zu erfüllenden Rollen ist zu berücksichtigen, dass der Staat in EL oft selbst Teil des Problems der Umweltzerstörung ist. Das Rentseeking-Interesse von Politikern und Bürokratie (siehe 10.2) richtet sich oft auf die kurzfristige Ausbeutung der unter staatlicher Kontrolle befindlichen natürlichen Ressourcen. Der Staat sollte also möglichst wenig an direkter Verfügungsgewalt über natürliche Ressourcen erhalten. Wo direktes Management von natürlichen Ressourcen durch staatliche Behörden unvermeidlich ist, sollten staatliche Akteure

durch eine breite Beteiligung von Nutzern und zivilgesellschaftlichen Akteuren ihrerseits kontrolliert werden (Prinzip der Checks & Balances).

Der Staat auf nationaler Ebene sollte also erstens einen angemessenen gesetzlichen Rahmen für eine nachhaltige Ressourcennutzung schaffen, in welchem Zuständigkeit, Kontrolle, Zugang und die Verteilung von Kosten und Nutzen geregelt werden. Er sollte zweitens durch geeignete fiskalische Maßnahmen (Steuern bzw. Gebühren und Subventionen) die finanziellen Voraussetzungen für nachhaltige Nutzung schaffen. Und er sollte drittens dafür Sorge tragen, dass die Ressourcennutzer Zugang zu Technologien, Wissen und sonstigen Services für die nachhaltigkeitskonforme Anpassung der Ressourcennutzung erhalten.

9.3.3.1 Gesetzliche Rahmenbedingungen

Nahezu alle wichtigen Umweltbereiche sind in den meisten Ländern Gegenstand gesetzlicher Regulierung. So gibt es Gesetze für den Schutz und die Nutzung von Wäldern, von Wasserressourcen und von Biodiversität, Gesetze zur Regelung von Emissionen aller Art und zur Errichtung von Naturschutzgebieten (vgl. M. Jänicke et al. 2003). Eine wichtige Rolle für die nachhaltige Landnutzung spielt das Bodenrecht. Viele Aspekte der Ressourcennutzung werden durch die Landnutzungsplanung berührt. Auch diese bedarf eines gesetzlichen Rahmens auf nationaler Ebene, um die Umsetzung der Pläne zu gewährleisten.

In Entwicklungsländern lebt meist ein großer Teil der Bevölkerung unmittelbar von der Nutzung natürlicher Res-

Convention on Biological Diversity

(Expanded Program of Work on Forest Biological Diversity, extract)

Programme Element 1: Conservation, Sustainable use and benefit-sharing

Goal 1 To apply the ecosystem approach to the management of all types of forests

Goal 2 To reduce the threats and mitigate the impacts of threatening processes on forest biological diversity

Goal 3 To protect, recover and restore forest biological diversity

Goal 4 To promote the sustainable use of forest biological diversity

Goal 5 Access and benefit-sharing of forest genetic resources

Programme Element 2: Institutional and socio-economic enabling environment

Goal 1 Enhance the institutional enabling environment

Goal 2 Address socio-economic failures and distortions that lead to decisions that result in loss of forest biological diversity

Goal 3 Increase public education, participation, and awareness

www. www.cbd.int/forest/

sourcen. Regulierung der Nutzung von Land, Wäldern, Wasser, Pflanzen betreffen somit die Existenzgrundlagen der Mehrzahl der Menschen, vor allem auf dem Lande. Darüber hinaus greifen sie ein in alte, etablierte traditionelle Nutzungsregeln, die mancherorts noch gut, anderenorts weniger gut funktionieren. Manche Eingriffe in traditionelle Nutzungsrechte bzw. deren Substitution durch formelles staatliches Recht haben nicht zum intendierten Schutz bzw. zur nachhaltigeren Nutzung der betreffenden Ressourcen beigetragen, sondern zu verschärfter Degradation. Insbesondere bei staatlichen Wäldern waren die zuständigen Forstbehörden oft weder willens noch in der Lage, den an sie delegierten Schutzauftrag zu erfüllen.

Diese Gegebenheiten und Erfahrungen gilt es bei der Gesetzgebung zu berücksichtigen. Wenngleich sich die Gesetzgebung dem jeweiligen Kontext, den spezifischen Rechtstraditionen und den politischen Willensbildungsprozessen des jeweiligen Landes anzupassen hat, ist es sinnvoll, diese – unter Berücksichtigung der genannten speziellen Bedingungen in ländlichen Räumen von EL – an folgenden Grundsätzen zu orientieren (vgl. M. Neuburger 2001):

1. Subsidiaritätsprinzip: Dieses besagt, dass Aufgaben, die auf der jeweils unteren Ebene genauso gut oder besser erledigt werden können als auf höheren Ebenen, der unteren Ebene anvertraut werden sollen (vgl. Kap. 10.3). Dort also, wo traditionelles Bodenrecht funktioniert und eine nachhaltige Landnutzung gewährleistet, sollte es nicht durch formelles Bodenrecht ersetzt werden. Dort, wo Gemeindewälder mit Erfolg von lokalen Waldnutzer-Komitees nachhaltig bewirtschaftet werden können, sollten sie nicht von einem nationalen Ministerium betrieben werden.
2. Synthese zwischen Schutz und Zugang: Langfristige Nutzungssicherheit von natürlichen Ressourcen ist in der Regel eine wichtige Voraussetzung für die Bereitschaft zu nachhaltiger, pfleglicher Nutzung und zu Investitionen in deren Erhaltung. Wer weiß, dass er auch in 20 Jahren noch die Früchte ernten kann, ist eher bereit, Bäume zu pflanzen oder Terrassen anzulegen. Neoliberal orientierte Ökonomen (z. B. H. de Soto 2002) schlossen aus dieser Erfahrung auf die Notwendigkeit eines verbrieften individuellen Privateigentums an Boden, Wasser, Wald und anderen natürlichen Ressourcen. Privateigentum aber führt tendenziell dazu, dass Menschen vom – in Agrargesellschaften lebensnotwendigen – Zugang zu natürlichen Ressourcen ausgeschlossen werden können. Wer z. B. verschuldet ist, muss dann sein Land und damit seine Existenzgrundlage verkaufen. Es gilt also, Lösungen zu finden und gesetzlich zu verankern, die geeignet sind, langfristige Nutzungssicherheit und Erhaltung des Ressourcenzugangs für alle Ressourcennutzer miteinander zu verbinden. Hierfür gibt es keine globale Patentlösung. In manchen Regionen erfüllen die traditionellen Nutzungsrechte beide Funktionen. In anderen – oft in dichtbesiedelten, stadtnahen – Regionen hat sich das Privateigentum an Boden längst und

unrevidierbar durchgesetzt. In vielen Ländern haben sich Pachtverträge mit 99-jähriger Laufzeit bewährt. Die jeweiligen Kompromisse zwischen Schutz und Zugang müssen unter Einbeziehung von Erfahrungswissen und unter Beteiligung aller betroffenen Gruppen ausgehandelt werden.

Entsprechendes gilt auch für den Zugang zu Wasser. Bewässerungswasser ist ein Wirtschaftsgut, zu welchem, sofern es knapp ist, der Zugang kontrolliert und ein Preis entrichtet werden sollte, um eine effektive und nachhaltige Nutzung zu gewährleisten. Zugang zu Trinkwasser hingegen ist ein Menschenrecht und sollte deshalb nicht begrenzt werden. In manchen Ländern (z. B. Südafrika) wurde als Kompromiss eine Regelung gefunden, nach der ein bestimmtes, für den privaten Gebrauch notwendiges Volumen an Wasser unentgeltlich angeboten wird, während darüber hinausgehende Mengen bezahlt werden müssen.

In die Identifizierung solcher Kompromisse zwischen nachhaltiger Nutzung und Erhaltung des Zugangs für alle sollten Vertreter aus verschiedenen Regionen, von traditionell für den Zugang zur betreffenden Ressource zuständigen Autoritäten (z. B. Chiefs in afrikanischen Ländern) sowie Repräsentanten aller Nutzergruppen einbezogen werden.

3. Gerechte Verteilung von Kosten und Nutzen: Dieser schon im Kontext internationaler Regelwerke formulierte Grundsatz gilt auch für die nationale Umweltgesetzgebung. Sie muss dafür Sorge tragen, dass diejenigen, die in die Nachhaltigkeit investieren, auch in den Genuss der langfristigen wirtschaftlichen Vorteile der Ressourcenerhaltung gelangen. Wer also z. B. gesetzlich gezwungen wird, zugunsten der Erhaltung der Artenvielfalt auf die Jagd von Wildtieren zu verzichten, wer es erdulden muss, dass gegebenenfalls Elefanten die Ernte vernichten, der muss rechtlich einen seinem Nutzenverlust zumindest entsprechenden Anteil an den Einnahmen aus Tourismus oder Trophäenjagd erhalten. Wer als lokale Gemeinschaft knappe Trinkwasservorräte schützt und die Einhaltung von Regeln zur sparsamen Nutzung garantiert, muss gesetzlich davor geschützt werden, dass dieselben knappen Wasserressourcen ohne Entschädigung kommerziell genutzt werden. Ähnliches gilt für Gemeindewälder und Biodiversitätsreservate. Naturschutz wird nur funktionieren, wenn das Recht dafür sorgt, dass diejenigen, die in den Schutz investieren, am Ende nicht „als die Dummen dastehen", weil andere die daraus resultierenden Gewinne abschöpfen und dabei möglicherweise den Erfolg der Schutzmaßnahmen zunichte machen.
4. Beteiligung der Interessenvertreter (Stakeholder): Die Erörterung der bisher genannten Grundsätze hat bereits gezeigt, dass eine Beteiligung von Repräsentanten der Ressourcennutzer, anderer Interessengruppen (insbesondere der Umwelt-Lobby) und der für die Gesetzesumsetzung wichtigen Personengruppen am Gesetzgebungsprozess unabdingbar ist, wenn dabei kontextgerechte und von den Betroffenen respektierte Gesetze entstehen sollen.

Prinzip	Beschreibung	Begründung	Beispiel
Verursacherprinzip	Wer die Umwelt belastet, zahlt die Kosten der Vermeidung oder eine Entschädigungsgebühr.	Setzt bei den Ursachen an. Schafft einen Anreiz zur Vermeidung. Fördert die Entwicklung umweltfreundlicher Technologien.	Ökosteuer, Abwassergesetz; Anwendung: bei kommerziellen Nutzern.
Nutznießerprinzip	Wer vom Umweltschutz profitiert, bezahlt jene, die die Kosten für eine nachhaltige Nutzung erbringen.	Umweltschutz ist eine Investition der Nutzer, von der externe Akteure oft mehr profitieren als die Nutzer selbst („externe Effekte").	Finanzierung der Rehabilitierung von Wassereinzugsgebieten oder des Regenwaldschutzes. Anwendung: bei nicht marktmäßiger Nutzung.
Gemeinlastprinzip	Die Gemeinschaft finanziert über Steuern die nachhaltige Nutzung.	Im Fall mangelnder Zurechenbarkeit von Verursachung und Nutzen.	Anwendung: wo Verursacher und Nutznießer nicht abgrenzbar (z. B. Biosphärenreservate).

Tab. 9.3.3.2/1 *Prinzipien der Umweltpolitik im Vergleich*

Darüber hinaus müssen Beteiligungs- und Konfliktlösungsverfahren ein zentraler Inhalt von Umweltgesetzen sein. Ein Waldschutzgesetz muss beispielsweise regeln, wer bei der Erstellung eines Waldnutzungsplans an welcher Stelle des Planungsverfahrens zu involvieren ist, und welche Konfliktlösungsmechanismen zur Wirkung kommen sollen, wenn keine Einigung erzielt wird. Nutzer müssen ein Recht auf Partizipation an der Erstellung von Nutzungsplänen erhalten.

Die Quintessenz all dieser Grundsätze lässt sich so formulieren: Umweltschutz darf nicht gegen die Ressourcennutzer gerichtet sein. Er darf diese nicht ausschließen, nicht übervorteilen, deren Kompetenz und Relevanz für nachhaltige Lösungen nicht missachten.

9.3.3.2 Finanzierung

Auch innerhalb des nationalen Rahmens ist die Verteilung von Kosten und Nutzen des Umweltschutzes ungleich verteilt. Von Bergbauern am Oberlauf von Flüssen wird beispielsweise erwartet, dass sie aufforsten, terrassieren, den Viehbestand reduzieren, den Wanderfeldbau unterlassen. Den Nutzen aber haben hauptsächlich die Bewohner am Unterlauf der Flüsse. Ihre Wasserversorgung für die Bewässerungsflächen wird stabilisiert; sie werden besser vor Überschwemmungen geschützt. Meist handelt es sich bei den Bewohnern der Bergregionen an Fluss-Oberläufen um ärmere, ökonomisch benachteiligte, bei den Bewohnern im Tal und an den Unterläufen um wohlhabendere, bessergestellte Bevölkerungsgruppen. Ökonomisch betrachtet erbringen nachhaltig wirtschaftende Bergbauern eine mit Kosten verbundene Dienstleistung für die am Unterlauf lebenden Menschen, die von diesen – da es dafür keinen Markt gibt – nicht bezahlt wird. Solange das nicht besser geregelt ist, werden die Bergbauern nicht zu nachhaltiger Nutzung bereit sein, und die Ressourcendegradation nimmt ihren verhängnisvollen Lauf.

Die Konsequenz lautet: Die Nutznießer müssen bezahlen, wenn die Ressourcennutzer keine Möglichkeit haben, die Kosten für nachhaltige Nutzung auf den Preis der von ihnen produzierten Güter zu übertragen (zum Verursacher- und Nutznießerprinzip im Umweltschutz vgl. Tab. 9.3.3.2/1). Das ist bei kleinbäuerlichen Ressourcennutzern in EL, die teilweise für die Selbstversorgung wirtschaften und über einen schlechten Marktzugang und geringe Marktmacht verfügen, meist der Fall. P**a**yment for E**n**vironmental **Se**rvices (PES) lautet das entsprechende umweltpolitische Konzept. Dabei geht es um innovative Anreizsysteme und Finanzierungsmechanismen für die Erhaltung der Funktionsfähigkeit von Ökosystemen (vgl. Ch. Staiss et al. 2008). Der Grundgedanke einer Bezahlung für Umweltdienstleistungen wurde im Rahmen der Klimaschutzdebatte und der Erhaltung von CO_2-Senken verstärkt in die Diskussion gebracht, ist aber auf jede Form von mit positiven externen Effekten verbundener nachhaltiger Bewirtschaftung natürlicher Ressourcen übertragbar.

Eine Bezahlung für umwelterhaltende Leistungen durch deren Nutznießer kann in unterschiedlicher Form erfolgen:

1. Durch freiwillige Vereinbarungen zwischen Nutzern und Nutznießern über Kompensationszahlungen. Dies ist in der Regel dann möglich, wenn der Nutzen in räumlicher Nähe zur nachhaltigen Nutzung entsteht, beispielsweise zwischen Bauern benachbarter Dörfer am Ober- und Unterhang eines Flusses oder zwischen Nachbargemeinden.
2. Durch institutionelle Etablierung von speziellen Marktbeziehungen (wie beim Ökosiegel oder beim CO_2-Markt d.h. Emissionshandel).
3. Durch Besteuerung der Nutznießer und Subventionierung der Nutzer, also über staatliche Fiskalpolitik.

Viele Vertreter des PES-Ansatzes setzen auf Freiwilligkeit und Marktmechanismen. In der Realität aber hat es sich als nicht einfach erwiesen, solche Mechanismen im Falle kleinbäuerlicher Ressourcennutzer zu etablieren (vgl. Rural 21 2009 und Ch. Staiss et al. 2008). Eine wichtige Rolle des Staates besteht deshalb darin, für einen gerechten Finanzausgleich zu sorgen.

Ein wichtiges Finanzierungsinstrument für Umweltdienstleistungen sind von Stiftungen kontrollierte Umweltfonds. Diese wurden bereits im Rahmen der globalen Strategieansätze (9.3.2.7) thematisiert. Sie sind in Bereichen relevant, wo sich direkte Marktbeziehungen oder Aushandlungsprozesse zwischen Nutzern und Nutznießern nicht institutionalisieren lassen.

Die Bezahlungen für Umweltdienstleistungen können in monetärer oder nichtmonetärer Form (z.B. in Form von Inputs, Ausrüstungsgegenständen oder sozialen Leistungen) erfolgen. Sie können direkt den individuellen Ressourcennutzern zugute kommen (durch einen höheren

Preis, Subvention oder kostenloses Saatgut) oder einer Nutzergemeinschaft. Es wäre bereits viel erreicht, wenn wenigstens die für eine nachhaltige Ressourcennutzung unverzichtbaren öffentlichen Dienstleistungen (Forschung, Beratung, Inputs, Kreditsysteme, Transport) aus Finanzierungsbeiträgen der Nutznießer bezahlt werden könnten.

Die Logik öffentlicher Güter und empirische Erfahrungen mit PES-Ansätzen und Umweltsiegeln deuten darauf hin, dass freiwillige Zahlungen durch die Nutznießer von Umweltdienstleistungen die Ausnahme bleiben werden. Es wird die Aufgabe nationaler Umweltpolitik bleiben, durch geeignete Instrumente dafür zu sorgen, dass alle Nutznießer bezahlen müssen. Das kann durch Steuern und Gebühren erfolgen oder durch Festlegung von Nutzungskontingenten, deren Überschreitung bestraft wird.

9.3.3.3 Schaffung eines institutionellen Rahmens

Die Umsetzung nationaler Umweltpolitik bedarf auch eines institutionellen Rahmens. Nicht alle Aufgaben des Umweltschutzes müssen von staatlichen Organisationen wahrgenommen werden. Da es sich bei Erhaltung der natürlichen Umwelt aber um eine hoheitliche Aufgabe handelt, darf der Staat diese nicht einfach der Bereitschaft privater Akteure anheimstellen. Er muss dafür Sorge tragen, dass

- alle notwendigen Aufgaben erfüllt werden,
- dabei der gesetzliche Rahmen respektiert wird,
- die Maßnahmen in koordinierter Weise durchgeführt werden,
- private Initiativen zum Schutz der Umwelt ermutigt und behördlich unterstützt werden,
- bezüglich der Umsetzung der Umweltgesetzgebung Rechtssicherheit herrscht, dass also nachhaltige Nutzer Rechtsschutz genießen und Umweltsünder bestraft werden.

Die Verteilung der Aufgaben sollte sich am Subsidiaritätsprinzip orientieren und ist Gegenstand von Kapitel 10.3. Nationale Politik muss jedoch in jedem Fall die Ressourcen für den Aufbau der nötigen Organisationen bereitstellen. Anderenfalls besteht die Gefahr, dass die Umweltgesetzgebung nichts als beschriebenes Papier bleibt, und die Umweltfinanzierung nicht ihren intendierten Zweck erfüllen wird.

9.3.4 Die regionale Ebene: Kontextgerechte Lösungen, Dienstleistungen für nachhaltige Nutzung und erweiterte Perspektive

Viele ökologische Zonen, also Standorte mit homogenen oder eng miteinander verflochtenen naturräumlichen Bedingungen, lassen sich einer – nur vage definierbaren – regionalen Maßstabsebene zuordnen. Dabei kann es sich sowohl um Regionen als Teilräume eines Staates (z. B. norddeutsche Tiefebene, Toskana) als auch um grenzüberschreitende Regionen (z. B. Amazonien, Himalaya, Sahelzone) handeln. Klassische Beispiele für regionale Ansätze im Bereich des Managements natürlicher Ressourcen sind Wassereinzugsgebiete oder Schutzzonen einschließlich ihrer Randzonen. Für die Planung und das Management von Umweltprogrammen relevant sind aber meist administrativ-politische Regionen, die sich nicht an den Grenzen der Ökosystem-Regionen orientieren (zur Problematik der Regionalisierung vgl. Kap. 8.3.4). Entscheidend für die Rolle der regionalen Ebene in der Umweltpolitik sind drei Aspekte:

- Die Region ist einerseits nahe genug an den realen Bedingungen vor Ort dran, und sie umfasst andererseits ein hinreichend breites Spektrum ähnlicher Standorte, um für einen bestimmten Typus von Umweltproblem zu kontextgerechten Lösungsansätzen zu gelangen (9.3.4.1).
- Die Region ist meist das geeignete Einzugsgebiet für das Management von Dienstleistungssystemen. Solche Systeme benötigen eine bestimmte Mindestreichweite, um rentabel zu sein. Sie müssen aber andererseits den jeweiligen Standortbedingungen und der infrastrukturellen Ausstattung angepasst sein (9.3.4.2).
- Verwaltungsregionen beschränken sich meist nicht auf einzelne ökologische Problemzonen. Sie umfassen in der Regel auch Städte. Regionale Planungen haben also eine standort- und sektorübergreifende Perspektive. Diese ist insbesondere dann wichtig für die nachhaltige Nutzung natürlicher Ressourcen, wenn die degradierten bzw. gefährdeten Ökozonen von menschlicher Nutzung entlastet werden müssen (9.3.4.3).

9.3.4.1 Kontextgerechte Strategien eines nachhaltigen und armutsorientierten Ressourcenmanagements

Nachhaltige Nutzung natürlicher Ressourcen und Armutsminderung stehen in einem Spannungsverhältnis: Nachhaltige Ressourcennutzung ist – zumindest kurzfristig – mit Kosten verbunden, die arme Nutzergruppen nicht erbringen können, selbst wenn ihnen der daraus resultierende Nutzen mittel- bis langfristig zugute käme. Gleichzeitig ist eine verbesserte Befriedigung materieller Grundbedürfnisse der Armen bei steigender Bevölkerungszahl nur durch eine zunehmende Nutzung der natürlichen Ressourcen möglich. Aufgrund dieses Spannungsverhältnisses prallen die Interessen von Umweltschützern und die der Vertreter armer Bevölkerungsgruppen oft unversöhnlich aufeinander, etwa wenn es um die Ausweitung von Wildtierreservaten zulasten der lokalen Bevölkerung geht oder um Arbeitsplätze in der Holzwirtschaft. Die Lösung dieser Spannungsverhältnisse liegt in der Regel in innovativen Methoden nachhaltiger Nutzung (vgl. L. Ellenberg 2003 am Beispiel der Biodiversität). Dies impliziert meist eine Intensivierung der Ressourcennutzung (im Unterschied zu einer Ausweitung, d. h. Extensivierung), also einer Erhöhung der Ressourcennutzungseffizienz bzw. -produktivität: Das Verhältnis zwischen ökonomischem Nutzen und Ressourcenverbrauch muss sich verbessern. Mehr Getreide pro Tropfen Wasser, mehr Hitze pro Bündel Feuerholz, mehr Einkommen pro Hektar genutzter Waldfläche lauten die Forderungen. Solch eine Intensivierung erfordert in der Regel Investitionen

(Einrichtung von Wasserrückhaltebecken, Anschaffung brennholzsparender Öfen, Vermarktungsinfrastruktur für die im Wald gesammelten Heilkräuter), die sich die Armen nicht leisten können, und für die es deshalb – das wurde schon mehrfach betont – externer Finanzierungzuschüsse bedarf. Solch eine Intensivierung erfordert aber auch eine gezielte Suche nach kontextgerechten Lösungen. Damit sind technische oder institutionelle Verfahren gemeint, die den jeweiligen naturräumlichen Standortbedingungen und den spezifischen Potenzialen und Constraints der verschiedenen (insbesondere der ärmeren) Nutzergruppen entsprechen, sowie deren Erfahrungen, deren kulturellen Regeln des Umgangs mit der Natur und deren Arbeitsengpässen. Es gibt nämlich keine nachhaltigen Nutzungspraktiken per se. Zwar gibt es einige weltweit relevante Grundregeln nachhaltiger Nutzung (z. B. Diversifizierung und Integration von Nutzungsformen). Aber die praktikablen und tragfähigen Kompromisse zwischen den Erfordernissen der Ökosystemerhaltung und der Verbesserung der Lebensbedingungen müssen unter Berücksichtigung der konkreten naturräumlichen, sozioökonomischen und Absatzbedingungen sowie der sozio-kulturell geprägten Wahrnehmungsmuster der Ressourcennutzennutzer in jedem regionalen Kontext aufs Neue gefunden werden. Globale Ökostandards und nationale umweltpolitische Leitlinien liefern hierbei wichtige Hinweise, nicht aber die Lösungen. Diese müssen lokales Wissen berücksichtigen und mit lokalen Akteuren ausgehandelt werden. Gleichzeitig gilt es aber auch, externes Fachwissen und die Interessenvertreter nationaler Umweltbelange zu berücksichtigen. Die regionale Ebene bietet sich als ideale Plattform an, wo diese unterschiedlichen Aspekte und Belange zusammengeführt werden können (T. Rauch 1996). Anhand von Beispielen aus unterschiedlichen Bereichen des nachhaltigen Ressourcenmanagements soll die Relevanz regionsspezifischer Ansätze verdeutlicht werden.

Beispiel: Wassereinzugsgebiets-Management

Um zu einer nachhaltigen Nutzung knapper Wasserressourcen zu gelangen, müssen zum einen die Bedürfnisse unterschiedlicher Wassernutzer (private Haushalte, Bewässerungslandwirtschaft, Abwasser produzierende Industrien, Touristen, Hochwasserschutz, Ökosysteme) im Rahmen eines integrierten Wasserressourcenmanagements miteinander harmonisiert werden. Zum anderen muss der Wasserhaushalt in seinem Systemzusammenhang, d. h. im Rahmen von Wassereinzugsgebieten, ganzheitlich betrachtet werden. Nur so besteht die Chance, zu einer nachhaltigen und den Bedürfnissen aller Nutzergruppen Rechnung tragenden „Win-Win-Lösung“ zu gelangen.

Beispiel: Regionale Typenbildung für armutsorientiertes Wassermanagement in der Landwirtschaft

Bei nachhaltigem Wassermanagement in der Landwirtschaft kommt es darauf an, die Wassernutzungseffizienz unter Berücksichtigung verstärkter Niederschlagsvariabilität (siehe Klimawandel!) mit Mitteln zu erhöhen, die auch für arme kleinbäu-

Katastrophenrisiko-Management und Ernährungssicherung im Wassereinzugsgebiet des Rio San Pedro

Gesamtlaufzeit: Oktober 2002 bis Dezember 2006

In Bolivien kam es in den letzten Jahren im Norden Potosís immer häufiger zu Naturkatastrophen. Die Bevölkerung hatte bisher kaum Möglichkeiten, den Folgen von Dürre, Erosion oder Hagel vorzubeugen, um ihre landwirtschaftlichen Produktionsflächen zu erhalten. Durch die Planung und Umsetzung wirksamer Maßnahmen zur Vorbeugung von Katastrophen soll die Lebensgrundlage der Bevölkerung nachhaltig geschützt werden. Die örtlichen Institutionen wie Gemeindeverwaltungen und Dörfer werden durch Fachkräfte mit Fortbildungsmaßnahmen und Material unterstützt. Gemeinsam mit den Gemeindeverwaltungen von San Pedro, Acasio und Sacaca wurden Entwicklungspläne überarbeitet, die Elemente des Katastrophenrisikomanagements (KRM) enthalten, und bei der jährlichen Budgetplanung berücksichtigt werden. Die in San Pedro gemachten Erfahrungen im KRM werden in den umliegenden Gemeinden sowie auf nationaler Ebene verbreitet.

In den fünf Gemeinden im äußersten Norden von Potosi wurden nach gemeinsamen Planungsarbeiten auf Gemeinde- und Dorfebene Wasserrückhaltebecken zur komplementären Bewässerung gebaut und Kleinbewässerungsanlagen eingerichtet. Zur Bodenkonservierung wurden Terrassen angelegt, Einlauf- und Filterkanäle konstruiert und Schutzmauern gebaut. An einigen Stellen unterstützen Aufforstungsmaßnahmen die Verminderung des Oberflächenabflusses. In den Strukturen der Gemeindeverwaltung wurde das Thema Katastrophenvorsorge verankert. Durch aktive Öffentlichkeitsarbeit wurde das Thema Katastrophenrisikomanagement verstärkt ins öffentliche nationale Bewusstsein gebracht. Es wurden Zeitungsberichte, Broschüren und ein Video erstellt. (GTZ 2009)

erliche Haushalte praktikabel sind. Die generelle strategische Leitlinie lautet in diesem Fall, den Fokus auf einfache wassersparende Techniken wie wasserkonservierende Bodenbearbeitung, kleine Wassersammelbecken, Pflanzen mit hohem Rein-Erlös je Einheit an Wasserzufuhr zu richten. Auch derartige Leitlinien bedürfen stets einer standortspezifischen Konkretisierung (R. Cleveringa et. al 2009). Dabei spielt es eine Rolle, ob es sich um eine Wassermangel- oder Wasserüberschuss-Region handelt, aber auch, ob es sich um eine marktnahe Region mit starker Nachfragedynamik oder eine marktferne Region handelt. Tab. 9.3.4.1/1 zeigt exemplarisch, wie solch unterschiedliche regionale Gegebenheiten die Ausformulierung konkreter Strategien beeinflussen können.

Beispiel: Schutzgebietrandzonen-Management

Naturschutzgebiete (Biosphärenreservate, Wildtierparks, Waldschutzgebiete) bestehen in der Regel aus Kern- und Randzonen. Während Kernzonen einem

Marktnähe \ Wasserverfügbarkeit	Hoch	Niedrig
Zentral	Potenzialregion Intensivierung durch kleinbäuerliche Bewässerung mit wassersparender Bewässerungstechnik	Wasserstress-Region Intensivierung durch Gartenbau (Hausgärten) auf Basis besserer Wassersammel- und -speichertechniken (Small Plot Irrigation)
Entlegen	Region ohne akuten Veränderungsbedarf Weder große Verbesserungspotenziale noch starker Problemdruck bei landwirtschaftlicher Wassernutzung; Fokus auf verbesserter Trinkwasserversorgung (diese fehlt oft in entlegenen Dörfern)	Risikoregion Intensivierung des Regenfeldbaus; wasserkonservierende Bodenbearbeitung und Bepflanzung; durch kleine Wasserrückhaltebecken: ergänzende Bewässerung in Trockenperioden

Tab. 9.3.4.1/1 *Wassernutzungsstrategien differenziert nach Standorttyp*

totalen Nutzungsverbot unterliegen, dürfen Randzonen auf eine zu vereinbarende nachhaltige Weise genutzt werden. Diese Nutzungsformen sollen möglichst für die regionale Bevölkerung ökonomisch so attraktiv sein, dass diese ein Eigeninteresse an der Erhaltung des betreffenden Ökosystems entwickelt. Derartige nachhaltige und gleichermaßen vermarktbare Nutzungsmöglichkeiten zu finden, erfordert neben lokalem Wissen oft regionalspezifischen ökologischen und ökonomischen Sachverstand (L. Ellenberg 2003).

Solche Nutzungsformen bilden die Grundlage für so genannte „Ko-Management“-Vereinbarungen (R. Schneider-Sliwa & C. Saalfrank 2009).Management-Verantwortlichkeiten, Zugangsrechte und die Verteilung des Nutzens (z. B. aus Tourismuseinkommen wie Parkgebühren) werden zwischen den zuständigen bzw. betroffenen Parteien (meist Staat, lokale Nutzergruppen und interessierte privatwirtschaftliche Akteure) ausgehandelt. Hierfür bedarf es eines rechtlichen Rahmens.

Alle genannten Beispiele deuten darauf hin, dass ein effektiver Schutz von natürlichen Ressourcen nur möglich ist, wenn auch den Lebenssicherungsbedürfnissen der Bevölkerung und den ökonomischen Inwertsetzungsmöglichkeiten Rechnung getragen wird. Ressourcenschutzprojekte beinhalten deshalb oft auch eine Wirtschaftsförderungskomponente (und umgekehrt vgl. 8.3.4).

Umweltschutz und nachhaltiges Ressourcenmanagement in Vietnam

Der Phong Nha-Ke Bang Nationalpark in der Provinz Quang Binh wurde 2003 zum UNESCO-Weltkulturerbe ernannt. Mit seiner einzigartigen Karstlandschaft zählt er zu den 200 wichtigsten Ökoregionen der Welt. Viele der dort vorkommenden Pflanzen- und Tierarten sind endemisch und gelten als besonders schutzwürdig und -bedürftig.

Die im Gebiet des Nationalparks lebenden Menschen (Pufferzone) sind in der Mehrzahl sehr arm. Aufgrund fehlender Alternativen sind sie stark abhängig von den vorhandenen Waldressourcen. Durch Jagd, Abholzung und Wanderfeldbau gefährden sie die Artenvielfalt. Überdies wird der Forstschutz durch unklare Landnutzungsrechte, die Bestechlichkeit der Gesetzeshüter und fehlende finanzielle Mittel des Parkmanagements erschwert.

Im Rahmen eines GTZ-Projektes werden die lokale Verwaltung und Interessengruppen bei der strategischen Planung unterstützt um die Artenvielfalt im Nationalpark und den angrenzenden Ökoregionen zu erhalten. Zugleich soll die Lebenssituation der lokalen Bevölkerung verbessert werden. Zur Vermittlung zwischen den verschiedenen Akteursinteressen werden Koordinationskomitees gebildet. Ebenso wird mit der Weiterbildung der Institutionen auss Naturschutzes, Tourismus und Forstverwaltung ein sinnvolles Abstimmen des Planungsprozesses angestrebt. Das Projekt erfolgt in enger Abstimmung mit zahlreichen Nichtregierungsorganisationen, die bereits in der Provinz Quang Binh im Naturschutz aktiv sind.

Deutscher Beitrag: 12,6 Millionen Euro

Geplante Laufzeit: 2007 bis 2015 (GTZ, BMZ)

9.3.4.2 Dienstleistungen zur Unterstützung nachhaltiger Ressourcennutzung

Es wurde mehrfach betont, dass nachhaltiges Management natürlicher Ressourcen als eine Dienstleistung der (Ressourcen-) Nutzer an die Nutznießer einer dadurch verbesserten Umwelt verstanden werden sollte. Die Ressourcennutzer benötigen aber ihrerseits Dienstleistungen, um überhaupt zu nachhaltiger Nutzung in der Lage zu sein. Nachhaltige Nutzungspraktiken unter veränderten natürlichen und ökonomischen Bedingungen erfordern oft neues Wissen durch Forschung und Beratung. Zu ihrer Anwendung sind oft Produktionsmittel bzw. Inputs (z. B. Biogasanlagen, wassersparende Bewässerungstechniken, Setzlinge) nötig. Da die Investitionen sich oft erst nach einigen Jahren amortisieren, bedarf es zur Einführung der nachhaltigen Praktiken einer Bereitstellung von Kreditmöglichkeiten.

Hierbei wird nun die verbreitete Tendenz, ökonomische Dienstleistungen zu privatisieren, zum Problem. Private, kommerzielle Dienstleistungen werden in der Regel nur in ökonomisch unmittelbar profitablen Bereichen nachgefragt und angeboten. Beispielsweise sind Bauern bereit, für Pflanzenschutzmittel oder für Veterinärdienstleistungen zu bezahlen, bevor die Ernte zerstört wird oder die Kuh stirbt. Dieselben Bauern sind aber nicht bereit, für Pflanzgut für Erosionsschutzhecken oder für die Wiederaufforstung des Gemeindewaldes zu zahlen, wenn der Nutzen indirekter und langfristiger Natur ist. Auch wird deren Neigung gering sein, das Wissen aus Forschungsergebnissen über nachhaltigere Nutzungsformen nachzufragen. Private Dienstleistungen lohnen sich folglich in solchen Fällen nicht. Derartige umweltorientierte Dienstleistungen erfordern ein angebotsorientiertes Vorgehen (siehe Beispiel Öffentliche Agrarforschung) und eine öffentliche Finanzierung.

Beispiel: Öffentliche Agrarforschung
Die staatlich finanzierte Agrarforschung wurde seit 1990 drastisch reduziert. Die Vertreter eines marktwirtschaftlichen Ansatzes gingen davon aus, dass es für alle Beteiligten effektiver sei, es den Bauern zu überlassen, das Wissen, das sie wirklich brauchen, nachzufragen, und dabei darauf zu vertrauen, dass das Agrobusiness mit seinem Innovationspotenzial die benötigten technischen Neuerungen bereitstellt. Tatsächlich zeigte das Agrobusiness großes Interesse an einer Versorgung der Kleinbauern in Entwicklungsländern mit neuen Agrartechniken. Dabei stehen aber zwei Bereiche im Vordergrund, die wenig mit der Zielsetzung nachhaltiger Landnutzung zu tun haben: erstens die Einführung neuer, marktgängiger Sorten bzw. Varietäten (meist für Exportmärkte) und zweitens die Verbreitung von genmanipulierten Sorten. Das Wissen über nachhaltige Technologien bzw. Landnutzungspraktiken wird überwiegend von gemeinnützigen NRO vor Ort entwickelt. Mittel für eine systematische Erforschung und Verbreitung nachhaltiger Nutzungspraktiken fehlen. Sie fielen nach Einschätzung von Kritikern dem Fetisch einer Privatisierung öffentlicher Aufgaben zum Opfer.

9.3.4.3 Standort- und sektorübergreifende Perspektive

An vielen dicht besiedelten, übernutzten und bereits stark degradierten Standorten sieht die lokale Bevölkerung nur noch eine Option: die Abwanderung, also die Suche nach Einkommensquellen, die nicht auf lokalen natürlichen Ressourcen basieren. In der Vergangenheit haben Ressourcenmanagementprogramme oft versucht, sich diesem Trend entgegenzustellen. Allzu optimistisch, die realen Möglichkeiten überschätzend, glaubte man, mithilfe intensivierter nachhaltiger Nutzungspraktiken eine sichere Existenzgrundlage in der Herkunftsregion bieten und somit Abwanderung verhindern zu können (T. Rauch 1999). Das hat sich insbesondere in dichtbevölkerten Bergregionen (z. B. Himalaya, Anden, Ruanda und Burundi) als Illusion erwiesen. Effektiver Ressourcenschutz an solchen Standorten muss auch eingebettet sein in ein breites Spektrum potenzieller Entlastungsmaßnahmen, deren Ziel es nicht ist, Abwanderung zu verhindern, sondern tragfähige Möglichkeiten an anderen Standorten bzw. in anderen Sektoren zu schaffen (vgl. M. Nüsser 2003 am Beispiel der Karakorumregion). Beispiele hierfür sind:

- Bereitstellung von Portable Skills, d. h. Fähigkeiten, die abwanderungswilligen

Erforschung nachhaltiger Praktiken der Landnutzung durch SUSTAINET

In den Ländern des Südens gibt es eine Vielzahl von innovativen landwirtschaftlichen Praktiken, teils von Bäuerinnen und Bauern selbst, teils mithilfe von Agrarexperten entwickelt, die geeignet sind, die Produktion auf standortgerechte und nachhaltige Weise zu intensivieren. Das Problem besteht darin, dass – anders als bei einer auf Hochtechnologie basierenden und stark standardisierten Agrartechnik – sich diese differenzierten Methoden relativ schwer verbreiten lassen. Das von der GTZ und einigen deutschen NRO unterstützte Programm SUSTAINET versucht deshalb eine Bestandsaufnahme solcher Praktiken in Indien, Ostafrika und in den Andenländern. Dabei werden insbesondere jene Faktoren analysiert, die für eine Verbreitung bzw. ein Scaling-up hinderlich bzw. förderlich sind. Dabei wurde deutlich, dass neben der Angepasstheit der Technik an die Bedingungen der potenziellen Anwender (insbesondere hinsichtlich der Arbeitsbelastung) vor allem institutionelle Faktoren wie der Zugang zu den für die Anwendung der Technik notwendigen Dienstleistungen und die Akzeptanz auf der nationalen politischen bzw. Verwaltungsebene für eine Verbreitung ausschlaggebend sind.

Bevölkerungsgruppen bei der Arbeitsplatzsuche in ihren Zielregionen von Nutzen sein können,
- Unterstützung bei der Urbarmachung von Ausweichstandorten (z. B. Erschließung von Bewässerungsflächen im Tiefland),
- Förderung nicht-landwirtschaftlicher bzw. nicht-naturgebundener Einkommensquellen (vgl. Kap. 8.3),
- Unterstützung von Maßnahmen der Geburtenkontrolle dort, wo tatsächlich die Tragfähigkeit ausgeschöpft sind, und wo zumindest bei Teilen der Bevölkerung (Frauen!) eine Bereitschaft hierzu besteht (Vorsicht! Nicht überall ist Ressourcendegradation ein Überbevölkerungsproblem!).

Die Notwenigkeit einer Kombination von Maßnahmen zur Verbesserung des Managements natürlicher Ressourcen mit derartigen Entlastungsstrategien verweist einmal mehr auf die Zweckmäßigkeit einer multidimensionalen Herangehensweise in der Entwicklungspolitik.

9.3.5 Die lokale Ebene: Befähigung zum betrieblichen und überbetrieblichen nachhaltigen Ressourcenmanagement

Die entwicklungspolitische Praxis zeigt immer wieder, dass auch standortgerechte und ökonomisch tragfähige nachhaltige Ressourcennutzungspraktiken nur von einer Minderheit der Nutzer angewendet werden. Die Suche nach den Gründen für die mangelnde Akzeptanz zeigt oft, dass zum einen ärmere Bevölkerungsgruppen und zum anderen schlecht organisierte Dorfgemeinschaften nicht in der Lage sind, den Empfehlungen zu folgen. Ihnen fehlen meist bestimmte Voraussetzungen.

9.3.5.1 Betriebliche Ebene: Ressourcenmanagement als Teil der Entwicklung von Sustainable Livelihood Systems

Viele Praktiken nachhaltiger Ressourcennutzung setzen eine bestimmte Betriebsgröße, die Verfügbarkeit von Arbeitskapazitäten oder einen Grad an Spezialisierung voraus – Faktoren, über die viele ärmere Haushalte nicht verfügen. Die meisten Livelihood-Systeme ärmerer Ressourcennutzergruppen sind stark diversifiziert und multilokal (vgl. 8.3.4). Oft ist nur die Frau im Dorf zurückgeblieben, um Landwirtschaft zu betreiben. Vielfach sind die Nutzer nur saisonal involviert, betreiben die Inwertsetzung der betreffenden Ressource nur als Nebentätigkeit, die keineswegs den ökonomischen Lebensmittelpunkt darstellt. Das einst tief verwurzelte lokale Ressourcenwissen ist bei diesen Gruppen verloren gegangen, ist oft nur noch bei etwas größeren, stärker auf Landwirtschaft spezialisierten Bauern vorhanden (C. Mersmann 1995). Wenn natürliche Ressourcen effektiv geschützt werden sollen, dann muss also von den konkreten Bedingungen solcher Livelihood-Systeme ausgegangen werden. Einige Beispiele mögen das verdeutlichen.

Ideale nachhaltige Landnutzungssysteme beruhen im Agrarbereich oft auf dem Grundsatz der Integration von Ackerbau, Baumkulturen und Viehhaltung („agro-silvo-pastorale Systeme"). In den Usambarabergen in Tansania hätte es einer zusammenhängenden Betriebsfläche von zwei Hektar bedurft, um dieses Konzept zu realisieren. Die überwiegende Mehrzahl der Betriebe wies eine weitaus geringere Fläche auf (R. Woytek et al. 1988). In diesem Fall reichte entweder die Ackerfläche nicht für die Versorgung der Familie oder die Grasfläche nicht für die Fütterung der Kuh, oder der Dung von Kuh und Pflanzenrückständen nicht für die Erhaltung der Bodenfruchtbarkeit ohne Mineraldünger. Außerdem genügte die Arbeitskraft der im Dorf gebliebenen Familienmitglieder nicht, um das fein ausgeklügelte System zu handhaben. Gerade die ärmeren Bauern bevorzugten Mineraldünger zur Erhaltung der Bodenfruchtbarkeit. Die Ökolandbau-Spezialisten des Förderprogramms mussten sich mit der Erkenntnis anfreunden, dass das Idealkonzept nicht realisierbar war, und dass es darum ging – ausgehend von den realen Produktionsbedingungen armer Produzentinnen und Produzenten und gemeinsam mit diesen –, graduelle Verbesserungen einzuführen. Diese orientierten sich weiterhin an den Prinzipien des Ökolandbaus, sahen aber z. B. auch Kompromisse hinsichtlich der unvermeidlichen Verwendung begrenzter Mengen an Mineraldünger vor. Resultat dieser und ähnlicher Erfahrungen ist der Ansatz der „Low (nicht: Zero) External Input and Sustainable Agriculture" (LEISA – vgl. die diversen Beiträge im Leisa Magazine, www.leisa.info/index).

Vergleichbare Erfahrungen wurden mit der Verbreitung „idealer" ökologischer Anbausysteme in Sambia gemacht. Dort hatte der Monokulturanbau von Mais zu einer Verringerung der Bodenfruchtbarkeit geführt. Als ideale Antwort auf das Problem hatte eine nachhaltigkeitsorientierte Agrarforschung ein Mischkultursystem entwickelt. Bei dessen erfolgreicher Anwendung kam es darauf an, dass

„timing" und „spacing" exakt gehandhabt wurden. D.h. die verschiedenen zu kombinierenden Anbaufrüchte mussten zu präzise vorgegebenen Zeitpunkten und genau in den richtigen Abständen gepflanzt werden. Bestimmte Arbeiten, wie das Unkrautjäten, wurden aufwendiger. Nur einige wenige Musterbauern sahen sich in der Lage, die Empfehlungen erfolgreich umzusetzen. Die Mehrzahl kleinerer, weniger spezialisierter Bauern hatte eine einfachere und immer noch hinreichend gute Problemlösung gewählt: Sie praktizierten Fruchtwechselwirtschaft und bauten die verschiedenen Anbauprodukte im Rotationssystem auf verschiedenen Feldern an (T. Rauch et al. 1988).

Die Beispiele zeigen: Optimale nachhaltige Praktiken stehen oft im Widerspruch zur Realität armer Ressourcennutzer. Folglich muss die Entwicklung verbesserter Methoden von den jeweiligen Bedingungen der unterschiedlichen Nutzergruppen ausgehen und gleichzeitig diese zielgruppenspezifisch bei den nötigen Anpassungsleistungen unterstützen.

9.3.5.2 Dörfliche Ebene: Die soziale Kompetenz zu gemeinschaftlicher und koordinierter Nutzung stärken

Auf einzelbetrieblicher Ebene lassen sich die Umweltprobleme meist nicht lösen. Bodenerosion kann nur gestoppt werden, wenn alle Betriebe sich (gegebenenfalls) an Erosionsschutzmaßnahmen, z.B. an einer Terrassierung, beteiligen. Die nachhaltige Nutzung von Gemeindewäldern und weiden erfordert gemeinsame Aktionen. Ähnliches gilt für die sparsame Nutzung von Wasserressourcen und die Reinhaltung von Gewässern. Gemeinsame Entscheidungen und gemeinschaftliche Aktion können nicht als selbstverständlich vorausgesetzt werden. Insbesondere dann, wenn es um eine gerechte Verteilung von Lasten und Nutzen geht. Oft sind lokale Gemeinschaften und deren Führer damit überfordert, die in solchen Prozessen häufig auftretenden Konflikte zu lösen. Oft sind sie nicht in der Lage, dafür zu sorgen, dass Vereinbarungen von allen eingehalten werden. In manchen Fällen kann kompetente fachliche Beratung helfen, kluge „Win-Win-Lösungen" zu finden, nämlich effektivere Nutzungsformen, die mehr Verteilungsspielraum schaffen und dadurch alle Beteiligten zufriedenstellen können. In ländlichen Regionen, wo die Menschen direkte Nutzer der natürlichen Ressourcen sind, kann eine nachhaltige Nutzung nur durch Ressourcennutzergruppen (z.B. Waldnutzer-, Wassernutzer-, Weidenutzerkomitees), durch akzeptierte Entscheidungsverfahren sowie durch Kontroll-, Sanktions- und Konfliktlösungsmechanismen erreicht werden. All das kann nicht vorausgesetzt werden. Die erforderlichen sozialen Fähigkeiten und kulturell angepassten Verfahren müssen durch entwicklungspolitische Unterstützung auf lokaler Ebene oft erst geschaffen werden. Dies flächendeckend zu institutionalisieren, ist eine gewaltige Organisationsentwicklungsaufgabe (vgl. Kap. 11.3).

> Landnutzungsplanung wird in verschiedenen Ländern und von verschiedenen Autoren unterschiedlich definiert und lässt sich auch nicht eindeutig abgrenzen von verwandten Konzepten wie Flächennutzungsplanung oder Landschaftsplanung (vgl. B. Amler 1992). Hier wird Landnutzungsplanung (LNP) definiert als Prozess zur Vorbereitung von Entscheidungen über eine nachhaltige, umwelt- und sozialverträgliche, gesellschaftlich erwünschte und ökonomisch sinnvolle Art der Flächeninanspruchnahme.
>
> (nach B. Amler & D. Betke 1993, VIII)

9.3.6 Methodik: Landnutzungsplanung (LNP)

LNP findet auf verschiedenen räumlichen Maßstabsebenen mit einem entsprechend unterschiedlichen Genauigkeitsgrad statt. Großräumige LNP legt die räumliche Verteilung von Schutz- und Nutzungszonen von nationaler Bedeutung fest (z. B. Nationalparks, Entwicklung interregionaler Verkehrs- und Entwicklungsachsen). In den ehemaligen sozialistischen Staaten gab es eine starke Tradition einer fachlich-technischen nationalen LNP zur Aufteilung des gesamten Staatsgebietes in unterschiedliche Nutzungszonen. So waren beispielsweise in der ehemaligen Sowjetunion große Teile Zentralasiens als „Baumwollzonen" klassifiziert. Am anderen Ende der Skala steht die lokale LNP, durch welche detailliert die Nutzungsformen für einzelne Parzellen vorgegeben werden (z. B. Bauleitplanung in Deutschland oder dörfliche LNP in EL, in der u. a. festgelegt wird, wo Ziegen weiden dürfen)(vgl. Abb. 9.3.6/1).

Wie andere Planungsprozesse auch, umfasst LNP eine Analyse von (lokalisierbaren) Problemen und Potenzialen, basierend auf Landeignungsbewertungen, eine Formulierung von Zielen und Grundsätzen für die zukünftige Landnutzung sowie eine Erörterung und Bewertung von Landnutzungsalternativen. Die Entscheidungen werden in der Regel in kartographischer Form festgehalten. Umsetzungsorientierte LNP beinhaltet stets auch einen Aktionsplan zur Implementierung der Landnutzungsentscheidungen, insbesondere dann, wenn es um die Umwidmung von Flächen geht. Wie andere Planungsprozesse auch, ist LNP den Grundsätzen der Partizipation, der Zielgruppen- und Genderorientierung, der Flexibilität und der Umsetzungsorientierung verpflichtet. Entscheidend ist eine dimensionenübergreifende ganzheitliche Herangehensweise, welche gleichermaßen die Ökosystem-Zusammenhänge, die Livelihood-Systeme der Nutzer und die ökonomischen Inwertsetzungsmöglichkeiten berücksichtigt. LNP ist der soziale Prozess, in welchem die Synthesen aus ökologisch, sozial und ökonomisch nachhaltiger Entwicklung vor Ort unter Berücksichtigung der Interessen aller Beteiligten erarbeitet werden sollen.

Eine detaillierte LNP ist sehr aufwendig, und sie greift in die Nutzungsentscheidungen der individuellen Landnutzer ein. Sie bedarf deshalb guter Gründe. In vielen Ländern hat man folglich von einer detaillierten, flächendeckenden LNP Abstand genommen und konzentriert die LNP auf bestimmte Bedarfsfälle, auf Hotspots.

Typische Bedarfsfälle sind:

- Standorte mit massiven Degradationsproblemen,
- Ressourcennutzungskonflikte,
- Schutzzonen,
- Neuerschließung von Landflächen,
- Planung öffentlicher Infrastruktureinrichtungen und Verkehrswege,
- Landreformprogramme,
- dicht besiedelte städtische Zonen und von Urbanisierungsdynamiken betroffene Regionen.

In der historischen Tradition der LNP in EL (FAO 1993) standen am Anfang technisch geprägte Top-down-Ansätze, basierend auf wissenschaftlichen Bodenklassifizierungen und Landeignungsbewertungen (Physical Planning). Die entsprechenden Planungen hatten kaum Relevanz für die tatsächliche Flächennutzung. Diese Ansätze wurden abgelöst durch das Konzept der dörflichen LNP, einer partizipativen Bottom-up orientierten Vorgehensweise, meist praktiziert in EZ-unterstützten Entwicklungsprojekten. Die Umsetzung der getroffenen Entscheidungen scheiterte oft an der fehlenden rechtlichen Verbindlichkeit. Als Konsequenz hat man etwa Mitte der 1990er-Jahre erkannt, dass lokale LNP eingebettet sein muss in einen rechtlichen Rahmen und in ein Mehr-Ebenen-Planungssystem (D. Betke 1994). Die Planungen auf den verschiedenen Ebenen beeinflussen einander wechselseitig.

In Ländern, in denen solch ein Rahmen für eine rechtlich verbindliche LNP fehlt, bedient man sich meist einer pragmatischen Vorgehensweise. Landnutzungsentscheidungen werden dann fallweise im Kontext der Planung von Maßnahmen des Ressourcenmanagements gefällt. Wenn also z. B.

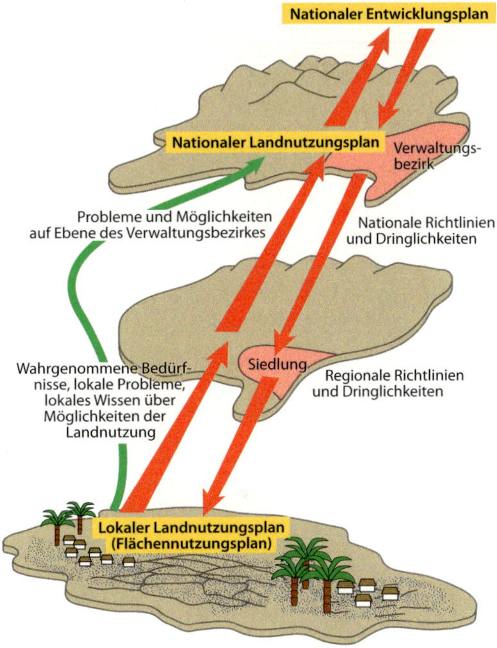

Abb 9.3.6/1 *Mehr-Ebenen Ansatz der Landnutzungsplanung*

Erosionsschutzmaßnahmen durchgeführt werden, wenn es um die Rehabilitierung von Wassereinzugsgebieten oder um die Einrichtung von Schutzgebieten geht, dann werden die hierfür jeweils notwendigen Landnutzungsänderungen geplant. LNP ist in diesen Fällen nichts anderes als ein vorbereitender Schritt für die Durchführung von Ressourcenmanagementmaßnahmen. Durch diese Einbettung in einen praktischen Problemlösungs- und Förderzusammenhang wird auch die Legitimation und Akzeptanz des Planungsprozesses verbessert. Aus fachlicher Perspektive ist solch ein inkrementales, graduelles Vorgehen suboptimal, weil eigentlich alle Elemente des Ökosystems und alle Nutzungsbedürfnisse in ihrem Zusammenhang

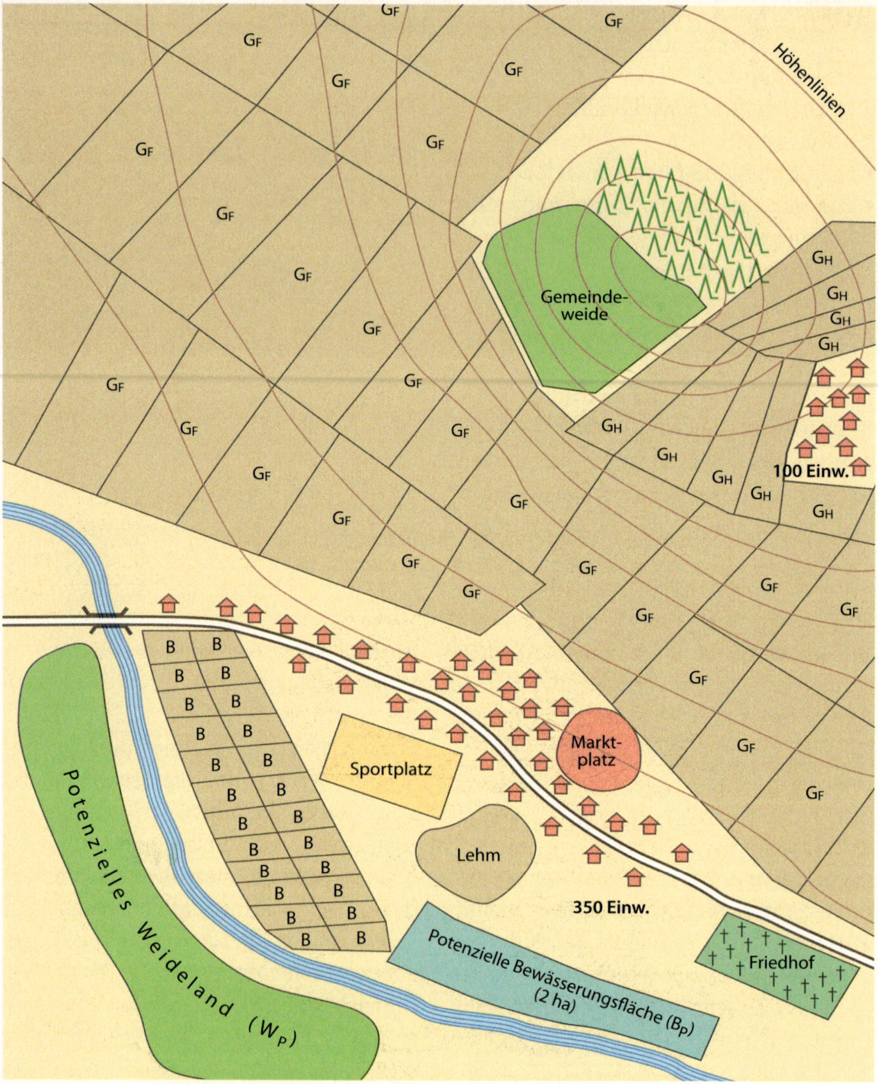

B = Bewässerungsgärten: je 0,1 ha; Ertragspotenzial: 60 €/Jahr (netto); B-Flächen im Besitz von 6 G_F-Bauern

B_P = potenzielle Bewässerungsfläche, Erschließungskosten: 6000 €/ha

⋀ = Gemeindewald (Feuerholz); in 10 Jahren um 50% reduziert (auf 25%)

Gemeindeweide = für Rinder; Tragfähigkeit: 30 GVE; tatsächliche Bestockung: 60 GVE; Erosion

G_H = Getreidefeld/steile Hanglage; je 1 ha; Ertragspotenzial: volle NM-Selbstversorgung plus 100 € netto/Jahr

G_F = Getreidefeld/Flachhang; je 2 ha; Ertragspotenzial kann durch Erosionsschutzwälle um 50% erhöht werden; Ertragspotenzial: NM-Selbstversorgung plus 260 € netto/Jahr

Erosionsschutzwälle = geeignet für die Stabilisierung von Flachhängen; Kosten: 500 € je 2 ha Feld, davon 50% staatlicher Zuschuss

W_P = potenzielles Weideland; Erschließungskosten für 100 GVE: 1000 Arbeitstage

⌂ = 10 Einwohner

491GS

Abb 9.3.6/3 *Indische Frauen bei der Diskussion ihres gemeinsamen Landnutzungsplans*

betrachtet und verändert werden müssten. In anderen Worten: Das pragmatische, aktionsorientierte Vorgehen kann leicht in „Flickschusterei“ münden. Es ist eine „second-best“ Lösung für Situationen, in denen eine ideale holistisch-systemische Lösung nicht durchführbar ist.

Methodisch steht für LNP ein breites Spektrum an fachlich-technischen Instrumenten (Luft- und Satellitenbilder, Bodenanalysen, Forstbestandsaufnahmen) bereit. Diesen steht eine nicht weniger breite Auswahl an partizipativen, qualitativen Methoden zur Seite (vgl. B. Amler 1992; FAO 1993; GTZ 1995).

Im Normalfall ist eine Kombination der verschiedenen Methoden sinnvoll. Luftbilder, Karten und Landschaftsmodelle können wertvolle Informationen in partizipative Analyse- und Entscheidungsprozesse einbringen. Sie eignen sich auch gut als Medium für den Dialog zwischen externen Fachleuten und ortskundiger lokaler Bevölkerung (vgl. Abb. 9.3.6/2 und Abb. 9.3.6/3). Sie enthalten aber nur einen Teil der für eine kontextgerechte Problemlösung relevanten Informationen und können partizipative Analysen, z. B. mithilfe der Instrumente des Participatory Rural Appraisal (PRA) nicht ersetzen. Die Ergebnisse aus partizipativen Analysen können ihrerseits kartiert werden und in das GIS Eingang finden (T. Christiansen 1998). Wichtig ist auch hier eine kontextspezifische, problemorientierte und kosteneffiziente Methodenwahl.

Landnutzungsplanungen sind der Schlüssel zu situationsgerechten Lösungen im Spannungsfeld zwischen nachhaltiger Ressourcennutzung, Armutsminderung und ökonomischen Interessen; sie sind auch das entscheidende Instrument zur Lösung von Ressourcennutzungskonflikten. LNP ist aber meist ein sehr zeitraubender Prozess. Da durch sie der Zugang zu lebenswichtigen Ressourcen geregelt wird, steht für alle Beteiligten viel auf dem Spiel. Für arme Länder ist es nicht einfach, die nötigen finanziellen und institutionellen Mittel für solch intensive Prozesse flächendeckend verfügbar zu machen. Deshalb ist es wichtig, die vorhandenen Mittel fokussiert und effizient einzusetzen durch

◁ ***Abb 9.3.6/2*** *Dörflicher LNP-Prozess*

Problembereich, Ebene	Klimaschutz	Nachhaltige Landnutzung	Nachhaltige Waldbewirtschaftung
Global (und IL)	• Reduzierung der Treibhausgas-Emissionen • Unterstützung von Anpassungsmaßnahmen in den Entwicklungsländern	• Gemeinsame Analyse und Konzeptentwicklung • Finanzielle Unterstützung nationaler Aktionsprogramme	• Internationale Finanzierung des Tropenwaldschutzes (bzw. der nachhaltigen Nutzung) • Bereitstellung von Wissen über effiziente Techniken und ökonomische Möglichkeiten nachhaltiger Nutzung
National (in EL)	• Rechtlicher Rahmen für – Reduktion der Emissionen – Anpassungsmaßnahmen • Finanzierungsbeiträge (PES) für Eindämmungs- und Anpassungsprogramme	• Bodenrecht: Anreize für nachhaltige Nutzung bei Erhalt des Zugangs • Finanzierungsbeiträge (PES) (Subvention von Investitionskosten)	• Forstrecht: rechtlicher Rahmen für Waldnutzer-Gruppen • Nutzerfinanzierung (PES)
Regional	• Standortgerechte Konzepte zur Reduzierung von Treibhausgasemissionen und zur Anpassung an den Klimawandel	• Standortgerechte Konzepte der nachhaltigen Landnutzung • Dienstleistungen zur Ermöglichung nachhaltiger Nutzungsformen (Beratung, Inputs)	• Co-Management von öffentlichen Waldschutzgebieten
Lokal	• Gemeinschaftliche Interessenvertretung zwecks gerechter Verteilung von Kosten und Nutzen	• Gemeinschaftliche Erosionsschutz- und Bodenverbesserungsmaßnahmen • Dörfliche Landnutzungsplanung	• Aufbau und Stärkung von Waldnutzer-Komitees • Partizipationsstrukturen zur besseren Interessenvertretung
Betrieb bzw. Haushalt	Befähigung ressourcenschwacher Bevölkerungsgruppen zur Praktizierung nachhaltiger/angepasster Nutzungsformen Zielgruppenspezifische Anpassung nachhaltiger Nutzungspraktiken an die Potenziale und Engpässe ressourcenschwacher Nutzergruppen Finanzierungsbeiträge (PES) für Eindämmungs- und Anpassungsprogramme Bodenrecht: Anreize für nachhaltige Nutzung bei Erhalt des Zugangs		

***Tab. 9.3.6/1** Mehr-Ebenen-Stategie nach Problembereichen*

a. räumliche Fokussierung auf die Hotspots, auf Standorte mit besonders dringlichen Problemen,
b. sparsame Verwendung der Analyseinstrumente (wie GIS oder PRA) unter Berücksichtigung der Kosten-Nutzen-Relationen,
c. eine nur punktuelle externe Begleitung lokaler Analyse- und Entscheidungsprozesse während besonders kritischer Phasen oder bei Bedarf an fachlicher Unterstützung,
d. eine zeitliche Befristung des Angebots an externer Unterstützung, was impli-

Schutz der Biodiversität	Nachhaltige Süßwassernutzug	Katastrophen-vorsorge
• Internationale Finanzierung von Schutzgebieten • Wissen über nachhaltige Nutzung teilen • Vorteilsausgleich bei der Nutzung genetischer Ressourcen	• Einigung auf Ziele und Grundsätze nachhaltiger Wassernutzung • Bereitstellung und Austausch von Wissen • Finanzielle/technische Hilfe für Länder mit Wassermangel/-stress	• Einigung auf gemeinsame Grundsätze und Strategien • Forschung/Wissen Analysen • Finanzielle Unterstützung beim Aufbau von Vorsorgeeinrichtungen
• Rechtliche Regelung für Schutzgebiete • Nutzerfinanzierung (PES)	• Rechtlicher Rahmen für Schutz von/Zugang zu Wasser • Wasserpolitik • Schaffung eines institutionellen Rahmens • Finanzierung	• Rechtlicher Rahmen: Klärung von Zuständigkeiten und Koordinationsmechanismen • Schaffung eines institutionellen Rahmens • Mittelbereitstellung
• Co-Management von Schutzgebieten	• Wassereinzugsgebiete: Planung • Kontextgerechte Konzepte entwickeln unter Berücksichtigung hydrologischer, soziokultureller und ökonomischer Bedingungen	• Fachliche Unterstützung der lokalen Ebene: • Kontextgerechte Vorsorgekonzepte • Planungs-/Durchführungsverantwortung für Katastrophen mit regionaler Reichweite
• Nutzerkomitees • Interessenvertretung	• Wasserversorgungsbetriebe: Managementverantwortung Gebühreneinzug • Kommune: Politische Verantwortung • Zuteilung von Nutzungsrechten Nutzungsbeschränkungen	• Planungs- und Durchführungsverantwortung • Partizipationsforen
	Nutzerorganisation: Beitrag zu Betrieb und Instandhaltung Interessenvertretung	• Partizipation bei Planung auf kommunaler Ebene • Selbst- und Nachbarschaftshilfe bei der Vorbereitung für den Katastrophenfall

ziert, dass schwierige lokale Gemeinschaften nicht länger betreut werden als andere und man die knappen Kapazitäten auf die sich konstruktiv beteiligenden Siedlungen konzentriert.

Auch bei solch einem fokussierten und effektiven Einsatz der LNP wird es für viele sehr arme Länder mit dringlichen Degradationsproblemen (z. B. Sahelländer, Nepal, Andenländer) nicht möglich sein, LNP-Dienste in hinreichendem Umfang bereitzustellen. Deshalb ist es geboten, LNP als unverzichtbare, temporär benötigte Dienstleistung für die nachhaltige Nutzung natürlicher Ressourcen im Rahmen der Logik von Payment for Environmental Services (PES) mit externen Mitteln zu unterstützen (vgl. Tab. 9.3.6/1).

Zusammenfassung

Fazit

- Umweltdegradation, Ressourcenverknappung und Gefährdung durch natürliche Extremereignisse nehmen weltweit zu. Die Ursachen sind überwiegend anthropogen bedingt. Die Bewohner der Länder des Südens, insbesondere ärmere Gruppen, leiden am meisten unter den Folgen.
- Die Ursache dieser Tendenzen liegt in einer Übernutzung. Hierbei spielen die unzureichende Regelung des Ressourcenzugangs, das Fehlen einer angemessenen Bewertung natürlicher Ressourcen und die zugrundeliegenden Interessen und Machtverhältnisse eine entscheidende Rolle.
- In Anbetracht der verursachenden Faktoren genügen verbesserte Techniken zur nachhaltigen Ressourcennutzung nicht, um das Problem zu lösen. Damit sich der Einsatz solcher Techniken für die Ressourcennutzer lohnt, bedarf es
  - einer Finanzierung durch Nutznießer auf globaler, nationaler und regionaler Ebene (Payment for Environmental Services),
  - globaler und nationaler Regelungen für einen fairen Ausgleich von Kosten und Nutzen nachhaltiger Nutzung,
  - eines langfristig gesetzlich gesicherten Ressourcenzugangs für alle Nutzer,
  - eines internationalen Wissens- und Erfahrungsaustausches,
  - der Bereitstellung unentgeltlicher umweltbezogener Dienstleistungen für ärmere Nutzer,
  - der Bereitstellung von Ausweichmöglichkeiten für Bewohner degradierter Standorte,
  - einer Regelung und Kontrolle der Ressourcennutzung auf regionaler und lokaler Ebene, basierend auf einer partizipativen Landnutzungsplanung,
  - der Befähigung lokaler Nutzergruppen zu gemeinschaftlicher Aktion,
  - einer Anpassung von Ressourcennutzungssystemen an die spezifischen Livelihood-Bedingungen armer Nutzergruppen.

Nur durch ein Zusammenwirken aller Ebenen ist also ein nachhaltiges Management natürlicher Ressourcen durch ärmere Nutzergruppen in den Ländern des Südens vorstellbar.

- Zur Durchsetzung der erforderlichen Regelwerke und Finanzierungsmechanismen, die in der Regel auf den Widerstand mächtiger Akteursgruppen trifft, ist es nötig, Vertreter von Interessen der Ressourcennutzer und der Belange des Naturschutzes angemessen zu beteiligen.

Zur weiteren Information

UNDP: World Resources 2005. The Wealth of the Poor. Managing Ecosystems to Fight Poverty. – New York 2005, 1–221.
Materialreiche und umfassende Analyse der Trends bezüglich der Nutzung und Degradation der wichtigsten Ökosysteme (Boden, Verschmutzung, Wald, Wasser, Biodiversität), verbunden mit einer Kurzdarstellung von Lösungsstrategien.

Barrow, C. J.: Environmental Management and Development. – London: Routledge 2004, 1–233.
Umfassendes praxisorientiertes Lehrbuch zum nachhaltigen Management natürlicher Ressourcen in Entwicklungsländern. Nach einer theoretischen Einordnung werden für alle relevanten Sektoren (Wasser. Landnutzung, Biodiversität, Erdatmosphäre, städtische und industrielle Umweltverschmutzung und Naturkatastrophen) Ansätze zum nachhaltigen Management dargestellt. Darüber hinaus wird ein Überblick über generelle umweltpolitische Instrumente gegeben.

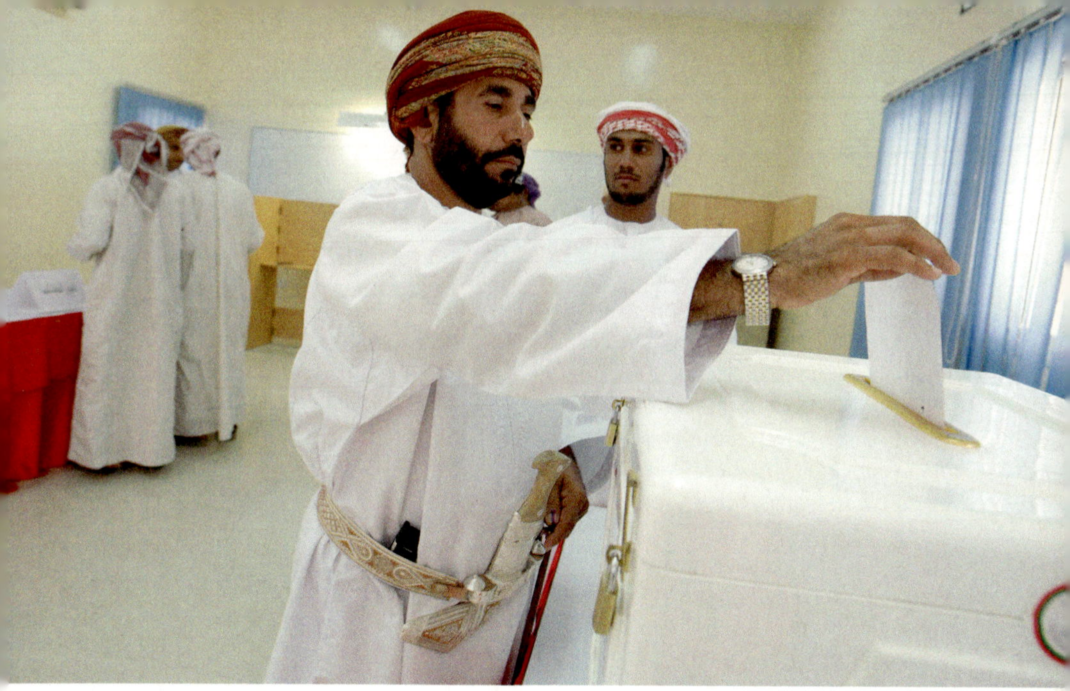

Abb. 10/1 *Bedeuten demokratische Regierungssysteme Good Governance?*

10 Die politisch-institutionelle Dimension: Macht und Kapazitäten, Regeln und Services

10.1 Das Problem: Schlechte Regierungsführung

Vertreter aus dem „Süden" und dem „Norden", neoliberale Marktradikale, Menschenrechtsorganisationen und auch von der Notwendigkeit eines starken Staates überzeugte Politökonomen sind sich in einem einig: Der Staat, die Institutionen sind ein gewichtiger Teil des Problems. Schlechte Regierungsführung ist einer der problemverursachenden Faktoren für Armut und für Umweltdegradation. Ein Hinweis auf die in den vorhergehenden Kapiteln aufgezeigten Ursachen für die Weltfinanzkrise 2008/09 oder für den Klimawandel an dieser Stelle soll aber genügen, um zu zeigen, dass Poor Governance in Entwicklungsländern nur einer von mehreren verantwortlichen Faktoren ist. Defizite im Bereich der – überwiegend von den Industrieländern zu verantwortenden – globalen Regierungsführung sind nicht weniger als Teil des Problems einzuordnen.

Daraus resultiert ein offensichtliches Dilemma: Für die Umsetzung der in den Kapiteln 8 und 9 vorgestellten ökonomischen und ökologischen Strategien spielt die Qualität der Regierungsführung, der staatlichen und internationalen Institutionen eine maßgebliche Rolle. Wenn nun aber gerade hier der entscheidende Engpass zu suchen ist? Sind dann nicht alle Lösungskonzepte auf Sand gebaut? Ist nicht „die Rechnung ohne den Wirt gemacht"? Es ist angesichts dieses Dilemmas kein Zufall, dass seit geraumer Zeit viele Fachleute und Entwicklungspolitiker in Good Governance (einschließlich Good Global Governance) den Schlüssel zur Problemlösung sehen.

Auf die Frage nach den Defiziten der Regierungsführung in vielen EL und ihren Ursachen gibt es unterschiedliche Antworten. Aus Sicht von Vertretern der staatlichen Verwaltung dieser Länder besteht der Kern des Problems in unzureichenden institutionellen Kapazitäten, zurückzuführen auf Mangel an staatlichen Finanzmitteln. Deshalb blieben viele Planstellen vakant, oder sie müssten mit dafür ungenügend qualifiziertem Personal besetzt werden. Die Gehälter seien so niedrig, dass man davon nicht leben könne. Dies zwinge Staatsbedienstete zu informellen Nebentätigkeiten und zu Korruption und untergrabe ihre Motivation. Diese werde zudem durch eine Reihe anderer widriger Bedingungen beeinträchtigt: Es fehle an Transportmöglichkeiten, um die Durchführung der Maßnahmen vor Ort, die Schulen, die Gesundheitszentren, das Personal in den Außenstationen zu überwachen bzw. zu besuchen. Es fehle oft an der Büroausstattung, um einfachste Routinearbeiten zu erledigen. Telefone und Internetzugang funktionierten oft nicht oder fehlten gänzlich. Unter solch desolaten Bedingungen solle die Politik und Verwaltung Aufgaben von historischer Größenordnung bewältigen. Sie solle nicht nur ein Land ordnungsgemäß verwalten. Von ihr werde erwartet, mit innovativen Problemlösungsansätzen Anstöße zur Entwicklung zu geben, aus den heterogenen Bevölkerungsgruppen eines nicht selten künstlichen, durch die Kolonialmächte geschaffenen Staatsgebildes eine Nation zu bilden und eine meist überwiegend ländliche, verstreut lebende, schwer erreichbare Bevölkerung mit öffentlichen Dienstleistungen zu versorgen. Der für eine Erhöhung der ODA (Official Development Assistance) kämpfende Entwicklungsökonom Jeffrey Sachs bestätigt diese Sichtweise der Politiker aus dem „Süden" indem er feststellt: „Die Regierungsführung ist in Afrika so armselig, weil Afrika arm ist" (2005, 379) und „[…] eine wohlhabendere Gesellschaft kann es sich leisten, mehr Geld in bessere Regierungs- und Verwaltungsstrukturen zu investieren" (ebd.).

Organisationsentwicklungsfachleute würden dieser Sichtweise der Behördenvertreter eine andere Perspektive hinzufügen: Die staatliche Verwaltung sei zu zentralistisch und zu hierarchisch aufgebaut. Niemand wage es, Verantwortung zu übernehmen, Entscheidungen zu fällen, außer dem Mann an der Spitze, welcher weit weg ist von den realen Gegebenheiten und deshalb unrealistische Vorgaben mache. Das trage entscheidend zur Demotivierung junger, fähiger und engagierter Mitarbeiterinnen und Mitarbeiter bei. Oft seien auch die Zuständigkeiten innerhalb der und zwischen den Ministerien nicht klar geregelt. So komme es zu „Kompetenzwirrwarr", kostspieliger Duplizierung von Aktivitäten oder widersprüchlichen Maßnahmen. Zahlreiche Studien haben zu der von den meisten Wissenschaftlern geteilten Erkenntnis geführt, dass das zentralistische, hierarchische und bürokratische Verwaltungsmodell ein Fehlschlag war bzw. ist (so J. WUNSCH bereits 1991). Hinzu kommen generell – auch in den IL verbreitete – Bürokratieprobleme. Bürokratien arbeiten tendenziell input- und abwicklungsorientiert, nicht wirkungsorientiert. So bemisst sich der Erfolg von Abteilungsleitern am Budget und der Mitarbeiterzahl der Abteilung und daran, ob die ihm zugeteilten Mittel rechtzeitig planmäßig abgeflossen sind, aber selten an den erzielten gesellschaftlichen Wirklungen. Die Energien in Bürokratien richten sich deshalb oft auf den innerbehördlichen Konkurrenzkampf, auf die eigene Positionierung im Kampf um knappe Mittel und nicht auf die – oft schwer nachprüfbare – Verbesserung der Qualität der Leistungen für die Bevölkerung. So etwa ließe sich die Diagnose von Organisationsanalytikern vereinfachend zusammenfassen (vgl. R. SÜLZER & A. ZIMMERMANN 1996).

Wieder eine andere Perspektive nehmen die Politökonomen ein. Ihre Themen sind Macht und Interesse. Sie verweisen darauf, dass rohstoffreiche, gut mit finanziellen Mitteln ausgestattete Länder oft nicht weniger schlecht regiert würden als Staaten mit geringen Einnahmen. Schlechte Regierungsführung, so die Diagnose aus politökonomischer Perspektive, sei eine Ausdrucksform von nicht durch rechtsstaatliche Mechanismen kontrollierter Macht der politischen und bürokratischen Eliten. Verbreitete Korruption, Machtmissbrauch für private Zwecke, Nepotismus („Vetternwirtschaft"), willkürliche Machtausübung, Begünstigung bzw. Diskriminierung nach ethnischen Gesichtspunkten gehörten zu den viel zitierten Erscheinungsformen (R. TETZLAFF 1997 am Beispiel Afrikas). Die Extremfälle wie etwa Zaïre (heute Demokratische Republik Kongo) unter Mobutu werden als „Kleptokratien" oder „Pfründenkapitalismus" (G. HAUCK 1983) bezeichnet. Staatliche Leistungen würden gegen Entgelt verkauft, sie kämen einseitig der städtischen Bevölkerung und den Heimatregionen der führenden Politiker zugute; oft flößen knappe Mittel in verschwenderische Prestigevorhaben, oder sie würden in paternalistischer Attitüde an ausgewählte Adressaten verteilt. Viele Verwaltungen litten nicht etwa an Personalmangel, sondern daran, dass sie als Arbeitsplatzbeschaffungsorganisation für Mitglieder der Anhängerschar führender Amtsinhaber dienten. Auch Beförderungen erfolgten nicht nach Leistung, sondern nach Zugehörigkeit. Dadurch komme nicht nur unzureichend ausgebildetes Personal in Führungspositionen, es könnten auch keine Leistungsanreize geschaffen werden. Die kompetenten und eigentlich engagierten Mitarbeiter würden demontiert. Schlimmer noch sei, dass auch die Initiative der Bürgerinnen und Bürger durch bürokratische Willkür und mangelnde Rechtssicherheit gelähmt werde. Das zentrale Problem liegt aus dieser Betrachtungsperspektive also darin, dass die das staatliche Handeln leitenden Interessen nicht an Entwicklungszielen oder Problemlösungen orientiert sind, sondern an den Eigeninteressen der Mitglieder des Staatsapparates. Das sei nur möglich, weil deren Macht nicht durch Rechtsstaatlichkeit begrenzt werde, nicht wirksam von anderen gesellschaftlichen Gruppen kontrolliert werde.

Wahlmanipulation

Nicht untypisch hierfür ist das Beispiel Kenia. 2002 wurde der autokratische und korrupte Herrscher Moi nach über 20 Jahren abgewählt und durch den demokratischen Hoffnungsträger Kibaki abgelöst. Dabei war ein Teil der alten Politikerriege aus dem Lager Mois rechtzeitig vor den Wahlen in die Partei Kibakis übergetreten. Es dauerte keine zwei Jahre, und die Regierung Kibaki hatte nach übereinstimmender Einschätzung der Medien die „Qualität" der Regierungsführung des berüchtigten Vorgängers erreicht. Die Enttäuschung war groß und bei den Wahlen Ende 2007 wäre wohl der Oppositionskandidat Odinga (politischer Führer der zweitgrößten Ethnie des Landes) gewählt worden, wenn es bei der Stimmauszählung nicht zu erheblichen Unregelmäßigkeiten gekommen wäre. Als Kibaki zum Sieger erklärt wurde, kam es zu massiven, politisch gesteuerten, gewaltsamen Ausschreitungen zwischen den um den Wahlsieg konkurrierenden ethnischen Gruppierungen. Hunderte von Todesopfern waren zu beklagen. Unter Einwirkung des ehemaligen UN-Generalssekretärs Kofi Annan wurde eine Einigung auf eine große Koalition erzielt und Frieden geschlossen. Der Preis der Einigung war eine Verdopplung der Zahl der Ministerien, Ministerposten und Staatssekretärsposten. Die kenianischen Abgeordneten zählen zu den bestbezahlten weltweit.

Festzuhalten ist, dass defizitäre Regierungsführung nicht allein auf mangelnde Kapazitäten und falsche Organisationsmodelle zurückzuführen ist, also nicht nur auf das „Können", sondern auch auf die Machtverhältnisse und die Interessen der Mächtigen, also auf das „Wollen". Dem Sachverhalt, dass oft im fehlenden Willen der maßgeblichen Akteure das entscheidende Entwicklungs- bzw. Problemlösungshemmnis liegt (auf allen Ebenen, von global bis lokal), müssen alle entwicklungspolitischen Strategien Rechnung tragen, wenn sie eine Chance auf erfolgreiche Umsetzung erhalten wollen.

Seit Beginn der 1990er-Jahre wird versucht, das Problem unkontrollierter Macht durch Demokratisierung, aber auch durch Deregulierung und Privatisierung zu lösen. Die große Mehrzahl der „Länder des Südens" wird heute von demokratisch gewählten Regierungen geführt. Militärdiktaturen und despotische Regimes sind in Lateinamerika, Afrika und Asien zur Ausnahme geworden. Die Kontrolle der Wirtschaftsbeziehungen durch den Staat ist in den meisten Ländern zurückgefahren worden. Dadurch ist der Grad an individuellen Freiheiten gewachsen. Man kann sich einer Oppositionspartei oder einer zivilgesellschaftlichen Organisation anschließen. Die Bürger haben vielerorts gelernt, ohne Furcht ihre politische Meinung zu äußern. Die Medien berichten kritisch über die Regierenden. Die Menschenrechtslage hat sich also insgesamt verbessert (G. Erdmann 2003). Dies aber hat sich bislang noch nicht auf die

Verbesserung der Regierungsführung ausgewirkt. Konkurrierende Eliten wechseln einander nicht mehr durch Militärputsch, sondern durch Wahlen ab. Auf die Interessen der jeweils Regierenden, auf die Form des Regierens aber hat das nur einen geringen Einfluss.

Auch die Privatisierung hat oft nicht zu dem erhofften Effekt eines vom Staat unabhängigen Unternehmertums als eigenständiger gesellschaftlicher Kraft geführt, sondern zu einer von Günstlingen des Staatsapparates bzw. der führenden Partei geleiteten und weiterhin von staatlicher Unterstützung abhängigen Privatwirtschaft.

Es bleibt festzuhalten, dass Demokratisierung und Privatisierung nicht automatisch und nicht in kurzer Zeit zu Rechtsstaatlichkeit und verbesserter Regierungsführung beitragen. Ein Blick in die politikwissenschaftliche Theoriediskussion gibt Hinweise auf die Gründe hierfür.

10.2 Theorie: Institutionen, Staatsklassen, Rentseeking und Klientelismus

Ausgehend von der Hypothese, dass schlechte Regierungsführung problemlösende gesellschaftliche Entwicklungsprozesse verhindert, stellen sich zwei Fragen: Die erste gilt den Auswirkungen des politisch-institutionellen Systems auf gesellschaftliche Entwicklungen. Hierauf versucht die Institutionenökonomie Antworten zu geben (Abschnitt 10.2.1). Die zweite Frage ist den Ursachen für defizitäre Institutionen gewidmet. Hierzu gibt es zwei verbreitete und für die entwicklungspolitische Praxis relevante Erklärungsansätze. Der erste fokussiert auf die These, dass die Staatsmacht (die „Staatsklasse“) in EL vorrangig von Interessen der Suche nach Renteneinkommen geleitet ist und deshalb den Grundsätzen guter Regierungsführung zuwider handelt (10.2.2). Der zweite Erklärungsansatz besagt, dass in EL Staatsmacht und Wähler/Staatsbürger durch ein klientelistisches Abhängigkeitsverhältnis aneinander gebunden seien, mit der Folge, dass das Volk von seinen Führern und seiner Verwaltung nicht primär das einfordert, was in westlichen Demokratien als gute Regierungsführung gilt (10.2.3).

10.2.1 Institutionenökonomische Erklärungsansätze

Der derzeitige Mainstream der Entwicklungspolitik, insbesondere die Fokussierung auf Good Governance hat seine theoretischen Wurzeln in der Neuen Institutionenökonomie (NIÖ). Diese sieht in Institutionen den Schlüsselfaktor für ökonomische und gesellschaftliche Entwicklung. Institutionen werden dabei verstanden als ein System von Regeln, die den Zweck verfolgen, individuelles Verhalten in eine gewünschte Richtung zu lenken (D.C. North 1992). Zwischen institutioneller und ökonomischer Entwicklung besteht demnach ein wechselseitiges Verhältnis: Ökonomische Entwicklung ist stets verbunden mit zunehmender Arbeitsteilung und Spezialisierung. Daraus resultiert eine Notwendigkeit zu verstärkter Interaktion und Integration

(W. Thomi 2001). Diese bedürfen einer Regulierung, z. B. in Form eines gesetzlichen Rahmens für wirtschaftliche Transaktionen. Andererseits ist eine gesellschaftliche und wirtschaftliche Entwicklung abhängig von geeigneten Regeln und deren Einhaltung überwachenden Organisationen. Wo es z. B. keine Regel gibt, die besagt, dass ein Kredit zurückbezahlt werden soll, oder niemanden, der dafür sorgt, dass diese auch gegenüber mächtigen Kreditnehmern eingehalten wird, fehlt das Vertrauen und der Anreiz zur Vergabe von Krediten. In einem Spiel ohne Regeln setzen sich die Stärkeren durch, gibt es keine Sicherheit, kein Vertrauen, können die Akteure ihre Fähigkeiten nicht entfalten.

In komplexen Gesellschaften spielt der Staat eine entscheidende Rolle bei der Gestaltung des institutionellen Rahmens. Schlechte Regierungsführung ist demnach ein Resultat unzureichender oder unangemessener Institutionen, einer Unter- oder Überregulierung, welche die Gesellschaft lähmt. Folgerichtig setzen an der NIÖ orientierte Entwicklungsstrategien bei politisch-institutionellen Reformstrategien, bei der Verbesserung der Regierungsführung an.

Unbetrachtet lässt die Institutionenökonomie das Verhältnis zwischen Institutionen und Macht. Die NIÖ geht davon aus, dass gute Institutionen Macht begrenzen und deren Ausübung steuern können. Sie vernachlässigt hingegen den Einfluss der Interessen der mächtigen Akteure auf die Gestaltung des institutionellen Rahmens (T. Rauch 1996). Insofern verweist die NIÖ zu Recht auf die große Bedeutung angemessener Regeln und Anreizsysteme, bleibt aber eine Antwort darauf schuldig, wie solche Regeln gegen die Interessen mächtiger, von deren Abwesenheit profitierender Akteure durchgesetzt werden können. Hierfür geben die in den folgenden Abschnitten thematisierten gesellschaftstheoretischen Ansätze einige Hinweise.

10.2.2 Rent-seeking durch Staatsklassen

Renten sind – ökonomisch betrachtet – Einkommen, die, anders als Arbeits- und Kapitaleinkommen, aus Besitzständen bzw. aus der Kontrolle über Ressourcen entstehen. Klassisches Beispiel für Renteneinkommen ist die Bodenrente, die Pacht. Die gesellschaftsstrukturelle Problematik einer Dominanz der Bodenrente wurde bereits in den 1950er-Jahren vom Geographen H. Bobek (1959) in seiner Diagnose des „Rentenkapitalismus“ thematisiert. Renten sind aber auch Einkommen aus der Kontrolle über Rohstoffe oder über Preise und Zölle. Im weiteren Sinne werden alle Einkommen, die nicht aus produktiven Tätigkeiten stammen, als Renten verstanden. In diesem Sinn handelt es sich z. B. auch bei Transfereinkommen aus der Entwicklungszusammenarbeit um Renten.

Die Theorie der Rent-seeking Societies bzw. der Rentierstaaten (H. Elsenhans 1981; C. Schmid 1992; E. Weede 1985) basiert auf drei zentralen Thesen zu deren Charakter, Ursachen und Wirkungen:

Erstens: Sie sind dadurch charakterisiert, dass die Aneignung von Renteneinkommen das primäre Interesse und den zentralen Zweck der politischen und administrativen Eliten, der „Staatsklassen“, darstellt.

Zweitens: Zentrale Ursachen für die starke Rentenorientierung der „Staatsklassen“ bestehen darin, dass

- stark rohstoffabhängige Gesellschaften sich die Rohstoffrente nur deshalb für das eigene Land sichern können, weil der Staat die Förderung und den Handel der Rohstoffe kontrolliert, also in die Rolle des Rentiers schlüpft;
- die Eliten der betreffenden EL angesichts der Konkurrenzüberlegenheit des internationalen Kapitals auf globalisierten (Binnen-)Märkten keine realistische Chance sehen, als Unternehmer erfolgreich zu sein, und deshalb einen sozialen Aufstieg über den Staatsapparat und die damit verbundene Möglichkeit zur Kontrolle der Wirtschaftstätigkeit anstreben.

Drittens: Die im Hinblick auf die Qualität von Regierungsführung problematischen Wirkungen der Rent-seeking-Orientierung bestehen darin, dass alle gesellschaftlichen Anreizsysteme auf Abschöpfung und gegen die Schaffung von Werten ausgerichtet sind.

Renteneinkommen spielen in allen Gesellschaften, auch in IL, eine Rolle. Das entscheidende Merkmal von Rent-seeking societies besteht aber darin, dass die Aneignung von Renten zum gesellschaftlich dominierenden Interesse geworden ist. Dies ist meist mit einer großen Bedeutung von Rohstoffexporten für die nationale Ökonomie und mit einer starken Rolle des Staates im Wirtschaftsleben verbunden. Die meisten Staaten Subsahara-Afrikas, aber auch viele Länder Lateinamerikas, in Nahost und in Südasien lassen sich diesem Typus zuordnen.

Die Verursachungshypothese weist darauf hin, dass Rent-seeking in hohem Maße auch durch die Art der Einbettung der EL in die Weltwirtschaft verursacht ist, also nicht als internes gesellschaftliches Phänomen oder als kulturbedingt missverstanden werden darf. Rent-seeking ist eine rationale Strategie von Eliten in Ländern an der Peripherie der globalen Wirtschaft, solange der wirtschaftliche Globalisierungsprozess nur eng begrenzte Chancen bietet, eine Teilnahme am globalen Konkurrenzkampf also geringe Erfolgschancen eröffnet. Folglich hat auch die neoliberale Strategie des „Austrocknens der Rentenquellen“ durch Marktöffnung, Deregulierung und Privatisierung nicht zum Erfolg geführt. Sie hat es versäumt, faire, realistische marktwirtschaftliche Alternativen zur Aneignung von Renten zu eröffnen. „Allein durch das Austrocknen des (Renten-)Sumpfes aber lernen Frösche nicht zu fliegen“ (T. Rauch 2004).

So nachvollziehbar die Rent-seeking-Strategie unter den vorherrschenden Rahmenbedingungen vieler EL erscheint, so fatal sind ihre Konsequenzen:

- Produktive Tätigkeiten und Investitionen lohnen für einheimische Eliten nicht. Produzenten leben in der ständigen Sorge, dass der erwirtschaftete Gewinn durch eine Vielzahl bürokratischer Auflagen und damit verknüpfte Bestechungsgelder abgeschöpft wird. „Unternehmerische Menschen tun in einem solchen Feld gut daran, nicht Unternehmen zu gründen“ (G. Elwert 2001b, S. 284).
- Renteneinkommen bilden keinen Anreiz für Verbesserungen des Managements in staatlichen Bürokratien, da sie sich nicht durch Organisationsentwicklungsmaßnahmen oder durch Bemühen um eine verbesserte Effizienz steigern lassen. Viele klassische Organisationsdefizite wie Zentralismus und Intransparenz lassen sich vielmehr aus dem Interesse an Rentenaneignung erklären.

- Demokratische Kontrolle funktioniert schlecht, wo Renten die Haupteinnahmequelle des Staates sind. Anders als bei einer Zweckentfremdung von Steuergeldern neigen Bürger nicht dazu, Rechenschaft über die Verwendung von Renten einzufordern, deren Herkunft und Höhe für sie ohnehin nicht transparent ist.
- Staatliche Leistungen, die eigentlich unentgeltlich allen Bürgern zugute kommen sollen, werden käuflich, wenn die Suche nach Rentenquellen das Handeln aller Staatsbediensteten dominiert (G. Elwert 2001a). Dies gilt für den Zugang zu Medizin im Gesundheitszentrum, für den Zugang zum Gymnasium, über den Polizisten, der „beide Augen" zudrückt, bis hin zur Entscheidung des Richters. Sie verkaufen die ihnen gegebene Verfügungsgewalt über öffentliche Güter, machen daraus eine Rentenquelle. Dies bevorzugt die Zahlungskräftigeren und benachteiligt die Armen. Zudem lähmt es viele Initiativen.

Rent-seeking bündelt somit alle Energien der Eliten in unproduktiven bzw. destruktiven Aktionen. Es schafft keine Anreize, die Fähigkeiten und kreativen Energien der Menschen konstruktiv einzusetzen.

10.2.3 Klientelismus und Patronage

Klientelismus ist definiert als ein Gesellschaftssystem, das aus asymmetrischen wechselseitigen Abhängigkeits- und Austauschbeziehungen zwischen Eliten und der Masse der Bevölkerung, d. h. zwischen Patronen und Klienten, besteht. Die Klienten bieten in dieser Beziehung Loyalität und politische Unterstützung. Der Patron bietet Zugang zu materiellen Ressourcen, Hilfe im Notfall und Schutz (S. N. Eisenstadt & R. Lemarchand 1981). Patronage ist also ein notwendiger Bestandteil klientelistischer Beziehungen.

Klientelismus ist ein charakteristisches Merkmal von Agrargesellschaften. In feudalistisch geprägten Gesellschaften, in Teilpachtsystemen, aber auch in kleinbäuerlichen Gesellschaften mit wenig ausdifferenzierter sozialer Hierarchie (wie z. T. in afrikanischen Dorfgemeinschaften) war oft die Beziehung zwischen dem Landeigentümer (Feudalherr, Großgrundbesitzer, Dorfchef) und den das Land bewirtschaftenden Kleinbäuerinnen und -bauern ein bedeutendes strukturierendes Element. Klientelistische Gesellschaften sind vertikal strukturiert, im Unterschied zur horizontalen Untergliederung von urbanisierten, arbeitsteiligen Industriegesellschaften (vgl. Abb. 10.2.3/1). Die Zugehörigkeit orientiert sich dort primär an familiären, ethnischen oder regionalen Kriterien und weniger an der sozialen Schicht bzw. Klasse.

Zu unterscheiden ist dabei zwischen den Formen des „traditionellen Klientelismus" und des „politischen Klientelismus", einer Übertragung der Patron-Klient-Beziehung auf das Verhältnis zwischen politischen Führern bzw. Verwaltungsbeamten einerseits und Bürgern bzw. Wählern andererseits. In diesem Fall bieten die Bürger ihrem Politiker bzw. Vertreter in der staatlichen Verwaltung ihre Gefolgschaft an und erwarten dafür privilegierte Berücksichtigung bei der Zuwendung staatlicher Leistungen. „Nationale Ressourcen werden in diesem System nach regional-ethnischen Kriterien

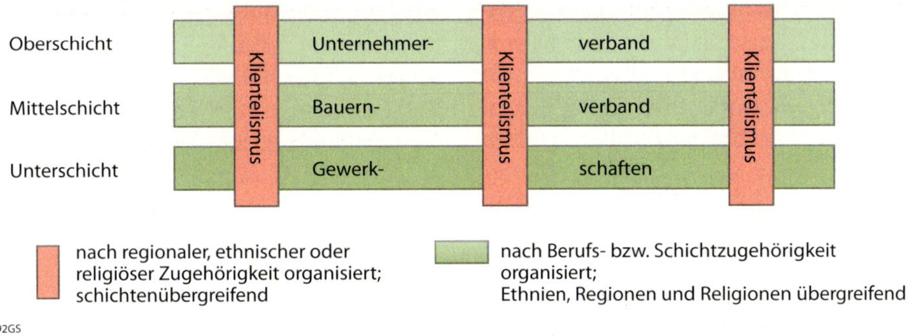

***Abb. 10.2.3/1** Vertikal und horizontal strukturierte Gesellschaften*

verteilt" (D. Neubert 2004). Das klientelistische Prinzip steht damit im Gegensatz zu einem dem Allgemeinwohl verpflichteten Staatsdienst – insbesondere dort, wo es nicht nur das Verhalten der Abgeordneten, sondern auch die Entscheidungen der Verwaltung prägt. Auch in demokratischen Industriegesellschaften sind klientelistische Netzwerke bekannt. Die Grenzen zwischen Parteispenden, Wahlgeschenken, Begünstigungen, Lobbyismus und Korruption sind auch hierzulande fließend. Nur dort aber, wo Zugehörigkeit zu einer bestimmten Klientel das gesellschaftliche Beziehungsgeflecht dominiert und über den Zugang zu öffentlichen Leistungen entscheidet, spricht man von klientelistischen Systemen.

Klientelistische Systeme helfen, Herrschaft zu stabilisieren und – in Notfällen durch die Verpflichtung des Patrons zu Unterstützungsleistungen – Überleben zu sichern. Für die Entstehung funktionsfähiger demokratischer Strukturen sind sie jedoch ein Hindernis:

- Sie verhindern den Aufbau demokratischer Kontrollmechanismen von unten. Wer als Politiker oder Beamter korrupt ist, verwendet die Hälfte seiner illegalen Einnahmen für Geschenke an seine Klientel und hat sich damit als guter Patron legitimiert. Klientelismus ist nicht gleichzusetzen mit Korruption, aber er erhöht ihre gesellschaftliche Akzeptanz.
- Die Konkurrenz zwischen rivalisierenden Eliten reduziert sich oft darauf, wer als durchsetzungsfähiger auf nationaler Ebene gilt, und wer die größeren Geschenke verteilt. Leistungskonkurrenz, etwa hinsichtlich Problemlösungskompetenz oder Verwaltungseffizienz, spielt kaum eine Rolle.
- Die Herausbildung von – für demokratische Interessenvertretung wichtigen – horizontalen Interessenvertretungsorganisationen (Gewerkschaften, Kleinbauernorganisationen, Landarbeiterorganisationen) ist schwierig, wo klientelistische Abhängigkeiten herrschen. „Was hilft es, sich mit Leuten zusammenzuschließen, die ähnlich arm sind wie man selbst? Nur die Reichen können einem im Notfall helfen", lautet die Rationalität in klientelistischen Strukturen.

- Staatliche Patronage entmutigt Eigeninitiative und Selbsthilfe, schafft eine Empfängerhaltung. Geschichten, in denen ein Oppositionskandidat im Wahlkampf die Dorfbevölkerung davon abbringen will, ihre Wasserversorgung selbst zu verbessern, indem er verspricht, im Falle seiner Wahl ein besseres System kostenlos zu liefern, kann man in allen klientelistischen Ländern zu hören bekommen.
- Klientelismus und Patronage implizieren eine stark personengebundene Moral. Die Durchsetzung einer anonymen, generellen (abstrakt erscheinenden) öffentlichen Moral im Staatsdienst ist schwierig. Dies führt zu einem moralischen Dilemma: Sich anonyme Gelder (z. B. aus Erdöl-Renteneinnahmen) anzueignen, um damit konkrete Personen in der eigenen Familie zu beschenken, wird als moralisch besser eingestuft, als abstrakten bürokratischen Regeln zu folgen und dabei familiäre Verpflichtungen zu vernachlässigen.

Wo also Klientelismus und Patronage auf die Beziehungen zwischen Staat und Gesellschaft übertragen werden, ist es schwer, modernen demokratischen Prinzipien wie öffentlicher Kontrolle, Transparenz des Verwaltungshandelns, Vertretung von Bürgerinteressen gegenüber dem Staat Geltung zu verschaffen. Die Qualität der Regierungsführung spielt dort im demokratischen Wettbewerb eine untergeordnete Rolle.

Manche Staatstheorien sprechen in diesem Zusammenhang von einer wechselseitigen Durchdringung von Staat und Gesellschaft (R. TETZLAFF 1997). Staat und Gesellschaft stehen einander nicht als voneinander unabhängige Akteursgruppen gegenüber, mit jeweils eigenen Aufgabenbereichen und Regeln. Die Trennung zwischen privaten und öffentlichen Angelegenheiten ist weder bekannt noch akzeptiert. Dies gilt nicht nur für Politiker. Es gilt für Lehrer, Krankenschwestern, Polizisten und Richter. Unter diesen Bedingungen gibt es auch keine guten Gründe für den Aufbau zivilgesellschaftlicher Gegenmacht, es sei denn als eine Form regionaler, ethnischer Organisierung gegen die jeweils den Staatsapparat beherrschenden klientelistischen Netzwerke.

Nur wenn man die gesellschaftliche Logik von Rent-seeking und von klientelistischen Systemen verstanden hat, kann man die Möglichkeiten und Grenzen einer Demokratisierung, einer Durchsetzung von Rechtsstaatlichkeit und der Verbesserung von Regierungsführung im Rahmen der jeweiligen historischen Bedingungen realistisch einschätzen. Die Analyse sollte dazu beitragen zu zeigen, dass Politik, dass Governance historische, gesellschaftliche und auch globalökonomische Bedingungen bzw. Wurzeln hat und nicht ohne weiteres durch institutionelle Reformen veränderbar ist.

10.3 Politisch-institutionelle Strategien

10.3.1 Überblick: Mehr-Ebenen-Strategie zur Verbesserung von Regierungsführung

Eine an den Zielen der Armutsminderung, Nachhaltigkeit oder generell an einer Erhöhung der gesellschaftlichen Problemlösungsfähigkeit orientierte Entwicklungspolitik kommt, das hat die Problemanalyse gezeigt, um die Notwendigkeit einer Verbesserung der Regierungsführung nicht herum. Es geht dabei nicht um eine Orientierung an westlichen Demokratiemodellen. Es geht um politisch-institutionelle Rahmenbedingungen, die für alle Menschen die erforderlichen Handlungsspielräume und geeignete Anreizsysteme für eine Verbesserung ihrer Lebensbedingungen schaffen.

Für die Erreichung dieses Ziels gibt es unterschiedliche strategische Ansätze. Diese lassen sich drei generellen Kategorien zuordnen:

1. Strategien zur Veränderung der Machtverhältnisse: Diese gehen davon aus, dass die Vielfalt von Interessen in einer Gesellschaft, insbesondere aber die Interessen benachteiligter Gruppen bei politischen Entscheidungen besser zur Geltung kommen müssen. Hierzu können beitragen: (a) eine Ausweitung der individuellen Freiheiten (Demokratisierung, Rechtsstaatlichkeit), (b) ein pluralistisches Spektrum von Entscheidungsträgern (Privatisierung, Stärkung der Zivilgesellschaft), (c) Dezentralisierung (auch diese verteilt Macht auf eine größere Zahl von Akteuren) und (d) Empowerment, d.h. Stärkung der Interessenvertretungsmacht benachteiligter Gruppen.
2. Strategien zur Verbesserung institutioneller Regulierung: Diese orientieren sich am institutionenökonomischen Ansatz und setzen darauf, durch veränderte Regelwerke und Steuerungsmechanismen bessere Anreize für eine gute Regierungsführung sowie für effektive und nachhaltige Problemlösungen zu schaffen. Hierzu sollen eine Reform des öffentlichen Dienstes hin zu einem höheren Grad an Entscheidungsautonomie der Durchführungsverantwortlichen sowie effektivere („intelligentere"), weniger aufwendige Dienstleistungssysteme beitragen. Auch Dezentralisierung kann zur verbesserten Effektivität institutioneller Systeme beitragen.
3. Strategien zur Verbesserung der Leistungskapazität von Organisationen und Individuen (Capacity Development, Organisationsentwicklung).

Eine Betrachtung des Problemszenarios eines unzureichenden Zugangs der Bevölkerung zu nötigen sozialen und ökonomischen Dienstleistungen (Kap. 3.1) macht deutlich, dass eine Strategie bei allen drei genannten Faktoren ansetzen muss: bei der Macht (dem „Wollen"), bei den Kapazitäten (dem „Können") und bei den Regeln (den „Anreizen"). Bessere Fähigkeiten helfen wenig, wo der Wille und die Anreize fehlen, diese einzusetzen. Bessere Regelwerke und Anreizsysteme kommen nicht zustande, wenn sie den Interessen der Mächtigen widersprechen, und sie werden nicht wirksam, wenn die Kapazitäten unzureichend sind. Aber auch eine Veränderung der Machtverhältnisse allein führt nicht zum Erfolg, wenn es an Fähigkeiten und an effektiven Institutionen fehlt.

Die bisherigen entwicklungspolitischen Erfahrungen haben darüber hinaus gezeigt, dass sich die Kluft zwischen dem Staat bzw. privaten Dienstleistern und der Bevölkerung, insbesondere den Armen, nicht allein von einer Seite her schließen lässt (vgl. Abb. 10.3.1/1). Auch bei bester Regierungsführung wären staatliche und private Dienstleistungsbereitsteller in armen Ländern damit überfordert, der Masse der Bevölkerung auf individueller Basis Zugang zu den nötigen Dienstleistungen zu ermöglichen. Andererseits wären aber auch die Bürger überfordert, wenn von ihnen erwartet würde, die Kluft allein aus eigener Kraft, durch „Selbsthilfe" zu überbrücken, und die Dienstleistungsbereitsteller dort zu erreichen, wo diese zu finden sind. Das belegten die meisten Selbsthilfeförderungs-Projekte, deren Vertreter irrtümlicherweise glaubten, die Menschen könnten all ihre Probleme am besten aus eigener Kraft durch gemeinsame Anstrengungen lösen (siehe Kapitel 11.3.3).

Die Organisierung der Bevölkerung an der Basis als Dienstleistungsnutzer und als Staatsbürger (vgl. Abb. 10.3.1/1) hat eine doppelte Funktion: Sie stellt einen nötigen Beitrag dar (Ownership), um den Kapazitätsbegrenzungen der staatlichen Verwaltung, aber auch den Kostenbegrenzungszwängen privater Anbieter Rechnung zu tragen. Gleichzeitig aber erhöht sie die Interessenvertretungsmacht der Nutzer/Bürger gegenüber Staat und privatwirtschaftlichen Akteuren, ist also ein Schritt hin zur Veränderung der Machtverhältnisse (Empowerment). Eine wirksame politisch-institutionelle Strategie kann demnach nicht allein beim Staat ansetzen; sie muss vielmehr die Gesellschaft als Ganzes einbeziehen,

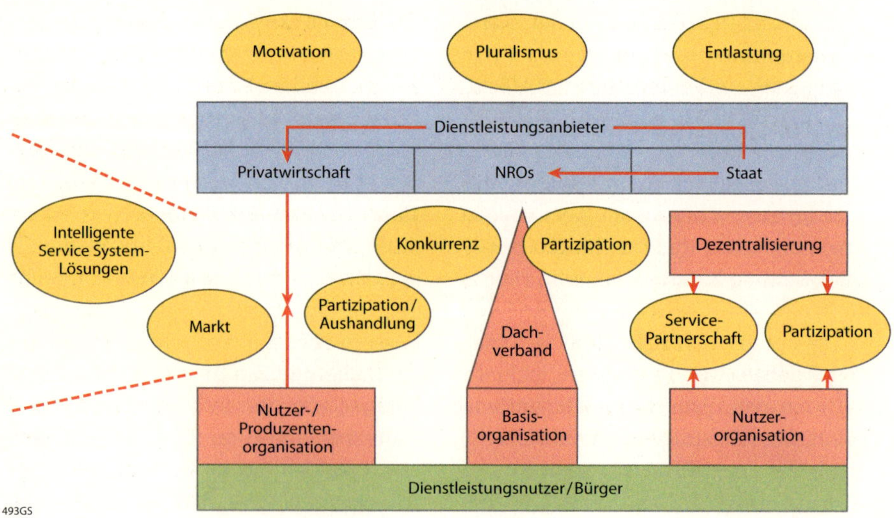

***Abb 10.3.1/1** Die Kluft von beiden Seiten her schließen*

muss die Aufgabenverteilung zwischen den gesellschaftlichen Akteuren zum Gegenstand haben.

Auch eine Strategie zur Verbesserung der Regierungsführung muss folglich auf mehreren Ebenen gleichzeitig ansetzen (vgl. Abb. 10.3.2/1):

- Auf nationaler Ebene ist eine angemessenere Rollenverteilung zwischen Zentralstaat, dezentralem Staat, Privatwirtschaft und Zivilgesellschaft anzustreben, mit den Zielsetzungen einer ausgewogeneren gesellschaftlichen Machtbalance, effektivitätsorientierter Anreiz- und Kontrollmechanismen und einer der neuen Rollenverteilung gemäßen Kapazitätsentwicklung der Organisationen und ihrer Mitarbeiter.
- Auf den dezentralen staatlichen Ebenen (hier: „regionale Ebene“) geht es darum, die bürgernahen dezentralen staatlichen Organe, die Regional- bzw. Kommunalregierungen, in die Lage zu versetzen und dahingehend zu steuern, ihren (zum Teil neuen) Aufgaben im Zusammenwirken mit den anderen lokalen Akteuren gerecht zu werden. Dies betrifft vor allem die Funktionen der dezentralen Entwicklungsplanung und der Bereitstellung von Dienstleistungen.
- Auf der lokalen Ebene, hier verstanden als die Ebene lokaler Gemeinschaften, Nutzerorganisationen und anderer lokaler zivilgesellschaftlichen Vereinigungen, geht es um zwei Aspekte: um demokratische Kontrolle von unten, verbunden mit einer Stärkung der Interessenvertretungsmacht benachteiligter Gruppen (also um Empowerment) einerseits und um die Übernahme von Eigenverantwortung für die Funktionsfähigkeit von Einrichtungen auf lokaler Ebene sowie um Eigeninitiative bei der Lösung lokaler Probleme (also um Ownership) andererseits. Diese Aspekte werden im Rahmen der gesellschaftlichen Dimension in Kapitel 11 näher beleuchtet.
- Worin aber liegt in diesem Kontext die Rolle der globalen Ebene? Drei Aspekte sind hier von Bedeutung:
  - Vereinbarung von Verhaltensregeln bezüglich Regierungsführung als Grundlage für eine partnerschaftliche entwicklungspolitische Zusammenarbeit. Diese dienen als legitimer Bezugsrahmen für eine nicht von Geberwillkür bestimmte politische Konditionalisierung der Zusammenarbeit mit dem Ziel einer Förderung demokratischer Reformen auf nationaler Ebene, verbunden mit einer Stärkung der Einflussmöglichkeiten benachteiligter Gruppen.
  - Schaffung globaler Rahmenbedingungen, die die Handlungsspielräume und Anreizsysteme für die Länder des Südens derart verbessern, dass eine bessere Regierungsführung auch bessere Entwicklungschancen eröffnet. Dies betrifft überwiegend die in Kapitel 8 und 9 angesprochene entwicklungsorientiertere und fairere Gestaltung der globalen ökonomischen und ökologischen Regelwerke.
  - Globale Regeln für die Schaffung und Erhaltung von Frieden zwischen den Staaten und innerhalb dieser. Dieser Aspekt geht weit über den Bereich der Entwicklungspolitik hinaus, berührt diese aber.

Da mit dem erstgenannten Aspekt vor allem die Regierungen des Südens, mit dem zweitgenannten aber primär die des Nordens in die Pflicht genommen werden, ist es wichtig, diese unterschiedlichen Themen gleichwertig und in ihren wechselseitigen Zusammenhängen zu behandeln.

10.3.2 Globale Ebene: Global Governance als Bezugsrahmen für Good Governance

Wichtige Bereiche von globaler Regierungsführung wurden bereits in den vorhergehenden Kapiteln angesprochen. In Kapitel 8 ging es um die entwicklungsorientierte Regulierung der Weltwirtschaftsbeziehungen. In Kapitel 9 standen Regelwerke und gemeinsame Aktionsprogramme zur Bewältigung globaler Umweltprobleme zur Diskussion. In beiden Bereichen wurde deutlich: Global Governance steht nicht nur als Forderung auf dem Papier; es gibt sie bereits. Es gibt eine schier unüberschaubare Vielzahl an internationalen Foren und auch an Vereinbarungen. Deutlich wurde aber auch, dass die Fortschritte bei der Erstellung von Regelwerken und bei deren Umsetzung weit hinter den durch wachsenden Problemdruck (Beispiel Klimawandel) und reale Globalisierungsdynamiken vorgegebenen Notwendigkeiten zurückbleiben. Es bedarf aber nicht nur effektiverer Mechanismen globaler Regierungsführung, sondern auch einer stärkeren Entwicklungsorientierung der globalen Regelwerke (vgl. Abb. 10.3.2/1).

In diesem Abschnitt geht es um zweierlei: zum einen darum, das Global Governance-System, seine Ziele, Instrumente und Institutionen sowie seine Defizite als Ganzes zu skizzieren (Kap. 10.3.2.1). Dabei stehen die entwicklungsrelevanten Bereiche des Systems in Vordergrund. Zum anderen wird speziell auf die Frage Bezug genommen, durch welche globalen Rahmenbedingungen die Regierungsführung in den Ländern des Südens verbessert werden kann (Kap. 10.3.2.2).

10.3.2.1 Global Governance: Ziele, Strukturen und Schwierigkeiten

Global Governance kann definiert werden als „Entwicklung eines Institutionen- und Regelsystems und neuer Mechanismen internationaler Kooperation, die die kontinuierliche Problembearbeitung globaler Herausforderungen und grenzüberschreitender Phänomene erlauben." (D. Messner & F. Nuscheler 2003, 423). Es geht also um eine Kooperation souveräner Staaten, um „global governance without government" (ebd.).

Spätestens seit dem 2. Weltkrieg, seit Gründung der Vereinten Nationen (UN), der Bretton-Woods-Institutionen (IWF & Weltbank) und des GATT (**G**eneral **A**greement on **T**rade and **T**ariffs, WTO- Vorgängerorganisation) kann man von Global Governance im oben genannten Sinne sprechen. Ziele und Gegenstand aber haben sich im Verlauf der Jahrzehnte verändert. Bei den Vereinten Nationen standen ursprünglich die Ziele Frieden, Sicherheit und Menschenrechte, bei Weltbank, IWF und GATT die Stabilität des Weltwährungssystems, der Zugang zu internationaler Finanzierung und die Ausweitung des Außenhandels im Vordergrund. Im Zuge der fortschreitenden ökonomischen Globalisierung und des Klimawandels wurde der Zielkatalog um soziale und umweltpolitische Ziele erweitert. Angestrebt wird heute eine nach-

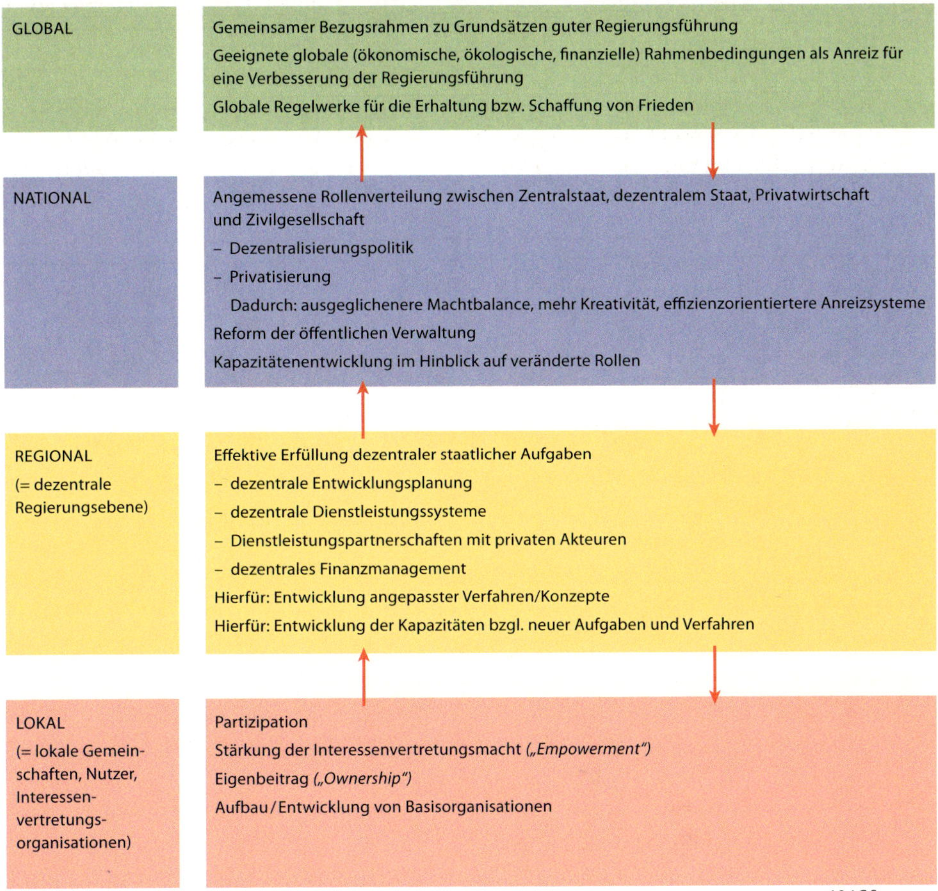

Abb 10.3.2/1 *Mehr-Ebenen-Strategie zu Good Governance*

haltige globale Entwicklung basierend auf einer ökologisch und sozial orientierten Steuerung von ökonomischen Globalisierungsprozessen (BMZ 2003). Global governance umfasst drei Formen internationaler Kooperation:

1. Die Gestaltung internationaler Beziehungen (z. B. Frieden, Handel, Klima).
2. Die Einigung auf gemeinsame Mindeststandards (z. B. Menschenrechte) und Ziele (z. B. Millennium Development Goals) für Aufgabenbereiche, die unter nationalstaatliche Zuständigkeit fallen.
3. Multilaterale Entwicklungszusammenarbeit.

Insbesondere beim zweitgenannten Bereich impliziert Global Governance auch eine Einschränkung nationalstaatlicher Souveränität. Die drei Kooperationsformen sind eng miteinander zu verzahnen, wenn sie bei allen Akteuren auf Akzeptanz stoßen und zum Ziel einer nachhaltigen Entwicklung beitragen sollen: entwicklungsförderliche globale und nationale Rahmenbedingungen sowie solidarische Unterstützung bedingen einander wechselseitig.

Als Stützpfeiler der Global Governance Architektur kann man die Vereinten Nationen mit ihren Sonderorganisationen bezeichnen (vgl. T. Fues 2005; D. Messner & F. Nuscheler 2003). Wo es aber um globale Wirtschaftsbeziehungen und Finanzierungen geht, spielen die zuständigen UN-Unterorganisationen eine untergeordnete Rolle gegenüber den von den mächtigen OECD-Ländern favorisierten Bretton-Woods-Organisationen und der Welthandelsorganisation. Die Vereinten Nationen können mit ihrem Prinzip „ein Land – eine Stimme“ zwar einen hohen Grad an demokratischer Legitimation für sich beanspruchen, gelten aber als sehr schwerfällig und ineffizient. Es „fehlen bisher legitime Methoden der Repräsentativität, die zu entscheidungsfähigen Gremien mit überschaubarer Mitgliederzahl unter Einbeziehung aller relevanten Staatengruppen führen“ (T. Fues 2005, 60). Einschlägige Reformversuche des früheren Generalsekretärs Kofi Annan sind am Widerstand der Mitgliedstaaten, die auf ihre direkte Einbeziehung in alle Entscheidungen nicht verzichten wollten, gescheitert. Der Weltbank und dem IWF fehlt zwar die demokratische Legitimation (die Stimmrechte orientieren sich hier an den Kapitalanteilen, bevorzugen also die IL), sie gelten aber als effizienter und entscheidungsfähiger. Bei der WTO gilt zwar auch das Prinzip „ein Land – eine Stimme“. Den armen Ländern fehlt aber die personelle Kapazität, sich an den Entscheidungsvorbereitungsprozessen konstruktiv zu beteiligen. So bleibt ihnen am Ende oft nur die Option zuzustimmen oder die Verhandlungen scheitern zu lassen. Die Ineffektivität der UN-Organisationen in Verbindung mit dem lange Zeit praktizierten Unilateralismus der USA und die mangelnde Repräsentativität von IWF, Weltbank und de facto auch der WTO erklären, warum trotz der Vielzahl an internationalen Konferenzen von einer effektiven Regulierung globaler Beziehungen bisher nur in Ansätzen gesprochen werden kann.

Die Reformvorschläge gehen konsequenterweise in zwei Richtungen: einerseits soll das UN-System durch Reformen effektiver, flexibler und entscheidungsfreudiger gestaltet werden; hierzu bedarf es eines stärkeren organisatorischen Unterbaus regionaler Zusammenschlüsse und eines mehrstufigen Repräsentationssystems (vgl. T. Fues 2005). Andererseits soll die demokratische Repräsentation in den Bretton-Woods-Organisationen formell und bei der WTO faktisch verbessert werden. Auch vom Ausgang der Verhandlungen über diese institutionellen Reformschritte wird es abhängen, ob in Zukunft Vereinbarungen über entwicklungsfreundlichere globale Rahmenbedingungen zustande kommen.

10.3.2.2 Globale Rahmenbedingungen für eine Verbesserung der Regierungsführung in den Ländern des Südens

Es gibt keine umfassenden internationalen Vereinbarungen und keine sich in regelmäßigen Abständen treffenden Foren zum Thema Demokratisierung oder Regierungsführung. Internationaler Konsens besteht hingegen hinsichtlich der Einhaltung von Menschenrechten, die in der internationalen Menschenrechts-Charta festgehalten, durch den Menschenrechtsrat der UN weiter operationalisiert und durch weitere Menschenrechtskonventionen (u. a. zu Rassendiskriminierung, Frauendiskriminierung, Folter, Rechte von Kindern und von Wanderarbeitern) ergänzt wurden. Auch in der Millenniums-Erklärung der UN wird der Zusammenhang zwischen Menschenrechten und Entwicklung betont. Dort findet sich darüber hinaus ein Bekenntnis der Staats- und Regierungschefs, „dass das Recht aller, in Würde, Sicherheit und Freiheit zu leben, am besten durch eine partizipatorische Staatsführung auf der Grundlage des Willens des Volkes gewährleistet ist" (BMZ 10/2008, 295). In den operationalisierten Millenniumszielen finden sich Demokratisierung bzw. verbesserte Regierungsführung nicht im Zielkatalog. Somit besteht zwar über die Verwirklichung der Menschenrechte ein Minimalkonsens; zur Frage des politischen Systems und zu Fragen der Regierungsführung gibt es hingegen keinen globalen Konsens.

Die in der Realität in vielen Ländern seit 1990 stattfindenden politischen Reformen, die Demokratisierungs- und Privatisierungsprozesse waren hingegen Resultat einer ganz anderen Form von Global Governance: Sie wurden ausgelöst durch die von IWF und Weltbank unilateral konzipierten Strukturanpassungsreformen, die nicht allein wirtschaftspolitischer Natur waren, sondern auch die Rolle des Staates in der Gesellschaft entscheidend verändern wollten. Sie beruhten freilich nicht auf internationalen Vereinbarungen, sondern auf bilateralen Darlehens- und Entschuldungsabkommen und einer daran geknüpften Konditionalität (Auflagenpolitik) der Geberstaaten.

Den derzeit wohl bedeutendsten Versuch, ein internationales Regelwerk zur Verbesserung der Regierungsführung zu schaffen, stellt die zwischen den OECD-Staaten und den ODA-Empfängerländern ausgehandelte Paris-Erklärung dar (vgl. Kap. 6). Mit dieser verpflichteten sich nicht nur die Geberländer zu Verbesserungen der Effektivität bei der Bereitstellung ihrer Beiträge. Auch die Partnerländer verpflichteten sich zu Grundsätzen wie Democratic Ownership, Transparenz, verbessertem Finanzmanagement und zur Erhöhung des eigenen Steueraufkommens. Entscheidend dabei ist, dass beide Seiten Verpflichtungen eingingen, und beide Seiten darüber Rechenschaft ablegen sollen.

Derartige internationale Vereinbarungen über Grundsätze dienen als Bezugsrahmen für bilaterale Politikdialoge, durch die man hofft, sich auf konkrete, den Bedingungen des jeweiligen Landes entsprechende und für das betreffende Kooperationsvorhaben relevante Schritte zur Verbesserung der Regierungsführung zu einigen. Im Rahmen des Politikdialogs

Charakteristika von Good Governance

(gesammelt aus unterschiedlichen Definitionen)

1. **Rechtsstaatlichkeit und Rechtssicherheit:** Hierzu gehören die Unabhängigkeit der Justiz, Gleichheit vor dem Recht, die Möglichkeit für alle, ihr Recht (auch gegenüber staatlichen Organen) geltend zu machen; verlässliche institutionelle Bedingungen.
2. **Partizipation:** Diese umfasst Elemente repräsentativer und direkter Demokratie und Vereinigungsfreiheit.
3. **Rechenschaftslegung:** Die Politik muss gegenüber der Öffentlichkeit, die Verwaltung gegenüber den Nutzern öffentlicher Leistungen Rechenschaft ablegen für ihre Entscheidungen und deren Umsetzung. Dies gilt insbesondere für die Verwendung öffentlicher Mittel.
4. **Transparenz:** Dies betrifft sowohl staatliche Entscheidungsprozesse als auch die Ausführung von Entscheidungen; staatliches Handeln muss berechenbar sein; Bürger und Medien müssen informiert werden und frei recherchieren und berichten dürfen.
5. **Gleichberechtigung und Inklusivität:** Gleichbehandlung aller Mitglieder der Gesellschaft (Geschlechter, Rassen, Minderheiten); dies ist eine wichtige Voraussetzung für Armutsminderung.
6. **Effektivität und Effizienz:** Orientierung an den gesellschaftlichen Bedürfnissen bei möglichst sparsamer Verwendung natürlicher, personeller und finanzieller Ressourcen. Dazu gehört auch die Entwicklungsorientierung staatlichen Handelns.
7. **Bürgerorientierte Verwaltung:** Offenheit für und zügige Reaktion auf Anliegen der Bürger.
8. **Konsensorientierung:** Suche nach Interessenausgleich und Vermittlung zwischen Interessengruppen. Orientierung als Grundsatz friedlicher Konfliktaustragung

kann z. B. anlässlich von Korruptionsfällen über die Einführung verbesserter Finanzkontrollverfahren gesprochen werden oder über ein Gesetz zur Bildung von staatsunabhängigen Basisorganisationen.

Die Möglichkeiten, Art und Qualität von Regierungsführung durch internationale Vereinbarungen und daran geknüpfte politische Konditionalitäten zu beeinflussen, sind aus mehreren Gründen mit Skepsis zu betrachten: Ein Grund liegt in der historischen und gesellschaftlichen Bedingtheit der Art der Regierungsführung (vgl. J. Betz 2003). Rent-seeking-Orientierung und Klientelismus lassen sich nicht durch Konditionalität und institutionelle Reformen aus der Welt schaffen. Rechtsstaatlichkeit etwa lässt sich nicht per Dekret durchsetzen. Hierzu müssten Tausende von Beamten und Polizisten, Hunderte von Richtern ihr Verhalten ändern, Machtpositionen und damit verbundene Einnahmequellen aufgeben. Ein weiterer Grund zur Skepsis bezüglich internationaler Regelwerke zu Fragen von Demokratisierung und Good Governance besteht darin, dass die Art des Wechselverhältnisses zwischen Entwicklung und Demokratisierung in der politischen Debatte umstritten ist.

Gute Regierungsführung lässt sich also nicht über internationale Vereinbarungen und von außen auferlegte Konditionalität durchsetzen. Andererseits müssen alle Bemühungen um Armutsminderung und nachhaltige Ressourcennutzung versagen, wenn es nicht gelingt, die politisch-institutionellen Rahmenbedingungen zu verbessern. Der Ausweg aus diesem Dilemma besteht wohl darin, für konkrete durch Entwicklungszusammenarbeit unterstützte nationale Programme beidseitig verbindliche Vereinbarungen zu treffen, in denen – bezogen auf die jeweils zu lösenden Probleme – die Mitwirkungsmöglichkeiten der verschiedenen Akteure erweitert, der Aufbau von regierungsunabhängigen Basisorganisationen erleichtert, die Finanzkontrolle verbessert, also die relevanten Defizite der Regierungsführung abgebaut werden. Zu diesem Zweck ist es sinnvoll, sich im Rahmen eines Politikdialoges auf internationale Vereinbarungen beziehen zu können.

Nicht weniger wichtig aber ist, dass sich die Anstrengungen zu einer politisch-institutionellen Reform für die Regierungen lohnen. Wo sich Fortschritte hinsichtlich systemischer Wettbewerbsfähigkeit nicht bezahlt machen, weil der Weltmarkt keine fairen Chancen bietet, dort ist es realistisch, weiterhin der Rent-seeking-Logik zu gehorchen, und die Bedürfnisse der Bevölkerung nach Möglichkeit mit Verteilung von Patronageleistungen zu befriedigen.

10.3.3 Nationale Ebene: Kampf um bessere Machtaufteilung – Macht, Anreizsysteme und Kapazitäten

Good Governance ist bei den entwicklungspolitischen Organisationen des Nordens zum Schlüsselfaktor für Entwicklung avanciert (WELTBANK 1997). Die Europäische Union definiert Good Governance wie folgt: Sie „zeichnet sich durch Transparenz, Verantwortungsbewusstsein, Partizipation, Gerechtigkeit, Achtung der Menschenrechte und Rechtsstaatlichkeit aus. Sie umfasst das gesamte staatliche Handeln gegenüber der Zivilgesellschaft, einschließlich der Schaffung günstiger Rahmenbedingungen für die wirtschaftliche und soziale Entwicklung und der gerechten Verteilung der Ressourcen" (zitiert nach BMZ 2003).

Die Orientierung der Entwicklungspolitik an den Grundsätzen von Good Governance bedeutet zunächst nur eine Aussage über die normative Zielorientierung. Auch demokratische Industrieländer werden diesen Kriterien in unterschiedlichem Maße, kaum jedoch vollständig gerecht. Die bisherigen Ausführungen haben bereits gezeigt, dass gute Regierungsführung nicht einfach durch staatliche Entscheidungen, auch nicht durch Verfassungsänderungen, herbeigeführt werden kann. Sie hängt vom Wollen und Können einer Vielzahl von Akteuren, und letztlich von tief verwurzelten historischen und gesellschaftlichen Bedingungen ab (vgl. W. HEIN 2003; R. TETZLAFF 2005).

Die Frage lautet also, durch welche konkreten Strategien und Instrumente sich Regierungsführung positiv beeinflussen lässt. In Abschnitt 10.3.1 wurden hierzu für die nationale Handlungsebene folgende strategischen Ansatzpunkte identifiziert, die auch Gegenstand der Staatsreformbestrebungen der letzten beiden Jahrzehnte in Entwicklungs- und Transformationsländern sind:

- Privatisierung: Angemessenere Rollenverteilung zwischen Staat, Privatwirtschaft und Zivilgesellschaft zwecks Entlastung des Staates („Können"), pluralistischer Entscheidungsstrukturen (breites Interessenspektrum – „Wollen") und besserer Entfaltungsmöglichkeiten für menschliche Initiative und Kreativität (Anreize, Motivation – Kap. 10.3.3.1).
- Dezentralisierung: Angemessenere Rollenverteilung zwischen zentralen und dezentralen staatlichen Instanzen. Auch hier sind ausgewogene Lastenverteilung, Machtverteilung und Anreizsysteme angesprochen (Kap. 10.3.3.2).
- Verwaltungsreform: Hier geht es um die Orientierung an Regeln zur Vermeidung von Willkür (Macht), um die Entwicklung verbesserter institutioneller Verfahren und von professionellem Personalmanagement sowie um motivierende Arbeitsbedingungen (Anreizstrukturen).
- Capacity Development: Hier geht es um die Anpassung der personellen und organisatorischen Fähigkeiten an die neuen Aufgaben und Verfahren.

Die Ausführungen in diesem Kapitel konzentrieren sich auf Privatisierungs- und Dezentralisierungspolitik. Fragen der Verwaltungsreform und des Capacity Development werden dabei implizit angesprochen.

10.3.3.1 Privatisierung

Das Thema Privatisierung wird nicht nur im Rahmen der Entwicklungspolitik kontrovers diskutiert. Es geht um die Frage nach der angemessenen Aufteilung der Verantwortung zwischen Staat, Privatwirtschaft und Zivilgesellschaft (R. Liedtke 2007). Privatisierung bezeichnet einen Prozess, in dem bislang vom Staat wahrgenommene Aufgaben entweder an die Privatwirtschaft oder an gemeinnützige zivilgesellschaftliche Organisationen übertragen werden. Damit einher geht eine fundamentale Veränderung der Rationalität des Zugangs zu den betreffenden Leistungen. Staatliche Erbringung öffentlicher Leistungen impliziert – zumindest in demokratischen Staaten – ein gesetzlich geregeltes Recht auf Zugang; der Nutzer fungiert als Staatsbürger; die Leistungserbringung unterliegt demokratischer Kontrolle. Bei privatwirtschaftlicher Leistungserbringung erfolgt der Zugang durch kaufkräftige Nachfrage über den Marktmechanismus; die Nutzer sind Kunden; diese üben über ihre Entscheidungen auf dem Markt Kontrolle aus. Zivilgesellschaftliche Leistungserbringung (z. B. kirchliche Schulen) folgt dem Prinzip der Freiwilligkeit auf Basis entweder von Selbsthilfe oder von Solidarität. Der Zugang erfolgt nach Zugehörigkeit (z. B. zu einer weltanschaulichen Gemeinschaft). In der Realität existieren zahlreiche Mischformen zwischen diesen drei Typen. Verbreitet sind Arrangements mit staatlicher Verantwortung für die Leistungserstellung, verbunden mit einer Bereitstellung durch private Träger.

In Ländern, in denen der Staat schlecht funktioniert, keiner effektiven demokratischen Kontrolle unterliegt und die erforderlichen, von ihm verantworteten Leistungen nicht oder nur gegen Bestechungsgelder erbringt („Staatsversagen" – vgl. die Problembeschreibung in Abschnitt 10.1), liegt die Forderung nach Privatisierung nahe. So wurde Privatisierung in den 1980er-Jahren zu einem zentralen Bestandteil der Strukturanpassungsprogramme (vgl. Kap. 8.3.3) für Entwicklungsländer und der Transformationsprozesse in den einst zentralstaatlich verwalteten Ostblock-Ländern. Dadurch sollte

a. die Macht der Zentralstaaten begrenzt, und die Rent-seeking-Logik durch innovative unternehmerische Orientierung verdrängt werden;
b. der überforderte Staat entlastet und dadurch in der Wahrnehmung der verbleibenden Aufgaben gestärkt werden;
c. im Rahmen eines stärker privatwirtschaftlich ausgerichteten, leistungsbezogenen Personalmanagements positive, effizienzsteigernde Anreize geschaffen werden.

Wie die Strukturanpassungsprogramme insgesamt, so war auch die den verschuldeten Ländern auferlegte Privatisierungspolitik weltweit nach einem einheitlichen „Strickmuster" gestaltet, welches sich eher am US-amerikanischen als am (einstigen) europäischen Modell orientierte. Nicht nur staatliche Industrie- und Handelsunternehmen, auch öffentliche Dienstleistungen im Bereich der Elektrizitäts- und Wasserversorgung, des Bildungs- und Gesundheitswesens sollten nach marktwirtschaftlichen Prinzipien betrieben werden. Die Umsetzung dieser Politik stieß nicht nur auf Widerstände in den betroffenen Ländern, sondern war auch von Fehlschlägen begleitet. Die Widerstände richteten sich gegen die negativen sozialen Folgen der Privatisierung, vor allem gegen Arbeitsplatzabbau und die gestiegenen Kosten für soziale Grunddienste. Die Fehlschläge zeigten sich daran, dass der Rückzug des Staates in vielen Bereichen ein Vakuum hinterließ. Während attraktive Sektoren (wie Elektrizitätsversorgung) meist von ausländischen Konzernen übernommen wurden, entwickelte sich das einheimische Unternehmertum in vielen Ländern (vor allem in Afrika) nicht in dem erwarteten Maße. Es mangelte an unternehmerischer Tradition und an Kapital: Oft kam es zu Scheinprivatisierungen, wobei die ehemaligen Staatsbetriebe zum Privateigentum von Mitgliedern der einstigen Staatsklasse wurden. Staatsmonopole wurden so zum Teil durch private Monopole ersetzt (R. Liedtke 2007). Ähnliches spielte sich im Bereich der Entwicklung zivilgesellschaftlicher Organisationen ab. Viele Nicht-Regierungsorganisationen werden heute von einstigen Politikern oder Beamten geleitet, die im Zuge des Staatsabbaus nach neuen Rentenquellen suchten. Es zeigte sich also, dass institutionelle Reformen bei fortbestehenden gesellschaftlichen Strukturen oft nur dazu führen, dass „alter Wein in neue Flaschen gegossen wird". Die Firmenschilder wurden erneuert; die Akteure und die Strukturen blieben oft die alten.

Zweierlei Lehren ließen sich aus diesen Erfahrungen ziehen:

1. Entwicklung braucht einen starken Staat. Auch die Weltbank wandte sich in ihrem Weltentwicklungsbericht 1997, welcher der Rolle des Staates gewidmet war, von

einem neoliberalen Staatsverständnis ab: „Far from supporting a minimalist approach to the state, these examples [from industrial economies and East Asia; T.R.] have shown that development requires an effective state, one that plays a catalytic, faciliating role, encouraging and complementing the activities of private business and individuals" (WELTBANK 1997, Vorwort).

2. Die angemessene Aufteilung der Rollen zwischen Staat, Privatwirtschaft und Zivilgesellschaft hängt vom historischen, kulturellen und gesellschaftlichen Kontext ab. Es gibt Länder mit etatistischer Tradition und solche mit starken unternehmerischen Potenzialen; es gibt Gesellschaften mit starker Entfaltung gemeinnütziger, religiöser Organisationen in den sozialen Bereichen und solche mit individualistischer Grundorientierung. Die zweckmäßigste Aufteilung der Zuständigkeiten sollte sich folglich an den Gegebenheiten des jeweiligen Landes orientieren und dort unter Beteiligung der relevanten Akteure ausgehandelt werden.

Dabei gilt es, einige generelle Kriterien zu berücksichtigen: Staatliche Verantwortung ist notwendig nicht allein für klassisch hoheitliche Aufgaben (wie Sicherheit und Finanzwesen), für öffentliche Güter (wo der Markt versagt) und für die Bereitstellung von Grundbedürfnissen in Fällen, in denen über den Marktmechanismus kein allgemeiner Zugang gesichert ist (z. B. im Fall von Trinkwasser, anders als z. B. im Fall von Grundnahrungsmitteln, die in der Regel auf privaten Märkten gekauft werden). Privatwirtschaftliche Zuständigkeit ist demgegenüber bei der Versorgung mit solchen Gütern und Leistungen sinnvoll, bei denen der Marktmechanismus, d. h. das Konkurrenzprinzip, funktioniert (z. B. eher beim Bustransport, weniger aber beim Bahntransport). Zivilgesellschaftliche Bereitstellung sollte stets ermutigt werden, ist aber meist selektiv und nicht der Allgemeinheit verpflichtet, kann also staatliche Verantwortung für Inklusivität des Zugangs zu den betreffenden Leistungen nicht ersetzen. Das Prinzip staatlicher Verantwortung kann aber mit der Praxis privater Bereitstellung auf unterschiedliche Weise verknüpft werden. Darauf wird beim Thema Dienstleistungssysteme (Abschnitt 10.3.4) näher eingegangen.

10.3.3.2 Dezentralisierung

Die Mehrzahl der Entwicklungsländer hat in den letzten Jahrzehnten verfassungsrechtliche Schritte zur Dezentralisierung der politischen und administrativen Strukturen unternommen. Allein in den 1990er-Jahren wurden in etwa 70 Ländern Dezentralisierungsgesetze verabschiedet (H. FUHR 1999). Auch dies war eine Konsequenz der Krise des Zentralstaats. Mittlerweile hat sich die anfängliche – vor allem in EZ-Kreisen verbreitete – Dezentralisierungseuphorie etwas gelegt. Die Probleme und Grenzen dezentraler Steuerung in armen Ländern sind deutlich geworden. Die Strategieansätze der Dezentralisierungsförderung sind differenzierter geworden.

Im Folgenden wird der Begriff Dezentralisierung näher erläutert und deren unterschiedliche Formen und Dimensionen beschrieben. Daraufhin werden mit Dezentralisierung verbundenen Erwartungen und Befürchtungen thematisiert.

Der Begriff Dezentralisierung

kann sich auf sehr unterschiedliche Organisationen (z. B. auch Privatunternehmen) und Phänomene (z. B. die räumliche Verteilung von Wirtschaftsaktivitäten) beziehen. Auf das politisch-institutionelle System angewandt wird Dezentralisierung üblicherweise verstanden als

„ein Transfer von Macht, Verantwortung und Ressourcen für die Planung, die Finanzierung und das Management der Durchführung öffentlicher Aufgaben von der Zentralregierung an

- untergeordnete, dezentral angesiedelte Behörden der Zentralregierung,
- halb-autonome öffentliche Einrichtungen (z. B. Universitäten)
- sektorale oder regionale Entwicklungsgesellschaften
- autonome regionale oder lokale Gebietskörperschaften (z. B. Bundesländer, Gemeinden) oder an
- Nicht-Regierungsorganisationen".

(nach D. A. Rondinelli et al. 1989)

Dabei wird deutlich, dass die Zweckmäßigkeit einer Dezentralisierungspolitik von den jeweiligen Bedingungen des Landes abhängig ist, und dass es auf das „Wie", auf die Ausgestaltung, das Design des dezentralisierten Systems ankommt. Die damit verbundene Frage der angemessenen Verteilung der staatlichen Aufgaben auf die politischen Ebenen wird im Anschluss daran vertiefend erörtert.

In manchen Definitionen wird auch Privatisierung als eine Form von Dezentralisierung eingeordnet und als „horizontale Dezentralisierung" bezeichnet (z. B. W. Thomi 2001). Begründet wird diese erweiterte Definition damit, dass es sich in beiden Fällen um eine Reduzierung der Verantwortung der Zentralregierung handelt. Übersehen wird dabei jedoch, dass Privatisierung einer völlig andersartigen Logik folgt als Dezentralisierung: Während bei erstgenannter die Leistungsbereitstellung dem Marktmechanismus anvertraut wird, bleibt bei letztgenannter die politische Verantwortung des Staates und das Prinzip demokratischer Kontrolle durch den Gemeindebürger erhalten. Im Folgenden wird der Begriff Dezentralisierung deshalb nur im oben definierten engeren Sinn verwendet.

Wichtig ist auch das Verhältnis zwischen Dezentralisierung und Demokratisierung. Beide hängen zwar idealerweise, aber nicht notwendigerweise zusammen. In der Realität gibt es undemokratische dezentrale Systeme (Musterbeispiel ist der Feudalismus) wie auch relativ zentralistische demokratische Staatsformen (z. B. Frankreich)

Es lassen sich drei Formen von Dezentralisierung unterscheiden:

1. Dekonzentration: Hierbei handelt es sich um die Übertragung von Verantwortlichkeit und Entscheidungsmacht auf rangniedrigere und/oder dezentral angesiedelte Ebenen innerhalb der zentralstaatlichen Verwaltungshierarchie.

In diesem Fall untersteht z. B. ein Bezirkslandwirtschaftsamt immer noch dem nationalen Ministerium, verfügt aber über den Grad an Autonomie, sein Programm den spezifischen Bedingungen und Bedürfnissen im jeweiligen Bezirk anzupassen.

2. Delegation: In diesem Fall wird die Zuständigkeit für die Erledigung öffentlicher Aufgaben mitsamt Entscheidungsautonomie und Ressourcen an semi-autonome oder halbstaatliche Einrichtungen übertragen. Prominente Beispiele hierfür sind Universitäten, die Deutsche Bahn oder die öffentlich-rechtlichen Rundfunkanstalten in Deutschland. In diesem Fall besteht keine personalrechtliche Unterordnung unter das zuständige Ministerium. Die betreffenden Organisationen können nach unbürokratischen, privatwirtschaftlichen Prinzipien gesteuert werden. Die staatliche Kontrolle erfolgt indirekt über Aufsichtsräte (z. B. Rundfunkrat).
3. Devolution: Hierbei handelt es sich um eine Übertragung von legislativen und exekutiven Funktionen auf selbstständige, vom Volk gewählte lokale bzw. regionale Gebietskörperschaften (z. B. Bundesländer oder Gemeinden). Im Fall der Devolution gibt es kein Unterordnungsverhältnis mehr zur nationalen Regierung. Eine Bundeskanzlerin in Deutschland kann dem Ministerpräsidenten eines Bundeslandes keine Anordnungen erteilen, sondern allenfalls den Rechtsweg beschreiten, wenn dieser gegen Bundesrecht verstößt. Im Fall einer Devolution untersteht das Bezirkslandwirtschaftsamt mitsamt Personal nicht mehr dem Ministerium, sondern dem Bezirksvorsitzenden. Die Lokalregierungen werden von gewählten Gemeinderäten bzw. -parlamenten kontrolliert, und sie sind eigenständige rechtliche Einheiten mit eigenem Budget, mit Personalhoheit und der Kompetenz, Eigentum zu halten.

Die drei Formen unterscheiden sich also hinsichtlich des Grades an Autonomie der dezentralen staatlichen Einrichtungen. Eine besondere Form von Devolution ist der Föderalismus. In föderalistischen Systemen haben dezentrale Gebietskörperschaften (in der Regel auf regionaler Ebene, also Bundesländer, Bundesstaaten, Kantone) nicht nur alle Rechte devolvierter Einheiten, sondern zudem auch einen hohen Grad an legislativer Macht und starke Mitentscheidungsmöglichkeiten auf zentralstaatlicher Ebene (in der Regel durch eine zweite Kammer des Parlaments wie in Deutschland den Bundesrat oder in den Vereinigten Staaten den Senat). Föderalistische Systeme gibt es in Deutschland, der Schweiz, Österreich, den USA, Kanada, aber z. B. auch in Indien und Brasilien. Oft handelt es sich dabei um Staaten, die sich aus einst unabhängigen Einzelstaaten gebildet haben.

Dezentralisierungsprozesse wurden definiert als Transfer von Macht, Verantwortung (Aufgaben) und Ressourcen. Damit sind die drei Dimensionen angesprochen: Bei der politischen Dimension geht es um den Machtaspekt (die Verteilung legislativer und exekutiver Macht) und um die Frage der demokratischen Kontrolle. Politische Dezentralisierung wird oft mit einer Gestaltung und Kontrolle öffentlicher Dienstleistungen durch gewählte Gemeinderäte gleichgesetzt. Aber auch eine Dekonzentration der Verwaltung kann deren Bürgernähe sowie deren Flexibilität, auf die Bedürfnisse und Forderungen der Nutzer von Dienstleistungen oder auf die Prioritäten des Gemeinderates zu reagieren, wesentlich erhöhen, trägt somit zur Erweiterung demokratischer Handlungsspielräume bei und hat folglich eine – oft unterschätzte – politische Dimension.

Bei der administrativen Dimension geht es um die Frage einer angemessenen Verteilung von Zuständigkeiten. Hier steht die Effizienz und Effektivität der Aufgabenerfüllung im Vordergrund. Welcher Grad von Entscheidungsautonomie einer untergeordneten Organisationseinheit wirkt motivierend, schafft also positive Anreize? Und ab welchem Grad an Autonomie tritt Überforderung ein, überwiegen negative Anreize? Wie viele Verwaltungsebenen sind angemessen? Wie können die Aktivitäten dezentraler Einheiten fachlich gesteuert, wie können sie koordiniert werden? Das sind typische verwaltungswissenschaftliche Themen in Zusammenhang mit der Gestaltung dezentraler Systeme (H. Illy 2001; K. Simon 2001).

Bei der fiskalischen Dimension geht es um die Verteilung der finanziellen Ressourcen. Diese umfasst die Befugnis, Einnahmen zu erheben und Kredite aufzunehmen, sowie das System finanzieller Transfers zwischen den Ebenen oder den verschiedenen dezentralen Gebietskörperschaften (Finanzausgleich).

Grundsätzlich gilt die Regel, dass derjenige, der die Verantwortung für eine Aufgabe übertragen bekommt, auch die dazu erforderliche Entscheidungsautonomie (d. h. Macht) und die Kontrolle über die nötigen personellen und finanziellen Ressourcen erhalten soll. Im Idealfall sollte also die Umverteilung von Macht, Aufgaben und Ressourcen miteinander einhergehen.

Unter Verweis auf die mit zentralistischen Regulierungsformen verbundenen Probleme betonen Dezentralisierungsbefürworter die folgenden **Vorteile dezentraler Regierungsführung** (T. Rauch 2001):

- Dezentrale, kontextspezifische, problemnahe Entscheidungen führen zu situationsgerechteren und deshalb wirksameren Problemlösungen und zur besseren Nutzung lokaler Ressourcen.
- Dezentrale Entscheidungsfindung erlaubt Bürgerbeteiligung, eröffnet Chancen für lokale Demokratie (A. Stockmayer 1999).
- Sie verbessert auch die Voraussetzungen für Transparenz und Rechenschaftsablegung des Regierungshandelns. Je größer die Bürgernähe, umso leichter ist es, Kontrolle von unten herzustellen und Verantwortlichkeiten konkret festzumachen, um auf dieser Basis Anreize für bürgerorientiertes staatliches Handeln zu schaffen.
- Wo Probleme dezentral und unter Einbeziehung der Bevölkerung gelöst werden, sind Menschen auch eher bereit, durch Eigeninitiative und Eigenbeiträge zur Problemlösung beizutragen.
- Dezentrales Management kann zu Effizienzgewinnen durch Verkürzung der Instanzenwege, größere Flexibilität der Verwaltung und durch Konkurrenz zwischen den Gemeinden führen. Bürger werden durch Vergleiche mit der Situation in Nachbargemeinden Druck auf die Leistungen der Kommunalregierungen ausüben.

- Dezentralisierung ist eine Voraussetzung für sektorübergreifende Koordination. Nur dort, wo Sektorbehörden dem Koordinationsmandat dezentraler Regierungen unterworfen und entsprechend flexibel sind, ist ein zeitlich und räumlich koordiniertes Handeln verschiedener Behörden möglich (H. Fuhr 1999).
- Dezentralisierung kann zur politischen Stabilisierung beitragen, indem sie regionale Eliten besser in das politische System einbezieht (Beispiel Indonesien).

Insgesamt erhofft man sich von dezentraler Regulierung eine Verbesserung der Anreizstrukturen dadurch, dass erweiterte Handlungsspielräume für eine Vielzahl von lokalen Akteuren geschaffen werden (F. König & H. Scherff 1999).

Die Realität in vielen Ländern hat gezeigt, dass die erhofften positiven Wirkungen nicht automatisch eintreten, und dass mit dem Transfer von Verantwortung an die unteren staatlichen Ebenen auch einige **Risiken** verbunden sind. (vgl. P. Bardhan & D. Mookherjee 2006; R. Prud'Homme 1995; P. Wunsch 1991):

- In Gesellschaften mit extremen sozialen Ungleichheiten bedeutet Bürgernähe nicht notwendigerweise, dass die Bedürfnisse der Bevölkerungsmehrheit und ärmerer Schichten besser befriedigt werden (H. Fuhr et al. 2004; T. Rauch 1986). Dezentralisierte Ressourcenkontrolle kann auch dazu führen, dass die Aneignungsmöglichkeiten lokaler Eliten zulasten benachteiligter Bevölkerungsgruppen verbessert werden. In manchen Ländern (z. B. Indonesien) ist in diesem Zusammenhang die Rede von einer „Dezentralisierung der Korruption".
- In Gesellschaften mit begrenzten professionellen Kapazitäten kann Dezentralisierung zu einem Verlust an Fachlichkeit und demzufolge an Effizienz führen.
- In Gesellschaften, deren ländliche Regionen noch durch feudalismusähnliche Strukturen und klientelistische Abhängigkeiten geprägt sind, kann ein Mehr an dezentraler Kontrolle solche undemokratischen, z. T. patriarchalischen Systeme stärken. So bedeutete in einigen westafrikanischen Ländern Dezentralisierung einen Rückschritt hinsichtlich der Gleichberechtigung von Frauen (G. Lachenmann 2004).
- Dort, wo die Ressourcen und die wirtschaftlichen Aktivitäten eines Landes (regional) ungleich verteilt sind, kann dezentrale Verfügungsgewalt zu einer Verschärfung regionaler Disparitäten führen. Reiche Regionen erzielen ein höheres Steueraufkommen, können dadurch die Infrastruktur und Standortattraktivität verbessern, ziehen folglich noch mehr Wirtschaftsbetriebe an, erzielen noch mehr Einnahmen und so fort. In ärmeren Regionen kommt es – sofern nicht ein Zentralstaat für Finanzausgleich sorgt – zur umgekehrten Spirale nach unten. Auch ungleiche Standards (z. B. im Bildungswesen) können desintegrierend wirken.
- Nicht immer gelingt die durch Dezentralisierung erhoffte Einbindung separatistischer Bewegungen. Teilweise betrachten regionale Eliten einen höheren Grad an Autonomie als Sprungbrett zur Abspaltung (z. B. Baskenland, Ex-Ju-

goslawien, Süd-Kaukasus) mit dem Ergebnis einer Destabilisierung des Staatswesens.
- Finanzministerien befürchten einen Verlust fiskalischer Stabilität, also inflationäre Tendenzen, wenn eine Vielzahl lokaler Gebietskörperschaften über Kreditaufnahme- und Ausgabenvolumen entscheiden kann.

Die Wahrscheinlichkeit, dass diese möglichen problematischen Wirkungen zur Realität werden, ist in EL mit ihren geringen personellen und finanziellen Kapazitäten und ihren extremen sozialen und regionalen Ungleichheiten weitaus größer als in reichen Industriegesellschaften. Die bisherigen empirischen Erfahrungen waren eher ernüchternd (vgl. P. Smoke 1999; S. Steiner 2006; K. Werthmann & G. Schmitt 2008). Weil aber in den meisten Ländern die Umsetzung der Dezentralisierungspolitik noch in den Anfängen steckt, sind noch keine eindeutigen empirischen Antworten auf die Frage möglich, ob Dezentralisierung in EL zu den erhofften Verbesserungen führt. Dort, wo lokalen Regierungen zwar die Verantwortung, nicht aber die Macht und die Ressourcen übertragen wurden, wäre es falsch, Fehlschläge der Dezentralisierung anzulasten (OECD-Studie von J. Jütting, E. Corsi & A. Stockmayer 2005). Festzuhalten ist aber: Dezentralisierung führt nicht automatisch zu den erhofften positiven Wirkungen. Es kommt zum einen auf die jeweiligen Bedingungen und zum anderen auf die konkrete Ausgestaltung, auf das Dezentralisierungsmuster an. Ein für alle Länder funktionierendes Modell existiert mit Sicherheit nicht.

Bei der Analyse der **Bedingungen für Dezentralisierung** gilt es zu unterscheiden zwischen den in einem Land vorgegebenen (historischen, geographischen, gesellschaftlichen) und den gestaltbaren (institutionellen) Faktoren.

Als die entscheidende vorgegebene Bedingung ist an erster Stelle der politische Wille zu nennen. Bei Dezentralisierung geht es um Umverteilung von Macht. Dies setzt die Bereitschaft, Macht abzugeben, voraus, welche normalerweise bei politischen Akteuren begrenzt ist. Es erfordert aber auch eine Bereitschaft, ein aktives Interesse auf lokaler Ebene, Macht und damit Verantwortung zu übernehmen. Auch diese ist nicht als selbstverständlich vorauszusetzen. Gerade in EL haben sich aufstrebende lokale Eliten oft in die Hauptstadt, in das Machtzentrum hochgearbeitet. Als in Malawi einmal ein nationaler Politiker, der mangelnden Bereitschaft, Macht abzugeben, beschuldigt, die Gegenfrage stellte, wer denn in diesem Lande auf lokaler Ebene mehr Macht einfordern würde, war die Antwort ein betretenes Schweigen.

Bei Dezentralisierung bzw. Rezentralisierung (wie wir sie derzeit in Europa erleben) handelt es sich also um politische Prozesse, die sich vor einem bestimmten historischen Hintergrund abspielen (ein Verweis auf Deutschlands Kleinstaaterei und Frankreichs tief verwurzelten Zentralismus mag hier genügen). Diese sind nur begrenzt technokratisch beeinflussbar. Der politische Charakter von Dezentralisierungsprozessen verweist zudem auch darauf, dass es unrealistisch ist, einen einhelligen bzw. vollherzigen politischen

Willen zugunsten von Dezentralisierung zu erwarten, wie das manche Planer von Dezentralisierungsprojekten gerne tun (um sich dann enttäuscht zu zeigen, wenn sich diese Annahme als unrealistisch erweist). Ein halbherziger, schwankender, umkämpfter politischer Wille ist der Normalfall bei politischen Reformen wie der Dezentralisierungspolitik. Häufig spiegelt sich dies in der Realität in Form einer „Hüh-und-Hott-Politik" wider (vgl. Ch. Beier & H. Dürr 1998 am Beispiel Indonesiens in den 1990er-Jahren). So wurden z. B. in Nepal und in Malawi Gemeinderäte von der Zentralregierung einfach abgeschafft. Auf der anderen Seite wurden in Bolivien 1995 und in Indonesien 1999–2001 sehr radikale Dezentralisierungsschritte in sehr kurzer Zeit von oben durchgesetzt, als die amtierenden Präsidenten ein Machtvakuum erkannten, das ihnen als historisches Window of Opportunity erschien. Eine gradlinige, geplante, schrittweise Dezentralisierungspolitik ist aus diesen Gründen eher die Ausnahme.

Wie aber bildet sich der politische Wille? Von welchen gesellschaftlichen, historischen Faktoren hängt er ab? Die Verteilung der Macht zwischen zentralistischen und regionalistischen bzw. lokalen politischen Eliten ist in verschiedenen Ländern unterschiedlich. Zu den Faktoren, die darüber entscheiden, gehören:

- Die geographische Verteilung der natürlichen Ressourcen: Mineralische Rohstoffe, die in einer Region konzentriert sind, lassen sich leicht von einer Zentralmacht kontrollieren und begünstigen Zentralismus; vielfältige und über verschiedene Landesteile verteilte Potenziale begünstigen dezentrale Steuerung.
- Die Ausprägung der regionalen Identität der Eliten: Ist diese stark (wie etwa in Nigeria, Südafrika, Spanien oder Indien), so begünstigt diese ein dezentrales System.
- Die Stärke der Zentralregierung: Je schwächer diese ist, desto eher ist sie bereit, Macht abzugeben bzw. Verantwortung zu dezentralisieren (z. B. Sambia während der Verschuldungskrise in den 1980er-Jahren). Oft sind es Situationen eines Machtvakuums, die es ermöglichen zu dezentralisieren (wie in Indonesien nach dem Sturz des Suharto-Regimes). Da ein gut gesteuerter Dezentralisierungsprozess einen starken Zentralstaat benötigt, ist die Wirkung dieses Faktors ambivalent: Die Durchsetzung von Dezentralisierungsschritten wird begünstigt; ob die positiven Wirkungen sich einstellen, ist aber zweifelhaft.
- Separationsbestrebungen regionaler Eliten können Zugeständnisse des Zentrums im Sinne einer erweiterten regionalen Autonomie begünstigen (Beispiel Spanien), können aber auch den Zusammenhalt der Nation gefährden oder dem Zentrum als Argument gegen eine stärkere Dezentralisierung dienen.

Mindestens ebenso viel Einfluss auf Dezentralisierungspolitik wie die politischen Akteure nimmt die Bürokratie. Während die Parlamentarier oft noch in ihren Heimatregionen, den Wahlkreisen, verwurzelt sind und deshalb eher dazu neigen, Dezentralisierungsgesetze im Parlament zu verabschieden, überwiegen bei der Ministerialbürokratie eher zentralistische Tendenzen:

- Ministerialbeamte haben tendenziell eine ausgeprägte fachlich-sektorale Identität. Ihre Ausbildung und ihre berufliche Karriere erfolgt im Rahmen fachspezifischer Netzwerke. Wenn es um Beförderungs- und Weiterbildungsmöglichkeiten geht oder um den kollegialen Austausch, wollen sie von Fachleuten beurteilt und gefördert werden, nicht von fachfremden Lokalpolitikern. Sie wollen in ihrer „fachlichen Heimat“ verankert bleiben. Sie befürchten, als Kommunalbeamte stärker der politischen Willkür von unprofessionellen Entscheidungsträgern ausgeliefert zu sein. Sie sehen ihre Chancen reduziert, nach einigen Jahren Dienst in der Provinz, gemäß ihrer Karriereplanung eine Tätigkeit in der „Zentrale“, im nationalen Ministerium oder wenigstens in einer zentraler gelegenen städtischen Gemeinde übertragen zu bekommen. Die Sektorministerien sind deshalb oft die Bastionen des Zentralismus. Da für einen Transfer von Personal, Immobilien und Ausrüstungsgütern an dezentrale Gebietskörperschaften eine Vielzahl von Verordnungen und Verwaltungsvorschriften zu verändern sind, verfügen die Ministerien auch über eine starke Blockademacht. Oft ist dies der Grund, wenn die vom Parlament verabschiedete Dezentralisierungspolitik nicht umgesetzt wird.
- Ein weiterer wichtiger Faktor ist auf der Wahrnehmungsebene zu finden: Nationale Eliten neigen dazu, sich selbst als Avantgarde und die Akteure auf den dezentralen Ebenen als rückständig und unzureichend qualifiziert zu betrachten. Wann immer sie die dezentralen Ebenen aufsuchen, sind sie voll damit beschäftigt, den Kollegen an der Basis die neuesten Leitlinien und Instrumente zu vermitteln. Einwände von deren Seite werden als Zeichen von mangelnder Fähigkeit oder Rückständigkeit wahrgenommen, Schwierigkeiten bei der Umsetzung als Beleg dafür bewertet, dass die Provinzen oder Kommunen „noch nicht so weit sind“. Man entscheidet sich dann dafür, diesen noch einige Trainingskurse zukommen zu lassen und mit dem immer wieder verschobenen nächsten Dezentralisierungsschritt doch noch einige Jahre zu warten (vgl. Ch. Beier 1995 am Beispiel Indonesiens).

Bei Betrachtung all dieser Interessen wird deutlich, warum Dezentralisierungspolitik so selten zügig umgesetzt wird. Ein Verweis auf die seit vielen Jahren andauernden Auseinandersetzungen um eine Föderalismusreform in Deutschland mag genügen, um zu zeigen, dass es sich hierbei nicht um ein EL-spezifisches Problem handelt.

Ist der politische Wille zur Dezentralisierung stark ausgeprägt und auch gegenüber der Ministerialbürokratie durchsetzbar, dann gilt es, die gestaltbaren Voraussetzungen für einen erfolgreichen Prozess zu schaffen:

- Einen politischen und einen entsprechenden gesetzlichen Rahmen (diesen gibt es in der Mehrzahl der EL);
- Die – möglichst hochrangige – institutionelle Verankerung der Zuständigkeit für die interministerielle Koordination des Umsetzungsprozesses (dort, wo die Verantwortung einem relativ machtlosen Ministerium für lokale Angelegenheiten übertragen wird, geht in der Regel wenig, wo sie im Präsidialamt angesiedelt ist, geht viel voran);

- Ein interministeriell abgestimmtes verbindliches Umsetzungsprogramm;
- Die Entwicklung einer Vielzahl von Leitlinien, Verfahrensregeln, Instrumenten zur Umsetzung dezentraler Steuerung (siehe Abschnitt 10.3.4) und der nötigen Kapazitäten auf Seiten der regionalen bzw. lokalen Regierungen, um diese erfolgreich anzuwenden (hierfür steht in EL oft die Unterstützung externer Geberorganisationen bereit).

Charakteristisch für die Mehrzahl der Länder mit zögerlichen Dezentralisierungsprozessen ist eine Konstellation, in welcher die Voraussetzung einer von Parlament und Regierung verabschiedeten Dezentralisierungspolitik mitsamt Gesetz geschaffen wurde, woraufhin Geberorganisationen bei Konzept- und Kapazitätsentwicklung helfen. Was jedoch auf sich warten lässt, sind die entscheidenden mittleren Säulen, die institutionelle Verankerung und die Einigung auf ein Umsetzungsprogramm. Hier setzen die Blockadestrategien der

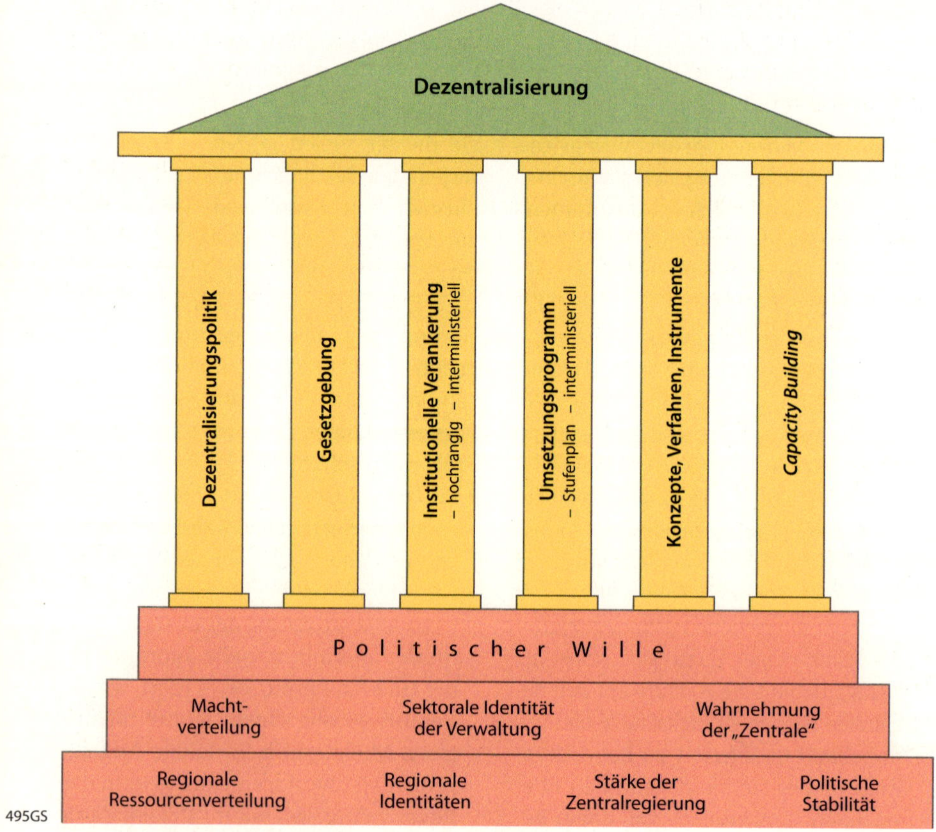

Abb 10.3.3.2/1 *Voraussetzungen für Dezentralisierung*

Dezentralisierungsskeptiker in der Administration an. Hier findet der Kampf um den Transfer personeller und finanzieller Ressourcen statt. Dezentralisierungsförderungsprogramme befinden sich folglich oft in der misslichen Lage, lokale Regierungen zur Wahrnehmung von Zuständigkeiten zu befähigen, die sie noch gar nicht übertragen bekamen. So werden z. B. Stadtkämmerer, die noch kaum über finanzielle Mittel verfügen, in verbesserten Finanzmanagementverfahren ausgebildet.

Angesichts der Unterschiedlichkeit der historischen, geographischen und politischen Bedingungen für Dezentralisierung ist es nicht sinnvoll, ein bestimmtes Modell dezentraler Steuerung oder eine bestimmt Schrittfolge weltweit anzuwenden (vgl. Abb. 10.3.3.2/1). So sind beispielsweise die gerne als Modell angepriesenen dezentralen Systeme in Deutschland und in der Schweiz historisch betrachtet nicht ein Resultat von Dezentralisierungsprozessen (wenn man im Fall Deutschlands von der Rückkehr zum Föderalismus 1946 nach der relativ kurzen zentralistischen Phase unter dem nationalsozialistischen Regime absieht), sondern vielmehr das Ergebnis eines Föderationsprozesses, eines Zusammenschlusses einst unabhängiger politischer Einheiten. Die Förderung von Dezentralisierungsprozessen sollte sich angesichts der unterschiedlichen und sich verändernden Bedingungen am jeweiligen Kontext orientieren und dabei die dezentralisierungsorientierten Akteure flexibel und bedarfsorientiert unterstützen. Dabei ist es sinnvoll, sich an einigen generellen – im Folgenden erläuterten – Grundsätzen zu orientieren.

> Das **Subsidiaritätsprinzip** besagt, dass „auf unterer Ebene erledigt werden soll, was dort genauso gut oder besser getan werden kann als auf der jeweils höheren Ebene"
>
> (K. Simon, A. Stockmayer & H. Fuhr 1993).

Dezentralisierungsmuster: Die angemessene Verteilung von Aufgaben nach dem Subsidiaritätsprinzip

Aufgaben sollen so dezentral wie möglich, aber auch so zentral wie nötig zugeordnet werden. Dezentrale Regulierung ist nach dem Subsidiaritätsprinzip also kein Dogma, sondern es gilt, im Kontext des jeweiligen Landes zu analysieren, welche Ziele dort besser durch Akteure auf lokaler, regionaler, nationaler oder internationaler Ebene erreicht werden können. Hierbei hilft eine konsequente Anwendung des Subsidiaritätsprinzips, die meisten Nachteile bzw. Risiken dezentraler Steuerung zu vermeiden.

In Ländern mit eng begrenzten professionellen Kapazitäten führt die Berücksichtigung des Subsidiaritätsprinzips z. B. dazu,

- jene Aufgaben auf lokaler Ebene anzusiedeln, bei denen es primär auf lokales Wissen ankommt (z. B. Management lokaler natürlicher Ressourcen wie Gemeindewälder);
- jene Aufgaben auf eine höhere, z. B. regionale, Ebene zu verankern, für welche spezialisiertes Fachpersonal benötigt wird, das nicht in hinreichender Zahl auf Gemeindeebene verfügbar ist (wo es z. B. 500 Gemeinden gibt, aber

nur 100 hinreichend ausgebildete Planer, ist es nicht sinnvoll, die Aufgabe der Planung auf kommunaler Ebene anzusiedeln);

- die Aufgaben spezialisierter Fachplanung und der Fachaufsicht für die lokale Regierungsebene bei nationalen Ministerien zu belassen.

In Ländern mit starken sozialen Gegensätzen und der Dominanz der Interessen lokaler Eliten gilt es, Verantwortlichkeiten in Einklang mit legitimen Interessensphären nach dem Subsidiaritätsprinzip so zuzuordnen, dass z. B.

- über lokale Bedürfnisse nicht etwa allein im von lokalen Eliten beherrschten Gemeinderat oder Bezirksparlament, sondern direkt durch die jeweiligen Interessenvertretungsgruppen entschieden wird;
- die regionale Ebene zuständig ist, wo es gilt, konkurrierende lokale Initiativen miteinander zu harmonisieren;
- die nationale Ebene die Zuständigkeit behält, wo es um die Einhaltung von Grundsätzen geht, die bei lokalen Eliten nicht gut aufgehoben sind (z. B. Geldwertstabilität, Umweltschutz, Armutsminderung, Gleichberechtigung der Geschlechter), oder um die Sicherstellung eines Mindestmaßes an Einheitlichkeit (z. B. im Bildungswesen).

Die Anwendung des Subsidiaritätsprinzips führt somit meist zu einer differenzierten funktionalen Aufteilung von Zuständigkeiten im Rahmen eines Aufgabenbereiches. So gibt beispielsweise im Umweltschutz die nationale Regierung Grundsätze und Minimumstandards vor, Behörden auf regionaler Ebene stellen professionelle Unterstützung und Weiterbildung bereit, während lokalen Ressourcennutzerkomitees die Durchführungsverantwortung übertragen wird. Das Subsidiaritätsprinzip ist nicht nur auf die Aufgabenverteilung zwischen den Regierungsebenen anzuwenden, sondern bezieht sich stets auch auf die Ebene der Nutzer, der Bürger, der lokalen Gemeinschaften. Nur deren Einbeziehung ermöglicht in vielen Fällen eine effektive und inklusive Problemlösung.

Auch wenn es darum geht, Effizienz zu optimieren durch eine Berücksichtigung der Economies of Scale, d. h. der minimalen Betriebsgrößen für öffentliche Einrichtungen, hilft die Anwendung des Subsidiaritätsprinzips dabei, zu sinnvollen Lösungen zu kommen. Die Verantwortlichkeiten werden in Einklang mit der Mindestgröße und der geographischen Reichweite der jeweiligen öffentlichen Einrichtungen zugeordnet, z. B. durch

- lokale Zuständigkeit für Grundschulen, Basisgesundheitsdienste und lokale Straßen;
- regionale Zuständigkeit für höhere Schulen, Krankenhäuser, Wassereinzugsgebiete und Transportsysteme;
- nationale Zuständigkeit für Post, Autobahnen und Grenzschutz.

Das Subsidiaritätsprinzip ist nicht allein auf Entscheidungen über die angemessene Ebene anzuwenden, sondern auch auf die Frage nach der angemessenen Größenanordnung von Gemeinden. Je größer die Gebietseinheiten sind, desto höher ist die als Gemeinde bezeichnete Ebene angesiedelt, umso zentralistischer ist das System aus Perspektive der Bürger.

Wer sich von der Anwendung des Subsidiaritätsprinzips eindeutige Antworten erhofft, wird aber enttäuscht. Dies sagt nur, eine Aufgabe soll auf der Ebene angesiedelt werden, auf der sie besser erfüllt werden kann. Was aber ist „besser"? Wo Vielfalt hoch bewertet wird, sind dezentrale Lösungen besser. Wo Einheitlichkeit, Gleichwertigkeit als wichtiges Ziel gilt, ist eine zentralistische Regelung vorteilhafter. Die Entscheidung über derartige Präferenzen muss die jeweilige Gesellschaft bzw. die Politik fällen. Das Subsidiaritätsprinzip hilft, den Entscheidungsprozess rational und systematisch zu gestalten, ihn stets an der Frage zu orientieren: „Warum können wir das nicht der unteren Ebene überlassen?" Wer sich für eine zentralistischere Lösung einsetzt, steht unter Begründungszwang.

Die Verteilung der Verantwortlichkeiten nach dem Subsidiaritätsprinzip hängt also von den ganz konkreten Bedingungen und von den politischen Zielen ab. Folglich ist der sinnvolle Grad an Dezentralisierung von Land zu Land, von Aufgabe zu Aufgabe sehr verschieden. Generell aber wird deutlich, dass auch in relativ dezentralen politischen Systemen für die meisten Aufgaben mehrere politische Ebenen für unterschiedliche Teilaufgaben zuständig sind. Vollständige Autonomie der lokalen Ebene ist die Ausnahme, nicht die Regel. Wo mehrere Ebenen teilweise zuständig sind, stellt sich die Frage der Koordination zwischen den Ebenen.

Vertikale Koordination

Die eindeutige Zuordnung der Zuständigkeit für eine Ebene fällt auch deshalb so schwer, weil jede Ebene ihre Stärken und Schwächen hat. Lokales Wissen und die Berücksichtigung der lokalen Bedingungen ist für gute Lösungen wichtig; spezialisiertes Fachwissen, welches man vielleicht nur in der Hauptstadt vorfindet, aber auch Kontrolle von „unten" ist gut; besser ist es aber, wenn diese durch eine Kontrolle von „oben" ergänzt wird. Über lange Zeit wurde ein müßiger Streit darüber geführt, ob Entscheidungsprozesse nach dem Top-down- oder dem „Bottom-up"-Prinzip organisiert werden sollen (W. Stöhr & D. R. Taylor 1981). Entlang ähnlicher Fronten verlief die Auseinandersetzung darüber, ob Planung besser sektoral (und damit vertikal) oder territorial (regional, horizontal) organisiert werden soll (J. Friedmann & C. Weaver 1979). Heute besteht weitgehende Übereinstimmung darüber, dass es diesbezüglich kein „entweder-oder" geben sollte, sondern dass es darum geht, Bottom-up mit Top-down, sektorale mit regionaler Planungslogik zu verknüpfen (nach dem Motto „linking the logic of people & places with the one of sectors & subjects"). Dies soll durch vertikale Koordination geleistet werden. Darüber hinaus trägt sie auch zu einem System der Machtbalance, der wechselseitigen Kontrolle (Checks & Balances) bei. Es gibt viele Mechanismen und Instrumente der wechselseitigen Abstimmung zwischen den Regierungs- bzw. Verwaltungsebenen. Zwei besonders interessante Beispiele hierfür sollen kurz skizziert werden:

Beispiel: Föderalismusreform in Deutschland

Im Rahmen der Föderalismusreform werden die Zuständigkeiten zwischen Bund und Ländern neu aufgeteilt. Dabei stand u. a. die Frage des „Zentralabiturs" zur Debatte. Was spricht unter den gegenwärtigen Bedingungen in Deutschland bei Anwendung des Subsidiaritätsprinzips dafür, die Abiturprüfungen

a) bundesweit zu regeln,
b) weiterhin den Bundesländern zu überlassen,
c) zu einer Angelegenheit der einzelnen Schulen zu machen?

Zum Vergleich soll hier das Subsidiaritätsprinzip auf einen etwas anderen Fall, die Hochschulabschlussprüfung, angewandt werden. Was spricht (laut Subsidiaritätsprinzip) dafür, die Verantwortung hierfür

a) den einzelnen Hochschullehrern,
b) der Fakultät,
c) der Universität,
d) dem Bundesland,
e) der Bundesregierung,
f) der EU (vgl. Bolognaprozess)

zu überlassen? In welcher Weise sollte die Verantwortung möglicherweise aufgeteilt werden?

Inwiefern und warum unterscheidet sich die Antwort von jener, die für die Abiturprüfung gefunden wurde?

Die Antworten auf diese Fragen sind politisch umstritten und sollen hier nicht vorgegeben werden. Die Suche nach der angemessensten Lösung aber mag helfen, die Logik des Subsidiaritätsprinzips besser zu verstehen.

1. Das Gegenstromprinzip ist im deutschen Raumplanungssystem rechtlich verankert. Die Entscheidungen der jeweils benachbarten Planungsebenen werden dabei wechselseitig miteinander verzahnt. Die untere Ebene wird an den Entscheidungen der nächsthöheren Ebene beteiligt. Diese Entscheidung stellt dann einen rechtlich verbindlichen Rahmen für die Planung der unteren Ebene dar; dies bedarf folglich der Zustimmung der höheren Ebene (vgl. Tab.10.3.3.2/1).

Dadurch soll sichergestellt werden, dass einerseits die Grundsätze und Leitlinien der Raumordnungspolitik bis hin zur konkreten Bebauungsplanung respektiert werden, dass aber andererseits bei Veränderung der Bedarfssituationen vor Ort auch der Planungsrahmen auf den höheren Ebenen angepasst werden soll. Vertikale Koordination erfolgt somit in Form einer Synthese zwischen Top-down und Bottom-up.

2. Kofinanzierungssyseme – wie sie z. B. bei EU-Zuschüssen für kommunale Projekte in den Mitgliedsländern üblich sind – basieren nicht auf gesetzlicher Regelung der Koordination, sondern auf finanziellen Anreizen. Die höhere

Ebene stellt Zuschüsse für die untere Ebene bereit und bindet deren Vergabe an Kriterien, die den nationalen politischen Zielsetzungen entsprechen (z.B. Armutsminderung, Umweltschutz). Die untere Ebene plant die Verwendung der eigenen Budgetmittel entsprechend ihren lokalen Prioritäten, hat aber die Möglichkeit, diese Mittel durch die Zuschüsse aufzustocken, wenn sie sich dabei gleichzeitig an den nationalen Kriterien orientiert. Die höhere Ebene kann auch die Qualität des Planungsprozesses (z.B. Bürgerbeteiligung, Einbeziehung der Frauen, Qualität der Planungsdokumente) oder die Effektivität der Planumsetzung in der Vergangenheit zu Kriterien für die Vergabe von Zuschüssen machen (vgl. Abb. 10.3.3.2/2). Die Koordinationsleistung ist bei diesem Verfahren von der unteren Ebene zu erbringen. Dort müssen lokale Prioritäten mit nationalen Leitlinien harmonisiert werden. Zwischen den dezentralen Gebietskörperschaften entsteht so ein Leistungswettbewerb um finanzielle Zuschüsse. Hierbei ist allerdings dafür Sorge zu tragen, dass nur in etwa gleich starke Kommunen untereinander um Zuschüsse konkurrieren; anderenfalls fließen die finanziellen Beiträge überwiegend in die reicheren, mit besseren Planungskapazitäten ausgestatteten Gemeinden und verstärken so die regionalen Unterschiede.

Vertikale Koordination ist auch in zentralistischen Systemen notwendig und üblich. Dort erfolgt sie hierarchisch von oben nach unten. Dezentrale Steuerung zeichnet sich durch wechselseitige Abstimmung und Kontrolle aus. Obgleich kein Zweifel an der Notwendigkeit intensiver Koordination zwischen den Ebenen besteht, so ist doch aus mindestens zwei Gründen vor einem Übermaß an Koordination zu warnen. Zum einen können durch zu viel Koordination die Verantwortlichkeiten der Ebenen verwischt werden. Wenn z.B. wie im deutschen System vor der Föderalismusreform mehr als 60 % der Bundesgesetze durch den Bundesrat (also die Vertreter der Länder) zustimmungsbedürftig sind, kann die Bundesregierung gegenüber den Wählern stets auf die Blockadepolitik der Länder (und der dort dominierenden Oppositionsparteien) verweisen. Folglich sollten die Verantwortlichkeiten immer eindeutig den einzelnen Ebenen zugeordnet bleiben, und Koordination auf das notwen-

Planungsebene	Planungsinstrumente	Raumbezug
Bund	Bundes- , Raumordnungsgesetz	Deutschland
Land	Landesentwicklungsplan	Bundesland
Region	Regionalplan	Palnungsregion
Gemeinde	Flächennutzungsplan, Landschaftsrahmenplan	Gemarkungsfläche
	Bebauungsplan, Bauleitplan	Gemarkungsteile, Grundstücke

***Tab 10.3.3.2/1** Das deutsche Raumplanungssystem*

dige Maß beschränkt werden. Zum anderen gilt es, möglichst wenig aufwendige Kontrollmechanismen zu entwickeln. Nicht für jeden Abstimmungsprozess bedarf es z. B. einer Versammlung oder eines Koordinationsforums. Viele Entscheidungen können per Telefongespräch oder per E-Mail wechselseitig miteinander abgestimmt werden. Im deutschen Planungsrecht gibt es z. B. eine Regel, die besagt, dass ein Entwurf als genehmigt gilt, wenn die zustimmungsberechtigten Akteure innerhalb einer bestimmten Frist nicht widersprochen haben. Das reduziert nicht nur den Koordinationsaufwand, es verhindert auch, dass Entscheidungsprozesse endlos verzögert werden. Die Effizienz dezentraler Systeme hängt stark von der Ausgestaltung solcher Koordinationsmechanismen ab.

Die Eckpfeiler erfolgreicher Dezentralisierungspolitik

Auch wenn die Verteilung der Aufgaben entsprechend dem Subsidiaritätsprinzip an die Bedingungen des jeweiligen Landes angepasst ist, auch wenn die Koordinationsmechanismen zwischen den Regierungsebenen effektiv funktionieren: Dezentralisierung wird die in sie gesetzten Erwartungen nicht erfüllen, solange nicht drei Voraussetzungen geschaffen werden (vgl. Abb. 10.3.3.2/3):

- Fiskalische Dezentralisierung, d. h. Ausstattung der dezentralen Regierungen mit Finanzen, über deren Verwendung diese weitgehend bestimmen können;
- Sektorale Dezentralisierung, d. h. weitgehende Unterordnung der fachlichen Kapazitäten unter die lokalen Regierungen;
- Partizipation der lokalen Bevölkerung, d. h. demokratische Mitwirkung und Kontrolle lokaler Regierungsführung.

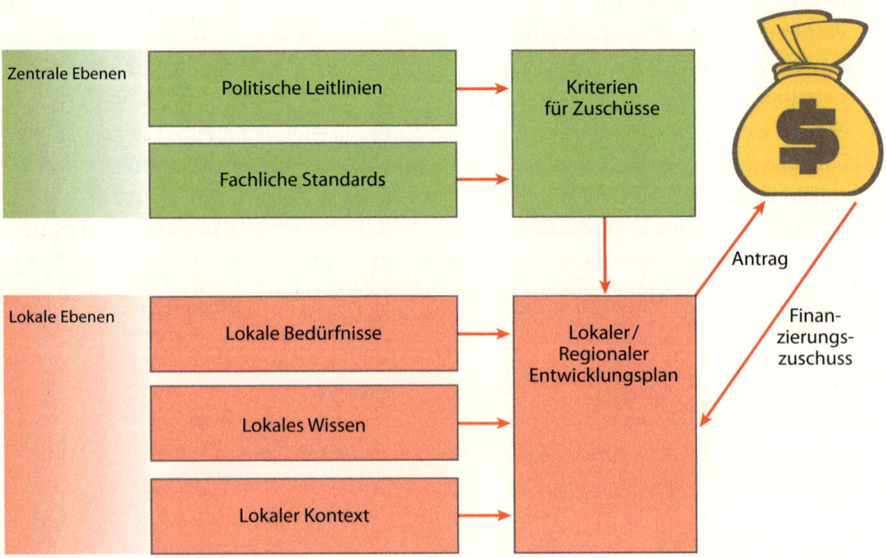

***Abb 10.3.3.2/2** Modell eines Kofinanzierungssystems*

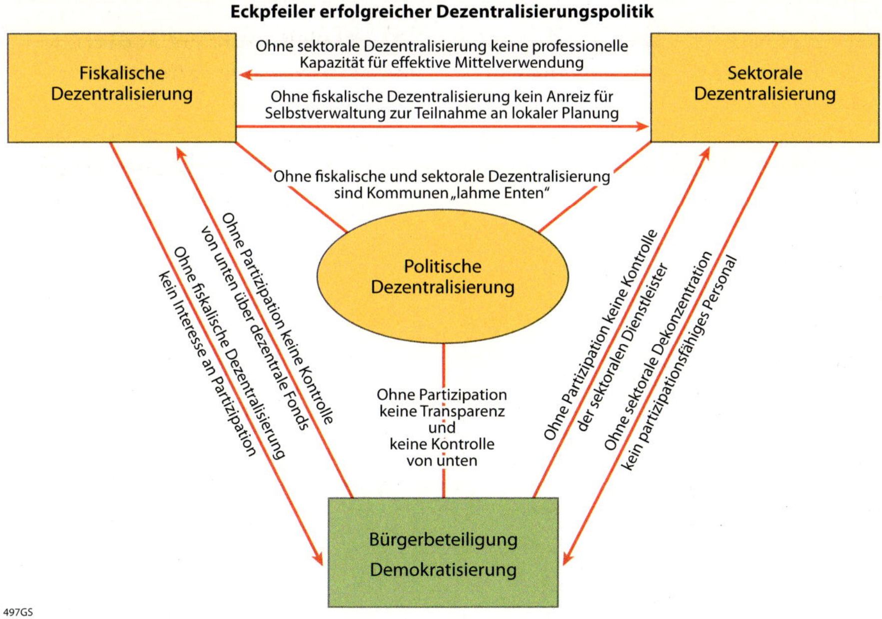

***Abb 10.3.3.2/3** Die Eckpfeiler erfolgreicher Dezentralisierung*

In vielen Entwicklungsländern wurden im Verlauf der Dezentralisierungsprozesse demokratisch gewählte Gemeinderäte etabliert. Sie gelten als das Kernstück politischer Dezentralisierung. Doch sie waren nicht in der Lage, Verbesserungen für die Mehrheit der lokalen Bevölkerung herbeizuführen, wenn nicht auch die anderen Voraussetzungen demokratischer dezentraler Regierungsführung geschaffen waren (vgl. H. Fuhr et al. 2004):

- Ohne fiskalische Dezentralisierung erwiesen sich die lokalen Regierungen als handlungsunfähige „lahme Enten". Partizipation an lokalen Planungsprozessen wurde dort zur bloßen Zeitverschwendung, wo die Kommune keine Entscheidungsmacht über die Verwendung der Finanzen hatte. Rechenschaftslegung, Kontrolle von „unten" konnte sich dann nicht entwickeln, wenn Bürgermeister oder Gemeinderäte immer darauf verweisen konnten, dass die nationale Regierung die Mittel noch nicht überwiesen hatte („lame duck syndrom").
- Ohne sektorale Dezentralisierung fehlte den lokalen Regierungen die Fachlichkeit, nicht nur, um zu situationsgerechten Lösungen zu gelangen, sondern auch, um diese auf professionelle Weise kompetent umsetzen zu können. Auch Partizipation macht für die Bevölkerung in der Regel nur dann Sinn, wenn das Personal der zuständigen Sektorbehörden über Entscheidungsspielräume verfügt. Es nützt wenig, wenn man Einfluss auf ein gewähltes Mitglied des Gemeinderates nehmen

Die Notwendigkeit und Zweckmäßigkeit von Entwicklungsplanung ist nicht unumstritten. Bereits das populäre Bertold-Brecht-Zitat zeugt von abgrundtiefer Planungsskepsis.

„Ja, mach nur einen Plan
Sei nur ein großes Licht!
Und mach dann noch 'nen zweiten Plan
Gehn tun sie beide nicht."
(B. Brecht 1928: Die Dreigroschenoper)

kann, nicht aber auf die Art der Bereitstellung öffentlicher Dienstleistungen („Dilettantismus-Syndrom").

- Ohne Partizipation der Bevölkerung entstanden weder mehr Transparenz noch Kontrolle von unten. Lokale Regierungen wurden zu einem Selbstbedienungsladen für die lokalen Eliten. Für die Mehrzahl der Bewohner machte es keinen Unterschied, ob die Zuständigkeit bei der Ministerialbürokratie oder einer Kommunalverwaltung lag („Korruptionssyndrom").

Es gibt zwar keine generell gültige Regel hinsichtlich des Grades der Dezentralisierung von Aufgaben. Doch die Regel gilt wohl generell, dass für jene Aufgaben, die dezentralisiert werden, auch die Finanzen und das Fachpersonal dezentralisiert werden sollen, und dass an der Gestaltung die Bürger beteiligt werden sollen. Dezentralisierung ohne Finanzautonomie, Fachlichkeit und lokale Demokratie ist zum Scheitern verurteilt.

10.3.4 Die dezentrale Regierungsebene: Zugang zu öffentlichen Dienstleistungen

Die Aufgaben dezentraler Regierungsführung sind vielfältig. Dazu gehören administrative Funktionen wie Meldeamt, Katasterwesen oder öffentliche Ordnung. In den meisten Ländern gehören aber auch entwicklungspolitisch relevante Aufgaben wie Planung (Budgetplanung, Raumplanung), die Bereitstellung von öffentlichen Dienstleistungen, regionale Wirtschaftsförderung (siehe Kap. 8.3), dezentrales Management, natürliche Ressourcen (siehe Kap. 9.3) und die Ermöglichung von Bürgerbeteiligung (siehe Kap. 11.3) zum Zuständigkeitsbereich dezentraler Regierungs- und Verwaltungsstellen. Die Entwicklung geeigneter Verfahren und Instrumente für diese Aufgabenbereiche entscheidet darüber, ob die Bewohner der betreffenden Region einen verlässlichen Zugang zu den benötigten sozialen und ökonomischen Dienstleistungen erhalten. Sie ist damit Voraussetzung nicht nur für den Erfolg der Dezentralisierungspolitik, sondern für lokale bzw. regionale Entwicklung generell. Dezentrale Entwicklungsplanung und die Gestaltung dezentraler Dienstleistungssysteme sind zwei entwicklungspolitische Schlüsselbereiche, die im Folgenden genauer betrachtet werden sollen.

10.3.4.1 Dezentrale Entwicklungsplanung

Planung, in diesem Buch einfach definiert als „systematischer, zielorientierter Prozess zur Schaffung von Entscheidungsgrundlagen für zukünftiges Handeln", steht im Widerspruch zum spontanen Handeln, zu fallweisen Entscheidungen und Aushandlungsprozessen. Darüber, ob man z. B. den Urlaub planen soll (und damit seine Flexibilität beschränkt), oder ob man einfach drauf los reisen und sich Tag für Tag nach Lust und Laune entscheiden (und damit Risiken, Pannen und ständige Diskussionen in Kauf nehmen) soll, scheiden sich auch im privaten Bereich die Geister. Die Erfahrungen mit staatlicher Entwicklungsplanung scheinen die Planungsskeptiker zu bestätigen. Selten wurden Pläne umgesetzt, noch seltener wurden die Planziele erreicht. Entwicklungsprozesse sind nicht planbar, schloss man daraus (N. Long & J. D. van der Ploeg 1989). Sie sind das Resultat einer Vielzahl individueller Initiativen unzähliger Akteure. Die Berufsgruppe der professionellen Planer, die Arbeit der Planungsämter, erwiesen sich in der Vergangenheit oft nicht dazu geeignet, die Zweifel der Planungsgegner zu entkräften. Oft wurden mit großem Zeit- und Kostenaufwand umfangreiche Planungsdokumente erstellt, die wenig umsetzungsbezogen waren, in Schubladen oder Regalen verschwanden und für das praktische Verwaltungshandeln und die Verwendung der Steuergelder kaum eine Rolle spielten. Angesichts der berechtigten Kritik galt es, Gegenstand und Prozess der Planung zu überdenken.

Zum Gegenstand staatlicher Planung

Wenngleich weitgehend Konsens darüber besteht, dass nicht der Entwicklungsprozess als solcher geplant werden soll, so gibt es doch wenig Zweifel, dass dieser dort, wo das Zusammenspiel der privaten Akteure zu problematischen sozialen oder ökologischen Ergebnissen zu führen drohte, durch staatliche Interventionen in gesellschaftlich erwünschten Bahnen gehalten werden sollte. Solche Interventionen sind Gegenstand staatlicher Planung. Um bei Eingriffen in komplexe gesellschaftliche und ökologische Systeme die erwünschten Wirkungen zu erzielen, bedarf es einer reflektierten, systematischen Vorgehensweise. Aber auch über die Durchführung klassischer Staatsaufgaben, die Verwendung der Budgetmittel kann nicht von Tag zu Tag willkürlich entschieden werden. Sie bedarf einer Planung. Ein weiterer Gegenstand staatlicher Planung ist in vielen Ländern die Art der Flächen- bzw. Landnutzung. Wo diese nicht geplant ist, wo es keinerlei gestaltete Raumordnung gibt, macht sich dies nicht nur im Landschaftsbild, sondern auch in der Umwelt- und Lebensqualität negativ bemerkbar. Es liegt also nahe, auch für Flächennutzung zumindest einige geplante gesetzliche Leitplanken zu errichten. Inhalte dezentraler Entwicklungsplanung sind somit die Verwendung staatlicher Budgetmittel, die Landnutzung (zumindest im Fall von Nutzungskonkurrenz) und die Maßnahmen zur Beeinflussung von Entwicklungsprozessen.

Zum Planungsprozess

Nicht das Bild des einsamen Planers vor dem PC, sondern die Moderation von Interessengruppen in Workshops zur Suche nach zielführenden und konsensfähigen Lösungen bestimmt das heutige Planungsverständnis. „Planung als Dialog“ lautet das entsprechende Schlagwort (B. Jensen 1992). Drei Merkmale kennzeichnen solch einen Planungsprozess (vgl. J. Heinrichs 2005; E. Schmidt-Kallert 2005):

1. Es soll sich um einen konsultativen Prozess handeln, in den alle von der betreffenden Entscheidung berührten Interessengruppen mit einbezogen werden. Damit grenzt sich Planung ab von der Praxis eines intransparenten „Aushandelns“ staatlicher Entscheidungen zwischen nicht legitimierten, aber einflussreichen Lobby-Gruppen.
2. Es soll sich um einen systematischen Prozess handeln, orientiert an klar definierten Zielen, basierend auf einigermaßen soliden Informationen und auf einer vergleichenden Abwägung unterschiedlicher Optionen. Damit grenzt sich Planung einerseits ab von einer – in Bürokratien verbreiteten – unreflektierten Anwendung von Standardlösungen und andererseits von willkürlich durch Partikularinteressen bestimmten Entscheidungen.
3. Schließlich soll es sich um einen umsetzungsorientierten Prozess handeln, der einen integralen Teil der politischen Managementfunktion darstellt. Damit grenzt sich das zeitgenössische Planungsverständnis ab von der einst verbreiteten institutionellen Abtrennung von Planungs- und Managementfunktionen.

Zwar erlaubt es der Rahmen dieses Buches nicht, auf Planungsmethodik im Detail einzugehen (vgl. dazu E.-H. Ritter 1998), doch soll das hier zugrunde liegende Planungsverständnis so weit erläutert werden, dass die Rolle dezentraler Entwicklungsplanung bei der Umsetzung genereller Ent-

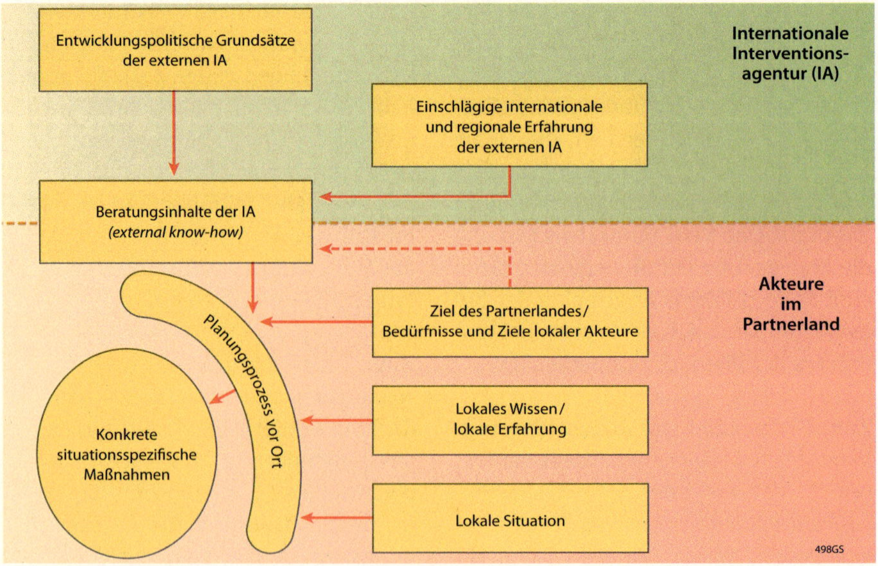

Abb 10.3.4.1/1 *Zusammenhang zwischen generellen Entwicklungsstrategien, Planungsprozess und kontextspezifischen Maßnahmen*

wicklungsstrategien (wie sie in Teil II des vorliegenden Buches dargestellt werden) in konkretes, kontextbezogenes Handeln deutlich wird (vgl. Abb. 10.3.4.1/1).

Bei **konsultativer Planung** geht es um eine angemessene Einbeziehung aller relevanten und von der Entscheidung betroffenen Akteursgruppen in den Entscheidungsprozess. Da deren Involvierung in unterschiedlichem Grade die Qualitätsansprüche an partizipative Planung erfüllt (vgl. Kapitel 11.3), wird hier der etwas weitere und weniger anspruchsvolle Begriff „konsultativ“ verwendet. Zu konsultieren sind im Laufe des Planungsprozesses nicht allein Zielgruppen von möglichen Maßnahmen, sondern eine Vielzahl von wichtigen Akteursgruppen. Dazu gehören:

- Die Chefs der jeweiligen Lokal- bzw. Regionalregierung (z.B. Bürgermeister, Bezirksratsvorsitzende): Sie tragen die politische bzw. administrative Verantwortung für die zur Diskussion stehenden Entscheidungen und deren Umsetzung. Sie sind die Einzigen, die über die nötige Autorität verfügen, um alle Abteilungsleiter, die Leiter der für die Durchführung zuständigen Sektorbehörden, zur konstruktiven Mitwirkung zu veranlassen. Sie – und nicht der Chef eines Planungsamtes – müssen deshalb „Herr des Planungsverfahrens“ sein. Wo der Planungsprozess nicht zur „Chefsache“ erklärt, sondern an ein Planungsamt delegiert wird, haben die Planungsergebnisse kaum eine Chance, von der Verwaltung ernst genommen zu werden.
- Die Politiker, insbesondere die gewählten Gemeinderäte bzw. Parlamentsabgeordneten: Sie entscheiden letztendlich über Budget- oder Flächennutzungspläne in den zuständigen Gremien. Sie sind ihren Wählern Rechenschaft schuldig. Häufig jedoch werden sie von den für den Prozess zuständigen Planungsfachleuten nicht in partizipative Planungsprozesse mit einbezogen. Man befürchtet, sie könnten den Prozess dominieren und parteipolitisch missbrauchen. Dabei wird übersehen, dass Parteien wesentliche und legitime Akteure in demokratischen Willensbildungsprozessen sind. Wer versucht, die Rolle von gewählten Volksvertretern im Entwicklungsprozess zu minimieren, schwächt am Ende die Rolle der Planung in den politischen Entscheidungsprozessen.
- Die Sektorfachleute, d.h. die Vertreter der sektoralen Durchführungsbehörden: Diese sind aus zwei Gründen wichtig. Zum einen werden ihre Fachkompetenzen benötigt, um zu tragfähigen Lösungen zu gelangen. Zum anderen sind diese für die Umsetzung der Planungsentscheidungen zuständig. Wenn sie von den Planungsergebnissen nichts halten, ist die Chance auf eine Umsetzung der Pläne gering. In vielen Ländern werden aufwendige partizipative Planungsprozesse an der Basis initiiert (ohne Beteiligung der Sektorbehörden). Die daraus resultierenden Vorschläge werden nach „oben“ weitergeleitet, dort von den zuständigen Sektor-Abteilungen geprüft, für unrealistisch befunden und verworfen. Um das zu vermeiden, ist es sinnvoller, von Anfang an Vertreter der Bevölkerung und Vertreter der Fachplanungseinrichtungen zum Dialog zusammenzubringen, um so gleichermaßen bedarfsgerechte und fachliche bzw. finanziell tragfähige

Lösungen zu suchen. Wenn beispielsweise ein Dorf mit 20 Kindern im schulpflichtigen Alter eine eigene Grundschule wünscht, ist es besser, wenn ein Vertreter der Schulbehörde bereits in einem frühen Stadium des Planungsprozesses die Möglichkeit hat zu erläutern, warum nur bei mehr als 50 Kindern Lehrer bereitgestellt werden können, und mit welchen anderen Dörfern man sich zwecks einer gemeinsamen Schule zusammenschließen könnte, als die Dorfbevölkerung am Ende damit zu frustrieren, dass zum wiederholten Male ihr Bedürfnis nicht im Budget berücksichtigt wurde.

- Vertreter lokaler Gemeinschaften (Communities) bzw. geographischer Siedlungseinheiten: Diese bringen die wohnortbezogenen Bedürfnisse der Bevölkerung (vor allem soziale und physische Infrastruktur) sowie lokales Wissen ein. Ihre Einbeziehung ist nicht nur die Grundlage jeder bedürfnisgerechten Planung, sondern sie ist auch notwendig, um lokale Initiativen mit externer Unterstützung zu verknüpfen.
- Repräsentanten von Interessenvertretungsgruppen (Stakeholders), d.h. von sozial-ökonomischen Gruppierungen, geschlechts- oder altersspezifische Gruppen, Vertretern öffentlicher Belange (z.B. Umweltorganisationen): Deren Interessen werden in der Regel nicht hinreichend im Rahmen einer Einbeziehung von Communities berücksichtigt. Oft gilt es, konkurrierende Interessen unterschiedlicher Stakeholders miteinander zu vereinbaren.
- Professionellen Planern bzw. Planerinnen kommt in derartigen konsultativen Prozessen vor allem eine moderierende Rolle zu. Sie sind aber auch für die Erstellung von erforderlichen Analysen und für die Dokumentation der Ergebnisse verantwortlich.

Einen konsultativen Planungsprozess darf man sich aber nicht so vorstellen, dass alle zu Beteiligenden stets in allen Phasen des Prozesses involviert sind. Das wäre sehr zeitraubend und uneffektiv. Vielmehr gilt es, das Verfahren so zu gestalten, dass jeweils die von einem bestimmten Thema (z.B. Wasserversorgung, Wirtschafts- und Beschäftigungsförderung) unmittelbar Betroffenen zusammenkommen. Die entscheidende Herausforderung, deren Bewältigung darüber entscheidet, ob es zu tragfähigen, kontextgerechten Lösungen kommt, besteht darin, die richtigen Akteure in angemessener Weise einzubeziehen.

Systematischer Prozess – strategische Planung: Die Grundregel jeglicher Planungslogik besteht darin, bestimmte Ziele unter Berücksichtigung aller relevanten Gegebenheiten mit möglichst geringem Aufwand zu erreichen. Gute Planung sollte also

- zielorientiert, d.h. wirkungsorientiert (und nicht nur maßnahmenorientiert) sein;
- auf einer Analyse der relevanten Bedingungen basieren,
- die geeignetsten Mittel und Wege zur Zielerreichung finden, d.h. die Frage nach dem „Wie“ systematisch thematisieren.

Damit sind die zentralen Merkmale strategischer Planung genannt: es geht darum, den unter gegebenen Bedingungen bestmöglichen Weg zur Zielerreichung zu finden. Wichtige Charakteristika solch einer strategischen Planung sind:

Der wahre Kern der defizitären Gesundheitsversorgung

Poor Health Services stand an erster Stelle einer Liste der priorisierten Probleme eines Ortsteils einer südafrikanischen Gemeinde. Die Planer reagierten verwundert: „Die haben doch erst vor drei Jahren eine neue, gut ausgestattete Klinik bekommen." Eine daraufhin veranlasste Begehung vor Ort ergab folgendes: „Nein, die Klinik an sich ist ín Ordnung. Das Problem sind die Krankenschwestern." – „Was läuft schief mit den Schwestern?" – „Kaum eine will länger als drei Monate hier bleiben. Und wir bekommen nur ganz schwer Neue. Die Hälfte der Stellen ist unbesetzt." Erst ein Gespräch mit den Krankenschwestern führte zum Kern des Problems. Die Klinik lag zwei Kilometer außerhalb des Ortes; dazwischen lag bewaldetes Gelände; es gab keinen öffentlichen Transport. „Oft, wenn wir von der Spätschicht kommen, werden wir auf dem Heimweg belästigt. Der Weg ist nicht einmal beleuchtet. Allein in den letzten fünf Monaten wurden zwei von uns vergewaltigt. Unser Antrag auf Transportdienst wurde abgelehnt. Keine will unter diesen Bedingungen hier bleiben." Die „strategische" Lösung lag in der Einrichtung eines Fahrdienstes zum Spätschichtwechsel.

1. Priorisieren: Bei begrenzten Mitteln können nicht alle Bedürfnisse gleichzeitig befriedigt, alle Probleme gleichzeitig gelöst werden. Eine Einigung auf Prioritäten ist deshalb die Voraussetzung dafür, dass für die größtmögliche Zahl von Menschen mit gegebenen Mitteln die dringendsten Probleme gelöst werden, d. h. eine möglichst große Wirkung erzielt wird.
2. Fokussieren: Hierbei geht es um die Situationsanalyse. Bei begrenzten Mitteln (und begrenztem Zeitrahmen) sollten nicht alle infrage kommenden Situationsmerkmale umfassend analysiert und dokumentiert werden, sondern nur solche Fakten und Zusammenhänge, die für eine Problemlösung von unmittelbarer Bedeutung sind. Diese Regel für strategisch orientierte Analysen wird oft von interdisziplinären Planungsteams missachtet, wo alle vertretenen Fachleute mit ihren speziellen Analysefähigkeiten zum Einsatz kommen wollen, unabhängig davon, ob diese im aktuellen Kontext wichtig sind. Gerne wird dann der Grundsatz einer „holistischen", also alle Dimensionen eines Problems in Betrachtung ziehenden, mit dem einer „allumfassenden" Analysemethodik, also einem schematischen Zusammentragen aller Daten, unabhängig vom jeweiligen Problem, verwechselt.
3. Bei den Ursachen ansetzen: Oft beschränkt sich staatliche Entwicklungsplanung auf das Kurieren von Symptomen. Wo z. B. Mangel an Trinkwasser besteht, werden Brunnen oder Wasserleitungen gebaut. Solche Problemlösungen erschöpfen sich meist in Investitionsprojekten. Diese sind oft teuer und nicht nachhaltig. Strategische Lösungen setzten bei den Problemursachen an, beispielsweise bei institutionellen

Die Fußgängerbrücke zwischen Schwarz und Weiß

In Südafrika wurden nach Ende der Apartheid die zuvor getrennten Siedlungsgebiete der schwarzen und der weißen Bevölkerung zu einer Gemeinde zusammengelegt. In einem Fall lagen die beiden Gemeindeteile auf den verschiedenen Seiten eines kleinen Flusses. Die Bevölkerung im „schwarzen" Ortsteil meldete Bedarf an einer Oberschule und einem Krankenhaus an. Der „weiße" Ortsteil verfügte über beide Einrichtungen, und diese waren unterausgelastet. Die beide Ortsteile verbindende Straßenbrücke lag mehrere Kilometer oberhalb, weshalb die Einrichtungen nicht von den schwarzen Bevölkerungsgruppen benutzt wurden. Beide Bevölkerungsgruppen bevorzugten die Errichtung zusätzlicher Einrichtungen im Siedlungsgebiet der Schwarzen. Man wollte – historisch bedingt – nicht viel miteinander zu tun haben. Erst als deutlich gemacht wurde, dass das Problem mithilfe einer Fußgängerbrücke und vertrauensbildender Maßnahmen zu 10 % der Kosten gelöst werden konnte und diese Mittel für Wirtschafts- und Beschäftigungsförderungsmaßnahmen verwendet werden konnten, ließ sich eine Einigung auf diese strategische Lösung erreichen.

Defiziten, die zu Wasserverschwendung oder zu fehlender Instandhaltung von Schulen oder Straßen beitragen. Sie sind oft billiger, effektiver und nachhaltiger als investive Maßnahmen. Oft sind z. B. bessere Anreizsysteme für das Personal weitaus wichtiger für die Qualität öffentlicher Dienstleistungen als Neubauten.

4. Holistische Betrachtung: Oft sind Probleme, die unter unterschiedliche Zuständigkeiten fallen, eng miteinander verknüpft. In Südafrika wurde z. B. ein Zusammenhang zwischen den Problemen Kriminalität, Jugendarbeitslosigkeit und fehlenden Sport- und Freizeiteinrichtungen in den Wohnvierteln der ärmeren Schichten festgestellt. Anstelle eines nur begrenzt wirksamen Versuches, das Problem allein durch polizeiliche und rechtliche Maßnahmen zu lösen, gebietet strategisches Vorgehen hier ein sektorübergreifend koordiniertes

Kriterien / Optionen	Investitionskosten (je Person-km)	Fahrpreis	Reisegeschwindigkeit	Flexibilität	CO_2-Ausstoß	Lärmbelästigung	Flächenanspruch
A. Eisenbahn							
B. Privat-Kfz							
C. Flugzeug							

Tab. 10.3.4.1/1 *Alternativen-Analyse (Beispiel)*

Programm. Dabei gilt es, über eine profunde Analyse der verursachenden Faktoren, möglichst jene Schlüsselfaktoren zu identifizieren, welche die größte Hebelwirkung erzielen. Die in Bürokratien verbreitete sektorale Planung steht also einer strategischen Herangehensweise oft im Wege.

5. Kreative Suche nach Optionen: Viele Probleme lasse sich nur durch das Beschreiten neuer Wege lösen. Bei staatlichen Planungen (aber auch bei partizipativen dörflichen Planungsprozessen) steht aber meist nicht die Suche nach geeigneteren, effektiveren Lösungsansätzen, also die Wie-Frage im Zentrum, sondern die Frage „Was kommt wohin?“ Die Suche nach besseren Lösungsstrategien erfordert Zeit und Raum für kreatives Denken und die Einbeziehung von externem Wissen. Viele Kommunen informieren sich deshalb mittlerweile über den Stand der International Best Practice, veranstalten Austauschbesuche oder öffentliche Anhörungen von Fachleuten, um Anregungen von außen zu erhalten. Wo unterschiedliche Lösungsoptionen zur Diskussion stehen, ist es sinnvoll, Zeit für öffentliche Debatten um das Für und Wider einzuräumen, um sicherzustellen, dass die Entscheidung möglichst auch den Einwänden und Bedenken Rechnung trägt.
6. Systematischer Vergleich der Optionen: Jede Option hat Vor- und Nachteile, Befürworter und Gegner. Entscheidungen hierüber können durch systematische Verfahren erleichtert werden. Dabei werden in der Regel die unterschiedlichen Optionen im Hinblick auf die als relevant betrachteten Bewertungskriterien miteinander verglichen (vgl. Tab. 10.3.4.1/1). Eine Entscheidung ergibt sich aus der Gesamtheit der Bewertungen. Die Kriterien helfen, interessengeleitete Entscheidungsprozesse stärker an den politischen Zielsetzungen zu orientieren und die Vertreter von Partikularinteressen den Regeln eines rationalen Diskurses zu unterwerfen.

Strategische Planung scheitert oft nicht an fehlenden fachlichen Kapazitäten. Die meisten Menschen verhalten sich bei ihren privaten Entscheidungen durchaus strategisch im Sinne der dargestellten Charakteristika. Dort, wo es um die Verwendung öffentlicher Mittel geht, wirken zahlreiche Interessen dem Grundprinzip strategischer Planung, Ziele mit möglichst geringem Aufwand zu erreichen, entgegen. Wo nicht mit knappen eigenen Mitteln gewirtschaftet wird, fehlt der Anreiz, den Mitteleinsatz gering zu halten. Wer Fremdmittel beantragt, neigt dazu, im bürokratischen Bewilligungsverfahren „sicherheitshalber“ das Doppelte dessen zu fordern, was er benötigt, um sicherzugehen, dass er wenigstens die Hälfte davon bekommt. Eine Gemeinde, die mit begrenzten eigenen Mitteln wirtschaftet, kann Einsparungen beim Schulgebäude für die gleichzeitige Verbesserung der Wasserversorgung verwenden. Für eine Gemeinde, die hierfür jeweils Mittel beim Bildungs- und beim Wasserbauministerium beantragen muss, machen derartige strategische Überlegungen keinen Sinn. Dazu kommt, dass mit öffentlichen Aufträgen Geld verdient wird. Große Aufträge sind da populärer als strategische, effizienzsteigernde Ideen. Zudem widerspricht die Suche nach besseren Lösungen dem bürokratischen Streben nach Routine und dem

Beharren auf vermeintlich altbewährten Standardlösungen. Strategische Planung setzt folglich finanzielle Autonomie der Entscheidungsträger und eine wirkungsbezogene politische Rechenschaftslegung voraus.

Implementierungsorientierter Planungsprozess: Um sicherzustellen, dass Pläne auch umgesetzt werden, sind vor allem zwei Voraussetzungen zu erfüllen:

1. Die Durchführungsverantwortlichen müssen in den Planungsprozess einbezogen werden. Nur so können sie dazu beitragen, dass die Planungen aus ihrer Sicht realistisch sind. Nur dann auch besteht eine Chance, dass sie sich diese zu eigen machen.
2. Die Planungsergebnisse müssen hinreichend konkret in Bezug auf Quantität, Qualität, Ort, Zeit, Kosten und Verantwortlichkeit sein. Oft kommen „strategische“ Pläne nicht zur Umsetzung, weil mangels Konkretisierung ihre Realisierbarkeit mit gegebenen Mitteln nie geprüft wurde.

Dem Bestreben nach Konkretisierung und Quantifizierung haftet oft der Hauch des „Technokratischen“ an. Tatsächlich aber liegt in der Konkretisierung die Voraussetzung für demokratische Rechenschaftslegung und Kontrolle. Nur, wo die Bürger wissen, wann und wo sie welche Einrichtung in welcher Ausgestaltung und Größenordnung bekommen sollen, können sie nötigenfalls nachfragen, wo das dafür budgetierte Geld geblieben ist. Nur dann, wenn Kosten genau kalkuliert wurden, lassen sich Entwicklungspläne in Finanzpläne (Budgets) transferieren und gewinnen dadurch an Verbindlichkeit.

Dezentrale Entwicklungsplanung, verstanden als konsultativer, strategischer und durchführungsorientierter Entscheidungsprozess über die Erfüllung staatlicher Aufgaben auf lokaler Ebene, ist also das entscheidende Instrument, um zu situationsgerechteren Problemlösungen zu gelangen, und um der Tendenz zur Dominanz weniger mächtiger Partikularinteressen beim Kampf um die Verwendung knapper Ressourcen entgegenzuwirken.

10.3.4.2 Dezentrale Dienstleistungssysteme

Die Bereitstellung öffentlicher Dienstleistungen zählt zu den Kernaufgaben dezentraler Regierungsführung. Hierzu gehören soziale Dienstleistungen wie Schul- und Gesundheitswesen, Wasserver- und -entsorgung, Straßenreinigung und Müllabfuhr, die Erstellung und Erhaltung öffentlicher Infrastruktur wie Straßen und Erholungsflächen sowie ökonomische Dienstleistungen wie die Bereitstellung von Gewerbeflächen, Forschungs- und Beratungseinrichtungen oder auch Finanzdienstleistungen. Für welche Dienstleistungen der Staat die Verantwortung übernehmen soll, ist umstritten (siehe unter Privatisierung in Kapitel 10.3.2). Zudem werden nicht in allen Bereichen, für die der Staat die politische Verantwortung übernimmt, staatliche Organisationen die Dienstleistung selbst bereitstellen.

Alle Dienstleistungen, auch solche privatwirtschaftlicher Natur, beruhen auf einer Interaktion zwischen Bereitsteller und Nutzer (W. Huppert et. al 1998). Meist beeinflusst die Interaktion die Qualität der Leistung. Beispiele dafür sind die Mitwirkung des Patienten bei der ärztlichen Betreuung oder die Mülltrennung bei der

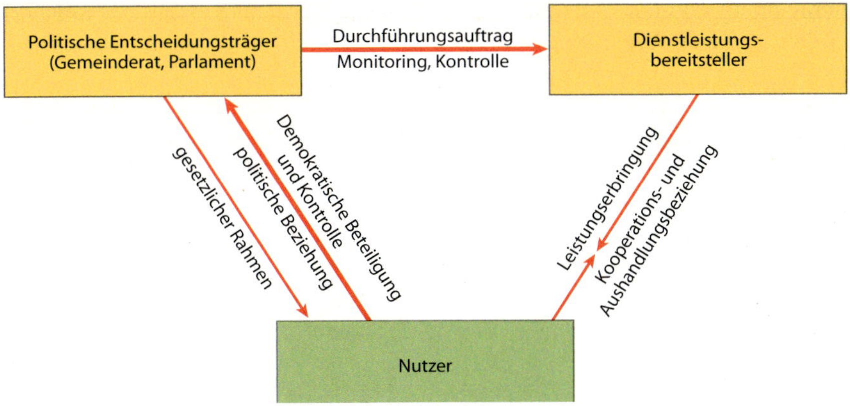

Abb 10.3.4.2/1 *Service Systems-Modell*

Müllabführ. Bei öffentlichen Dienstleistungen wirken in der Regel eine Vielzahl von Akteuren mit (vgl. Abb. 10.3.4.2/1). Ein Trainingskurs zum Thema Entwicklungspolitik z. B. wird aus einem staatlichen Budget finanziert, das von einem Parlament beschlossen und von einem Ministerium verwaltet wird, nachdem das entsprechende Weiterbildungsprogramm in einem konsultativen Prozess geplant wurde. In das Management und die Kontrolle der Durchführung sind mehrere Universitäten bzw. Trainingsinstitute involviert. Die eigentliche Trainingsleistung wird vielleicht von einer privaten Consulting-Firma im Unterauftrag erbracht. Räumlichkeiten, Transport- und Reinigungsdienste werden von den anderen Firmen bereitgestellt. Schließlich wirken auch die Teilnehmer aktiv an der Gestaltung mit. Angesichts der Vielzahl von Akteuren und der Komplexität der Interaktionen spricht man in solchen Fällen von Dienstleistungssystemen (W. Huppert et al. 1998). Die Analyse und Gestaltung solcher Systeme ist eine wichtige Voraussetzung dafür, dass die Bevölkerung bedarfsgerechten Zugang zu öffentlichen Dienstleistungen erhält.

Bevor im folgenden Abschnitt einige Instrumente zur Analyse und Gestaltung solcher Dienstleistungssysteme skizziert werden, gilt es, die mit dem Zugang zu öffentlichen Dienstleistungen stets verbundene Machtfrage zu thematisieren. Wie kann sichergestellt werden, dass öffentliche Basisdienstleistungen bei den weder kaufkräftigen noch politisch durchsetzungsfähigen Bedürftigen ankommen, dass die im Budget für armutsorientierte Services bereitgestellten Mittel nicht in korrupten Beziehungen zwischen staatlichen Auftraggebern und privaten Unterauftragnehmern versickern? Der Schlüssel zu einem effektiven dezentralen Dienstleistungssystem liegt in der Gestaltung des trilateralen Verhältnisses zwischen den politisch verantwortlichen Akteuren (in letzter Instanz dem Parlament bzw. Gemeinderat), den Dienstleistungsbereitstellern (staatliche Behörden, halbstaatliche Unternehmen, Nicht-Regierungsorganisationen, privatwirtschaftliche

Unternehmen) und den Nutzern (Weltbank 2004). Dieses Verhältnis ist Gegenstand des Service Systems-Modells (Abb. 10.3.4.2/1).
Zwischen politischen Entscheidungsträgern und Dienstleistern besteht ein – oft korruptionsanfälliges – Auftragsverhältnis. Zwischen Dienstleistern und Nutzern besteht eine Dienstleistungsbeziehung. Insbesondere in ärmeren Ländern und in ländlichen Regionen (aber nicht nur dort) ist diese Beziehung gekennzeichnet durch einen mehr oder minder großen Nutzerbeitrag (z. B. Selbsthilfeleistungen beim Schulbau, Mülltrennung, Instandhaltung des Dorfbrunnens, Teilnehmerreferate bei Trainingskursen) und durch einen Aushandlungsprozess über die konkrete Ausgestaltung der Dienstleistung. Zwischen Nutzern, d. h. Bürgern, und politischen Entscheidungsträgern gilt es, eine politische, demokratische Kontrollbeziehung zu etablieren, um zu gewährleisten, dass das Dienstleistungssystem funktioniert. Die Nutzer müssen als Staatsbürger die Möglichkeit erhalten, sich wirksam zu artikulieren, wenn die Leistung nicht vereinbarungsgemäß erbracht wird. Damit die Nutzer dazu in der Lage sind, ist es nötig, dass sie als solche organisiert sind. Der gemeinsame Eigenbeitrag (Ownership) der Nutzer stellt somit einerseits eine Voraussetzung dafür dar, dass sie Zugang erlangen, ist aber andererseits oft die entscheidende Voraussetzung dafür, dass sie gemeinsam, über legitime Repräsentanten, ihre Interessen gegenüber den Entscheidungsträgern vertreten können (Empowerment). Beitragende Nutzer fungieren somit gleichzeitig als Bürger, die ihre demokratischen Rechte wahrnehmen. In der Kombination von Dienstleistungssystemen mit Systemen dezentraler demokratischer Regierungsführung liegt somit der Schlüssel zur – in Abschnitt 10.3.1 als notwendig betrachteten – Überbrückung der Kluft von „unten" und „oben" her.
Im Rahmen öffentlicher Dienstleistungssysteme gibt es viele mögliche Spielarten der Kombination von staatlicher Verantwortung für die Leistungserbringung gegenüber den Bürgern einerseits und private Leistungserstellung andererseits. Anstatt private Dienstleister mit der Leistungserstellung zu beauftragen, kann der Staat beispielsweise seiner Verantwortung auch dadurch gerecht werden, dass er bedürftige Nutzergruppen finanziell bezuschusst, und es diesen überlässt, den geeignetsten Dienstleister auf dem Markt selbst auszuwählen. Eine andere Möglichkeit liegt in öffentlich-privaten Service-Partnerschaften (DÜI 2003). Diese können in Betracht gezogen werden, wenn sowohl ein öffentliches als auch ein privatwirtschaftliches und/oder ein gemeinnütziges Interesse besteht. Solche Service-Arrangements unterscheiden sich von einer Privatisierung der Dienstleistungen dadurch, dass der Staat die politische Verantwortung dafür behält und die Dienstleistung als demokratisches Bürgerrecht (und nicht als kommerzielle Ware) für alle zugänglich und erschwinglich bleibt.

10.3.4.3 Methodik: Gestaltung von Dienstleistungssystemen

Die Entscheidung über die geeigneten Bereitsteller von Dienstleistungen kann nur kontextspezifisch erfolgen. In manchen Regionen und Bereichen sind staatliche Organisationen stark und privatwirtschaftliche Unternehmer kaum vertreten; in anderen Regionen ist es umgekehrt; wieder anderswo gibt es eine lange und gut funktionierende Tradition gemeinnützigen zivilgesellschaftlichen Engagements in bestimmten Service-Sektoren. In Deutschland gibt es z. B. seit langem eine Konkurrenz zwischen privatwirtschaftlichen, staatlichen und nutzerkontrollierten Finanzdienstleistungen (Privatbanken, städtische Sparkassen, Genossenschaftsbanken). Oft sind die Zuständigkeiten historisch gewachsen und entwickeln sich spontan als Resultat von Angebot und Nachfrage weiter. Wo z. B. die staatliche Bahn zu langsam oder zu unzuverlässig ist, wechseln die Nutzer womöglich zu privaten Busgesellschaften.

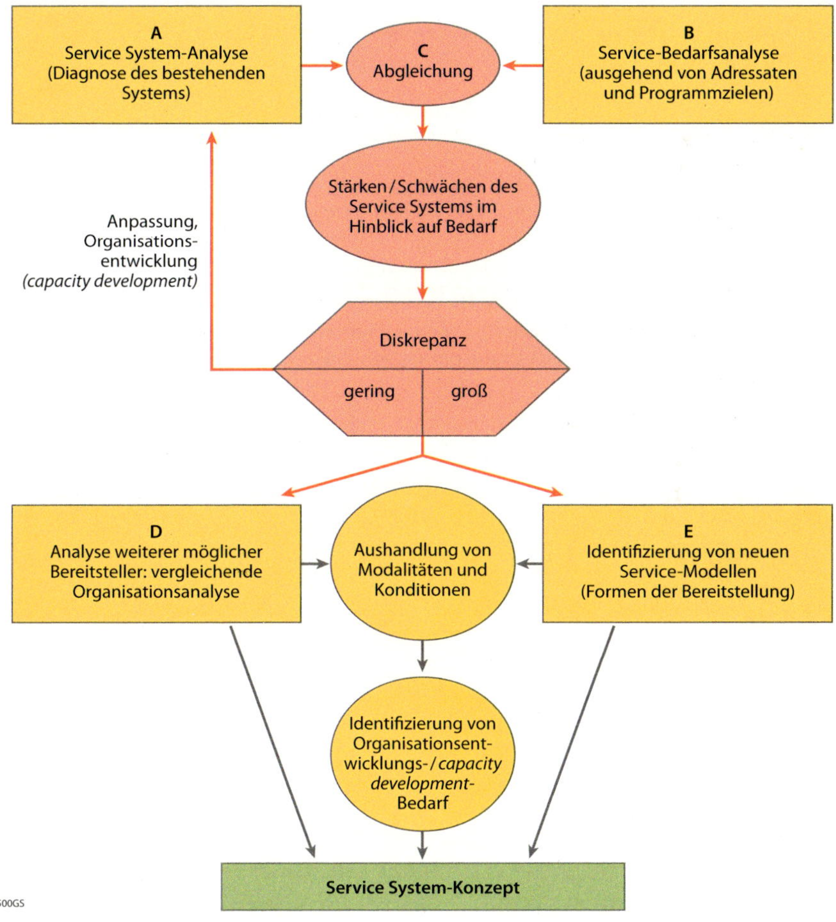

Abb 10.3.4.3/1 *Methodik der Planung von Dienstleistungssystemen*

Analyseinstrumente

Service Systems-Matrix als Analyseinstrument (Bsp. Trainingskurs)

Schritt A/1

Dienstleistung: Seminar zum Thema Entwicklungspolitik (10 Tage Blockkurs)

Ziel: 20 M. Sc.-Teilnehmer sind vertraut mit entwicklungspolitischen Strategien und Instrumenten

Akteure / Aufgaben	Fachbereichsrat	Institutsleitung	Dozent	Kursteilnehmer	Output	Probleme
Genehmigung und Finanzierung	Genehmigt Studiengang und Lehrauftrag	Erarbeitet Studienprogramm; wählt Dozenten aus	Erklärt Bereitschaft; Antrag auf Lehrauftrag	Vertretung im Fachbereichsrat	Seminar genehmigt; Auftrag an Dozenten; Kurs angekündigt	Zeitrahmen gekürzt
Inhaltliche Vorbereitung	–	Setzt Rahmen; Feedback zu Kurskonzept	Hauptverantwortung	Vorschläge aus Vorjahres-Evaluierung; Referate	Programm; Skript verfügbar	Ungenaue Abstimmung der Referatsthemen
Durchführung	–	Monitoring	Hauptverantwortung	Teilnahme; Referate; Feedback	Kurs programmgemäß durchgeführt	Zeitdruck
Evaluierung	Kenntnisnahme; Konsequenzen	Entwirft Evaluierungsbogen; wertet aus	Feedback auf Teilnehmerkritik	Hauptverantwortung	Ausgewertete Evaluierungsergebnisse	

Tab E 10.3.3/1 Service Systems-Matrix

Wichtig ist, dass in den Spalten/Zeilen der Matrix die Teil-Aufgaben der einzelnen Akteure möglichst konkret benannt werden. Nur bei detaillierter Klärung der Verantwortlichkeiten können Koordinationsmängel und Überlappung von Zuständigkeiten vermieden werden.

Schritt A/2: Beziehungsmatrix

Diese kann als ergänzendes Diagnose-Instrument zur Service Systems-Matrix herangezogen werden, wenn diese darauf hindeutet, dass es Koordinationsprobleme zwischen den Akteuren gibt.

Dienstleistung: Seminar zum Thema Entwicklungspolitik (10 Tage Blockkurs)

Ziel: 20 M.Sc.-Studierende sind vertraut mit entwicklungspolitischen Strategien und Methoden

Empfangender Akteur / Bereitstellender Akteur	Fachbereichsrat	Institutsleitung	Dozent	Kursteilnehmer	Anmerkungen
Fachbereichsrat	X	Kommentare Rückfragen	Genehmigung Lehrauftrag		
Institutionsleitung	Berichterstattung Kursprogramm Evaluierungen	X	Anfrage Terminabklärung Bezahlung	Programm-Information	
Dozent	Antrag auf Lehrauftrag	Kursprogramm; Skript	X	Skript; Fachliche Inputs; Moderation	
Kursteilnehmer	Evaluierung Beschwerden	Anmeldung Teilnahmepflicht	Mitarbeit Feedback Evaluierung	X	

Tab E 10.3.3/2 Beziehungsmatrix

Schritt B: Service-Bedarfsanalyse
Diese leitet sich aus den Zielen des betreffenden Entwicklungsprogramms ab. Dabei ist es wichtig, die Zielsetzung quantitativ und qualitativ zu konkretisieren. Nur so werden die Größenordnung, der Umfang der Aufgabe und das fachliche Anforderungsprofil an den Service-Bereitsteller hinreichend klar. Bei der Analyse des Dienstleistungsbedarfs spielen sowohl die Erwartungen der Adressatinnen und Adressaten als auch das fachlich-technische Wissen von Spezialisten für den betreffenden Service-Bereich (z.B. Gesundheitsvorsorge, Schulwesen, Mikrokredit) eine wichtige Rolle. Generell gilt die Regel, dass die Gesamtheit aller einzelnen Dienstleistungen (Teilaufgaben) hinreichend sein muss, um das angestrebte Ziel zu erreichen. Partizipative Erhebungen, fachliche Kompetenz und ein systematischer, logisch schlüssiger Prozess müssen also miteinander kombiniert werden, um den Servicebedarf zu identifizieren.

Schritt C: Abgleichungsprozess
Ein Vergleich des Bedarfs mit einschlägigen existierenden Dienstleistungssystemen kann zeigen, ob die Kluft durch Anpassungen und Verbesserungen des bestehenden Systems überbrückt werden kann, oder ob es nötig ist, über ein neues System mit anderen Akteuren und/oder anderen Formen der Bereitstellung nachzudenken. Dabei spielen nicht nur die Leistungskapazitäten der derzeitigen Bereitsteller eine Rolle, sondern meist auch divergierende Zielvorstellungen. Ein existierendes Service-System mag z.B. für dessen bisherige Nutzer und auch gemessen an den eigenen Zielen der beteiligten Organisationen seinen Zweck erfüllen, aber den Dienstleistungsbedarf anderer (in der Regel benachteiligter) Bevölkerungsgruppen nicht erfüllen und dies auch gar nicht als seinen Aufgabenbereich betrachten. Ein anderes Beispiel sind Service-Bereitsteller, die in ihrem Metier durchaus effektiv sind, aber nicht bereit sind, sich an bestimmten politischen Zielvorgaben (wie z.B. nachhaltige Ressourcennutzung) zu orientieren. Ein verbreiteter Fehler entwicklungspolitischer Organisationen besteht in solchen Fällen darin, derartige Interessenunterschiede durch Befähigungsmaßnahmen (Training, Beratung) überwinden zu wollen. In solchen Fällen aber helfen nur Verhandlungen.

Schritt D: Analyse weiterer möglicher Bereitsteller
Diese besteht aus einer vergleichenden Analyse weiterer infrage kommender Organisationen oder neuer Organisationsformen. Hierbei werden die Stärken und Schwächen der in Betracht gezogenen Organisationen am ermittelten Dienstleistungsbedarf gemessen. Kommen mehrere Organisationen als Bereitsteller infrage, so kann deren Eignung mittels einer Alternativmatrix (siehe Kap. 10.3.4.1) miteinander verglichen werden. Diese Art der Organisationsanalyse ist zu unterscheiden von den im Rahmen von Organisationsentwicklungsprozessen üblichen Methoden der Organisationsdiagnose (R. Sülzer & A. Zimmermann 1996), welche von den selbstgesteckten Zielen einer Organisation ausgehen und deren Entwicklungs- und Lernprozess fördern wollen. Im Kontext der Gestaltung von Dienstleistungssystemen geht es hingegen um politische Ziele und den Beitrag von Organisationen zum gesellschaftlichen Bedarf.

Schritt E: Identifizierung von neuen Service-Modellen
In Regionen mit defizitären institutionellen Systemen findet man häufig Situationen, in denen es keine geeigneten Träger für eine den entwicklungspolitischen Zielen gemäße Bereitstellung von Dienstleistungen gibt. In solchen Fällen helfen oft weder Organisationsentwicklungsmaßnahmen noch Verhandlungen. Vielmehr müssen neue, einfachere Lösungswege gefunden werden. Ein Musterbeispiel hierfür sind Mikro-Finanzierungssysteme auf Basis von Kredithaftungsgruppen. Die Rückzahlung von Kleinstkrediten an Tausende von ländlichen Kreditnehmern ohne Sicherheiten zu gewährleisten, wäre für eine Bank nur mit einem Eintreibungsaufwand möglich, der die Kreditsumme bei Weitem überschreitet. Nur durch ein neues System, nämlich dadurch, dass etwa 30 Kreditnehmer gemeinsam für die Rückzahlung bürgen und den Prozess der Kreditvergabe und -rückzahlung organisieren, ist ein zumindest kostendeckendes Kreditsystem möglich.

Schritt F: Service System-Konzept
Dienstleistung: Seminar zum Thema Entwicklungspolitik (10 Tage Blockkurs)
Ziel: 20 M.Sc.-Teilnehmer sind vertraut mit entwicklungspolitischen Strategien und Instrumente

Akteure / Aufgaben	Fachbereichsrat	Institutsleitung	Dozent	Kursteilnehmer	Output	Probleme
Genehmigung und Finanzierung	Genehmigt Studiengang und Lehrauftrag	Erarbeitet Studienprogramm; wählt Dozenten aus	Erklärt Bereitschaft; Antrag auf Lehrauftrag	Vertretung im Fachbereichsrat	Seminar genehmigt; Auftrag an Dozenten; Kurs angekündigt	Zeitrahmen gekürzt
Inhaltliche Vorbereitung		Setzt Rahmen; Feedback zu Kurskonzept	Hauptverantwortung	Vorschläge aus Vorjahres-Evaluierung; Referate	Programm; Skript verfügbar	Ungenaue Abstimmung der Referatsthemen
Durchführung		Monitoring	Hauptverantwortung	Vorschläge aus Vorjahres-Evaluierung; Referate	Programm; Skript verfügbar	Zeitdruck
Evaluierung	Kenntnisnahme; Konsequenzen	Entwirft Evaluierungsbogen; wertet aus	Feedback auf Teilnehmerkritik	Hauptverantwortung	Ausgewertete Evaluierungsergebnisse	
Unterstützungsbedarf						

Tab E 10.3.3 Service Systems-Matrix als Planungsinstrument

In vielen Ländern, insbesondere in deren ländlichen Regionen, funktionieren Dienstleistungen für die Mehrzahl der Bevölkerung, für die ärmeren Schichten, aber überhaupt nicht. Dort gilt es, im Rahmen dezentraler Regierungsführung Dienstleistungssysteme zu konzipieren und deren Aufbau zu fördern. Das gilt insbesondere für umweltschutzbezogene (vgl. Kap. 9.3) und soziale Dienstleistungen, aber auch im Falle ökonomischer Services für arme Zielgruppen (vgl. Kap. 8.3).

Die Gestaltung von öffentlichen Dienstleistungssystemen kann man sich als einen schrittweisen, von Analysen unterstützten Aushandlungsprozess vorstellen. Dabei kommt es darauf an, den Service-Bedarf der Adressaten (d.h. der potenziellen Nutzer) mit dem Service-Angebot der (tatsächlichen und möglichen) Bereitsteller abzugleichen. Im Fall größerer Diskrepanzen zwischen Angebot und Bedarf gilt es, alternative Bereitsteller und/oder neuartige, effektivere Service-Modelle (d.h. Formen der Bereitstellung) in Betracht zu ziehen, zu analysieren und auszuhandeln. Am Ende dieses Prozesses steht ein vereinbartes neues Dienstleistungssystem (vgl. Abb. 10.3.4.3/1):

Der Service-Systems-Ansatz geht also nicht von den einzelnen Organisationen

(deren Zielen, deren Stärken und Schwächen) aus, sondern vom gesamten institutionellen System und vom gesellschaftlichen Bedarf an dieses System. Im Zentrum stehen die Bedürfnisse der Nutzer, d.h der Bürger.
Entscheidend für eine armuts- und umweltorientierte Neugestaltung von Dienstleistungssystemen ist also der Aushandlungsprozess zur Abgleichung von Bedarf und Angebot. Dieser ist meist verbunden mit der Suche nach Vereinbarungen über eine angemessene Verteilung von Zuständigkeiten zwischen Nutzergruppen und Bereitstellern (vgl. hierzu auch Kap. 11.3).

Zusammenfassung

Fazit

- Staatliche Institutionen, deren begrenzte Kapazitäten, vor allem aber deren Eigeninteressen sind oft Teil des Problems. Defizitäre Regierungsführung verhindert die Lösung von Armuts- und Umweltproblemen. Sie lähmt auch die Eigeninitiative der Akteure. Daran hat sich in den meisten EL auch durch Demokratisierung und Privatisierung wenig geändert.
- Unzureichende institutionelle Regulierung und destruktive Anreizsysteme finden ihre tiefer liegenden Ursachen in der – auch weltwirtschaftlich bedingten – Orientierung der Eliten an der Aneignung von Renten und in einem durch klientelistische Abhängigkeit geprägten Verhältnis zwischen Regierenden und Bevölkerung.
- Global Governance im Sinne verbesserter internationaler Regelwerke ist in zweifacher Hinsicht Voraussetzung für eine bessere Regierungsführung in armen Ländern: Nur bei verbesserten globalen Rahmenbedingungen besteht für die Länder des Südens ein Anreiz für Good Governance. Außerdem dienen globale Vereinbarungen als Referenzrahmen für bilaterale Kooperation.
- Bessere Regierungsführung lässt sich folglich nicht allein durch Capacity Development im Bereich staatlicher Institutionen erreichen, sondern nur dadurch, dass auch von unten her die Bevölkerung in die Lage versetzt wird, eigenverantwortlich zur Lösung von Problemen beizutragen (Ownership) und ihre Interessen gegenüber staatlichen Organen und Marktpartner wirkungsvoll zu vertreten (Empowerment).
- Dies erfordert auch mehr Bürgernähe des Staates. Da aber die Voraussetzungen für Dezentralisierung unterschiedlich sind, bedarf es einer am Subsidiaritätsprinzip orientierten Dezentralisierungspolitik, um zu einer angemessenen Verteilung der Zuständigkeiten auf die politischen Ebenen zu gelangen.
- Entsprechendes gilt für die Aufteilung von Aufgaben auf staatliche, privatwirtschaftliche und gemeinnützige Träger. Diese sollte sich nicht an dogmatischen Prinzipien orientieren, sondern daran, wer im jeweiligen gesellschaftlichen und historischen Kontext wofür am besten geeignet ist.
- Dezentrale Entwicklungsplanung, verstanden als ein konsultativer, strategischer und implementierungsorientierter Prozess der Vorbereitung von Entscheidungen über die Verwendung

öffentlicher Investitionsmittel, über Flächennutzung und über staatliche Programme, ist eine Voraussetzung für demokratische Regierungsführung und Rechenschaftslegung.

- Eine Verbesserung der Bereitstellung öffentlicher Dienstleistungen ist nur zu erwarten, wenn die Nutzer der Dienstleistungen in dem Maße organisiert sind, dass sie als Bürger gegenüber den verantwortlichen politischen Entscheidungsträgern eine Kontrollmacht zur Sicherstellung der effektiven Leistungsbereitstellung ausüben können.

Zum Einlesen

Nord-Süd aktuell 3/2003: Themenheft zu Governance. – Hamburg: Deutsches Übersee-Institut 2003, 394–554.

Das Themenheft bietet mit theoretischen und empirischen Beiträgen namhafter deutscher Politikwissenschaftler (u. a. W. Hein, D. Messner, F. Nuscheler, R. Tetzlaff, A. Ziai, J. Betz, J. Meyer-Stamer) einen hervorragenden und immer noch aktuellen Überblick über unterschiedliche Aspekte von Regierungsführung auf globaler und nationaler Ebene. Die Beiträge werden ergänzt durch eine umfangreiche Bibliographie zum Thema und durch tabellarische Übersichten mit Governance-Indikatoren.

Geographica Helvetica 1/2001: Themenheft „Institutionelle Regelungen im Entwicklungsprozess". – Basel, Verband Geographie Schweiz 2001, 2–75.

Anhand unterschiedlicher Fallbeispiele zu den politisch-institutionellen Themenfeldern Dezentralisierung, Landkonflikte und Naturschutzgebiete setzen sich Vertreter der Geographischen Entwicklungsforschung mit der institutionenökonomischen Betrachtungsweise von Governance-Problemen auseinander. Der Band bietet nicht nur einen interessanten Einblick in die Debatte um die „Neue Institutionenökonomie", sondern auch anschauliche Beispiele für unterschiedliche Aspekte von Regierungsführung.

P. Bardhan & D. Mookherjee: Decentralization and Local Governance in developing countries. A Comparative Perspective. – Cambridge/ Massachusetts & London/England: MIT-Press 2006, 1–363.

Sammelband mit einer vergleichenden empirischen Analyse der Fortschritte von Dezentralisierungsprozessen in Brasilien, Indonesien, Bolivien, Indien, Uganda, Pakistan, China und Südafrika. Der Einleitungsartikel der beiden Herausgeber bietet einen analytisch gehaltvollen Vergleich.

Weltbank: Weltentwicklungsbericht 2004: Funktionierende Dienstleistungen für arme Menschen. – Washington 2003, 1–288.

Konzeptioneller Beitrag zur Gestaltung armutsorientierter öffentlicher Dienstleistungen in den EL, orientiert an dem auch in diesem Buch dargestellten „Service Systems Modell mit der trilateralen Beziehung zwischen politischen Entscheidungsträgern, Anbietern und Kunden/Bürgern. Die konzeptionellen Vorschläge werden illustriert anhand von Beispielen aus den Bereichen Grundschulbildung, Gesundheit/ Ernährung, Trinkwasser- und Sanitärversorgung sowie Stromversorgung. Der Band schließt mit einer umfassenden Bibliographie.

Abb. 11/1 *Die Arbeit im so genannten informellen Sektor als Existenzstrategie*

11 Die gesellschaftliche Dimension: Problemlösungsfähigkeit und Empowerment

Als gesellschaftliche Dimension von Entwicklung werden hier all jene Merkmale von Gesellschaften verstanden, die die Handlungsspielräume und die Handlungsstrategien ihrer Mitglieder beeinflussen.

- Normen, Werte und Verhaltensmuster, die für alle Mitglieder der Gesellschaft oder für bestimmte Untergruppen gelten, und die die Handlungsspielräume mehr oder minder stark einengen, diese aber auch absichern.
- Lern- und Problemlösungsfähigkeiten der Gesellschaft als Ganzes bzw. unterschiedlicher gesellschaftlicher Gruppen; diese beeinflussen die Handlungsstrategien und damit die Möglichkeiten, gegebene Handlungsspielräume (zum Teil in Konkurrenz zu anderen Gruppen) zu nutzen oder zu erweitern.
- Die Gesellschaftsstruktur im Sinne der Art der Untergliederung der Mitglieder in Gruppen und der Art der Beziehungen zwischen diesen Gruppen (z. B. Landeigentümer – Pächter; Unternehmer – Arbeitnehmer; Patron – Klient; Männer – Frauen). Diese bestimmen über den Zugang der Mitglieder zu Ressourcen, Einkommensmöglichkeiten sowie politischer Macht und so über die Wahlfreiheit und Handlungsspielräume (A. Sen 2007).

Diese gesellschaftlichen Merkmale sind in mehrfacher Hinsicht Gegenstand entwicklungspolitischer Betrachtung:

1. Gesellschaftliche Entwicklungen als Resultat: In Ländern des Südens (aber nicht nur dort) sind gesellschaftliche Prozesse Resultat, d. h. abhängige Variablen, anderer Entwicklungsprozesse, insbesondere von globalen Dynamiken. Hier interessieren vor allem die gesellschaftlichen Wirkungen von Globalisierung.
2. Gesellschaftliche Entwicklungen als Einflussfaktor: Gesellschaftlicher Wandel ist seinerseits ein wichtiger Einflussfaktor auf sozio-ökonomische und politisch-institutionelle Entwicklungsprozesse. Hierbei geht es vor allem um gesellschaftliche Grundlagen von politischen und ökonomischen Strukturen und Dynamiken.
3. Gesellschaftliche Strukturen als Rahmenbedingung für entwicklungspolitische Maßnahmen: Hier geht es um eine gesellschaftlich bzw. sozio-kulturell angepasste Gestaltung von Fördermaßnahmen.

Alle drei Aspekte sind für Entwicklungsstrategien, auch für solche mit ökonomischem, ökologischem oder institutionellem Fokus, von Bedeutung. Der Begriff „gesellschaftlich" beinhaltet in der hier definierten Form auch jene Aspekte, die häufig der Kategorie „soziokulturell" zugeordnet werden.

11.1 Das Problem: „Things Fall Apart"

„Things Fall Apart" ist der Titel eines bereits 1958 erschienen Romans des nigerianischen Literatur-Nobelpreisträgers Chinua Achebe. Der Titel und der entsprechende Inhalt des Buches passen auch mehr als fünfzig Jahre später noch zur gesellschaftlichen Situation in den meisten Entwicklungs- und Schwellenländern.

Angesichts der Vielfalt der Gesellschaften Afrikas, Asiens und Lateinamerikas mag es gewagt erscheinen, eine Diagnose zur gesellschaftlichen Situation „im Süden" zu geben. Doch es zeichnen sich verallgemeinerbare Trends ab: In den meisten Ländern des Südens sind die sozialen Ungleichheiten weitaus größer als in den alten Industrieländern und nehmen weiter zu. Und in den meisten Ländern bewegt sich die Mehrzahl der Menschen zwischen zwei Welten: zwischen der ländlichen Welt der Subsistenzproduktion, in welcher die an gemeinschaftlicher Überlebenssicherung orientierten Normen kleinbäuerlicher Gemeinschaften gelten, und der eher städtischen Welt der marktorientierten Produktion, der Lohnarbeit (vgl. V. Kreibich & E. Schmidt-Kallert 2004; B. Lohnert 2002). Keine dieser beiden Welten bietet eine hinreichend sichere Existenzgrundlage. In der Mehrzahl der von der Globalisierungsdynamik ausgegrenzten Standorte und Regionen (vgl. Kap. 8.1) handelt es sich folglich nicht um ein Übergangsphänomen des sozialen Wandels, sondern um eine anhaltende Situation der Verflechtung zweier Produktionsweisen mit ihren unterschiedlichen Logiken.

Die Ursachen hierfür liegen in der verbreiteten Massenarbeitslosigkeit beziehungsweise Unterbeschäftigung, also einem enormen Überangebot an Arbeitskräften, die bereit sind, zu (nahezu) allen Bedingungen zu arbeiten, und in der Abwesenheit formeller sozialer Sicherungssysteme. Im lokalen, familiären Kontext wird teilweise noch eine minimale soziale Sicherung durch die Solidaritätsnormen der Subsistenz-Gesellschaften geschaffen. Doch die Basis für Solidarität und damit auch die Tragfähigkeit traditioneller sozialer Sicherungssysteme wird auf zweierlei Weise unterminiert:

- Materiell werden diese Systeme durch die Zunahme von Krisen (Dürren, HIV/Aids, extreme Preisschwankungen) überfordert. Vielerorts nimmt die Zahl der Unterstützungsbedürftigen in Relation zur Zahl der Unterstützungsfähigen zu.
- Hinsichtlich der sozialen Basis wird dem Solidarverhalten durch Anonymisierung der sozialen Beziehungen und der wirtschaftlichen Aktivitäten immer mehr die Grundlage entzogen. Weiß man doch angesichts des in der Stadt arbeitenden Mannes heute nicht mehr, ob dessen Familie mit oder ohne eigenes Verschulden in Not geraten ist (vgl. S. Tröger 2002).

Gleichzeitig trifft man auf Menschen, welche die weiter bestehenden sozialen und ökonomischen Fesseln dieses Normensystems beklagen. Soziale Verpflichtungen und Neid (mancherorts verbunden mit der Bedrohung durch Hexerei bzw. Hexenverfolgung) hindern Mitglieder solcher Solidargemeinschaften daran, Ersparnisse lokal zu investieren, und ökonomischen Erfolg anzustreben. Im Kontext staatlicher Politik und Verwaltung führt die Orientierung an Solidaritätsnormen oft zu Günstlingswirtschaft, Patronage, Nehmermentalität, und steht somit einer Entwicklung von Eigeninitiative im Wege. Staatliche Leistungen, z. B. im Bereich der medizinischen Betreuung und Behandlung, kommen Angehörigen der eigenen Großfamilie oder Volksgruppe zugute und werden dadurch anderen Staatsbürgern vorenthalten.

Was für die Norm der Solidarität gilt, trifft für das Normensystem insgesamt zu: Ein einst relativ rigides, klare Verhaltensregeln vorgebendes und primär am Überleben der Gemeinschaft, aber auch an der Naturerhaltung orientiertes, religiös untermauertes Wertesystem (welches die meisten ländlichen Gesellschaften prägte) wird zunehmend ausgehöhlt: Der oben bereits skizzierte notwendige „Spagat" zwischen den sozialen Beziehungen in Dorf und Familie einerseits und der Logik der Welt des Geldes und der Märkte andererseits erfordert Wertepluralismus. Der Verlust an Verbindlichkeit der alten Werte mündet so für viele Menschen – angesichts fehlender tragfähiger neuer Perspektiven – in einem normativen Vakuum. Damit verbunden ist oft eine starke Verunsicherung. Es gilt also für die meisten Menschen „im Süden", den widersprüchlichen Regeln, Erwartungen, Anforderungen beider Welten gerecht zu werden (vgl. G. Elwert 1985). Anders als in den alten Industrieländern, wo Wertepluralismus oft die Möglichkeiten individueller Entfaltung erweiterte und dadurch Anreize für zunehmende Eigenverantwortlichkeit schuf, bleiben in armen Ländern solche Entfaltungschancen mangels ökonomischer Möglichkeiten eng begrenzt. Der Verlust moralischer Schranken bei Fortbestehen materieller Begrenzungen führt oft zu gemeinschaftsschädlichem Handeln wie Kriminalität, Prostitution, exzessivem Drogenkonsum. Die gesellschaftlich Stärkeren verstehen es meist, den Wertedualismus opportunistisch zu ihren Gunsten zu nutzen, die Schwächeren, insbesondere die Frauen, leiden darunter.

So wird ökonomische Peripherisierung, jener Zustand, in dem Menschen weder die Möglichkeit haben, innerhalb der globalisierten Wirtschaft noch ohne diese eine hinreichende Existenzgrundlage zu finden, begleitet von einer moralischen Krise (T. RAUCH 2004), einem Zustand, in dem die alten Normen und Werte nicht mehr verbindlich sind, aber noch nicht durch ein neues Wertesystem ersetzt wurden. Was vielfach als Übergangsphänomen betrachtet wurde, ist als Begleiterscheinung fragmentierender Entwicklung zum Dauerzustand geworden.

Mit dem Phänomen einer nur partiellen Marktintegration eng verbunden ist in den meisten Ländern des Südens die in Kapitel 10.2 beschriebene Dominanz klientelistischer Patronage- und Abhängigkeitsbeziehungen. Diese Form der Einbindung sichert tendenziell das Überleben ärmerer Mitglieder der Gemeinschaft im Notfall. Sie behindert aber den Zusammenschluss sozial benachteiligter Gruppen zu Interessenvertretungsorganisationen und damit einhergehende emanzipatorische Prozesse.

Charakteristisch für die auf familiären Beziehungen basierenden Integrationsmuster sind regionsübergreifende Netzwerke mit multilokalen Haushaltsstrukturen, getragen vom Bestreben nach einer Diversifizierung der Existenzgrundlagen. Solche Netzwerke umspannen oft städtische und ländliche Räume, erstrecken sich aber zunehmend auch über Landesgrenzen und Kontinente hinweg (vgl. D. MÜLLER-MAHN 2005). Der Tendenz zur Aufrechterhaltung familiärer Integration steht aber vielerorts eine mit räumlicher und sozialer Mobilität einhergehende Tendenz zur Desintegration lokaler Gemeinschaften gegenüber. Diese erweist sich dort als besonders problematisch, wo weder der Markt noch der Staat die zur Befriedigung der menschlichen Bedürfnisse notwendigen Leistungen erbringen können (dies gilt insbesondere für ländliche Regionen). Gerade dort aber spielt die Kooperation lokaler Gemeinschaften und die gemeinschaftliche Übernahme von Verantwortung (Ownership) eine potenziell wichtige Rolle bei der Suche nach und der Umsetzung von nachhaltigen Lösungen. Funktionsfähige Trinkwasserversorgungssysteme, Schulen, Krankenstationen, Bewässerungsanlagen, die Erhaltung von Wegen und Gemeindewäldern sowie die Schlichtung lokaler Konflikte sind kaum vorstellbar ohne anerkannte lokale Institutionen. Hauptleidtragende dieser multilokalen Lebensform sind oft die Frauen. Sie bleiben meist alleine mit den Kindern und den alten Menschen im Dorf zurück und müssen deren Versorgung sicherstellen.

In den klientelistischen, hierarchisch strukturierten Gesellschaften des „Südens" sind auch die Chancen der Beteiligung an gemeinschaftlichen bzw. politischen

Entscheidungen tendenziell ungleich verteilt. Insbesondere Frauen, junge Menschen und Landlose haben geringe Mitwirkungsmöglichkeiten. Die durch Demokratisierungs- und Dezentralisierungstendenzen formell erweiterten Beteiligungsrechte an öffentlichen Entscheidungen werden vorrangig von lokalen Eliten wahrgenommen.

Viele Entwicklungsprogramme zur Verbesserung der Lebensbedingungen ärmerer Bevölkerungsgruppen scheitern daran, dass sie solche gesellschaftlichen Dynamiken außer Acht lassen. Sie orientieren sich am vielerorts unrealistischen Leitbild einer fortschreitenden Marktintegration (z. B. Weltentwicklungsbericht 2008 (WELTBANK 2007) und sehen im Aufrechterhalten diversifizierter Lebenshaltungssysteme ein Symptom von Rückständigkeit. Die Situationsmerkmale, die begrenzten Kapazitäten, aber auch die bescheiden erscheinenden Potenziale der Armen werden nicht erkannt. Oft wird bei Förderprogrammen von Vollerwerbsbetrieben ausgegangen, wird die Realität und Rationalität diversifizierter, multilokaler Livelihood-Systeme nicht wahrgenommen. Die Folge ist, dass die Ärmeren meist nicht von solchen Programmen erreicht werden. Entwicklungspolitik steht bei Berücksichtigung der gesellschaftliche Dimension also einer dreifachen Herausforderung gegenüber (vgl. Abb. 11.1/1): Sie muss den jeweiligen sozialen und kulturellen Gegebenheiten Rechnung tragen, also von der Situation der Menschen ausge-

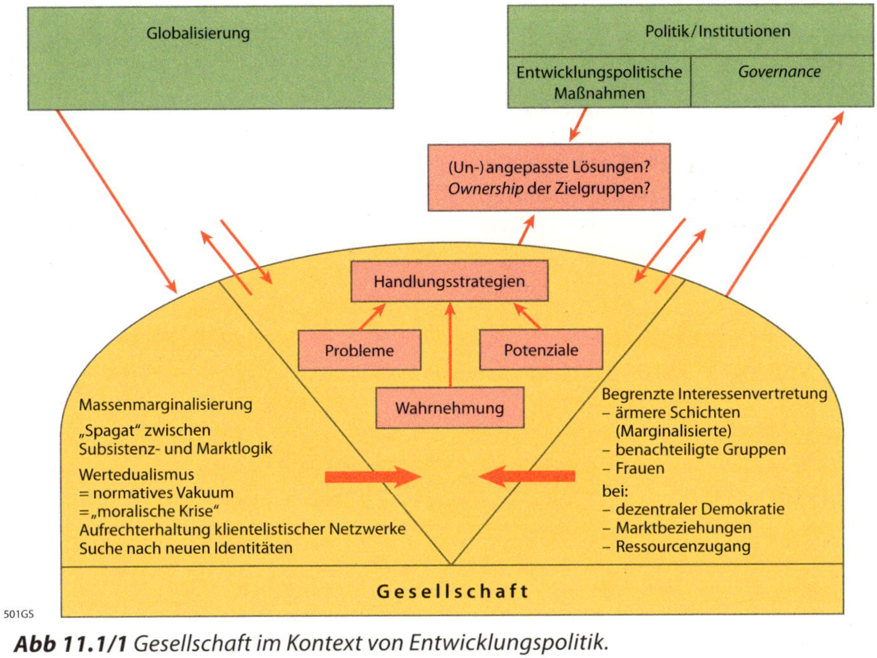

Abb 11.1/1 *Gesellschaft im Kontext von Entwicklungspolitik.*

hen. Sie muss insbesondere die Globalisierungsverlierer dabei unterstützen, in Krisensituationen ihre Fähigkeit zu gemeinschaftlichen Problemlösungen und damit zur Reduzierung ihrer Verwundbarkeit zurückzugewinnen. Und sie muss benachteiligten sozialen Gruppen zu der zivilgesellschaftlichen Macht verhelfen, die nötig ist, um eine bessere Regierungsführung und bessere Zugangsbedingungen zu Ressourcen und Märkten einzufordern.

11.2 Theorie: Handlungsspielräume, Handlungsstrategien und deren strukturelle Begrenztheit

So vielfältig die Bezüge zwischen Gesellschaft/Kultur und Entwicklung sind, so groß ist die Zahl theoretischer Ansätze, die versucht haben, dieses Beziehungsgefüge zu durchleuchten. Im Rahmen dieses Buches über Entwicklungspolitik werden hier nur Theorieansätze herausgegriffen, die sich auf die spezielle historische Situation in derzeitigen Entwicklungs- und Schwellenländern beziehen, und die die in 11.1 skizzierten Herausforderungen für die entwicklungspolitische Praxis zum Gegenstand haben.

Nicht speziell auf die Gesellschaften des Südens bezogen ist die Strukturationstheorie, die das wechselseitige Verhältnis zwischen (gesellschaftlichen) Strukturen und dem Handeln der (gesellschaftlichen) Akteure thematisiert. Da die Dialektik des Verhältnisses zwischen Struktur und Handeln (siehe hierzu auch Kapitel 7) als metatheoretisches Thema aber sowohl für die Einordnung anderer Theorieansätze als auch für Entwicklungsstrategien von Bedeutung ist, wird hier kurz auf deren Relevanz eingegangen (Kap. 11.2.1). Ein zentrales Phänomen der Gesellschaften des Südens im Kontext eines fragmentierenden Entwicklungsprozesses ist der in Kapitel 11.1 beschriebene Spagat der meisten Familien zwischen Subsistenz- und Marktwirtschaft. Dieses Verhältnis wurde unter dem Motto „Verflechtung von Produktionsweisen" bereits in den 1980er-Jahren auf eine nach wie vor weitgehend relevante Art theoretisch begründet (Kap. 11.2.2). Der Livelihood-Ansatz nähert sich demselben Thema aus einer etwas anderen, stärker praxisorientierten Perspektive (Kap. 11.2.3). Das Thema der (Un-)Fähigkeit zu gemeinschaftlichem Handeln wird vom Konzept des „Sozialkapitals" aufgegriffen. Daraus lassen sich sowohl für die Bewältigung der „moralischen Krise" als auch für Strategien des Empowerment wichtige Schlüsse ableiten (Kap. 11.2.4).

11.2.1 Strukturationstheorie: Die Rolle des handelnden Akteurs

Die Strukturationstheorie von A. Giddens (1992) in der deutschsprachigen Sozialgeographie durch B. Werlen (1997) sehr verbreitet (vgl. F. Krüger 2003), hat das wechselseitige Verhältnis zwischen Strukturen und menschlichem Handeln zum Gegenstand (siehe hierzu Kapitel 7.2). Die Handlungsspielräume von Menschen werden durch ökonomische

(Weltmarkt), politische (Machtverhältnisse), naturbedingte (Ökosysteme) und gesellschaftliche Strukturen (Zugehörigkeit zu bestimmten Schichten bzw. Klassen) begrenzt, während diese Strukturen gleichzeitig ein variables Resultat des Handelns menschlicher Akteure sind. Die Strukturationsthese betont den letztgenannten Aspekt des Wechselverhältnisses, die strukturverändernde Kraft menschlichen Handelns und die damit einhergehenden Wahrnehmungen, Initiativen, Akteurskonstellationen und Kooperationsbeziehungen (vgl. S. Tröger 2004). Von entwicklungspolitischer Bedeutung ist dabei die Einsicht, dass Menschen in gesellschaftlichen Entwicklungsprozessen nicht einfach nur passive Opfer von widrigen Rahmenbedingungen sind und sich nicht alleine darauf beschränken, vorgegebene Handlungsspielräume strategisch zu nutzen; vielmehr sind sie gleichermaßen gestaltende, Rahmenbedingungen missachtende oder verändernde, und damit potenziell Handlungsspielräume erweiternde Akteure. Entwicklungspolitik darf also nicht allein – etwa im Sinne Globaler Strukturpolitik oder von Makro-Strukturreformen – bei der Veränderung von Strukturen ansetzen. Sie muss gleichzeitig Menschen, insbesondere aber die Masse der Armen, in die Lage versetzen, sich mit Erfolg an der Auseinandersetzung verschiedener Akteure um Einfluss auf gesellschaftliche Strukturationsprozesse zu beteiligen.

11.2.2 Verflechtungsansatz: Die objektiven Bedingungen des Handelns der Armen verstehen

Die Theorie der Verflechtung von Produktionsweisen, in der deutschsprachigen Entwicklungssoziologie bekannt geworden als der „Bielefelder Verflechtungsansatz" (G. Elwert 1985; D. Evers 1988), ist ein strukturtheoretischer Erklärungsansatz für das in Kap. 11.1 beschriebene Handlungsdilemma, in dem sich die Mehrheit der Bevölkerung in Regionen an der Peripherie der Globalisierungsdynamik befindet. Aus der objektiven Gegebenheit, weder allein auf Basis der Subsistenzwirtschaft noch durch eine vollständige Integration in die Marktwirtschaft die Existenz sichern zu können, wurden typische Handlungsstrategien von „Mischproduzenten" wie Streben nach Risikominimierung, Diversifizierung, Pflege sozialer Beziehungen, Aufrechterhaltung klientelistischer Netzwerke abgeleitet. Aber auch die aus den gegensätzlichen Logiken von Subsistenz- und Marktwirtschaft resultierenden Konflikte und Handlungsunsicherheiten wurden thematisiert (vgl. Abb. 11.2.2/1).

Die fortwährende Bedeutung des Verflechtungsansatzes ergibt sich daraus, dass sich in den meisten Regionen des Südens an der Notwendigkeit der Aufrechterhaltung der Kombination aus Subsistenz- und Warenproduktion nichts geändert hat, weil die Globalisierungsprozesse keine vollständige Integration in die Welt der Warenökonomie erlauben (vgl. Kapitel 8.2). So zeigt der Ansatz die objektiven makro-ökonomischen Grundlagen dafür auf, warum die meisten Menschen zögern, sich voll auf eine

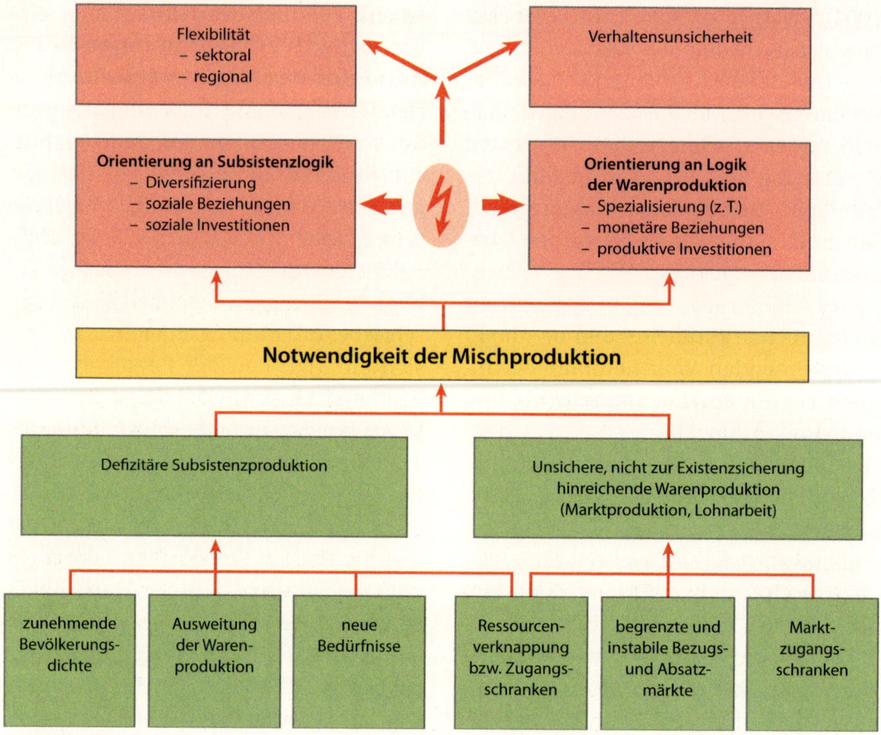

***Abb 11.2.2/1** Handlungsstrategien von Akteuren im Spannungsfeld zwischen Subsistenz- und Warenökonomie*

marktwirtschaftliche Rationalität einzulassen. Es gibt also gute Gründe, warum ein sehr großer Teil der Menschen in Lateinamerika, Afrika und Südasien diesbezüglich ähnliche Handlungsstrategien praktiziert.

Als unzutreffend hat sich hingegen jene These der Bielefelder Schule erwiesen, die besagt, dass die Aufrechterhaltung der Subsistenzökonomie eine notwendige Voraussetzung für die kapitalistische Entwicklung sei, weil durch den Beitrag der Selbstversorgungswirtschaft zur Reproduktion das Lohnniveau im marktwirtschaftlichen Sektor extrem niedrig gehalten werden könne. Zwar lässt sich nach wie vor nicht bezweifeln, dass ohne den Beitrag der Subsistenzproduktion das Lohnniveau in EL höher sein müsste, um das Überleben der Beschäftigten und ihrer Angehörigen zu sichern. Berechtigte Zweifel aber bestehen angesichts des stetig sinkenden Lohnkostenanteils in einer zunehmend automatisierten Wirtschaft daran, ob diese niedrigen Löhne für das Überleben des kapitalistischen Systems als Ganzes wichtig sind. Realistischer ist wohl die These, dass diese Menschen aus der Perspektive der Kapitalverwertung weitgehend unbrauchbar sind (F. Scholz

2004). Demgegenüber ist für die Überlebenssicherung der Menschen die Warenökonomie unverzichtbar geworden. Das Resultat ist eine teilweise und unsichere Integration zu schlechten Bedingungen, ein Zustand, den Dependenztheoretiker bereits in den frühen 1970er-Jahren als Marginalisierung bezeichneten (A. Quijano 1974).

11.2.3 Livelihood-System-Ansatz: Ganzheitliche Perspektive auf multidimensionale Lebenshaltungssysteme

Der Livelihood-Ansatz ist eher strategischer und methodischer als theoretischer Natur. Sein Kern besteht aus einem Analyserahmen (siehe 11.3), der als Grundlage für die Planung von Interventionen dient, mit dem Ziel, die Lebenshaltungssysteme, insbesondere armer Bevölkerungsgruppen, nachhaltiger und weniger verwundbar zu gestalten (vgl. R. Chambers & R. Conway 1992). Er bietet keine Erklärung für das Zustandekommen diversifizierter oder prekärer Livelihood-Systeme (T. Dörfler, O. Graefe & D. Müller-Mahn 2003).
Theoretisch bemerkenswert ist die dem Livelihood-Analyserahmen zugrunde liegende Betrachtungsperspektive. Im Unterschied etwa zu agrarökonomischen Farming-Systems-Ansätzen fokussiert er nicht auf einen bestimmten Wirtschafts- bzw. Erwerbszweig, sondern nimmt eine ganzheitliche Perspektive auf den Haushalt und darüber hinaus auf das erweiterte familiäre Lebenshaltungssystem ein. Der Mensch wird als handelnder Akteur betrachtet, der sich im Kontext eines diversifizierten, oft multilokalen Systems lebenssichernder Aktivitäten unter Einsatz seiner jeweiligen Ausstattung mit Ressourcen und unter Berücksichtigung sich verändernder Rahmenbedingungen für bestimmte Lebenshaltungs- und Risikoabfederungsstrategien entscheidet. Der Ansatz fordert somit dazu auf, die Adressaten entwicklungspolitischer Maßnahmen im Gesamtzusammenhang ihrer Lebenshaltungssysteme zu sehen (vgl. A. Derichs & T. Rauch 2000).

11.2.4 Sozialkapital: Über die Fähigkeit zu gemeinschaftlichen Problemlösungen

Der Begriff „Sozialkapital" wird in vielen unterschiedlichen Bedeutungen verwendet. Er ist auch umstritten, vor allem weil dadurch soziale Beziehungen ökonomisiert werden (E. Berner 2005). Hier interessieren die Zusammenhänge zwischen Sozialkapital und Überwindung von Armut und Ohnmacht.
Über Sozialkapital verfügen nach dieser Definition Individuen. Nach R. Putnam (2000) kann Sozialkapital, definiert als „Vertrauen, Normen und Netzwerke, welche die Effizienz einer Gesellschaft durch Erleichterung koordinierten Handelns erhöhen" (zitiert nach J. Harris 2005, 268), auf ganze Gesellschaften bezogen werden. Entsprechend können auch einzelne gesellschaftliche Gruppen über mehr oder weniger großes Sozialkapital verfügen. Die dem Begriff zugrunde liegende Logik erscheint plausibel und deckt sich mit verbreiteter Alltagserfahrung: Wer als Individuum gut vernetzt ist, kann seine Ziele besser realisieren. Gemeinschaften mit starkem Zugehörigkeitsgefühl der Mitglieder, Vertrauen untereinander und guter Kommunikation

> ***Soziales Kapital***
>
> P. Bourdieu definierte Sozialkapital als „die Gesamtheit der aktuellen oder potenziellen Ressourcen, die an die Verfügung über ein dauerhaftes Netzwerk von Beziehungen gebunden sind, welche […] durch gegenseitiges Erkennen sowie Anerkennen institutionalisiert sind – mit anderen Worten, an die Zugehörigkeit zu einer Gruppe […] mit gemeinsamen Eigenschaften und […] durch nützliche Verbindungen vereint".
>
> (P. Bourdieu 2005, 263; Erstveröffentlichung 1982)

können ihre Interessen besser durchsetzen als solche, denen das Verbindende fehlt, und die durch Misstrauen und ungelöste Konflikte gekennzeichnet sind. Inwieweit das auch für ganze Gesellschaften gilt, oder ob dann nicht andere Faktoren (wie Politik, Institutionen, Wissen) eine stärkere Rolle spielen, ist umstritten (J. Harris 2005).

Setzt man die tendenziell positive Wirkung von Sozialkapital im Sinne gemeinschaftlicher Problemlösungsfähigkeit voraus, so ist die eigentlich interessante Frage jene nach den Entwicklungsbedingungen von Sozialkapital. Aus Sicht des Individuums, das sein Sozialkapital erhöhen möchte, sind das laut P. Bourdieu „soziale Investitionsstrategien", d. h. Bemühungen um eine kontinuierliche Beziehungspflege. Im Hinblick auf die Funktionsfähigkeit sozialer Sicherungssysteme, die Fähigkeit zu gemeinschaftlichem Handeln zwecks Sicherung von Livelihood-Systemen und auf ein Empowerment benachteiligter Gruppen ist aber die Frage nach den Faktoren entscheidend, die das Sozialkapital von Gemeinschaften bzw. sozialen Gruppen beeinflussen. Bourdieu sieht solche Faktoren in Institutionen, die legitimen Tausch fördern, indem sie Gelegenheiten, Orte oder Praktiken produzieren, die Menschen in möglichst homogenen Gruppen zusammenbringen. Demnach spielen gemeinsame Rituale, Traditionspflege und Feste eine wichtige Rolle. In diesem Zusammenhang ist es sicher nicht unerheblich, dass angesichts der in 11.1 skizzierten Situation einer gesellschaftlichen Krise viele Menschen sich fundamentalistischen Glaubensgemeinschaften zuwenden, die neben klaren Normen alle Faktoren zur Stärkung von Sozialkapital anbieten: Solidarität, Vernetzung, gemeinsame Orte, Rituale und Aktionen.

Bei der Anwendung des Konzepts in einem entwicklungspolitischen Kontext ist das von P. Bourdieu genannte Kriterium der Homogenität von kritischer Bedeutung. Die meisten Netzwerke in Entwicklungsländern sind klientelistischer Natur, d. h. tendenziell homogen in ethnischer oder religiöser Hinsicht, aber eher heterogen hinsichtlich ihrer sozio-ökonomischen Situation. Die Beziehungen innerhalb solcher Netzwerke sind durch Machtverhältnisse gekennzeichnet. Das Sozialkapital ist zwischen den Mitgliedern ungleich verteilt. Der Aufbau von problemlösungsrelevantem Sozialkapital innerhalb lokaler Gemeinschaften zwecks gemeinsamer Lösung lokaler Probleme wird dort behindert, wo die Bewohner unterschiedlichen klientelistischen Netzwerken angehören. Auch die Bildung von horizontalen Netzwerken zwischen sozio-ökonomisch homogenen Akteuren wird durch Einbindung in vertikale Beziehungsstrukturen erschwert. Bestimmte Formen von Sozialkapital können demnach spaltend wirken und problemlösenden Vernetzungen im Wege stehen. Der im entwicklungspolitischen Kontext gern benutzte Begriff Community täuscht darüber weg, dass die Voraussetzungen für die Bildung von problemlösungsrelevantem sozialen Kapital bei armen und benachteiligten Gruppen eher ungünstig sind. Darin liegt eine entscheidende entwicklungspolitische Herausforderung auf der lokalen Ebene. Der Blick auf die zentralen Aussagen unterschiedlicher theoretischer Ansätze (vgl. Abb. 11.2.4/1) führt zu einigen wichtigen Hinweisen für die Konzipierung gesellschaftlicher Strategien:

- Gesellschaftliche Strukturen können durch die darunter leidenden lokalen Akteure strukturierend verändert werden. Entwicklungspolitik muss sie dabei unterstützen, da derartige Veränderungsprozesse auch Voraussetzung für Machtverschiebungen und damit für eine Verbesserung der Regierungsführung sind.
- Die Akteure nutzen ihre durch ökonomische Rahmenbedingungen begrenzten Handlungsspielräume mit ihren diversifizierten, multilokalen Livelihood-Strategien weitgehend rational, meist allerdings ohne dabei zu gesicherten, befriedigenden Lösungen zu gelangen. Die Unterstützung bei der Suche nach besseren Lösungen muss auf der Logik dieser Livelihood-Systeme aufbauen.
- Sozialkapital ist wichtig für die Überwindung von Armut und Ohnmacht; dessen Bildung stößt aber oft an die Grenzen klientelistischer Gesellschaftsstrukturen. Auf diesem konfliktträchtigen Schauplatz von Strukturationsprozessen, nämlich der Herausbildung gemeinschaftlicher Problemlösungskompetenzen benachteiligter sozialer Gruppen, kann Entwicklungspolitik eine unterstützende Rolle spielen.

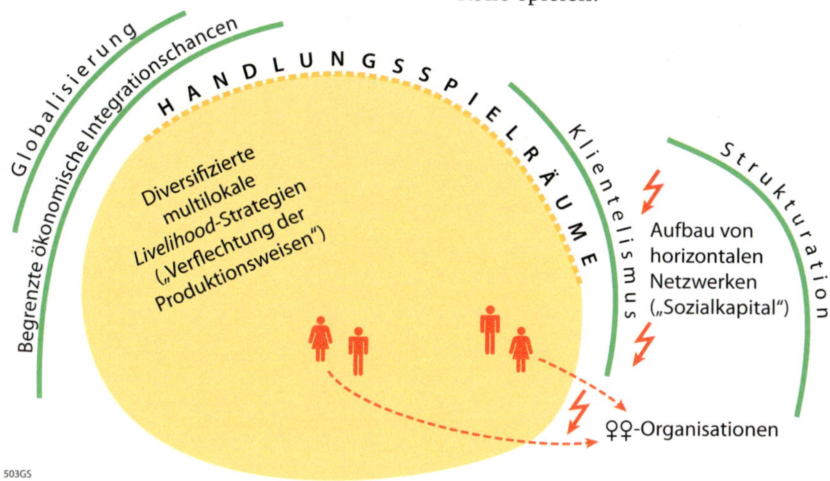

Abb 11.2.4/1 *Gesellschaftliche Theorieansätze im Kontext*

11.3 Entwicklungspolitik und -strategien

11.3.1 Überblick: Eine Mehr-Ebenen-Strategie des Aufbaus einer inklusiven, lokal verwurzelten Zivilgesellschaft

Die gesellschaftlichen Strategien sind eng mit den politisch-institutionellen verknüpft. Sie sind als Beitrag zu verstehen, die Kluft zwischen Staat und benachteiligten Gruppen, zwischen Bereitstellern und Nutzern von Dienstleistungen von „unten" her zu überbrücken. Dies ist eine Frage des Beitrags der Nutzer und ihrer Interessendurchsetzungsmacht. Es gilt also, Ownership, die Eigenverantwortung der Nutzer, mit deren Empowerment, deren Beteiligung an den für sie relevanten Entscheidungen als Bürger, zu verknüpfen. Dies ist – das wurde bereits in den vorhergehenden Kapiteln begründet – eine Voraussetzung für

- demokratische dezentrale Regierungsführung und damit für Good Governance insgesamt,
- funktionierende Dienstleistungssysteme,
- nachhaltige Ressourcennutzung und für
- verbesserten Marktzugang zu faireren Bedingungen.

Daraus ist erkennbar: Empowerment auf breiter Ebene, verbunden mit einem gewissen Grad an lokaler Ownership, also die im Rahmen der gesellschaftlichen Dimension thematisierten Aspekte sind die entscheidende Grundlage für Verbesserungen in allen anderen Bereichen.

Ein weiterer wichtiger gesellschaftlicher Aspekt ist darüber hinaus zu berücksichtigen: Die „Armen", die „benachteiligten Gruppen", von denen hier immer die Rede ist, sind keine homogene Masse. Zwischen Männern und Frauen, zwischen Alt und Jung, zwischen Stadt- und Landbevölkerung, selbstständigen Produzenten und Lohnarbeitern, Ackerbauern und Viehhaltern, Teilzeit- und Vollzeit-Gewerbetreibenden, auch zwischen sehr Armen und den weniger Armen bestehen wesentliche Unterschiede. Diese sind bei Dienstleistungen und Fördermaßnahmen zu berücksichtigen. Hier gilt die Regel: Nur wenn man differenziert, erreicht man alle (oder zumindest die Mehrzahl). Dienstleistungen bzw. Unterstützungsangebote müssen also adressaten- bzw. zielgruppenspezifisch gestaltet sein – was stets auch genderspezifisch bedeutet.

Aus diesen strategischen Überlegungen geht hervor, dass eine Mehr-Ebenen-Strategie im Bereich der gesellschaftlichen Dimension nahe an der Basis ansetzen muss; dort, wo Bürger und dezentrale Staatsorgane, Dienstleistungsnutzer und Bereitsteller aufeinandertreffen. Strategien auf den höheren politischen Ebenen sind daraus abzuleiten und haben einen eher unterstützenden Charakter:

- Auf der Ebene dezentraler Regierungsführung kommt es zum einen darauf an, dass durch die Institutionalisierung geeigneter Beteiligungsverfahren allen Bürgern die Möglichkeit eröffnet wird, ihre Interessen wirksam zu vertreten, und zum anderen darauf, dass bei der Wahrnehmung öffentlicher Aufgaben und der Gestaltung von Dienstleistungen zielgruppen- und gendergerecht vorgegangen wird.

- Auf lokaler Ebene (d. h. der Ebene lokaler Gemeinschaften, sozio-ökonomischer Gruppen und Nutzern von Services) ist es entscheidend, die jeweiligen Bevölkerungsgruppen so zu organisieren, dass sie erforderliche Eigenbeiträge erbringen und ihre Interessen über legitime Repräsentanten wirksam vertreten können.
- Auf nationaler Ebene geht es darum, die vorhandenen zivilgesellschaftlichen Organisationen in der effektiven Erfüllung ihrer Interessenvertretungs-, Lobby- und Kontrollfunktionen zu stärken, und darüber hinaus diese beim Aufbau von Basisorganisationen zu unterstützen, und so zum Aufbau einer lokal verwurzelten „echten" Zivilgesellschaft beizutragen.
- Auf globaler Ebene ist es wichtig, dass im Rahmen von Global Governance die Länder des Südens (und des Nordens) nicht nur durch ihre politisch Verantwortlichen, sondern auch durch Vertreter und Vertreterinnen anderer gesellschaftlicher Interessen repräsentiert werden.

Entscheidend ist, dass es zum Aufbau einer lokal verankerten und inklusiven, d. h. alle Bevölkerungsgruppen repräsentierenden Zivilgesellschaft kommt. Anderenfalls ist es unwahrscheinlich, dass verbesserte Rahmenbedingungen und Armutsminderungsprogramme armen Bevölkerungsgruppen wirklich zugute kommen.

11.3.2 Die dezentrale Regierungsebene: Bürgerbeteiligung und Zielgruppenorientierung

Ausgangspunkt der hier vorgestellten Strategieansätze ist das Verhältnis zwischen Bürger und Staat, Gesellschaft und Politik, Bereitstellern und Nutzern von Dienstleistungen. An dieser Nahtstelle – die in der Realität oft noch eine Bruchstelle ist – wird darüber entschieden, wer Zugang zu knappen Ressourcen erhält und wer nicht. Hier fallen die Entscheidungen, die maßgeblich dafür sind, ob der Schulunterricht stattfindet, ob man an Kliniken ärztliche Hilfe erwarten kann, ob die Informationen aus dem Hochwasser-Frühwarnsystem auch in den Vierteln der Armen ankommen, ob und unter welchen Bedingungen auch Frauen einen Kleinkredit erhalten. Über den Zugang zu Services und Ressourcen auf lokaler Ebene wird mittels zweier politischer Mechanismen entschieden, die Gegenstand der folgenden Strategieüberlegungen sind:

- Bürgerbeteiligung (Kap. 11.3.2.1) an den Entscheidungen über die Verwendung von Ressourcen (staatliches Budget, Land) und die Gestaltung von Dienstleistungen (öffentlich und privat);
- Zielgruppen- und Gender-Orientierung von Dienstleistungen, Budgets, Gesetzen, Verwaltungsverfahren (Kap. 11.3.2.2 und 11.3.2.3).

11.3.2.1 Institutionalisierung von Bürgerbeteiligung

Bei Partizipation geht es um die Beteiligung von Menschen (als Staatsbürger, Dienstleistungsempfänger, Organisationsmitglieder bzw. -angestellte) an den Entscheidungen der jeweils zuständigen Entscheidungs- bzw. Ausführungsorgane (also von Regierungsstellen, Trägern von Dienstleistungseinrichtungen, Vorständen von Organisationen). Damit werden je nach Kontext und Perspektive des Betrachters eines oder mehrere von vier **Zielen** verfolgt:

1. Bessere, situationsgerechtere Entscheidungen bzw. Maßnahmen durch Einbeziehung des Wissens, der Erfahrungen und der Bedürfnisse der Adressaten bzw. Betroffenen;
2. Erhöhung der Eigenverantwortlichkeit (Ownership) der Adressaten von Maßnahmen bei der Durchführung, insbesondere, wenn es um selbstverwaltete Nutzung und Instandhaltung von öffentlichen Einrichtungen geht;
3. Verbesserte Artikulations- und Interessenvertretungsmöglichkeiten (Empowerment) der Betroffenen von Entscheidungen und Maßnahmen, insbesondere für benachteiligte gesellschaftliche Gruppen, d.h. mehr Macht fürs Volk;
4. Gesellschaftliche Lernprozesse, welche die Mitglieder einer Gesellschaft dem Ideal des „mündigen Bürgers" (bzw. der „mündigen Bürgerin") näher bringen und dadurch eine lebendige Demokratie mit Kontrolle von „unten" und funktionierenden Mechanismen von Interessenausgleich ermöglichen (vgl. U. von ALEMANN 1978).

Es ist leicht nachvollziehbar, dass diejenigen, die mehr Beteiligungsmöglichkeiten an den von ihnen zu verantwortenden Entscheidungen einräumen (also Verwaltungen, Dienstleistungsbereitsteller, Betriebsmanagement), insbesondere die oft als „pragmatisch" klassifizierten Beteiligungsziele (1) und (2) verfolgen, während es den Betroffenen und zu Beteiligenden vor allem um Ziel (3), d.h. die Durchsetzung ihrer Interessen geht. Ziel (4) wird überwiegend im gesellschaftstheoretischen und -politischen Diskurs in Wissenschaft und Politik artikuliert (vgl. G. BECKMANN 1997).

Entsprechend dem beschriebenen Verständnis von Partizipation geht es in dem hier dargestellten **Partizipationsmodell** (T. RAUCH 2002) darum, in welcher Form und mit welcher Wirksamkeit die Informationen (Kenntnisse, Erfahrungen, Einschätzungen) und Interessen der Betroffenen (Zielgruppen, Adressaten, Mitarbeiter, Staatsbürger) und die Informationen und Interessen der formell verantwortlichen Entscheidungs- und Ausführungsorgane (Gesetzgeber, Dienstleistungsanbieter, Arbeitgeber) die Entscheidungen beider Seiten beeinflussen. Die Bipolarität des Modells bedeutet natürlich eine Vereinfachung gegenüber einer Realität, in welcher mehr als zwei Akteursgruppen einander gegenüberstehen. Dennoch spitzen sich auch in pluralistischen Entscheidungsszenarien die Beteiligungskonstellationen häufig auf ein Gegenüber von einem letztlich verantwortlichen Entscheidungsgremium und der (in sich pluralistisch zusammengesetzten) Gruppe der zu Beteiligenden bzw. Betroffenen zu.

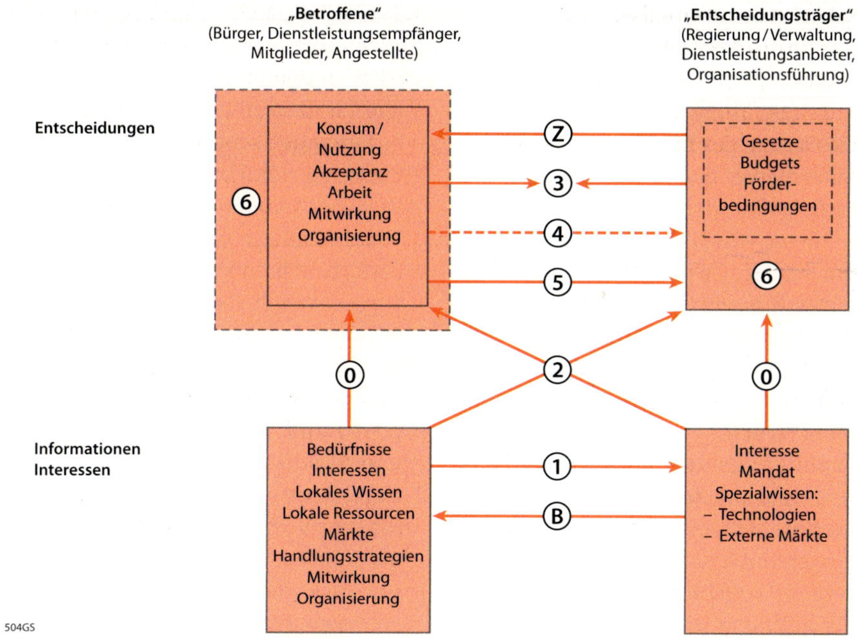

***Abb 11.3.2.1/1** Beteiligungsformen-Modell*

Das Modell geht vom gesellschaftlichen Normalfall aus, dass sowohl auf Seite der Entscheidungsträger als auch auf Seite der Betroffenen Entscheidungen gefällt werden, welche einander beeinflussen. Der Entscheidungsraum, d.h. die Zahl und Bedeutung der auf jeder Seite zu entscheidenden Gegenstände kann dabei nach Art der Gesellschaftsform sehr unterschiedlich verteilt sein und kann im (theoretisch vorstellbaren) Extremfall auf der einen wie auf der anderen Seite gegen Null tendieren. Das eine Extrem wäre dabei eine auf Zentralverwaltungswirtschaft (Fall Z in Abb. 11.3.2.1/1) basierende Diktatur, in welcher alle Entscheidungen aller Bürger von einer zentralstaatlichen Planungsdistanz vollständig determiniert würden. Das andere Extrem wäre die totale direkte Basisdemokratie, in welcher die Unterscheidung zwischen Betroffenen und Entscheidungsträgern sich dadurch auflöst, dass alle an allen Entscheidungen direkt mitwirken. Die Vielfalt der real existierenden Normalfälle liegt zwischen diesen beiden Extremen. Diese lassen sich wie folgt nach **Beteiligungsformen klassifizieren** (vgl. T. Rauch 2002, S. 501):

- **Fall 0: Keine Partizipation.** Beide Seiten treffen ihre Entscheidungen allein auf Grundlage ihrer eigenen Interessen und Informationen. Entscheidungen werden nicht (Beispiel: fehlende Akzeptanz von öffentlichen Maßnahmen) oder – im Fall privatwirtschaftlicher Entscheidungsträger – über den Marktmechanismus aufeinander abgestimmt.

- **Fall Z: Zentralverwaltungswirtschaft.** Alle Entscheidungen werden vom Staat diktiert.
- **Fall B: Beratung der Betroffenendurch die Organe des Entscheidungsträgers.** Auch hierbei handelt es sich nicht um Partizipation, sondern darum, dass ein Anbieter von Unterstützungsleistungen die Entscheidungen der Adressaten mit den bereits getroffenen eigenen Entscheidungen harmonisieren will, indem er (tatsächliche oder vermeintliche) Informationsdefizite der Adressaten behebt.
- **Beteiligungsform 1: Schaffung von Artikulationsmöglichkeiten für die Betroffenen.** Die Interessen und Informationen der Betroffenen sollen den Entscheidungsträgern zur Kenntnis gebracht werden, um in deren Entscheidungen Eingang zu finden. Hierbei kann es sich sowohl um Einrichtung von Kanälen für erwünschte Artikulation handeln (z. B. Beschwerdekanäle, Befragungen, Anhörungen, Einholung von Vorschlägen, Evaluierungen durch Dienstleistungsempfänger bzw. Programmteilnehmer) als auch um rechtlich abgesicherte Freiräume für unerwünschte Artikulation (z. B. Demonstrationen, Aktionen, Streik, Versammlungen). Diese Beteiligungsform gilt als schwach, da sie hinsichtlich ihrer Wirkung auf die Entscheidung der Träger unverbindlich ist (was aber nicht gleichzusetzen ist mit wenig wirkungsvoll!), hat aber den Vorteil, dass sie mit relativ geringem Partizipationsaufwand verbunden ist und leicht flächendeckend institutionalisierbar ist.
- **Beteiligungsform 2: Dialog zwischen Entscheidungsträgern und Betroffenen.** Hierbei kommt es auf die wechselseitige Einflussnahme an, durch welche aufeinander abgestimmte Entscheidungen erreicht werden sollen. Solche Dialoge können formalisiert sein (z. B. Versammlungen von kommunalen Bürgerforen oder dörflichen Komitees mit Vertretern der Gemeindeverwaltung) oder auf informeller, unverbindlicher Basis initiiert werden (z. B. Teilnahme an Versammlungen informeller Gruppen, Planungs-Workshops, partizipative Aktionsforschung, Participatory Rural Appraisals = PRA). Diese in der EZ sehr verbreitete Beteiligungsform hat den Vorteil wechselseitiger Lernprozesse und begünstigt die Identifizierung situationsgerechter Problemlösungen auf der Basis von lokalem wie auch von externem Wissen. Sie ist aber relativ zeitaufwendig, mit hohem Personalbedarf und – insbesondere in ländlichen Regionen – mit hohem Transportaufwand verbunden und deshalb auf Dauer nur schwer flächendeckend institutionalisierbar (vgl. Methoden-Box zu PRA).
- **Beteiligungsform 3: Antrags- und Vertragsmechanismen zwischen Entscheidungsträgern und Betroffenen.** Hierbei werden Entscheidungen beider Seiten verbindlich aufeinander abgestimmt. Die Beteiligung der Adressaten von Leistungen besteht darin, dass sie – im Rahmen vorgegebener Förderrichtlinien und Auswahlmöglichkeiten – Anträge stellen können. Der Verbindlichkeitsgrad dieser Form von Beteiligung kann sehr hoch sein, wenn die Art und Weise, wie

mit solchen Anträgen verfahren wird, rechtlich geregelt ist, und wenn dies zu einer vertraglich vereinbarten Leistung zwischen beiden Seiten führt. Diese Form von Partizipation ist insbesondere im Verhältnis zwischen Selbsthilfeorganisationen und Unterstützungsorganisationen üblich. Sie ist leicht flächendeckend institutionalisierbar, setzt aber einigermaßen standardisierte Unterstützungsangebote, also die Existenz situationsgerechter Lösungen, voraus.

- **Beteiligungsform 4: Mitbestimmung.** Betroffene sind hier formell dazu berechtigt, über Repräsentant/innen auf Basis festgelegter Stimmanteile (oder z. B. auch durch ein Vetorecht) im Entscheidungsorgan des Entscheidungsträgers mitzuwirken (z. B. Genossenschaftsrat, Aufsichtsrat, Fakultätsrat). Hier handelt es sich um eine hochgradig institutionalisierte Beteiligungsform mit hohem Verbindlichkeitsgrad. Sie setzt aber eine Organisationsstruktur mit legitimierten und qualifizierten Repräsentanten voraus, und die Einflussmöglichkeit hängt stark vom Stimmanteil einer Gruppe ab (Beispiel studentische Mitbestimmung). Sie ist mit der Gefahr verbunden, dass die Repräsentanten als Funktionäre sich von ihrer Basis entfremden oder Partikularinteressen einer bestimmten Gruppe vertreten.
- **Beteiligungsform 5: Volksentscheid.** Dies ist die direkteste und verbindlichste Form von Partizipation. Die Betroffenen sind hier unmittelbar und uneingeschränkt die Entscheidungsträger. Das Prinzip des Volksentscheides kann auch auf einzelne Organisationen angewandt werden, z. B. im Sinne von (Mitglieder-) Vollversammlungsentscheidungen. Dadurch können politische Diskussions- und Lernprozesse stimuliert werden. Diese Form ist zwar leicht institutionalisierbar, aber doch relativ aufwendig und vorrangig für Ja/Nein-Entscheidungen anwendbar. Sie wird deshalb meist nur für Fragen von herausragender Bedeutung praktiziert.
- **Beteiligungsform 6: Erweiterte Selbstbestimmung.** Hier wird der Entscheidungsraum der Betroffenen erweitert; Entscheidungsmacht wird von oben nach unten übertragen (z. B. durch zweckungebundene Kredite oder Zuschüsse oder durch Bereitstellung eines breiten Leistungsangebotes zur Auswahl). Wesentliche indirekte Beiträge zur Erweiterung von Wahlmöglichkeiten (insbesondere in ländlichen Regionen) können auch durch eine Verbesserung des Informations- und Transportwesens erfolgen. Die Erweiterung der Entscheidungsautonomie der Betroffenen ist wohl der einfachste und wirkungsvollste Weg zur Erhöhung des Partizipationsgrades. Sie setzt aber breite demokratische Entscheidungsprozesse innerhalb der mit mehr Selbstbestimmungsrechten ausgestatteten Gemeinschaften bzw. Organisationen voraus. Anderenfalls kommt es oft zu Entscheidungen gegen benachteiligte Gruppen oder für nicht nachhaltige Prestigeprojekte. In Tansania wurden z. B. mit Mitteln aus Dorfentwicklungsfonds in den 1980er-Jahren vor allem Parteibüros gebaut. Die Frauen im Dorf wussten nichts von

der Existenz dieses Fonds. In Sambia wurden mit solchen Mitteln Wasserversorgungssysteme mithilfe von Dieselpumpen gebaut; aber niemand war dann in der Lage, die Kosten für Diesel zu tragen.

Das Modell ermöglicht eine systematische Zuordnung der Vielfalt der in einer Gesellschaft möglichen Formen von Partizipation. Die verschiedenen Formen ergänzen einander teilweise. So können z. B. intensive Dialoge unter Einbeziehung benachteiligter Gruppen die erforderliche Grundlage dafür sein, dass ein Antragsverfahren oder eine erweiterte Selbstbestimmung auf Basis von Mehrzweckfonds für lokale Gemeinschaften zu Problemlösungen für solche benachteiligten Gruppen beiträgt.

In jeder Gesellschaft gibt es spezifische Kombinationen dieses Spektrums an Beteiligungsformen. Und es gibt wohl in allen Gesellschaften stets Auseinandersetzungen über die jeweils angemessene Ausgestaltung von Partizipation wie beispielsweise die Volksentscheid- und Mitbestimmungsdebatte in Deutschland. Die Frage nach einer sinnvollen Kombination von Partizipationsformen lässt sich also nur im jeweiligen gesellschaftlichen Kontext, unter Berücksichtigung existierender Formen von Entscheidungsfindung sowie der vorhandenen Organisations- und Kommunikationsformen beantworten.

Die Herausforderung der Institutionalisierung von Partizipation: Nicht jede Form von Partizipation muss generell geregelt werden. Wo es Entscheidungsträgern nur darum geht, im konkreten Fall unter Einbeziehung von lokalem Wissen zur bestmöglichen Lösung zu gelangen, oder durch Einbeziehung der zukünftigen Nutzer deren Ownership für eine bestimmte Einrichtung zu stärken, mag eine fallweise Bestimmung von Beteiligungsverfahren angemessen sein. Wo es aber um die Verwendung öffentlicher Mittel oder um den Zugang zu Ressourcen geht, dort ist Beteiligung als demokratisches Recht für alle zu verankern. Dort können Beteiligungsformen nicht dem Gutdünken der Entscheidungsträger überlassen bleiben. Sie müssen verbindlich, allgemeingültig und flächendeckend institutionalisiert werden.

Geht man davon aus, dass nur begrenzte personelle und finanzielle Kapazitäten, begrenzte Information und ein begrenztes Zeitvolumen für Beteiligungsprozesse verfügbar bzw. zumutbar sind, steht die Forderung nach Institutionalisierung vor einem **Dilemma:** Es gilt, die in einem Spannungsverhältnis stehenden Ansprüche der Flächendeckung (d. h. Einbeziehung aller Orte), der Inklusivität (d. h. Einbeziehung aller sozialen Gruppen einschließlich der Armen und Benachteiligten) und der Qualität bzw. Intensität des Beteiligungsprozesses miteinander in Einklang zu bringen (vgl. Abb. 11.3.2/2). Wollte man die Qualität des Partizipationsprozesses optimieren, müsste man die Zeit je Einheit (je Gruppe, Ort) erhöhen, indem man z. B. ein- bis zwei-wöchige PRA-Workshops (Participatory Rural Appraisal– siehe Box) durchführt. Wollte man Flächendeckung optimieren, müsste man die Zahl der Orte erhöhen, an denen partizipative Veranstaltungen stattfinden. Wollte man Inklusivität optimieren, müsste man die Anzahl der Teilnehmenden je Ort erhöhen und eventuell getrennte

Versammlungen für verschiedene Zielgruppen organisieren. Bei begrenzten Kapazitäten der Entscheidungsträger müssen Kompromisse zwischen Qualität, Flächendeckung und Inklusivität gefunden werden (vgl. Abb. 11.3.2.1/2) Wo beispielsweise nur 100 Personentage pro Jahr seitens der „Bereitsteller" oder Fachleute für Beteiligungsprozesse verfügbar sind, ist es nicht möglich, in 100 Gemeinden je fünf zielgruppenspezifische zweitägige Workshops abzuhalten (was 1 000 Personentage erfordern würde). Vielmehr wird man sich entweder darauf einigen müssen, nur eintägige Versammlungen in jedem der 20 Kreise mit Repräsentantinnen und Repräsentanten der einzelnen Gemeinden abzuhalten, oder aber auf zielgruppenspezifische Versammlungen zu verzichten und stattdessen an 100 Orten große eintägige Dorfversammlungen (eventuell mit zielgruppenspezifischen Arbeitsgruppen) abzuhalten.

Die zu findenden Kompromisse müssen kontextspezifisch sein. In egalitären Gesellschaften mit funktionierenden Mechanismen der Solidarität mit sozial schwachen Gruppen kann vielleicht eher auf nach Zielgruppen getrennte Zusammenkünfte verzichtet werden. In sozial stark differenzierten Gesellschaften mit gut funktionierenden lokalen Selbstverwaltungsorganisationen ist es wohl angemessener, sich auf überörtlicher Ebene (z. B. Kreisebene) mit örtlichen Repräsentanten zusammenzusetzen, dafür aber getrennte Versammlungen mit den Vertretern und Vertreterinnen der verschiedenen sozio-ökonomischen Gruppen durchzuführen. Wo es um Entscheidungen über das kommunale Investitionsbudget geht,

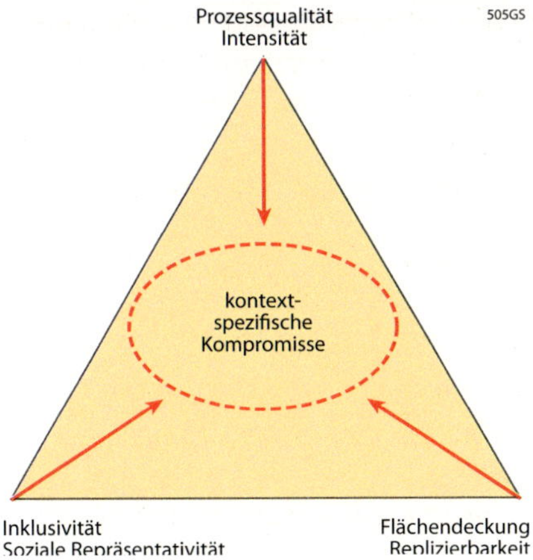

***Abb 11.3.2.1/2** Institutionalisierung von Partizipation im Spannungsfeld zwischen Intensität, Flächendeckung und Inklusivität*

wird man dem Aspekt der gleichberechtigten Beteiligungsmöglichkeiten für alle Teilgebiete höhere Bedeutung einräumen müssen, weil es um standortspezifische Investitionsprojekte geht.

Wo es um partizipative Agrarforschung geht, spielt hingegen demokratische Repräsentativität nur eine geringe, die Intensität des Aktionsforschungsprozesses mit einer begrenzten Zahl von Beteiligten aber eine große Rolle.

Die Herausforderung der Institutionalisierung von Partizipation besteht also darin, unter Berücksichtigung der vorhandenen Kapazitäten, des Gegenstandes der Entscheidung, der bereits praktizierten sowie der Vielfalt der möglicher Beteiligungsformen eine kontextspezifische Kombination von intensiveren und weniger intensiven Formen zu finden.

Methoden-Box: Participatory Rural Appraisal (PRA)

Der PRA-Ansatz, entwickelt von Robert Chambers und seiner Schule (R. Chambers 1992; M. Schönhuth & U. Kievelitz 1993) prägte die Partizipationsdiskussion und -praxis in den 1990er-Jahren. Er entsprach dem Bedarf der Entwicklungspraktiker, den seit Mitte der 1970er-Jahre postulierten Partizipationsanspruch mit konkreten Instrumenten für die Projektpraxis zu füllen.

Bei PRA handelt es sich um einen Werkzeugkasten (Toolbox), überwiegend gefüllt mit partizipativen Analyseinstrumenten. Entstanden ist dieser aus dem Kontext praxisorientierter Forschung vor allem in dörflichen, kleinbäuerlichen Milieus. PRA bedeutete hier eine radikale Abkehr von extraktiven Analysemethoden. Vielmehr sollte der Analyseprozess selbst emanzipatorischen Charakter haben und die Problemlösungskompetenz der teilnehmenden Menschen stärken. Dadurch sollten nicht nur die Analyseprozesse interessanter und die Analyseergebnisse relevanter werden, sondern die Analysen sollten unmittelbar Anstoß zu problemlösenden Diskursen und Aktionen geben. Das erklärt die Popularität des Ansatzes in der Gemeinde der empirischen Sozialforscher (vgl. B. Korf 2002).

Überweigend geschieht die Partizipation in Form eines Dialogs. Im Rahmen von mehrtägigen (meist einwöchigen) PRA-Workshops, während derer das Personal der Dienstleistungsbereitsteller vor Ort (bei den Adressaten) leben soll, werden mithilfe der Instrumente gemeinsam Probleme, deren Ursachen und Potenziale analysiert und diskutiert. Die Tools eignen sich aber auch für innerdörfliche Dialoge, also für eine erweiterte und verbesserte Selbstbestimmung. Den meisten Instrumenten ist gemeinsam, dass sie auf Gruppenprozessen und Visualisierungstechniken basieren. Ein Überblick über einige bekanntere Tools soll hier nur einen Eindruck von der Methode vermitteln. Zum Erlernen der Methode sind spezielle Handbücher (Ch. Berg et al. 1997; B. Schubert et al. 1994;) und die Erprobung an praktischen Fällen in Trainingskursen nötig. Neben auch anderweitig verbreiteten Instrumenten qualitativer empirischer Sozialforschung wie semi-strukturierten Interviews sind folgende Werkzeuge in jeder PRA-Toolbox zu finden:

- Transekte: Das Untersuchungsgebiet wird gemeinsam mit Vertretern der lokalen Bevölkerung von einem zum anderen Ende durchschritten (z.B. von höchsten zum niedrigsten Punkt). Dabei werden alle Beobachtungen vor Ort diskutiert und notiert. Auf dieser Basis wird am Ende eine Transekt-Skizze erstellt und gegebenenfalls als Grundlage für weitere Diskussionen herangezogen. Sie sind besonders geeignet für die Landnutzungsplanung.
- Jahreszeitlicher Kalender: Das Leben in ländlichen Regionen unterliegt einem ausgeprägten saisonalen Rhythmus. Dies betrifft die Niederschläge, die wirtschaftlichen, sozialen und kulturellen Aktivitäten, die Verfügbarkeit über Einkommen und Nahrungsmittel. Die gemeinsame Erstellung eines visuellen saisonalen Kalenders

kann diese vielschichtigen – durch Fragebogeninterviews kaum erfassbaren – Zusammenhänge relativ einfach in einem Schaubild erfassen.

- Tagesablauf: Hierdurch kann auf ähnliche Weise die Fülle der täglichen Aktivitäten der verschiedenen Familienmitglieder erfasst werden (vgl. Abb E 11.3.2.1/1).
- Karten (Ressourcenkarten, Karten zur Sozialstruktur): Hierdurch können gemeinsam Informationen über relevante Ressourcen, über Infrastruktureinrichtungen, aber auch über sozialräumliche Differenzierung der Wohnviertel räumlich eingeordnet werden. Wichtig ist auch hier, dass die gemeinsame Kartierung als Medium dient, um die dabei angesprochenen Phänomene zu diskutieren. Die Karten bzw. Skizzen unterschiedlicher Personengruppen geben auch Hinweise auf unterschiedliche räumliche Wahrnehmungsmuster.
- Schnittmengendiagramme (Venn- oder Chapati-Diagramme): Gemeinsame Erstellung symbolischer Institutionen-Diagramme mithilfe von Kreisen. Die Größe der Kreise symbolisiert die Bedeutung des betreffenden Akteurs, die Lage, die Distanz bzw. Zugänglichkeit, Überlappungen die Verknüpfung zwischen den Akteuren.
- „Wealth-Ranking": Die einzelnen Haushalte des Dorfes werden entsprechend der Wahrnehmung der verschiedenen Gruppenmitglieder bestimmten Wohlstandsschichten entsprechend den Stratifizierungsmerkmalen der Bewohner zugeordnet. Dies dient u. a. als Grundlage für die Erstelllung von Armutsprofilen.
- Prioritäten-Ranking: Unterschiedliche Probleme, Bedürfnisse oder Vorschläge werden von den Teilnehmern entsprechend ihrer individuellen Präferenzen in eine Reihenfolge gebracht. Aus der Summe der individuellen Priorisierungen kann leicht auf transparente Weise eine Prioritätenliste der genannten Gemeinschaft (differenziert nach Frauen und Männern) abgeleitet werden. Dadurch werden Entscheidungsprozesse erleichtert.

Die Instrumente – einzeln oder in Kombination miteinander – haben sich als partizipative Forschungsmethoden, aber auch im Rahmen von NRO-unterstützten Dorfentwicklungsprojekten als sehr nützlich erwiesen. Einzelne Tools spielen auch eine wichtige Rolle im Rahmen großräumiger staatlicher Programme (z. B. Transekte und Ressourcenkarten bei der Landnutzungsplanung, Wealth Ranking bei Sozialhilfemaßnahmen, Prioritäten-Ranking bei der Planung von Infrastrukturmaßnahmen). Als Fehlschlag hat sich hingegen der Versuch erwiesen, PRA als Ansatz partizipativer, dezentraler staatlicher Entwicklungsplanung zu etablieren. Die Gründe (vgl. U. Alff, P. Ay & E. Bauer 1998; T. Rauch 1996b; C. Scherler et al. 1998):

- Die Instrumente wurden meist in starrer, rezeptbuchartig standardisierter Weise angewandt. Die Werkzeuge aus der Toolbox wurden nicht – wie bei Handwerkern üblich – bedarfsgerecht, sondern in einer mehr oder weniger starr festgelegten Sequenz eingesetzt (vgl. T. Rauch 1996b). Dadurch wurde dem Grundsatz kontextspezifischer Beteiligungsformen fundamental zuwidergehandelt. Für eine bloße

Priorisierung von Problemen oder Projektvorschlägen hätte es z. B. nicht eines einwöchigen Workshops bedurft. Für eine partizipative Planung der zukünftigen Landnutzung hingegen erwies sich solch ein fünftägiger Workshop meist als zu kurz und zu unspezifisch.

- Der Versuch, PRA zu institutionalisieren und zu verbreiten, indem man die Staatsbediensteten auf der lokalen Ebene zu Moderatoren ausbildete, war in den meisten Fällen zum Scheitern verurteilt: Die sinnvolle Anwendung der Instrumente erfordert ein hohes Maß an Kreativität, Flexibilität und ergebnisoffener Neugier. Außerdem erwies sich die Verquickung der Rollen der Staatsvertreter als Verhandlungspartner einerseits und als Moderatoren andererseits als problematisch (vgl. C. Scherler et al. 1998). Der positive Effekt, dass dadurch die staatlichen Bediensteten die Situation in den Dörfern näher kennenlernten, stand in keinem angemessenem Verhältnis zum Aufwand (für den Fall flächendeckender Anwendung).
- Angesichts des hohen Personal- und Transportaufwands war das Ritual der einwöchigen PRA-Workshops weder flächendeckend replizierbar noch auf Dauer institutionalisierbar (C. Scherler et al. 1998, 17). Es blieb bei „Spielwiesenereignissen". Der Anteil der involvierten Siedlungseinheiten blieb meist auf 5–10 % im Rahmen einer mehrjährigen Projektphase beschränkt.

Die Bereitschaft zur Beteiligung seitens der Bevölkerung war nur so lange vorhanden, wie ausländische Entwicklungsprojekte hinter dem Verfahren standen, von denen man wusste, dass sie nach Ende des Workshops auch zuverlässig die priorisierten Unterstützungsleistungen erbringen würden.

Abb. E 11.3.2.1/1 Wasserholen, eine grundlegende Aufgabe im Alltag einer Familie

Die Intensität der Beteiligung der verschiedenen Gruppen variiert in der Regel nach

- dem Grad der Betroffenheit von der Entscheidung (korrespondierend mit der Relevanz des Entscheidungsgegenstandes für das Ziel Empowerment);
- dem Umfang des erwarteten Eigenbeitrags (korrespondierend mit der Relevanz des Ziels Ownership im betreffenden Fall);
- der Kompetenz der zu Beteiligenden (korrespondierend mit der Relevanz des Ziels „angepasste Lösungen").

Organisierung als Grundlage institutionalisierter Partizipation: Basis jeder Institutionalisierung von Partizipation ist die Existenz legitimer Repräsentanten bzw. Repräsentantinnen der verschiedenen Bevölkerungsgruppen. Bei dezentralen Gebietskörperschaften (z. B. ländlichen Bezirken) mit mehreren Hunderttausend Einwohnern ist keine umfassende direkte Partizipation aller über öffentliche Versammlungen möglich. Die verschiedenen Siedlungseinheiten (Stadtviertel, Dörfer, Communities) und Interessengruppen (Stakeholders wie Arbeiter, Kleinbauern, Unternehmer, Umweltschützer, Frauen, alte Menschen, Jugendliche, Lehrer) müssen in dem Maße organisiert sein, dass sie durch gewählte Repräsentanten kompetent vertreten werden. In anderen Worten: Effektive institutionalisierte Partizipation setzt eine organisierte Zivilgesellschaft voraus. Diese müsste inklusiv sein, d. h. alle gesellschaftlichen Gruppen umfassen. Wo arme bzw. benachteiligte Gruppen nicht organisiert sind – was sehr oft der Fall ist, weil diese tendenziell über geringere Organisierungskapazitäten verfügen – können die Ergebnisse partizipativer Prozesse leicht zur Begünstigung von Eliten und zur Verschärfung von Armut führen. Soll Partizipation tatsächlich zur Armutsminderung beitragen, so müssen gewaltige Anstrengungen unternommen werden, um die Masse der Armen so zu organisieren, dass deren Interessen in Partizipationsprozessen wirksam vertreten werden (vgl. Kap. 11.3.3). Solange das nicht der Fall ist, ist es notwendig, dafür Sorge zu tragen, dass deren Bedürfnisse von dafür kompetenten Sachverständigen aus Wissenschaft oder Zivilgesellschaft anwaltschaftlich artikuliert werden und in die Entscheidungen einfließen.

11.3.2.2 Zielgruppen- und Gender-Orientierung

Die Beteiligung von Zielgruppen an Planungs- und Entscheidungsprozessen ist ein wichtiges Mittel, um zu gewährleisten, dass Dienstleistungen oder andere öffentliche Maßnahmen zielgruppengerecht gestaltet sind, d. h., dass sie die Adressaten erreichen und deren Bedürfnissen entsprechen. Ein zweiter wichtiger Ansatz hierzu ist eine auf Informationen und Analysen basierende Zielgruppenorientierung. Diese sollte stets auch eine Gender-Orientierung beinhalten. Im Folgenden werden Ziele, Relevanz, Probleme und unterschiedliche methodische Herangehensweisen der Zielgruppenorientierung behandelt.

Zielgruppenorientierung wird nicht nur in der Entwicklungspolitik praktiziert. Lange bevor sie dort bekannt war, ging man in der Werbebranche, aber auch in der Pädagogik zielgruppenspezifisch vor, um eine möglichst große Wirkung mit den gegebenen Mitteln zu erzielen.

Einem zielgruppenorientierten Vorgehen können sehr unterschiedliche Zielsetzungen zugrunde liegen:

1. Durch eine zielgruppengerechte Anpassung von Dienstleistungen, Informationen bzw. Maßnahmen wird die Akzeptanz sowie die Chance einer sinnvollen Anwendung und damit letztlich die Effektivität des Beitrags erhöht. Man muss differenzieren, um möglichst viele zu erreichen.
2. Durch Zielgruppenorientierung wird darüber entschieden, wer Nutznießer begrenzt verfügbarer Fördermittel sein soll und wer nicht, wodurch verteilungspolitische Ziele erreicht werden können. Insofern ist Zielgruppenorientierung ein wichtiges Instrument zur Armutsminderung.
3. Durch Zielgruppenorientierung können aber auch bestimmte Potenziale selektiv gefördert werden, um so die Produktivität des Gesamtsystems zu erhöhen (z. B. Begabtenförderung).

Zielgruppenorientierung bedeutet maßgeschneidertes Vorgehen. Sie steht damit im Gegensatz zu einem „one size fits all"-Ansatz der Innovationsausbreitung, der nicht von den Adressaten, sondern von einer bestimmten Maßnahme, Technologie oder Botschaft ausgeht, und diese als die Lösung sieht, die mehr oder minder auf alle Situationen passt, und die es zu verbreiten gilt. Viele Neuerungen, die sich schließlich durchgesetzt haben, funktionierten nach diesem Prinzip (z. B. das Fahrrad, der PC). In vielen Fällen bedurfte es einer Kombination zwischen Innovationsausbreitung und zielgruppenorientierter Anpassung, um die Mehrzahl der Adressaten mit einer Neuerung zu erreichen (z. B. nutzer-spezifische Software bei Computern). In der Entwicklungspolitik hingegen ist der Innovationsausbreitungsansatz meist gescheitert. Musterbeispiel ist das Innovationspaket, mit dem unter dem Namen „Grüne Revolution" die landwirtschaftliche Produktivität gesteigert wurde, bestehend aus Hybrid-Saatgut, Mineraldünger, Pestiziden, meist auch Bewässerung. Trotz eindrucksvoller Erfolge an bestimmten Standorten bei einer bestimmten Kategorie von Bauern hatte die regionale und soziale Verbreitung des Pakets Grenzen. Es passte nur für bestimmte Standort- und Betriebsbedingungen. Es war nicht zuletzt diese Erfahrung, die dazu führte, dass sich in der Entwicklungspolitik Mitte der 1970er-Jahre zusammen mit dem Grundbedürfnis- und Armutsminderungsansatz das Prinzip der Zielgruppenorientierung durchsetzte (K. Fischer, F. Mühlenberg et al. 1978).

Methodisch basierte **der ursprüngliche Zielgruppen-Ansatz** auf einer ziemlich umfassenden und detaillierten Zielgruppenanalyse. Auf deren Grundlage wurde eine Klassifizierung der gesamten regionalen Bevölkerung vorgenommen. Diese wurde z. B. unterteilt in die Kategorien kommerzielle Bauern, Subsistenzbauern mit Überschussproduktion, Subsistenzbauern mit Nahrungsmitteldefizit, von Frauen geführte Haushalte, Landlose, Viehhalter und Gewerbetreibende. Anhand solch einer Klassifizierung wurde über die zu fördernden Zielgruppen entschieden und für diese eine zielgruppenspezifische Maßnahmenplanung vorgenommen, anhand welcher die Interventionen auf die spezifischen Aktivitäten und Potenziale der jeweiligen Zielgruppe ausgerichtet wurden. Zielgruppenanalysen waren damals ein bevorzugtes Tätigkeitsfeld interdisziplinärer Gutachter-Teams. Angewandt wurde dieser Ansatz überwiegend in Projekten der Entwicklungszusammenarbeit, insbesondere im Bereich der ländlichen Entwicklung.

Dieser Zielgruppen-Ansatz stieß auf politische und kulturelle **Akzeptanzprobleme**. Politisch war es in vielen um nationale Einheit bemühten Staaten nicht akzeptabel, das Volk in sozio-ökonomisch differenzierte Gruppen zu unterteilen, wodurch möglicherweise die zunehmenden Ungleichheiten explizit gemacht wurden, die man lieber verschweigen wollte. „You Germans are not supposed to divide us Zambian people into so called target groups. We are one! Forever united!" donnerte einst ein sambischer Politiker deutschen Planern entgegen. Als kulturell problematisch erwies sich die Tatsache, dass die horizontale Unterteilung nach sozio-ökonomischen Kategorien im Widerspruch stand zur vertikalen Zuordnung der Menschen in klientelistischen Gesellschaften zu Clans oder ähnlichen Zugehörigkeitsgruppen. So erwies sich die geschilderte Methodik zielgruppenorientierter Planung als typischer Ansatz von Entwicklungsprojekten (ähnlich wie PRA), nicht übertragbar auf die Dienstleistungsbereitstellung im Rahmen staatlicher Verwaltungen.

Die Notwendigkeit eines **zielgruppenorientierten Vorgehens bei der Bereitstellung öffentlicher Dienstleistungen** besteht weiterhin. Das impliziert aber keine Notwendigkeit, die gesamte Bevölkerung in Zielgruppen für die Gestaltung maßgeschneiderter Unterstützungspakete zu unterteilen. Stattdessen haben sich zwei unterschiedliche **methodische Vorgehensweisen** durchgesetzt (vgl. T. Rauch et al. 2001):

- Targeting von Services: Die Differenzierung nach Zielgruppen wird für jede Dienstleistung speziell vorgenommen. Für die Wasserversorgung, Grundschulversorgung und Kreditversorgung gibt es beispielsweise sehr unterschiedliche differenzierende Merkmale, für deren Ermittlung auch keine umfassenden sozio-ökonomischen Zielgruppenanalysen notwendig sind.
- Livelihood-Systems-Ansatz: Dieser kommt der ganzheitlichen Logik des ursprünglichen Zielgruppen-Ansatzes nahe, indem er von den Potenzialen, Problemen und Strategien der Menschen ausgeht (und nicht von der Logik eines bestimmten Servicesektors). Er strebt aber keine Klassifizierung der Gesamtbevölkerung an. Seine praktische Relevanz liegt vor allem bei der Planung von Wirtschaftsfördermaßnahmen für arme ländliche Bevölkerungsgruppen, für die es neue wirtschaftliche Möglichkeiten zu suchen gilt (vgl. Kap. 8.3).

Während das Targeting von Dienstleistungen ein obligatorischer Aspekt funktionsfähiger und effektiver Dienstleistungssysteme ist, eignet sich der Livelihood-Ansatz eher für spezielle sektorübergreifende Förderprogramme und weniger für die flächendeckende Bereitstellung von Routine-Services.

Methodik I: Targeting von Dienstleistungen

Formen des Targeting

Nach ihrem Zweck und ihrer methodischen Vorgehensweise lassen sich folgende Formen des Targeting unterscheiden (vgl. auch Tab. 11.3.2.2/1):

A. Targeting zwecks Inklusivität

Wird angewendet, wenn alle Menschen Zugang zu einer Dienstleistung erhalten sollen, es aber begründete Befürchtungen gibt, dass einige Bevölkerungsgruppen ausgeschlossen bleiben, oder dass das Leistungsangebot sich als unpassend erweist. Die Einbeziehung solcher Gruppen erfordert spezielle Targeting-Bemühungen (z. B. Mobilisierungs- oder Informationskampagnen, spezielle Zugangserleichterungen, Quoten, Maßnahmendifferenzierung).

B. Targeting zwecks Exklusivität

Wird angewendet, wenn eine Dienstleistung nur bestimmten Gruppen zugute kommen soll, wenn aber anzunehmen ist, dass es mehr Interessenten gibt als Fördermittel. Wird in der Regel angewandt, wenn es um Zuteilung begrenzter Ressourcen bzw. begrenzter Möglichkeiten geht.

Typische Methoden, Exklusivität herzustellen, sind:

B.1: Self-Targeting: Service so gestalten, dass er für andere unattraktiv erscheint.

B.2: Community Targeting: Die lokale Gemeinschaft benennt die Mitglieder, die den Service erhalten sollen.

B.3: Administratives Targeting: Der Service-Bereitsteller/die Verwaltung wählt die zugangsberechtigten Personen aus.

Eine Sonderform ist

C. Geographisches Targeting: Dieses ist bezogen auf Standorte.

Wenn keine dieser Begründungen für ein Targeting vorliegt, gilt

D. Zero-Targeting: Targeting wird unterlassen, wenn davon ausgegangen werden kann, dass alle, die dies wollen und brauchen, ohne weiteres Zugang zu der Dienstleistung erhalten.

Da mit jedem Targeting ein Aufwand und manchmal auch Konflikte verbunden sind, bedarf Targeting stets einer Begründung.

Form	Beschreibung	Anwendungsfälle	Vorteile	Nachteile
Zero-Targeting	Dienstleistungen sind gleichermaßen zugänglich für alle	Art der Dienstleistung erlaubt keine Diskriminierung (z. B. Straßen, allgemein zugängliche Gemeinschaftseinrichtungen)	• nicht diskriminierend • einfach zu handhaben	• Gefahr, Zugangsbeschränkungen zu übersehen
Geographisches Targeting	spezieller Fokus auf benachteiligte Regionen/ Standorte	bei Tendenzen zu standortspezifischer Benachteiligung	• einfach zu handhaben	• politisch umstritten • höhere Kosten in entlegenen Regionen
Targeting zur Sicherstellung von Inklusivität	spezieller Fokus auf benachteiligte Gruppen, um alle zu erreichen	Dienstleistungen, die im Prinzip für alle da sind, die aber für benachteiligte Gruppen nicht erschwinglich bzw. zugänglich sind	• politisch und sozio-kulturell meist unproblematisch	• besondere Anstrengungen (Kosten) für Dienstleister, um Zugangsbarrieren abzubauen
Exklusivität • durch administratives Targeting	Empfangsberechtigte werden ad personam bestimmt	knappe attraktive Leistungen für wirklich Bedürftige (z. B. Sozialhilfe, Zuschüsse)	• Trittbrettfahrer-Effekt wird weitgehend vermieden	• bürokratisch aufwendig • politisch heikel • sozio-kulturell problematisch
• durch Self-Targeting	Dienstleistungen/ Maßnahmen werden so gestaltet, dass sie für Nicht-Bedürftige unattraktiv sind	Leistungen, die sich leicht (durch bestimmte Konditionen) so gestalten lassen, dass sie nur von ZG nachgefragt werden (z. B. Food-for-Work, Kreditobergrenzen)	• unbürokratisch • politisch und sozio-kulturell akzeptabel	• Mitnahmeeffekte durch Nicht-Bedürftige möglich
• durch Community Targeting	lokale Gemeinschaften bestimmen, wer Nutznießer sein soll	Sozialleistungen, Subventionen (z. B. Befreiung von Gebühren für Gesundheitsdienste)	• Nutzung lokaler Kompetenz • lokale Missbrauchskontrolle	• funktioniert nur in intakten lokalen Gemeinschaften (wo Leute einander kennen)

Tab. 11.3.2.2/1 *Formen des Targeting*

Methodik II: Sustainable Livelihood Framework

Der bereits im Abschnitt 11.2.3 erörterte Livelihood-Ansatz fordert auf zu einer ganzheitlichen und menschenzentrierten Betrachtungsperspektive bei der Förderung von Entwicklungsprozessen. Er geht aus von den typischen diversifizierten Lebenshaltungssystemen, wie sie vor allem in ländlichen Regionen armer Länder vorherrschen.

Der methodische Ansatzpunkt des Livelihood-Konzepts, das Livelihood Framework (vgl. Abb. E 11.3.2.2/1), entspricht dem der Zielgruppenanalyse (DFID 1999). Es geht darum, die wesentlichen Charakteristika von Lebenshaltungssystemen, d.h. von Reproduktions- und Produktionseinheiten (der Begriff Haushalt ist hier in der Regel zu eng, da es oft um aus mehreren Haushalten bestehende multi-lokale Lebenshaltungssysteme geht) zu analysieren, um daraus Ansatzpunkte für Interventionen abzuleiten. Das Livelihood-Framework versucht, die Zusammenhänge zwischen Potenzialen (Assets), Rahmenbedingungen – unterschieden nach Verwundbarkeit auslösenden Schocks und institutionellen/kulturellen Strukturen bzw. Prozessen –, Handlungsstrategien und Bedürfnisbefriedigung (Livelihood Outcomes) darzustellen. Das Livelihood-Framework berücksichtigt somit den wechselseitigen Zusammenhang zwischen Struktur und Handeln. Es folgt der Logik, dass Menschen unter Nutzung ihrer eigenen Potenziale und unter Berücksichtigung der Rahmenbedingungen mit ihren Handlungsstrategien auf Umweltbedingungen reagieren, um dadurch gesicherte Lebensbedingungen zu erreichen. Damit erfordert der Analyserahmen sowohl eine Analyse der betrachteten Lebenshaltungsgruppen (z.B. Familie) als auch eine Analyse der Rahmenbedingungen (A. Derichs & T. Rauch 2000).

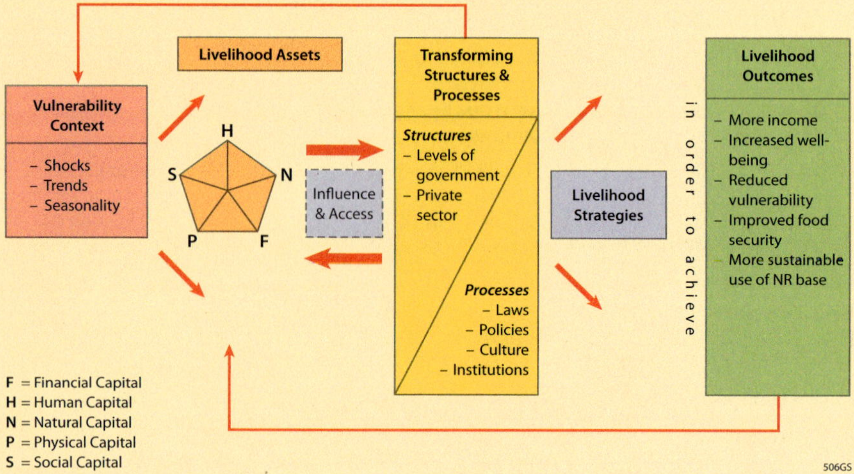

Abb. E 11.3.2.2/1 Sustainable Livelihood-Framework

Den Ausgangspunkt bildet eine Analyse der Potenziale mithilfe des Livelihood Asset Pentagons (F. Krüger 2003), bestehend aus Humankapital (z. B. Wissen, Fähigkeiten, Fertigkeiten, Gesundheit), Sozialkapital (soziale Netzwerke, soziale Sicherungssysteme), Sachkapital (Infrastruktur, Produktionsmittel, Transport) und Finanzkapital (Ersparnisse, Kreditzugang). Hier setzen auch die strategischen Empfehlungen für Unterstützungsprogramme an. Auf der Grundlage einer ganzheitlichen Analyse sollen Ansatzpunkte für fokussierte Interventionen gefunden werden (C. Ashley & D. Carney 1999). Für die Analyse der einzelnen Bereiche des Framework wurden ausführliche Fragenkataloge entwickelt (DFID 1999). Der Schwerpunkt liegt aber auf qualitativen und partizipativen Analysemethoden. Wie auch der ursprüngliche Ansatz der Zielgruppenanalyse ist die Methode des Sustainable Livelihood Framework mit einem hohen Analyseaufwand verbunden und deshalb kaum flächendeckend einsetzbar. Sie erfreut sich bei Wissenschaftlern großer Beliebtheit (H. G. Bohle 2007), hat sich aber als Instrument für die Verwaltungspraxis nicht durchsetzen können.
Erscheint es auch unrealistisch, die Analyse von Livelihood-Systemen generell zur Grundlage oder zum Bestandteil dezentraler Entwicklungsplanung zu machen, so ist sie doch ein unentbehrliches Instrument für die Konzipierung spezieller Armutsminderungsprogramme, will man nicht riskieren, dass, wie schon so oft in der Geschichte der Entwicklungspolitik, die Fördermaßnahmen an den Armen vorbeigehen.

11.3.2.3 Der Gender-Ansatz

Der Gender-Ansatz orientiert sich am menschenrechtlich verankerten, international anerkannten **Grundsatz** der Gleichberechtigung zwischen Frau und Mann. Der Begriff „Gender" macht die – im Unterschied zum biologischen „Geschlecht" nicht naturgegebene – sozial konstruierte Rollenverteilung zwischen den Geschlechtern zum Gegenstand von Analyse und Politik.

Das **Ziel** des Gender-Ansatzes in der Entwicklungspolitik ist zweifacher Art (C. Moser 1989). Es geht um

a. die gleichberechtigte Beteiligung von Frauen und Männern am Entwicklungsprozess, darum, dass die Bedürfnisse, Probleme und Potenziale von Frauen bei Planung und Durchführung von Maßnahmen bzw. Dienstleistungen gleichermaßen berücksichtigt werden, und
b. Empowerment von Frauen, d. h. um deren verbesserte Möglichkeit, ihre Interessen auf allen gesellschaftlichen und politischen Ebenen wirksam zu artikulieren und dadurch auch ihren gesellschaftlichen Status zu verbessern.

Beide Ziele, von C. Moser auch als Practical versus Strategic Gender Needs bezeichnet, bedingen einander bei langfristiger Betrachtung in ähnlicher Weise (vgl. Abb. 11.3.2.3/1) wie Ownership und Empowerment im Rahmen des Service-Systems-Ansatzes (vgl. Kap. 10.3.4). Die zur Erreichung praktischer Verbesserungen für Frauen notwendige Organisierung (z. B. in Form einer Beteiligung in lokalen Was-

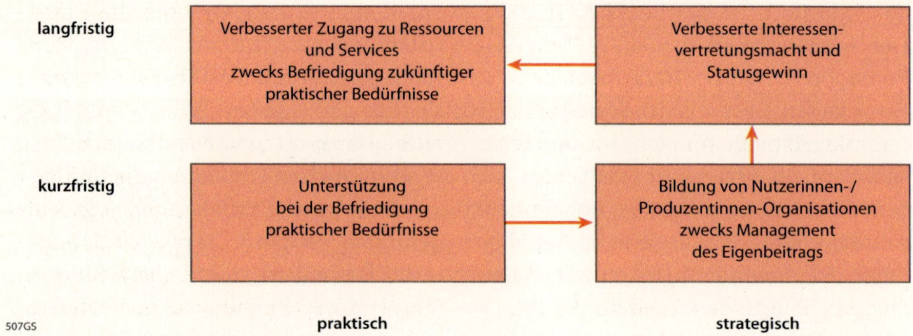

***Abb 11.3.2.3/1** Der dialektische Zusammenhang zwischen Erfüllung praktischer und strategischer Bedürfnisse*

serNutzerkomitees) schafft tendenziell – auf kulturell und politisch meist relativ unproblematische Weise – bessere Bedingungen für eine Interessenvertretung und für Statusgewinne. Diese gesellschaftliche Stärkung der Frauen wiederum ist Voraussetzung für deren Fähigkeit, in Zukunft eine Befriedigung ihrer praktischen Bedürfnisse durchzusetzen.

Der Gender-Ansatz hat einerseits seine **historischen Wurzeln** in der von westlichen, post-industriellen Gesellschaften ausgehenden Frauenbewegung und andererseits in den Erfahrungen mit einer frauendiskriminierenden Entwicklungspolitik. Er verkörpert „die Sichtbarwerdung der Frauen" (M. Tekülve 1993). In ihren ersten Jahrzehnten orientierte sich die Entwicklungspolitik am abendländisch-bürgerlichen Konzept des Haushalts als sozio-ökonomischer Einheit. Bei Fördermaßnahmen wurden folglich die Haushaltsvorstände angesprochen, meistens also die Männer (frauengeführte Haushalte waren damals noch in der Minderzahl). Dabei wurde ignoriert, dass in vielen bäuerlichen Kulturen der Länder des Südens Mann und Frau, die einen gemeinsamen Haushalt mit gemeinsamer Küche gründeten, getrennte Wirtschaftseinheiten mit unterschiedlichen Einkommensquellen und unterschiedlichen sozialen Verpflichtungen (z. B. Finanzierung der Schulbildung von Neffen und Nichten statt der eigenen Kinder) aufrechterhielten (E. Boserup 1970). So wurden Frauen mit eigenen Wirtschaftseinheiten auf ihre Hausfrauenrolle reduziert. Symbolisch für diese Tendenz standen die Häkelkurse und der Einsatz von Hauswirtschaftsberaterinnen in vielen Entwicklungsprojekten. Kritikerinnen sprachen von einer „Hausfrauisierung in der Dritten Welt" (C. von Werlhoff, M. Mies & V. Bennholdt-Thomsen 1983).

Die Reaktionen hierauf waren in den 1980er-Jahren spezielle Frauenförderprojekte oder -komponenten, welche die Integration von Frauen in das Wirtschaftsleben zum Ziel hatten. Nun ging es darum, Frauen eigene Einkommensquellen zu verschaffen, ihre Potenziale besser zu nutzen, sie in ihrer ökonomischen Rolle zu stärken (M. Tekülve 1993). Symbolisch für diese Tendenz waren Frauengruppen, die gemeinsam eine Mühlen-Kooperative betrieben. Charakteristisch für den Ansatz war, dass Frauen durch separate Organisationseinheiten und Sondermaßnahmen gefördert wurden. Oft blieb es bei Vorzeigeprojekten für einige wenige Frauengruppen. Eine andere Tendenz der Phase der Frauenförderung bestand darin, den Anteil der Frauen an den Teilnehmern an Wirtschaftsfördermaßnahmen durch entsprechende Zielvorgaben oder durch Quoten zu erhöhen. Auch mit solch einer einseitigen Einbeziehung in die Produktion wurde man den realen Bedingungen und Bedürfnissen der Frauen nicht immer gerecht (siehe Box „Make our husbands work!“).

Die Unmutsäußerung über die Einseitigkeit des Frauenförder-Ansatzes leitet über zur **Logik des Gender-Ansatzes:** Frauen und Männer im Zusammenhang zu betrachten und kontextspezifisch zu fördern. D. h. auch, Frauen und Männer in ihrer Differenziertheit und nicht als in sich homogene Gruppe zu betrachten. Bäuerinnen an unterschiedlichen Standorten haben unterschiedliche Probleme und Potenziale. Junge Mütter leiden unter anderen Hemmfaktoren als ältere Frauen. Der Gender-Ansatz berücksichtigt die jeweiligen spezifischen Probleme und Potenziale von Männern und Frauen bei der Gestaltung von Förderprogrammen und Dienstleistungen mit dem Ziel der Gleichberechtigung. Die „Gender-Brille“ aufzusetzen heißt, nach Geschlechtern, aber auch innerhalb

„Make our husbands work“

In einem ländlichen Entwicklungsprogramm in Sambia wurde das Ziel gesetzt, dass mindestens ein Drittel der geförderten Ackerbauern Frauen sein sollte. Es ging primär um eine Intensivierung der Maisproduktion. Die für Frauenförderung zuständige Mitarbeiterin ließ sich von den Landwirtschaftsberatern Bericht erstatten über deren Fortschritte beim Erreichen des Ziels. Manche Berater berichteten stolz über 50 % Frauenanteil in ihrem Bezirk. Andere konnten nicht einmal 10 % vermelden. Daraufhin zur Rede gestellt klagte einer: „Madam, you know, I tried everything. But it's so difficult to convince these women. I can't force them to grow maize“. Eine Untersuchung ergab, dass es in dem betreffenden Ort attraktivere Einkommensmöglichkeiten für Frauen gab. Sie brauten Maniokbier für den Markt in der nahen Kreisstadt. Bei einer Versammlung mit den betreffenden Frauen äußerte eine von ihnen: „Why are you always bothering us women? We are busy anyway. We are fulfilling our duties. Better make our husbands work. They are idle and hanging around. Since you have no jobs for them, they are not able to fulfill their family obligations!“ In der betreffenden Region waren – bedingt durch eine Wirtschaftskrise – die meisten der einst in den Städten beschäftigten Männer arbeitslos geworden und zu ihren Familien in die Dörfer zurückgekehrt.

der Geschlechterkategorien zu differenzieren und dabei die Beziehungen zwischen den Geschlechtern zu berücksichtigen. Dies führt in der Regel zu kontext- und damit auch kulturgerechten Problemlösungen. Diese können am einen Ort darin bestehen, die Marktzugangsmöglichkeiten für Frauen zu verbessern, und am anderen Ort darin, für arbeitslos gewordene Männer neue Einkommensmöglichkeiten zu eröffnen und gleichzeitig die Frauen dabei zu unterstützen, mehr Einfluss im Wassernutzerkomitee zu erlangen. Eine sinnvolle genderspezifische Herangehensweise führt also nicht zur Orientierung an irgendwelchen importierten kulturgeprägten Rollenmustern, weder im Sinne einer Hausfrauenrolle noch im Sinn einer Rollenangleichung von Frau und Mann. Gender-Differenzierung ist somit Teil jeder Zielgruppenorientierung und unverzichtbarer Aspekt, wann immer es um Empowerment benachteiligter Gruppen geht.

11.3.3 Lokale Ebene: Förderung von Basisorganisationen

Wer Kapitel 8 bis 11 dieses Buches bisher aufmerksam gelesen hat, wird äußerst gespannt sein auf die nun folgenden Strategieempfehlungen zum Thema Basisorganisationen. Bauen doch nahezu alle bisherigen Strategiebausteine auf der Voraussetzung auf, dass die Masse der Armen, die Benachteiligten, die tendenziellen und tatsächlichen Globalisierungsverliererinnen und -verlierer in der Lage sind, sich zu organisieren:

- Ohne Produzentenvereinigungen gibt es auf deregulierten Märkten keinen Marktzugang zu fairen Bedingungen, droht der Untergang der Kleinbauern, hieß es in Abschnitt 8.3.5.
- Ohne Ressourcennutzergruppen besteht wenig Aussicht auf nachhaltige Ressourcennutzung, wurde in Abschnitt 9.3.5 festgestellt.
- Ohne Organisierung der Nutzer öffentlicher Dienstleistungen, ohne deren Ownership und Interessenvertretungsmacht besteht wenig Aussicht, dass die Kluft überbrückt wird, und dass die Dienstleistungen bei den Bedürftigen ankommen, lautete eine zentrale Botschaft in Abschnitt 10.3.4.
- Ohne legitime Repräsentantinnen und Repräsentanten benachteiligter Gruppen, d. h. ohne eine lokal verwurzelte Zivilgesellschaft, funktioniert Partizipation nicht oder nur zulasten der Armen, lautete eine Schlussfolgerung in Abschnitt 11.3.2. Ohne breite Partizipation aber – so Abschnitt 10.3.3 – wird eine Dezentralisierung nicht zu Verbesserungen für die Menschen führen, wird es nicht zu guter Regierungsführung kommen.

Basisorganisationen, in denen die Ärmeren gut vertreten sind, stellen also in mehrfacher Hinsicht eine Voraussetzung für nachhaltige armutsmindernde Entwicklungen dar. Doch sind sie auch realistisch? Haben die Armen die Kapazitäten, sich zu organisieren? Erlauben die lokalen Machtstrukturen eine Organisierung der Armen? Ist es angesichts klientelistischer Abhängigkeiten überhaupt ratsam für die Armen, sich zur Vertretung ihrer Interessen zusammenzutun? Die Organisationsfähigkeit der Armen wird demnach zu dem kritischen Faktor einer armuts- und nachhaltigkeitsorientierten Entwicklungspolitik: sehr wichtig und gleichzeitig sehr schwierig. Die entscheidenden, in diesem Abschnitt zu beantwortenden Fragen zum Thema Förderung armutsorientierter Basisorganisationen lauten also: Wie müssen der Eigenbeitrag (Ownership) und die lokalen Organisationen gestaltet werden, damit

a. dieser Eigenbeitrag und
b. der damit verbundene Organisationsaufwand für ressourcenarme Gruppen, auch für Frauen, leistbar, machbar bleibt,
c. der Prozess der Organisierung und das daraus resultierende Empowerment nicht am Widerstand der Mächtigen und am Bedürfnis der Aufrechterhaltung klientelistischer Netzwerke scheitert?

Die Beantwortung dieser drei Fragen steht im Zentrum dieses Abschnitts. Da die Bemühungen um die Förderung von Basisorganisationen (Community based Organisations, Selbsthilfe-Organisationen, Produzentenvereinigungen, Nutzergruppen, Genossenschaften) schon auf eine lange Tradition in der Entwicklungspolitik zurückblicken können, erfolgt als erstes eine kurze historische Einordnung des Themas.

Begriff und Einordnung: Basisorganisation wird hier als Oberbegriff für alle Zusammenschlüsse von Menschen in ihrem lokalen Lebens- und Arbeitsumfeld zur gemeinsamen Befriedigung von Bedürfnissen verwendet. Das Wort „Basis" steht für lokal und dafür, dass die Organisationsmitglieder in direktem Kontakt zueinander etwas gemeinsam tun. Basisorganisationen sind Teil der Zivilgesellschaft im Sinne von freiwilligen Zusammenschlüssen privater Personen oder Wirtschaftssubjekte zur Vertretung gemeinnütziger Anliegen oder der Eigeninteressen ihrer Mitglieder.

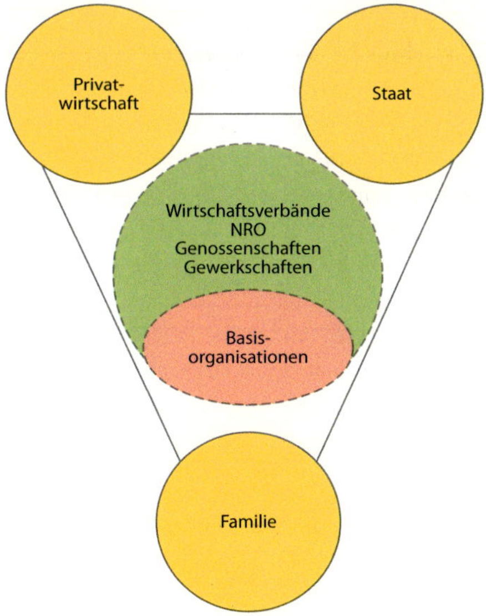

***Abb 11.3.3/1** Basisorganisationen als Teil der Organisationslandschaft*

Gesellschaftstheoretisch lassen sich Basisorganisationen (wie Zivilgesellschaft insgesamt) als gesellschaftlicher Sektor zwischen Staat, Privatwirtschaft und Familie einordnen (vgl. Abb. 11.3.3/1).

Sie erfüllen jene Aufgaben, von denen eine einzelne Familie oder ein Individuum überfordert ist, zu deren Erfüllung aber auch der Markt oder der Staat nicht in der Lage bzw. nicht besser geeignet ist als ein freiwilliger Zusammenschluss von Menschen. Dies trifft generell für die Interessenvertretung von Bürgern gegenüber Staat und Privatwirtschaft zu. Darüber hinaus lässt sich daraus ableiten: Je schwächer der Staat ist, und je weniger der Markt funktioniert, umso wichtiger ist die Rolle von Basisorganisationen.

Aus der funktionalen Perspektive des Service-Systems-Ansatzes lassen sich Basisorganisationen einordnen als Mittel zum

Zweck der Sicherung des Zugangs zu gut funktionierenden Dienstleistungen, zu Märkten und zu Ressourcen. Damit leisten sie gleichzeitig einen wichtigen Beitrag zu guter Regierungsführung. Sie sind damit integraler Bestandteil eines politischen, administrativen und marktwirtschaftlichen Systems.

Eine weitere, normative Perspektive sieht Basisorganisationen eher als autonome Einheiten, die in Abgrenzung zu den als inhuman betrachteten Wirkungen von marktwirtschaftlicher oder bürokratischer Rationalität ein alternatives Modell kooperativer Selbstbestimmung anstreben.

In der Geschichte der Entwicklungspolitik spielten Basisorganisationen bereits in den 1950er-Jahren im Community Development-Ansatz eine wichtige Rolle. Der Ansatz wurde vor allem in Indien auf breiter Ebene praktiziert, scheiterte aber in der indischen Klassen- bzw. Kastengesellschaft oft an der Macht der lokalen Eliten und der klientelistischen Abhängigkeit der Landlosen und Pächter von den Großgrundbesitzern. Ein weiterer Anlauf zum Aufbau von Basisorganisationen war der Versuch des Aufbaus eines Genossenschaftswesens in vielen Ländern in den 1960er-Jahren. Kleinbauern sollten gemeinsam vermarkten, sich Zugang zu Krediten, Inputs und Produktionsmitteln verschaffen, gemeinsame Verarbeitungsbetriebe starten und sich um andere kommunale Angelegenheiten kümmern. Der Ansatz scheiterte daran, dass in den meisten Ländern die Regierung die Genossenschaften kontrollierte und sie zum Bereitsteller staatlicher Agrardienste umfunktionierte. Dadurch verloren die Genossenschaften jegliche eigene wirtschaftliche Handlungsautonomie. Die Mitglieder wurden zu Empfängern subventionierter staatlicher Dienstleistungen. Auch dort, wo Genossenschaften nicht vom Staat gesteuert wurden, erwiesen sie sich eher als geeignete Organisationsform für die obere Schicht der Kleinbauern, d.h. für jene, die regelmäßig Überschüsse für den Markt erwirtschaften konnten (H.-H. Münkner 1989).

In den 1980er-Jahren stand die Förderung von Basisorganisationen unter dem Motto „Selbsthilfe“ und wurde sehr populär. Angesichts der Enttäuschung über die mangelnde Problemlösungsfähigkeit und -bereitschaft der Regierungen und der beobachtbaren Tendenzen zur Entmündigung der Bürger durch paternalistische Hilfsorganisationen wurde die einzig mögliche Lösung in einer Mobilisierung der Selbsthilfepotenziale der Menschen gesehen (F. Scholz 1993). Den hochverschuldeten Regierungen kam das in vielen Ländern durchaus entgegen, konnte man doch über Selbsthilfeprojekte die Lasten des Ausbaus der ländlichen Infrastruktur auf die Armen abwälzen (C. von Braunmühl 1989; E. Berner & B. Phillips 2004). Da die Entscheidungsmacht und Kontrolle beim Staat blieben, trat der Effekt der Stärkung lokaler Ownership und Interessenvertretungsmacht nicht ein. Demgegenüber versuchten vielerorts NRO, mittels Maßnahmen zur sozialen Mobilisierung bzw. der „animation rurale“ eine vom Staat unabhängige Selbsthilfebewegung aufzubauen. Als Musterbeispiel hierfür gilt das Modell der Grameen Bank in Bangladesch. Da es sich aber als unrealistisch erwies, die Basisorganisationen völlig unabhängig von externen Dienstleistungen zu machen, führte dieser Ansatz zu einer bleibenden Abhängigkeit von den unterstützenden NRO und den diese finanzierenden Geberorganisationen.

Vielleicht lag es an den vielen fehlgeschlagenen bzw. nicht von nachhaltigen Erfolgen gekrönten Experimenten mit der Förderung von Basisorganisationen, dass dieses Thema im derzeitigen entwicklungspolitischen Mainstream so wenig Beachtung findet und einfach den Nicht-Regierungsorganisationen überlassen wird. Dabei ermöglichen es die Erfahrungen aus der Vergangenheit, einige relativ einfache Lehren für die Förderung von Basisorganisationen zu ziehen:

- Der Aufbau und die Förderung von Basisorganisationen ist nicht Aufgabe des Staates, und staatlicher Einfluss auf solche Organisationen sollte auf die Schaffung eines gesetzlichen Rahmens beschränkt bleiben.
- Basisorganisationen können staatliche und privatwirtschaftliche Dienstleistungen nicht ersetzen, vor allem dann nicht, wenn es sich um Organisationen armer Bevölkerungsgruppen mit begrenzten Ressourcen handelt. Weitergehende Autonomie ist kein realistisches Ziel, sondern eine unzumutbare Überforderung. Basisorganisationen können lediglich den Zugang zu staatlichen oder privaten Dienstleistungen ermöglichen. Diese müssen im Rahmen eines Service-Systems-Ansatzes gleichzeitig und aufeinander abgestimmt bereitgestellt werden. Es geht nicht mehr darum, Probleme allein durch „Selbsthilfe" zu lösen, sondern um zumutbare Eigenbeiträge zu öffentlichen Dienstleistungen und zur Erlangung eines besseren Marktzugangs (s.u.). Dies erfordert einen Abschied von der Selbsthilfe-Ideologie.
- Unterstützende NRO sollten sich darauf beschränken, die Organisationskapazitäten und Interessenvertretungsmacht aufzubauen. Sie dürfen nicht versuchen, mit Gebermitteln temporär den Staat bzw. den Markt zu ersetzen (siehe Kap. 11.3.4).

Auf Basis dieser generellen Grundsätze geht es nun um die Erörterung von Lösungsansätzen zu den eingangs gestellten kritischen Fragen.

Bestimmung des „angemessenen" Nutzerbeitrags: Es wurde bei der Darstellung des Service-Systems-Ansatzes (Kap. 10.3.4.2 u. 10.3.4.3) wiederholt begründet, warum ein Eigenbeitrag von Nutzern insbesondere in ländlichen Regionen unverzichtbar für den Zugang zu und die nachhaltige Nutzung von Dienstleistungen ist. Zwei Argumente sind hierfür entscheidend:

- Zuständigkeit: Nur wer sich (z. B. für einen Dorfbrunnen) zuständig fühlt, wird sich um die Instandhaltung und Funktionsfähigkeit der betreffenden Sache kümmern. Aber nur wer beiträgt und mitentscheidet, fühlt sich zuständig.
- Economies of Scale (Mindestgrößenkriterium): Viele Dienstleistungen sind nur ab einer bestimmten Größenordnung kostengünstig zu erbringen (z. B. Kredite, Transport, Information), funktionieren also nur, wenn sich mehrere „kleine" Nutzer zusammentun und gemeinschaftlich Zugang suchen.

Gleichzeitig geht es bei der Bestimmung des Eigenbeitrags stets auch um einen Verteilungskampf. Gerade in ländlichen Regionen, wo oft der Eigenbeitrag aus räumlich-logistischen Gründen unverzichtbar erscheint (in Städten kann Leitungswasser ohne Selbsthilfe kostengünstig bereitgestellt werden, in ländlichen Streusiedlungen nicht), leben die ärmsten Menschen. Hier stellt sich ein Gerechtigkeitsdilemma: Das Menschenrecht auf Trinkwasser kann dort z. B. ohne Eigenbeitrag de facto nicht nachhaltig realisiert werden; ist der Eigenbeitrag zu hoch, wird dieses Recht für die Armen auch nicht realisiert. Ein Versuch zur Lösung dieses Dilemmas muss sich am Subsidiaritätsprinzip orientieren. D. h. Basisorganisationen sollen das, aber auch nur das beitragen, was sie besser können als der Dienstleistungsbereitsteller. Dies ist von Fall zu Fall unterschiedlich und muss jeweils ausgehandelt werden (vgl. T. Rauch, M. Bartels & A. Engel 2001).

Beispiel A: Ländliche Wasserversorgung
WasserNutzerkomitees in entlegenen Dörfern können meist die Instandhaltung und einfache Reparaturen besser (schneller, effizienter, kostengünstiger) leisten als ein 50 km entferntes Wasserwirtschaftsamt. Wenn der Grundwasserspiegel 3 m tief ist, können sie auch das Ausschachten besser bewerkstelligen; wenn dieser aber 100 m tief ist, kann das nur ein Spezialistenteam angehen.

Beispiel B: Kreditbereitstellung
Verteilung, insbesondere aber die Rückzahlung von individuellen Kleinkrediten durch Bankangestellte in entlegenen Dörfern ist extrem aufwändig. Eine Kredithaftungsgruppe, die dafür sorgt, dass zum Zeitpunkt der Kreditvergabe 30 Kreditnehmer pünktlich an einem Ort erscheinen, und die zum Zeitpunkt der Rückgabe durch sozialen Druck dafür sorgt, dass sich alle 30 Mitglieder abermals pünktlich an einem Ort mit dem Vertreter der Bank treffen und zurückzahlen, kann ohne großen Aufwand für die Gruppe die Kosten für die Bank drastisch reduzieren. Hier wird also nicht eine gegebene Last von der Bank auf die Kredithaftungsgruppe abgewälzt, sondern die Last wird wesentlich reduziert.
Ziel des Eigenbeitrags ist also nicht die Kostenverlagerung auf die Nutzer, sondern eine Gesamtkostenreduktion, die dadurch entsteht, dass die Nutzer das übernehmen, was sie effizienter machen können, und dass sie die Verantwortung für eine sparsame, sorgfältige und effektive Nutzung übernehmen. Entscheidend ist, dass der Eigenbeitrag einhergeht mit Entscheidungsmacht und Kontrolle. Sofern es z. B. angemessen erscheint, dass die Nutzer Gebühren entrichten (z. B. für Instandhaltung), dann müssen diese vom Nutzerkomitee selbst verwaltet werden.

Begrenzung des Organisationsaufwandes: Viele Basisorganisationen scheitern oder sind für die Ärmeren unattraktiv, weil Förderagenturen den Organisationsaufwand durch ambitiöse Organisationsmodelle unnötig in die Höhe treiben. Auch für die Wahl der Organisationsform ist das Subsidiaritätsprinzip anzuwenden (siehe Kap. 10.3.3). Demnach bedürfen Aufgaben, die durch eine temporäre gemeinsame Aktion erledigt werden können (z. B. Straßeninstandsetzung nach einem Bergrutsch), keiner permanenten Organisation mit regelmäßigen Versammlungen; Aufgaben, die sich durch informelle Gruppen bewerkstelligen lassen, bedürfen keiner formellen Organisation. So braucht man z. B., wenn es darum geht, einmal jährlich Ernteüberschüsse gemeinsam in einem 100 km entfernten Zentrum zu vermarkten, keine Genossenschaft zu gründen (T. RAUCH 1996). Das Subsidiaritätsprinzip legt also eine aufgabenbezogene Minimierung des Organisationsaufwandes nahe, welche für ärmere Schichten die Zugangsschwelle reduziert.

Ähnliches gilt für das Prinzip der funktionsgerechten Organisationsform (Motto: „form follows function"). Basisorganisationen funktionieren nur, wenn die Organisationsform auf den Zweck der Organisierung zugeschnitten ist (A. HANEL 1992). Ein Elternbeirat, ein Komitee zur Instandhaltung eines Brunnens, eine Mühlenbetreibergruppe und ein Sparverein setzen sich naturgemäß aus unterschiedlichen Personengruppen mit unterschiedlichen Interessen zusammen. Sie haben unterschiedliche Anforderungen hinsichtlich Häufigkeit von Zusammenkünften, Verbindlichkeit und Formalisierung. Je mehr eine Organisation auf einen bestimmten Zweck fokussiert ist, umso geringer ist der Aufwand, den es für ein Mitglied kostet, diesen Zweck zu erreichen. Für Menschen mit wenig Zeit, z. B. für überlastete Frauen, sind derartige Überlegungen besonders relevant. Demgegenüber tendieren viele Hilfsorganisationen zur Förderung von Mehrzweckorganisationen nach dem Prinzip: erst eine Organisation gründen und danach über die zu lösenden Probleme und Lösungsmöglichkeiten sprechen. Weil damit meist auch eine finanzielle Unterstützung verbunden ist, lassen sich die Menschen darauf ein. Diese „Hilfsempfängerorganisationen" überleben meist nur, solange die initiie-

Beispiel Stadtteilsanierung in Senegal

Die lokalen politischen Führer und religiösen Würdenträger zeigten sich skeptisch gegenüber den sozialen Dynamiken, die aus der Gründung von Stadtteilkomitees resultierten, zumal in den Versammlungen junge Leute und sogar Frauen das Wort ergreifen durften. Sie bestanden darauf, die Führung dieser Komitees zu übernehmen. Dies aber hätte den intendierten partizipativen und inklusiven Charakter des Beteiligungsprozesses beeinträchtigt. Das Projekt reagierte darauf mit einem Kompromiss: Es wurden technische Arbeitskomitees zur Diskussion von Detailfragen und politische Steuerungskomitees, von denen die wichtigen Entscheidungen zu fällen waren, gegründet. So wurde das Steuerungskomitee zum Forum der Eliten, während in den technischen Komitees Raum für einen relativ herrschaftsfreien Diskurs, für die Interessenartikulation benachteiligter Gruppen und für die Herausbildung eines neuen, sich durch ihre Leistung im Team (und nicht ihren gesellschaftlichen Status) profilierenden Typs von Anführern geschaffen wurde. Es liegt nahe, dass auch dieses Modell nicht frei von Konflikten war.

(C. VOIGT-MORITZ 1990)

Beispiel ländliche Entwicklung Nepal

Nepalesische Dörfer sind durch eine ausgeprägte Klassen- und Kastenstruktur geprägt. Die Frage, wie unter diesen Umständen die am meisten von Armut und Verwundbarkeit betroffenen unteren Kasten (z. B. Dalits) gefördert und „empowered" werden konnten, wurde auch von den zuständigen nepalesischen Nicht-Regierungsorganisationen kontrovers diskutiert. Manche glaubten, Empowerment und gestärktes Selbstbewusstsein nur durch zielgruppenspezifische Organisierung der Dalits untereinander erreichen zu können. Das hatte den Vorteil, dass in den Gruppen keine Hierarchie herrschte, und sich aus den Reihen der deklarierten Schichten Führungspersönlichkeiten entwickeln konnten. Der Nachteil war, dass diese Gruppen in der Vertretung nach außen (gegenüber Politikern, Verwaltung, Geschäftsleuten) meist schwächer waren. Andere NRO setzten auf gemischte Gruppen, vertrauend darauf, dass es unter den Brahmanen das Prinzip von wohlmeinender Führerschaft (Benevolant Leadership) gibt. Als NRO sahen sie ihre Aufgabe darin, die unteren Kasten innerhalb dieser Gruppen, zu verstärkter Beteiligung zu ermutigen. Das hatte den Vorteil, dass diese Gruppen meist erfolgreicher, weil professioneller geführt waren. Der Nachteil war aber nicht zu übersehen: Die Gruppen wurden von den Führern dominiert. Die unteren Kasten waren vielleicht Nutznießer, wurden etwas mehr integriert, aber ihre Interessenvertretungsmacht wurde nicht gestärkt, die klientelistische Struktur bestand in den Gruppen fort. Oft wurde es den benachteiligten Gruppen selbst überlassen, ob sie die eine oder die andere Form bevorzugten. Oft entschied auch das zu lösende Problem: Ging es um die Wasserversorgung eines ganzen Dorfes, eignete sich der integrative Ansatz besser. Ging es um Spar- und Kreditgruppen, war es sinnvoll, nicht Geldverleiher in einer Gruppe zu haben.

Gerade in Nepal hat sich aus Basisorganisationen heraus oft ein neuer Typ politischer Führer entwickelt, welche dann von der Bevölkerung in den Gemeinderat gewählt wurden – nicht aufgrund ihrer Rolle als Patron, sondern aufgrund ihrer in Basisorganisationen bewiesenen Führungsqualitäten.

(C. Voigt-Moritz 1990)

rende Förderorganisation Hilfsleistungen bereitstellt. Echte zivilgesellschaftliche Organisationen entstehen so meist keine.

Für arme Bevölkerungsgruppen muss also die Zugangsschwelle zu einer Organisation hinsichtlich Geld- und Zeitaufwand möglichst niedrig gehalten werden. Wo hingegen Organisationen zum Selbstzweck werden, wo ärmere Bevölkerungsgruppen und Frauen abgeschreckt werden, da verwandeln sich lokale Organisationen tendenziell zu einem Instrument der über mehr Zeit verfügenden lokalen Eliten, um ihre privilegierte Position durch Kontakte zu staatlichen oder nicht-staatlichen Förderorganisationen auszubauen.

Berücksichtigung von Machtverhältnissen und klientelistischen Abhängigkeiten: Gegenmacht zu organisieren, ist Sache der von den jeweiligen Machtverhältnissen Betroffenen und kann nicht Gegenstand wohlmeinender entwicklungspolitischer Einmischung sein, weder seitens staatlicher, noch seitens externer nichtstaatlicher Organisationen. Dies gilt umso mehr, wenn Machtverhältnisse mit klientelistischen Abhängigkeiten verbunden sind (D. MÜLLER-MAHN 1993). „You tell us to empower ourselves against our bosses (husbands). But you are going away and we have to stay with them" – so oder so ähnlich kann man das aus dem Mund der Betroffenen erfahren.

Es gibt jedoch viele Möglichkeiten, Interessenvertretungsmöglichkeiten der ärmeren Schichten im lokalen Kontext zu stärken und deren Handlungsspielräume zu erweitern, ohne dabei die Machtfrage auf die Tagesordnung zu setzen. Der Schlüssel hierzu liegt, darauf haben bereits 1978 K. FISCHER, R. MÜHLENBERG et al. in ihrem Handbuch zur Ländlichen Entwicklung aufmerksam gemacht, in der Förderung von Dienstleistungsorganisationen, die sich „um konkrete, begrenzte Zwecksetzungen (z. B. Pflege von Wasserstellen, Organisation der Verteilung von Inputs) einrichten, die unmittelbar sichtbare Erfolge zeigen können" (ebd., 69). Mit anderen Worten: Es geht um die in diesem Buch schon mehrfach zitierte Verknüpfung von Ownership und Empowerment, also Eigenbeitrag und Interessenvertretungsmöglichkeit (Kap. 10.3.4) bzw. von praktischen und strategischen Bedürfnissen. Dieser Ansatz wurde von Entwicklungsprojekten, insbesondere von NRO in der Praxis tausendfach erprobt – mit unterschiedlichem Erfolg, wie bei gesellschaftlichen Veränderungsprozessen nicht anders zu erwarten. Einige Beispiele mögen das verdeutlichen.

Die Beispiele weisen darauf hin, dass es realistische Möglichkeiten gibt, über Nutzer- oder Produzentenorganisationen lokale Machtverhältnisse zumindest so weit zu verändern, dass diese praktischen Problemlösungen für ärmere Gruppen nicht weiter im Wege stehen. Sie zeigen aber auch auf, dass es sich dabei nicht um einen planbaren und konfliktfreien Prozess handelt.

11.3.4 Nationale Ebene: die Rolle der Zivilgesellschaft

Über die Definition von Zivilgesellschaft besteht keine Einigkeit. Da die Förderung zivilgesellschaftlicher Organisationen seit den 1990er-Jahren im entwicklungspolitischen Trend liegt, versuchen viele Akteure in den Ländern des Südens, unter diesem Etikett zu firmieren. Hier wird Zivilgesellschaft in Anlehnung an H.J LAUTH (2003, 224) definiert als eine „intermediäre Sphäre zwischen privaten Haushalten bzw. privaten Wirtschaftsunternehmen einerseits und dem Staat andererseits, in der vorwiegend kollektive Akteure öffentliche Interessen organisieren und artikulieren". Zivilgesellschaftliche Organisationen können unterteilt werden in solche,

- die primär normative Interessen des Gemeinwohls bzw. öffentliche Belange (z. B. Umweltschutz, Menschenrechte, Wohlfahrt) vertreten (diese werden meist als Nicht-Regierungsorganisationen bezeichnet), und jene,

- die primär die materiellen Eigeninteressen ihrer Mitglieder verfolgen (z. B. Unternehmerverbände, Gewerkschaften, Bauernverband, Radfahrer-Club).

Nicht-Regierungsorganisationen (NRO) sind demnach also nicht gleichzusetzen mit Zivilgesellschaft, aber sie sind ein wichtiger Teil von ihr. Gemeinsam ist allen zivilgesellschaftlichen Organisationen, dass sie auf freiwilliger Mitgliedschaft beruhen, unabhängig von staatlichen Institutionen sind und keinen Erwerbscharakter haben (was nicht ausschließt, dass sie die wirtschaftlichen Interessen ihrer Mitglieder vertreten). Ihre zentrale Bedeutung liegt in der Vertretung gesellschaftlicher Interessen gegenüber den staatlichen Organen. Daneben werden ihnen wichtige Sozialisierungs-, Gemeinschafts- und Kommunikationsfunktionen zugeschrieben (J. Betz 2003).

Die Rolle zivilgesellschaftlicher Organisationen im Rahmen der Entwicklungspolitik hat sich in den vergangenen beiden Jahrzehnten geändert. Zu Beginn der 1990er-Jahre stand die Frage im Vordergrund, ob angesichts der defizitären staatlichen Institutionen EZ-Projekte nicht besser über NRO durchgeführt werden sollten. NRO und staatliche Träger wurden als alternative Bereitsteller von EZ-finanzierten öffentlichen Dienstleistungen miteinander verglichen (vgl. J. Betz 2005). Dabei kam man meist zu dem Schluss, dass NRO zielgruppennäher, unbürokratischer und besser motiviert sind. Resultat dieser Überlegungen war, dass in allen Kontinenten des Südens eine Vielzahl von NRO aus dem Boden schossen, die oft keine andere Funktion hatten, als im Unterauftrag von Geberorganisationen für diese oder deren staatliche Partner Projekte durchzuführen. Streng genommen handelte es sich bei den meisten dieser NRO nicht um zivilgesellschaftliche Organisationen, sondern um Consulting-Firmen für die Durchführung von zielgruppennahen Entwicklungsprojekten. Begriffe wie „Quasi-NRO“ (QUANGO) oder „Government-owned NRO“ (GONGO) wurden kreiert, um diesen Sachverhalt zu umschreiben.

Etwa seit der Jahrhundertwende steht hingegen der Aufbau einer Zivilgesellschaft im eigentlichen Sinne des Wortes im Zentrum entwicklungspolitischer Bestrebungen. Diese wird primär in ihrer Rolle als Element einer funktionsfähigen Demokratie betrachtet. Die Frage lautet nun nicht mehr: „Wer – Staat oder NRO – ist besser geeignet für die Entwicklungsförderung?“ Im Zentrum steht jetzt vielmehr die Frage nach der angemessenen Rollenverteilung zwischen Staat, Privatwirtschaft und Zivilgesellschaft im Rahmen demokratischer Regierungsführung und effektiver Bereitstellung von Dienstleistungen (vgl. auch Kap. 10.3). Weithin anerkannte Rollen zivilgesellschaftlicher Organisationen, insbesondere von Nicht-Regierungsorganisationen, sind

- die Interessenvertretung zugunsten öffentlicher Belange wie Umwelt oder Menschenrechte,
- eine „Wachhund“-Rolle gegenüber dem Staat und der Privatwirtschaft zur Herstellung von Transparenz und gesellschaftlicher Kontrolle,
- soziale Wohlfahrtsfunktionen basierend auf Spenden und freiwilligem Engagement von Bürgern,

- Mitwirkung im eigenen Interesse an der Erfüllung öffentlicher Aufgaben (z. B. Elternbeirat) oder an der gemeinschaftlichen Regelung marktwirtschaftlicher Beziehungen (z. B. Produzentenvereinigungen).

Diese Funktionen sind in allen Gesellschaften, in Nord und Süd, relevant. In Entwicklungs- und Transformationsländern mit begrenzter zivilgesellschaftlicher Entfaltung kommt eine weitere wichtige Aufgabe hinzu: die in Abschnitt 11.3.3 beschriebene Notwendigkeit einer Unterstützung des Aufbaus von Basisorganisationen. In vielen dieser Länder ist zivilgesellschaftliches Engagement auf wenige große Städte, zum Teil allein auf die Hauptstadt konzentriert. Oft handelt es sich dabei um Gruppen von Intellektuellen, die nicht an der Basis verankert, und deshalb auch keine legitimen und kompetenten Repräsentanten bzw. Repräsentantinnen der Bevölkerung, insbesondere nicht der benachteiligten Gruppen sind. Der demokratische und organisatorische Unterbau fehlt. Die Aufgabe einer Organisationsentwicklung an der Basis in allen Regionen eines Landes ist – wie in den vorhergehenden Kapiteln gezeigt wurde – gleichermaßen wichtig und schwierig. Diese Aufgabe kann nicht in angemessener Weise vom Staat erfüllt werden. Staatliche Behörden verfügen hierzu nicht über die nötigen Qualifikationen. Darüber hinaus tendieren sie meist dazu, eine staatsabhängige und -treue, eventuell auch parteipolitisch orientierte Zivilgesellschaft entsprechend klientelistischer Tradition zu schaffen. Der Aufbau von Basisorganisationen auf breiter Ebene kann aber auch nicht von ausländischen Entwicklungshelfern geleistet werden. Dazu verfügen diese weder über ein Mandat, noch über lokale Kompetenz. Die Entwicklung von Nutzer-, Produzenten- und Interessenvertretungsorganisationen an der Basis wird sich aber – zumal in klientelistisch strukturierten Gesellschaften – in der Regel auch nicht von alleine als spontaner Prozess vollziehen. Niemand, außer Nicht-Regierungsorganisationen ist geeignet, diese wichtige historische Aufgabe zu leisten.

Flächendeckende soziale Mobilisierung ist jedoch eine zeitraubende und kostspielige Arbeit. Süd-NRO sind meist nicht in der Lage, aus eigenen Ressourcen die Kosten hierfür zu tragen. Da die Finanzierung des Aufbaus einer Zivilgesellschaft von unten her auch nicht zu den Kernaufgaben von Regierungen gehört, besteht hierin ein sinnvoller Verwendungszweck für EZ-Mittel. Nord-NRO leisten hierzu oft wichtige Beiträge. Doch auch ein Teil der staatlichen ODA wird für diesen Zweck benötigt und sollte über geeignete Finanzierungsmechanismen (nicht über das Staatsbudget) den einschlägig engagierten Süd-NRO zufließen.

Viele Süd-NRO geraten jedoch bei der Wahrnehmung dieser Aufgabe in einen Rollenkonflikt. Die meisten von ihnen erfüllen derzeit zwei Funktionen gleichzeitig: die eines Bereitstellers von geber-finanzierten öffentlichen Dienstleistungen (im Sinne der oben skizzierten Instrumentalisierung der NRO als verlängerter Durchführungsarm der Geber in den 1990er-Jahren) und die des Empowerment, der sozialen Mobilisierung, also der Unterstützung der Organisationsentwicklung an der Basis. Diese beiden Funktionen widersprechen einander. Anstatt die entstehenden Basisorganisationen zu befähigen, Zugang zu staatlichen Dienstleistungen zu erlangen, im Rahmen dezentraler Demokratie ihre Interessen zu vertreten, und auf Märkten als durchsetzungsfähige Verhandlungspartner aufzutreten, versorgt die Förder-NRO „ihre" initiierten Gruppen selbst mit Wasserleitungen, Medizin, Krediten, Saatgut und Vermarktungsmöglichkeiten. Sie erledigen das, was EZ-Agenturen in früheren Jahrzehnten mit eigenem Personal machten: die zu Recht verpönte Direktimplementierung, Ersatzvornahme vorbei an den zuständigen staatlichen Institutionen und privatwirtschaftlichen Akteuren. Anstatt Interessenvertretungsmacht zu erlangen, bleiben die Zielgruppen in Abhängigkeit von temporär durch ODA-Mittel finanzierten Leistungen. Meist sind alle beteiligten Akteure damit glücklich, bis die Frage des Phasing-out, des Abbaus der Unterstützung von außen gestellt wird. Die Zielgruppen erfreuen sich zuverlässiger und effektiver Dienstleistungen. Das Personal der NRO verfügt über die Möglichkeit, unmittelbar und wirkungsvoll zu helfen (was befriedigender ist, als „nur" auf lange Sicht Interessenvertretungsmacht zu stärken), und die Geber können schnelle Erfolge vorweisen. Das Problem besteht darin, dass

- die Erfolge nicht von nachhaltiger Natur sind,
- Empowerment und dezentrale Demokratie nicht gefördert werden,
- zivilgesellschaftliche Organisationen durch ihre Dienstleisterrolle von der Erfüllung ihrer anderen, eigentlich zivilgesellschaftlichen Aufgaben abgehalten werden, demokratische Entwicklung also untergraben wird.

So verbirgt sich hinter dem Etikett „Förderung von Zivilgesellschaft" nicht selten eine leicht abgewandelte Form der alten „Projektitis", der Förderung nicht-nachhaltiger Insellösungen (vgl. Kap. 5). Damit Süd-NRO die Funktion des Aufbaus von Basisorganisationen sinnvoll wahrnehmen und ihre anderen zivilgesellschaftlichen Rollen erfüllen können, müssen sie folglich gezielt für diese Aufgaben finanziell unterstützt werden, dürfen aber nicht gleichzeitig von Gebern dafür benutzt werden, mit temporären ODA-Mitteln dauerhaft benötigte Dienstleistungen bereitzustellen.

11.3.5 Globale Ebene: Internationale Vernetzung von Zivilgesellschaft

Angesichts des Fortschreitens ökonomischer Globalisierung und den zunehmenden Bemühungen um ein System von Global Governance (vgl. Abschnitte 8.3.2, 9.3.2 und 10.3.2) liegt es nahe, dass auch zivilgesellschaftliche Akteure in den neuen politischen Raum auf globaler Ebene vordringen, um dort ihre normativen Anliegen oder materiellen Interessen zu vertreten (W. HEIN 2005). Da das Ziel einer armutsorientierten und nachhaltigen globalen Entwicklung gegenüber den global agierenden Wirtschaftsinteressen weder von den Regierungen des Nordens noch von denen des Südens stets mit der nötigen Kompetenz und dem erforderlichen Nachdruck vertreten wird, sind die internationalen NRO zu einer unverzichtbaren Akteursgruppe in der Global Governance Arena geworden.

Hierbei kommt sowohl den Nord- als auch den Süd-NRO bei der Wahrnehmung ihrer Lobby- und Kontrollfunktionen eine doppelte Rolle zu: sie sind zum einen Gegenspieler der politischen und wirtschaftlichen Interessen ihrer Herkunftsländer (z. B. wenn es für Transparency International um Bekämpfung der Korruptionsbeziehungen zwischen deutschen Firmen und afrikanischen Regierungen geht) und zum anderen – im Verbund mit Regierungen des Südens – Anwälte für die Interessen der armen Länder (z. B. wenn es um faire Handelsbedingungen oder um die Verteilung der Lasten beim Klimaschutz geht).

Entscheidend dafür, dass auf globaler Ebene die Rahmenbedingungen so gestaltet werden, dass sie in den EL nicht nur den einflussreicheren städtischen Bevölkerungsgruppen (z. B. als Konsumenten billiger Nahrungsmittel), sondern auch marginalisierten ländlichen Produzentengruppen (als den Erzeugern solcher Nahrungsmittel) zugute kommen, ist, dass auch Repräsentanten benachteiligter Gruppen auf der Ebene der globalen Zivilgesellschaft stark vertreten sind. Der Aufbau einer inklusiven, lokal verwurzelten Zivilgesellschaft in armen Ländern ist also auch eine Voraussetzung für eine armutsorientierte Gestaltung globaler Rahmenbedingungen.

Zusammenfassung

Fazit

- Die gesellschaftliche Situation in vielen Regionen des Südens ist gekennzeichnet durch eine mit Fragmentierung einhergehende moralische Krise. Diese resultiert daraus, dass weder die alte subsistenzbäuerliche, auf gemeinschaftliche Überlebenssicherung hin orientierte noch die moderne, an Marktgesetzen sich orientierende Lebensform eine hinreichende Existenzgrundlage für die meisten bieten. Im Rahmen ihrer diversifizierten multilokalen Livelihood-Systeme bewegen sich die Menschen in einem anhaltenden Zwiespalt zwischen den gegensätzlichen Wertesystemen zweier Welten. Eine einseitig auf Marktintegration setzende Entwicklungsförderung ignoriert tendenziell die Rationalität der aus dieser Konstellation resultierenden Livelihood-Strategien.
- Die gesellschaftstheoretische Diskussion verweist auf die Notwendigkeit, die Handlungskompetenz benachteiligter Gruppen generell, und speziell deren Fähigkeit zu gemeinschaftlichen Problemlösungen zu fördern. Dabei ist von der Realität einer Notwendigkeit der Kombination von subsistenz- und marktorientierten Aktivitäten sowie von den jeweiligen Potenzialen und den Strategien der verschiedenen Bevölkerungsgruppen auszugehen.
- Eine breitenwirksame Institutionalisierung von Bürgerbeteiligung ist Voraussetzung für kontextgerechte Lösungen und eine demokratische dezentrale Regierungsführung. Eine Einbeziehung

der Masse der Armen erfordert den Aufbau von inklusiven Interessenvertretungsstrukturen.

- Dienstleistungen müssen zielgruppen- und gendergerecht gestaltet werden, damit arme und benachteiligte Gruppen erreicht werden.
- Der Gender-Ansatz erfordert eine differenzierende Berücksichtigung der Bedürfnisse und Potenziale von Männern und Frauen, orientiert am Grundsatz der Gleichberechtigung.
- Eine Organisierung der Armen in Nutzer- und Produzentengruppen ist eine unverzichtbare Voraussetzung für eine nachhaltige Armutsminderung. Da die Armen aber meist nur über begrenzte Kapazitäten für eine Organisierung verfügen, ist darauf zu achten, dass es sich um möglichst wenig aufwändige Organisationsformen handelt.
- Eine wichtige Aufgabe für nationale NRO in den Ländern des Südens besteht darin, den Aufbau einer lokal verwurzelten und inklusiven Zivilgesellschaft zu unterstützen. Der Aufbau unabhängiger, zur effektiven Interessenvertretung im Rahmen lokaler Demokratie und lokaler Märkte befähigten Basisorganisationen kann nur dann gelingen, wenn die dafür zuständigen NRO nicht gleichzeitig als Bereitsteller geberfinanzierter Dienstleistungen agieren.
- Eine armutsorientierte Gestaltung globaler Rahmenbedingungen erfordert die Mitwirkung von Repräsentanten oder Anwälten benachteiligter Gruppen im Rahmen von Global Governance.

Zum Einlesen

Eberlei, W. (ed.): Stakeholder Participation in Poverty Reduction. – Duisburg: INEF-Report 86/2007, 1–78.

Sammelband mit theoretischen, empirischen und konzeptionellen Beiträgen zum Thema Institutionalisierung von Partizipation. Dabei geht es insbesondere um die Frage der Beteiligung der Zivilgesellschaft am Prozess der Erstellung von nationalen Armutsminderungsstrategien (PRSP).

Betz, J. & W. Hein (Hrsg.): Neues Jahrbuch Dritte Welt 2005. Zivilgesellschaft. – Wiesbaden: Verlag für Sozialwissenschaften 2005, 1–295.

Eine systematische, theoretisch fundierte Analyse der Rolle der Zivilgesellschaft in Entwicklungsprozessen. Basierend auf zwei Überblicksbeiträgen der beiden Herausgeber über den Stand der Diskussion werden in länder- bzw. regionsspezifischen Fallstudien über Indien, China, Brasilien, Palästina, den Vorderen Orient, Südafrika, Ghana und Chile die unterschiedlichen Rollen von Zivilgesellschaft empirisch beschrieben und analysiert.

Abb. 12/1 *Entwicklungszusammenarbeit in seiner Kompelxität zu fassen bedarf eines multidimensionalen Mehr-Ebenen-Konzeptes*

12 Fazit und Konsequenzen für die Entwicklungszusammenarbeit

12.1 Fazit: Die komplex erscheinende Forderung nach multidimensionalen und kontextgerechten Mehr-Ebenen-Lösungsansätzen

In den Kapiteln 8 bis 11 wurden Strategien und Instrumente für eine gleichermaßen armuts- und nachhaltigkeitsorientierte Entwicklungspolitik nach Dimensionen getrennt dargestellt. Im Fazit sollen nun Dimensionen übergreifende Aspekte und die Verknüpfungen zwischen den Dimensionen herausgestellt werden (Abschnitt 12.1.1). Dabei wird die Komplexität der Aufgabe deutlich, und es drängt sich die Frage auf, wer denn eigentlich solch ein multidimensionales Mehr-Ebenen-Konzept steuern soll. Eine Antwort darauf wird in Abschnitt 12.1.2 versucht. In 12.2 folgen, darauf aufbauend, Überlegungen zur Frage, welche Rolle die Entwicklungszusammenarbeit hierbei spielen kann bzw. soll.

12.1.1 Dimensionen übergreifende Lehren

In den Kapiteln 8 bis 11 wurden Strategieansätze entsprechend der verschiedenen Ebenen erörtert. Dabei drängten sich zwei generelle Erkenntnisse auf:

1. Den zentralen **Schlüsselfaktor** für eine nachhaltige und armutsmindernde Entwicklung **gibt es nicht**.
2. In allen Bereichen – bei der Wirtschaftsförderung wie bei der Ressourcennutzung, bei der Dezentralisierungspolitik wie bei der Gestaltung von Dienstleistungssystemen, bei der Partizipation wie bei der Technologieentwicklung – kommt es stets auf **kontextgerechte Lösungen** an.

Beide Erkenntnisse mögen selbstverständlich klingen. Sie bestätigen zunächst nur die Ausgangshypothese des diesem Buch zugrundeliegenden multidimensionalen Mehr-Ebenen-Ansatzes (vgl. Kap. 7). Doch sie widersprechen verbreiteter entwicklungspolitischer Praxis. Die manchmal verzweifelt anmutende Suche nach einem Schlüsselfaktor ist nach wie vor im Gange. Der zeitgenössische entwicklungspolitische Mainstream beispielsweise glaubt, in den Institutionen, in Good Governance den Schlüsselfaktor entdeckt zu haben (also in der politisch-institutionellen Dimension und primär auf nationaler Ebene). Die multidimensionale Mehr-Ebenen-Perspektive aber macht deutlich, dass verbesserte Regierungsführung wenig hilft, wenn nicht auf globalökonomischer Ebene die Chancen erweitert werden, und dass sie wohl kaum durchsetzbar ist, wenn auf lokaler gesellschaftlicher Ebene das Empowerment der Armen nicht gefördert wird. Das Konzept der „systematischen Wettbewerbsfähigkeit" als regionaler Ansatz der Wirtschaftsförderung mag als weiteres Beispiel dienen. Deren Verbesserung trägt nur dann zu einer globalen, breitenwirksamen, inklusiven Beschäftigungsentwicklung bei, wenn durch Reformen des Weltwirtschafts- und Finanzsystems die Chancen weltweit vergrößert werden, und sie lässt sich nur erreichen, wo Regierungen es lohnend finden, ihre Rentenorientierung zugunsten einer Wettbewerbsorientierung zurückstellen.

Auch die Einsicht in die Notwendigkeit kontextspezifischer Lösungen ist mehr als eine bloße Allerweltsweisheit. Sie zwingt – im Unterschied zur Praxis der Makro-Strukturreformen und der Erstellung nationaler Armutsminderungsstrategien – zu einer Analyse der regionalen Bedingungen und zum Diskurs mit lokalen Akteuren. Sie erfordert lokale Kompetenz, maßgeschneiderte Lösungen, eine Reformpolitik mit Bodenhaftung. Dies steht in Kontrast zur zunehmend verbreiteten Praxis, entwicklungspolitische Fachleute zwecks größerer Reichweite ihrer Wirkung nur noch in Hauptstädten oder auf internationaler Ebene einzusetzen, und die Berührung mit lokalen Realitäten auf kurze „exposure visits" zu reduzieren, während die basisnahe Arbeit Berufseinsteigern überlassen wird. Die hier dargelegten Strategieüberlegungen zeigen: Gute Entwicklungspolitik braucht nicht nur Spezialisten für globale Regelwerke; sie braucht (unter anderem) auch eine basisnahe Fachlichkeit. Die Forderung nach kontextgerechten Lösungen zwingt auch dazu, von Patentrezepten und deren weltweiter Verbreitung Abschied zu nehmen, ob diese sich nun PRA, GIS, SAP oder Biogas-Verbreitungsprogramme nennen. Das heißt nicht, dass das Rad an hunderttausend Orten neu erfunden werden muss. Aber es bedarf einer Expertise, die sowohl die Kenntnis lokaler Bedingungen und Akteure als auch einen Überblick über einschlägige Lösungsansätze, bewährte Praktiken bzw. Instrumente umfasst, um – darauf aufbauend – passende Konzepte anbieten zu können. Eine bessere Entwicklungspolitik müsste also Abschied nehmen von Modewellen, Allheilmitteln und Patentrezepten und sich stärker um situationsbezogene Synthesen (zwischen den jeweils einseitigen, im Trend liegenden Ansätzen) und entsprechende Gratwanderungen bemühen. Die Frage lautet – um einige Beispiele zu nennen – also nicht, ob Top-down oder Bottom-up, ob ländlich oder städtisch, ob bessere Technik oder stärkere Institutionen. Worauf es ankommt, ist stets die den jeweiligen Bedingungen angepasste Verknüpfung. Obgleich Kapitel 8 bis 11 dieses Buches zwecks Komplexitätsreduktion nach Dimension gegliedert sind, wurde stets versucht, die Notwendigkeit einer Dimensionen übergreifenden Perspektive deutlich zu machen.

Da die in den einzelnen Dimensionen behandelten Aspekte jeweils ihre eigene spezialisierte Fachlichkeit erfordern, lassen sich entwicklungspolitische Probleme letztlich nur durch interdisziplinäre Teams lösen. Kein Individuum, keine noch so polyglotte Fachkraft, kann alle relevanten Aspekte (von denen dieses Buch nur einen Ausschnitt lieferte) in der nötigen Tiefe abdecken. Fachrichtungen wie die Geographie aber, die in sich eine gewisse multidimensionale Breite vereinigen, können hier eine wichtige Koordinationsfunktion erfüllen.

12.1.2 Wer steuert multidimensionale Mehr-Ebenen-Interventionen?

Beim Überblick über die auf vier Ebenen und vier Dimensionen verteilten Strategiekomponenten drängt sich die Frage nach einem „Deus ex machina", einem omnipotenten Akteur auf, der an allen Stellschrauben gleichzeitig und fein aufeinander abgestimmt dreht, um nun endlich alle Armuts- und Umweltprobleme dieser Welt mit einem Big Push zu lösen. Solch einen überirdischen, intervenierenden Akteur gibt es – man mag es bedauern oder froh darüber sein – in der realen Welt nicht. Wenn es nun aber aufeinander abgestimmter Interventionen bedarf, es aber niemanden gibt, der über die Fähigkeit und das Mandat hierzu verfügt – was dann?

Die Lösung kann wohl nur lauten: „Ganzheitlich denken bzw. analysieren – fokussiert intervenieren." Ein Prinzip, das auch in anderen Problemlösungsberufen, z. B. der chinesischen Akupunktur, mit Erfolg angewandt wird. Die verantwortlichen Akteure – vom Generalsekretär der Vereinten Nationen bis hin zum Bezirksvorsteher einer ländlichen Gemeinde, vom Umwelt-Lobbyisten bei der Klimakonferenz in Kopenhagen bis hin zur NRO-Beraterin eines Waldnutzerkomitees in Kalimantan – sollten mit der Komplexität des Gesamtsystems einigermaßen vertraut sein, um zu erkennen, welche Art von Intervention in ihrem eigenen Verantwortungsbereich im Rahmen des Gesamtsystems wirksam sein kann. Darüber hinaus sollte der ganzheitliche Überblick die Akteure in die Lage versetzen, die Notwendigkeit einer Ebenen und Dimensionen überschreitenden Koordination mit relevanten anderen Akteuren zu erkennen. Die Einigung der entwicklungspolitischen Entscheidungsträger auf einen multidimensionalen Mehr-Ebenen-Ansatz kann dabei als Grundlage für konstruktive Debatten über eine Verteilung von Zuständigkeiten dienen. Sie kann auch die Abstimmung zwischen den auf verschiedenen Ebenen und in unterschiedlichen Sektoren arbeitenden Akteuren erleichtern. Die Vertreter unterschiedlicher Disziplinen und Fachrichtungen kämpfen in diesem Fall nicht mehr darum, wessen Ansatz der wichtigste bzw. der richtigste ist, sondern sie bringen ihre eigene Kompetenz und Relevanz ein, in dem Bewusstsein, dass diese nur zum Tragen kommt, wenn sie durch den Beitrag anderer ergänzt wird. In diesem Sinn ist der multidimensionale Mehr-Ebenen-Ansatz ein mindset, ein gedanklicher Rahmen, welcher hilft, richtig fokussierend zu intervenieren, sich dabei sinnvoll mit anderen abzustimmen, und die Komplexität des Problems strukturierend zu reduzieren. Hierzu ein Beispiel: Eine für die Einrichtung eines Biosphärenreservates zuständige Fachkraft kennt nicht nur die Ökosystemzusammenhänge in der betreffenden Region, sondern auch den aktuellen Stand der internationalen Vereinbarungen und die verfügbaren Finanzierungsmechanismen; sie kennt die nationale Gesetzgebung, die kommerziellen Inwertsetzungsformen der betreffenden Pflanzen und Tiere sowie die Livelihood-Systeme und die daraus resultierenden Nutzungsansprüche der Bewohner; solch eine multidimensional und auf mehreren Ebenen denkende Biodiversitätsspezialistin weiß auch, wann sie Spezialisten zur Identifizierung von vertraglichen Einkommensmöglichkeiten und Wertschöpfungsketten, zur Mediation im Rahmen von Landnutzungsplanungsprozessen oder zum Aufbau von Nutzerkomitees benötigt.

Eine Person muss nicht alles, was zur Problemlösung notwendig ist, selbst können, sollte aber in der Lage sein, alle relevanten Faktoren mit zu bedenken. Hierzu wollte dieses Buch einen Beitrag leisten.

12.2 Die Rolle der Entwicklungszusammenarbeit

Die im Teil II dieses Bandes aufgezeigten Strategien und Instrumente gehören zum Handwerkszeug der Entwicklungspolitik generell. Sie bedürfen nicht notwendigerweise einer internationalen Entwicklungszusammenarbeit (EZ). Angesichts der nicht selten problematischen Nebenwirkungen von „Hilfe", sowohl in Form von Finanztransfers als auch von Technischer bzw. Personeller Kooperation, wäre es verfehlt, nach dem Prinzip zu verfahren „in der Not muss man helfen, wo immer man kann" (vgl. Kap. 5). Vielmehr gilt es, gemäß dem Subsidiaritätsprinzip genau zu prüfen, was mit externer Unterstützung besser gemacht werden kann als von den betreffenden Gesellschaften und Regierungen alleine. In anderen Worten: Das viel zitierte Prinzip „Hilfe zur Selbsthilfe" ist ernst zu nehmen in dem Sinn, dass sorgfältig geprüft wird, welche Maßnahmen im Rahmen von Selbsthilfe möglich, und welche ergänzenden Beiträge wirklich nötig sind ohne dazu beizutragen, Eigenverantwortung zu untergraben. Das

Prinzip der internationalen Solidarität orientiert sich demnach nicht primär am Gerechtigkeitsgedanken (ein „gerechter“ Beitrag wäre im Hinblick auf das Prinzip der Eigenständigkeit sicherlich in vielen Fällen schädlich), sondern an der zu erzielenden Wirkung. Das Subsidiaritätsprinzip führt zu einer kontextspezifischen Bestimmung der EZ-Beiträge.

Deshalb lässt sich die Frage nach der Rolle der EZ nicht generell für alle Partnerländer einheitlich beantworten. Dennoch lassen sich, unter Berücksichtigung der in Abbildung 12.2/1 zusammengefassten Strategiekomponenten, einige Leitlinien formulieren.

Nachhaltige, armutsorientierte Entwicklung braucht

- bessere globale Rahmenbedingungen,
- internationale Finanzierungsbeiträge,
- bessere institutionelle und politische Rahmenbedingungen (Kapazitäten und Anreizsysteme),
- kontextgerechte Problemlösungskonzepte,
- Befähigung und Interessenvertretungsmacht für die Armen (vgl. Abb. 12.2/1). Die typischerweise notwendigen EZ-Beiträge lassen sich also dem Mehr-Ebenen-Modell zuordnen:
- Auf globaler Ebene muss EZ für entwicklungsförderliche globale Rahmenbedingungen Sorge tragen. Dies erfordert eine stärkere Berücksichtigung des Kohärenzgebots für andere Politikfelder (z. B. Handels- und Umweltpolitik) und eine Stärkung des Einflusses der EL bei der Gestaltung internationaler Regelwerke.
- Auf nationaler Ebene in den Partnerländern sollte EZ in koordinierter Form und orientiert am jeweiligen Bedarf Entwicklungsprogramme der Partner finanziell und/oder durch fachliche Beiträge unterstützen. Solche Unterstützungsleistungen sollten entsprechend dem Kofinanzierungskonzept (vgl. Kap. 10.3.4) an entsprechende Eigenbeiträge und Reformschritte der Partnerorganisationen gekoppelt werden.
- Auf regionaler Ebene kann EZ (insbesondere die TZ) durch Einbringen von internationaler Erfahrung zur Identifizierung von kontextgerechten Problemlösungen beitragen. Neue, maßgeschneiderte Lösungen für alte Probleme benötigen in der Regel (nicht nur in armen Ländern) spezielle Einheiten (Forschungs- & Entwicklungsabteilungen, Think Tanks, Innovationsagenturen). Ihre Identifizierung kann in der Regel nicht als Teil der Routineaufgaben von Durchführungsorganisationen betrachtet werden. Ihre Erprobung erfordert Test- bzw. Pilotmaßnahmen. Für die Verbreitung erprobter Lösungen sind spezielle Workshops und Medien erforderlich. Größere Privatunternehmen und die Verwaltung in reichen Ländern haben dafür eigene Abteilungen oder engagieren Beratungsfirmen. Ärmere Länder verfügen oft nicht über die benötigten Mittel hierfür. In diesem Fall kann die TZ die Entwicklung tragfähiger Konzepte für nachhaltige Problemlösungen unterstützen. Die dazu erforderlichen Maßnahmen vor Ort dienen der Erprobung von Konzepten, Verfahren oder Instrumenten, welche als Grundlage für regionale oder nationale Programme dienen sollen. EZ-Interventionen auf regionaler oder lokaler Ebene dienen also nicht

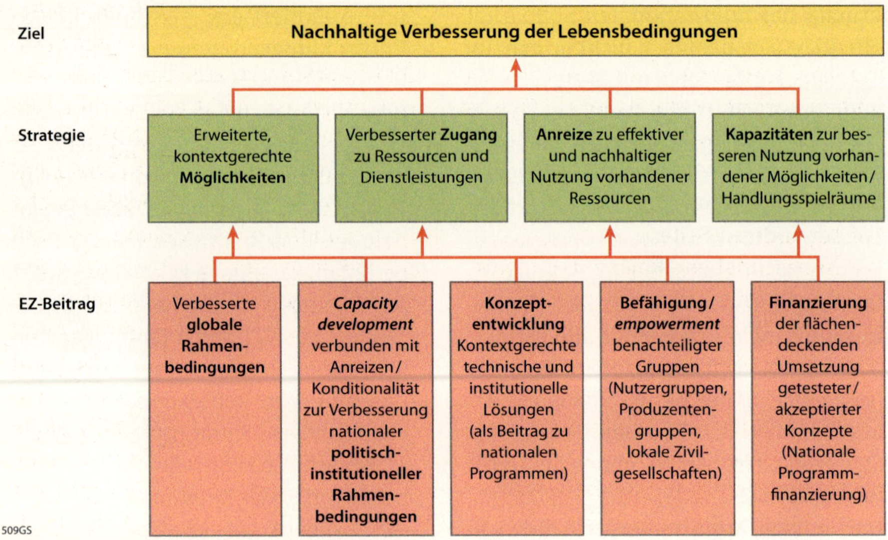

Abb 12.2/1 *Rollen der Entwicklungszusammenarbeit*

mehr dem Zweck, auf kleinem Raum direkt Unterstützungsleistungen für die Zielgruppen zu erbringen. Dies ist Aufgabe der jeweils zuständigen staatlichen oder privaten Träger.

- Auf lokaler Ebene gilt es, benachteiligte Bevölkerungsgruppen (in den meisten Regionen die Mehrheit) dazu zu befähigen, die identifizierten Problemlösungsmöglichkeiten zu nutzen und ihre Interessen besser zu vertreten. Dies ist in der Regel eine Aufgabe für lokale Nicht-Regierungsorganisationen (vgl. Kap. 11.3.4), bedarf aber oft einer finanziellen und konzeptionellen Unterstützung von außen.

Die EZ-Beiträge auf den verschiedenen Ebenen sind im Rahmen von Mehr-Ebenen-Programmen aufeinander abzustimmen. Demnach wird ein nationales Unterstützungsprogramm für einen bestimmten Sektor oder Problembereich so gestaltet, dass

1. dieses in den Kontext der Umsetzung internationaler Abkommen eingebettet wird (welche durch effektivere Beteiligung der Süd-Länder stärker an deren Bedürfnissen ausgerichtet werden sollen) und daraus seine Legitimation bezieht,
2. es auf kontextgerechten, auf regionaler Ebene unter Einbeziehung von lokalem und externem Wissen entwickelten Konzepten aufbaut und daraus seine Problemlösungsrelevanz bezieht,
3. es lokale Befähigungs-/Empowerment-Strategien beinhaltet und dadurch die gesellschaftspolitische Durchsetzbarkeit armutsorientierter, inklusiver Politik verbessert,
4. dessen flächendeckende Umsetzung über eine programm-orientierte Budgethilfe teilfinanziert wird und dadurch Ownership von Parlament und Regierung des Partnerlands gefordert und gestärkt wird.

Ein derart gestalteter EZ-Beitrag gerät in sehr viel geringerem Maße in Gefahr, Eigenanstrengungen zu untergraben und zu korrumpieren als lokale Durchführungsprojekte auf der einen oder eine bloße Budgethilfe ohne angepasste Lösungen und Empowerment der Armen auf der anderen Seite.

Die so beschriebene Rolle von Entwicklungszusammenarbeit ist mit Einmischung verbunden. Solch eine Einmischung ist nötig, wo gesellschaftliche Machtverhältnisse nachhaltigen und armutsorientierten Problemlösungen im Wege stehen, wo Hilfe anderenfalls droht, in den Taschen der Reichen zu verschwinden. Sie ist legitimiert, wo sie – orientiert am Grundsatz gemeinsamer Verantwortung für eine alle Ebenen umfassende Entwicklungspolitik – auf einer Partnerschaft mit wechselseitigen Verpflichtungen und Kontrollmechanismen beruht, die die Politik der Industrieländer mit einschließt. Sie findet ihre Grenzen darin, dass letztlich die zuständigen Staatsorgane des Partnerlandes darüber zu bestimmen haben, wofür finanzielle Mittel für öffentliche Aufgaben verwendet werden – zumindest dort, wo es legitime und einigermaßen funktionsfähige Regierungen gibt.

Dieses Buch hat versucht, realistische Möglichkeiten einer armuts- und nachhaltigkeitsorientierten Entwicklungspolitik aufzuzeigen. Dabei wurde wohl, dass es sich (1) um eine außerordentlich komplexe Aufgabe handelt, und dass (2) ihrer Umsetzung vielerlei mächtige Interessen im Wege stehen. Beide Faktoren zusammengenommen können leicht zu Entmutigung führen. Wie also kann man der fatalen Gesetzmäßigkeit entrinnen, die besagt, dass alles, was zu einfach ist, nicht funktioniert, dass aber alles, was zu komplex ist, nicht getan wird? Wie kann man Veränderungen gegenüber mächtigen Interessengruppen erreichen? Ein Verweis auf andere Politikbereiche wie Gesundheits- oder Bildungsreform mag genügen, um zu zeigen, dass derartige Herausforderungen kein Alleinstellungsmerkmal der Entwicklungspolitik sind, sondern ein Charaktermerkmal jeglicher an den Bedürfnissen von Menschen orientierten Reformpolitik. Hohe Komplexität und massive Widerstände sind also normal. Was den Umgang mit Komplexität anbetrifft, hat dieses Buch versucht, Komplexität durch deren Strukturierung handhabbar zu machen. Die Freude an der geistigen und praktischen Bewältigung komplexer Aufgaben muss der Leser in seine entwicklungspolitische Arbeit einbringen. Was den Umgang mit mächtigen Interessen anbetrifft, hat dieses Buch versucht, einiges an strategischem Rüstzeug für die nötigen Auseinandersetzungen anzubieten. Den Mut, die Zivilcourage, sich damit auch manchmal gegen Anpassungszwänge zu stellen, muss der Leser einbringen. Im Anschluss an die Spruchweisheit am Ende des Einleitungskapitels wünsche ich also allen Lesern viel Spaß dabei, herauszufinden, welche Dinge auf welchen Wegen, mittels welcher Gratwanderungen veränderbar sind. Und den Mut zu Gratwanderungen bei Gegenwind!

Akronyme

ABS: Access and Benefit Sharing; **ARL:** Akademie für Raumforschung und Landesplanung; **BMU**: Bundesministerium für Umwelt, Naturschutz und Reaktorsicherheit; **BMZ**: Bundesministerium für wirtschaftliche Zusammenarbeit und Entwicklung; **BpB**: Bundeszentrale für politische Bildung; **CIM:** Centrum für Internationale Migration und Entwicklung; **CSR:** Corporate Social Responsibility; **DAC:** Development Assistance Commitee (Entwicklungsausschuss); **DED:** Deutscher Entwicklungsdienst; **DEG:** Deutsche Investitions- und Entwicklungsgesellschaft; **DFID**: UK Departement for International Development; **DIE**: Deutsches Institut für Entwicklungspolitik; **DSE**: Deutsche Stiftung für Internationale Entwicklung; **DÜI**: Deutsches Übersee-Institut Hamburg; **EH:** Entwicklungshelfer; **EPA:** Economic Partnership Agreement; **EZ:** Entwicklungszusammenarbeit; **FAO**: Food and Agricultural Organization; **FLGT:** Forest Law Enforcement, Governance and Trade; **FZ:** Finanzielle Zusammenarbeit; **GATT:** General Agreement on Trade andTrarifs; **GIGA**: German Institute of Global and Area Studies; **GPF**: Global Policy Forum; **GTZ**: Gesellschaft für Technische Zusammenarbeit; **GVO:** Genetisch veränderte Organismen; **HIPC:** Higly Indebled Poor Country **HWWA**: Hamburgisches Welt-Wirtschafts-Archiv; **IDD**: International Development Department; **IFER**: Institut für Europäische Regionalforschungen; **IFRC**: International Federation of Red Cross and Red Crescent Societies; **IL:** Industrieland; **ILO:** International Labour Organisation, **IMIS**: Institut für Migrationsforschung und interkulturelle Studien; **IOM**: International Organization for Migration; **IPCC**: Intergovernmental Panel on Climate Change; **IWF:** Internationaler Währungsfonds; **IWMI**: International Water Management Institute; **KfW:** Kreditanstalt für Wiederaufbau; **KMU:** Klein- und Mittelunternehmen; **KRK:** Klimarahmenkonvention; **LDC:** Least Developed Country; **LEISA:** Low External Input and Substainable Agriculture; **LNP:** Landnutzungsplanug; **LRE:** Ländliche Regionalentwicklung; **LRWE/LRED:** Local and Regional Economic Development; **MDG:** Millenium Development Goal **MEA**: Millenium Ecosystem Assessment; **NIÖ:** Neue Institutionenökonomie; **NRO:** Nichtregierungsorganisation; **OECD**: Organisation for Economic Co-operation and Development; **PACA:** Participatory Assessment of Competetive Advantages; **PES:** Payment for Environmental Services; **PGF:** Programmorientierte Gemeinschaftsfinanzierung; **PPG:** Pro-Poor Growth; **PRA:** Participatory Rural Appraisal, **PRSP:** Poverty Reduction Strategy Paper; **RM:** Regionalmanagement; **SEF**: Stiftung Entwicklung und Frieden; **SAP:** Strukturanpassungsprogramm, **SLE**: Seminar für Ländliche Entwicklung; **TdH**: Terres des Hommes; **TRIPS:** Trade Related Apects of Intellectual Propterty Rights; **TZ:** Technische Zusammenarbeit; **UN**: United Nations; **UNDP**: United Nations Development Programme; **UNICEF:**United Nations International Children's Emergency Fund **UNWCED**: United Nations World Commission on Environment and Development (Brundtland Commission); **UNFF:** UN-Waldforum; **WHO:** World Health Organization; **WMO**: World Meteorological Organization; **WRI**: World Resources Institute; **WSK:** Wertschöpfungskette; **WTO**: World Trade Organization;

APuZ: Aus Politik und Zeitgeschichte; **ARD**: Agricultural and Rural Development; **DA**: Das Argument; **D+C:** Development and Change; **DE**: Die Erde; **DPR**: Development Policy Review; **EINS**: Entwicklungspolitik Informationen Nord-Süd; **ELR**: Entwicklung & Ländlicher Raum; **E+Z**: Entwicklung und Zusammenarbeit; **F+E**: Finanzierung & Entwicklung; **GH:** Geographica Helvetica; **FAZ**: Frankfurter Allgemeine Zeitung; **GR**: Geographische Rundschau; **GZ**: Geographische Zeitschrift; **IAF**: Internationales Afrikaforum; **IBWE**: Informationsbrief Weltwirtschaft & Entwicklung; **IDSB**: IDS Bulletin; **IP**: Internationale Politik; **IPG**: Internationale Politik und Gesellschaft; **IZ3W**: Informationszentrum Dritte Welt; **JTG**: Journal of Transport Geography; **NSA**: Nord-Süd Aktuell; **ODS**: Oxford Development Studies; **PAD**: Public Administration and Development; **PGM**: Petermanns Geographische Mitteilungen; **PHG**: Progress in Human Geography; **PRS**: Papers in Regional Science; **PVS**: Politische Vierteljahresschrift; **R+R**: Raumforschung und Raumplanung; **RS**: Rural Sociology; **SR**: Sociologica Ruralis; **SZ**: Süddeutsche Zeitung; **VRÜ**: Verfassung und Recht in Übersee; **WBER**: World Bank Economic Review; **WBRO**: World Bank Research Observer; **WD**: World Development; **WS**: Welt-Sichten; **WT**: Welt Trends; **ZWG**: Zeitschrift für Wirtschaftsgeographie

Literatur

von Alemann, U. (Hrsg.): Partizipation, Demokratisierung, Mitbestimmung – Problemstellung und Literatur in Politik, Wirtschaft, Bildung und Wissenschaft. – 2. Auflage, Opladen 1978.

Alexander, P.: Der Trost des Entwicklungshelfers – Erfahrungen und Bekenntnisse aus 18 Jahren Arbeit für die Dritte Welt. – 3. Auflage, Frankfurt/Main 1992.

Alff, U., P. Ay & E. Bauer: Partizipation – Mit offizieller Anerkennung ins Abseits. – In: Peripherie, 18 (1998) Nr. 72, 71–81.

Alliance 2015: 2015-Watch – The EU's Contribution to the Millennium Development Goals. – Report 4, Copenhagen 2007.

Altenburg, T.: Welche neuen Erkenntnisse liefert das Pro-Poor Growth-Konzept für die Entwicklungspolitik? – In: Messner, D. & I. Scholz (Hrsg.): Zukunftsfragen der Entwicklungspolitik. Baden-Baden 2005, 185–197.

Altvater, E.: Sachzwang Weltmarkt – Verschuldungskrise, blockierte Industrialisierung, ökologische Gefährdung – der Fall Brasilien. – Hamburg 1987.

Altvater, E.: Das Ende des Kapitalismus wie wir ihn kennen – Eine radikale Kapitalismuskritik. – 5. Auflage, Münster 2007 (orig. 2005).

Altvater, E. & B. Mahnkopf: Grenzen der Globalisierung – Ökonomie, Ökologie und Politik in der Weltgesellschaft. – 4. Auflage, Münster 1999.

Amler, B.: Landnutzungsplanung für Entwicklungsländer – Methoden der Standorteignungsbewertung und Landnutzungsplanung für den ländlichen Raum in Entwicklungsländern. – Landschaftsentwicklung und Umweltforschung 85, Berlin 1992.

Amler, B. & D. Betke: Landnutzungsplanung in Entwicklungsländern – Annotierte Bibliographie. – Berliner Beiträge zu Umwelt und Entwicklung 1, Berlin 1993.

Andersen, U. (Hrsg.): Entwicklung der Entwicklungspolitik. – Schwalbach 1999.

ARL: Methoden und Instrumente räumlicher Planung – Handbuch. – Hannover 1998.

Asche, H.: Die P-Welle rollt über Afrika. – In: ELR, (2005) Nr. 1, 14–17.

Asche, H.: Durch einen Big Push aus der Armutsfalle? – DIE Discussion Paper 05/2006, Bonn 2006.

Ashley, C. & D. Carney: Sustainable Livelihoods – Lessons from Early Experiences. – London 1999.

Backhaus, C. & M. Kollmair: Heilige Institutionen? – Regelungen von Naturschutzansprüchen an Ressourcen von Nationalparks. – In: Geographica Helvetica, 56 (2001) Nr. 1, 57–72.

Backhaus, N.: Zugänge zu Globalisierung – Konzepte, Prozesse, Visionen. – Zürich 1999.

Backhaus, N.: Gloablisierung. Das Geographische Seminar. – Westermann, Braunschweig.

Balassa, B.: The Structure of Protection in Developing Countries. – Baltimore & London 1971.

Banerjee, A.V. (Ed.): Making Aid Work. – Cambridge 2007.

Bardhan, P. & D. Mookherjee (Eds.): Decentralization and Local Governance in Developing Countries – A Comparative Perspective. – Cambridge & London 2006.

Barrow, C.J.: Environmental Management and Development. – London 2004.

Bätzing, W. & H. Wanner: Nachhaltige Entwicklung im Spannungsfeld zwischen komplexer Naturdynamik und gesellschaftlicher Komplexität. – Geographica Bernensia P 30 – Bern 1994.

Bauer, P. T.: Entwicklungshilfe – Was steht auf dem Spiel? – Tübingen 1982.

Baumhauer, R.: Desertifikation und Klimawandel.– In: Gebhardt, H., R. Glaser, U. Radtke & P. Reuber (Hrsg.): Geographie. – München 2007, 983–987.

Beck, U.: Was ist Globalisierung? – Irrtümer des Globalismus – Antworten auf Globalisierung. – Frankfurt/Main 1997.

Becker, E. & T. Jahn (Hrsg.): Soziale Ökologie – Grundzüge einer Wissenschaft von den gesellschaftlichen Naturverhältnissen. – Frankfurt 2006.

Becker, M., S. John & S .A. Schirm: Globalisierung und Global Governance. – Grundzüge der Politikwissenschaft. – München 2007.

Beckmann, G.: Partizipation in der Entwicklungspolitik. – Hamburg 1997.

Beier, C.: Dezentralisierung und Entwicklungsmanagement in Indonesien – Beobachtungen zur politisch-administrativen und zur wissenschaftlichen Kommunikation: Ein systemtheoretischer Versuch. – Sozialwissenschaftliche Studien zu internationalen Problemen 198, Saarbrücken 1995.

Beier, C. & H. Dürr: Dezentralisierung in Indonesien – Das Pilotprogramm für Distriktautonomie 1995–1997: Alte Ansätze, verschleppte Politik, neue Herausforderungen. – In: ZWG, 42 (1998) Nr. 3–4, 173–190.

Berg, C., C. Beck, G. Beckmann, C. Chimbala, C.E. Arganae, A.K. Fleig, M. Kuhlmann & H. Pander: Introduction of a Participatory and Integrated Development Process (PIDEP) in Kalomo District, Zambia. – Schriftenreihe des SLE S176, Berlin 1997.

Berg, C., S. Bercher-Hiss, M. Fell, A. Hobinka, U. Müller & S. Prakash: Poverty Orientation of Value Chains for Domestic and Export Markets in Ghana. – Schriftenreihe des SLE S223, Berlin 2006.

Berner, E.: Nützlichkeits-Fetischismus – „Sozialkapital" und die Ökonomisierung des Sozialen. – In: Peripherie, 25 (2005) Nr. 99, 286–305.

Berner, E. & B. Phillips: Selbsthilfe oder unterlassene Hilfeleistung? – Die Flucht des Entwicklungsstaats aus der Fürsorgepflicht. – In: Peripherie, 24 (2004) Nr. 96, 500–514.

Betke, D.: „Top down" meets „bottom up" – Zur Institutionalisierung der Landnutzungsplanung in Projekten der Technischen Zusammenarbeit in Asien. – In: Preuss, H.J.A. & G. Roos (Hrsg.): Ländliche Entwicklung und regionales Ressourcenmanagement. Giessen 1994, 131–143.

Betz, J.: Die Qualität öffentlicher Institutionen und die sozio-ökonomische Entwicklung. – In: NSA, 17 (2003) Nr. 3, 456–467.

Betz, J.: Zivilgesellschaft in Entwicklungsländern. – In: Betz, J. & W. Hein (Hrsg.): Neues Jahrbuch Dritte Welt 2005 – Zivilgesellschaft. Wiesbaden 2005, 7–26.

Betz, J. & W. Hein (Hrsg.): Neues Jahrbuch Dritte Welt 2005 – Zivilgesellschaft. – Wiesbaden 2005.

Bierschenk, T.: Development Projects as Arenas of Negotiation for Strategic Groups – A Case Study from Benin. – In: SR, 28 (1988) Nr. 2/3, 146–160.

Bierschenk, G. & T. Elwert (Hrsg.): Entwicklungshilfe und ihre Folgen – Ergebnisse empirischer Untersuchungen in Afrika. – Campus Forschung 684, Frankfurt/Main & New York 1993.

Blaikie, P.: The Political Ecology of Soil Erosion in Developing Countries. – New York 1985.

Blaikie, P., T. Cannon, I. Davis & B. Wisner: At Risk – Natural Hazards, Peoples' Vulnerability and Disasters. – 2. Auflage, Routledge 2003.

Blotevogel, H. H.: Auf dem Weg zu einer „Theorie der Regionalität" – Die Region als Forschungsobjekt der Geographie. – In: Brunn, G. (Hrsg.): Region und Regionsbildung in Europa. Baden-Baden 1996, 44–68.

Blotevogel, H. H., J. Ossenbrügge & G. Wood (Hrsg.): Lokal verankert – weltweit vernetzt – Tagungsbericht und wissenschaftliche Abhandlungen. – 52. Deutscher Geographentag 1999, Stuttgart 2000.

BMZ: Armutsbekämpfung durch Selbsthilfe. – Bonn 1990

BMZ: Soziokulturelle Fragen in der Entwicklungspolitik. – BMZ-Materialien 83, Bonn & Berlin 1992.

BMZ: Armutsbekämpfung – eine globale Aufgabe – Aktionsprogramm 2015: Der Beitrag der Bundesregierung zur weltweiten Halbierung extremer Armut. – Bonn April 2001.

BMZ: Recht, Demokratie, Frieden – Politik für Entwicklung. – Bonn & Berlin 2003.

BMZ: Wirtschaft, Soziales, Entwicklung – Armut bekämpfen und Gerechtigkeit schaffen. – Bonn & Berlin, März 2004(a).

BMZ: Globalisierung gestalten – Entwicklungspolitik konkret. – BMZ-Materialien 125, Bonn & Berlin August, 2004(b).

BMZ: Zwölfter Bericht zur Entwicklungspolitik der Bundesregierung. – BMZ Materialien 131, Bonn & Berlin 2005.

BMZ: Medienhandbuch Entwicklungspolitik 2006/2007. – Bonn & Berlin, Juni 2006.

BMZ: Grenzüberschreitende Wasserkooperation – Ein Positionspapier des BMZ. – BMZ Spezial 135, Bonn & Berlin 2006.

BMZ: Strategische Zusammenarbeit mit China in Deutschlands Interesse. – Pressemitteilung 27.7.2007, www.bmz.de/de/presse/pm/2007/juli/pm_20070727_90.html (Stand: 5.7.2009).

BMZ: Wirtschaftspartnerschaftsabkommen zwischen AKP-Staaten und EU. – BMZ-Materialien 174, Berlin 02/2007

BMZ: Auf dem Weg in die Eine Welt – Weißbuch der Entwicklungspolitik. – 13. Bericht zur Entwicklungspolitik der Bundesregierung, Bonn & Berlin Juni 2008(a).

BMZ: Medienhandbuch Entwicklungspolitik 2008/2009. – Bonn & Berlin, Oktober 2008(b).

BMZ: Zahlen und Fakten. – www.bmz.de/de/zahlen/ (Stand: 5.7.2009).

Bobek, H.: Die Hauptstufen der Gesellschafts- und Wirtschaftsentfaltung in geographischer Sicht. – In: DE, 90 (1959) Nr. 4, 259–298.

Boeckh, A.: Entwicklungstheorien – eine Rückschau. – In: HDW Bonn 1992, 110–130.

Bohle, H. G.: Endogene Potenziale für dezentralisierte Entwicklung – Theoretische Begründung und strategische Schlußfolgerungen mit Beispielen aus Südindien. – In: ZWG, 32 (1988) Nr. 4, 259–268.

Bohle, H. G. (Ed.): Worlds of Pain and Hunger. – Freiburger Studien zur Geographischen Entwicklungsforschung 5, Saarbrücken & Fort Lauderdale 1993.

Bohle, H. G.: Neue Ansätze der geographischen Risikoforschung. Ein Analyserahmen zur Bestimmung nachhaltiger Lebenssicherung von Armutsgruppen. – In: DE, 132 (2001) Nr. 2, 119–140.

Bohle, H. G.: Geographische Entwicklungsforschung. – In: Gebhardt, H., R. Glaser, U. Radtke & P. Reuber (Hrsg.): Geographie. – München 2007, 797–815.

Böhn, D. & E. Rothfuss (Hrsg.): Handbuch des Geographieunterrichts – Entwicklungsländer I (Band 8/1). – Köln 2007.

Boserup, E.: Women's Role in Economic Development. – New York 1970.

Bourdieu, P.: Das Sozialkapital – Vorläufige Notizen. – In: Peripherie, 25 (2005) Nr. 99, 263–266. (Erstveröffentlichung 1982).

Bourdieu, P.: Entwurf einer Theorie der Praxis auf der ethnologischen Grundlage der kabylischen Gesellschaft. – Frankfurt/Main 1976 (orig. 1972).

Bourdieu, P.: Sozialer Sinn – Kritik der theoretischen Vernunft. – 3. Auflage, Frankfurt/Main 1999 (orig. 1980).

Brandt-Komission: Das Überleben sichern – Gemeinsame Interessen der Industrie- und Entwicklungsländer („Brandt-Bericht"). – Köln 1980.

von Braun, J. & E. Kennedy (Eds.): Agricultural Commercialization, Economic Development, and Nutrition. – Washington D.C. 1994.

von Braun, J.: Rising World Food Prices: Impact on the Poor. – In: Rural 21, 42 (2008) 3, 19–21.

von Braunmühl, C.: Armutsbekämpfung durch Selbsthilfe oder der real existierende Zynismus in der deutschen Entwicklungspolitik. – In: Gruppe feministischer Internationalismus: Zwischen Staatshaushalt und Haushaltskasse. – Bremen 1989.

von Braunmühl, C.: Sieben Thesen zur Pariser Erklärung – Eigenverantwortung und politischer Gestaltungsspielraum. – In: IBWE, (2008) Nr. 8, 1–3.

Breslin, S.: The political economy of development in China – Political agendas and economic realities. – In: Development, 50 (2007) No. 3, 3–11.

Bruchhaus, E. M. (Hrsg.): Afrikanische Eliten zwanzig Jahre nach Erlangung der Unabhängigkeit. – Hamburg 1983.

Brundtland, G. H. (Ed.): Our Common Future. – World Commission on Environment and Development. – Greven 1987.

Brunn, G. (Hrsg.): Region und Regionsbildung in Europa –Konzeptionen der Forschung und empirische Befunde. – Schriftenreihe des IFER 1, Baden-Baden 1996.

BRÜNTRUP, M.: Die Bedeutung der Agrarverhandlungen in der Doha-Runde für LDCs. – In: MESSNER, D. & I. SCHOLZ: Zukunftsfragen der Entwicklungspolitik. Baden-Baden 2005, 269–284.

BRÜNTRUP, M. & D. MESSNER: Globale Trends und die Zukunft ländlicher Räume. – In: ELR, 40 (2006), 3, 4–7.

BRYANT, R. L. & S. BAILEY: Third World Political Ecology. – London 1977.

CASSEN, R.: Entwicklungszusammenarbeit – Fakten, Erfahrungen, Lehren. – Bern & Stuttgart 1990.

CASTLES, S.: Warum Migrationspolitiken scheitern. – In: Peripherie, 25 (2005) Nr. 97/98, 10–34.

CHAMBERS, R.: Editorial introduction – Vulnerability, coping and policy. – In: IDSB, 20 (1989) No. 2, 1–7.

CHAMBERS, R.: Participatory Rural Appraisal (PRA). – In: WD, 22 (1994) No. 10, 1437–1454.

CHAMBERS, R. & R. CONWAY: Sustainable Rural Livelihoods in Practice. – Natural Resource Perspectives 42, London (ODI) 1992.

CHANG, H. J.: Kicking away the Ladder – Infant Industry Promotion in Historical Perspective. – In: ODS, 31 (2003) No. 1, 21–33.

CHENERY, H. B.: Redistribution with Growth – An Approach to Policy. – London 1974.

CHRISTIANSEN, T.: Geographical Information Systems for Regional Rural Development Projects in Developing Countries – Potenzial and Limitations of an Innovative Technology for the Planning and Management of a Special Type of Technical Cooperation Project. – Gießener Geographische Schriften 75, Gießen 1998.

CLEVERINGA, R., M. KAY & A. COHEN: Synthesis of Strategic Approaches – Enhancing Pro-Poor Investments in Water and Rural Livelihoods. – Rome (IFAD) 2009.

COLLIER, P.: The Bottom Billion – Why the Poorest Countries are Failing and What Can Be Done About It? – Oxford 2007.

COY, M.: Aufgaben der Geographie für Entwicklungsländerforschung und Entwicklungspolitik. – In: BLOTEVOGEL, H. H., J. OSSENBRÜGGE & G. WOOD (Hrsg.): Lokal verankert – weltweit vernetzt. Stuttgart 2000, 56–66.

COY, M.: Institutionelle Regelungen im Konflikt um Land – zum Stand der Diskussion. – In: GH, 56 (2001), 1, 28–33.

COY, M.: Geographische Entwicklungsländerforschung. – In: SCHENK, W. & K. SCHLIEPHAKE (Hrsg.): Allgemeine Anthropogeographie. Gotha & Stuttgart 2005, 727–765.

CREHAN, K. & A. VON OPPEN: Understanding of „Development" – An Area of Struggle. – In: SR, 28 (1988) No. 2/3 (Special Issue), 113–145.

DANIELZYK, R. & J. OSSENBRÜGGE: Lokale Handlungsspielräume zur Gestaltung internationalisierter Wirtschaftsräume – Raumentwicklung zwischen Globalisierung und Regionalisierung. – In: ZWG, 40 (1996) Nr. 1/2, 101–112.

DE SOTO, H.: Freiheit für das Kapital! – Warum der Kapitalismus nicht weltweit funktioniert. – Berlin 2002.

DEBIEL, T., D. MESSNER & F. NUSCHELER (Hrsg.): Globale Trends 2007 – Frieden, Entwickung, Umwelt. – Frankfurt/Main 2006.

DERICHS, A. & T. RAUCH: LRE und der "Sustainable Rural Livelihoods" Ansatz – Gemeinsamkeiten, Unterschiede, Komplementaritäten. – In: Entwicklungsethnologie, 9 (2000) Nr. 2, 60–78.

DEUTSCHE EMISSIONSHANDELSSTELLE: www.dehst.de (Stand: 15.7.2009).

DIERCKE WELTATLAS, Westermann, Braunschweig 2007.

DFID: Sustainable Livelihoods Guidance Sheets. – London 1999.

DIKAU, R. & J. POHL: „Hazards" – Naturgefahren und Naturrisiken. – In: GEBHARDT, H., R. GLASER, U. RADTKE & P. REUBER (Hrsg.): Geographie. – München 2007, 1029–1076.

DITTRICH, C.: Bangalore – Globalisierung und Überlebenssicherung in Indiens Hightech-Kapitale. – Saarbrücken 2004.

DOLLAR, D. & A. KRAAY: Growth is Good for the Poor. – Washington D. C. 2000.

DÖRFLER, T., O. GRAEFE & D. MÜLLER-MAHN: Habitus und Feld – Anregungen für eine Neuorientierung der Geographischen Entwicklungsforschung auf Grundlage von Bourdieus Theorie der Praxis. – In: GH, 58 (2003), 1, 11–23.

DÜI (Hrsg.): Öffentlich-Private Entwicklungszusammenarbeit. – NSA, 17 (2003) Nr. 3.

DÜRR, H.: Über Räume – Begrifflichkeiten, wissenschaftliche Paradigmen und Alltagspolitik. – In: MAYER, J. (Hrsg.): Die aufgeräumte Welt. – Loccum 1993, 129–154.

EASTERLY, W.: Wir retten die Welt zu Tode – Für ein professionelles Management im Kampf gegen die Armut. – Frankfurt/Main & New York 2006.

EBERLEI, W.: Armut und Armutsbekämpfung. – In: HAUCHLER, I., D. MESSNER & F. NUSCHELER (Hrsg.): Globale Trends 2004/2005. – Frankfurt/Main 2003, 49–66.

EBERLEI, W. (Hrsg.): Stakeholder Participation in Poverty Reduction. – INEF Report 86, Duisburg 2001.

EBERLEI, W. & B. FÜHRMANN: Armutsbekämpfung und Partizipation. – In: DEBIEL, T., D. MESSNER & F. NUSCHELER (Hrsg.): Globale Trends 2007. – Frankfurt/Main 2006, 171–188.

EBERLEI, W. & T. SIEBOLD: Armutsbekämpfung in Afrika – Neue Ansätze oder alte Konzepte? – INEF-Report 64, Duisburg 2002

EBERLEI, W., P. MEYNS & F. MUTESA: Poverty Reduction in a Political Trap? – The PRS Process and Neopatrimonialism in Zambia. – Lusaka 2005.

EGER, H. & U. MÜLLER: Landnutzungsplanung. – In: PREUSS, H. J. A. & G. ROOS (Hrsg.): Ländliche Entwicklung und regionales Ressourcenmanagement. – Giessen 1994, 75–86.

EHLERS, E.: Mensch-Umwelt-Beziehungen als geographisches Paradigma. – In: SCHENK, W. & K. SCHLIEPHAKE: Allgemeine Anthropogeographie. – Gotha & Stuttgart 2005, 769–784.

EISENSTADT, S. N. & R. LEMARCHAND (Hrsg.): Political Clientelism, Patronage and Development. – London 1981.

ELLENBERG, L.: Naturschutz in Entwicklungsstaaten. – In: ERDMANN, K. H. & C. SCHELL: Zukunftsfaktor Natur – Blickpunkt Mensch. – Bonn 2003, 307–318.

ELSENHANS, H.: Abhängiger Kapitalismus oder bürokratische Entwicklungsgesellschaft – Versuch über den Staat in der Dritten Welt. – Frankfurt/Main & New York 1981.

ELSENHANS, H.: Die Überwindung von Unterentwicklung durch Massenproduktion für den Massenbedarf. – In: NOHLEN, D. & F. NUSCHELER (Hrsg.): Handbuch der Dritten Welt (Band 1). 2. Auflage, Hamburg 1982, 152–182.

ELSENHANS, H.: Staatsklassen. – In: SCHULZ, M. (Hrsg.): Entwicklung. Opladen 1997, 161–185.

ELWERT, G.: Überlebensökonomie und Verflechtungsanalyse. – In: ZWG, 29 (1985) Nr. 3, 83–84.

ELWERT, G.: The Command State in Africa – State Deficiency, Clientelism and Powerlocked Economies. – In: WIPPEL, S. & I. CORNELSEN (Hrsg.): Entwicklungspolitische Perspektiven im Kontext wachsender Komplexität. – München et al. 2001a, 419–452.

ELWERT, G.: Ansätze für die deutsche Afrika-Politik. – In: E+Z, 42 (2001b) Nr. 10, 284–287.

ELWERT, G. & T. BIERSCHENK: Aid and Development as Intervention into Dynamics Systems – An Introduction. – In: SR, 37 (1988) No. 2/3 (Special Issue), 99–112.

ENGELHARDT, K. (Hrsg.): Umwelt und Nachhaltige Entwicklung. – Münster 1998.

ENGELMANN, R. & P. LEROY: Mensch, Land! – Report über Weltbevölkerungsentwicklung und nachhaltige Nahrungsproduktion. – Hannover 1996.

ENGELS, B.: Sozialstandards für den internationalen Handel – Entwicklungspolitischer Anspruch und handelspolitische Möglichkeiten. – In: NSA, 13 (1999) Nr. 1, 56–59.

ENTWICKLUNGSLÄNDER UND WELTMARKT. – Frankfurt/Main & New York 1986.

ERDMANN, G.: Zwölf Jahre Hoffnung auf Demokratie – Eine Zwischenbilanz. – In: E+Z, 44 (2003) Nr. 10, 377–379.

ERDMANN, K. H. & C. SCHELL: Zukunftsfaktor Natur – Blickpunkt Mensch. – Bonn 2003.

ERLER, B.: Tödliche Hilfe – Bericht von meiner letzten Dienstreise in Sachen Entwicklungshilfe. – Freiburg/Breisgau 1985.

ERNST, D.: Entwicklung durch importsubstituierende Industrialisierung? – In: Das Argument (1973), Nr. 4–6, 332–403.

ESTEVA, G.: Development. – In: W. SACHS: Wie im Westen so auf Erden. – Hamburg 1993, 89–121.

EVERS, H. D.: Subsistenzproduktion, Markt und Staat – Der sog. Bielefelder Verflechtungsansatz. – In: LENG, G. & W. TAUBMANN (Hrsg.): Geographische Entwicklungsforschung im interdisziplinären Dialog. – Bremen 1988, 131–143.

EVERS, T. T. & P. VON WOGAU: „Dependencia" – Lateinamerikanische Beiträge zur Theorie der Unterentwicklung. – In: DA, 79 (1973) Nr. 15, 404–452.

FALK, R.: G20-Gipfel in London – Weder New Deal noch Bretton Woods II. – In: IBWE, (2009) Nr. 3–4, 1-4.

FAO: Guidelines for Land-Use Planning. – FAO Development Series 1, Rome 1993.

FAO: The State of Food Insecurity in the World 2008 – High Food Prices and Food Security: Threats and Opportunities. – Rome 2008.

FAUST, J.: Good Governance als entwicklungspolitisches Zielsystem – Verteilungs- und Koordinationsprobleme im Transformationsprozess. – In: MESSNER, D. & I. SCHOLZ (Hrsg.): Zukunftsfragen der Entwicklungspolitik. Baden-Baden 2005, 159–170.

FAUST, J. & D. MESSNER: Entwicklungspolitik und internationale Sicherheit – Die EU-Sicherheitsstrategie als Herausforderung und Chance. – In: MESSNER, D. & I. SCHOLZ (Hrsg.): Zukunftsfragen der Entwicklungspolitik. – Baden-Baden 2005, 137–155.

FINE (Ed.): Business Unusual – Successes and Challenges of Fair Trade. – Brüssel 2006.

FISCHER, K., F. MÜHLENBERG, M. WERTH, R. KRISHNA, S. SCHÖNHERR & W. BRITSCH: Ländliche Entwicklung – Ein Leitfaden zur Konzeption, Planung und Durchführung armutsorientierter Entwicklungsprojekte. – Forschungsberichte des BMZ 14, München 1978.

FISCHER WELTALMANACH 2007 und 2008: – Frankfurt/Main 2006 und 2007.

FOUCAULT, M: Die Ordnung der Dinge – Eine Archäologie der Humanwissenschaften. – Frankfurt/Main 2003 (orig. 1971).

FREY, B. S.: Umweltökonomie. – Göttingen 1992.

FRIEDMAN, T. L.: Globalisierung verstehen – Zwischen Marktplatz und Weltmarkt. – Berlin 1999.

FRIEDMANN, J. & M. DOUGLASS: Agropolitan Development – Towards a new Strategy for Regional Planning in Asia. – In: LO, F. C. & K. SALIH (Eds): Growth Pole Strategy and Regional Development Policy. – Oxford & New York 1978, 163–192.

FRIEDMANN, J. & C. WEAVER: Territory and Function – The Evolution of Regional Planning. – London 1979.

FUES, T.: Entwicklungspolitische Perspektiven zur Weiterentwicklung von Global Governance in den Vereinten Nationen. – In: MESSNER, D. & I. SCHOLZ (Hrsg.): Zukunftsfragen der Entwicklungspolitik. – Baden-Baden 2005, 59–72.

FUES, T.: Ist das Glas halb voll oder halb leer? – In: NUSCHELER, F. & M. ROTH (Hrsg.): Die Millennium-Entwicklungsziele. – Bonn 2006, 44–60.

FUHR, H.: Institutional Change and New Incentive Structures for Development: Can Decentralization and Better Local Government Help? – In: WT, 25 (1999), 21–51.

FUHR, H., B. HODICK, P. KRAUSE & H. SCHERFF: Dezentralisierung – Beitrag zur Demokratisierung und Armutsbekämpfung? – Potsdam 2004.

FÜRST, D.: Ökologisch orientierte Umsteuerung in Landkreisen durch Regionalmanagement. – In: R+R, (1995) Nr. 4, 253–259.

FÜRST, D., S. LÖB, A. RUDOLPH & K. ZIMMERMANN: Steuerung durch Regionalplanung. – Baden-Baden 2003.

GEBHARDT, H., R. GLASER, U. RADTKE & P. REUBER (Hrsg.): Geographie – Physische Geographie und Humangeographie. – München 2007.

GERTEL, J.: Informeller Sektor – Zur Erklärungsreichweite eines umstrittenen Konzepts: Das Beispiel Karthoum. – GR, 51 (1999) 12, 705–711.

GIDDENS, A.: Die Konstitution der Gesellschaft – Grundzüge einer Theorie der Strukturierung. – 3. Auflage, Frankfurt/Main & New York 1992.

GITTINGER, J.P., J. LESLIE & C. HOISINGTON (Eds): Food Policy – Integrating Supply, Distribution and Consumption. – Baltimore 1987.

GLAGOW, M. (Hrsg.): Deutsche Entwicklungspolitik – Aspekte und Probleme ihrer Entscheidungsstruktur. – Bielefelder Studien zur Entwicklungssoziologie 19, Saarbrücken & Fort Lauderdale 1983.

GLAWION, R. ,R. GLASER & H. SAURER: Physische Geogtaphie. Das Geographische Seminar. – Westermann, Braunschweig. 2009.

GLOBALE TRENDS 2007: Frankfurt/Main 2006

GLOVER, D.: Contract Farming and Commercialization of Agriculture in Developing Countries. – In: VON BRAUN, J. & E. KENNEDY (Eds): Agricultural Commercialization, Economic Development and Nutrition. – London 1994, 167f.

GOMM, A. & S. BECKERS: What works in LRED? – (Lern-) Erfahrungen aus den Vorhaben der lokalen und regionalen Wirtschaftsförderung der GTZ. – Eschborn 2004.

GÖRG, C.: Regulation der Naturverhältnisse – Zu einer kritischen Theorie der ökologischen Krise. – Münster 2003.

GRANER, E.: Integration versus Fragmentation – Nepalese Labourers in the Global Economy. – In: DE, 139 (2008) 3, 207–226.

GRIFFIN, K.: The Political Economy of Agrarian Change – An Essay on the Green Revolution. – London 1974.

GRIMM, M., S. KLASEN & A. MCKAY (Eds): Determinants of Pro-Poor Growth – Analytical Issues and Findings from Country Cases. – London 2007.

GROSSMANN, H.: Soziale Mindeststandards, internationale Arbeitsteilung und wirtschaftliche Entwicklung. – In: NSA, 18 (2004) Nr. 1, 118–124.

GTZ: Ländliche Regionalentwicklung – Ein Orientierungsrahmen. – Schriftenreihe der GTZ 128, Eschborn 1983.

GTZ (Hrsg.): Landnutzungsplanung – Strategien, Instrumente, Methoden. – Eschborn 1995.

GTZ (Hrsg.): Ziel Orientierte Projekt Planung (ZOPP) – Eine Orientierung für die Planung bei neuen und laufenden Projekten und Programmen. – Eschborn 1997.

GTZ Sustainet: Sustainable Agriculture – A Pathway out of Poverty for East Africa's Rural Poor. – Eschborn 2006.

GTZ Sustainet: Sustainable Agriculture – A Pathway out of Poverty for India's Rural Poor. – Eschborn 2006.

GTZ: Lokale und regionale Wirtschaftsentwicklung. – www.gtz.de/de/themen/wirtschaft-beschaeftigung (Stand:16.03.2009).

HANEL, A.: Basic Aspects of Cooperative Organizations and Cooperative Self-Help Promotion in Developing Countries. – Marburg 1992.

HANISCH, R. & R. TETZLAFF (Hrsg.): Staat und Entwicklung – Studien zum Verhältnis von Herrschaft und Gesellschaft. – Frankfurt/Main & New York 1981.

HARDIN, G.: The Tragedy of the Commons. – In: Science, 162 (1968), 1243–1248.

HARRIS, J.: Das eingebildete Sozialkapital. – In: Peripherie, 25 (2005) Nr. 99, 267–285.

HATAKOY, A.: Der Wertschöpfungskettenansatz und Anknüpfungspunkte für die Entwicklungszusammenarbeit. – Eschborn 2003.

HAUCHLER, I., D. MESSNER & F. NUSCHELER (Hrsg.): Globale Trends 2004/2005 – Fakten, Analysen, Prognosen. – Frankfurt/Main 2003.

HAUCK, G.: Pfründenkapitalismus in Nigeria. – In: BRUCHHAUS, E. M. (Hrsg.): Afrikanische Eliten zwanzig Jahre nach Erlangung der Unabhängigkeit. – Hamburg 1983, 97–112.

HAUSER, J.: Bevölkerungs- und Umweltprobleme der Dritten Welt (Band 1). – Bern & Stuttgart 1990.

HAYTER, T.: Aid as Imperialism. – Harmondsworth 1971.

HEIN, W. (Hrsg.): Umweltorientierte Entwicklungspolitik. – erweiterte Auflage, Schriften des DÜI 14, Hamburg 1992.

HEIN, W.: Umbruch in der Weltgesellschaft – Auf dem Wege zu einer „Neuen Weltordnung"? – Schriften des DÜI 27, Hamburg 1994.

HEIN, W. (MIT T. ALTENBURG, J. WELLER): Autozentrierte agroindustrielle Entwicklung – Eine Strategie zur Überwindung der gegenwärtigen Entwicklungskrise? – Hamburg 1994.

HEIN, W.: Von der fordistischen zur post-fordistischen Weltwirtschaft. – In: Peripherie, 15 (1995) Nr. 59/60, 45–78.

HEIN, W.: Versunkenes Land? – Globalisierung, Archipelisierung und die Perspektiven marginalisierter Räume. – In: NSA, 13 (1999) Nr. 3, 403–417.

HEIN, W.: Globalisierung und Regionalentwicklung – Neue theoretischen Ansätze und die Chancen des Empowerment durch Global Governance. – In: NSA, 16 (2002) Nr. 2, 214–234.

HEIN, W.: Governance und gesellschaftliche Entwicklung. – In: NSA, 17 (2003) Nr. 3, 394–410.

HEIN, W.: Zivilgesellschaft und globale Politik. – In: BETZ, J. & W. HEIN: Neues Jahrbuch Dritte Welt 2005 – Zivilgesellschaft. – Wiesbaden 2005, 27–56.

HEINRICHS, D.: How Decentralization and Governance Shape Local Planning Practice. – Dortmund 2005.

HESSLER, S.: Das Chaos ist der Alltag. – In: WS, (2009) Nr. 7, 12–18.

HILLMANN, F.: Gender – Geschlechterspezifische Fragestellungen im Kontext von Entwicklung und Globalisierung. – In: BÖHN, D. & E. ROTHFUSS: Handbuch des Geographieunterrichts (Band 8/1). – Köln 2007, 174–181.

HIRSCHMAN, A. O.: The Strategy of Economic Development. – New Haven 1958.

HUNTER, G.: Management and Self-Management in Rural Development. – ODI Review 2. – London 1975.

HUPPERT, W., P. G. KLAUS, H. KÜHLWEIN-NEUHOFF & K. URBAN: Dienstleistungsorientierung in der Technischen Zusammenarbeit – Ein Reader. – Eschborn 1998.

HURTIENNE, T.: Wirtschaftskrise, internationale Verschuldung und Entwicklungspotenziale in Lateinamerika. – In: Prokla, 59 (1985) Nr. 2, 34–64.

IBRAHIM, F.: Desertifikation und Nachhaltigkeit in Ostafrika. – In: GR, 55 (2003) 7/8, 4–9.

IDD & ASSOCIATES: Evaluation of General Budget Support – Synthesis Report. – Birmingham 2006.

IFRC: World Disasters Reports. – Genf (erscheinen jährlich).

IFRC: World Disasters Report 2008 – Focus in HIV and Aids. – Genf 2008.

Ihne, H. & J. Wilhelm: Einführung in die Entwicklungspolitik. – 2. Auflage, Hamburg 2006.

Illy, H. F.: Politische und institutionelle Erfolgsfaktoren der Dezentralisierung. – In: Thomi, W., M. Steinreich & W. Polte (Hrsg.): Dezentralisierung in Entwicklungsländern. – Baden-Baden 2001, 301–310.

ILO: World Labour Report. – Genf 2007.

Informationszentrum Dritte Welt (Hrsg.): Entwicklungspolitik: Hilfe oder Ausbeutung? – Die entwicklungspolitische Praxis der BRD und ihre wirtschaftlichen Hintergründe. – Freiburg 1978.

IOM: World Migration Report 2008 – Managing Labour Mobility in the Envolving Global Economy. – Genf 2008.

IPCC: Klimaänderung 2007. – Bern 2007.

IWMI: Annual Report 2006/07. – www.iwmi.cgiar.org/about_IWMI/strategic_documents/annual_reports/2006_2007/pdf/iwmi%20annual%20report%202006-07.pdf (Stand: 15.7.2009).

Jakobeit, C.: Innovative Finanzierungsinstrumente zur Förderung einer nachhaltigen Umwelt- und entwicklungspolitik in Entwicklungsländern. – Berlin 1999.

Jakobeit, C.: Internationale Handelspolitik und die Krise der Doha-Runde. – In: Debiel, T., D. Messner & F. Nuscheler (Hrsg.): Globale Trends 2007. – Frankfurt/Main 2006, 171–188.

Jalée, P.: Das neueste Stadium des Imperialismus. – München 1971.

Jänicke, M., P. Kunig & M. Stitzel: Lern- und Arbeitsbuch Umweltpolitik: Politik, Recht und Management des Umweltschutzes in Staat und Unternehmen. – aktualisierte Auflage, Bonn 2003.

Janzen, J.: Einführende Gedanken zum Thema „Räumliche Mobilität und Existenzsicherung". – In: Janzen, J. (Hrsg.): Räumliche Mobilität und Existenzsicherung. Berlin 1999, 1–11.

Janzen, J. (Hrsg.): Räumliche Mobilität und Existenzsicherung – Fred Scholz zum 60. Geburtstag. – Berlin 1999.

Jaycox, E. V. K.: The Challenges of African Development. – Washington, D.C. 1992.

Jürgens, N.: Biodiversität und Artenverlust. – In: Gebhardt, H., R. Glaser, U. Radtke & P. Reuber (Hrsg.): Geographie. – München 2007, 987–993.

Jütting, J., E. Corsi & A. Stockmayer: Decentralisation and Poverty Reduction. – OECD Development Centre Policy Insights 5, 200. – www.oecd.org/dataoecd/51/19/34425321.pdf (Stand: 15.7.2009).

Jensen, B. (ed.): Planning as a Dialogue – District Development Planning and Management in Developing Countries. – Dortmund 1992.

Kabou, A.: Weder arm noch ohnmächtig – Eine Streitschrift gegen schwarze Eliten und weiße Helfer. – Basel 1993.

Kaira, C. K.: Transportation of the Rural Population in Developing Countries – An Approach to Improved Transportation Planning. – Karlsruhe 1993.

Kappel, R.: Kern und Rand in der globalen Ordnung – Globalisierung, Tripolarität, Territorium und Peripherisierung. – In: Peripherie, 15 (1995) Nr. 59/60, 79–117.

Kappel, R., V. Kohler & H. Gundlach: Die Rolle von Unternehmen im Wachstumsprozess Afrikas. – In: NSA, 19 (2005) 3–4, 415–427.

Klasen, S.: In Search of the Holy Grail. How to Achieve Pro-Poor Growth? – In: Krakowski, M. (Ed.): Attacking Poverty: What makes Growth Pro-Poor? – Baden-Baden 2004.

Klingebiel, S., S. Leiderer & P. Schmidt: Programmfinanzierung und öffentliche Budgets – Neue Instrumente und Ansatzpunkte der Entwicklungspolitik. – In: Messner, D & I. Scholz (Hrsg.): Zukunftsfragen der Entwicklungspolitik. – Baden-Baden 2005, 73–88.

Kommission für Internationale Entwicklung: Der Pearson-Bericht. – Wien 1969.

König, F. & H. Scherff: Literaturbericht – Dezentralisierung in Entwicklungsgesellschaften. – In: WT, 25 (1999), 169–175.

Köppe, O.: Migration, Wettbewerbsstaat und Europäisierung – Zur Verschärfung der Migrationspolitik in der Ära der Globalisierung. – In: Peripherie, 25 (2005) Nr. 97/98, 172–194.

Korf, B.: Ist PRA in der Postmoderne angekommen? – In: Peripherie, 22 (2002) Nr. 87, 293–314.

Körner, P., G. Maass, T. Siebold & R. Tetzlaff: Im Teufelskreis der Verschuldung – Der Internationale Währungsfonds und die Dritte Welt. – 2. Auflage, Hamburg 1985.

Kotschi, J., A. Waters-Bayer, R. Adelhelm & U. Hoesle: Ecofarming in Agricultural Development. – Tropical Agroecology 2. – Weikersheim 1989.

Kracht, U.: Recent trends in world hunger and malnutrition. – In: Kracht, W. & M. Schulz (Eds): Food and Nutrition Security in the Process of Globalization and Urbanization. – Münster 2005, 66–80.

Kracht, W. & M. Schulz (Eds): Food and Nutrition Security in the Process of Globalization and Urbanization. – Berlin Series on Society, Economy and Politics in Developing Countries 84. – Münster 2005.

Krakowski, M. (Ed.): Attacking Poverty: What Makes Growth Pro-Poor? – Veröffentlichungen des HWWA 75, Baden-Baden 2004.

Kreibich, V. & E. Schmidt-Kallert: Informelle Stadt-Land-Beziehungen. – In: E+Z 45 (2004) Nr. 12, 264–267.

Kreutzmann, H.: Theorie und Praxis in der Entwicklungsforschung – Einführung zum Themenheft. – In: GH, 58 (2003), 1, 2–10.

Kreutzmann, H.: Wasser und Entwicklung – Rohstoffverknappung, Marktinteressen und Privatisierung der Versorgung. – In: GR, 58 (2006) Nr. 2, 4–11.

Krings, T.: Politische Ökologie – Grundlagen und Arbeitsfelder eines geographischen Ansatzes der Mensch-Umwelt-Forschung. – In: GR, 60 (2008) Nr. 12, 4–9.

Krings, T.: Politische Ökologie. – In: Gebhardt, H., R. Glaser, U. Radtke & P. Reuber (Hrsg.): Geographie. – München 2007, 949–959.

Krüger, F.: Handlungsorientierte Entwicklungsforschung – Trends, Perspektiven, Defizite. – In: PGM, 147 (2003) Nr. 1, 6–15

Kulke, E.: Wirtschaftsgeographie. – 3. Auflage, Paderborn 2008.

Kulke, E. & H. Popp (Hrsg.): Umgang mit Risiken – Katastrophen, Destabilisierung, Sicherheit. – Berlin & Bayreuth 2008.

Kürzinger, E.: Nachhaltige Entwicklung. – In: Schulz, M. (Hrsg.): Entwicklung. – Opladen 1997, 385–409.

Kürzinger, E. & W. Zehender (Hrsg.): IWF und Weltbank in Berlin – Gegenwärtige Politiken und Reformbedarf. – SID-Berlin-Berichte 3. – Berlin 1989.

Lachenmann, G.: Weibliche Räume in muslimischen Gesellschaften Westafrikas. – In: Peripherie, 24 (2004) Nr. 95, 322–340.

Lele, U.: The Design of Rural Development – Lessons from Africa. – Baltimore & London 1975.

Leng, G. & W. Taubmann (Hrsg.): Geographische Entwicklungsforschung im interdisziplinären Dialog. – Bremer Beiträge zu Geographie und Raumplanung 14, Bremen 1988.

LEISA-Magazine, Vol. 25 (2009), 1: Farming Diversity.

Lévi-Strauss, C.: Structural Anthropology. – New York 1963.

Liebig, K.: Geistige Eigentumsrechte und Technologietransfer in Entwicklungsländern – Die Rolle der WTO. – In: Messner E.D. & I. Scholz (Hrsg.): Zukunftsfragen der Entwicklungspolitik. – Baden-Baden 2005, 285–300.

Liedholm, C.: Micro and Small Enterprises. – In: C. Eicher & J. M. Staatz: International Agricultural Development. – Baltimore & London 1998.

Liedtke, R.: Wir privatisieren uns zu Tode – Wie uns der Staat an die Wirtschaft verkauft. – Frankfurt/Main 2007.

Lo, F.C. & K. Salih (Eds): Growth Pole Strategy and Regional Development Policy – Asian Experiences and Alternative Approaches. – Oxford & New York 1978.

Lohnert, B.: Multilokale Haushalte und die Implikationen für die Entwicklung der Städte Südafrikas. – In: Oltmer, J. (Hrsg.): Migrationsforschung und interkulturelle Studien. – Osnabrück 2002, 203–228.

Lohnert, B.: Migration – Erklärungsansätze, Ursachen und Auswirkungen. – In: Böhn, D. & E. Rothfuss (Hrsg.): Handbuch des Geographieunterrichts (Band 8/1). – Köln 2007, 129–138.

Lohnert, B. & H. Geist: Coping with Changing Environments – Social Dimensions of Endangered Ecosystems in the Developing World. – Aldershot 2004.

Long, N. & J. D. van der Ploeg: Demythologizing Planned Intervention – an Actor Perspective. – In: Sociologia Ruralis 29 (1989) 4, 229–249.

Lotze-Campen, H.: Wasserknappheit und Ernährungssicherung. – In: APuZ, (2006) Nr. 25, 8–13.

Ludermann, B.: Berechtigter Einwand, untaugliche Lösung. China will sich Treibhausgasemissionen aus der Exportproduktion nicht zurechnen lassen. In: Weltsichten,4, 2009.

Lühr, V., A. Kohls & D. Kumitz (Hrsg.): Sozialwissenschaftliche Perspektiven auf Afrika – Festschrift für Manfred Schulz. – Berliner Reihe zu Gesellschaft, Wirtschaft und Politik in Entwicklungsländern 89. – Münster 2004.

Mahbubani, K.: Der Mythos westlicher Entwicklungshilfe. – In: E+Z, 49 (2008) Nr. 2, 68–71.

Maier, J.: Industriegeographie – Begriffe und Perspektiven. – In: Schenk, W. & K. Schliephake (Hrsg.): Allgemeine Anthropogeographie. – Gotha & Stuttgart 2005, 8–13.

Maier, J. & F. Obermaier: Regionalmanagement in der Praxis – Erfahrungen aus Deutschland und Europa, Chancen für Bayern. – München 2000.

Mari, F. & R. Buntzel: Das globale Huhn – Hühnerbrust und Chicken Wings – Wer isst den Rest? – Frankfurt/Main 2007.

Martens, J.: Kassensturz in der Entwicklungszusammenarbeit – Kosten und Finanzierung der internationalen Entwicklungsziele. – Report von GPF & TdH. – Bonn 2008.

Mattissek, A. & P. Reuber: Poststrukturalistische Methoden in der Geographie – Das Beispiel Diskurs-Analyse. – In: Gebhardt, H., R. Glaser, U. Radtke & P. Reuber (Hrsg.): Geographie. – München 2007, 173–183.

Mayer, C.: Umweltsiegel im Welthandel – Eine institutionenökonomische Analyse am Beispiel der globalen Warenkette von Kaffee. – Marburger Geographische Schriften 139. – Marburg/Lahn 2003.

Mayer, J. (Hrsg.): Die aufgeräumte Welt – Raumbilder und Raumkonzepte im Zeitalter globaler Marktwirtschaft. – Loccum 1993.

McCulloch, N. & Baulch, B.: Tracking Pro-Poor Growth. – IDS Insights 31, Sussex 1999.

McNamara, R. S.: Ansprache an die Gouverneure (Nairobi, 24. Sept. 1973). – Washington D. C. 1973.

Millenium Ecosystems Assessment (MEA) : Ecosystems and Human Well-being: Synthesis. – Washington, D.C., 2005.

Meadows, D.: Die Grenzen des Wachstums – Bericht des Club of Rome zur Lage der Menschheit. – Stuttgart 1972.

Meinzen-Dick, R. S. & M. W. Rosegrant (Eds): Overcoming Water Scarcity and Quality Constraints. – A 2020 Vision Focus 9. – Washington D.C. 2001.

Menkhoff, L. (Ed.): Pro-Poor Growth – Policies and Evidence. – Berlin 2006.

Menzel, U.: 40 Jahre Entwicklungsstrategie = 40 Jahre Wachstumsstrategie. – In: HDW I, 3. Auflage, Bonn 1992, 131–154.

Menzel, U.: Die neue Weltwirtschaft – Entstofflichung und Entgrenzung im Zeichen der Postmoderne. – In: Peripherie, 15 (1995) Nr. 59/60, 30–44.

Menzel, U.: Globalisierung versus Fragmentierung. – Frankfurt/Main 1998.

Mersmann, C.: Umweltwissen und Landnutzung im afrikanischen Dorf – Zur Frage des bäuerlichen Engagements in der Gestaltung der Kulturlandschaft der Usamabara-Berge Tansanias. – Hamburg 1993.

MESSERLI, P.: Nachhaltige Entwicklung – Diskussionsstand und Versuch einer Bilanz. – In: BÄTZING, W. & H. WANNER: Nachhaltige Entwicklung im Spannungsfeld zwischen komplexer Naturdynamik und gesellschaftlicher Komplexität. – Bern 1994, 141–146.

MESSINGER, C.: Veränderungsprozesse ländlicher Haushaltsökonomien unter Einfluss der Strukturanpassungspolitik in Tansania – Versuch einer Wirkungsanalyse am Beispiel von Mukasika Village, Ukerewe District. – Hamburger Beiträge zur Afrikakunde 67. – Hamburg 2001.

MESSNER, D.: Globalisierung, Global Governance und Perspektiven der Entwicklungszusammenarbeit. – In: NUSCHELER, F. (Hrsg.): Entwicklung und Frieden im 21. Jahrhundert. – Bonn 2000, 267–294.

MESSNER, D. & F. NUSCHELER: Reformfelder zur Weiterentwicklung des internationalen Systems – Global Governance als Königsweg? – In: NSA, 17 (2003) Nr. 3, 423–439.

MESSNER, D. & I. SCHOLZ (Hrsg.): Zukunftsfragen der Entwicklungspolitik. – Baden-Baden 2005.

MEUSBURGER, P. & T. SCHWAN: Humanökologie – Ansätze zur Überwindung der Natur-Kultur-Dichothomie. – Stuttgart 2003.

MEYER-STAMER, J.: Strategien lokaler/regionaler Entwicklung – Cluster, Standortpolitik und systemische Wettbewerbsfähigkeit. – In: NSA, 13 (1999) Nr. 3, 447–461.

MOSER, C. O N.: Gender planning in the Third World – Meeting Practical and Strategic Gender Needs. – In: WD, 17 (1989) No. 11, 1799–1825.

MOSIMANN, T.: Einführung in die Landschaftsökologie – Ein Blick auf die Landschaft. – In: GEBHARDT, H., R. GLASER, U. RADTKE & P. REUBER (Hrsg.): Geographie. – München 2007, 486–495.

MOYO, D.: Dead Aid – Why Aid is Not Working and How There is Another Way for Africa. – London 2009.

MÜLLER-BÖKER, U.: Ethno-Ökologie – Ein Beitrag zur Geographischen Entwicklungsforschung. – In: GR, 47 (1995) Nr. 6, 375–379.

MÜLLER-BÖKER, U. & S. THIEME: Livelihood Strategies in a Marginal Area of Nepal with Emphasis on Labour Migration to India. – Ashgate, Durban 2002.

MÜLLER-MAHN, D.: Ländliche Regionalentwicklung – Ein Projektbeispiel aus Algerien. – In: GR, 45 (1993) Nr. 5, 301–307.

MÜLLER-MAHN, D.: Globalisierung – Definitionen und Fragestellungen. – In: GR, 54 (2002) Nr. 10, 4–5.

MÜLLER-MAHN, D.: Transnational Spaces and Migrant Networks – A case study for Egyptians in Paris. – In: NSA, 19 (2005) Nr. 1, 29–33.

MÜLLER-MAHN, D.: Die Auflösung von Norden und Süden – Geographische Aspekte der Entwicklungsdebatte. – In: GEBHARDT, H., R. GLASER, U. RADTKE & P. REUBER (Hrsg.): Geographie. – München 2007, 853–867.

MÜLLER-MAHN, D.: Perspektiven der geographischen Risikogesellschaft. – In: GR, 59 (2007b) Nr. 10, 4–11.

MÜNKNER, H.-H.: Autochthone Formen der Selbsthilfe und moderne Entwicklung in Afrika. – In: IAF, 25 (1989) Nr. 2, 171–182.

MUSTO, S.: Die hilflose Hilfe – Ansätze zu einer Kritik der manipulativen Vernunft. – In: SCHWEFEL, D. (Hrsg.): Soziale Wirkungen von Projekten in der Dritten Welt. – Baden-Baden 1987, 421–503.

MWENDA, A.: Bitte helft uns nicht – Interview geführt von A. RÜHLE. – In: SZ, 7.7.2005, www.sueddeutsche.de/politik/889/352721/text/ (Stand: 5.7.2009).

MYRDAL, G.: Ökonomische Theorie und unterentwickelte Regionen. – Stuttgart 1959.

NEUBERT, D.: Globalisierung der Demokratie? – Klientelismus in Mehrparteiensystemen in Afrika südlich der Sahara. – In: LÜHR, V., A. KOHLS & D. KUMITZ (Hrsg.): Sozialwissenschaftliche Perspektiven auf Afrika. – Münster 2004, 207–223.

NEUBURGER, M.: Landrechte in Brasilien – Zur Bedeutung institutioneller Regelungen für Verwundbarkeit und Überlebensstrategien kleinbäuerlicher Gruppen. – In: GH, 56 (2001) Nr. 1, 34–47.

NITSCH, M.: „Tödliche Hilfe?" – Zur Modifikation der Außenwirtschafts- und Entwicklungstheorie durch das Einbeziehen des Verhaltens von Entwicklungsbürokratien. – In:Entwicklungsländer und Weltmarkt. – Frankfurt/Main & New York 1986, 69–111.

NOHLEN, D. (Hrsg.): Lexikon Dritte Welt – Länder, Organisationen, Theorien, Begriffe, Personen. – Reinbek 2002.

NOHLEN, D. & F. NUSCHELER (Hrsg.): Handbuch der Dritten Welt – Grundprobleme, Theorien, Strategien (Band 1). – 1. und 2. Auflage, Hamburg 1974 und 1982, 3. Auflage, Bonn 1992.

NORTH, D. C.: Institutionen, institutioneller Wandel und Wirtschaftsleistung. – Die Einheit der Gesellschaftswissenschaften 76, Tübingen 1992.

NÜSSER, M.: Ressourcennutzung und Umweltveränderung – Mensch-Umwelt-Beziehungen in peripheren Gebirgsräumen. – In: MEUSBURGER, P. & T. SCHWAN: Humanökologie. – Stuttgart 2003, 327–342.

NURSKE, R.: Problems of Capital Formation in Underdeveloped Countries. – Oxford 1953.

NUSCHELER, F. (Hrsg.): Dritte-Welt-Forschung – Entwicklungstheorie und Entwicklungspolitik. – PVS 16 (Sonderheft). – Opladen 1985.

NUSCHELER, F. (Hrsg.): Entwicklung und Frieden im 21. Jahrhundert – Zur Wirkungsgeschichte des Brandt-Berichts. – Texte der SEF (Sonderband). – Bonn 2000.

NUSCHELER, F.: Lern- und Arbeitsbuch Entwicklungspolitik – Eine grundlegene Einführung in die zentralen entwickungspolitischen Themenfelder Globalisierung, Staatsversagen, Hunger, Bevölkerung, Wirtschaft und Umwelt. – 6. Auflage, Bonn 2005.

NUSCHELER, F.: Die umstrittene Wirksamkeit der Entwicklungszusammenarbeit. – INEF-Report 93. – Duisburg-Essen 2008.

NUSCHELER, F. & M. ROTH (Hrsg.): Die Millenium-Entwicklungsziele – Entwicklungspolitischer Königsweg oder nur ein Irrweg? – Texte der SEF 20. – Bonn 2006.

OECD: Development Co-operation Report 2006. – OECD Journal on Development, www.oecd.org/document/9/0,3343,en_2649_33721_38132297_1_1_1_1,00.html (Stand: 5.7.2009).

OECD: Development Co-operation Report 2007. – OECD Journal on Development, www.oecd.org/document/32/0,3343,en_2649_33721_40056608_1_1_1_1,00.html (Stand: 5.7.2009).

OECD: OECD Stat Extracts. – http://webnet.oecd.org/wbos/ (Stand: 5.7.2009).

OECD: Statistical Annex of the 2009 Development Cooperation Report. – www.oecd.org/dac/stats/dac/dcrannex (Stand: 5.7.2009).

Ohne Verfasser: Grundbedürfnisse und Entwicklungspolitik. – Wissenschaftliche Schriftenreihe des BMZ 33. – Baden-Baden 1978.

Olivier de Sardan, J. P.: Peasant logics and development projects logics. – In: SR, 28 (1988) Nr. 2/3, 216–226.

Oltmer, J. (Hrsg.): Migrationsforschung und interkulturelle Studien – Zehn Jahre IMIS. – Schriften des IMIS der Universität Osnabrück 11. – Osnabrück 2002.

Ossenbrügge, J.: Globalisierung – Ein interdisziplinäres Forschungsfeld und seine geographischen Perspektiven. – In: Gebhardt, H., R. Glaser, U. Radtke & P. Reuber (Hrsg.): Geographie. – München 2007, 832–842.

Ostrom, E.: Die Verfassung der Allmende – Jenseits von Staat und Markt. – Tübingen 1999.

Oxfam International: Zweischneidige Preise – Die Lehren aus der Nahrungsmittelkrise. – In: IBWE, (2008) Nr. 12.

Parsons, T.: Structure and Process in Modern Societies. – Free Press of Glancoe, New York 1960.

Peltzer R.: Armutsbekämpfung durch Baumwollanbau. – In: ELR, (2005) Nr. 1, 26–29.

Peltzer, R.: Aufwachen. Deutsche Agrarförderung sollte die Vorzüge des Vertragsbauernmodells für die Armutsbekämpfung erkennen. – In: EINS., 12 (2007), 28–31.

Peripherie : Themenheft „Globalisierung". – (1995) Nr. 59/60.

Plate, E. J. & B. Merz (Hrsg.): Naturkatastrophen – Ursachen, Auswirkungen, Vorsorge. – Stuttgart 2001.

Porter, M.: The Competitive Advantage of Nations. – New York 1990.

Preuss, H.J.A. & G. Roos (Hrsg.): Ländliche Entwicklung und regionales Ressourcenmanagement – Konzepte, Instrumente, Erfahrungen. – Materialien des Zentrums für regionale Entwicklungsforschung der Justus-Liebig-Universität Giessen 32. – Giessen 1994.

Pries, L.: Transnational Migration as a Chance for Spanning the North-South-Gap. – In: NSA, 14 (2005) Nr. 1, 5–18.

Prud'Homme, R.: The Dangers of Decentralization. – In: WBRO, 10 (1995) No. 2, 201–220.

Putnam, R.: Bowling Alone – The Collapse and Revival of American Community. – New York 2000.

Quijano, A.: Marginaler Pol der Wirtschaft und Marginale Arbeitskraft. – In:Senghaas, D. (Hrsg.): Peripherer Kapitalismus. – Frankfurt/Main 1974, 298–341.

Rauch, T.: Dezentralisierung, Bauern und Staat in Zambia. – In: ZWG, 30 (1986) Nr. 3–4, 52–71.

Rauch, T. & A. Redder: Autozentrierte Entwicklung in ressourcenarmen ländlichen Regionen durch kleinräumige Wirtschaftskreisläufe – Theorie und Methodik. – In: DE, 118 (1987) Nr. 2, 109–126.

Rauch, T.: Die Relevanz der entwicklungstheoretischen Diskussion für die Entwicklungspolitische Praxis. – In: Leng, G. & W. Taubmann (Hrsg.): Geographische Entwicklungsforschung im interdisziplinären Dialog. Bremer Beiträge zu Geographie und Raumplanung 14. – Bremen 1988, 88–108.

Rauch, T., K. Janz, A. Lengemann, S. Mayer, S. Michalik, M. Siebert & D. Suhlrie: The Sustainability oft the Impact of the Integrated Rural Development Programme (IRDP) Zambia/ NW-Province. – Schriftenreihe des SLE S116. – Berlin 1988.

Rauch, T.: Auswirkungen der Strukturanpassungspolitik in Zambia auf die ländliche Bevölkerung. – In: ZWG, 34 (1990) Nr. 1, 18–26.

Rauch, T.: Der Zynismus in der Entwicklungspolitik – Macht und Ohnmacht der Entwicklungsplaner. – In: Bierschenk, G. & T. Elwert (Hrsg.): Entwicklungshilfe und ihre Folgen. – Frankfurt/Main & New York 1993, 249–263.

Rauch, T.: Ländliche Regionalentwicklung im Spannungsfeld zwischen Weltmarkt, Staatsmacht und kleinbäuerlichen Strategien. – Sozialwissenschaftliche Studien zu internationalen Themen 202. – Saarbrücken 1996a.

Rauch, T.: Nun partizipiert mal schön – Modediskurse in den Niederungen entwicklungspolitischer Praxis. – In: Blätter des IZ3W, (1996b) Nr. 213, 20–22.

Rauch, T.: Oberziel „Abwanderung verringert" – Die Missachtung von Migrationsstrategien durch die Entwicklungspolitik. – In: Janzen, J.: Räumliche Mobilität und Existenzsicherung. – Berlin 1999, 271–288.

Rauch, T.: Dezentralisierung ist kein Allheilmittel! – Zur Notwendigkeit einer kontextspezifischen Dezentralisierungspolitik am Beispiel der Kommunalentwicklung in Südafrika. – In: GH, 56 (2001) Nr. 1, 13–27.

Rauch, T., M. Bartels & A. Engel: Regional Rural Development – A Regional Response to Rural Poverty. – Wiesbaden 2001.

Rauch, T.: Bessere Rahmenbedingungen allein beseitigen Armut nicht! – Eine theoriegeleitete Vier-Ebenen-Strategie für entwicklungspolitische Interventionen. – In: GH, 58 (2003) Nr. 1, 35–46.

Rauch, T.: The Poverty Targeting Approach: An Experience of Rural Development Programmes. – GTZ 2002.

Rauch, T.: Teil der Lösung oder Teil des Problems? – Das afrikanische Dilemma und vier Jahrzehnte Entwicklungszusammenarbeit. – In: Lühr, V., A. Kohls & D. Kumitz: Sozialwissenschaftliche Perspektiven auf Afrika. – Münster 2004, 175–206.

Rauch, T.: Partizipation in der Entwicklungszusammenarbeit auf dem Weg von der Spielwiese hin zum demokratischen Recht für alle. – In: Peripherie, 22 (2005) Nr. 88, 496–522.

Rauch, T.: Zum Fortbestehen verurteilt. Kleinbauern in Ländern des Südens im Globalisierungsprozess. – In: GR, 58 (2006) Nr. 12, 46–53.

Rauch, T.: Afrika im Prozess der Globalisierung. – Diercke Spezial. – Braunschweig 2007a.

Rauch, T.: Von Basic Needs zu MDGs – Vier Jahrzehnte Armutsbekämpfung in Wissenschaft und Praxis und kein bisschen weiter. – In: Peripherie, 27 (2007b) Nr. 107, 216–245.

RAUCH, T.: Geographische Entwicklungsforschung – Zum Umgang mit weltgesellschaftlichen Herausforderungen. – In: KULKE, E. & H. POPP (Hrsg.): Umgang mit Risiken. – Berlin & Bayreuth (2008a), 203–219.

RAUCH, T.: Globalisation, Fragmentation and Aid – Can Germany's Global Structural Policy Help Losers Win? – In: DE, 139 (2008b) Nr. 3, 169–186.

RAUCH, T.: Food crisis and booming agricultural markets – How can development policy best respond? – In: Rural 21, 43 (2008c) Nr. 5, 30–32.

RAUCH, T.: Empowering Service Providers – NGOs and Aid Effectiveness. – In: Rural 21, 43 (2008d) Nr. 6, 33–35.

RAVALLION, M. & S. CHEN: Measuring Pro-Poor Growth. – Washington D. C. 1997.

REDDY, S. G.: Zählung der Armen: Die Wahrheit über die Welt-Armuts-Statistiken . – In: Peripherie 27 (2007), 107, 269–279.

REINEKE, R. D. & R. SÜLZER (Hrsg.): Organisationsberatung in Entwicklungsländern – Konzepte und Fallstudien. – Wiesbaden 1995.

RIBOT, J. C. & N. L. PELUSO: A Theory of Access. – In: RS, 68 (2003), 153–181.

RICHARDSON, H. W.: Polarization Reversal in Developing Countries. – In: PRS, 45 (1980) No. 1, 67–85.

RIFKIN, J.: Das Ende der Arbeit und ihre Zukunft – Neue Konzepte für das 20. Jahrhundert. – Frankfurt/Main & New York 2004.

RITTER, E. H.: Stellenwert der Planung in Staat und Gesellschaft. – In: ARL (Hrsg.): Methoden und Instrumente räumlicher Planung. – Hannover 1998, 6–17.

RONDINELLI, D. A., J. S. CULLOUGH & R. W. JOHNSON: Analyzing Decentralization Policies in Developing Countries – A Political-Economy Framework. – In: D+C, 20 (1989), 57–87.

ROSENSTEIN-RODAN, P. N.: Notes on the Theory of the Big Push. – M. I. T., Boston 1957.

ROSTOW, W.: Stadien wirtschaftlichen Wachstums – Eine Alternative zur marxistischen Entwicklungstheorie. – Göttingen 1960

ROTTENBURG, R.: Weit hergeholte Fakten – Eine Parabel der Entwicklungshilfe. – Qualitative Sozialforschung 2, Stuttgart 2002.

RURAL 21: Themenheft „Ecosystem Services". – 43 (2009) Nr. 1.

SACHS, J.: Das Ende der Armut – Ein ökonomisches Programm für eine gerechtere Welt. – München 2005.

SACHS, W. (Hrsg.): Wie im Westen so auf Erden – Ein polemisches Handbuch zur Entwicklungspolitik. – Reinbek 1993.

SCHÄTZL, L.: Wirtschaftsgeographie – Theorie (Band 1). – Paderborn 2003.

SCHAMP, E. W.: Globalisierung von Produktionsnetzen und Standortsystemen. – In. GZ, 84 (1996) Nr. 3/4, 205–219.

SCHAMP, E. W.: Vernetzte Produktion – Industriegeographie aus institutioneller Perspektive. – Darmstadt 2000.

SCHENK, W. & K. SCHLIEPHAKE (Hrsg.): Allgemeine Anthropogeographie. – Gotha & Stuttgart 2005.

SCHERLER, C., R. FORSTER, O. KARKOSCHKA & M. KITZ (Eds.): Beyond the Tool Kit – Experiences with Institutionalising Participatory Approaches of GTZ Supported Projects in Rural Areas. – Eschborn 1998.

SCHMID, C.: Das Konzept des Rentier-Staates. – Münster & Hamburg 1992.

SCHMID, F.: Markterschließung oder Armutsbekämpfung? – Kein Ende der Inkohärenz in Sicht. – In: EINS, (2007) Nr. 1, 47–49.

SCHMIDT-KALLERT, E.: A Short Introduction into Micro-Regional Planning. – Budapest (FAO) 2005.

SCHNEIDER-SLIWA, R. & C. SAALFRANK (Eds): Co-Management in Risk and Poverty Reduction – Social Science Studies in Disaster-Affected Areas of Gujarat and Tamil Nadu. – Basel Development Studies 2, Basel 2009.

SCHNEIDER-SLIWA, R., H. LESER, D. SCHAUB, G. GEROLD & K. TÖPFER (Hrsg.): Angewandte Landschaftsökologie – Grundlagen und Methoden. – Berlin 1999.

SCHOLZ, F. (Hrsg.): Entwicklungsländer – Beiträge der Geographie zur Entwicklungsforschung. – Wege der Forschung 553, Darmstadt 1985.

SCHOLZ, F.: Hilfe zur Selbsthilfe – Wirkungsvolle Ansätze zur Armutsbekämpfung. – In: GR, 45 (1993) Nr. 5, 284–289.

SCHOLZ, F.: Perspektiven des „Südens" im Zeitalter der Globalisierung. – In: GZ, 88 (2000) Nr. 1, 1–20.

SCHOLZ, F.: Globalisierung versus Fragmentierung – Eine regionalwissenschaftliche Herausforderung? – In: NSA, 14 (2000) Nr. 2, 254–271.

SCHOLZ, F.: Die Theorie der „fragmentierenden Entwicklung". – In: GR, 54 (2002) Nr. 10, 6–11.

SCHOLZ, F.: Globalisierung und „Neue Armut". – In: GR, 55 (2003) Nr. 10, 4–10.

SCHOLZ, F.: Geographische Entwicklungsforschung – Methoden und Theorien. – Berlin & Stuttgart 2004.

SCHOLZ, F.: Entwicklungsländer – Entwicklungspolitische Grundlagen und regionale Beispiele. – Das Geographische Seminar, Braunschweig 2006.

SCHOLZ, U.: Strukturen und Probleme der ländlichen Räume in den Tropen. – In: GEBHARDT, H., R. GLASER, U. RADTKE & P. REUBER (Hrsg.): Geographie. – München 2007, 615–632.

SCHÖNHUTH, M. & U. KIEVELITZ: Partizipative Erhebungs- und Planungsmethoden in der Entwicklungszusammenarbeit: Rapid Rural Appraisal, Participatory Appraisal – Eine kommentierte Einführung. – Schriftenreihe der GTZ 231. – Eschborn 1993.

SCHUBERT, B. & R. SLATER: Social Cash Transfers in Low-Income African Countries – Conditional or Unconditional? – In: DPR, 24 (2006) No. 5, 571–578.

SCHUBERT, B., R.C. AGRAWAL, D. BÖTTCHER, U .J. NAGEL, P. NEUNHÄUSER & H. VON PLANTEN: Die Nachhaltigkeit der Wirkungen von Agrarprojekten – Eine Querschnittsanalyse von Projekten der deutschen Technischen Zusammenarbeit. – Forschungsberichte des BMZ 64. – Bonn 1984.

SCHUBERT, B., A. ADDAI, S. KACHELRIESS, J. KIENZLE, M. KITZ, E. MAUSOLF & H. SCHÄDLICH: Facilitating the Introduction of a Participatory and Integrated Development Approach (PIDA) in Kilifi District, Kenya. – Berlin 1994.

Schulz, M. (Hrsg.): Entwicklung – Die Perspektive der Entwicklungssoziologie. – Opladen 1997.

Schwefel, D: Soziale Wirkungen von Projekten in der Dritten Welt. – Schriftenreihe der DSE, Baden-Baden 1987.

Sedlacek, P.: Wirtschaftsgeographie. – In: Gebhardt, H., R. Glaser, U. Radtke & P. Reuber (Hrsg.): Geographie. – München 2007, 661–695.

Segebart, D.: Who Governs the Amazon? – Analysing Governance in Processes of Fragmenting Development: Policy Networks and Governmentality in the Brazilian Amazon. – In: DE, 139 (2008) Nr. 3, 187–206.

Sen, A.: Ökonomie für den Menschen – Wege zu Gerechtigkeit und Solidarität in der Marktwirtschaft. – 4. Auflage, München 2007 (Org. 1999).

Senghaas, D.: Die Elemente einer Theorie des peripheren Kapitalismus. – In: Senghaas, D. (Hrsg.): Peripherer Kapitalismus. – Frankfurt/Main 1974, 7–36.

Senghaas, D.: Weltwirtschaftsordnung und Entwicklungspolitik – Plädoyer für Dissoziation. – Frankfurt/Main 1977.

Shikwati, J.: Fehlentwicklungshilfe. – In: IP, 61 (2006) Nr. 4, 6–15.

Shikwati, J.: Wer Afrika helfen will, darf kein Geld geben – Interview geführt von P. Welter. – In: FAZ, (2007) Nr. 80, 13.

Sieber, N.: Appropriate Transport and Rural Development in Makete District, Tanzania. – In: JTG, 6 (1998) No. 1, 69–73.

Simon, K.: Local Governance als Lernprozess – Die Entwicklungszusammenarbeit vor postmodernen Tendenzen in Denzentralisierung und Verwaltungsreform. – In: Thomi, W., M. Steinreich & W. Polte (Hrsg.): Dezentralisierung in Entwicklungsländern. – Baden-Baden 2001, 151–171.

Simon, K., A. Stockmayer & H. Fuhr (Hrsg.): Subsidiarität in der Entwicklungszusammenarbeit – Dezentralisierung und Verwaltungsreform zwischen Strukturanpassung und Selbsthilfe. – Baden-Baden 1993.

Simonis, G.: Der Erdgipfel in Rio – Zu den Problemen der Institutionalisierung globaler Umweltprobleme. – In: Hein, W. (Hrsg.): Umweltorientierte Entwicklungspolitik. 2. Auflage. – Hamburg 1992, 75–88.

Simonis, U. E.: Der Entwicklungsstaat in der Krise. – In: Nuscheler, F. (Hrsg.): Dritte-Welt-Forschung. – Opladen 1985, 157–183.

Smoke, P.: Undestanding Decentralization in Africa – In: RDD, 20 (1999) No. 2, 1–17.

Sprenger, U.: Biodiversität – Mehr als ein Theoretisches Konzept. – In: Welt-Sichten, (2008) Nr. 4 (Dossier), 3–4.

Staiss, C. et al.: Payments for Environmental Services as an Innovative Mechanism to Finance Adaptation Measures to Climate Change in Ghana. – Berlin 2008.

Stamm, A.: Förderung von Wertschöpfungsketten und Ansätze der lokalen und regionalen Wirtschaftsförderung im Rahmen einer armutsorientierten TZ. – GTZ, Eschborn 2006.

Steiner, S.: Decentralisation in Uganda – Exploring the Constraints for Poverty Reduction. – GIGA Working Papers 31. – Hamburg 2006.

Stiglitz, J.: Die Chancen der Globalisierung. – München 2006.

Stockmayer, A.: Decentralization – Global Fade or Recipe for Sustainable Local Development? – In: ARD, 6 (1999) No. 1, 3–6.

Stöhr, W. & D. Taylor (Eds.): Development from Above or Below? – The Dialectics of Regional Planning in Developing Countries. – New York 1981.

Streeten, P.: Vom Wachstum zu den Grundbedürfnissen. – In: F+E, (1979) Nr. 3, 28–31.

Sukhdev, P.: The Economics of Ecosystems and Biodiversity (TEEB) – An Interim Report. – Cambridge 2008.

Sülzer, R. & Zimmermann, A.: Organisieren und Organisation verstehen – Wege der internationalen Zusammenarbeit. – Opladen 1996.

Taube, G.: Wirtschaftliche Stabilisierung und Strukturanpassung in Tanzania – Die Auswirkungen des Economic Recovery Programme 1986-1989 im Ländlichen Bereich. – Hamburger Beiträge zur Afrikakunde 41. – Hamburg 1992.

Tekülve, M.: Die Sichtbarwerdung der Frauen – 20 Jahre Debatte um die Frau in der Dritten Welt. – In: GR, 45 (1993) Nr. 5, 308–312.

Tekülve, M: Krise, Strukturanpassung und bäuerliche Strukturen in Kabompo, Sambia. – Abhandlungen Anthropogeographie 58. – Berlin 1997.

Tetzlaff, R.: Staat und Klasse in peripher-kapitalischen Gesellschaftsformationen – Die Entwicklung des abhängigen Staatskapitalismus in Afrika. – In: VRÜ, (1977) Nr. 1, 43–78.

Tetzlaff, R.: Staat und Gesellschaft in Afrika – Ein prekäres Verhältnis im Wandel. – In: Schulz, M. (Hrsg.): Entwicklung. – Opladen 1997, 127–152.

Tetzlaff, R.: Armutsbekämpfung durch globale Entwicklungspolitik – Ein politisches Risk-Business auf schwankendem Boden. – In: NSA, 19 (2005) Nr. 3/4, 228–238.

Thiel, R. (Hrsg.): Neue Ansätze zur Entwicklungstheorie. – Bonn 1999.

Thomi, W.: Hoffnungsträger Dezentralisierung? – In: Thomi, W., M. Steinreich & W. Polte (Hrsg.): Dezentralisierung in Entwicklungsländern. – Baden-Baden 2001, 17–42.

Thomi, W., M. Steinreich & W. Polte (Hrsg.): Dezentralisierung in Entwicklungsländern – Jüngere Ursachen, Ergebnisse und Perspektiven staatlicher Reformpolitik. – Baden-Baden 2001.

Transfair (2008): – www.transfair.org (Stand: 15.7.2009).

Tröger, S.: Gesellschaftliche Umverteilung, ein moralisches Muss? –Verwundbarkeit und soziale Sicherung im Zeichen gesellschaftlichen Umbruchs: Beobachtungen aus Tansania in akteurstheoretischer Interpretation. – In: GH 57 (2002), 1, 34–45.

Tröger, S.: Akteure in ihrer Lebensgestaltung (Livelihood) zu Zeiten sozialer Transformation – Theoretische Überlegungen und ihre Anwendung auf das Beispiel von Landnutzungskonflikten in Tansania. – In: GH, 58 (2003) Nr. 1, 24–34.

Tröger, S.: Handeln zur Ernährungssicherung im Zeichen gesellschaftlichen Umbruchs – Untersuchungen auf dem Ufipa-Plateau im Südwesten Tansanias. – Saarbrücken 2004.

UN: Millennium Development Goals. – www.un.org/millenniumgoals (Stand: 5.7.2009).

UN: Millenniums-Erklärung der Vereinten Nationen – Verabschiedet von der Generalversammlung der Vereinten Nationen zum Abschluss des vom 6.–8. September 2000 abgehaltenen Millenniumsgipfels in New York. – www.unric.org/html/german/millennium/millenniumerklaerung.pdf (Stand: 5.7.2009).

UNDP: World Resources 2005 und 2008. – New York 2005 und 2008.

UNEP: 4th Global Environment Outlook (GEO4) – Environment for Development. – Valetta 2007.

UNEP: 2008 www.grida.no/publications/vg/kick (Stand: 21.02.2009).

UNEP: Kick the Habit. A UN Guide to Climate Neutrality. 2008.

Uphoff, N.T. & M.J. Esman: Local Organization for Rural Development – Analysis of Asian Experience. – Special Series on Rural Local Government 19. – Ithaca 1974.

Voigt-Moritz, Ch.: Partizipation in der Technischen Zusammenarbeit – Zehn Thesen und der Fall Dalifort/Dakar. – Eschborn 1990.

Waller, P.: Integration von Entwicklungs- und Regionalpolitik als Strategie der Raumgestaltung in Entwicklungsländern. – In: GZ, 74 (1986) Nr. 2, 130–142.

Waller, P.: Zum gegenwärtigen Stand der Diskussion über die Strukturanpassungspolitik. – In: ZWG, (1990) Nr. 1, 1–5.

Watts, M. & H.G. Bohle: The Space of Vulnerability – The Causal Structure of Hunger and Famine. – In: PHG, 17 (1993) No. 1, 43–67.

Weede, E.: Warum bleiben die armen Leute arm? – Rent-Seeking und Dependenz als Erklärungsansätze für die Armut in der Dritten Welt. – In: PVS, 26 (1985) Nr. 3, 270–286.

Weigelt, J.: Analysing Access to Tropical Forests: Analytical Implications of Critical Realism for Community Forest Management Research. – Cheltenham, UK 2008.

Wellmer, G.: Entwicklungspolitisch auf dem toten Gleis – Das Beispiel des EU-Südafrika-Kooperationsabkommens. – In: EINS, (2007) Nr. 1, 52–54.

Weltbank: Adjustment Lending – An Evaluation of Ten Years of Experience. – Policy and Research Series 1. – Washington D.C. 1988.

Weltbank: World Development Report 1994 – Infrastructure for Development. – Washington D. C. 1994.

Weltbank: World Development Report 1997 – The State in a Changing World. – Washington D. C. 1997.

Weltbank: World Development Report 2000/2001 – Attacking Poverty. – Washington D. C. 2001.

Weltbank: Weltentwicklungsbericht 2004 – Funktionierende Dienstleistungen für arme Menschen. – Washington D. C. 2003.

Weltbank: Pro-Poor Growth in the 1990s – Lessons and Insights from 14 Countries. – Washington D.C. 2005.

Weltbank: World Development Report 2008 – Agriculture for Development. – Washington D.C. 2007.

Weltbank: World Development Indicators 2008. – Washington D. C. 2008a.

Weltbank: World Development Report 2009 – Reshaping Economic Geography. – Washington D.C. 2008b.

Weltkommission für die soziale Dimension der Globalisierung: Eine faire Globalisierung – Chancen für alle schaffen. – Genf 2004.

Weltwasserforum – www.worldwatercouncil.org/ (Stand: 15.7.2009).

Werlen, B.: Gesellschaft, Handlung und Raum – Grundlagen handlungstheoretischer Sozialgeographie.– 3. überarbeite Auflage, Stuttgart 1997.

von Werlhoff, C., M. Mies &V. Bennholdt-Thomson: Frauen – Die letzte Kolonie. – Reinbek 1983.

Werthmann, K. & G. Schmitt (Hrsg.): Staatliche Herrschaft und kommunale Selbstverwaltung – Dezentralisierung in Kamerun. – Frankfurt/Main 2008.

Wieczorek-Zeul, H.: Der Umbau zu einer neuen Weltordnung – globale Strukturpolitik, Entwicklungspolitik und ihre praktischen Bezüge. – In: IPG, (2001) Nr. 3, 227–234.

Wiemann, J.: Behindert die neue Welthandelsordnung der WTO aktive Strategien der weltwirtschaftlichen Integration? – In: Messner, D. & I. Scholz (Hrsg.): Zukunftsfragen der Entwicklungspolitik. – Baden-Baden 2005, 255–268.

Williamson, J.: What Washington Means by Policy Reform. – In: Williamson, J. (Ed.): Latin American Adjustment. – Washington D. C. 1990, 1–15.

Williamson, J. (Ed.): Latin American Adjustment – How Much Has Happened? – Washington D. C. 1990.

Wippel, S. & I. Cornelsen (Hrsg.): Entwicklungspolitische Perspektiven im Kontext wachsender Komplexität – Festschrift für Prof. Dr. Dieter Weiss. – Forschungsberichte des BMZ 128. – München 2001.

WMO: The State of Greenhouse Gases in the Atmosphere Using Global Observations through 2007. – WMO Greenhouse Gas Bulletin 4. – Genf 2008.

WRI: Climate Analysis Indicator Tools (CAIT). – Washington, D.C. 2009. – http://cait.wri.org (Stand: 15.7.2009).

Woytek, R., A. Bähring, D. Dersch, J. Habermehl, P. Kaufmann, T. Könemund & M. Weitz: Soil Erosion Control and Agroforestry in the West Usambara Mountains – Evaluation of an Extension Approach, Tanzania. – Berlin 1988.

Wulf, F.: Zwischen Schutz und Nutzung. – In: Weltsichten, (2008) Nr. 4 (Dossier), 18–19.

Wunsch, J.: Institutional Analysis and Decentralization – Developing an Analytical Framework for Effective Third World Administrative Reform. – In: PAD, 11 (1999), 431–451.

Ziai, A.: Die Stimme der Unterdrückten – Gayatri Spivak, koloniale Wissensproduktion und postkoloniale Kritik. – In: Peripherie, 25 (2005) Nr. 100, 514–522.

Ziai, A.: Foucault in der Entwicklungstheorie. – In: Peripherie, 23 (2003) Nr. 92, 403–429.

Glossar

Das Glossar beschränkt sich weitgehend auf generelle entwicklungsstrategische Fachbegriffe. Entwicklungspolitische Organisationen und Programme wurden nicht berücksichtigt, da sie in einschlägigen Handbüchern und BMZ-Publikationen leicht zu finden sind. Die Begriffe werden hier so definiert, wie sie in diesem Buch verwendet werden. Dies schließt – angesichts der Tendenz, Begriffe schlagwortartig zu benutzen – nicht aus, dass sie in anderen Publikationen anders verstanden werden. In Fällen, in denen Anglizismen in die deutsche entwicklungspolitische Fachsprache Eingang gefunden haben, werden diese erläutert. Auf bereits im Text explizit definierte Begriffe wird mit Verweis auf den entsprechenden Abschnitt hingewiesen.

Armut: Wird hier generell verstanden als eine sozio-ökonomische Situation von Menschen, in der sie nicht in der Lage sind, ihre – entsprechend dem jeweiligen gesellschaftlichen Kontext unterschiedlichen – Grundbedürfnisse* zu befriedigen. Zu unterscheiden ist zwischen absoluter und relativer Armut. Die Verwendung des Begriffs ist sehr umstritten. In diesem Buch geht es um das Problem von Gesellschaften, in denen absolute Armut ein Massenphänomen darstellt, wo also für große Teile der Bevölkerung die Befriedigung elementarer Bedürfnisse wie Nahrung nicht gesichert ist (vgl. Vulnerabilität*). Statistisch wird extreme absolute Armut durch den Indikator „weniger als 1 US-$ pro Kopf pro Tag" zu erfassen versucht („Einkommensarmut").

Armutsminderung (Armutsbekämpfung): Hierunter wird die Gesamtheit aller politischen Maßnahmen verstanden, die auf eine Reduzierung der Zahl der absolut Armen oder auf eine bessere bzw. gesichertere Befriedigung der Grundbedürfnisse ausgerichtet sind (vgl. auch Poverty Reduction Strategies = PRS*). Eine Reduzierung der Zahl der absolut Armen um 50% ist ein zentraler Teil der Millennium-Entwicklungsziele*. Zu unterscheiden ist zwischen direkter Armutsminderung durch zielgruppenorientierte Fördermaßnahmen und struktureller Armutsminderung durch wirtschafts- und sozialpolitische Maßnahmen.

Basisorganisationen: (siehe 11.3.3)

Budgethilfe: Finanzielle Beiträge aus der ODA (Official Development Assistance*), die direkt zur Finanzierung von Teilen des Staatshaushaltes des Partnerlandes entrichtet werden. Diese unterliegen der Kontrolle des betreffenden Parlaments und sollen somit die Eigenverantwortlichkeit (Ownership*) der gewählten politischen Gremien des Partnerlandes stärken. Zu unterscheiden ist zwischen genereller (d. h. nicht zweckgebundener), sektorspezifischer und programmgebundener (vgl. PGF*) Budgethilfe.

Coping Strategies (Bewältigungsstrategien): Strategien von Betroffenen von externen Schocks (z.B. Dürre, andere Naturkatastrophen, Kriege, Finanzkrisen), mit denen diese versuchen, negative Auswirkungen des betreffenden Ereignisses zu vermeiden bzw. abzuschwächen. Hierzu gehören sowohl Maßnahmen, die vorbeugend die Verwundbarkeit reduzieren (Anpassungsstrategien, Adaptation) als auch Reaktionen nach Eintreten des negativen Ereignisses.

Clean Development Mechanism (CDM): Im Kyoto-Protokoll vereinbarte Regelung, die es Investoren in emissionsreduzierende Projekte in Entwicklungs- und Schwellenländern ermöglicht, dafür Reduktionszertifikate zu erhalten. Diese sind auf die Reduktionsverpflichtungen des betreffenden Industrielandes anrechenbar.

Corporate Social Responsibility (CSR): (siehe 8.3.2.2)

Dezentralisierung: (siehe 10.3.3.1)

Dienstleistungssysteme (Service Systems): Diese bestehen aus der Summe aller Akteure und deren Beiträgen, die zur Bereitstellung von Dienstleistungen (insbesondere Öffentlichen Dienstleistungen) notwendig sind. Dem Dienstleistung-Ansatz liegt die Erkenntnis zugrunde, dass der Zugang zu funktionierenden öffentlichen Dienstleistungen von der effektiven Koordination einer Vielzahl privater und staatlicher Akteure und von der Einbeziehung der Nutzer als Beitragende (Ownership*) und als zu beteiligende Staatsbürger (Empowerment*) abhängig ist.

Empowerment: Stärkung der Interessenvertretungsmacht benachteiligter Gruppen. Wird häufig in einem sehr weit gefassten und entpolitisiertem Begriffsverständnis gleichgesetzt mit Befähigung.

Entwicklung: Ein immer noch umstrittener Begriff. Wird hier definiert als „Prozess der Zunahme der gesellschaftlichen Fähigkeit zu kontextgerechten und selbstbestimmten Lösungen von Problemen bzw. zur vorausschauenden Vermeidung zukünftiger Probleme, wobei insbesondere die Befriedigung universell anerkannter (materieller und immaterieller) Grundbedürfnisse als Maßstab bei der Problemidentifikation zu berücksichtigen ist" (vgl. Exkurs in Abschnitt 1.3.5).

Entwicklungshilfe, Entwicklungspolitik, Entwicklungszusammenarbeit (EZ): (siehe Abschnitt 1.1).

Entwicklungsländer (EL): Konventioneller, unscharfer, aber bislang nicht durch eine wissenschaftlich fundiertere Kategorie ersetzbarer Sammelbegriff für alle Länder mit einem niedrigen Pro-Kopf-Einkommen. Die internationalen Organisationen unterscheiden nach sich wandelnden statistischen Kriterien zwischen Less Developed Countries (LDCs) und Least Developed Countries (LLDCs). Von EL abgegrenzt werden „Schwellenländer" (Middle-Income Countries" = MICs im internationalen Sprachgebrauch). Synonym zu EL und Schwellenländern benutzt wird – auch in diesem Buch – die ebenso fragwürdige Kategorie „Länder des Südens". All diese Begriffe sind als vage Behelfskonstruktionen zu verstehen.

Entwicklungszusammenarbeit aus einem Guss: Ziel des BMZ, mit dem eine Harmonisierung der Aktivitäten der verschiedenen deutschen Durchführungsorganisationen in den Partnerländern angestrebt wird. Mittel hierzu sind die Bestimmung von Schwerpunkten für jedes Partnerland und die Benennung von Schwerpunktkoordinatoren.

Fair Trade: (siehe 8.3.2.6).

Fragmentierende Entwicklung: Eine Metapher, welche die sich als Resultat des Globalisierungsprozesses* verschärfenden sozialen und räumlichen Entwicklungsunterschiede umschreibt. Im Unterschied zur Diagnose einer Polarisierung (und eines Nord-Süd-Gegensatzes) bezeichnet die These der Fragmentierung das Phänomen einer zunehmend kleinräumigen Differenzierung zwischen Globalisierungsgewinnern und -verlierern im Süden und im Norden. Diese Prozesse werden auch mit dem Begriff Archipelisierung umschrieben: „Inseln von zunehmendem Reichtum in einem Meer von Armut".

Gegenstromprinzip: (siehe 10.3.3.2).

Gender: Differenzierung zwischen den Geschlechtern entsprechend ihrer sozial konstruierten Rollenverteilung. Mit dem Gender-Ansatz wird versucht, den jeweiligen unterschiedlichen Situationen von Frauen und Männern (differenzierend auch innerhalb der Kategorien Frau und Mann) bei der Gestaltung politischer Maßnahmen orientiert am Grundsatz der Gleichberechtigung Rechnung zu tragen.

Globalisierung: (siehe 8.2).

Global Governance: (siehe 10.3.2.1).

Governance: Die Art der Regierungsführung. Diese umfasst insbesondere das Verhältnis zwischen Regierung und Bevölkerung, also zwischen Staat und Gesellschaft. Dem liegt ein Staatsverständnis zugrunde, gemäß welchem unterschiedliche gesellschaftliche Akteure gemeinschaftlich – mit dem Staat in einer moderierenden Rolle – Problemlösungen entwickeln und umsetzen. Good Governance ist eine entwicklungspolitische Zielvorstellung, die die Einsicht zum Ausdruck bringt, dass Rechtssicherheit, Rechtsstaatlichkeit, Transparenz und Verantwortlichkeit (Accountability) Voraussetzungen für Entwicklung sind.

Grundbedürfnis-Ansatz (Basic Needs Approach): Entwicklungsstrategie, die sich – in Abgrenzung zu wachstumsorientierten Ansätzen – zum Ziel setzte, direkt zur besseren Befriedigung vor allem von materiellen (wie Nahrung, Trinkwasser, Behausung, Gesundheit), aber auch von immateriellen Grundbedürfnissen (Freiheit, Fähigkeiten) beizutragen, anstatt darauf zu warten, dass langfristig die Früchte des Wirtschaftswachstums auch in Form verbesserter Grundbedürfnisbefriedigung bei den Armen ankommen. Der 1973 kreierte Ansatz ist eng verwandt mit dem Ansatz der direkten Armutsminderung*, stellt – im Unterschied zu diesem – methodisch aber stärker auf die Bereitstellung von Grundbedarfsgütern bzw. -leistungen ab, während Armutsminderung stärker auf die armen Menschen bezogen ist.

Kernarbeitsnormen: (siehe 8.3.2.2)

Klientelismus: (siehe 10.2.2)

Kohärenz (entwicklungspolitische): Ein Grundsatz, der besagt, dass die unterschiedlichen Politikbereiche (z. B. Entwicklungspolitik, Außenpolitik und Wirtschaftspolitik) so aufeinander abgestimmt werden sollen, dass gemeinsame übergeordnete politische Ziele erreicht werden. Für den Bereich der Entwicklungspolitik bedeutet das, dass andere Politikfelder auf ihre „Entwicklungsverträglichkeit" hin überprüft werden sollen. Im Rahmen der Pariser Erklärung (2005) haben sich die OECD-Länder unter anderem dazu verpflichtet, eine verbesserte entwicklungspolitische Kohärenz anzustreben.

Livelihood-Systems (Lebenshaltungssysteme): Livelihood-Systeme bestehen aus den zur Lebenshaltung notwendigen wirtschaftlichen und sozialen Aktivitäten, den diesen zugrunde liegenden Ressourcen und den hierfür relevanten Rahmenbedingungen. Die Livelihood-System-Perspektive ist insbesondere dort relevant, wo Menschen ihr Überleben auf Basis einer Vielzahl von unterschiedlichen Aktivitäten, d. h. diversifizierten, oft multilokalen Livelihood-Systemen sichern. Sie ermöglicht – im Unterschied zu einer nur auf den Betriebssystemen konzentrierte Betrachtung – eine ganzheitliche Herangehensweise bei der Suche nach Problemlösungen.

Ländliche Regionalentwicklung (LRE): Ein ganzheitlicher, regionaler und sektoraler Ansatz zur Förderung ländlicher Entwicklung. Eng verwandt mit dem Ansatz der Integrierten Ländlichen Entwicklung. Beide Ansätze verloren mit der Abkehr der Entwicklungspolitik von ländlichen Regionen an Popularität, erleben aber derzeit unter dem Begriff „territoriale Entwicklung" eine Wiederkehr.

Landnutzungsplanung: (vgl. 9.3.6).

Marginalisierung: Prozess im Rahmen dessen die globalisierte Kapitalverwertung nicht benötigten Menschen wirtschaftlich und gesellschaftlich an den Rand drängt. Die Situation marginalisierter Bevölkerungsgruppen ist dadurch gekennzeichnet, dass deren Existenz zwar von einer Integration in Märkte abhängig geworden ist, dass sie in ihrer großen Zahl aber nicht mehr von den Arbeits- oder Gütermärkten gebraucht werden. Symptome von Marginalisierung sind Unterbeschäftigung und extrem niedrige Löhne.

Mehr-Ebenen-Ansatz: Entwicklungspolitisches Konzept, das davon ausgeht, dass es zur nachhaltigen Lösung von Armutsproblemen sowohl einer Veränderung globaler und nationaler Rahmenbedingungen als auch der Entwicklung regionsspezifischer (kontextgerechter) Lösungskonzepte und einer Stärkung der Problemlösungskapazitäten der Menschen (insbesondere benachteiligter Gruppen) auf lokaler Ebene bedarf. Die Interventionen auf den unterschiedlichen Ebenen sollen dabei nach Möglichkeit aufeinander abgestimmt sein.

Millennium-Entwicklungsziele (Millennium Development Goals = MDGs): (siehe 1.1)

Nachhaltigkeit: (siehe Exkurs in Abschnitt 1.3.5).

Natural Resource Management (nachhaltige Nutzung natürlicher Ressourcen): Formen der Nutzung natürlicher Ressourcen, die gleichermaßen am Ziel der Erhaltung dieser Ressourcen als auch am Ziel der wirtschaftlichen Besserstellung der Ressourcennutzer orientiert sind. Der darin enthaltene Kompromiss zwischen Schutz und Inwertsetzung von Ressourcen bedarf in der Regel innovativer Nutzungstechniken und institutioneller Regelungen.

Nicht-Regierungsorganisationen (Non-Governmental Organizations = NGO): (siehe 11.3.4).

ODA (= Official Development Assistance): (siehe 1.1)

Ownership (Eigenverantwortlichkeit): Prinzip, demzufolge Veränderungsprozesse von den davon betroffenen bzw. begünstigten Menschen, Organisationen oder Gesellschaften selbst initiiert, gestaltet und verantwortet werden sollen, um nachhaltig wirksam zu sein. Die Betonung des Ownership-Prinzips im Rahmen der EZ ist als Reaktion auf die oft entmündigenden, fremdbestimmten Formen entwicklungspolitischer Kooperation zu sehen.

Partizipation (Bürgerbeteiligung): Prozess der Einbeziehung von Betroffenen (Bürgern, Nutzern von Dienstleistungen, Mitgliedern einer Organisation, Arbeitnehmern) an den diese betreffenden Entscheidungen.

Participatory Rural Appraisal (PRA): (siehe 11.3.2.1 Methoden-Box)

Payment for Environmental Services (auch: Payment for Eco-Systems Services = PES = Bezahlung für Ökosystemleistungen): Ökosystemleistungen sind Vorteile, die Menschen von intakten Ökosystemen haben (z. B. Vermeidung von Kosten für die Anpassung an den Klimawandel, Reduzierung des Naturkatastrophenrisikos). Die Ökosystemleistungen werden in der Regel durch nachhaltige Ressourcennutzung* erhalten oder verbessert (z. B. Erhaltung von Tropenwäldern als CO_2-Senken, Aufforstung in den Bergen zur Stabilisierung des Wasserhaushalts). Das Konzept des PES beruht auf der Einschätzung, dass es im Sinne der Umweltgerechtigkeit fair ist, wenn die Nutznießer von Ökosystemleistungen die Ressourcennutzer für die Anwendung nachhaltiger Nutzungsformen* bezahlen, und dass solch eine Bezahlung auch als Anreiz wie als Finanzierungsquelle eine notwendige Voraussetzung für die Einführung nachhaltiger Nutzungsformen darstellt (PES entspricht damit dem Nutznießerprinzip der Umweltpolitik). Die Mechanismen der Bezahlung sind unterschiedlicher Art (z. B. Eintrittsgebühren in Nationalparks, Umweltsiegel, Umweltfonds, Steuern und Subventionen, interkommunale Kompensationszahlungen).

Poverty Reduction Strategy Papers (PRSP): Erarbeitung von nationalen Armutsminderungsstrategien mit breiter Partizipation* gesellschaftlicher Gruppen und Involvierung von EZ-Organisationen. Dadurch sollen – im Unterschied zu den früheren Strukturanpassungsprogrammen – die nationale Ownership* und partizipative Regierungsführung gefördert werden. Die Erstellung von PRSP ist Vorbedingung für einen Schuldenerlass.

Privatisierung: Prozess der Übertragung von bislang staatlichen Wirtschaftsunternehmen oder Dienstleistungen an privatwirtschaftliche Organisationen (nach einigen Definitionen auch an gemeinnützige Träger). Mit Privatisierung i. e. S. geht auch eine Übertragung von politischer Verantwortung für die Dienstleistungsbereitstellung an eine Regulierung durch den Marktmechanismus einher.

Public Private Partnership (PPP): Gemeinschaftliche Bereitstellung von Dienstleistungen durch staatliche Einrichtungen und private Akteure in Fällen, in denen sowohl eine öffentliche Verantwortung als auch ein privates Interesse vorhanden ist. Im Unterschied zur Privatisierung* bleibt hier das Prinzip der demokratisch-politischen Verantwortung für die Bereitstellung der betreffenden Dienstleistung erhalten.

Programm orientierte Gemeinschaftsfinanzierung (PGF): Eine Sonderform der Budgetfinanzierung * (s. o.!), die dadurch gekennzeichnet ist, dass die Mittelverwendung gebunden ist an die Finanzierung bestimmter Programme des Partnerlandes, die auf partizipative Weise und unter Einbeziehung externer Beratung (z. B. in Form von Technischer Zusammenarbeit) erstellt wurden (z. B. PRSP). Dies verkörpert einen Kompromiss zwischen der Ownership* des Partnerlandes und dem Anliegen, eine an den entwicklungspolitischen Zielen orientierte Mittelverwendung zu gewährleisten. Kann auch als Instrument der Geberkoordination verwendet werden, wenn verschiedene Geber ihre Mittel für die Finanzierung eines Programms bereitstellen („Korbfinanzierung" oder Basket Funding).

Regionalmanagement (auch Regionales Entwicklungsmanagement): (siehe 8.3.4.3)

Rent-seeking Societies (Rentenökonomien): (siehe 10.2.2)

Selbsthilfe-Organisationen (SHO): Basisorganisationen*, die am Prinzip der Freiwilligkeit und primär am Eigeninteresse der Mitglieder orientiert sind. Es werden SHO mit ökonomischen, sozialen, politischen und kulturellen Zielen unterschieden. Im Rahmen der Bereitstellung öffentlicher und privater Dienstleistungen sind SHO meist Teil eines Dienstleistungssystems*.

Sozialkapital: (siehe 11.2.4).

Subsidiarität: (siehe 10.3.3.1).

Systemische Wettbewerbsfähigkeit (Competitive Advantages): Fähigkeit von Unternehmen auf Absatzmärkten zu konkurrieren, die überwiegend auf betriebsübergreifenden institutionellen Faktoren beruht – im Unterschied zu komparativen Kostenvorteilen, die weitgehend auf vorgegebenen Standortfaktoren und Faktorpreisen (z. B. Niedriglöhnen) basieren. Von entwicklungspolitischer Bedeutung ist, dass die Faktoren der systemischen Wettbewerbsfähigkeit durch gute Kooperation zwischen staatlichen und privatwirtschaftlichen Akteuren (z. B. Bürgermeister, Hochschule, Unternehmerverband und Gewerkschaft), also durch gute dezentrale Regierungsführung* und die Bildung von Sozialkapital* gestaltbar sind.

Targeting (Zielgruppenorientierung von Dienstleistungen): Gestaltung von Dienstleistungen und Fördermaßnahmen in einer Weise, dass diese geeignet sind, die intendierten Nutznießer und Nutznießerinnen zu erreichen. Dabei sind die spezifischen Situationsmerkmale der betreffenden Zielgruppen zu berücksichtigen. Targeting kann verteilungspolitischen Zwecken dienen (Erreichen benachteiligter Gruppen) oder der Erhöhung der Akzeptanz und Wirksamkeit von Maßnahmen.

Verwundbarkeit (Vulnerabilität): Grad der Risikoanfälligkeit von Individuen, Livelihood-Systemen, sozialen Gruppen oder ganzen Gesellschaften resultierend aus Exposition gegenüber Risiken einerseits und Schutzlosigkeit sowie Bewältigungskapazitäten (coping strategies*) andererseits. Verwundbarkeit kann bestehen gegenüber natürlichen, ökonomischen und politischen Risiken.

Wertschöpfungsketten (WSK): (siehe 8.3.4.3).

Zivilgesellschaft: (siehe 11.3.4).

Glossar

Bildquellen

Abb. E/1 Entwicklungspolitik ist Teil gesellschaftlicher und wirtschaftlicher Debatten (Foto: photothek.net, Berlin, Ute Grabowski) 9; Abb. E/2 Gutachten zur Infrastruktur entscheiden über Kosten und Nutzen (Foto: photothek.net, Berlin, Ute Grabowski) 10; Abb. E/3 Entwicklungspolitik und Entwicklungszusammenarbeit (eigene Darstellung) 13; Abb. E/4 Eigene Zweifel an der Wirksamkeit der Entwicklungspolitik (Foto: CartoonStock.com, Polyp) 14; Abb. 1/1 Die Entwicklungszusammenarbeit als Politikfeld unterliegt ... (Foto: photothek.net, Berlin, Ute Grabowski) 23; Abb. 1.3.2/1 Was zu diskutieren ist: Entwicklungspolitik als Last?! (Foto: Cartoon © Lawrence Moore 2009) 29; Abb. 1.3.3/1 Die Dimension des Eigeninteresses entwicklungspolitischen Anliegens (Foto: Baaske Cartoons, Müllheim, Gerhard Mester) 31; Abb. 2/1 Die Form der Kooperation und die daran beteiligten Akteure ... (Foto: picture-alliance/dpa, Frankfurt/Main, Wagner) 39; Abb. 2.1.2/1 Die „Projektitis" der externen Fachkräfte (Foto: Baaske Cartoons, Müllheim, Gerhard Mester) 42; Abb. 2.2.1/1 Projekt als temporärer Beitrag zu nachhaltiger Systemverbesserung (eigene Darstellung) 45; Abb. 2.2.3/1 Anteile der bilateralen und multilateralen EZ (BMZ 2008b) 49; Abb. 3/1 Lassen die Zielregionen der EZ eine Aussage über Motive zu? (Foto: photothek.net, Berlin, Thomas Imo) 51; Abb. 3.1/1 Entwicklung der deutschen ODA (in Mrd. € und in % des BNE) (www.bmz.de) 53; Abb. 3.1/2 Entwicklung der ODA aller OECD-Länder (BMZ 2008b; www.oesd.org) 53; Abb. 3.1/3 ODA-Leistungen je Empfängerland: in US-$, pro Einwohner und in % des BNE (www.oecd.org) 55; Abb. 3.2/1 Verteilung der deutschen bilateralen ODA nach Regionen pro Kopf der Bevölkerung der Empfängerländer (www.bmz.de; Stand: 20.09.2008) 57; Abb. 3.2/2 Verteilung der deutschen bilateralen ODA nach Regionen (2002 – 2007) (www.bmz.de; Stand: 02.04.2008) 57; Abb. 3.2/3 Verteilung der BMZ-Mittel nach Länderkategorien (www.bmz.de; Stand: 20.09.2008) 59; Abb. 3.2/4 Verteilung nach Länderkategorien pro Kopf der Bevölkerung 2007 (BMZ-Mittel) (www.bmz.de; Stamd 20.09.2008) 59; Abb. 3.2/5 Verteilung der ODA-Leistungen nach Regionen 2006 (nach OECD 2008) (www.oecd.org/dac/stats; Stand: 16.09.2008) 60; Abb. 3.2/6 Gesamte ODA-Leistungen nach Regionen pro Kopf (www.oecd.org/dac/stats; Stand: 16.09.2008) 61; Abb. 4/1 Von „Entwicklungshlfe" zu „Entwicklungszusammenarbeit" (Foto: laif, Köln, Banning) 65; Abb. 4/2 (West-)Deutsche Entwicklungspolitik im Wandel der Zeit (eigene Darstellung) 66; Abb. 4.1.4/1 Regionale Entwicklungsprogramme sollen die Partizipation ... (Foto: Deutscher Entwicklungsdienst (DED/Niger), Bonn, Anna Coendet) 74; Abb. 4.1.7/1 Die Ausbildung von Fachkräften vor Ort als Form der TZ (Foto: Senior Experten Service, Bonn) 77; Abb. 4.1.9/1 Internationale Entwicklungsstrategien als Resultat ... (eigene Darstellung) 82; Abb. 5/1 Nicht nur die Öffentlichkeit übt Kritik an der EZ ... (Foto: Stefan Boness/Ipon, Berlin) 85; Abb. 5.2/1 EZ als Fortführung imperialistischer Abhängigkeiten – so der

Tabellen